OS 20 ANOS DA EC 45/2004 E A COMPETÊNCIA DA JUSTIÇA DO TRABALHO

ORGANIZADORES
ANDRÉ EDUARDO DORSTER ARAÚJO
FLÁVIA MOREIRA GUIMARÃES PESSOA
LUCIANA PAULA CONFORTI

LTr®

OS 20 ANOS DA EC 45/2004 E A COMPETÊNCIA DA JUSTIÇA DO TRABALHO

ANAMATRA
ASSOCIAÇÃO NACIONAL DOS MAGISTRADOS DA JUSTIÇA DO TRABALHO

ENAMATRA
Escola Nacional Associativa dos Magistrados da Justiça do Trabalho

LTr®

LTr Editora Ltda.

Rua Jaguaribe, 571
CEP 01224-003
São Paulo, SP — Brasil
Fone (11) 2167-1101
www.ltr.com.br
Outubro, 2024

Produção Gráfica e Editoração Eletrônica: GRAPHIEN DIAGRAMAÇÃO E ARTE
Projeto de Capa: DANILO REBELLO
Impressão: LOG & PRINT GRÁFICA E LOGÍSTICA

versão impressa — LTr 6462.2 — ISBN 978-65-5883-327-7
versão digital — LTr 9925.3 — ISBN 978-65-5883-328-4

Dados Internacionais de Catalogação na Publicação (CIP)
(Câmara Brasileira do Livro, SP, Brasil)

Os 20 anos da EC 45/2004 e a competência da justiça do trabalho/organizadores André Eduardo Dorster Araújo, Flávia Moreira Guimarães Pessoa, Luciana Paula Conforti. — São Paulo: LTr Editora, 2024.

Vários autores.
Bibliografia.
ISBN 978-65-5883-327-7

1. Direito do trabalho — Brasil I. Araújo, André Eduardo Dorster. II. Pessoa, Flávia Moreira Guimarães. III. Conforti, Luciana Paula.

24-228175 CDU-34:331(81)

Índices para catálogo sistemático:

1. Direito do trabalho: Brasil 34:331(81)

Eliete Marques da Silva — Bibliotecária — CRB-8/9380

Prezadas(os) Leitoras(es):

Em 2024, considerando a data da sua promulgação, a Emenda Constitucional n. 45, de 30 de dezembro de 2004, completa 20 (vinte) anos.

Em face ao relevante marco, a Associação Nacional dos Magistrados da Justiça do Trabalho — ANAMATRA lança obra coletiva, assim como o fez, nos 15 (quinze) anos da referida emenda constitucional.

Continuamos a perguntar, o que, formal e substancialmente, as alterações provenientes da chamada "Reforma do Poder Judiciário" representaram para o segmento da Justiça do Trabalho?

E mais ainda, como a jurisprudência tem interpretado tais alterações e em que medida essa interpretação tem representado avanços ou retrocessos em direção à consolidação ou ao arrefecimento da competência da Justiça do Trabalho?

A observação crítica dessa trajetória hermenêutica, que entrelaça texto e contexto interpretativo, é uma tarefa árdua, mas, necessária para comunicar no tempo presente os desafios futuros de uma práxis constitucional compromissária dos direitos sociais fundamentais e do seu sistema de garantias.

A alteração constitucional em questão ampliou, de forma significativa, a competência da Justiça do Trabalho. Assim, ao ramo especializado atribui-se competência para a análise das ações oriundas das relações de trabalho, abrangidos os entes de direito público externo e da administração pública direta e indireta da União, dos Estados, do Distrito Federal e dos Municípios; ações sobre representação sindical; ações relativas às penalidades administrativas impostas aos empregadores pelos órgãos de fiscalização das relações de trabalho; ações sobre outras controvérsias decorrentes das relações de trabalho, na forma da lei, entre outras competências descritas no art. 114 da Constituição. Com a referida modificação, a competência da Justiça do Trabalho deixou de ser considerada apenas com base em critério subjetivo, que considerava as relações entre empregados e empregadores, passando a delinear as ações que envolvam "controvérsias decorrentes das relações de trabalho" e, ainda, outras matérias afetas à jurisdição trabalhista, como foi demonstrado.

Apesar do exposto, ao longo dos anos, como já havíamos constatado na obra anterior, a ampliação da competência não se beneficiou de uma percepção linear e ascendente compatível com o seu alargamento textual. Na realidade, tal competência foi constantemente limitada por decisões do Superior Tribunal de Justiça, em conflitos de competência suscitados tanto pela magistratura do Trabalho quanto pela magistratura comum, e por decisões do Supremo Tribunal Federal, em ações de controle difuso e concentrado de constitucionalidade, como ocorreu, por exemplo, com a competência para a análise das relações de trabalho de servidores públicos não estatutários (ADI 3395/STF) e, mais recentemente, tem ocorrido com as reclamações constitucionais.

Diante de tal quadro, a ANAMATRA constatou a necessidade de reunir artigos científicos que pudessem trazer uma visão plural sobre **"20 anos da Emenda Constitucional n. 45 de 2004 e a Competência da Justiça do Trabalho"**.

A obra coletiva tem por finalidade analisar como a ampliação da competência da Justiça do Trabalho, pela Emenda Constitucional n. 45, de 30 de dezembro de 2004, foi refletida nas discussões jurídicas e judiciais acerca das relações de trabalho e de outros temas correlatos, especialmente na jurisprudência dos Tribunais Superiores. Propôs-se, a partir dessa jurisprudência, a investigação sobre a ampliação da competência da Justiça do Trabalho, as eventuais limitações impostas, as possibilidades e os avanços necessários nesse tema. O exame alcança questões já apreciadas ou ainda a apreciar pelos Tribunais Superiores, incluindo o Supremo Tribunal Federal, ainda que não relacionadas diretamente com a competência da Justiça Laboral, mas que repercutem no mundo do trabalho. Como pano de fundo, tem-se o entrelaçamento entre o sistema jurídico de afirmação dos direitos e o estabelecimento, inclusive judicial, de suas garantias.

Objetivou-se, então, a divulgação da produção científica de magistradas(os) do Trabalho.

O projeto editorial e seu resultado, sem dúvida alguma, pela qualidade e alcance dos artigos apresentados, demonstram obra de valor científico inestimável, que se pretende um verdadeiro legado nesse marco de duas décadas após aquelas profundas mudanças constitucionais.

Certamente as ideias e reflexões trazidas pelas(os) autoras(es), contribuirão para novos debates no campo jurídico e espera-se que possibilitem um repensar sobre a estabilidade da jurisprudência dos Tribunais Superiores, mantendo-se a coerência interpretativa, o compromisso com o discurso constitucional e a relevância institucional da Justiça do Trabalho.

Uma excelente leitura!

Luciana Paula Conforti
Presidente da ANAMATRA

André Eduardo Dorster Araújo
Diretor de Formação e Cultura da ANAMATRA

Sumário

Meio Ambiente Laboral: Competência da Justiça do Trabalho e aplicabilidade das Normas Regulamentadoras ao Poder Público

Alberto Bastos Balazeiro (*)

Afonso de Paula Pinheiro Rocha (**)

Raquel Leite da Silva Santana (***)

Resumo: O presente artigo analisa a competência da Justiça do Trabalho para julgar questões relativas ao meio ambiente laboral e a aplicabilidade das Normas Regulamentadoras (NRs) aos entes públicos, com foco na Arguição de Descumprimento de Preceito Fundamental (ADPF) nº 1.068. A discussão aborda a extensão das NRs a servidores públicos e a relevância dessa aplicação para garantir um ambiente de trabalho seguro e saudável, independente do vínculo jurídico dos trabalhadores. A análise inclui o histórico da Súmula 736 do STF, que confirma a competência da Justiça do Trabalho, e os principais argumentos envolvidos na ADPF 1.068. O estudo reforça a importância de uma interpretação constitucional que assegure a proteção ambiental do trabalho como um direito fundamental e discute a necessidade de evitar retrocessos na proteção jurídica dos trabalhadores, sejam eles regidos pela CLT ou por estatuto.

Palavras-chave: Competência da Justiça do Trabalho, Normas Regulamentadoras, ADPF 1.068, Meio ambiente laboral, Súmula 736 do STF.

Abstract: This article analyzes the jurisdiction of the Labor Court to judge issues related to the work environment and the applicability of Regulatory Norms (NRs) to public entities, focusing on the Claim of Breach of Fundamental Precept (ADPF) nº 1.068. The discussion addresses the extension of NRs to public servants and the relevance of this application to ensure a safe and healthy work environment, regardless of workers' legal bonds. The analysis includes the history of STF's Súmula 736, which confirms the jurisdiction of the Labor Court, and the main arguments involved in ADPF 1.068. The study emphasizes the importance of a constitutional interpretation that guarantees the environmental protection of labor as a fundamental right and discusses the need to avoid setbacks in the legal protection of workers, whether governed by the CLT or by statute.

Keywords: Labor Court jurisdiction, Regulatory Norms, ADPF 1.068, Work environment, STF's Verbet nº 736.

INTRODUÇÃO

O artigo tem como objetivo analisar a competência da Justiça do Trabalho para julgar questões relativas ao meio ambiente laboral, incluindo a aplicabilidade das

(*) Ministro do Tribunal Superior do Trabalho. Doutor em Direito Constitucional — IDP. Mestre em Direito — UCB. Coordenador Nacional do Programa Trabalho Seguro. Ex Procurador-Geral do Trabalho.

(**) Procurador do Trabalho; Doutor em Direito — UNIFOR. MBA em Direito Empresarial — FGV/Rio. Pós-Graduado em Controle na Administração Pública — ESMPU. Professor Universitário.

(***) Assessora Jurídica no Tribunal Superior do Trabalho. Mestra em Direito, Estado e Constituição pela Universidade de Brasília (UnB).

Normas Regulamentadoras (NRs) aos entes públicos. Esta discussão ganha relevância em face da Arguição de Descumprimento de Preceito Fundamental (ADPF) nº 1.068, que questiona a competência da Justiça do Trabalho e a extensão das NRs a servidores públicos. Neste estudo, serão abordados os argumentos que sustentam a competência da Justiça do Trabalho e a aplicabilidade das NRs, com base na jurisprudência do Supremo Tribunal Federal (STF) e nos principais instrumentos normativos.

Trata-se de temática relevante, pois, ao fixar a competência para a apreciação de questões sensíveis como o resguardo da higidez e segurança ambiental laboral de trabalhadores, sejam eles servidores públicos ou não, se está a alocar importante seara social para a justiça que mais esteja apta a apreciar argumentos e a entregar prestações jurisdicionais de adequação ambiental e eliminação de fatores de risco em face da integridade física e psicológica de trabalhadores.

1. SÚMULA 736 DO STF: HISTÓRICO E ATUALIDADE

A Súmula 736 do STF estabelece a competência da Justiça do Trabalho para julgar ações que envolvam o descumprimento de normas trabalhistas relativas à segurança, higiene e saúde dos trabalhadores. Este tópico abordará o histórico da súmula, sua relevância no contexto atual e como ela tem sido interpretada em decisões judiciais recentes.

A origem histórica da súmula pode ser traçada até decisões anteriores do STF, nas quais se discutia a extensão da competência da Justiça do Trabalho, especialmente após a Emenda Constitucional nº 45/2004, que ampliou significativamente o alcance dessa justiça especializada. A súmula veio a sedimentar o entendimento de que a competência para julgar ações relativas ao meio ambiente laboral, independentemente do vínculo jurídico dos trabalhadores envolvidos (celetistas ou estatutários), é da Justiça do Trabalho.

Interessante notar o histórico julgamento do Conflito de Competência nº 7.204, de relatoria do Min. Ayres Britto, que faz a ligação entre a consolidação do entendimento e a própria ontologia especializada da Justiça do Trabalho:

> [...] Como de fácil percepção, para se aferir os próprios elementos do ilícito, sobretudo a culpa e o nexo causal, é imprescindível que se esteja mais próximo do dia a dia da complexa realidade laboral. Aspecto em que avulta a especialização mesma de que se revestem os órgãos judicantes de índole trabalhista. É como dizer: órgãos que se debruçam cotidianamente sobre os fatos atinentes à relação de emprego (muitas vezes quanto à própria existência dela) e que por isso mesmo detêm melhores condições para apreciar toda a trama dos delicados aspectos objetivos e subjetivos que permeiam a relação de emprego. Daí o conteúdo semântico da Súmula 736, deste Excelso Pretórios assim didaticamente legendada: "Compete à justiça do trabalho julgar as ações que tenham como causa de pedir o descumprimento de normas trabalhistas relativas à segurança, higiene e saúde dos trabalhadores". (Conflito de Competência nº 7.204, Rel. Min. Ayres Britto, P, j. 29/6/2005, DJ de 9/12/2005)

De longa data, o Supremo Tribunal Federal vem reafirmando o entendimento de inexistência de convergência entre o decidido no julgamento da Ação Direta de Inconstitucionalidade nº 3.395 com as pretensões, especialmente em tutela coletiva, de tutela ambiental do trabalho. Nesse particular, é elucidativo o posicionamento do STF na Ação Civil Originária nº 2.169:

> Na espécie, a Procuradoria Regional do Trabalho da 17ª Região instaurou inquérito civil público para apurar o descumprimento das normas relativas ao meio ambiente de trabalho dos guarda-vidas contratados pelo Município de Vitória. Como se vê, o referido inquérito civil servirá de base

> para a propositura de ação civil pública a ser ajuizada pelo Ministério Público do Trabalho, com o fim de exigir do Poder Público do Município de Vitória o cumprimento de normas relativas à higiene, segurança e saúde dos trabalhadores. De fato, a controvérsia não tem como pano de fundo causa entre a Administração Pública e servidores a ela vinculados, isto é, não se volta a questão em torno de qualquer direito que decorra do regime jurídico administrativo, mas sim, de direito social trabalhista, de alcance coletivo geral, pouco importando a diversidade dos regimes jurídicos dos trabalhadores, uma vez que todos eles estão submetidos às mesmas condições de trabalho" (fls. 121-122, grifos nossos). Como apontado pela Procuradoria-Geral da República, a natureza do vínculo jurídico que une os guarda-vidas ao ente público municipal não está em questão naquele procedimento administrativo, que apura "irregularidades no meio ambiente de trabalho dos Guarda-Vidas" (fl. 8), pelo que inexistiria contrariedade ao que decidido no julgamento da Ação Direta de Inconstitucionalidade 3.395/DF, tampouco óbice à atuação do Ministério Público do Trabalho. (Ação Civil Originária nº 2.169, Rel. Min. Cármen Lúcia, dec. monocrática, j. 18/9/2013, DJE 189 de 26/9/2013)

Assim, existe uma relação intrínseca entre a percepção da missão e aptidão constitucional da Justiça do Trabalho para a tutela ambiental do trabalho de forma ampla e vinculada à tutela coletiva.

Com efeito, parece transparecer na razão do julgado uma ideia similar ao parâmetro normativo já invocado pelo STF em casos de competência da Justiça do Trabalho, que é o da unidade de convicção. A ideia subjacente é que divisões de competência sobre mesmos substratos fáticos tendem a não favorecer a aplicação adequada da justiça ao criar a possibilidade de divergência de decisões para situações que decorrem da mesma relação jurídica base. Há inegável risco para o jurisdicionado de medidas contraditórias, afetando-se tanto a eficiência como a credibilidade do próprio do Poder Judiciário.

Assim, questionamentos renovados quanto a competências assentadas da Justiça do Trabalho tendem a gerar insegurança jurídica e malferir o valor de respeitabilidade da própria jurisdição. É dentro dessa perspectiva que a atual discussão sobre a competência para apreciação de demandas e a aplicabilidade das Normas Regulamentadoras ao poder público se torna relevante para reafirmar a Súmula nº 736 do STF.

2. PANORAMA JURISPRUDENCIAL SOBRE COMPETÊNCIA EM TUTELAS INDIVIDUAIS E COLETIVAS: DA ADI 3.395-6/DF E A SÚMULA 736 DO STF

A Constituição Federal de 1988 instituiu uma nova ordem jurídica ambiental no Brasil, por meio da qual sistematizou a proteção do meio ambiente de maneira sistêmica e como um instituto autônomo. Com isso, rompeu-se com a abordagem fragmentada e liberal adotada pelos diplomas constitucionais anteriores. A esse respeito discorre Ednaldo Silva:

> Como visto, a Constituição Federal de 1988 foi a primeira que genuinamente tratou da proteção ao meio ambiente e o disciplinou de forma diversa das constituições anteriores. A proteção periférica, parcial e segmentada do meio ambiente foi substituída pela tutela sistematizada e completa, envolvendo as diversas espécies de meio ambiente. A disciplina do meio ambiente, o que nele se compreende e a forma de defendê-lo são aspectos novos na Constituição de 1988, tratados de modo diferente das constituições sucedidas. (...) Essa mudança paradigmática do tratamento conferido ao meio ambiente pelo constituinte de 1988 pode ser capaz de trazer repercussões na forma de compreender o meio ambiente do trabalho e no modo de interpretar a legislação em saúde e segurança no trabalho editada no período constitucional pretérito, como se abordará adiante. (SILVA, Ednaldo. A proteção do meio ambiente de trabalho

dos servidores públicos estatutários. Revista do Tribunal Superior do Trabalho, [S. l.], v. 89, n. 3, p. 97-131, 2023. DOI: 10.70405/rtst.v89i3.5. Disponível em: https://revista.tst.jus.br/rtst/article/view/5. Acesso em: 24 jul. 2024)

À luz da nova concepção inaugurada com o paradigma constitucional de 1988, o meio ambiente de trabalho foi alçado a direito fundamental do trabalhador pelos artigos 1º, 7º, XXII, 196, 200, incisos II e VIII, e 225 da Constituição Federal de 1988. A esse respeito, inclusive, já se pronunciou o Tribunal Pleno da Suprema Corte:

> A eliminação das atividades laborais nocivas deve ser a meta maior da Sociedade — Estado, empresariado, trabalhadores e representantes sindicais —, que devem voltar-se incessantemente para com a defesa da saúde dos trabalhadores, como enuncia a Constituição da República, ao erigir como pilares do Estado Democrático de Direito a dignidade humana (art. 1º, III, CRFB/88), a valorização social do trabalho, a preservação da vida e da saúde (arts. 3º, 5º, e 196, CRFB/88), e o meio ambiente de trabalho equilibrado (arts. 193 e 225, CRFB/88). (ARE 664335 — Repercussão Geral nº Tema 555 — Órgão julgador: Tribunal Pleno — Relator(a): Min. Luiz Fux — Julgamento: 04/12/2014 — Publicação: 12/02/2015)

Ainda, a proteção à saúde e à segurança no trabalho e, por conseguinte, o direito dos trabalhadores a um ambiente laboral livre de riscos passaram a integrar o importante rol de princípios e direitos fundamentais da OIT em 2022.

Na linha dos demais princípios fundamentais da OIT, "Saúde e Segurança no Trabalho" tem por escopo as previsões normativas das Convenções nº 155 (Segurança e Saúde dos Trabalhadores) e nº 187 (o Quadro Promocional para a Segurança e a Saúde no Trabalho), da OIT, conforme ponderam Balazeiro *et al.* (2022).

Na Convenção nº 155 da OIT, ratificada pelo Brasil em 1992, os países-membros são incentivados a formular políticas estatais com o objetivo de, entre outros,

> prevenir os acidentes e os danos à saúde que forem consequência do trabalho, tenham relação com a atividade de trabalho, ou se apresentarem durante o trabalho, reduzindo ao mínimo, na medida que for razoável e possível, as causas dos riscos inerentes ao meio ambiente de trabalho. (OIT, 1992)

Além disso, a Convenção nº 155 da OIT prevê ações a nível empresarial para prevenir acidentes e proporcionar os meios necessários para lidar com situações de urgência, de modo a preservar a integridade física dos trabalhadores. É o que dispõem os artigos 16 a 18 da mencionada convenção:

> PARTE IV. AÇÃO E NÍVEL DE EMPRESA
>
> Art. 16. 1. Deverá ser exigido dos empregadores que, na medida que for razoável e possível, garantam que os locais de trabalho, o maquinário, os equipamentos e as operações e processos que estiverem sob seu controle são seguros e não envolvem risco algum para a segurança e a saúde dos trabalhadores.
>
> 2. Deverá ser exigido dos empregadores que, na medida que for razoável e possível, garantam que os agentes e as substâncias químicas, físicas e biológicas que estiverem sob seu controle, não envolvam riscos para a saúde quando são tomadas medidas de proteção adequadas.
>
> 3. Quando for necessário, os empregadores deveriam fornecer roupas e equipamentos de proteção adequados a fim de prevenir, na medida que for razoável e possível, os riscos de acidentes ou de efeitos prejudiciais para a saúde.
>
> Art. 17. Sempre que duas ou mais empresas desenvolverem simultaneamente atividades num mesmo local de trabalho, as mesmas terão o dever de colaborar na aplicação das medidas previstas na presente Convenção.

> Art. 18. Os empregadores deverão prever, quando for necessário, medidas para lidar com situações de urgência e com acidentes, incluindo meios adequados para a administração de primeiros socorros. (OIT, 1992)

Da mesma forma, a Convenção nº 187 da OIT delimita, entre outros, ser responsabilidade de cada membro promover a melhoria contínua da segurança e saúde no trabalho para prevenir doenças profissionais e outros danos à saúde equivalentes:

> 1. Cada Membro que ratifique a presente Convenção deverá promover a melhoria contínua da segurança e da saúde no trabalho de modo a prevenir as lesões e doenças profissionais, bem como as mortes no trabalho, desenvolvendo, em consulta com as organizações de empregadores e de trabalhadores mais representativas, uma política nacional, um sistema nacional e um programa nacional.
>
> 2. Cada Membro deverá tomar medidas activas de modo a assegurar progressivamente um ambiente de trabalho seguro e saudável através de um sistema nacional e de programas nacionais de segurança e de saúde no trabalho, tendo em conta os princípios enunciados nos instrumentos da Organização Internacional do Trabalho (OIT) pertinentes para o quadro promocional para a segurança e a saúde no trabalho.
>
> 3. Cada Membro deverá, em consulta com as organizações de empregadores e de trabalhadores mais representativas, analisar periodicamente que medidas poderiam ser tomadas tendo em vista a ratificação das convenções pertinentes da OIT relativas à segurança e à saúde no trabalho. (OIT, 2006)

No âmbito interno, o dever de proteção ao meio ambiente de trabalho encontra escopo no artigo 200, VIII da Constituição Federal. A partir disso, há escopo normativo para se compreender que as normas regulamentares e as de saúde e segurança são também aplicáveis aos servidores públicos estatutários. No mesmo sentido são as reflexões de Ednaldo Silva:

> Isso leva à conclusão de que a interpretação das alíneas "c" e "d" do art. 7º da CLT que exclui os servidores públicos estatutários das normas de saúde e segurança do trabalho e das NRs não foi recepcionada pela Constituição Federal de 1988. A aplicação da proteção ambiental apenas aos trabalhadores celetistas, expondo os servidores estatutários a uma automática desproteção legal, cria uma distinção não legitimada pela nova ordem constitucional, violando o princípio da isonomia (art. 5º, *caput*).
>
> Tal exegese está em sintonia com o compromisso assumido pelo Brasil perante a Organização Internacional do Trabalho ao incorporar, no ordenamento jurídico interno, a Convenção nº 155, promulgada pelo Decreto nº 1.254, de 29 de setembro de 1994. Esse tratado internacional impõe a adoção de uma "política nacional" em saúde e segurança do trabalho (Parte II, arts. 4º e 7º), a ser objeto de acompanhamento e aperfeiçoamento pelo Estado-parte. Se a política é nacional, há de ser disciplinada de maneira uniforme no território brasileiro para todos os trabalhadores. (SILVA, Ednaldo. A proteção do meio ambiente de trabalho dos servidores públicos estatutários. Revista do Tribunal Superior do Trabalho, [S. l.], v. 89, n. 3, p. 97-131, 2023. DOI: 10.70405/rtst.v89i3.5. Disponível em: https://revista.tst.jus.br/rtst/article/view/5. Acesso em: 24 jul. 2024)

Além disso, a discussão acerca da competência da Justiça do Trabalho para examinar questões sobre normas de higiene, saúde e segurança no trabalho para servidores públicos estaduais ou municipais possui dois enquadramentos jurídicos distintos em ações ajuizadas em face de ente da administração pública.

A primeira situação é relativa ao pedido individual de parcelas remuneratórias que se relacionam aos adicionais que visam a atenuar a exposição a agentes nocivos à saúde do servidor, como é o caso dos adicionais de insalubridade e periculosidade.

Nesta primeira situação, a jurisprudência do Tribunal Superior do Trabalho é assente no sentido de ser a justiça especializada incompetente(1). Compreende-se que se está diante de demanda instaurada entre a Administração Pública e seus servidores, que estão a ela vinculadas por relação de caráter jurídico-administrativo, por se tratar de um pedido inerente à tutela individual típica, que tem por objetivo a regularização de pagamento de verba de caráter igualmente individual. Trata-se de compreensão assentada na tese firmada na ADI 3.395-6/DF e no expresso pronunciamento proferido no AgRRcl 43741 (Relator(a): Alexandre de Moraes. Public 20/04/2021).

A seu turno, tanto o Tribunal Superior do Trabalho(2), quanto a própria Suprema Corte(3) ratificam o conteúdo da Súmula 736/STF para os casos em que o pedido está relacionado à tutela coletiva em face do descumprimento de normas de higiene, saúde e segurança no trabalho. Nessa hipótese, entende-se ser a Justiça do Trabalho a competente para avaliar as necessidades de correção de irregularidades no ambiente laboral dos servidores públicos, assim como de trabalhadores submetidos ao regime celetista de contratação.

Diante disso, não é demasiado afirmar que a jurisprudência do Tribunal Superior do Trabalho, naturalmente atenta ao entendimento mais atual da Suprema Corte, é assente e estável no que se refere à competência da Justiça do Trabalho para julgar os pedidos relativos ao descumprimento de normas relativas ao meio ambiente de trabalho também para servidores públicos — todas as Turmas da referida Corte possuem precedentes neste sentido desde meados de 2017.

3. A ADPF 1.068: PRINCIPAIS ARGUMENTOS EM DISCUSSÃO

A Arguição de Descumprimento de Preceito Fundamental — ADPF nº 1.068, proposta pelo Governador do Estado do Espírito Santo, busca declarar a incompetência da Justiça do Trabalho para julgar ações relativas à saúde e segurança no trabalho de servidores públicos estaduais. Trata-se, assim, de importante processo no qual o Excelso Supremo Tribunal Federal é novamente chamado a avaliar a pertinência da atribuição e missão constitucional da Justiça do Trabalho em face do meio ambiente laboral e se seria possível segmentar trabalhadores beneficiados com normas mínimas

(1) Por exemplo: RR-334-37.2018.5.22.0108, 6ª Turma, Relator Ministro Augusto Cesar Leite de Carvalho, DEJT 11/12/2023; RR-325-10.2020.5.22.0107, 3ª Turma, Relator Ministro Alberto Bastos Balazeiro, DEJT 07/12/2023; RR-0000470-63.2020.5.22.0108, 4ª Turma, Relator Ministro Ives Gandra da Silva Martins Filho, DEJT 28/10/2022; RR — 213-21.2018.5.22.0104, Relatora Ministra: Dora Maria da Costa, 8ª Turma, DEJT 15/05/2020.

(2) Nesse sentido: RR-0000337-27.2022.5.05.0010, 8ª Turma, Relator Ministro Sergio Pinto Martins, DEJT 21/06/2024; R-378-42.2020.5.05.0631, 2ª Turma, Relatora Ministra Liana Chaib, DEJT 01/09/2023; AIRR-1539-04.2017.5.17.0132, 3ª Turma, Relator Ministro Mauricio Godinho Delgado, DEJT 02/09/2022; AIRR-806-66.2015.5.05.0027, 4ª Turma, Relator Ministro Guilherme Augusto Caputo Bastos, DEJT 23/10/2020; Ag-AIRR-10825-58.2014.5.14.0402, 5ª Turma, Relator Ministro Douglas Alencar Rodrigues, DEJT 11/02/2022; RR-462-63.2014.5.03.0096, 6ª Turma, Relatora Ministra Katia Magalhaes Arruda, DEJT 11/04/2017; RR-491-20.2015.5.06.0412, 7ª Turma, Relator Ministro Claudio Mascarenhas Brandao, DEJT 06/08/2021; RR-431-16.2019.5.12.0032, 8ª Turma, Relatora Ministra Delaíde Alves Miranda Arantes, DEJT 17/12/2021.

(3) A esse respeito, vide: Rcl 60220 AgR, Relator(a): Luís Roberto Barroso, Relator(a) p/ Acórdão: Alexandre de Moraes, Primeira Turma, julgado em 22/08/2023, Processo Eletrônico DJe-s/n DIVULG 23/10/2023 PUBLIC 24/10/2023; ARE 1387827 ED-AgR, Relator(a): Nunes Marques, Segunda Turma, julgado em 03/07/2023, Processo Eletrônico DJe-s/n DIVULG 15/08/2023 PUBLIC 16/08/2023.

de proteção laboral (que é o padrão estabelecido nacionalmente pelas Normas Regulamentadoras), ou se os servidores públicos — e notadamente os entes estaduais — estariam desobrigados dessa observância em face de seus trabalhadores vinculados por regime jurídico administrativo.

Sinale-se que o proponente da DPF nº 1.068 não apresenta qualquer indício de alteração fática ou jurídica que pudesse ensejar a superação da jurisprudência consolidada na Súmula 736/STF e, por corolário, no âmbito do Tribunal Superior do Trabalho.

De fato, dos próprios documentos apresentados pelo ente proponente da ADPF nº 1.068, parecem ser todos casos em que o Ministério Público do Trabalho apontou descumprimentos e desconformidades com as Normas Regulamentadoras nos ambientes de trabalho do ente estadual. Assim, a pretensão da ADPF parecia ser dúplice — afastar as decisões que se somavam na Justiça Laboral por incompetência e obter do Supremo Tribunal Federal declaração de que os entes estatais não estariam obrigados a cumprir com essas medidas mínimas de saúde e segurança e, por corolário, cumprir com determinações judiciais de adequação ambiental.

Este tópico explorará os principais argumentos levantados na ADPF, incluindo a alegação de violação à autonomia federativa e a inaplicabilidade das NRs a servidores estatutários.

De plano, cumpre destacar que, salvo o entendimento do ente estatal proponente, ocorreu na referida Arguição de Descumprimento de Preceito Fundamental uma concordância de entendimentos entre as manifestações dos principais atores nesse controle concentrado de constitucionalidade. Configurou-se interessante convergência de entendimentos entre a Advocacia-Geral da União (AGU), a Procuradoria-Geral da República (PGR), o Ministério Público do Trabalho (MPT) e o próprio Tribunal Superior do Trabalho que foi chamado para prestar informações sobre a matéria.

De todas essas manifestações, desconsideradas as questões processuais, é possível fazer um apanhado dos principais argumentos materiais que se somam para a configuração do entendimento de que as normas de saúde, higiene e segurança do trabalho devem ser observadas por todos os entes públicos, independentemente da natureza jurídica do vínculo jurídico que rege o labor.

Destacamos os principais pontos de relevância para a reflexão deste artigo, que estão bem sintetizados na Nota Técnica do Programa Trabalho Seguro — elaborada pela Coordenação Nacional do Programa Trabalho Seguro para subsidiar o Tribunal Superior do Trabalho (TST) e o Supremo Tribunal Federal (STF) nas discussões relacionadas à Arguição de Descumprimento de Preceito Fundamental nº 1.068 (ADPF 1.068).

A nota técnica argumenta que o meio ambiente, incluindo o meio ambiente do trabalho, é um direito fundamental previsto na Constituição Federal, devendo ser protegido de maneira integrada e indivisível. A proteção do meio ambiente do trabalho não pode ser segmentada de acordo com o vínculo jurídico dos trabalhadores, pois isso levaria a uma proteção deficitária, contrariando o princípio constitucional da dignidade da pessoa humana. A unicidade do meio ambiente exige que as condições de trabalho sejam seguras e saudáveis para todos, independentemente de o trabalhador ser regido pela CLT ou por estatuto.

O documento enfatiza o conceito de "diálogo de fontes", defendendo que as NRs, ao estabelecerem padrões mínimos de segurança e saúde no trabalho, dialogam com diversas outras normas e legislações. Essa interconexão normativa indica que as

NRs devem ser aplicadas em qualquer ambiente de trabalho, incluindo os públicos, para garantir a integridade e a segurança dos trabalhadores.

A nota técnica menciona as Convenções nºs 155 e 161 da Organização Internacional do Trabalho (OIT), ratificadas pelo Brasil, que abrangem todos os trabalhadores, incluindo os servidores públicos. Essas convenções, que têm status supralegal, determinam que as medidas de segurança e saúde no trabalho devem ser aplicadas em todos os setores da atividade econômica, inclusive na administração pública. A nota argumenta que a exclusão dos servidores públicos da proteção oferecida pelas NRs violaria essas convenções, comprometendo a integridade do sistema de proteção ao trabalhador.

O documento destaca ainda que as decisões da Justiça do Trabalho, ao exigir que o Poder Público adote planejamentos e medidas de segurança no trabalho, estão alinhadas com a tese firmada no Tema de Repercussão Geral nº 698 do STF. Esse tema estabelece que o Judiciário pode intervir em políticas públicas quando há ausência ou deficiência grave no serviço, mas deve preferencialmente determinar à administração que apresente um plano para solucionar o problema. As decisões trabalhistas, segundo a nota, respeitam essa diretriz, garantindo que o Estado implemente planos de saúde e segurança que protejam todos os trabalhadores.

A nota técnica conclui que a aplicação das NRs aos servidores públicos é fundamental para a garantia de um ambiente de trabalho seguro e saudável. A competência da Justiça do Trabalho, consolidada pela Súmula 736 do STF, é essencial para a tutela desses direitos, e a exclusão dos servidores públicos dessa proteção representaria um retrocesso inadmissível. O documento reafirma a necessidade de uma interpretação constitucional que proteja integralmente o meio ambiente do trabalho, independentemente do regime jurídico dos trabalhadores envolvidos.

4. A TUTELA FUNDAMENTAL DO MEIO AMBIENTE LABORAL E A VEDAÇÃO DA PROTEÇÃO DEFICITÁRIA

Todos os vários argumentos apresentados nos tópicos remontam a uma discussão da tutela fundamental do meio ambiente laboral, com base nos princípios constitucionais da dignidade da pessoa humana e da valorização social do trabalho. Neste ponto, é oportuno rememorar a constitucionalidade da unidade do meio ambiente, que não distingue o meio ambiente do trabalho do meio ambiente natural, ambos protegidos constitucionalmente. Com efeito, até mesmo uma interpretação literal ou sistemática do art. 200, inc. VIII, da Constituição Federal, que assegura o direito a um meio ambiente equilibrado — "nele compreendido o do trabalho" —, estabelece claramente essa unidade ambiental.

Além disso, a aplicabilidade das NRs aos entes públicos decorre de um postulado lógico de isonomia mínima e vedação de proteção deficitária entre trabalhadores que possuem uma dignidade mínima, ou um núcleo duro do direito fundamental ao trabalho decente que não pode ser dissociado ou sectarizado conforme a tipologia do vínculo jurídico.

Se a Constituição prevê a redução dos riscos inerentes ao trabalho como um direito social fundamental, por corolário lógico, qualquer tentativa de excluir os servidores públicos da aplicação das NRs representaria um retrocesso inconstitucional inaceitável.

CONCLUSÕES

A ADPF 1.068 ainda está pendente de julgamento após pedido de vista formulado no plenário virtual. Neste momento, entretanto, é possível destacar que o voto inicial do Ministro Flávio Dino parece validar os argumentos apresentados neste artigo, sendo no sentido de preservar a competência da Justiça do Trabalho e a aplicabilidade plena das NRs aos entes públicos.

Este entendimento cumulado com os diversos argumentos defendidos no artigo parece ser o mais adequado à preservação da jurisprudência já consolidada do excelso STF e o que melhor garante a proteção do trabalho decente e o direito fundamental a um meio ambiente seguro e saudável.

REFERÊNCIAS BIBLIOGRÁFICAS

BALAZEIRO, Alberto; VALADÃO, Evandro; CASTRO, Lucas; SANTANA, Raquel. A 111ª Conferência Internacional do Trabalho da OIT. *Consultor Jurídico*, 8 jun. 2023. Disponível em: https://www.conjur.com.br/2023-jun-08/opiniao-111-conferencia-internacional-trabalho-oit/.

BRASIL. Supremo Tribunal Federal. Ação Civil Originária nº 2.169. Relatora: Ministra Cármen Lúcia. Decisão monocrática de 18 de setembro de 2013. *Diário de Justiça Eletrônico*, n. 189, 26 set. 2013.

BRASIL. Supremo Tribunal Federal. Agravo em Recurso Extraordinário nº 664335. Repercussão Geral — Tema 555. Relator: Ministro Luiz Fux. Tribunal Pleno. Julgado em 4 dez. 2014. Diário de Justiça Eletrônico, publicado em 12 fev. 2015.

BRASIL. Supremo Tribunal Federal. Agravo Regimental nos Embargos de Declaração no Agravo em Recurso Extraordinário nº 1387827. Relator: Nunes Marques. Segunda Turma. Julgado em 3 jul. 2023. *Diário de Justiça Eletrônico*, s/n, divulgado em 15 ago. 2023, publicado em 16 ago. 2023.

BRASIL. Supremo Tribunal Federal. Reclamação nº 60220 Agravo Regimental. Relator: Luís Roberto Barroso. Relator para o acórdão: Alexandre de Moraes. Primeira Turma. Julgado em 22 ago. 2023. *Diário de Justiça Eletrônico*, s/n, divulgado em 23 out. 2023, publicado em 24 out. 2023.

BRASIL. Tribunal Superior do Trabalho. Agravo de Instrumento em Recurso de Revista nº 1539-04.2017.5.17.0132. Relator: Ministro Mauricio Godinho Delgado. 3ª Turma. *Diário Eletrônico da Justiça do Trabalho*, 2 set. 2022.

BRASIL. Tribunal Superior do Trabalho. Agravo de Instrumento em Recurso de Revista nº 806-66.2015.5.05.0027. Relator: Ministro Guilherme Augusto Caputo Bastos. 4ª Turma. *Diário Eletrônico da Justiça do Trabalho*, 23 out. 2020.

BRASIL. Tribunal Superior do Trabalho. Agravo de Instrumento em Recurso de Revista nº 10825-58.2014.5.14.0402. Relator: Ministro Douglas Alencar Rodrigues. 5ª Turma. *Diário Eletrônico da Justiça do Trabalho*, 11 fev. 2022.

BRASIL. Tribunal Superior do Trabalho. Recurso de Revista nº 0000470-63.2020.5.22.0108. Relator: Ministro Ives Gandra da Silva Martins Filho. 4ª Turma. *Diário Eletrônico da Justiça do Trabalho*, 28 out. 2022.

BRASIL. Tribunal Superior do Trabalho. Recurso de Revista nº 0000337-27.2022.5.05.0010. Relator: Ministro Sergio Pinto Martins. 8ª Turma. *Diário Eletrônico da Justiça do Trabalho*, 21 jun. 2024.

BRASIL. Tribunal Superior do Trabalho. Recurso de Revista nº 213-21.2018.5.22.0104. Relatora: Ministra Dora Maria da Costa. 8ª Turma. *Diário Eletrônico da Justiça do Trabalho*, 15 maio 2020.

BRASIL. Tribunal Superior do Trabalho. Recurso de Revista nº 325-10.2020.5.22.0107. Relator: Ministro Alberto Bastos Balazeiro. 3ª Turma. *Diário Eletrônico da Justiça do Trabalho*, 7 dez. 2023.

BRASIL. Tribunal Superior do Trabalho. Recurso de Revista nº 334-37.2018.5.22.0108. Relator: Ministro Augusto Cesar Leite de Carvalho. 6ª Turma. *Diário Eletrônico da Justiça do Trabalho*, 11 dez. 2023.

BRASIL. Tribunal Superior do Trabalho. Recurso de Revista nº 378-42.2020.5.05.0631. Relatora: Ministra Liana Chaib. 2ª Turma. *Diário Eletrônico da Justiça do Trabalho*, 1 set. 2023.

BRASIL. Tribunal Superior do Trabalho. Recurso de Revista nº 431-16.2019.5.12.0032. Relatora: Ministra Delaíde Alves Miranda Arantes. 8ª Turma. *Diário Eletrônico da Justiça do Trabalho*, 17 dez. 2021.

BRASIL. Tribunal Superior do Trabalho. Recurso de Revista nº 462-63.2014.5.03.0096. Relatora: Ministra Katia Magalhães Arruda. 6ª Turma. *Diário Eletrônico da Justiça do Trabalho*, 11 abr. 2017.

BRASIL. Tribunal Superior do Trabalho. Recurso de Revista nº 491-20.2015.5.06.0412. Relator: Ministro Claudio Mascarenhas Brandão. 7ª Turma. *Diário Eletrônico da Justiça do Trabalho*, 6 ago. 2021.

ORGANIZAÇÃO INTERNACIONAL DO TRABALHO (OIT). Convenção nº 155 sobre Segurança e Saúde dos Trabalhadores. 1992. Disponível em: https://www.ilo.org.

ORGANIZAÇÃO INTERNACIONAL DO TRABALHO (OIT). Convenção nº 187 sobre o Quadro Promocional para a Segurança e Saúde no Trabalho. 2006. Disponível em: https://www.ilo.org.

SILVA, Ednaldo. A proteção do meio ambiente de trabalho dos servidores públicos estatutários. *Revista do Tribunal Superior do Trabalho*, [S. l.], v. 89, n. 3, p. 97-131, 2023. DOI: 10.70405/rtst.v89i3.5. Disponível em: https://revista.tst.jus.br/rtst/article/view/5. Acesso em: 24 jul. 2024.

Danos patrimoniais e extrapatrimoniais na Justiça do Trabalho

Alexandre Agra Belmonte (*)

Resumo: Evolução da regulação e das decisões sobre danos patrimoniais e extrapatrimoniais na Justiça do Trabalho

Abstract: Evolution of rules and decisions on property and non-pecuniary damages in the Brazilian Labor Court

Palavras-chave: responsabilidade civil nas relações de trabalho; danos patrimoniais e extrapatrimoniais; apuração da indenização

Keywords: civil liability in labor relations; property and non-pecuniary damages; settlement criteria; calculation of damage compensation

1. INTRODUÇÃO

A Constituição Federal dedica dispositivos direcionados especificamente aos trabalhadores economicamente dependentes, exclusivos ou não. Assim o faz porque são a parte mais frágil nas relações de trabalho. Essa debilidade é revelada pela impossibilidade do trabalhador de controlar os meios produtivos numa atividade em que inserido, mas da qual não é o titular ou parceiro. Labora para outrem em condições predeterminadas.

Essa característica desequilibra a relação jurídica mantida com o titular da atividade produtiva, tornando o trabalhador hipossuficiente e assim merecedor de tutela jurídica material e processual diferenciada.

Entre os trabalhadores protegidos pela Constituição Federal os mais fragilizados são os laboram como empregados. Nessa condição, ficam totalmente expostos ao poder organizacional, diretivo, fiscalizatório e punitivo do empregador.

O tamanho do poder do empregador na relação jurídica mantida com o trabalhador empregado lhe permite estabelecer ou cobrar, sob o risco de aplicação direta

---

(*) Ministro do Tribunal Superior do Trabalho, Doutor em Direito e Sociedade, Mestre em Direito das Relações Sociais, Especialista em Direito Privado Aprofundado, Dr. Honoris Causa da Universidade Santa Úrsula, professor dos programas de pós-graduação *stricto sensu* das Universidades Estácio de Sá e IESB, Coordenador trabalhista da FGV do exame nacional da OAB Presidente da Academia Brasileira de Direito do Trabalho e membro das Academias Nacional de Direito Desportivo e Brasileira de Direito Marítimo e Portuário.

de penas disciplinares, o que, como, onde e quando o trabalho deve ser executado. Se a proteção ao trabalho e ao trabalhador em geral precisou ser elevada à categoria de direito fundamental e com esse viés figura no artigo 7º da Constituição Federal, com mais razão ainda a proteção o trabalhador empregado é consubstanciada em dispositivos a eles especificamente direcionados, a exemplo dos turnos ininterruptos de trabalho e dos adicionais noturno e de horas extras.

Diferentemente, dispositivos como aviso prévio(1) e proteção do meio ambiente contra os riscos à saúde e segurança são direcionados a todos os trabalhadores, empregados ou não. Seria absurdo imaginar que um trabalhador não empregado pudesse ser submetido na prestação do seu trabalho a um meio ambiente inseguro ou com riscos de adoecimento.

Para efeito de equilibrar as discussões sobre condições específicas de trabalho do empregado na empresa ou no setor produtivo onde inserido, os artigos 8º, 9º e 11 da Constituição Federal cuidam da organização sindical, da estabilidade do dirigente sindical, do direito de greve e da representação dos trabalhadores nas empresas. E o art. 10 assegura a participação dos trabalhadores e empregadores nos colegiados dos órgãos públicos em que seus interesses profissionais ou previdenciários sejam objeto de discussão e deliberação.

Além dos direitos fundamentais formais (a exemplo do fundo de garantia do tempo de serviço, do 13º salário e do aviso prévio proporcional ao tempo de serviço) ou dos materialmente constitucionais(2) (a exemplo da irredutibilidade do salário, salvo o disposto em convenção ou acordo coletivo; da redução dos riscos inerentes ao trabalho, por meio de normas de saúde, higiene e segurança; e dos direitos de greve e de estabilidade do dirigente sindical), os direitos fundamentais previstos no artigo 5º, da Constituição Federal, inespecíficos em relação ao trabalhador, porque direcionados a todos os componentes da sociedade, podem, conforme a situação jurídica que se apresentar, também incidir nas relações de trabalho. É o caso das liberdades de expressão, de crença e política. É o caso, entre tantas outra, das normas previstas no art. 5º, V (direito de resposta e indenização por dano material, moral ou à imagem) e X (inviolabilidade da intimidade, da vida privada, da honra e da imagem das pessoas, assegurado o direito a indenização pelo dano material ou moral) cuidam exatamente, entre vários outros, de direitos fundamentais inespecíficos dos trabalhadores.

Ocorre que apesar da obviedade desse raciocínio, e de decisões do TST e do STF confirmando a sua aplicação nas relações de trabalho e a competência da Justiça do Trabalho para decidir sobre a responsabilidade civil decorrente de danos patrimoniais e extrapatrimoniais trabalhistas, até 31.12.2004 vozes e decisões dissonantes na Justiça comum e na própria Justiça do Trabalho excluíam da Especializada a atribuição constitucional exclusiva.

A Emenda n. 45, de 31.12.2004, pôs fim à discussão. Alterou o art.114 da Constituição Federal para incluir a competência da Justiça do Trabalho para decidir sobre danos patrimoniais e extrapatrimoniais decorrentes das relações de trabalho. E no ano seguinte o STF decidiu que também era da competência da Especializada apreciar esses danos quando provenientes de acidentes do trabalho.

---

(1) Aviso prévio é instituto jurídico cabível até mesmo em relação aos prestadores autônomos de serviços e aos representantes comerciais.

(2) Há direitos que constam da Constituição apenas para lhes dar estabilidade e dificultar a alteração da norma ou extinção do direito.

Da decisão do STF em 2005 até os dias atuais a Justiça do Trabalho construiu notável jurisprudência relacionada à responsabilidade patrimonial e extrapatrimonial decorrente dos acidentes do trabalho e de outros danos relativos à relação de trabalho.

Quanto à responsabilidade patrimonial, a Justiça do Trabalho tem utilizado, entre outros, os artigos 8º, § 1º, da CLT; 186, 187, 927, cabeça e parágrafo único, 944, cabeça; 945, 948, 949 e 950 do Código Civil.

No tocante à responsabilidade extrapatrimonial, além dos dispositivos supra no que cabíveis; e, entre outros, dos artigos sobre direitos fundamentais previstos no art. 5º da CF nas ofensas a direitos da personalidade; dos artigos pertinentes relacionados aos direitos da personalidade previstos nos arts. 11 a 21 do Código Civil; art. 4º da Lei n. 9.029/95; e das normas pertinentes da Lei da Ação Civil Pública, do CDC, do Anexo II da NR-17[(3)] e da Lei n. 8.213/1991, a partir da Lei n. 13.467/2017 passou a também utilizar, com a compreensão do STF a respeito, os noveis artigos 223-A a 223-G da Consolidação das Leis do Trabalho.

Quanto à indenizabilidade pura (independentemente de repercussão patrimonial) pela ofensa moral, o art. 5º, V, da Constituição Federal, assegura indenização por danos material e moral (leia-se extrapatrimonial) decorrentes de ofensas a direitos. O que pôs fim em 05.10.1988, quando passou a viger a Carta Magna, à discussão que era travada na vigência do Código Civil de 1916, sobre a possibilidade ou não da indenizabilidade autônoma de caráter geral do dano extrapatrimonial puro, ou seja, da apreciação do dano de forma desvinculada de eventual prejuízo patrimonial.

A respeito, regulamentando a matéria na seara trabalhista, estabelece o art. 223-F, da CLT, que *"A reparação por danos extrapatrimoniais pode ser pedida cumulativamente com a indenização por danos materiais decorrentes do mesmo ato lesivo."*

2. RESPONSABILIDADE CIVIL POR DANOS PATRIMONIAIS E EXTRAPATRIMONIAIS

Nos termos do art. 114, VI, da Constituição Federal, compete à Justiça do Trabalho processar e julgar as ações de indenização por dano moral ou patrimonial, decorrentes da relação de trabalho.

Ressalvadas as normas de identificação e composição dos danos extrapatrimoniais (arts. 223-A a 223-G) introduzidas pela reforma trabalhista (Lei n. 13.467/2017) e as normas específicas de indenização por descumprimento de obrigações contratuais, a CLT é omissa quanto à regulação geral da responsabilidade. Pelo que a aplicação subsidiária do Código Civil e da teoria geral da responsabilidade civil se faz necessária, reforçando assim a relevância da Teoria do Diálogo das Fontes, eis que o ordenamento jurídico é um todo unitário.

O Código Civil regula a responsabilidade civil nos artigos 927 a 954 e em dispositivos esparsos, atinentes a hipóteses específicas.

Nos artigos 927 a 943 ele cuida regula da "obrigação" de indenizar e nos artigos 944 a 954 trata dos critérios que devem ser utilizados para fixar a indenização.

---

(3) Aprovado pela Portaria SIT n. 09/2007, com as alterações da Portaria MTP n. 423, de 07/10/2021, aplicável às relações de teleatendimento, regulamenta, nos itens 6.6, 6.7. 6.12. 6.13, aspectos ligados ao art. 5º, V e X da CF, entre eles o assédio moral.

Por força do art. 8º, § 1º da CLT, tais dispositivos são, portanto, subsidiariamente aplicáveis à CLT em suas omissões, quando compatíveis.

Do exame desses dispositivos legais podemos extrair uma definição sintética de responsabilidade civil: dever de indenizar, por imputação jurídica, o dano causado à esfera jurídica da vítima. O fundamento pode variar: culpa, dolo, risco da atividade, ofensa a dispositivo de lei ou de cláusula contratual e falta de prevenção, cuidado ou precaução, quando exigível.

De forma mais precisa e abrangente, responsabilidade civil é a relação jurídica consistente na atribuição do dever garantido por lei, obrigação ou contrato, de reparar ou compensar o dano patrimonial ou extrapatrimonial causado à vítima ou ao seu patrimônio, diretamente pelo ofensor ou por pessoa, animal, atividade ou coisa sob a sua guarda ou domínio, ou mesmo de compensar o risco de dano na submissão de pessoa ou bem do seu patrimônio a situação potencialmente lesiva, sem a prevenção exigida por lei ou pelo contrato.

São exemplos de responsabilidade na área trabalhista: indenização pela quebra do contrato por prazo determinado; indenização compensatória de 40% pela despedida imotivada ou de 20% por motivo de força maior ou culpa recíproca, incidentes sobre o FGTS; indenização patrimonial pela redução da capacidade laborativa do trabalhador em decorrência de acidente de trabalho; indenização por dano estético; indenização por dano moral à honra ou imagem do trabalhador; indenização por impedimentos existenciais.

A legislação trabalhista dispõe sobre o dever de indenizar, por exemplo, nos 4º, § 1º, 223-F a G, 439, 449, § 2º, 475, § 1º, 478-A, 479, 480, 483, 484, 484-A, 485, 486, 490, 496, 497, 498, 499, §§ 2º e 3º, 502, 504, 611-B, III, 729, § 2º, 793-C, § 3º e 846, § 2º, da CLT; 28, I e II, 29, § 5º e 31, da Lei n. 9.615/1998; art. 4º da Lei n. 9.029/9; 5º, V e X e 7º, I e XXVIII, da CF; e art. 10, I, do ADCT.

3. FATO GERADOR DA RESPONSABILIDADE CIVIL

Todo e qualquer fato lesivo, causador de dano patrimonial ou extrapatrimonial decorrente da prática de ato ilícito, de previsão legal, do exercício de atividade de risco e da falta de prevenção ou precaução, quando exigível, e uma vez preenchidos os pressupostos de caracterização da responsabilidade, é suscetível de reparação ou composição.

O dever de indenizar o dano pode e costuma decorrer da prática de ato ilícito, cuja definição consta dos arts. 186 e 187, do CC, assim com fundamento, como regra, na prática de ato culposo, doloso ou abusivo do ofensor, gerador do dano — responsabilidade subjetiva — *caput* do art. 927, do CC.

No entanto, ele também pode derivar de hipóteses em que, independentemente de culpa ou dolo, basta a verificação objetiva do fato do dano por evento atribuível ao titular de uma atividade ou pela imputação decorrer da responsabilidade por pessoa, coisa ou animal que venham a causar dano à vítima. Assim ocorre nos casos especificados em lei sejam ou não de risco (a exemplo dos de responsabilidade acima referidos — art. 932, CC[(4)]), ou naqueles em que o exercício da atividade implique em

---

(4) BRASIL, Lei n. 10.406, de 10 de janeiro de 2002 (Código Civil), art. 932. "São também responsáveis pela reparação civil: I — os pais, pelos filhos menores que estiverem sob sua autoridade e em sua companhia; II — o tutor e o curador, pelos pupilos e curatelados, que se acharem nas mesmas condições;

risco acentuado a direito alheio (responsabilidade objetiva, previsto no parágrafo único do art. 927, do CC).[(5)]

Finalmente, há situações em que o fato da mera exposição de pessoa ou patrimônio a risco, ainda que não ocorra sinistro à vítima, é suficiente para caracterizar dano indenizável ou compensável, de forma individual ou coletiva. Como exemplo, a falta de prevenção adequada contra os riscos ambientais à saúde e segurança do trabalhador (art. 7º, XXII, CF).

4. REQUISITOS, PRESSUPOSTOS OU ELEMENTOS DA RESPONSABILIDADE CIVIL

São requisitos, pressupostos ou elementos da responsabilidade civil o fato lesivo, o nexo causal e o dano.

Fato lesivo é o fato jurídico suscetível de causar dano. Pode ser subjetiva ou objetivamente considerado. Quando subjetivamente apreciado, precisa configurar-se como comportamento voluntário comissivo ou omissivo, caracterizador de um ato ilícito, para adquirir aptidão indenizatória. Objetivamente considerado, precisa configurar-se na realização de uma situação específica, prevista em lei como lesiva, ou como decorrência do risco de uma atividade.

Nexo de causalidade é a relação entre o dano e o fato lesivo como pressuposto juridicamente determinante para a produção do resultado. Como exemplos, num acidente de trânsito o fato ou evento lesivo pode ser a desatenção, a imprudência, uma ação de terceiro, ou mesmo um defeito mecânico que leva à colisão com outro veículo ou a um atropelamento.

O nexo causal é o elemento que visa investigar se há ligação entre o fato lesivo e o dano produzido. Ou havendo, se foi decisivo para a produção do resultado e assim apurar quem ou o que o titularizou e como, para a caracterização ou descaracterização da responsabilidade, conforme o caso.

Além disso, também permite verificar a extensão do dano, para a aferição integral da responsabilidade.

Dano é o prejuízo suscetível de indenização, causado pelo ofensor ou por pessoa, animal, atividade ou coisa sob sua responsabilidade ou guarda, aos bens patrimoniais e extrapatrimoniais de titularidade do ofendido.

Para o professor Antonio Pinto Monteiro, "Indemnizar é, assim, tornar alguém indemne, isto é, sem dano. O dano constitui, simultaneamente, o pressuposto e o limite da indenização."[(6)]

III — o empregador ou comitente, por seus empregados, serviçais e prepostos, no exercício do trabalho que lhes competir, ou em razão dele; IV — os donos de hotéis, hospedarias, casas ou estabelecimentos onde se albergue por dinheiro, mesmo para fins de educação, pelos seus hóspedes, moradores e educandos; V — os que gratuitamente houverem participado nos produtos do crime, até a concorrente quantia." Disponível em: https://www.planalto.gov.br/ccivil_03/leis/2002/l10406compilada.htm. Acesso em: 12 maio 2024

(5) BANDEIRA DE MELLO, Oswaldo Aranha. *Conceito de Responsabilidade e Responsabilidade Civil*. v. 3. item 23. São Paulo: RDPubl, 1968; LOPES, Serpa. Curso de Direito Civil. 2. ed. Rio de Janeiro: Freitas Bastos, 1962. p. 186-187.

(6) MONTEIRO, Antonio Pinto. *Responsabilidade Civil — 50 anos em Portugal — 15 anos no Brasil*. Coord. Mafalda Miranda Barbosa e Francisco Muniz. Salvador: Juspodivm, 2017. p. 19.

Diversamente da sanção penal, destinada a reparar lesões aos interesses da sociedade atingidos por comportamentos antijurídicos tipificados como crimes e contravenções, a composição civil do dano cumpre o papel de reparação ou compensação das lesões patrimoniais e extrapatrimoniais injustas, causadas a interesses individuais, homogêneos ou não, coletivos e difusos.

4.1. ESPÉCIES DE DANO

O dano pode ser patrimonial, quando se refere a bem jurídico de avaliação econômica imediata e pode ser extrapatrimonial, quando se refere a bem jurídico imaterial, de natureza moral ou existencial.

O dano estético é uma categoria à parte, por se tratar de um dano material causado à funcionalidade ou aparência no corpo humano, mas que tem natureza extrapatrimonial, geradora de indenizabilidade autônoma, sem prejuízo do dano patrimonial que importe nos gastos médicos, de remédios e de diminuição ou supressão da capacidade laborativa e dos danos morais e existenciais decorrentes das limitações, complexos e impedimentos.

O dano patrimonial pode ser direto e indireto. É direto o que causa prejuízo em bem patrimonial da vítima (pichar um muro, arranhar um carro com prego) e indireto o que, embora ofenda de forma imediata bem extrapatrimonial, a exemplo da honra, de forma mediata ou reflexa termina atingindo o patrimônio do ofendido, importando, no exemplo dado, em perda de clientela.

Reversamente, pode ocorrer o contrário: o dano extrapatrimonial à saúde ou à integridade física do trabalhador, que resulta em despesas patrimoniais de tratamento.

Quando o dano não se atém à pessoa ou ao patrimônio do ofendido, alcançando ou refletindo na esfera jurídica de terceiro, é denominado dano reflexo ou em ricochete (*dommage par ricochet*), caso do dever de prestar alimentos a quem dependia da pessoa que faleceu por culpa, dolo ou atividade de risco do ofensor (art. 948, II, CC), que dá aos sucessores direito de ação em interesse próprio.

O dano também pode ser individual e coletivo. Individual é o causado a pessoas determinadas, concreta e particularmente consideradas e ainda que reunidas *a fortiori* pela homogeneidade de seus interesses.

Dano coletivo é aquele que atinge uma coletividade de fato de pessoas dispersas, na qualidade de integrantes de uma comunidade, atingindo direitos difusos ou direitos coletivos de grupo, categoria ou classe de pessoas pré-associadas em torno de um determinado fim, atingindo direitos coletivos.

Dano contratual é o que decorre do inadimplemento de uma obrigação ou cláusula contratual descumprida, gerando a responsabilidade de indenizar. Pressupõe, portanto, uma relação jurídica pré-existente entre as partes.

Dano extracontratual é o *tort law*, assim entendido o que provém da infringência de um dever legal ou culpa aquiliana, e não de ofensa a uma obrigação ou cláusula contratual. Sua previsão genérica está nos arts. 186 e 187 do Código Civil.

5. DANO PATRIMONIAL TRABALHISTA E SUA REPARAÇÃO

Dano patrimonial é o dano decorrente de prejuízo financeiro causado a bem jurídico que compõe o patrimônio de uma pessoa.

Patrimônio é o conjunto de relações jurídicas de natureza econômica, de titularidade de uma pessoa, pelo que a expressão "patrimônio moral" é licença poética.

Apurada e definida a responsabilidade civil, torna-se necessária a fixação da indenização devida ao ofendido (*aestimatio damni*), o que é feito por meio da liquidação do dano, procedimento necessário para estabelecer o valor da indenização destinada a recompor o patrimônio do ofendido.

Nos termos do art. 944, *cabeça*, CC, que consagra o princípio da *restitutio in integrum*, a indenização mede-se pela extensão do dano. A reparação deve dar-se de forma integral, consistindo em indenização pecuniária que envolve o dano emergente, de natureza positiva (o que efetivamente se perde) e o lucro cessante, de natureza negativa (o que direta e imediatamente previsível se deixa de ganhar) em razão do evento danoso (artigos 402 e 403, CC).

O disposto no parágrafo único do referido dispositivo legal não tem aplicação em se tratando de dano patrimonial. A redução equitativa da indenização de acordo com a gravidade da culpa (cláusula de exceção), somente pode ter aplicação em se cuidando de dano extrapatrimonial. Seria um contrassenso, por contrariar o princípio da reparação integral, "dar desconto" para prejuízos ou despesas comprovadas, decorrentes da ofensa.

Dano emergente é o prejuízo imediato, atual, correspondente à perda patrimonial efetiva, envolvendo assim todas as despesas comprovadas, necessárias à recomposição do prejuízo.

Lucro cessante é o prejuízo de efeito futuro direto e imediato previsível, incidente sobre aquilo que patrimonialmente se deixa de ganhar, auferir, lucrar, a exemplo da féria do taxista durante o tempo necessário ao conserto do veículo danificado pelo ofensor, ou dos salários do trabalhador até o total restabelecimento da vítima de acidente imputável ao empregador, ou mesmo da pensão substitutiva da perda laborativa definitiva, parcial ou total, decorrente do referido acidente.

São aplicáveis aos danos acidentários nas relações de trabalho, incluindo os decorrentes de acidentes típicos, doenças profissionais e concausas, o disposto nos arts. 948 a 950 do Código Civil.

Se a obrigação for indeterminada, e não houver na lei ou no contrato disposição fixando a indenização devida pelo inadimplente, apurar-se-á o valor das perdas e danos na forma que a lei processual determinar (art. 946, CC).

A liquidação pode dar-se de forma legal, convencional e judicial, conforme estabelecida pela própria lei os critérios para a apuração do valor da indenização (a exemplo do disposto no art. 954, Cód. Civil), por consenso das partes ou judicialmente, esta apurável por cálculos, arbitramento ou artigos.

Nas obrigações contratuais, a existência de cláusula penal compensatória ou moratória exclui a necessidade de comprovação do dano (art. 927, do Cód. Civil), sendo a primeira uma alternativa em favor do credor (art. 410, CC), conferindo a outra o arbítrio de cobrança juntamente com o valor da obrigação principal (art. 411, CC).

O fato concorrente da vítima contribui para a redução do valor indenizatório, enquanto a culpa comum ou comunhão de culpas exclui a indenização, via compensação (art. 945, do CC).

Nos casos em que a liquidação consiste no pagamento de prestações periódicas, admite-se a revisão quando destinada ao restabelecimento do equilíbrio causador de onerosidade excessiva para uma das partes.

Se o devedor não puder cumprir a prestação na espécie ajustada, substituir-se-á pelo seu valor, em moeda corrente (art. 947). Como exemplo no Direito do Trabalho, a indenização de aviso prévio não concedido (art. 487, §1º, da CLT), ou do período estabilitário pelo tempo de afastamento na reintegração, ou substitutivo na reintegração aconselhável ou já finda.

Nos termos do art. 948, I e II, do Código Civil, sem excluir outras reparações, a indenização, em caso de morte decorrente do evento danoso, consiste no pagamento das despesas com o tratamento da vítima, seu funeral e o luto da família, bem como na prestação de alimentos aos dependentes do falecido.

No caso de lesão ou outra ofensa à saúde, a indenização consistirá nas despesas do tratamento e dos lucros cessantes até ao fim da convalescença, além de algum outro prejuízo que o ofendido comprovado (art. 949).

E, conforme art. 950, *caput* e parágrafo, do CC, se da ofensa resultar defeito que diminua a capacidade laborativa do ofendido ou o inabilite para o exercício de ofício ou profissão, a indenização, além das despesas do tratamento e lucros cessantes até ao fim da convalescença, incluirá pensão correspondente à importância do trabalho para o qual se inabilitou, ou da depreciação que ele sofreu.

Havendo usurpação ou esbulho do alheio, além da restituição da coisa, a indenização consistirá em pagar o valor das suas deteriorações e o devido a título de lucros cessantes; faltando a coisa, dever-se-á reembolsar o seu equivalente ao prejudicado (art. 952). Assim, responderá o trabalhador que não desocupa o imóvel funcional por indenização consistente em valor correspondente a aluguel de mercado pelo período de ocupação indevida.

Em se tratando de dano patrimonial decorrente de injúria, difamação ou calúnia, a indenização consistirá na reparação do dano que delas resulte para o ofendido (*caput* do art. 953). Se não se verificar dano material ou não se puder prová-lo, o juiz fixará indenização equitativa, na conformidade das circunstâncias do caso (Parágrafo único do art. 953).

São garantias de indenização a hipoteca legal sobre os bens do ofensor e o seguro obrigatório da responsabilidade civil, sendo exemplos o seguro contra acidentes de trabalho (ou de vida e acidentes pessoais) e o seguro obrigatório de veículo.

6. DANO EXTRAPATRIMONIAL TRABALHISTA E SUA COMPENSAÇÃO

Bem é toda coisa, valor ou prestação suscetível de apropriação jurídica.

As coisas corpóreas são as que têm existência material e as incorpóreas são as perceptíveis pela consciência coletiva como realidade pela utilidade propiciada ao ser humano, caso do dinheiro, dos títulos de crédito e dos direitos em geral. Ou seja, as coisas incorpóreas têm existência intelectual.

Além das coisas, são bens os valores fundamentais ao ser humano, que dizem respeito à liberdade, igualdade, solidariedade e justiça social, e as prestações de dar, restituir, fazer e não fazer de conteúdo econômico ou não. Bens extrapatrimoniais trabalhistas são os valores fundamentais identificáveis nas relações de trabalho, que integram os direitos da personalidade dos contratantes e os direitos metaindividuais difusos e coletivos de comunidades, grupos, classes e categorias de trabalhadores. Entre eles estão os bens morais e os existenciais que compõem os direitos da personalidade.

As ofensas aos bens extrapatrimoniais residem em atentados à pessoa do ofendido e não a bens que compõem o seu patrimônio.

Os danos estéticos têm natureza híbrida, porque são corpóreos (defeitos físicos corporais e de locomoção aparentes), mas são extrapatrimoniais.

A ofensa aos bens morais e estéticos causam dor sentimental e aos existenciais causam impedimentos de vida plena pessoal e de relações familiares e sociais, que geram o dever de indenizar o dano.

Além de outros, são bens jurídicos extrapatrimoniais da pessoa física: vida, saúde, integridade física, subsistência, segurança, intimidade, vida privada, honra, imagem, sexualidade, nacionalidade, etnia, trabalho, existência, tratamento humano e respeito, liberdades de locomoção e circulação, de crença, de expressão, política e filosófica.

Nas relações de trabalho o artigo 223-C, da CLT não se refere a todos eles, pelo que o rol lá inserido não é exaustivo. O legislador limita-se, exemplificativamente, ao aponte da honra, imagem, intimidade, liberdade de ação, autoestima, sexualidade, saúde, lazer e integridade física como bens juridicamente tutelados, inerentes à pessoa física.

Além de outros, são bens jurídicos extrapatrimoniais da pessoa jurídica, a imagem, a marca, o nome, o segredo empresarial e o sigilo da correspondência. Nas relações de trabalho estão exemplificativamente previstos no art. 223-D, CLT.

Ofende esses bens extrapatrimoniais não apenas as condutas ilícitas, causadoras de dano, como também os danos decorrentes de responsabilidade objetiva.

De igual sorte, ofende os bens jurídicos extrapatrimoniais da sociedade, de comunidades ou de grupos sociais, as violações a atributos metaindividuais difusos ou coletivos. Como exemplos, danos a uma comunidade em decorrência da poluição do ar ou da água por uma indústria e os danos decorrentes de trabalho forçado ou escravo, de utilização de trabalho infantil, de descumprimento generalizado das obrigações trabalhistas, de falta de preparação do ambiente de trabalho para riscos à saúde e segurança dos trabalhadores.

Os danos a valores extrapatrimoniais da sociedade, de comunidades ou de grupos sociais podem ser morais e sociais.

Dano moral é a ofensa caracterizada por atos provocadores de abalos sentimentais insuportáveis causados a atributos valorativos, físicos e psicológicos ou espirituais da pessoa. No plano coletivo, danos morais são as ofensas a valores da própria sociedade, suscetíveis de causar repulsa e indignação às comunidades ou grupos sociais por elas afetados, a exemplo da conduta empresária discriminatória racista contra os seus trabalhadores; do desmatamento predatório; da poluição do ar ou da água por uma indústria; da prática empresarial de trabalho análogo ao de escravo; da prática generalizada de uma empresa de não reconhecer vínculo empregatício.

Danos sociais são as condutas antissociais ilícitas e altamente reprováveis, que transcendem interesses particulares, colocando em risco a segurança da sociedade, a qualidade de vida da comunidade ou a dignidade da pessoa humana, como soltar balão, despejar em rio de água potável lixo tóxico ou promover trabalho análogo ao de escravo.

Portanto, os danos sociais dizem respeito às ações coletivas de titularidade dos legitimados do art. 5º da Lei n. 7.437/1985, cabendo ao magistrado, se for o caso, observada a postulação, mensurar o valor a ser arbitrado a título de *punitive damages*, ou seja, fixar a quantia que julgar necessária a dissuadir o ofensor a não reiterar na prática da conduta gravosa.

Em nosso ordenamento, embora destine a fundo específico o valor, a Lei n. 7.347/1985 (Ação Civil Pública) deixa muito claro que o dano extrapatrimonial coletivo atribui funções múltiplas à indenização: compensatória e inibitória ou punitivo-dissuasória do dano causado. No que, a nosso ver, inclui a função punitiva nos casos que assim a reclamam.

Outrossim, a CLT, no § 3º do art. 223-G, permite ao magistrado, em se tratando de dano individual, fixar indenização dobrada em caso de reiteração de conduta, aqui também deixando clara a possibilidade de condenação punitiva mesmo em ação individual e ainda que não se trate de dano social.

Dano existencial é o causado por conduta que leva à perda, pela vítima, da possibilidade de realização do projeto de vida pessoal e da vida de relações familiares e sociais. Decorre da conduta do ofensor, de privar o ofendido de suas aspirações de realização pessoal e profissional e/ou de convivência regular com a família e o meio social.

Exemplificativamente, essa privação pode dar-se em razão da imposição de volume excessivo de trabalho ou de carga horária extrema, impeditivas da vida de relações (regular convívio social e familiar); de acidente do trabalho, capaz de frustrar, pelas lesões, um projeto de vida futura do trabalhador. Enquanto o dano moral é caracterizado por um sentimento, o dano existencial é caracterizado por um impedimento.

Dano estético é o causado pela alteração deformadora do aspecto físico ou funcional aparente do indivíduo, por ação ou omissão de outrem. Resulta em direito autônomo aos danos morais, existenciais e patrimoniais.

7. COMPOSIÇÃO DOS DANOS EXTRAPATRIMONIAIS TRABALHISTAS

Dispõe o art. 944, do Código Civil, que a indenização mede-se pela extensão do dano (princípio da integralidade) e, nos termos do parágrafo único, que se houver excessiva desproporção entre a gravidade da culpa e o dano (o que impõe a observância do princípio da proporcionalidade), poderá o juiz reduzir, equitativamente, a indenização (princípio da razoabilidade).

São, portanto, princípios gerais que devem ser observados para efeito de parametrização nos cálculos definidores da indenização.

Para essa parametrização, devem ser observados os critérios gerais estabelecidos no art. 223-G, da CLT. Eles permitirão, para atendimento ao art. 93, IX da CF (motivação das decisões judiciais), a demonstração de como o magistrado chegou ao valor indenizatório. Essa demonstração permitirá inclusive que as partes possam recorrer da decisão, questionando eventual má apreciação dos critérios.

Nos termos do citado dispositivo legal, "Ao apreciar o pedido, o juízo considerará:

I — a natureza do bem jurídico tutelado;

II — a intensidade do sofrimento ou da humilhação;

III — a possibilidade de superação física ou psicológica;

IV — os reflexos pessoais e sociais da ação ou da omissão;

V — a extensão e a duração dos efeitos da ofensa;

VI — as condições em que ocorreu a ofensa ou o prejuízo moral;

VII — o grau de dolo ou culpa;

VIII — a ocorrência de retratação espontânea;

IX — o esforço efetivo para minimizar a ofensa;

X — o perdão, tácito ou expresso;

XI — a situação social e econômica das partes envolvidas;

XII — o grau de publicidade da ofensa.

§ 1º Se julgar procedente o pedido, o juízo fixará a indenização a ser paga, a cada um dos ofendidos, em um dos seguintes parâmetros, vedada a acumulação:

I — ofensa de natureza leve, até três vezes o último salário contratual do ofendido;

II — ofensa de natureza média, até cinco vezes o último salário contratual do ofendido;

III — ofensa de natureza grave, até vinte vezes o último salário contratual do ofendido;

IV — ofensa de natureza gravíssima, até cinquenta vezes o último salário contratual do ofendido.

§ 3º Na reincidência entre partes idênticas, o juízo poderá elevar ao dobro o valor da indenização".

Complementa o art. 223-E, "São responsáveis pelo dano extrapatrimonial todos os que tenham colaborado para a ofensa ao bem jurídico tutelado, na proporção da ação ou da omissão."

O art. 223-G, da CLT, tem como ponto de partida para a fixação da indenização por danos extrapatrimoniais o ganho do trabalhador.

Essa diferenciação é justificável apenas quando se trata de dano patrimonial, mas nunca no dano extrapatrimonial. Num acidente de trabalho com redução ou supressão da capacidade laborativa, o ganho do trabalhador influi nos lucros cessantes e o valor a ser considerado deve realmente ser o salário auferido, mas tomar como ponto de partida o salário do trabalhador para efeito de avaliação da indenização pela dor sentimental gera discriminação, vedada pela Constituição Federal. O tamanho do sofrimento pessoal ou da família do trabalhador que aufere salário menor é o mesmo do trabalhador que aufere salário maior.

Logo, o critério apresentado pela Medida Provisória n. 808/2017, que caducou, é o melhor: um valor neutro, que pode ser utilizado como ponto de partida (como propúnhamos em 2014 em obra anterior à reforma trabalhista[(7)]). De acordo com a MP referida, o valor base era correspondente ao maior valor de benefícios da previdência social.

O art. 223-G também apresenta limitação quanto ao valor da indenização, o que nos parece injustificável perante a Constituição Federal.

Com efeito, a Lei Maior estabelece indenização por dano extrapatrimonial proporcional ao agravo sofrido (art. 5º, V e X), sem qualquer limitação. E assim sempre interpretou o STF, nas oportunidades em que se manifestou sobre o tema, afastando as limitações previstas na revogada Lei de Imprensa.

---

(7) BELMONTE, Alexandre Agra. *Tutela da Composição dos Danos Morais nas Relações de Trabalho* — Identificação das Ofensas Morais e Critérios Objetivos para Quantificação. São Paulo: LTr, 2014.

Outrossim, interpreta a Súmula 281, do STJ, de 13/05/2004:

Responsabilidade civil. Dano moral. Imprensa. Tarifação prevista na lei de imprensa. Inaplicabilidade. Lei 5.250/1967, art. 49, Lei 5.250/1967, art. 51 e Lei 5.250/1967, art. 52. CF/88, art. 5º, V e X. CCB/1916, art. 159.

A indenização por dano moral não está sujeita à tarifação prevista na Lei de Imprensa.

Em julgamento das ADIs ns. 6.050, 6.069 e 6.082, em que se discutia no STF a constitucionalidade dos arts. 223-A a 223-G da CLT, prevaleceu a decisão do Ministro Gilmar Mendes, nos seguintes termos:[(8)]

"(...) Em relação às ADI 600,6069 e 6082, conheço as ações e julgo parcialmente procedentes os pedidos para conferir interpretação conforme a Constituição, de modo a estabelecer que:

1. as redações conferidas aos arts. 223-A e 223-B da CLT não excluem o direito à reparação por dano moral indireto ou dano em ricochete no âmbito das relações de trabalho, a ser apreciada nos termos da legislação civil.

2. os critérios de quantificação de reparação por dano extrapatrimonial previstos no art. 223-G, *caput* e § 1º, da CLT deverão ser observados pelo julgador como critérios orientativos de fundamentação da decisão judicial. É constitucional, porém, o arbitramento judicial do dano em valores superiores aos limites máximos dispostos nos incisos I a IV do § 1º do art. 223-G, quando consideradas as circunstâncias do caso concreto e dos princípios da razoabilidade, proporcionalidade e a igualdade."

Também em nossa compreensão o tarifamento constante da lei deve ser considerado meramente persuasivo, superável por fundamentação que acaso demonstre necessidade de fixação em valor maior em relação ao limite legal sugerido.

Diferente da tarifação ou limitação pecuniária, é a parametrização, ou seja, o estabelecimento de critérios para fixar a indenização, exatamente nas bases que anteriormente já propúnhamos[(9)]. Nesse aspecto, acertou o legislador, eis que é preciso, como já exposto, demonstrar os parâmetros utilizados estabelecer a indenização.

E por que esses parâmetros são tão importantes? Porque quando se trata de bem patrimonial, basta verificar o valor de mercado do bem perdido ou da depreciação do bem avariado, bem como do que se deixou de ganhar. Mas quando se está diante de dano que não tem correspondência pecuniária, ou seja, valor de mercado, a indenização em espécie precisa partir de parâmetros que necessitam ter outro tipo de correspondência avaliativa. Daí a importância daqueles estabelecidos no art. 223-G, I a XII, da CLT.

Os parâmetros estabelecidos por lei partem, necessária e aprioristicamente, da natureza do bem ofendido (inciso I do art. 223-G), intensidade do sofrimento ou da humilhação (inciso II), possibilidade de superação física ou psicológica (inciso III) e reflexos pessoais e sociais da ação ou da omissão (inciso IV) e a extensão e a duração dos efeitos da ofensa (inciso V). A finalidade é, para atendimento ao princípio da integralidade ou extensão do dano, possibilitar a inserção apriorística da ofensa em uma das categorias (leve, média, grave e gravíssima), para então, nas etapas seguintes, tornar possível avaliar os demais critérios, que influirão, como agravantes ou atenuantes, no valor da indenização.

---

(8) https://portal.stf.jus.br/noticias/verNoticiaDetalhe.asp?incidente=5612680. Plenário, Sessão Virtual de 16.6.2023 a 23.6.2023. Por maioria, vencidos os Ministros Edson Fachin e Rosa Weber (Presidente), que julgavam procedente o pedido das ações.

(9) BELMONTE, Alexandre Agra. *Tutela da Composição dos Danos Morais nas Relações de Trabalho*: identificação das ofensas morais e critérios objetivos para quantificação. São Paulo: LTr, 2014. 260 p.

Tomemos como exemplo um acidente do trabalho em que um trabalhador, que recebeu cinto de segurança desgastado e sujeito a rompimento para uso em trabalho em andaime em elevada altura, resolveu retirá-lo para ter maior mobilidade na execução da tarefa de limpeza de vidraças, vindo a cair por ação de uma ventania e ficar paraplégico.

A perícia apura que instruía e fiscalizava os trabalhadores quanto ao uso do equipamento, mas que havia 40% de risco de rompimento do cinto, caso o trabalhador o estivesse usando.

Quer pela natureza da ofensa (paraplegia), quer pela intensidade do sofrimento imposto, *in re ipsa*, quer pela impossibilidade de superação da ofensa, quer pelos reflexos, a ofensa deve ser desde logo classificada como gravíssima. No entanto, quanto ao valor a ser fixado dentro da classe gravíssima da ofensa, será preciso avaliar os demais critérios.(10)

Para isso, devemos passar à etapa seguinte, avaliando as condições em que ocorreu a ofensa, o grau de culpa ou dolo, eventual culpa concorrente da vítima (art. 223-G, VI e VII, do CC e art. 945, do CC c/c 223-E, da CLT), e ou verificação de concausa interna ou externa (arts. 223-E, CLT e 21, I e § 2º, da Lei n. 8.213/1991) para dosagem das condições da ofensa e proporcionalidade, intensidade e eficiência da culpa em relação ao dano.

Inobstante tratar-se de atividade de risco, empregador e empregado agiram conjuntamente para a produção do resultado. O empregador, ao fornecer cinto de segurança com risco de rompimento caso o trabalhador o estivesse usando, e o empregado pela imprudência em retirar o cinto e desobedecer à determinação do uso do equipamento de proteção. Caso típico de culpa concorrente, que justifica a apuração em proporção (art. 945, do Código Civil c/c 223-E, da CLT).

Por fim, a última etapa, destinada a avaliar a razoabilidade da indenização inicialmente apurada, frente aos aspectos peculiares da situação jurídica, para ajuste da indenização com base nos critérios previstos no art. 223, VIII a XII, da CLT.

Em que pese entendermos que os limites estabelecidos no § 1º são meramente persuasivos, no caso, por se tratar de empresa de pequeno porte, em que o valor da indenização pode impactar na sua continuidade e geração de empregos e tributos, há de prevalecer a redução e não a ampliação do valor, mas de forma que seja significativa como compensação para a vítima e persuasiva para que o ofensor, no futuro, se adeque às normas de segurança, de forma a prevenir a ocorrência de situações como a verificada.

Essa parametrização deve ser feita pelo juiz de 1º grau ou pelo Tribunal, se reformada a decisão. No TST o valor indenizatório só deve ser modificado se teratológico (ínfimo ou excessivo para o caso concreto), hipótese em que deverá ser fixado conforme a média utilizada para casos verossimilhantes.

Quanto aos danos morais coletivos, o cálculo não resulta do somatório de danos extrapatrimoniais individuais, que podem até não ser considerados como indenizáveis. Além do que o somatório dos salários individuais para efeito de indenização, dependendo do tamanho do grupo, classe ou categoria, tanto pode resultar em quantia

(10) Valor persuasivo ou sugestivo maior do que 20 (vinte) e até 50 (cinquenta) vezes o valor do limite máximo de benefícios da previdência social, ou se vier a ser considerada constitucional a fixação em salários contratuais, até 50 (cinquenta) vezes esse valor.

absurda, desestabilizando ou inviabilizando a continuidade de qualquer negócio ou atividade, como resultar em quantia ínfima, finalidade que não é a do ordenamento jurídico. Ele quer que o as reparações, compensações e admoestamentos sirvam, racionalmente, na medida do cumprimento do Direito Objetivo.

Não bastasse, o valor da indenização por danos extrapatrimoniais coletivos não reverte para o trabalhador, sequer servindo para a composição individual dos direitos ofendidos. O provimento é destinado a compelir o ofensor a, imediatamente, fazer cessar o dano imposto à comunidade e compensá-la como resposta social, com direcionamento do valor a entidades que possam utilizar o dinheiro em prol da sociedade ou dos trabalhadores em geral.

Logo, se o trabalhador não fica impedido de, individualmente postular danos morais que coincidentemente ofendam simultaneamente a comunidade e a ele próprio, fica claro que os danos morais coletivos não correspondem a um somatório de danos individuais. Se correspondessem, ele não poderia postular, em ação própria, compensação de dano que o atingisse individualmente.

As astreintes já servem para compelir o ofensor a, imediatamente, fazer cessar o dano imposto e não o repetir.

Enfim, o critério de avaliação da ofensa à categoria não é sentimental. É objetivo, decorrente da ofensa em si mesma. Bastam a natureza do bem ofendido e a razoabilidade na avaliação de indenização compensatória à comunidade, com descarte das agravantes e atenuantes que correspondem a aspectos subjetivos inerentes aos direitos individuais.

8. CONCLUSÕES

É evidente a existência de danos patrimoniais e extrapatrimoniais específicos das relações de trabalho. As decisões da Justiça do Trabalho, a exemplo das compensações pelas ofensas por assédio moral e tratamento discriminatório têm contribuído para a humanização das relações trabalhistas.

No âmbito do dano moral coletivo, a atuação do Ministério Público do Trabalho e dos sindicatos tem sido notável na apuração das denúncias e condenações que terminaram por fazer com que as empresas investissem na prevenção ou eliminação de riscos.

A partir da transferência dos acidentes do trabalho da Justiça comum para a trabalhista houve impressionante evolução jurisprudencial e apesar do país figurar entre aqueles com maior número de acidentes, a regulação preventiva e o investimento empresarial em prevenção tem sido significativo.

Por muito tempo, no entanto, foi difícil a sociedade afastar o preconceito, a ideia de banalização e compreender que a vida, a segurança, a integridade física, a crença, a sexualidade, a intimidade, a imagem, a vida privada, a honra e inúmeros ouros valores devem ser respeitados e que as ofensas sentimentais ou existenciais merecem compensação.

REFERÊNCIAS

BRASIL, Anexo II da NR-17, aprovado pela Portaria SIT n. 09/2007, com as alterações da Portaria MTP n. 423, de 07/10/2021.

BRASIL, Lei n. 10.406, de 10 de janeiro de 2002 (Código Civil).

BRASIL, STF. ADIs ns. 6.050, 6.069 e 6.082. In https://portal.stf.jus.br/noticias/verNoticiaDetalhe.asp?incidente=5612680. Plenário, Sessão Virtual de 16.6.2023 a 23.6.2023.

BANDEIRA DE MELLO, Oswaldo Aranha. *Conceito de Responsabilidade e Responsabilidade Civil.* v. 3. item 23. São Paulo: RDPubl, 1968; LOPES, Serpa. *Curso de Direito Civil*. 2. ed. Rio de Janeiro: Freitas Bastos, 1962.

BELMONTE, Alexandre Agra. *Tutela da Composição dos Danos Morais nas Relações de Trabalho* — Identificação das Ofensas Morais e Critérios Objetivos para Quantificação. São Paulo: LTr, 2014.

BELMONTE, Alexandre Agra. *Danos Extrapatrimoniais nas Relações de Trabalho*. 4. ed. Salvador: Juspodivm, 2023.

MONTEIRO, Antonio Pinto. *Responsabilidade Civil — 50 anos em Portugal — 15 anos no Brasil*. Coord. Mafalda Miranda Barbosa e Francisco Muniz. Salvador: Juspodivm, 2017.

Nova morfologia do trabalho e subordinação: a competência material da Justiça do Trabalho em perspectiva

André Eduardo Dorster Araújo (*)

Resumo: O artigo analisa as transformações no mundo do trabalho decorrentes dos avanços tecnológicos e das novas formas de gestão e organização empresarial. O objetivo geral é analisar, através de revisão bibliográfica e jurisprudencial, as novas dinâmicas de trabalho e o fenômeno de rarefação da subordinação jurídica, avaliando seus possíveis impactos na competência material da Justiça do Trabalho. Adotou-se o método hipotético-dedutivo, revisando a evolução conceitual do instituto da subordinação jurídica, identificando mudanças nas dinâmicas de trabalho e analisando seu possível impacto na aferição da competência material da Justiça do Trabalho. Os principais resultados indicam: (i) que o instituto da subordinação jurídica se desenvolveu no contexto das 1ª e 2ª Revoluções Industriais, contudo hoje enfrenta desafios, decorrentes das 3ª e 4ª Revoluções Industriais; (ii) que a Emenda Constitucional n. 45/2004 ampliou a competência da Justiça do Trabalho para processar e julgar conflitos decorrentes das relações de trabalho (em sentido amplo); (iii) que o E. STF têm restringido esta competência, limitando-a às situações de trabalho subordinado. As conclusões apontam que o E. STF ao adotar esta interpretação restritiva equivoca-se, pois, a Constituição Federal não exige subordinação jurídica para fins de determinação da competência material da Justiça do Trabalho.

Palavras-chave: subordinação jurídica; novas formas de trabalho; competência material; Justiça do Trabalho.

Abstract: The article analyses the transformations in the world of work resulting from technological advances and new forms of management and business organization. The general objective is to analyze, through a bibliographical and jurisprudential review, the new dynamics of work and the phenomenon of rarefaction of legal subordination, evaluating its possible impacts on the material competence of the Labor Court. The hypothetical-deductive method was adopted, reviewing the conceptual evolution of the institute of legal subordination, identifying changes in work dynamics and analyzing their possible impact on the determination of the material jurisdiction of the Labor Court. The main results indicate: (i) that the institute of legal subordination developed in the context of the 1st and 2nd Industrial Revolutions, but today faces challenges arising from the 3rd and 4th Industrial Revolutions; (ii) that Constitutional Amendment 45/2004 extended the jurisdiction of the Labor Court to process and judge conflicts arising from labor relations (in the broad sense); (iii) that the Supreme Court has been restricting this jurisdiction, limiting it to situations of subordinate work. The conclusions point out that the Supreme Court is wrong to adopt this restrictive interpretation, since the Federal Constitution does not require legal subordination in order to determine the material jurisdiction of the Labor Courts.

Keywords: legal subordination; new forms of work; material competence; Labor Justice.

(*) Juiz do Trabalho Substituto do Tribunal Regional do Trabalho da 2ª Região. Mestre em Direito pela Universidade Presbiteriana Mackenzie. Pós-graduado em Direito do Trabalho pela Universidade de Lisboa. Pós-graduado em Direito do Trabalho pela Universidade Presbiteriana Mackenzie. Graduado pela Universidade Presbiteriana Mackenzie. Autor de livros, artigos, periódicos e capítulos de livros. Diretor de Formação e Cultura da Associação Nacional dos Magistrados e Magistradas da Justiça do Trabalho — ANAMATRA — biênio 2023/2025. Diretor de Cidadania e Direitos Humanos da ANAMATRA — biênio 2021/2023.

Sumário: 1. Introdução. 2. Subordinação Jurídica. 3. Nova morfologia do trabalho. A rarefação da subordinação. 4. Competência Material da Justiça do Trabalho em Perspectiva. 5. Considerações finais. 6. Referências.

1. INTRODUÇÃO

As últimas décadas testemunharam profundas transformações no mundo do trabalho, impulsionadas por avanços tecnológicos e novas formas de organização empresarial. A crescente diversidade de arranjos contratuais e modalidades de trabalho, como o trabalho remoto, contratos atípicos e o uso de plataformas digitais para a prestação de serviços, reflete uma mudança significativa nas relações laborais. Tais mudanças desafiam as estruturas tradicionais do Direito do Trabalho, que foram inicialmente moldadas para um cenário de emprego estável e formal. Dados do IBGE revelam que a informalidade no Brasil é uma característica estrutural do mercado de trabalho, evidenciando a complexidade e a fragmentação das atuais relações de trabalho[(1)]. Esse contexto é exacerbado pela popularização do trabalho remoto e pela proliferação de plataformas digitais que intermediam a prestação de serviços, transformando a dinâmica entre empregadores e trabalhadores.

No início do século XX, o trabalho subordinado era uma realidade dominante nas fábricas, com um claro delineamento de hierarquias e responsabilidades. No entanto, a transição para a economia digital e o advento de tecnologias de comunicação possibilitaram novas formas de organização do trabalho. Atualmente, modalidades como o freelancing, a contratação por projetos e o trabalho via aplicativos são comuns, e setores inteiros, como o de entregadores e motoristas de aplicativos, emergiram como paradigmas dessa nova realidade. Numerosos segmentos profissionais foram simplesmente varridos do mundo empregatício para renascerem no mundo pejotizado, como médicos, engenheiros de produção, técnicos de informática e atividades intelectuais[(2)]. A flexibilização das relações laborais trouxe consigo a necessidade de repensar a aplicação das normas de proteção ao trabalhador, uma vez que a tradicional figura do empregado subordinado cede lugar a uma multiplicidade de arranjos contratuais menos rígidos e mais informais.

A subordinação jurídica é o elemento central na definição das relações de emprego, servindo como critério distintivo para a aplicação das normas trabalhistas. Historicamente, a subordinação era entendida como a sujeição do trabalhador ao poder diretivo do empregador, implicando controle e supervisão diretos sobre a execução das tarefas. No entanto, a evolução das formas de trabalho e a crescente complexidade das atividades econômicas têm desafiado essa concepção tradicional. Alain Supiot argumenta que a subordinação, que definia o trabalho assalariado, não fornece hoje um critério jurídico adequado para abranger a diversidade das situações de trabalho, uma vez que a liberdade no trabalho se torna uma necessidade[(3)]. Isso reflete a transformação das relações laborais, onde a autonomia e a iniciativa do trabalhador muitas

---

(1) CARNEIRO, Lucianne. IGBE vê recorde de informalidade como característica estrutural do mercado de trabalho. *Valor Econômico*, 30 de junho de 2022. Disponível em: https://valor.globo.com/brasil/noticia/2022/06/30/ibge-ve-recorde-de-informalidade-como-caracteristica-estrutural-do-mercado-de-trabalho.ghtml. Acesso em: 02 fev. 2023.

(2) SILVA, Homero Batista Mateus da. *Direito do Trabalho Aplicado — Volume 1 — Teoria Geral de Direito do Trabalho e do Direito Sindical*. São Paulo: Revista dos Tribunais, 2021. p. 33.

(3) SUPIOT, Alain. *Crítica do Direito do Trabalho*. Tradução: António Monteiro Fernandes. 1. ed. São Paulo: Fundação Calouste Gulbenkian, 2016. p. 341-342.

vezes coexistem com a dependência econômica e a inserção na estrutura organizacional da empresa.

No Brasil, a subordinação jurídica foi inicialmente adotada como um conceito rígido, vinculado ao controle e direção diretos do empregador sobre o empregado. Com o tempo, a doutrina e a jurisprudência passaram a reconhecer formas mais sutis de subordinação, incluindo a subordinação estrutural e a objetiva, que consideram a inserção do trabalhador na organização empresarial e a sua dependência econômica, mesmo quando há autonomia na execução das tarefas. O conceito de subordinação objetiva, por exemplo, reconhece que a dependência econômica e a integração do trabalhador na estrutura empresarial podem ser suficientes para caracterizar a relação de emprego, mesmo na ausência de controle direto. Contudo, essas adaptações enfrentam limitações frente às novas dinâmicas de trabalho, com traços de subordinação cada vez mais rarefeitos, como se dá no trabalho via plataformas digitais, onde a relação entre prestador de serviço e plataforma muitas vezes não se enquadra nas definições tradicionais de subordinação.

Tais ventos de mudanças acabam por impactar também no contexto processual, especialmente trazendo desafios significativos para a definição da competência material da Justiça do Trabalho. Não se ignora que a Emenda Constitucional (EC) n. *45/2004* ampliou a competência da Justiça do Trabalho para abranger todas as relações de trabalho, não apenas as relações de emprego tradicionais. No entanto, a interpretação do que constitui uma "relação de trabalho" tem sido objeto de controvérsias e decisões divergentes. Em especial, nota-se uma tendência do E. STF em restringir a competência da Justiça do Trabalho exclusivamente para análise das relações de emprego em sentido estrito, excluindo, portanto, relações de trabalho em sentido amplo, especialmente as novas formas de trabalho que se situam na zona gris entre relação de emprego e trabalho autônomo.

A pesquisa proposta visa investigar essas questões e oferecer uma visão abrangente sobre os impactos das novas dinâmicas de trabalho na competência material da Justiça do Trabalho, contribuindo para o desenvolvimento de novos paradigmas interpretativos. O problema que se põe para debate é: "As novas dinâmicas de trabalho e a rarefação da subordinação jurídica afastam de algum modo, e em que medida, a competência material da Justiça do Trabalho?"

Nosso objetivo geral será analisar, por meio de ampla revisão bibliográfica e jurisprudencial, as novas dinâmicas de trabalho e a rarefação da subordinação jurídica no contexto hodierno, e quais seus possíveis impactos sobre a competência material da Justiça do Trabalho. Para tanto, perpassaremos por uma revisão conceitual e histórica do instituto da subordinação jurídica no direito do trabalho brasileiro, buscaremos identificar as principais mudanças nas dinâmicas de trabalho decorrentes das novas formas de organização laboral e, por fim, analisar se as mudanças na morfologia do trabalho contemporâneo afastam, de algum modo e em que medida, a competência material da Justiça do Trabalho para analisar conflitos envolvendo as relações de trabalho. Nosso método será hipotético-dedutivo.

2. SUBORDINAÇÃO JURÍDICA

2.1. *REVISÃO CONCEITUAL E HISTÓRICA*

No plano internacional, o Direito do Trabalho, enquanto disciplina jurídica autônoma, surge num período de profundas transformações sociais e econômicas, impulsionadas pela Revolução Industrial. Este contexto histórico foi marcado por um rápido crescimento industrial e a urbanização, acompanhado de conflitos e irritações, resultando na formação de uma classe trabalhador assalariada que, até então, não possuía proteção jurídica específica. Esse novo cenário de produção e trabalho foi acompanhado por intensos conflitos sociais e movimentos sindicais, que pressionaram os governos a criarem normas de proteção ao trabalhador(4). Exsurge, pois, o Direito do Trabalho como disciplina jurídica nova, pautada no ideal de intervenção do Estado em favor do trabalhador, considerado a parte mais fraca na relação de trabalho, especialmente em face das ideologias predominantes da época que reconheciam a necessidade de regulamentação para mitigar as desigualdades inerentes ao sistema capitalista emergente(5).

No Brasil, o desenvolvimento do Direito do Trabalho seguiu um caminho similar, porém tardio, dadas as peculiaridades brasileiras (especialmente a abolição da escravatura que seu deu somente em 1888). Antes de 1930, existiam poucas leis trabalhistas e uma fraca organização sindical, resultando em um sistema legal de proteção ao trabalho ainda incipiente(6). A concentração industrial era baixa, o que dificultava o surgimento de um espírito sindical forte e uma regulação laboral efetiva(7). Não se pode descurar, outrossim, que a regulação laboral brasileira se deu num contexto político autoritário, sob o governo de Getúlio Vargas, sofrendo influxos do contexto econômico de época, especialmente o ideal de institucionalização de um capitalismo industrial(8).

Tais premissas históricas são relevantes, porquanto o desenvolvimento da ideia de *subordinação*, como elemento distintivo da relação de emprego, emerge num contexto de época, à luz da realidade laboral daquele momento histórico. A subordinação jurídica, como característica distintiva da relação de trabalho, foi primeiramente sistematizada por Ludovico Barassi, que identificou como as posições hierárquicas de empregador e empregado evidenciam uma relação de poder onde o trabalhador, ao aceitar o emprego, coloca-se à disposição do empregador, comprometendo-se a seguir suas instruções e diretrizes. A subordinação, contudo, não implicaria numa perda total da liberdade do trabalhador, mas uma limitação contratual de sua autonomia da vontade no âmbito das atividades laborais, fundamentada no consentimento e na responsabilidade individual(9).

---

(4) FREITAS JÚNIOR, Antonio Rodrigues de. O trabalho à procura de um direito: crise econômica, conflitos de classe e proteção social na Modernidade. *Estudos Avançados*, v. 28, n. 81. p. 69-93, 2014. Disponível em: https://www.revistas.usp.br/eav/article/view/83895. Acesso em: 8 mar. 2022.

(5) RAMALHO, Maria do Rosário Palma. *Tratado de Direito do Trabalho — Parte I — Dogmática Geral.* 4. ed. Coimbra: Almedina, 2015. p. 62.

(6) SÜSSEKIND, Arnaldo. Lindolfo Collor e a Legislação Trabalhista Brasileira. *Revista do Tribunal Superior do Trabalho*, São Paulo, v. 59. p. 105-112, 1990. Disponível em: https://juslaboris.tst.jus.br/bitstream/handle/20.500.12178/89516/017_sussekind.pdf?sequence=1&isAllowed=y. Acesso em: 31 mar. 2022).

(7) Não se nega que os movimentos sindicais e luta operária fomentaram o desenvolvimento do Direito do Trabalho no Brasil, mas como pontua Süssekind, os avanços legislativos após as grandes greves de 1917 e 1919 foram muito pequenos, com apenas quatro normas jurídicas. SÜSSEKIND, Arnaldo. Lindolfo Collor e a Legislação Trabalhista Brasileira. *Revista do Tribunal Superior do Trabalho*, São Paulo, v. 59. p. 105-112, 1990. Disponível em: https://juslaboris.tst.jus.br/bitstream/handle/20.500.12178/89516/017_sussekind.pdf?sequence=1&isAllowed=y. Acesso em: 31 mar. 2022.

(8) SOUTO MAIOR, Jorge Luiz. *História do Direito do Trabalho no Brasil. Curso de Direito do Trabalho — Volume I — Parte II.* São Paulo: LTr, 2017. p. 173-260.

(9) BARASSI, Ludovico. *Il contratto di lavoro nel diritto positivo italiano — Vol. 1.* 2. ed. Milano: Societá Editrice Libraria, 1915. *p.* 622-623.

Vê-se, portanto, que a teorização acerca da subordinação exsurgiu à luz da morfologia do trabalho da época, qual seja: trabalhadores de baixa qualificação, economicamente dependentes e inseridos em grandes empreendimentos industriais típicos do modelo taylorista-fordista. Não por outra razão, as primeiras regulamentações jurídico-laborais tiveram foco predominantemente na proteção dos trabalhadores industriais, refletindo a estrutura econômica da época[(10)]. No plano internacional, pode-se dizer que até a década de 1970, a proteção aos empregados veio numa crescente, tornando-se mais robusta, período em que a subordinação jurídica foi amplamente reconhecida como um elemento estrutural da relação de emprego, justificando a intervenção estatal para garantir condições justas e seguras de trabalho.

No Brasil, a influência da doutrina de Barassi é inegável[(11)], e a teorização em torno da subordinação se deu fundamentalmente pela interpretação sistemática dos arts. 2º e 3º da CLT, que a despeito de não usarem o termo "subordinação", preveem que o empregador dirige a prestação de serviços e o empregado realiza seu trabalho "sob a dependência" daquele. A subordinação jurídica, portanto, erigiu-se como um pilar fundamental do Direito do Trabalho brasileiro, verdadeiro elemento distintivo para se identificar quem são os trabalhadores que merecem proteção jurídica estatal.

2.2. *CRITÉRIOS PARA AFERIÇÃO DA SUBORDINAÇÃO*

Diante da redação celetista, e sob os influxos da doutrina estrangeira, as primeiras teorizações em torno da subordinação enfocaram no critério da "dependência", manifestado sob algumas vertentes.

Em primeiro lugar, exsurgiram os debates em torno da subordinação como um fenômeno de dependência econômica, na medida em que a vulnerabilidade econômica dos trabalhadores foi um fundamento central para o próprio desenvolvimento do Direito do Trabalho[(12)]. Esse critério buscaria reduzir os vícios da vontade provocados pela desigualdade econômica entre empregador e empregado[(13)]. No entanto, há críticas sobre sua efetividade como critério jurídico. O professor e ministro do Tribunal Superior do Trabalho Maurício Godinho Delgado argumenta que, embora tenha validade sociológica, o critério econômico atua como elemento externo na relação jurídica, não explicando satisfatoriamente a assimetria inerente ao poder de direção do empregador e a subordinação do empregado[(14)]. A assimetria econômica não altera, proporcionalmente, os deveres e prerrogativas legais atribuídos ao poder empregatício, evidenciando a insuficiência do critério econômico para definir a subordinação jurídica em todas as suas nuances.

---

(10) NASCIMENTO, Amauri Mascaro; NASCIMENTO, Sônia Mascaro. *Curso de Direito do Trabalho*. 29. ed. São Paulo: Saraiva: 2014. *E-book. p.* 1483.

(11) NASCIMENTO, Amauri Mascaro; NASCIMENTO, Sônia Mascaro. *Curso de Direito do Trabalho*. 29. ed. São Paulo: Saraiva: 2014. *E-book. p.* 4638

(12) SUPIOT, Alain. *Crítica do Direito do Trabalho*. Tradução: António Monteiro Fernandes. 1. ed. São Paulo: Fundação Calouste Gulbenkian, 2016. p. 148

(13) OLIVEIRA, Murilo Carvalho Sampaio. A subordinação jurídica no Direito do Trabalho. *In:* MANUS, Pedro Paulo Teixeira; GITELMAN, Suely. *Enciclopédia Jurídica da PUC — SP — Tomo 7 — Direito do Trabalho e Processo do Trabalho*. São Paulo: Editora Pontifícia Universidade Católica de São Paulo, São Paulo, 2020. p. 1-45. Disponível em: https://enciclopediajuridica.pucsp.br/pdfs/a-subordinacao-juridica-no-direito-do-trabalho_5f24bd2a94192.pdf. Acesso em: 25 abr. 2022.

(14) DELGADO, Mauricio Godinho. *Curso de Direito do Trabalho*. 17. ed. São Paulo: LTr, 2018. p. 304-305.

A dependência técnica, outro critério para aferição da subordinação, se desenvolveu principalmente sob a influência da legislação suíça e da Sociedade de Estudos Legislativos da França, num contexto de trabalho operário-industrial de baixa qualificação[15]. Nesse cenário, o trabalhador oferecia sua força física ao empregador, detentor do conhecimento necessário para a produção. Mais uma vez, Maurício Godinho Delgado aponta fragilidades nessa noção. Na moderna organização empresarial, a tecnologia é controlada pelo empregador através de instrumentos jurídicos, sem necessidade de conhecimento detalhado sobre o objeto controlado[16]. Portanto, a dependência técnica, em que pese por vezes se faça presente, não representa adequadamente a dinâmica das relações laborais, onde o empregador muitas vezes contrata o saber técnico precisamente porque não detém controle individual sobre ele. Esse critério, portanto, falha em capturar a complexidade da subordinação técnica nos arranjos laborais modernos.

A teoria da dependência moral, por sua vez, enfatiza a natureza personalíssima da relação de trabalho subordinado, destacando o dever de fidelidade, lealdade e cooperação do trabalhador para com o empregador[17]. Apesar de realçar aspectos importantes da relação de emprego, essa teoria também enfrenta críticas por não distinguir adequadamente entre direito e moral, aproximando-se da concepção germânica de uma relação laboral comunitária, em contraste com a visão contratualista adotada pela legislação brasileira[18].

Por fim, o critério da dependência social propõe uma visão integrada, considerando a subordinação do empregado como uma condição que pode ser simultaneamente econômica e jurídica[19]. No entanto, tal concepção é criticada por sua amplitude e imprecisão, falhando em separar claramente os diferentes aspectos da dependência no contexto das relações laborais. Assim, enquanto esses critérios oferecem importantes perspectivas, nenhum deles isoladamente captura plenamente a complexidade e multifacetada natureza da subordinação jurídica no trabalho.

Por todas estas críticas em torno do critério da dependência, atualmente prepondera o entendimento de que a subordinação deve ser interpretada sob um prisma estritamente jurídico, ou seja, afastando os elementos meta-jurídicos próprios do critério da dependência. Subordinação, portanto, seria a situação de *sujeição jurídica* do trabalhador à autoridade do empregador, que dirige, controla e fiscaliza a execução dos trabalhos e, inclusive, pode penalizar condutas irregulares dos empregados. Ou seja, o poder de comando do empregador é a contraface da subordinação[20]. Sob o prisma

(15) MORAES FILHO, Evaristo de; MORAES, Antonio Carlos Flores de. *Introdução ao direito do trabalho*. 6. ed., rev., aum. e atual. São Paulo: LTr, 1993. p. 221.

(16) DELGADO, Mauricio Godinho. *Curso de Direito do Trabalho*. 17. ed. São Paulo: LTr, 2018. p. 304-305

(17) OLIVEIRA, Murilo Carvalho Sampaio. A subordinação jurídica no Direito do Trabalho. *In:* MANUS, Pedro Paulo Teixeira; GITELMAN, Suely. *Enciclopédia Jurídica da PUC — SP — Tomo 7 — Direito do Trabalho e Processo do Trabalho*. São Paulo: Editora Pontifícia Universidade Católica de São Paulo, São Paulo, 2020. p. 1-45. Disponível em: https://enciclopediajuridica.pucsp.br/pdfs/a-subordinacao-juridica-no-direito-do-trabalho_5f24bd2a94192.pdf. Acesso em: 25 abr. 2022

(18) DORSTER, André. *Subordinação e a Nova Morfologia do Trabalho*. Brasília: Venturoli, 2024. p. 117.

(19) GOMES, Orlando; GOTTSCHALK, Elson. *Curso de direito do trabalho*. 17. ed. Rio de Janeiro: Forense, 2005. p. 85 *Apud* OLIVEIRA, Murilo Carvalho Sampaio. A subordinação jurídica no Direito do Trabalho. *In:* MANUS, Pedro Paulo Teixeira; GITELMAN, Suely. *Enciclopédia Jurídica da PUC — SP — Tomo 7 — Direito do Trabalho e Processo do Trabalho*. São Paulo: Editora Pontifícia Universidade Católica de São Paulo, São Paulo, 2020. p. 1-45. Disponível em: https://enciclopediajuridica.pucsp.br/pdfs/a-subordinacao-juridica-no-direito-do-trabalho_5f24bd2a94192.pdf. Acesso em: 25 abr. 2022

(20) CARVALHO, Augusto César Leite de. *Direito do trabalho: curso e discurso*. 4. ed. São Paulo: LTr, 2022. p. 139.

estritamente jurídico, portanto, a dependência econômica, técnica, moral e social são absolutamente irrelevantes.

A concepção clássica da subordinação jurídica tem uma inclinação *subjetiva*, no sentido de que há uma relação de poder-comando entre os sujeitos contratuais: o empregador dirige, dá ordens, determina como, onde e quando o trabalho deve ser executado, ao passo que ao empregado cabe acatar e seguir as determinações patronais.

Tal concepção tradicional, contudo, tem sido objeto de evolução e transformação nos estudos acadêmicos, notadamente os mais recentes. Essa transformação, decorre do fenômeno da rarefação dos indícios clássicos, subjetivos, utilizados para fins de se verificar a subordinação jurídica. Com efeito, é usual na investigação em torno da subordinação aferir-se se há ordens patronais diretas, se há penalizações em caso de descumprimento das ordens, se há necessidade de justificativas para atrasos e ausências, bem como investigar quem é o detentor dos meios de produção e assume os riscos do empreendimento(21). A rarefação se revela justamente pela dificuldade de se aferir tais aspectos nas novas realidades laborais. Os avanços tecnológicos e a crescente complexidade das relações de trabalho têm revelado uma nova morfologia do trabalho contemporâneo que destoa daquela do "chão de fábrica" do período pós-revolução industrial. A proliferação de formas atípicas de trabalho, como os contratos de prestação de serviços por meio de plataformas digitais, tem evidenciado a existência de zonas cinzentas entre a subordinação e a autonomia. A doutrina e a jurisprudência, ainda que majoritariamente apegadas aos critérios tradicionais, começam a reconhecer a necessidade de novos parâmetros que contemplem essas novas dinâmicas laborais.

Sinteticamente pode-se dizer que se desenvolveram duas linhas teóricas em torno da ressignificação da subordinação (que tentam superar o critério clássico subjetivo): as teorias reducionistas e as teorias expansionistas.

As teorias reducionistas ocupam-se em desenvolver níveis (patamares) de subordinação, criando categorias intermediárias entre trabalhadores autônomos (sem proteção jurídico-laboral) e empregados. As principais experiências neste sentido se deram na Itália (por meio do trabalho parassubordinado), em Portugal (com o Trabalhador Economicamente Dependente) e Espanha (Trabalhador Autônomo Economicamente Dependente — LETA)(22).

Por sua vez, as teorias expansionistas se empenham em alargar o conceito de subordinação jurídica para adaptá-lo à rarefação oriunda da nova morfologia do trabalho, e com isto proteger a maior gama de trabalhadores possível. A primeira manifestação teórica expansionista, embrião de todas as demais(23), foi a teoria da subordinação *objetiva*, em que se desconsideram aspectos subjetivos relacionados aos sujeitos da relação contratual. Ou seja, foca-se na atividade do trabalhador e sua integração à atividade empresarial, deixando de lado a avaliação clássica subjetiva atinente às ordens diretas do empregador ao empregado. Desta teorização, desenvolveram-se diversas outras também objetivas, tais como: subordinação estrutural, subordinação reticular, subordinação integrativa e potencial(24).

(21) DORSTER, André. *Subordinação e a Nova Morfologia do Trabalho*. Brasília: Venturoli, 2024. p. 120-121.

(22) *Idem, ibidem*. p. 126-134.

(23) DORSTER, André. *Subordinação e a Nova Morfologia do Trabalho*. Brasília: Venturoli, 2024. p. 139-140.

(24) Não nos debruçaremos sobre cada uma delas, porquanto não é o objeto central de investigação do presente artigo. Para aprofundamento, indica-se a leitura de DORSTER, André. *Subordinação e a Nova Morfologia do Trabalho*. Brasília: Venturoli, 2024.

Ambas as vertentes teóricas (reducionistas e expansionistas) são alvo de críticas de diversas matizes. As reducionistas por conta da ampliação do risco de fraudes nas relações trabalhistas, na medida em que a criação de categorias intermediárias é terreno fértil para o esvaziamento completo do Direito do Trabalho, valendo especial destaque a má experiência a respeito da parassubordinação na realidade italiana(25). Quanto às teorias expansionistas, a principal crítica que se põe diz respeito às generalizações extremas, focadas na atividade, que permitem que praticamente todo tipo de trabalho (inclusive o autônomo), torne-se relação de emprego. André Jobim de Azevedo realiza uma análise contundente:

> [...] referência de inserção dinâmica no tomador de serviços cabe o universo. O que seria especificamente esta inserção dinâmica? O que será uma inserção estática no tomador de serviços? [...] O que significa acolher estruturalmente o trabalhador na dinâmica de organização e funcionamento da empresa? Esta expressão, igualmente, data máxima vênia, nada define ou orienta.(26)

Vê-se, portanto, que a avaliação técnica acerca do que é *subordinação jurídica* não é tarefa simples, muito menos pacífica no âmbito doutrinário e jurisprudencial.

3. NOVA MORFOLOGIA DO TRABALHO. A RAREFAÇÃO DA SUBORDINAÇÃO

O capitalismo tem por mola propulsora a concorrência entre os detentores dos meios de produção que, na busca por lucros, valem-se da inovação como fator decisivo para a competitividade. Inovação, frise-se, não num sentido de tecnologia (em que pese no mais das vezes faça-se presente), mas sim num sentido de transformar o velho em algo novo, quer por meio da criação de novos produtos, quer no desenvolvimento de novos modos de produzir e/ou novos modos de realizar tarefas de maneira mais eficiente.

O desenvolvimento do modo de produção capitalista desde a 1ª Revolução Industrial marcou uma transformação significativa nas relações de trabalho e na organização social. Com a introdução da máquina a vapor, mecanização e transporte ferroviário, o capitalismo moderno emergiu, estabelecendo uma nova era de produção em massa e eficiência econômica. Essa era viu a ascensão de grandes fábricas e uma organização da vida social segundo blocos definidos de tempo. Esse novo paradigma separou claramente o local de trabalho das residências, bem como instituiu uma distinção rígida entre trabalho e lazer(27). Tal organização disciplinada do tempo e do espaço facilitou a transição para um modelo de produção mais eficiente e previsível, sendo um marco importante na história do Direito do Trabalho, que passou a se moldar conforme essas novas realidades industriais.

A 2ª Revolução Industrial trouxe inovações como a eletricidade e a linha de montagem, estabelecendo o modelo taylorista-fordista de produção. Esse modelo caracterizou-se pelo controle rígido do tempo e dos movimentos dos trabalhadores, sob

---

(25) ZIPPERER, André Gonçalves. *A Intermediação de Trabalho Via Plataformas Digitais. Repensando o Direito do Trabalho a partir das Novas Realidades do Século XXI*. São Paulo: LTr, 2019. p. 119-120.

(26) AZEVEDO, André Jobim de. Relações contemporâneas de trabalho: observações. *In:* FREDIANI, Yone (coord.). *A Valorização do Trabalho Autônomo e a Livre-iniciativa*. Porte Alegre: Magister, 2015. p. 47-48.

(27) STANDING, Guy. *O precariado — A nova classe perigosa*. Tradução: Cristina Antunes. 2. ed. São Paulo: Autêntica, 2013. p. 178.

a gestão direta de uma camada superior de gestores. A combinação da gestão científica proposta por Taylor, onde engenheiros concebiam e trabalhadores executavam, com a linha de produção de Ford, homogeneizou e parametrizou a execução dos trabalhos. Essa fase de produção em larga escala não só aumentou a eficiência, mas também influenciou profundamente a organização do trabalho e a legislação trabalhista, consolidando práticas que se tornariam comuns nas décadas seguintes(28).

Com o advento da 3ª Revolução Industrial, iniciada pelo surgimento dos computadores e da robótica, a automação de máquinas e processos tomou forma, impulsionando a globalização dos mercados. Essa fase viu mudanças significativas na morfologia do trabalho, com empresas adotando estruturas flexíveis e enxutas, adaptadas às novas tecnologias. A pesquisa de Boltanski e Chiapello destaca essas mudanças, mostrando como as organizações empresariais passaram a operar de maneira mais flexível e interconectada a partir dos anos 1990(29).

A 4ª Revolução Industrial, por sua vez, trouxe a internet, inteligência artificial e melhorias nos processos de comunicação, permitindo uma digitalização completa dos processos produtivos e solidificando ainda mais os mercados globais. As empresas passaram a operar em redes complexas, utilizando uma variedade de fornecedores e prestadores de serviços temporários, adaptando-se rapidamente às demandas dinâmicas do mercado contemporâneo.

Toda esta evolução no modo de produzir capitalista, evidentemente, impactou na própria forma de execução do trabalho humano, na *morfologia do trabalho*.

No contexto da 4ª Revolução industrial, parcela significativa das empresas abandonaram escalões hierárquicos tradicionais e adotaram modelos organizacionais mais ágeis, focados em pequenas equipes pluridisciplinares, flexíveis e inventivas. Essa reorganização implicou em um trabalhador multitarefas, cujo verdadeiro patrão passou a ser o cliente, destacando uma mudança significativa na dinâmica de poder dentro das empresas(30). A nomenclatura também mudou, substituindo termos como "operário" e "trabalhador" por "parceiro", "colaborador" e "consultor", refletindo uma tentativa de suavizar as relações de subordinação e criar um ambiente de trabalho mais colaborativo(31).

No entanto, essa aparente descentralização do controle não eliminou a vigilância sobre os trabalhadores; ao contrário, a reputação tornou-se um mecanismo crucial de controle indireto. A boa reputação passou a ser indispensável para a empregabilidade, incentivando um comportamento alinhado com os objetivos empresariais sem a necessidade de supervisão direta(32). Essas transformações ilustram como as revoluções industriais, impulsionadas pela incessante busca do capitalismo por inovação e eficiência, redefiniram continuamente a morfologia do trabalho e a natureza das relações laborais.

Esta mudança morfológica no modo de trabalhar, à toda evidência, leva a um fenômeno de rarefação da subordinação jurídica, na medida em que deixam de existir "chefes" ou "capatazes". O algoritmo se torna o supervisor das tarefas, se alimentando

---

(28) ANTUNES, Ricardo. *O privilégio da servidão*. 2. ed. São Paulo: Boitempo, 2020. p. 92-101

(29) BOLTANSKI, Luc; CHIAPELLO, Ève. *O Novo Espírito do Capitalismo*. São Paulo: Martins Fontes, 2009. p. 83-129.

(30) STANDING, Guy. *O precariado — A nova classe perigosa*. Tradução: Cristina Antunes. 2. ed. São Paulo: Autêntica, 2013. p. 193-199

(31) ANTUNES, Ricardo. *O privilégio da servidão*. 2. ed. São Paulo: Boitempo, 2020. p. 103.

(32) (Dorster. p. 39)

dos dados fornecidos pelo próprio trabalhador e pelo cliente (que avalia o trabalho executado).

4. COMPETÊNCIA MATERIAL DA JUSTIÇA DO TRABALHO EM PERSPECTIVA

Quando se fala sobre Competência de determinado ramo do Judiciário, está-se a falar em distribuição da jurisdição entre os diversos juízes investidos da função jurisdicional. Nos dizeres de Mário Guimarães: "A jurisdição é um todo. A competência uma fração. Pode um juiz ter jurisdição sem competência. Não poderá ter competência sem jurisdição"[(33)].

A divisão de Competências tem por função precípua permitir maior especialização na análise dos conflitos sociais, otimizando a administração da justiça e permitindo maior celeridade. Nos dizeres de Athos Gusmão Carneiro: "A multiplicidade e diversidade dos conflitos sociais conduz à conveniência de especialização de funções"[(34)].

A aferição da Competência pode se dar seguindo alguns critérios, sendo praticamente consenso na doutrina brasileira[(35)] os seguintes: (a) em razão da matéria (natureza jurídica da relação); (b) em razão da qualidade das partes envolvidas na relação jurídica (competência em razão da pessoa); (c) em razão do lugar (competência territorial); (d) em razão do valor da causa; e (e) funcional (em razão da hierarquia e organização interna dos órgãos judiciários.

Especificamente quanto ao objeto do presente estudo, a aferição da competência material de cada órgão jurisdicional é determinada pela natureza da lide apresentada. Tal análise não se limita à superfície dos pedidos, mas envolve uma investigação aprofundada dos fundamentos da demanda. Por isso, é indispensável uma análise da causa de pedir e dos pedidos formulados na petição inicial investigando os fatos e fundamentos jurídicos apresentados pelo autor para embasar seu pedido. O julgador, ao interpretar a postulação deve identificar a substância do litígio para aplicar a norma jurídica adequada ao caso concreto. A competência material, portanto, relaciona-se diretamente com o objeto da demanda. Trata-se de competência absoluta, logo, pode ser arguida a qualquer momento e conhecida de ofício nas instâncias ordinárias[(36)].

Desde a sua concepção na Constituição de 1934, a estrutura da Justiça do Trabalho passou por significativas mudanças, especialmente com a promulgação da Consolidação das Leis do Trabalho (CLT) em 1943, que estabeleceu as bases legais para a atuação dos tribunais trabalhistas. Inicialmente vinculada ao Poder Executivo, a Justiça do Trabalho era constituída por Juntas de Conciliação e Julgamento, Conselhos Regionais e o Conselho Nacional do Trabalho, cujos membros eram nomeados pelo Presidente da República. Esse modelo inicial refletia a centralização do poder característica do

---

(33) GUIMARÃES, Mário. *O juiz e a função jurisdicional.* Rio de Janeiro: Forense, 1958. p. 56.

(34) CARNEIRO, Athos Gusmão. Jurisdição — Noções Fundamentais. *Revista de Processo,* São Paulo, Brasil, v; 19/1980. p. 8. Disponível em: https://edisciplinas.usp.br/pluginfile.php/4619494/mod_resource/content/1/1980%20Carneiro.pdf. Acesso em: 04 jul. 2024.

(35) SCHIAVI, Mauro. *Curso de Direito Processual do Trabalho.* 20ª ed., São Paulo: Editora JusPodivm, 2024. p. 228-229.

(36) Nas instâncias extraordinárias, há certa celeuma acerca da possibilidade de conhecimento de ofício da incompetência material sem que tenha havido pré-questionamento, dadas as regras próprias dos recursos aos tribunais superiores.

período Vargas, buscando regular e mediar os conflitos trabalhistas emergentes da industrialização do país[37]. Dispunha o seguinte[38]:

> Art. 139. Para dirimir os conflitos oriundos das relações entre **empregadores e empregados**, reguladas na legislação social, é instituída a Justiça do Trabalho, que será regulada em lei e à qual não se aplicam as disposições desta Constituição relativas à competência, ao recrutamento e às prerrogativas da Justiça comum[39]. (grifos nossos)

Com a promulgação da Constituição de 1946, a Justiça do Trabalho foi transformada em um ramo autônomo do Poder Judiciário, desvinculando-se do Ministério do Trabalho e estabelecendo-se com magistrados de carreira, selecionados por concurso público. A competência material desta justiça foi definida para abranger a conciliação e julgamento de dissídios individuais e coletivos entre **empregados e empregadores** (art. 123[40]), bem como outras controvérsias oriundas de relações de trabalho regidas por legislação especial. A Constituição de 1967, repetiu a redação encampada pela Constituição de 1946 em seu art. 134[41].

A Constituição de 1988, reafirmou a existência da Justiça do Trabalho como órgão do Poder Judiciário e manteve o reconhecimento de sua competência material, com sutil mudança de redação, ao prever que caberia a esta "conciliar e julgar os dissídios individuais e coletivos entre **trabalhadores** e empregadores". A alteração do termo "empregados" por "trabalhadores", contudo, não reverberou em qualquer mudança interpretativa sobre os limites de competência da Justiça do Trabalho. Inclusive, é importante registrar que nos debates da constituinte não houve um aprofundamento das discussões em torno da competência da Justiça do Trabalho. Pasquelato, Barbosa e Fiorotto, registram, por exemplo, que nas atas de reunião da subcomissão do Poder Judiciário e Ministério Público de 1987, a maior controvérsia se deu em torno da manutenção dos juízes classistas, sem que nada se tenha debatido acerca da competência material da Justiça do Trabalho[42]. Isto resultou em uma interpretação restritiva, limitando a competência material às lides decorrentes da relação de emprego, mantendo a tradição adotada desde a Constituição de 1937.

Essa visão restritiva da competência somente foi desafiada e revisada com a Emenda Constitucional n. 45/2004, que ampliou significativamente a competência da

---

(37) PASQUELATO, Olívia de Quintana Figueiredo; BARBOSA, Ana Laura Pereira; FIOROTTO, Laura Arruda. A competência da justiça do trabalho ao longo de 35 anos da Constituição Federal de 1988: uma análise a partir de marcos de transformação. *Revista Pensamento Jurídico*, São Paulo, Brasil, v. 17, n. 3. p. 243-264, 2024. Disponível em: https://ojs.unialfa.com.br/index.php/pensamentojuridico/article/view/750. Acesso em: 4 jul. 2024.

(38) Disponível em: https://www.planalto.gov.br/ccivil_03/constituicao/constituicao37.htm. Acesso em: 4 jul. 2024.

(39) O fato de não estender aos membros da recém instituída Justiça do Trabalho os critérios de recrutamento, bem como as prerrogativas da carreira de juiz, evidencia sua desvinculação do Poder Judiciário.

(40) *Art. 123. Compete à Justiça do Trabalho conciliar e julgar os dissídios individuais e coletivos entre empregados e empregadores, e, as demais controvérsias oriundas de relações, do trabalho regidas por legislação especial.* Disponível em: https://www.planalto.gov.br/ccivil_03/constituicao/constituicao46.htm. Acesso em: 4 jul. 2024.

(41) *Art. 134. Compete à Justiça do Trabalho conciliar e julgar os dissídios individuais e coletivos entre empregados e empregadores e as demais controvérsias oriundas de relações de trabalho regidas por lei especial.* Disponível em: https://www.planalto.gov.br/ccivil_03/constituicao/constituicao67.htm. Acesso em: 4 jul. 2024.

(42) PASQUELATO, Olívia de Quintana Figueiredo; BARBOSA, Ana Laura Pereira; FIOROTTO, Laura Arruda. A competência da justiça do trabalho ao longo de 35 anos da Constituição Federal de 1988: uma análise a partir de marcos de transformação. *Revista Pensamento Jurídico*, São Paulo, Brasil, v. 17, n. 3. p. 243–264, 2024. Disponível em: https://ojs.unialfa.com.br/index.php/pensamentojuridico/article/view/750. Acesso em: 4 jul. 2024.

Justiça do Trabalho para incluir todas as relações de trabalho, sem qualquer exceção. Com efeito, a novel redação do art. 114 passou a prever, em seu inciso I, a competência para "as ações oriundas **da relação de trabalho**, abrangidos os entes de direito público externo e da administração pública direta e indireta da União, dos Estados, do Distrito Federal e dos Municípios" (grifos nossos).

Com efeito, ao encampar o termo "relação de trabalho", o constituinte derivado ampliou significativamente a competência da Justiça do Trabalho, incorporando diversas matérias que antes eram de competência da justiça comum. A finalidade desta mudança, foi trazer para o seio da Justiça Especializada um vasto rol de trabalhadores do mercado informal, trabalhadores não subordinados e trabalhadores situados nas zonas grises entre trabalho subordinado e autônomo(43). Nos dizeres de Pepe Chaves(44):

> A Competência Constitucional da Justiça do Trabalho deixou de se guiar pelo aspecto subjetivo (sujeitos ou pessoas envolvidas na relação de emprego), para se orientar pelo aspecto meramente objetivo, qual seja, ações oriundas da relação de trabalho, sem qualquer referência à condição jurídica das pessoas envolvidas no litígio.

Trabalho é termo amplo, que contempla toda e qualquer atividade humana que demande esforço físico, mental, intelectual e/ou artístico, pouco importando se trate de relação subordinada. A relação de emprego nada mais é do que uma relação de trabalho qualificada pela existência de subordinação. Ao mudar o paradigma do texto constitucional para contemplar relações de trabalho, em sentido lato, evidentemente o constituinte derivado quis ampliar a competência da Justiça Especializada, vocacionada para analisar conflitos envolvendo capital e trabalho.

Embora a redação trazida pela Emenda Constitucional n. 45/2004 seja de clareza solar, o tema remanesceu gerando interpretações divergentes, em especial com sucessivas decisões do E. STF restringindo a previsão constitucional.

A primeira, e talvez mais emblemática, controvérsia se deu quanto aos servidores públicos. Com efeito, na Ação Direta de Inconstitucionalidade (ADI) n. 3395 o STF entendeu pela incompetência da Justiça do Trabalho para analisar conflitos entre servidores públicos e a administração pública direta, autárquica e fundacional. Em decisão liminar prolatada monocraticamente em 01/02/2005 (passados exatos 31 dias de vigência da EC n. 45/2004), referendada pelo pleno em 05/04/2006, decidiu-se pelo afastamento da competência da Justiça Especializada, a despeito da literalidade do texto constitucional que alude textualmente às relações de trabalho em face da administração pública. A decisão final, prolatada em 16/04/2020, ratificou a liminar anteriormente concedida e, dando interpretação conforme ao texto constitucional, fixou que a expressão "relação de trabalho deve excluir os vínculos de natureza jurídico-estatutária, em

(43) BARROS, Alice Monteiro de. A nova competência jurisdicional à luz da emenda constitucional n. 45, de 2004: primeiras manifestações concretas. *Revista do Tribunal Regional do Trabalho da 3ª Região*, Belo Horizonte, v.41, n.71, p.69-84, jan./jun.2005. Disponível em: https://as1.trt3.jus.br/bd-trt3/bitstream/handle/11103/27258/Alice_Barros.pdf?sequence=2. Acesso em: 04 jul. 2024

(44) CHAVES JÚNIOR, José Eduardo de Resende. *A Emenda Constitucional n. 45/2004 e a competência penal da justiça do trabalho. 2004.* Disponível em https://sistemas.trt3.jus.br/bd-trt3/bitstream/handle/11103/39423/CHAVES%20J%C3%9ANIOR,%20Jos%C3%A9%20Eduardo%20de%20Resende%20-%20emenda_constitucional_45.pdf?sequence=1&isAllowed=y. Acesso em: 4 jul. 2024.

razão do que a competência da Justiça do Trabalho não alcança as ações judiciais entre Poder Público e seus Servidores"[(45)].

A tendência de supressão de competências pela mais alta corte do país se nota por diversos precedentes que se seguiram. Tomando por recorte tão somente as decisões em teses de repercussão geral, pode-se aferir que dos 19 (dezenove) casos envolvendo discussão sobre a competência da Justiça do Trabalho, em 13 (treze) casos reconheceu-se a competência da Justiça Comum e em apenas 06 (seis) se reconheceu competência à Justiça do Trabalho[(46)]. Nos dizeres de Pasquelato, Barbosa e Fiorotto:

> A análise dos temas e das teses fixadas permite concluir que, quando se trata de discussões relacionadas a empregados típicos (regidos pela CLT) e respectivas verbas trabalhistas que lhes são devidas, o STF atribuiu a competência à Justiça do Trabalho (a exemplo do Tema 242). Quando a discussão envolvia empregados celetistas com vínculo com o Poder Público, as decisões já não foram mais uniformes: houve atribuição de competência para a Justiça do Trabalho nas discussões de verbas trabalhistas (a exemplo do Tema 853), porém a competência passa a ser atribuída à Justiça Comum quando o litígio versa sobre verbas de outra natureza, como administrativa (a exemplo do Tema 1143) e previdenciária (a exemplo do Tema 1166). Contudo, quando se trata da discussão de outras formas de trabalho que não se enquadram no vínculo de emprego típico, a exemplo do que ocorre com as controvérsias entre representante e representada nos contratos de representação comercial (Tema 550) e com os litígios sobre recolhimento e repasse de contribuição sindical de servidores públicos regidos pelo regime estatutário (Tema 994), a competência foi atribuída para a Justiça Comum (Tema 550). Assim, o STF parece considerar como competência da Justiça do Trabalho apenas aquelas controvérsias diretamente relacionadas ao vínculo empregatício, isto é, aquilo que estritamente gravita em torno do núcleo "emprego". Controvérsias que se afastam desse aspecto central, ainda que digam respeito a relações de trabalho no sentido lato, parecem ser consideradas objeto de competência da Justiça Comum.

Some-se a estes precedentes de repercussão geral, as sucessivas decisões em reclamações constitucionais em que o E. STF, diante de uma relação de trabalho atípica (não empregatícia na acepção clássica), delimita que a competência material para análise da lide é da Justiça Comum. Apenas a título de exemplo, pode-se indicar a decisão monocrática proferida pelo E. STF na Reclamação Constitucional n. 59.795/MG[(47)], de relatoria do Min. Alexandre de Morais, em que se julgou procedente a Reclamação e

(45) Disponível em: https://portal.stf.jus.br/processos/downloadPeca.asp?id=15343623113&ext=.pdf. Acesso em: 27 jun. 2024.

(46) PASQUELATO, Olívia de Quintana Figueiredo; BARBOSA, Ana Laura Pereira; FIOROTTO, Laura Arruda. A Competência da Justiça do Trabalho ao Longo de 35 Anos da Constituição Federal de 1988: Uma Análise a Partir de Marcos de Transformação. *Revista Pensamento Jurídico*, São Paulo, Brasil, v. 17, n. 3. p. 243–264, 2024. Disponível em: https://ojs.unialfa.com.br/index.php/pensamentojuridico/article/view/750. Acesso em: 27 jun. 2024.

(47) Disponível em: https://portal.stf.jus.br/processos/detalhe.asp?incidente=6643597. Acesso em: 27 jun. 2024.

determinou-se a remessa dos autos à Justiça Comum em lide envolvendo vínculo de emprego entre motorista de aplicativo e plataforma[48].

Segundo estudo encampado pela Universidade de São Paulo em parceria com a Associação Nacional dos Magistrados e Magistradas da Justiça do Trabalho (ANAMATRA), apurou-se uma tendência de esvaziamento da competência da Justiça do Trabalho pela mais alta corte do país[49].

Bem explanam sobre o tema Lourival Barão Marques Filho e Mariana Cesto[50]:

> O caminho delineado pela atual jurisprudência do Supremo é retirar da Justiça do Trabalho qualquer matéria que não esteja vinculada à relação de emprego de modo taxativo e específico, fazendo letra morta do art. 114, I, da Constituição Federal que estabelece a competência para as relações de trabalho.
>
> Mais importante que a quantidade de ações que são atingidas, é a premissa e o simbolismo existente, na medida em que o STJ e o STF quando provocados nos últimos anos atrofiam a competência material trabalhista, restringindo o acesso ao sistema de justiça trabalhista. A competência material trabalhista que foi aumentada por força da Emenda Constitucional 45/2004 está agora sendo reduzida pela via judicial. Nisso é possível identificar os seguintes fenômenos: i) redução de relevância da Justiça do Trabalho; ii) criação de óbices para acessar o judiciário trabalhista; iii) inversão do movimento de crescimento e ampliação (estrutural, material e competência) da Justiça do Trabalho; iv) afastamento da Justiça do Trabalho das novas categorias de trabalhadores; v) limitação da Justiça do Trabalho ao núcleo duro dos empregados celetistas.
>
> Assim, no momento em que os empregados típicos regidos pela CLT diminuem em quantidade, já que as novas tecnologias usam o modelo autônomo de contratação e são estimuladas por esta modalidade pela reforma trabalhista, os autônomos são excluídos da competência da Justiça do Trabalho. Mais: até mesmo a competência para definir se a relação jurídica é de emprego ou autônoma foi eliminada da Justiça do Trabalho. Há um achatamento dos potenciais usuários do sistema de justiça trabalhista, na medida em que existem menos celetistas e os autônomos foram colocados fora da órbita da Justiça do Trabalho. Esta associação tem o condão de tornar a Justiça do Trabalho cada vez menos relevante na sua atuação.

Nota-se, pois, que há um processo de retrocesso interpretativo, em que diante das novas formas de trabalho e das mudanças na morfologia do trabalho, o E. STF vem aplicando como elemento definidor da competência a existência de relação de trabalho típica (subordinada, na acepção clássica subjetiva), ou seja, relação de emprego. Contudo, o texto constitucional não adjetiva o tipo de trabalho, tampouco o qualifica ou exige que seja subordinado para fins de apuração da competência material da justiça do trabalho. Assim, data venia ao entendimento que vem sendo encampado pelo

---

(48) Até o momento da entrega do presente estudo, ainda não havia sido prolatada decisão definitiva na Reclamação Constitucional mencionada.

(49) Disponível em: https://direito.usp.br/noticia/117c0396324e-grupo-de-pesquisa-da-fdusp-analisa-decisoes-monocraticas-do-stf-que-afastaram-competencia-da-justica-do-trabalho. Acesso em: 4 jul. 2024.

(50) MARQUES FILHO, Lourival Barão; CESTO, Mariana. Redução da Competência Material da Justiça do Trabalho pela Via Judicial. *Revista eletrônica do TRT-PR*. Curitiba: TRT da 9ª Região, v. 12, n. 117, fev. 2023. p. 16.

E. STF, há flagrante erro interpretativo em torno dos critérios de fixação da competência material da Justiça do Trabalho, que nada se relacionam com o instituto da subordinação jurídica.

Com efeito, a aferição da existência, ou não, de subordinação jurídica é matéria de direito material do trabalho, não processual. A competência, repise-se, é verificada com base na causa de pedir e pedidos, bastando, pelo texto constitucional, que exista uma relação de *trabalho*. Inclusive, a interpretação se uma relação de trabalho é empregatícia (subordinada) é atribuição própria da Justiça do Trabalho, diante da redação do art. 114, I, da CF.

5. CONSIDERAÇÕES FINAIS

O presente artigo abordou o impacto das novas dinâmicas de trabalho e da rarefação da subordinação jurídica sobre a competência material da Justiça do Trabalho, utilizando uma metodologia hipotético-dedutiva. A pesquisa revisou a evolução conceitual e histórica da subordinação jurídica, identificou as mudanças nas dinâmicas de trabalho decorrentes das novas formas de organização laboral e analisou se, e como, essas transformações afetam a competência da Justiça do Trabalho para resolver conflitos trabalhistas.

Os objetivos deste estudo foram: analisar o impacto das novas dinâmicas de trabalho e da rarefação da subordinação jurídica sobre a competência material da Justiça do Trabalho; revisar a evolução conceitual da subordinação jurídica no direito do trabalho brasileiro; identificar as principais mudanças nas dinâmicas de trabalho decorrentes das novas formas de organização laboral; e verificar se, e como, essas mudanças afetam a definição da competência material da Justiça do Trabalho.

O problema de pesquisa centralizou-se em investigar se as novas dinâmicas de trabalho e a rarefação da subordinação jurídica afastam de algum modo, e em que medida, a competência material da Justiça do Trabalho.

Os principais resultados indicaram que a subordinação jurídica, desenvolvida como critério definidor de proteção jurídico-laboral durante as 1ª e 2ª Revoluções Industriais, enfrenta desafios significativos nas 3ª e 4ª Revoluções Industriais. Estas revoluções introduziram modelos organizacionais mais ágeis e flexíveis, deslocando o controle direto para mecanismos indiretos, como a reputação, e apresentando novas formas de trabalho, especialmente mediadas por plataformas digitais. Tais formas apresentam uma subordinação mais rarefeita, dificultando a aplicação dos critérios tradicionais de subordinação jurídica.

Além disso, pôde-se apurar que a competência material da Justiça do Trabalho, originalmente restritiva às relações de emprego desde sua criação pela Constituição de 1937, foi ampliada pela Emenda Constitucional n. 45/2004 para incluir todas as relações de trabalho. Contudo, há uma tendência de retrocesso interpretativo pelo E. STF, esvaziando a competência material da Justiça do Trabalho com base em critérios não previstos na Constituição Federal.

Constatou-se, outrossim, que esta tendência de interpretação restritiva afeta o acesso ao sistema de justiça trabalhista, impedindo com que trabalhadores em arranjos contratuais atípicos e/ou submetidos a novas formas de trabalho (como o plataformizado) obtenham tutela jurisdicional nos conflitos capital-trabalho.

Por fim, pode-se concluir que esta interpretação restritiva encampada pelo E. STF é equivocada, pois o texto constitucional não estabelece exigência de subordinação jurídica para que os conflitos trabalhistas sejam afetados à Justiça do Trabalho.

6. REFERÊNCIAS

ANTUNES, Ricardo. *O privilégio da servidão*. 2. ed. São Paulo: Boitempo, 2020.

AZEVEDO, André Jobim de. Relações contemporâneas de trabalho: observações. *In:* FREDIANI, Yone (coord.). *A Valorização do Trabalho Autônomo e a Livre-iniciativa*. Porte Alegre: Magister, 2015.

BARASSI, Ludovico. *Il contratto di lavoro nel diritto positivo italiano — Vol. 1*. 2. ed. Milano: Societá Editrice Libraria, 1915.

BARROS, Alice Monteiro de. A nova competência jurisdicional à luz da Emenda Constitucional n. 45, de 2004: primeiras manifestações concretas. *Revista do Tribunal Regional do Trabalho da 3ª Região*, Belo Horizonte, v.41, n.71, p.69-84, jan./jun.2005. Disponível em: https://as1.trt3.jus.br/bd-trt3/bitstream/handle/11103/27258/Alice_Barros.pdf?sequence=2. Acesso em: 04 jul. 2024.

BOLTANSKI, Luc; CHIAPELLO, Ève. *O Novo Espírito do Capitalismo*. São Paulo: Martins Fontes, 2009.

CARNEIRO, Athos Gusmão. Jurisdição — Noções Fundamentais. *Revista de Processo*, São Paulo, Brasil, v; 19/1980, p. 8. Disponível em: https://edisciplinas.usp.br/pluginfile.php/4619494/mod_resource/content/1/1980%20Carneiro.pdf. Acesso em: 04 jul. 2024.

CARNEIRO, Lucianne. IGBE vê recorde de informalidade como característica estrutural do mercado de trabalho. *Valor Econômico*, 30 de junho de 2022. Disponível em: https://valor.globo.com/brasil/noticia/2022/06/30/ibge-ve-recorde-de-informalidade-como-caracteristica-estrutural-do-mercado-de-trabalho.ghtml. Acesso em: 02 fev. 2023.

CARVALHO, Augusto César Leite de. *Direito do trabalho: curso e discurso*. 4. ed. São Paulo: LTr, 2022.

CHAVES JÚNIOR, José Eduardo de Resende. *A Emenda Constitucional n. 45/2004 e a competência penal da justiça do trabalho. 2004*. Disponível em https://sistemas.trt3.jus.br/bd-trt3/bitstream/handle/11103/39423/CHAVES%20J%C3%9ANIOR,%20Jos%C3%A9%20Eduardo%20de%20Resende%20-%20emenda_constitucional_45.pdf?sequence=1&isAllowed=y. Acesso em: 04 jul. 2024.

DELGADO, Mauricio Godinho. *Curso de Direito do Trabalho*. 17. ed. São Paulo: LTr, 2018.

DORSTER, André. *Subordinação e a Nova Morfologia do Trabalho*. Brasília: Venturoli, 2024.

FREITAS JÚNIOR, Antonio Rodrigues de. O trabalho à procura de um direito: crise econômica, conflitos de classe e proteção social na Modernidade. *Estudos Avançados*, v. 28, n. 81, p. 69-93, 2014. Disponível em: https://www.revistas.usp.br/eav/article/view/83895. Acesso em: 8 mar. 2022

GUIMARÃES, Mário. *O juiz e a função jurisdicional*. Rio de Janeiro: Forense, 1958.

MORAES FILHO, Evaristo de; MORAES, Antonio Carlos Flores de. *Introdução ao direito do trabalho*. 6. ed., rev., aum. e atual. São Paulo: LTr, 1993.

NASCIMENTO, Amauri Mascaro; NASCIMENTO, Sônia Mascaro. *Curso de Direito do Trabalho*. 29. ed. São Paulo: Saraiva: 2014. *E-book.*

OLIVEIRA, Murilo Carvalho Sampaio. A subordinação jurídica no Direito do Trabalho. *In:* MANUS, Pedro Paulo Teixeira; GITELMAN, Suely. *Enciclopédia Jurídica da PUC — SP — Tomo 7 — Direito do Trabalho e Processo do Trabalho.* São Paulo: Editora Pontifícia Universidade Católica de São Paulo, São Paulo, 2020, p. 1-45. Disponível em: https://enciclopediajuridica.pucsp.br/pdfs/a-subordinacao-juridica-no-direito-do-trabalho_5f24bd2a94192.pdf. Acesso em: 25 abr. 2022.

PASQUELATO, Olívia de Quintana Figueiredo; BARBOSA, Ana Laura Pereira; FIOROTTO, Laura Arruda. A competência da justiça do trabalho ao longo de 35 anos da Constituição Federal de 1988: uma análise a partir de marcos de transformação. *Revista Pensamento Jurídico,* São Paulo, Brasil, v. 17, n. 3, p. 243-264, 2024. Disponível em: https://ojs.unialfa.com.br/index.php/pensamentojuridico/article/view/750. Acesso em: 4 jul. 2024.

RAMALHO, Maria do Rosário Palma. *Tratado de Direito do Trabalho — Parte I — Dogmática Geral.* 4. ed. Coimbra: Almedina, 2015.

SCHIAVI, Mauro. *Curso de Direito Processual do Trabalho.* 20. ed. São Paulo: Editora JusPodivm, 2024.

SILVA, Homero Batista Mateus da. *Direito do Trabalho Aplicado — Volume 1 — Teoria Geral de Direito do Trabalho e do Direito Sindical.* São Paulo: Revista dos Tribunais, 2021.

SOUTO MAIOR, Jorge Luiz. *História do Direito do Trabalho no Brasil. Curso de Direito do Trabalho — Volume I — Parte II.* São Paulo: LTr, 2017.

STANDING, Guy. *O precariado — A nova classe perigosa.* Tradução: Cristina Antunes. 2. ed. São Paulo: Autêntica, 2013.

SUPIOT, Alain. *Crítica do Direito do Trabalho.* Tradução: António Monteiro Fernandes. 1. ed. São Paulo: Fundação Calouste Gulbenkian, 2016.

SÜSSEKIND, Arnaldo. Lindolfo Collor e a Legislação Trabalhista Brasileira. *Revista do Tribunal Superior do Trabalho,* São Paulo, v. 59, p. 105-112, 1990. Disponível em: https://juslaboris.tst.jus.br/bitstream/handle/20.500.12178/89516/017_sussekind.pdf?sequence=1&isAllowed=y. Acesso em: 31 mar. 2022)

ZIPPERER, André Gonçalves. *A Intermediação de Trabalho Via Plataformas Digitais. Repensando o Direito do Trabalho a partir das Novas Realidades do Século XXI.* São Paulo: LTr, 2019.

Competência material da Justiça do Trabalho e Poder Normativo

André Luis Nacer de Souza (*)

Resumo: A Emenda Constitucional n. 45/2004 estabeleceu a competência da Justiça do Trabalho para julgamento das ações oriundas da relação de trabalho (artigo 114, I, da Constituição da República). A despeito da clareza do texto constitucional, o STF, no decorrer dos anos que se sucederam à promulgação da referida norma, adotou entendimentos que limitaram substancialmente a competência material da Justiça do Trabalho. É nesse contexto que, ao recebermos o convite da ANAMATRA para escrevermos sobre o Poder Normativo e a competência da Justiça do Trabalho, formulamos o problema a ser desenvolvido neste artigo: as decisões do STF sobre a competência material da Justiça do Trabalho para decidir conflitos coletivos de trabalho se mostram consentâneas com o texto constitucional? O objetivo desta pesquisa é analisar criticamente decisões do STF sobre a competência material da Justiça do Trabalho para decidir conflitos coletivos trabalhistas. Para tanto, realizaremos o levantamento das principais decisões do STF sobre o tema e, através de pesquisa bibliográfica, examinaremos o alcance do artigo 114, I, da Constituição da República. Ao final, através de método indutivo, partindo-se de dados específicos (quais sejam, as decisões do STF), serão adotadas conclusões gerais com a utilização dos substratos teóricos extraídos da pesquisa bibliográfica.

Palavras-chave: Poder Normativo; competência da Justiça do Trabalho; Emenda Constitucional n. 45/2004.

Abstract: Constitutional Amendment n. 45/2004 introduced provisions defining the jurisdiction of the Labor Courts to adjudicate disputes arising from employment relationships (article 114, I, of the Constitution of the Republic). Despite the clarity of these constitutional stipulations, subsequent to the amendment's enactment, the Supreme Federal Court (STF) issued rulings that significantly constrained the substantive jurisdiction of the Labor Courts. Against this backdrop, upon receiving an invitation from ANAMATRA to contribute to the Normative Power and the jurisdiction of the Labor Courts, we identified the central issue for exploration in this study: whether the STF's rulings concerning the substantive jurisdiction of the Labor Courts in adjudicating collective labor disputes align with the constitutional provisions. This article aims to undertake a critical analysis of the STF's rulings pertaining to the substantive jurisdiction of the Labor Courts in handling collective labor disputes. To achieve this objective, we will examine the principal STF decisions on this matter and, through bibliographical research, elucidate the scope of article 114, I, of the Constitution of the Republic. Ultimately, employing an inductive approach, whereby specific data (i.e., STF decisions) will serve as the foundation, we will draw overarching conclusions utilizing theoretical frameworks derived from the bibliographical research.

Keywords: Normative Power; jurisdiction of the Labor Court; Constitutional Amendment 45/2004.

Sumário:

(*) Juiz do Trabalho da 24ª Região. Mestre em Direitos Humanos pela UFMS. Especialista em Direito do Trabalho pela USP. Coordenador do Curso de Pós-graduação em Direito do Trabalho e Processo do Trabalho do INSTED/EMATRA-24. Coordenador do Centro de Execução e Pesquisa Patrimonial do TRT-24.

INTRODUÇÃO

A Emenda Constitucional n. 45[1] foi promulgada em 30/12/2004 após doze anos de tramitação[2] em um cenário de notória insatisfação da sociedade com o Poder Judiciário. Considerada a espinha dorsal da "Reforma do Judiciário", a alteração constitucional visava, dentre outros objetivos, imprimir celeridade[3] às decisões judiciais e apresentar respostas a casos de corrupção como, a título de exemplo, o da construção do Fórum Trabalhista de São Paulo[4].

No bojo da Emenda Constitucional n. 45/2004[5] foi introduzida, também, uma importante inovação na Justiça do Trabalho, que foi o aumento considerável de sua competência, tornando-a o juízo natural de todas as ações oriundas da relação de trabalho, incluindo-se, aí, a relação de emprego.

A medida se mostrava acertada, mormente em um quadro no qual o emprego formal era e ainda é acessível a apenas uma parte dos trabalhadores brasileiros, deixando uma grande parte deles fora da proteção da CLT[6] e, por consequência, da Justiça do Trabalho.

A despeito da clareza do texto constitucional, evidenciada no artigo 114, I[7], o STF, no decorrer dos anos que se sucederam à promulgação da Emenda Constitucional n. 45[8], adotou entendimentos que limitaram substancialmente a competência material da Justiça do Trabalho.

A título de exemplo, a decisão proferida na ADI 3.395[9], na qual o STF retirou da Justiça do Trabalho competência para a apreciação de causas que fossem instauradas

---

(1) BRASIL. Emenda Constitucional 45 de 30 de dezembro de 2004. Altera dispositivos dos arts. 5º, 36, 52, 92, 93, 95, 98, 99, 102, 103, 104, 105, 107, 109, 111, 112, 114, 115, 125, 126, 127, 128, 129, 134 e 168 da Constituição Federal, e acrescenta os arts. 103-A, 103B, 111-A e 130-A, e dá outras providências. Brasília, DF: Presidência da República, 2004. Disponível em: https://www.planalto.gov.br/ccivil_03/constituicao/emendas/emc/emc45.htm. Acesso em: 5 jul. 2024.

(2) A Emenda Constitucional 45 teve origem na PEC 96/92.

(3) A título de exemplo, o inciso LXXVIII do artigo 5º da Constituição, que garante a todos, no âmbito judicial e administrativo, a razoável duração do processo e os meios que garantam a celeridade de sua tramitação, foi inserido pela Emenda Constitucional 45.

(4) A construção do Fórum Trabalhista de São Paulo-SP, localizado no bairro da Barra Funda, foi marcada por vultosos desvios de verbas, cuja responsabilidade foi atribuída a Nicolau dos Santos Neto, ex-presidente do Tribunal. A criação do Conselho Nacional de Justiça tinha por finalidade aumentar, dentre outros objetivos, a fiscalização e o controle de atos do Poder Judiciário.

(5) BRASIL, ref. 2.

(6) BRASIL. Decreto-Lei 5.452 de 1 de maio de 1943. Aprova a Consolidação das Leis do Trabalho. Diário Oficial da União, Rio de Janeiro, 1 maio 1943. Disponível em: https://www.planalto.gov.br/ccivil_03/decreto-lei/del5452.htm. Acesso em: 5 jul. 2024.

(7) BRASIL. [Constituição (1988)]. Constituição da República Federativa do Brasil de 1988. Brasília, DF: Senado Federal, 1988. Disponível em: https://www.planalto.gov.br/ccivil_03/constituicao/constituicaocompilado.htm. Acesso em: 5 jul. 2024.

(8) BRASIL, 2004.

(9) BRASIL. Supremo Tribunal Federal (Tribunal Pleno). Ação Direta de Inconstitucionalidade 3.395. CONSTITUCIONAL E TRABALHO. COMPETÊNCIA DA JUSTIÇA DO TRABALHO. ART.114, I, DA CONSTITUIÇÃO FEDERAL. EMENDA CONSTITUCIONAL 45/2004. AUSÊNCIA DE INCONSTITUCIONALIDADE FORMAL. EXPRESSÃO "RELAÇÃO DE TRABALHO". INTERPRETAÇÃO CONFORME À CONSTITUIÇÃO. EXCLUSÃO DAS AÇÕES ENTRE O PODER PÚBLICO E SEUS SERVIDORES. PRECEDENTES. MEDIDA CAUTELAR CONFIRMADA. AÇÃO DIRETA JULGADA PARCIALMENTE PROCEDENTE. 1. O processo legislativo para edição da Emenda Constitucional 45/2004, que deu nova redação ao inciso I do art. 114 da Constituição Federal, é, do ponto de vista formal, constitucionalmente hígido. 2. A interpretação adequadamente constitucional da expressão "relação do trabalho" deve excluir os

entre o Poder Público e seus servidores, a ele vinculados por típica relação de ordem estatutária ou de caráter jurídico-administrativo; ou, ainda com intuito exemplificativo, a decisão proferida na RCL 59.795(10), quando o STF concluiu que a Justiça do Trabalho não seria competente para examinar ação cuja causa de pedir e pedido são relativos ao reconhecimento de vínculo empregatício entre trabalhador e plataforma de intermediação de mão de obra.

É nesse contexto que, ao recebermos o convite da ANAMATRA para escrevermos sobre o Poder Normativo e a competência da Justiça do Trabalho, formulamos o problema a ser desenvolvido neste trabalho: as decisões do STF sobre a competência material da Justiça do Trabalho para decidir conflitos coletivos trabalhistas se mostram consentâneas com o texto constitucional, mormente em relação às alterações promovidas pela Emenda Constitucional n. 45/2004(11)?

O objetivo do presente estudo é o de analisar criticamente decisões do STF sobre a competência material da Justiça do Trabalho para decidir conflitos coletivos laborais.

Os objetivos específicos são: (a) apresentar o conceito e narrar o histórico do Poder Normativo; (b) examinar a competência material da Justiça do Trabalho para analisar as lides oriundas das relações do trabalho, tal como estabelecido pela Emenda Constitucional 45/2004(12); (c) realizar um levantamento sobre as principais decisões do STF que tratem da competência material da Justiça do Trabalho para decidir conflitos coletivos trabalhistas nos quais se discutem novas condições de trabalho (Poder Normativo); (d) ao final, apresentar conclusões sobre a problemática proposta.

De acordo com os objetivos, pretendemos, através de pesquisa bibliográfica, elaborada a partir de obras já publicadas, tais como livros, artigos e publicações diversas, examinar o alcance do artigo 114, I, da Constituição da República(13), com redação dada pela Emenda Constitucional n. 45/2004(14). Objetivamos, também, realizar o levantamento das principais decisões do STF sobre a competência material da Justiça do Trabalho relativa ao Poder Normativo, utilizando o portal eletrônico do STF acessível pela internet (https://portal.stf.jus.br/), na aba "jurisprudência".

Ao final, por meio de método indutivo, partindo-se de dados específicos (quais sejam, as decisões do STF), serão adotadas conclusões gerais com a utilização dos substratos teóricos extraídos da pesquisa bibliográfica.

Por fim, esclarecemos que este artigo é composto por cinco capítulos, além desta introdução e das considerações finais. No primeiro capítulo, abordaremos o conceito de Poder Normativo. Nos segundo e terceiro capítulos, cuidaremos do histórico do referido instituto, separando a pesquisa entre antes (segundo capítulo) e após (terceiro

---

vínculos de natureza jurídico-estatutária, em razão do que a competência da Justiça do Trabalho não alcança as ações judiciais entre o Poder Público e seus servidores. 3. Medida Cautelar confirmada e Ação Direta julgada parcialmente procedente. Relator: Min. Alexandre de Moraes, 15 de abril de 2020. Disponível em: https://jurisprudencia.stf.jus.br/pages/search?classeNumeroIncidente=%22ADI%203395%22&base=acordaos&sinonimo=true&plural=true&page=1&pageSize=10&sort=_score&sortBy=desc&isAdvanced=true. Acesso em: 5 jul. 2024.

(10) BRASIL. Supremo Tribunal Federal (Tribunal Pleno). Reclamação 59.795. Relator: Min. Alexandre de Moraes, 19 de maio de 2023. Disponível em: https://portal.stf.jus.br/processos/downloadPeca.asp?id=15358217388&ext=.pdf. Acesso em: 5 jul. 2024.

(11) BRASIL, *op. cit.*

(12) BRASIL, *op. cit.*

(13) BRASIL, ref. 8.

(14) BRASIL, *op. cit.*

capítulo) a Emenda Constitucional n. 45/2004[15]. No quarto capítulo, será examinada a competência material da Justiça do Trabalho para analisar as lides oriundas das relações do trabalho, tal como estabelecido pela Emenda Constitucional n. 45/2004[16]. No quinto capítulo, serão apresentadas e analisadas criticamente as principais decisões do STF sobre a competência material da Justiça do Trabalho relativa ao Poder Normativo.

1. PODER NORMATIVO: CONCEITO

Dentre as várias funções do Direito, está a de pacificar os inúmeros litígios que exsurgem da sociedade. Um litígio (expressão sinônima de "lide"[17]) ocorre quando, conforme clássica lição de Carnelutti[18], há um "conflito de interesses qualificado por uma pretensão resistida". E os conflitos de interesse surgem, por sua vez, na medida em que dois ou mais sujeitos possuem interesses antagônicos entre si.

Os litígios podem ser individuais, quando envolvem indivíduos singularmente considerados, ou coletivos, quando abrangem uma coletividade de pessoas. As formas de solucioná-los são, como se sabe, diversas. Sem o intuito de aprofundarmos o tema, são elas: a autotutela, quando um dos sujeitos "[...] impõe o sacrifício do interesse alheio [...]"[19]; a autocomposição, quando "[...] uma das partes em conflito, ou ambas, abrem mão do interesse ou parte dele [...]"[20], o que pode ocorrer mediante renúncia (apenas uma parte dispõe do direito) ou transação (as partes fazem concessões recíprocas); e, por fim, a heterocomposição, quando a solução da lide é confiada a um terceiro estranho às partes, o que pode ocorrer mediante arbitragem ou o acesso à jurisdição.

Nesse sentido leciona Brito Filho, que igualmente distingue os meios de solução em "[...] autocompositivos e heterocompositivos, como a maioria da doutrina, sendo os primeiros a renúncia, a negociação e a mediação (ou conciliação), e os últimos a arbitragem e a solução jurisdicional"[21].

Na área trabalhista e mais especificamente sobre os conflitos coletivos nos quais se discutem novas condições de trabalho, que é o objeto desta pesquisa, o legislador brasileiro, ao tratar da heterocomposição, possibilitou que o Estado solucionasse os litígios através do Poder Judiciário, conferindo à Justiça do Trabalho a competência para análise dessas lides.

Esse órgão, por sua vez, ao decidir litígios trabalhistas de natureza coletiva nos quais se buscam melhores condições de trabalho, utiliza-se do "Poder Normativo", que é a prerrogativa de, nessas situações, criar normas no caso concreto, que serão aplicadas às categorias litigantes.

---

(15) BRASIL, *op. cit.*

(16) BRASIL, *op. cit.*

(17) THEODORO JUNIOR, Humberto. *Curso de Direito Processual Civil*, v. 1. Rio de Janeiro: Forense, 2003. p. 30.

(18) CARNELUTTI, Francesco. *Sistema de Direito Processual Civil*, v. 1, tradução: Hilomar Martins de Oliveira, São Paulo: Classic Book, 2000. p. 93.

(19) CINTRA, Antônio Carlos de Araújo; GRINOVER, Ada Pellegrini; DINAMARCO, Cândido Rangel. *Teoria Geral do Processo*, 18. ed. São Paulo: Malheiros, 2002. p. 20.

(20) CINTRA, ref. 20, p. 20.

(21) BRITO FILHO, José Cláudio Monteiro de. *Direito Sindical:* análise do modelo brasileiro de relações coletivas de trabalho à luz do direito estrangeiro comparado e da doutrina da OIT, 6. ed. São Paulo: LTr, 2017. p. 252.

Conforme leciona Santos, o Poder Normativo "[...] consiste na faculdade conferida aos Tribunais do Trabalho para estabelecer normas e condições de trabalho para reger as relações individuais de trabalho dos trabalhadores empregados e empregadores representados"(22).

Ripper, por sua vez, conceitua o Poder normativo como sendo "A competência conferida à Justiça do Trabalho para decidir, interpretar, criar e modificar normas, em matéria de dissídios coletivos [...]"(23).

Já Schiavi esclarece que o Poder Normativo é "[...] uma competência anômala conferida à Justiça do Trabalho para, uma vez solucionando o conflito de interesse, criar normas que irão regular as relações entre as categorias profissional e econômica"(24).

O referido autor complementa que "Não se trata apenas de aplicar o direito pré-existente, mas de criar, dentro de determinados parâmetros, normas jurídicas"(25) e que "Em razão disso, a Justiça do Trabalho detém a competência constitucional para criar normas por meio da chamada sentença normativa"(26).

Conceituado o instituto, torna-se relevante entender o contexto em que foi criado e as modificações que o afligiram no decorrer dos tempos.

2. HISTÓRIA DO PODER NORMATIVO ATÉ A EMENDA CONSTITUCIONAL N. 45/2004(27)

Segundo Santos, "O poder normativo da Justiça do Trabalho teve inspiração na *Carta del Lavoro* do regime fascista italiano, aprovada pelo *Gran Consiglio*, em 21 de abril de 1927"(28). O referido autor complementa que tal regime era sedimentado em dois conceitos básicos: autoritarismo e corporativismo. Ambos conceitos são interligados na medida em que o primeiro trazia as corporações à esfera do direito público, de modo a serem controladas pelo Estado(29).

Há, entretanto, quem negue ter sido a *Carta de Lavoro*(30) a inspiração para o Poder Normativo da Justiça do Trabalho no Brasil. Sussekind, por exemplo, o faz de forma contundente(31) e rejeita qualquer tipo de influência do referido diploma na legislação

(22) SANTOS, Ronaldo Lima dos. Sindicato e ações coletivas: acesso à justiça coletiva e tutela dos interesses difusos, coletivos e individuais homogêneos. São Paulo: LTr, 2008, p. 272.

(23) RIPPER, Walter William. *O Poder Normativo da Justiça do Trabalho após a Emenda Constitucional n. 45/2004*. São Paulo: LTr, 2007. p. 74.

(24) SCHIAVI, Mauro. Aspectos polêmicos e atuais do dissídio coletivo na atual jurisprudência do TST. Disponível em: https://www.lacier.com.br/cursos/artigos/periodicos/Aspectos%20polemicos%20do%20Poder%20Normativo%20e%20do%20dissidio%20coletivo%20de%20comum%20acordo.pdf.

(25) SCHIAVI, ref. 25.

(26) *Ibid.*

(27) BRASIL, *op. cit.*

(28) SANTOS, ref. 23, p. 272.

(29) SANTOS, 2008, p. 272.

(30) *CARTA Del Lavoro* (21 *Aprile* 1927). Disponível em: https://web.archive.org/web/20110722063713/http://www.historia.unimi.it/sezione/fonti/codificazione/cartalavoro.pdf. Acesso em: 5 jul. 2024.

(31) BIAVASCHI, Magda Barros. O direito do trabalho no Brasil — 1930/1942: a construção do sujeito de direitos trabalhistas. 2005. 2v. Tese (doutorado) — Universidade Estadual de Campinas, Instituto de Economia, Campinas, SP, p. 129. Disponível em: https://hdl.handle.net/20.500.12733/1602854. Acesso em: 8 jul. 2024.

brasileira, afirmando ainda que o Poder Normativo fora introduzido em 1904, na Nova Zelândia, passando, depois, para a Austrália, para a Turquia e, em 1917, para o México[32].

Ao analisarmos a *Carta del Lavoro*[33], verificamos que se trata de um documento que apresenta um conjunto de princípios, não se tratando, portanto, de normas que organizam poderes ou instituições de Estado. Não há, portanto, no referido documento, menção específica e literal ao Poder Normativo; mas há, por outro lado, a estipulação de que a Justiça do Trabalho é o órgão responsável por solucionar as controvérsias laborais, seja pela observação das normas já existentes, seja pela determinação de novas condições de trabalho (declaração V). Existe, de fato, semelhança entre o preconizado no referido documento e o instituto do Poder Normativo.

Como se não bastasse, de acordo com a *Carta del Lavoro*[34], os interesses dos empregadores e dos trabalhadores eram subordinados aos interesses superiores da produção, não se admitindo conflito entre capital e trabalho pois, ao contrário, entre ambos haveria de prevalecer a solidariedade e a conciliação.

Por conta disso, os sindicatos não poderiam organizar-se livremente, pois cabia ao Estado estabelecer a forma de organização. E, em caso de conflito interesses, o Estado era responsável por solucionar o litígio por meio da Justiça do Trabalho, mesmo que para isso ele estabelecesse novas regras e criasse novas condições de trabalho a serem aplicadas no caso concreto. A despeito, portanto, do que afirmou Süssekind, o fato é que tudo isso se coaduna com o sistema sindical brasileiro organizado na década de 1930.

No Brasil, o primeiro órgão estatal criado para solucionar conflitos coletivos foi a "Comissão Mista de Conciliação", instituído pelo Decreto n. 21.396 de 12 de maio de 1932[35]. Tratava-se de um órgão do Poder Executivo, vinculado ao Ministério do Trabalho, Indústria e Comércio.

Em 1937, já durante o Estado Novo, foi outorgada nova Constituição que, no artigo 139[36], instituiu a Justiça do Trabalho, inicialmente um órgão pertencente ao Poder Executivo, além de declarar a greve e o *lockout* "recursos anti-sociais nocivos ao trabalho e ao capital e incompatíveis com os superiores interesses da produção nacional". A Carta de 1937[37] não previu o Poder Normativo, mas consagrou o regime corporativista[38] ao estabelecer premissas semelhantes ao modelo sindical preconizado nos princípios da *Carta del Lavoro*[39].

---

(32) BIAVASCHI, ref. 32.

(33) *CARTA*, ref. 31.

(34) *CARTA*, *op. cit.*

(35) BRASIL. Decreto 21.396, de 12 de maio de 1932. Institui Comissões Mistas de Conciliação e dá outras providências. Brasília, DF: Câmara dos Deputados. Disponível em: https://www2.camara.leg.br/legin/fed/decret/1930-1939/decreto-21396-12-maio-1932-526753-publicacaooriginal-1-pe.html. Acesso em: 5 jul. 2024.

(36) BRASIL. [Constituição (1937)]. Constituição da República dos Estados Unidos do Brasil. Diário Oficial da União, Rio de Janeiro, 10 nov. 1937. Disponível em: https://www.planalto.gov.br/ccivil_03/constituicao/constituicao37.htm. Acesso em: 5 jul. 2024.

(37) BRASIL, ref. 37.

(38) SANTOS, *op. cit.*, p. 274.

(39) *CARTA*, *op. cit.*

Em seguida, o Decreto-Lei n. 1.237, de 1939[40], regulamentado pelo Decreto n. 6.596, de 1940[41], organizou a Justiça do Trabalho, que então passou a ser órgão autônomo, mas ainda vinculado ao Poder Executivo. O mesmo Decreto-Lei[42] criou o dissídio coletivo, cuja competência para "conciliar e julgar" (artigo 28, a[43]) pertencia aos Conselhos Regionais do Trabalho, sedimentando, portanto, o Poder Normativo.

Com o fim da Segunda Guerra Mundial e a queda do Estado Novo, houve a promulgação de uma nova Constituição em 1946[44], tendo a Justiça do Trabalho sido inserida no Poder Judiciário e recebido expressamente a competência para julgar dissídios coletivos (artigo 123, *caput*[45]).

A Constituição de 1967 (artigo 134, §1º[46]) e a Emenda Constitucional n. 1/1969 (artigo 142, §1º[47]) mantiveram o texto da Constituição de 1946 quanto ao Poder Normativo da Justiça do Trabalho, que remetia à lei a regulamentação do instituto ("A lei especificará as hipóteses em que as decisões nos dissídios coletivos poderão estabelecer normas e condições de trabalho"[48]), norma essa que nunca foi editada.

A Constituição de 1988 (artigo 114, § 2º)[49] trouxe em seu próprio bojo regras gerais sobre o Poder Normativo e ainda estabeleceu que o dissídio só poderia ser ajuizado em caso de recusa de qualquer das partes à negociação ou à arbitragem, prevendo ainda que, no exercício do Poder Normativo, a Justiça do Trabalho deveria observar as disposições convencionais e legais mínimas de proteção ao trabalho.

Embora a Constituição de 1988[50] tenha trazido inovações democráticas no regime sindical brasileiro ao vedar à lei exigir autorização do Estado para a fundação de sindicato e ao proibir a interferência e a intervenção estatal na organização sindical (artigo 8º, I), a atual carta constitucional, ao mesmo tempo, manteve dispositivos limitadores da atuação sindical, como, a título exemplificativo, a unicidade (artigo 8º, II).

Com o passar os tempos, decisões do STF estabeleceram parâmetros e limites ao Poder Normativo. O exemplo mais relevante ocorreu durante o julgamento do RE 197.911[51] em 1996, relatado pelo Ministro Octávio Galloti, no qual ficou assentado

(40) BRASIL. Decreto-Lei 1.237 de 2 de maio de 1939. Organiza a Justiça do Trabalho. Disponível em: https://www.planalto.gov.br/ccivil_03/decreto-lei/1937-1946/Del1237.htm. Acesso em: 5 jul. 2024.

(41) BRASIL. Decreto 6.596 de 12 de dezembro de 1940. Aprova o regulamento da Justiça do Trabalho. Disponível em: https://www.planalto.gov.br/ccivil_03/decreto/1930-1949/d6596.htm#:~:text=DECRETO%20N%C2%BA%206.596%20DE%2012%20DE%20DEZEMBRO%20DE%201940.&text=Aprova%20o%20regulamento%20da%20Justi%C3%A7a,Art. Acesso em: 5 jul. 2024.

(42) BRASIL, ref. 41.

(43) BRASIL, 1939.

(44) BRASIL. [Constituição (1946)]. Constituição da República dos Estados Unidos do Brasil. Diário Oficial da União, Rio de Janeiro, 18 set. 1946. Disponível em: https://www.planalto.gov.br/ccivil_03/constituicao/constituicao46.htm. Acesso em: 5 jul. 2024.

(45) BRASIL, ref. 45.

(46) BRASIL. [Constituição (1967)]. Constituição da República Federativa do Brasil de 1967. Brasília, DF: Presidência da República, 1967. Disponível em: https://www.planalto.gov.br/ccivil_03/constituicao/constituicao67.htm. Acesso em: 5 jul. 2024.

(47) BRASIL. Emenda Constitucional n. 1 de 17 de outubro de 1969. Edita o novo texto da Constituição Federal de 24 de janeiro de 1967. Brasília, DF: Presidência da República, 1969. Disponível em: https://www.planalto.gov.br/ccivil_03/constituicao/Emendas/Emc_anterior1988/emc01-69.htm. Acesso em 5 jul. 2024.

(48) BRASIL, *op. cit.*

(49) BRASIL, *op. cit.*

(50) BRASIL, *op. cit.*

(51) BRASIL. Supremo Tribunal Federal (Primeira Turma). Recurso extraordinário 197.911. EMENTA: 1 — DISSÍDIO COLETIVO. Recursos extraordinários providos, para excluir as cláusulas 2ª (piso correspondente

que a atuação do Poder Normativo: (a) não poderia "produzir normas ou condições, contrárias à Constituição" como, por exemplo, fazer qualquer vinculação ao salário mínimo (artigo 7º, IV, da Constituição da República(52)); (b) não poderia atuar em matéria cuja regulamentação foi reservada à lei (reserva legal) como, a título exemplificativo, aumentar o período do aviso prévio (na ocasião, a Lei n. 12.506/2011(53) ainda não havia sido editada); (c) era "somente suscetível de operar no vazio legislativo, como regra subsidiária ou supletiva, subordinada à supremacia da lei", consoante ocorreu quando a Justiça do Trabalho antecipou a data do vencimento do décimo terceiro salário, matéria já regulamentada pela Lei n. 4.749/1975(54).

Santos afirma ainda que, além dos limites acima mencionados, era manifesto na "[...] doutrina e na jurisprudência que a atuação do poder normativo da Justiça do Trabalho não poderia invadir a esfera reservada ao exercício da autonomia coletiva dos particulares [...]"(55), mencionando, como exemplo, o fato de não ser permitido aos Tribunais Trabalhistas se imiscuírem em questões como participação nos lucros e resultados (artigo 2º da Lei 10.101/2000(56)), redução de salários (artigo 7º, VI, da Constituição da República(57)), compensação de jornada (artigo 7º, XIII, da Constituição da República(58)), dentre outros.

3. PODER NORMATIVO E EMENDA CONSTITUCIONAL N. 45/2004(59)

A manutenção do Poder Normativo na Constituição de 1988(60) ocorreu sem prescindir de críticas já que, segundo parte da doutrina, isso contribuía para um estado de inação dos movimentos sindicais de trabalhadores, na medida em que, se o

ao salário mínimo acrescido de percentual) e 24ª (estabilidade temporária), por contrariarem, respectivamente, o inciso IV (parte final) e I do art. 7º da Constituição, este último juntamente com o art. 10 do ADCT, bem como a cláusula 29ª (aviso prévio de sessenta dias), por ser considerada invasiva da reserva legal específica, instituída no art. 7º, XXI, da Constituição. 2. Recursos igualmente providos, quanto à cláusula 14ª (antecipação, para junho, da primeira parcela do 13º salário), por exceder seu conteúdo à competência normativa da Justiça do Trabalho, cujas decisões, a despeito de configurarem fonte de direito objetivo, revestem o caráter de regras subsidiárias, somente suscetíveis de operar no vazio legislativo, e sujeitas à supremacia da lei formal (art. 114, § 2º, da Constituição). 3. Recursos de que não se conhece no concernente à cláusula 1ª (reajuste salarial), por ausência de pressupostos de admissibilidade, e, ainda, no que toca às cláusulas 52ª (multa pela falta de pagamento de dia de trabalho), 59ª (abrigos para a proteção dos trabalhadores), 61ª (fornecimento de listas de empregados), 63ª (afixação de quadro de avisos), visto não contrariarem os dispositivos constitucionais contra elas invocados, especialmente o § 2º do art. 114. Decisão por maioria, quanto às cláusulas 29ª e 14ª, sendo, no restante unânime. Relator: Min. Octavio Gallotti, 24 de setembro de 1996. Disponível em: https://jurisprudencia.stf.jus.br/pages/search/sjur31170/false. Acesso em: 5 jul. 2024.

(52) BRASIL, *op. cit.*

(53) BRASIL. Lei 12.506 de 11 de outubro de 2011. Dispõe sobre o aviso prévio e dá outras providências. Brasília, DF: Presidência da República, 2011. Disponível em: https://www.planalto.gov.br/ccivil_03/_ato2011-2014/2011/lei/l12506.htm. Acesso em: 5 jul. 2024.

(54) BRASIL. Lei 4.749 de 12 de agosto de 1965. Dispõe sobre o Pagamento da Gratificação Prevista na Lei n. 4.090, de 13 de julho de 1962. Brasília, DF: Presidência da República, 1962. Disponível em: https://www.planalto.gov.br/ccivil_03/leis/l4749.htm. Acesso em: 5 jul. 2024.

(55) SANTOS, *op. cit.*, p. 306.

(56) BRASIL. Lei 10.101 de 19 de dezembro de 2000. Dispõe sobre a participação dos trabalhadores nos lucros ou resultados da empresa e dá outras providências. Brasília, DF: Presidência da República, 2000. Disponível em: https://www.planalto.gov.br/ccivil_03/leis/l10101.htm. Acesso em: 5 jul. 2024.

(57) BRASIL, *op. cit.*

(58) BRASIL, *op. cit.*

(59) BRASIL, *op. cit.*

(60) BRASIL, *op. cit.*

sindicato pode recorrer à Justiça do Trabalho para solucionar o conflito, a utilização de mecanismos clássicos de reivindicações (como grandes mobilizações e greves) se mostrava desnecessária. A contribuição sindical compulsória e a unicidade sindical, institutos igualmente mantidos pela Carta de 1988(61), agravavam a situação. Nesse sentido, explica Schiavi:

> Também sua existência, conforme apontam alguns, provoca uma natural acomodação da negociação coletiva e até um acentuado abuso na pauta de reivindicações da categoria profissional quando do ingresso do dissídio coletivo. Argumentam, ainda, que, constantemente, a Justiça do Trabalho prolata uma decisão completamente divorciada da realidade das categorias, não sendo efetiva(62).

Nesse contexto, embora a Constituição de 1988(63) tenha tentado imprimir um caráter menos autoritário ao sistema sindical brasileiro, proibindo a interferência estatal nos sindicatos, a manutenção da unicidade sindical, da contribuição sindical compulsória e do Poder Normativo são iniciativas que não se coadunam com a promoção de sindicatos fortes e atuantes.

Nesse sentido, leciona Brito Filho, ao afirmar que:

> [...] a competência normativa da Justiça do Trabalho, embora esta feição nem sempre seja percebida, é uma das responsáveis pelo pouco poder real dos sindicatos no Brasil. Primeiro, porque desestimula a negociação ou outras formas de solução dos conflitos, pelo que era usada, via de regra, por entidades sindicais profissionais sem poder para mobilizar as categorias que representavam [...]. Segundo, porque, ao revés, sempre foi uma arma poderosa contra o principal instrumento de pressão de que dispõem os trabalhadores, razão pela qual não ocorria seu uso, somente, por entidades profissionais fracas, mas, também, pelos empregadores, individualmente ou por intermédio de suas entidades sindicais. É que, deflagrado movimento grevista, sendo ele abusivo ou não, era comum, pelo empregador, em sentido amplo, o ajuizamento do dissídio coletivo, cujo final, na melhor das hipóteses, era uma sentença normativa que fixava condições de trabalho muito inferiores ao que podia, pela greve, ser obtido e que impedia a continuidade da cessação coletiva do trabalho, por ter ocorrido a pacificação, do ponto de vista jurídico, do conflito(64).

Não é à toa que a OIT, desde a Convenção n. 98 de 1949, ratificada pelo Decreto Legislativo n. 49 de 27/8/1952(65), preconiza que os Estados deverão adotar "[...] medidas

---

(61) BRASIL, *op. cit.*

(62) SCHIAVI, *op. cit.*

(63) BRASIL, *op. cit.*

(64) BRITO FILHO, ref. 22, p. 252-263.

(65) BRASIL. Decreto Legislativo 49 de 1952. Aprova a Convenção n° 98, relativa à aplicação dos princípios do direito de organização e de negociação coletiva, adotada em 1949, em Genebra, na 3ª sessão da Conferência Internacional do Trabalho. Rio de Janeiro, DF: Câmara Federal, 1952. Disponível em: https://www2.camara.leg.br/legin/fed/decleg/1950-1959/decretolegislativo-49-27-agosto-1952-351309-republicacao-60889-pl.html#:~:text=Aprova%20a%20Conven%C3%A7%C3%A3o%20n%C2%B0,da%20Confer%C3%AAncia%20Internacional%20do%20Trabalho. Acesso em: 5 jul. 2024.

apropriadas às condições nacionais para fomentar e promover o pleno desenvolvimento e utilização de meios de negociação voluntária entre empregadores ou organizações de empregadores e organizações de trabalhadores [...]" (artigo 4º).

Já a Convenção n. 154 da OIT, ratificada pelo Decreto n. 1.256 de 29 de setembro de 1994[(66)], estabelece que "os órgãos e os procedimentos de resolução dos conflitos trabalhistas sejam concedidos de tal maneira que possam contribuir para o estimulo à negociação coletiva" (artigo 5º, e).

Ou seja, o Poder Normativo, tal como mantido pela Constituição de 1988[(67)], violava normas da OIT ratificadas pelo Brasil. Aliás, aponta Costa que o Brasil era um dos "[...] raros países do mundo a atribuir aos órgãos judiciários a tarefa de compor conflitos de interesses econômicos entre as classes sociais de trabalhadores e empresários"[(68)].

É nesse contexto que, no ano de 1995, o Comitê de Liberdade Sindical da OIT, ao analisar o caso 1839, que envolvia a dispensa, por parte da Petrobrás, de 59 dirigentes sindicais, recomendou ao Estado Brasileiro que adotasse medidas para a modificação da legislação, a fim de que a submissão dos conflitos coletivos de interesses às autoridades judiciais somente fosse possível de comum acordo entre as partes ou então no caso de serviços essenciais no sentido estrito dos termos[(69)].

A recomendação exarada pelo Comitê de Liberdade Sindical foi clara quanto à importância de o Poder Judiciário abster-se de interferir nos conflitos coletivos trabalhistas, exceto se a intervenção for solicitada em comum acordo pelas partes ou no caso de serviços essenciais.

E, ciente disso, em 2004, ao promulgar a Emenda Constitucional n. 45[(70)], o Poder Constituinte Derivado Reformador acarretou uma profunda modificação no Poder Normativo. Com a edição da referida norma, o artigo 114, § 2º, da Constituição da República, passou a prever que:

> Recusando-se qualquer das partes à negociação ou à arbitragem, é facultado às mesmas, de comum acordo, ajuizar dissídio coletivo de natureza econômica, podendo a Justiça do Trabalho decidir o conflito, respeitadas as disposições mínimas legais de proteção ao trabalho, bem como as convencionadas anteriormente e legais mínimas de proteção do trabalho[(71)].

Além disso, foi acrescido o § 3º ao já mencionado artigo 114, com o seguinte teor: "Em caso de greve em atividade essencial, com possibilidade de lesão do interesse público, o Ministério Público do Trabalho poderá ajuizar dissídio coletivo, competindo à Justiça do Trabalho decidir o conflito"[(72)].

---

(66) BRASIL. Decreto Legislativo 1.256 de 29 de setembro de 1994. Promulga a Convenção n. 154, da Organização Internacional do Trabalho, sobre o Incentivo à Negociação Coletiva, concluída em Genebra, em 19 de junho de 1981. Brasília, DF: Presidência da República, 1994. Disponível em: https://www.planalto.gov.br/ccivil_03/decreto/1990-1994/d1256.htm#:~:text=DECRETO%20N%C2%BA%201.256%2C%20DE%2029,19%20de%20junho%20de%201981. Acesso em: 5 jul. 2024.

(67) BRASIL, *op. cit.*

(68) COSTA, Walmir Oliveira da. Breve estudo sobre a solução dos conflitos trabalhistas no Brasil e no direito comparado. Revisa do Tribunal Superior do Trabalho, Brasília, vol. 76, n. 2, abr/jun. 2010, p. 31.

(69) ORGANIZAÇÃO INTERNACIONAL DO TRABALHO (Comitê de Liberdade Sindical). *Informe definitivo — Informe núm. 300, Noviembre* 1995, Caso 1.839. Disponível em: https://normlex.ilo.org/dyn/normlex/es/f?p=NORMLEXPUB:50002:0::NO::P50002_COMPLAINT_TEXT_ID:2903565#1. Acesso em: 5 jul. 2024. Tradução livre.

(70) BRASIL, *op. cit.*

(71) BRASIL, *op. cit.*

(72) BRASIL, *op. cit.*

Como se nota, a alteração mais substancial foi a instituição da obrigatoriedade de que as partes, ao ajuizarem dissídio coletivo, o fizessem de comum acordo. Intensos debates foram travados sobre a constitucionalidade desse dispositivo, na medida em que, segundo determinada corrente, tratava-se de violação ao princípio da inafastabilidade da jurisdição (artigo 5º, XXXV, da Constituição da República(73)), consoante narrado por Santos(74).

Para outra corrente, entretanto, não se cogitava violação ao mencionado princípio já que o dissídio coletivo não tem por escopo a apreciação de lesão ou ameaça a direito, mas sim a criação de novas condições de trabalho(75). Ademais, a instituição do requisito do comum acordo atendeu às Convenções ns. 98(76) e 154(77) da OIT e à recomendação do Comitê de Liberdade Sindical no Caso 1.839(78).

Ao analisar a questão, o STF consagrou a constitucionalidade da exigência do comum acordo no Tema 841(79): "É constitucional a exigência de comum acordo entre as partes para ajuizamento de dissídio coletivo de natureza econômica, conforme o artigo 114, § 2º, da Constituição Federal, na redação dada pela Emenda Constitucional n. 45/2004". Nesse mesmo sentido foi a decisão proferida no julgamento conjunto das ADIs3392, 3432, 3423, 3431 e 3520(80).

O STF excepcionou, entretanto, a exigência de comum acordo ao dissídio coletivo de greve, consoante decisões proferidas na reclamação 50.386(81) e no agravo interno no recurso extraordinário com agravo 1.400.750(82).

---

(73) BRASIL, *op. cit.*

(74) SANTOS, *op. cit.*, p. 277.

(75) SANTOS, *op. cit.*, p. 277.

(76) BRASIL, ref. 66.

(77) BRASIL, ref. 67.

(78) ORGANIZAÇÃO, ref. 70.

(79) BRASIL. Supremo Tribunal Federal. Tema 841 de repercussão geral. Constitucionalidade do art. 114, § 2º, da Constituição Federal, alterado pela EC 45/2004, que prevê a necessidade de comum acordo entre as partes como requisito para o ajuizamento de dissídio coletivo de natureza econômica. Data de publicação 13/10/2020, ata 172/2020, DJE n. 247, divulgado em 9/10/2020. Disponível em: https://portal.stf.jus.br/jurisprudenciaRepercussao/verAndamentoProcesso.asp?incidente=5065252&numeroProcesso=1002295&classeProcesso=RE&numeroTema=841. Acesso em: 5 jul. 2024.

(80) BRASIL. Supremo Tribunal Federal (Tribunal Pleno). Ação Direta de Inconstitucionalidade 3.520. Ação Direta de Inconstitucionalidade. 2. Art. 1º, da Emenda Constitucional n. 45/2004, na parte em que deu nova redação ao art. 114, §§ 2º e 3º, da Constituição Federal. 3. Necessidade de "mutuo acordo" para ajuizamento do Dissídio Coletivo. 4. Legitimidade do MPT para ajuizar Dissídio Coletivo em caso de greve em atividade essencial. 5. Ofensa aos artigos 5º, XXXV, LV e LXXVIII, e 60, § 4º, IV, da Constituição Federal. Inocorrência. 6. Condição da ação estabelecida pela Constituição. Estímulo às formas alternativas de resolução de conflito. 7. Limitação do poder normativo da justiça do trabalho. Violação aos artigos 7º, XXVI, e 8º, III, e ao princípio da razoabilidade. Inexistência. 8. Recomendação do Comitê de Liberdade Sindical da Organização Internacional do Trabalho. Indevida intervenção do Estado nas relações coletivas do trabalho. Dissídio Coletivo não impositivo. Reforma do Poder Judiciário (EC 45) que visa dar celeridade processual e privilegiar a autocomposição. 9. Importância dos acordos coletivos como instrumento de negociação dos conflitos. Mútuo consentimento. Precedentes. 10. Ação direta de inconstitucionalidade julgada improcedente. Relator: Ministro Gilmar Mendes, 29 de maio de 2020. Disponível em: https://portal.stf.jus.br/processos/downloadPeca.asp?id=15343577270&ext=.pdf. Acesso em: 5 jul. 2024.

(81) BRASIL. Supremo Tribunal Federal. Reclamação 50.386. Relator: Min. Roberto Barroso, 10 de dezembro de 2021. Disponível em: https://portal.stf.jus.br/processos/downloadPeca.asp?id=15349163246&ext=.pdf. Acesso em: 5 jul. 2024.

(82) BRASIL. Supremo Tribunal Federal (Tribunal Pleno). Agravo interno no recurso extraordinário com agravo 1.400.750. AGRAVOS INTERNOS NOS RECURSOS EXTRAORDINÁRIOS COM AGRAVO. DIREITO DO TRABALHO. DISSÍDIO COLETIVO INSTAURADO NO CONTEXTO DA DEFLAGRAÇÃO DE GREVE. INAPLICABILIDADE DO ART. 114, § 2º, DA CONSTITUIÇÃO DA REPÚBLICA. REEXAME

4. COMPETÊNCIA DA JUSTIÇA DO TRABALHO APÓS A EMENDA CONSTITUCIONAL N. 45/2004[83]: JULGAMENTO DAS LIDES ORIUNDAS DAS RELAÇÕES DE TRABALHO

Conforme já salientado, a Emenda Constitucional n. 45/2004[84] aumentou consideravelmente a competência da Justiça do Trabalho. A redação original do artigo 114 da Constituição da República[85] limitava a competência da Justiça do Trabalho a conciliar e julgar os dissídios individuais e coletivos entre trabalhadores e empregadores. Ressaltamos que, ao referir-se a "empregadores", a competência da Justiça do Trabalho, via de regra, limitava-se ao julgamento de ações que versassem sobre relação de emprego[86].

Com a Emenda Constitucional n. 45/2004[87], a Justiça do Trabalho passou a deter competência para julgar as ações oriundas da relação de trabalho (artigo 114, I[88]), afora outras demandas mencionadas nos incisos do artigo 114 da Constituição da República[89].

Segundo Süssekind, trabalho é "toda energia humana, física ou intelectual, empregada com um fim produtivo, constitui trabalho"[90]. Para Malta, trabalho é o "esforço destinado à produção de riqueza"[91].

Já relação de trabalho é aquela através da qual uma pessoa física presta serviços a outrem, de maneira livre e consensual. Neste conceito estão abrangidas todas as relações intersubjetivas cujo objeto seja a prestação de serviço por pessoa física, em favor de alguém, que dele se beneficia.

DE FATOS E PROVAS. SÚMULA Nº 279/STF. TESE FIRMADA AO JULGAMENTO DO TEMA Nº 841 DA REPERCUSSÃO GERAL. AUSÊNCIA DE DESRESPEITO. PRECEDENTES. 1. O entendimento da Corte de origem, nos moldes do assinalado na decisão agravada, não diverge da jurisprudência firmada no Supremo Tribunal Federal, no sentido da inaplicabilidade do art. 114, § 2º, da Magna Carta a hipóteses como a dos autos, em que a "propositura do dissídio coletivo se deu em momento posterior à deflagração da greve, medida extrema que configura exercício de autotutela e que esgota qualquer possibilidade de mútuo acordo para propositura da ação, tornando dispensável a exigência desse requisito como condição para instauração do dissídio coletivo" (Rcl 50386 AgR, Relator o Ministro Roberto Barroso, Primeira Turma, DJe de 23.06.2022). 2. Compreensão diversa demandaria a reelaboração da moldura fática delineada pelo Tribunal de origem, providência inviável em sede recursal extraordinária (Súmula nº 279/STF). Desatendida a exigência prevista no art. 102, III, "a", da Lei Maior, nos termos da jurisprudência desta Suprema Corte. 3. A teor do art. 85, § 11, do CPC, o "tribunal, ao julgar recurso, majorará os honorários fixados anteriormente levando em conta o trabalho adicional realizado em grau recursal, observando, conforme o caso, o disposto nos §§ 2º a 6º, sendo vedado ao tribunal, no cômputo geral da fixação de honorários devidos ao advogado do vencedor, ultrapassar os respectivos limites estabelecidos nos §§ 2º e 3º para a fase de conhecimento". 4. Agravos internos conhecidos e não providos. Relator: Min. ROSA WEBER, 13/06/2023. Disponível em: https://redir.stf.jus.br/paginadorpub/paginador.jsp?docTP=TP&docID=768725257. Acesso em: 5 jul. 2024.

(83) BRASIL, *op. cit.*

(84) BRASIL, *op. cit.*

(85) BRASIL, *op. cit.*

(86) Não se olvide, entretanto, que o constituinte originário, no mesmo dispositivo, autorizou o alargamento da competência, na forma da lei, para o julgamento de outras controvérsias decorrentes da relação de trabalho, o que ocorreu, por exemplo, no artigo 652 da CLT, ao outorgar à Justiça do Trabalho a competência para julgar as lides entre os trabalhadores portuários e o Órgão Gestor de Mão-de-obra — OGMO.

(87) BRASIL, *op. cit.*

(88) BRASIL, *op. cit.*

(89) BRASIL, *op. cit.*

(90) SÜSSEKIND, Arnaldo. *Curso de Direito do Trabalho*, 2. ed., Rio de Janeiro: Renovar, 2004. p. 3.

(91) TOSTES MALTA, Christóvão Piragibe. *Rudimentos de Direito do Trabalho*. Rio de Janeiro: Edições Trabalhistas, 1966. p. 1.

Nesse sentido é o que esclarece Brandão, ao afirmar que relação de trabalho é

> [...] o vínculo que se estabelece entre a pessoa que executa o labor — o trabalhador propriamente dito, o ser humano que empresa a sua energia para o desenvolvimento de uma atividade — e a pessoa jurídica ou física que é beneficiária desse trabalho, ou seja, aufere o resultado proveniente da utilização da energia humana por parte daquele(92).

A acepção de relação de trabalho também engloba os prestadores de serviço regulamentados pelo artigo 593 do Código Civil(93), o empreiteiro, o depositário, o mandatário, enfim, todos os trabalhadores que firmem contratos de natureza civil, administrativa ou trabalhista e cujo objeto seja a prestação de trabalho em favor de outrem. A relação de emprego está englobada no conceito de relação de trabalho, com o diferencial de ser uma prestação de serviços a outrem de forma subordinada.

Nesse sentido é o que esclarece Brandão, ao afirmar que relação de trabalho é

> [...] o vínculo que se estabelece entre a pessoa que executa o labor — o trabalhador propriamente dito, o ser humano que empresa a sua energia para o desenvolvimento de uma atividade — e a pessoa jurídica ou física que é beneficiária desse trabalho, ou seja, aufere o resultado proveniente da utilização da energia humana por parte daquele(94).

Frisamos que, configurando-se a relação de trabalho, pouco importa o contrato tem de natureza civil, administrativa ou trabalhista, pois os regimes jurídicos diferenciados não desnaturam o que ambas têm na essência: um vínculo entre o prestador e um tomador, cujo objeto é um serviço, uma atividade ou uma obra.

Também se mostra claro, em razão do acima salientado, não existir dúvidas de que o conceito de "relação de trabalho" nunca foi sinônimo de "relação de emprego", sendo o primeiro gênero do qual o segundo é espécie. Nesse mesmo sentido leciona Nascimento, ao afirmar expressamente que, ao que lhe parece, relação de trabalho não é sinônimo de relação de emprego(95).

A despeito da clareza do texto constitucional, em 1/2/2005 (ou seja, no 32º dia subsequente à promulgação da Emenda Constitucional n. 45(96), ocorrida em 31/12/2004), o então presidente do STF, Ministro Nelson Jobim, deferiu liminar na ADI 3.395(97), suspendendo toda e qualquer interpretação dada ao inciso I do artigo 114 da Constituição

(92) BRANDÃO, Cláudio Mascarenhas. *Relação de Trabalho: enfim, o paradoxo superado. In:* COUTINHO, Grijalbo Fernandes (Coord.); FAVA, Marcos Neves (Coord.). *Nova Competência da Justiça do Trabalho.* São Paulo: LTr, 2005. p. 55.

(93) BRASIL. Lei 10.406/2002. Institui o Código Civil. Disponível em: https://www.planalto.gov.br/ccivil_03/leis/2002/l10406compilada.htm. Acesso em: 5 jul. 2024.

(94) BRANDÃO, ref. 93, p. 55.

(95) NASCIMENTO, Amauri Mascaro. *A Competência da Justiça do Trabalho para a Relação de Trabalho. In:* COUTINHO, Grijalbo Fernandes (Coord.); FAVA, Marcos Neves (Coord.). *Nova Competência da Justiça do Trabalho.* São Paulo: LTr, 2005. p. 25.

(96) BRASIL, *op. cit.*

(97) BRASIL. Supremo Tribunal Federal (Presidência). Ação Direta de Inconstitucionalidade 3.395. Relator: Min. Nelson Jobim, 1 de fevereiro de 2005. Disponível em: https://portal.stf.jus.br/processos/detalhe.asp?incidente=2268427. Acesso em: 5 jul. 2024.

da República[98] que incluísse, na competência da Justiça do Trabalho, a apreciação de causas que fossem instauradas entre o Poder Público e seus servidores, a ele vinculados por típica relação de ordem estatutária ou de caráter jurídico-administrativo.

A referida ADI foi julgada de forma definitiva somente em 16/4/2020, tendo o STF confirmado a decisão liminar. No julgamento definitivo, o relator, Ministro Alexandre de Moraes, afirmou que as relações entre servidores e Administração Pública são "[...] puramente de Direito Administrativo, isto é, como relações decorrentes, não de contrato civil de trabalho, mas de estatuto jurídico específico [...]" e que possuem acervo "[...] de características próprias, nas quais pontifica antes de tudo o interesse público e a ausência de espaços para considerações de ordem estritamente privada, em relações essencialmente contratuais"[99].

Ao contrário do decidido pelo STF nessa ocasião, entendemos que a natureza jurídica do vínculo formado entre trabalhador e tomador de serviços é irrelevante para fins de definição da competência da Justiça do Trabalho, pois o Poder Constituinte Derivado Reformador não realizou qualquer limitação nesse sentido.

A competência da Justiça do trabalho, ao abranger o julgamento de ações oriundas de relação de trabalho, não é limitada em razão da "natureza" ou das "características" da relação de trabalho analisada no caso concreto. Aliás, reiteramos que, para aferição de competência da Justiça do Trabalho, pouco importa qual será o direito material aplicado.

Não bastasse o entendimento sedimentado na ADI 3.395[100], o certo é que, nos últimos anos, as decisões do STF com viés restritivo da competência da Justiça do Trabalho se multiplicaram. Há inúmeras decisões que, inclusive, retiram da Justiça do Trabalho a competência para análise de pedidos de declaração de vínculo empregatício, o que nunca foi cogitado nem mesmo antes da Emenda Constitucional n. 45/2004[101].

A título de exemplo, mencionamos o decidido na Reclamação 43.982, que determinou a remessa dos autos à Justiça Comum, afirmando que "Somente nos casos em que a Justiça Comum constate que não foram preenchidos os requisitos dispostos na Lei n. 11.442/2007, a competência passaria a ser da Justiça do Trabalho"[102].

Afora todo esse contexto, há manifestações claras de Ministros do STF com caráter político contrário à existência da Justiça do Trabalho, tendo um dos Ministros defendido em entrevista recente ser "preciso repensar o tamanho da Justiça do Trabalho"[103].

5. DECISÕES DO STF SOBRE A COMPETÊNCIA MATERIAL DA JUSTIÇA DO TRABALHO AO DECIDIR CONFLITOS COLETIVOS TRABALHISTAS: ANÁLISE CRÍTICA

Para realização da referida pesquisa, utilizamos o portal eletrônico do STF acessível pela internet (https://portal.stf.jus.br/), na aba "jurisprudência". Lá, realizamos a pesquisa pelos termos "dissídio coletivo" e "Poder Normativo".

---

(98) BRASIL, *op. cit.*

(99) BRASIL, ref. 10.

(100) BRASIL, *op. cit.*

(101) BRASIL, *op. cit.*

(102) BRASIL. Supremo Tribunal Federal. Reclamação 43.982. Relator: Min. Roberto Barroso, 25 de fevereiro de 2021. Disponível em: https://portal.stf.jus.br/processos/downloadPeca.asp?id=15345777548&ext=.pdf. Acesso em: 5 jul. 2024.

(103) É PRECISO repensar o tamanho da Justiça do Trabalho, afirma Gilmar. CONJUR, 1 de abril de 2024. Disponível em: https://www.conjur.com.br/2024-abr-01/e-preciso-repensar-tamanho-da-justica-do-trabalho-afirma-gilmar-mendes/. Acesso em: 5 jul. 2024.

O resultado indicou que foram poucas as discussões travadas no STF sobre a competência material da Justiça do Trabalho em relação ao Poder Normativo. Em geral, os casos julgados orbitaram sobre o mesmo tema: a competência para julgar dissídios de greve de servidores ou empregados públicos. Diante disso, selecionamos as principais decisões sobre o tema, quais sejam, as proferidas no Mandado de Injunção 670[(104)] e no Tema 544[(105)].

No julgamento do Mandado de Injunção 670[(106)] (julgado em conjunto com os Mandados de Injunção 708 e 712), ocorrido em 25/10/2007, o STF assentou a competência da Justiça Comum para julgamento dos dissídios de greve envolvendo servidores públicos civis, utilizando-se, como argumento, a "Pendência do julgamento de mérito da ADI n. 3.395/DF, Rel. Min. Cezar Peluso".

Posteriormente, em 1/8/2017, ao julgar o Tema 544 de repercussão geral, o STF ficou a seguinte tese: "A Justiça Comum Federal ou Estadual é competente para julgar a abusividade de greve de servidores públicos celetistas da administração direta, autarquias e fundações de direito público"[(107)].

Ao proferir o voto vencedor, o Ministro Alexandre de Moraes adotou o seguinte fundamento:

> [...] A essencialidade das atividades desempenhadas pelos servidores públicos conduz à aplicação da regra de competência firmada pelo Supremo Tribunal Federal no MI 670, mesmo em se tratando de servidores contratados pelo Estado sob o regime celetista[(108)].

Atentamos, ainda, para um detalhe em relação ao Tema 544: o *leading case* foi o recurso extraordinário 846.854[(109)], interposto contra decisão proferida pela Seção

---

(104) BRASIL. Supremo Tribunal Federal (Tribunal Pleno). Mandado de Injunção 670. MANDADO DE INJUNÇÃO. GARANTIA FUNDAMENTAL (CF, ART. 5º, INCISO LXXI). DIREITO DE GREVE DOS SERVIDORES PÚBLICOS CIVIS (CF, ART. 37, INCISO VII). EVOLUÇÃO DO TEMA NA JURISPRUDÊNCIA DO SUPREMO TRIBUNAL FEDERAL (STF). DEFINIÇÃO DOS PARÂMETROS DE COMPETÊNCIA CONSTITUCIONAL PARA APRECIAÇÃO NO ÂMBITO DA JUSTIÇA FEDERAL E DA JUSTIÇA ESTADUAL ATÉ A EDIÇÃO DA LEGISLAÇÃO ESPECÍFICA PERTINENTE, NOS TERMOS DO ART. 37, VII, DA CF. EM OBSERVÂNCIA AOS DITAMES DA SEGURANÇA JURÍDICA E À EVOLUÇÃO JURISPRUDENCIAL NA INTERPRETAÇÃO DA OMISSÃO LEGISLATIVA SOBRE O DIREITO DE GREVE DOS SERVIDORES PÚBLICOS CIVIS, FIXAÇÃO DO PRAZO DE 60 (SESSENTA) DIAS PARA QUE O CONGRESSO NACIONAL LEGISLE SOBRE A MATÉRIA. MANDADO DE INJUNÇÃO DEFERIDO PARA DETERMINAR A APLICAÇÃO DAS LEIS NS. 7.701/1988 E 7.783/1989. 1. SINAIS DE EVOLUÇÃO DA GARANTIA FUNDAMENTAL DO MANDADO DE INJUNÇÃO NA JURISPRUDÊNCIA DO SUPREMO TRIBUNAL FEDERAL (STF). [...] Relator: Min. Maurício Correa, 25 de dezembro de 2007. Disponível em:https://jurisprudencia.stf.jus.br/pages/search?classeNumeroIncidente=%22MI%20670%22&base=acordaos&sinonimo=true&plural=true&page=1&pageSize=10&sort=_score&sortBy=desc&isAdvanced=true. Acesso em: 5 jul. 2024.

(105) BRASIL. Supremo Tribunal Federal. Tema 544 de repercussão geral. A justiça comum, federal ou estadual, é competente para julgar a abusividade de greve de servidores públicos celetistas da Administração pública direta, autarquias e fundações públicas. ATA 25, de 1/8/2017. DJE 171, divulgado em 3/8/2017. Disponível em: https://jurisprudencia.stf.jus.br/pages/search?classeNumeroIncidente=%22RE%20846854%22&base=acordaos&sinonimo=true&plural=true&page=1&pageSize=10&sort=_score&sortBy=desc&isAdvanced=true. Acesso em: 5 jul. 2024.

(106) BRASIL, ref. 105.

(107) BRASIL, 2017.

(108) BRASIL, ref. 106.

(109) BRASIL. Supremo Tribunal Federal (Tribunal Pleno). Recurso extraordinário 856.854. CONSTITUCIONAL. DIREITOS SOCIAIS. COMPETÊNCIA PARA O JULGAMENTO DA LEGALIDADE DE GREVE DE SERVIDORES PÚBLICOS CELETISTAS. JUSTIÇA COMUM. FIXAÇÃO DE TESE DE REPERCUSSÃO GERAL. 1. É competência da justiça comum, federal ou estadual, conforme o caso, o julgamento de

de Dissídios Coletivos do TST no recurso ordinário em dissídio coletivo 2030400-40.2007.5.02.0000(110). Tratava-se de um caso de greve dos guardas municipais de São Bernardo do Campo — SP, empregados públicos (ou seja, regidos pela CLT). O mencionado órgão fracionário do TST declarou a incompetência material da Justiça do Trabalho com o seguinte fundamento:

> Embora sob o regime da CLT, a Guarda Civil do Município de São Bernardo constitui instituição voltada à segurança pública, prevista no art. 144, § 8º, da Constituição Federal, de forma que se encontra abrangida pela aludida decisão do STF que denota a preocupação com a continuidade dos serviços públicos(111).

Em resumo, segundo o STF, dissídios coletivos de greve que envolvam tanto os servidores públicos civis, quanto os empregados públicos (celetistas) da administração pública direta, autarquias e fundações públicas, devem ser julgados não pela Justiça do Trabalho, mas sim pela Justiça Comum.

Em conformidade com o já exposto nesta pesquisa, as decisões acima foram proferidas em clara violação ao artigo 114, I, da Constituição da República(112), que estabelece a competência da Justiça do Trabalho para julgar "as ações oriundas da relação de trabalho, abrangidos os entes de direito público externo e da administração pública direta e indireta da União, dos Estados, do Distrito Federal e dos Municípios"(113).

Em relação aos dissídios de greve de servidores públicos civis, remetemos o leitor ao capítulo anterior, no qual defendemos que a natureza jurídica do vínculo formado entre trabalhador e tomador de serviços é irrelevante para fins de definição da competência da Justiça do Trabalho.

Nesse contexto, sendo a relação do servidor com a administração pública notoriamente uma relação de trabalho, a competência para julgamento dessas lides coletivas é,

---

dissídio de greve promovida por servidores públicos, na linha do precedente firmado no MI 670 (Rel. Min. MAURÍCIO CORRÊA, Rel. p/ acórdão Min. GILMAR MENDES, Tribunal Pleno, DJe de 30/10/2008). 2. As Guardas Municipais executam atividade de segurança pública (art. 144, § 8º, da CF), essencial ao atendimento de necessidades inadiáveis da comunidade (art. 9º, § 1º, CF), pelo que se submetem às restrições firmadas pelo Supremo Tribunal Federal no julgamento do ARE 654.432 (Rel. Min. EDSON FACHIN, redator para acórdão Min. ALEXANDRE DE MORAES, Tribunal Pleno, julgado em 5/4/2017). 3. A essencialidade das atividades desempenhadas pelos servidores públicos conduz à aplicação da regra de competência firmada pelo Supremo Tribunal Federal no MI 670, mesmo em se tratando de servidores contratados pelo Estado sob o regime celetista. 4. Negado provimento ao recurso extraordinário e fixada a seguinte tese de repercussão geral: "A Justiça Comum Federal ou Estadual é competente para julgar a abusividade de greve de servidores públicos celetistas da administração direta, autarquias e fundações de direito público". Relator: Min. Luiz Fux. Redator do acórdão: Min. Alexandre de Moraes, 1 de agosto de 2017. Disponível em: https://jurisprudencia.stf.jus.br/pages/search?base=acordaos&sinonimo=true&plural=true&page=1&pageSize=10&sort=_score&sortBy=desc&isAdvanced=true&origem=AP&classeNumeroIncidente=RE%20846854. Acesso em: 5 jul. 2024

(110) BRASIL. Tribunal Superior do Trabalho (Seção de Dissídios Coletivos). Recurso ordinário em dissídio coletivo 2030400-40.2007.5.02.0000. RECURSO ORDINÁRIO EM DISSÍDIO COLETIVO. ENTIDADE DE DIREITO PÚBLICO. IMPOSSIBILIDADE JURÍDICA DO PEDIDO. Carece de possibilidade jurídica o pedido de natureza econômica formulado em dissídio coletivo contra entidade de direito público (Orientação Jurisprudencial 5 da SDC/TST). Ausente condição essencial ao ajuizamento do dissídio coletivo, impõe-se a extinção do processo, sem julgamento do mérito, quanto às reivindicações de natureza econômica, nos termos do art. 267, inciso VI, do CPC. Relator: Min. Márcio Eurico Vitral Amaro, 8 de março de 2010. Disponível em: https://jurisprudencia-backend2.tst.jus.br/rest/documentos/dac99817ce9df2279bde55f8a769df8b. Acesso em: 5 jul. 2024.

(111) BRASIL, ref. 111.

(112) BRASIL, *op. cit.*

(113) BRASIL, *op. cit.*

evidentemente, da Justiça do Trabalho (artigo 114, I, da Constituição da República[(114)]), ao contrário do que, respeitosamente, foi decidido pelo STF.

Já no que tange aos empregados públicos (celetistas), o já citado artigo 114, I, da Constituição da República[(115)] faz referência expressa aos empregados dos "entes de direito público externo e da administração pública direta e indireta da União, dos Estados, do Distrito Federal e dos Municípios"[(116)]. Logo, pouco importa a questão da essencialidade do serviço prestado (fundamento adotado pelo STF) ou o fato de que, no caso concreto julgado[(117)], os empregados públicos eram guardas municipais, integrantes do sistema de segurança pública.

CONSIDERAÇÕES FINAIS

Conforme acima enfatizado, relação de trabalho é aquela através da qual uma pessoa física presta serviços a outrem, de maneira livre e consensual, sendo certo que, neste conceito, estão abrangidas todas as relações intersubjetivas cujo objeto seja a prestação de serviço por pessoa física, em favor de alguém, que dele se beneficia.

Nesse contexto, a acepção de relação de trabalho também engloba todos os trabalhadores que firmem contratos de natureza civil, administrativa ou trabalhista e cujo objeto seja a prestação de trabalho em favor de outrem. A relação de emprego está englobada no conceito de relação de trabalho, com o diferencial de ser uma prestação de serviços a outrem de forma subordinada.

Da mesma forma, configurando-se a relação de trabalho, pouco importa o contrato tem de natureza civil, administrativa ou trabalhista, pois os regimes jurídicos diferenciados não desnaturam o que ambas têm na essência: um vínculo entre o prestador e um tomador, cujo objeto é um serviço, uma atividade ou uma obra.

Diante disso, as decisões proferidas pelo STF no Mandado de Injunção 670[(118)] e no Tema 544[(119)] estão em completo desacordo com artigo 114, I, da Constituição da

---

(114) BRASIL, *op. cit.*

(115) BRASIL, *op. cit.*

(116) BRASIL, *op. cit.*

(117) BRASIL, ref. 111.

(118) BRASIL. Supremo Tribunal Federal (Tribunal Pleno). Mandado de Injunção 670. MANDADO DE INJUNÇÃO. GARANTIA FUNDAMENTAL (CF, ART. 5º, INCISO LXXI). DIREITO DE GREVE DOS SERVIDORES PÚBLICOS CIVIS (CF, ART. 37, INCISO VII). EVOLUÇÃO DO TEMA NA JURISPRUDÊNCIA DO SUPREMO TRIBUNAL FEDERAL (STF). DEFINIÇÃO DOS PARÂMETROS DE COMPETÊNCIA CONSTITUCIONAL PARA APRECIAÇÃO NO ÂMBITO DA JUSTIÇA FEDERAL E DA JUSTIÇA ESTADUAL ATÉ A EDIÇÃO DA LEGISLAÇÃO ESPECÍFICA PERTINENTE, NOS TERMOS DO ART. 37, VII, DA CF. EM OBSERVÂNCIA AOS DITAMES DA SEGURANÇA JURÍDICA E À EVOLUÇÃO JURISPRUDENCIAL NA INTERPRETAÇÃO DA OMISSÃO LEGISLATIVA SOBRE O DIREITO DE GREVE DOS SERVIDORES PÚBLICOS CIVIS, FIXAÇÃO DO PRAZO DE 60 (SESSENTA) DIAS PARA QUE O CONGRESSO NACIONAL LEGISLE SOBRE A MATÉRIA. MANDADO DE INJUNÇÃO DEFERIDO PARA DETERMINAR A APLICAÇÃO DAS LEIS Nos 7.701/1988 E 7.783/1989. 1. SINAIS DE EVOLUÇÃO DA GARANTIA FUNDAMENTAL DO MANDADO DE INJUNÇÃO NA JURISPRUDÊNCIA DO SUPREMO TRIBUNAL FEDERAL (STF). [...] Relator: Min. Maurício Correa, 25 de dezembro de 2007. Disponível em:https://jurisprudencia.stf.jus.br/pages/search?classeNumeroIncidente=%22MI%20670%22&base=acordaos&sinonimo=true&plural=true&page=1&pageSize=10&sort=_score&sortBy=desc&isAdvanced=true. Acesso em: 5 jul. 2024.

(119) BRASIL. Supremo Tribunal Federal. Tema 544 de repercussão geral. A justiça comum, federal ou estadual, é competente para julgar a abusividade de greve de servidores públicos celetistas da Administração pública direta, autarquias e fundações públicas. ATA 25, de 1/8/2017. DJE 171, divulgado em 3/8/2017. Disponível em: https://jurisprudencia.stf.jus.br/pages/search?classeNumeroIncidente=%22RE%20

República[120] e com a intenção do Poder Constituinte Derivado Reformador ao editar a Emenda Constitucional n. 45/2004[121], não existindo qualquer fundamento jurídico para atribuir à Justiça Comum a competência para julgar os dissídios coletivos de greve por empregados públicos.

Em resumo, as referidas decisões do STF parecem ainda não compreender, mesmo após decorridos 20 anos, a intenção do Poder Constituinte Derivado Reformador ao editar a Emenda Constitucional n. 45/2004[122].

REFERÊNCIAS

BIAVASCHI, Magda Barros. *O direito do trabalho no Brasil — 1930/1942:* a construção do sujeito de direitos trabalhistas. 2005. 2v. Tese (doutorado) — Universidade Estadual de Campinas, Instituto de Economia, Campinas, SP, p. 129. Disponível em: https://hdl.handle.net/20.500.12733/1602854. Acesso em: 8 jul. 2024.

BRANDÃO, Cláudio Mascarenhas. *Relação de Trabalho: enfim, o paradoxo superado. In:* COUTINHO, Grijalbo Fernandes (Coord.); FAVA, Marcos Neves (Coord.). *Nova Competência da Justiça do Trabalho*. São Paulo: LTr, 2005.

BRASIL. [Constituição (1937)]. Constituição da República dos Estados Unidos do Brasil. Diário Oficial da União, Rio de Janeiro, 10 nov. 1937. Disponível em: https://www.planalto.gov.br/ccivil_03/constituicao/constituicao37.htm. Acesso em: 5 jul. 2024.

BRASIL. [Constituição (1946)]. Constituição da República dos Estados Unidos do Brasil. Diário Oficial da União, Rio de Janeiro, 18 set. 1946. Disponível em: https://www.planalto.gov.br/ccivil_03/constituicao/constituicao46.htm. Acesso em: 5 jul. 2024.

BRASIL. [Constituição (1967)]. Constituição da República Federativa do Brasil de 1967. Brasília, DF: Presidência da República, 1967. Disponível em: https://www.planalto.gov.br/ccivil_03/constituicao/constituicao67.htm. Acesso em: 5 jul. 2024.

BRASIL. [Constituição (1988)]. Constituição da República Federativa do Brasil de 1988. Brasília, DF: Senado Federal, 1988. Disponível em: https://www.planalto.gov.br/ccivil_03/constituicao/constituicaocompilado.htm. Acesso em: 5 jul. 2024.

BRASIL. Decreto 6.596 de 12 de dezembro de 1940. Aprova o regulamento da Justiça do Trabalho. Disponível em: https://www.planalto.gov.br/ccivil_03/decreto/1930-1949/d6596.htm#:~:text=DECRETO%20N%C2%BA%206.596%20DE%2012%20DE%20DEZEMBRO%20DE%201940.&text=Aprova%20o%20regulamento%20da%20Justi%C3%A7a,Art. Acesso em: 5 jul. 2024.

BRASIL. Decreto 21.396, de 12 de Maio de 1932. Institui Comissões Mistas de Conciliação e dá outras providências. Brasília, DF: Câmara dos Deputados. Disponível em: https://www2.camara.leg.br/legin/fed/decret/1930-1939/decreto-21396-12-maio-1932-526753-publicacaooriginal-1-pe.html. Acesso em: 5 jul. 2024.

BRASIL. Decreto-Lei 1.237 de 2 de maio de 1939. Organiza a Justiça do Trabalho. Disponível em: https://www.planalto.gov.br/ccivil_03/decreto-lei/1937-1946/Del1237.htm. Acesso em: 5 jul. 2024.

846854%22&base=acordaos&sinonimo=true&plural=true&page=1&pageSize=10&sort=_score&sortBy=desc&isAdvanced=true. Acesso em: 5 jul. 2024.

(120) BRASIL, *op. cit.*

(121) BRASIL, *op. cit.*

(122) BRASIL, *op. cit.*

BRASIL. Decreto-Lei 5.452 de 1 de maio de 1943. Aprova a Consolidação das Leis do Trabalho. Diário Oficial da União, Rio de Janeiro, 1 maio 1943. Disponível em: https://www.planalto.gov.br/ccivil_03/decreto-lei/del5452.htm. Acesso em: 5 jul. 2024.

BRASIL. Decreto Legislativo 49 de 1952. Aprova a Convenção n. 98, relativa à aplicação dos princípios do direito de organização e de negociação coletiva, adotada em 1949, em Genebra, na 3ª sessão da Conferência Internacional do Trabalho. Rio de Janeiro, DF: Câmara Federal, 1952. Disponível em: https://www2.camara.leg.br/legin/fed/decleg/1950-1959/decretolegislativo-49-27-agosto-1952-351309-republicacao-60889-pl.html#:~:text=Aprova%20a%20Conven%C3%A7%C3%A3o%20n%C2%B0,da%20Confer%C3%AAncia%20Internacional%20do%20Trabalho. Acesso em: 5 jul. 2024.

BRASIL. Emenda Constitucional n. 1 de 17 de outubro de 1969. Edita o novo texto da Constituição Federal de 24 de janeiro de 1967. Brasília, DF: Presidência da República, 1969. Disponível em: https://www.planalto.gov.br/ccivil_03/constituicao/Emendas/Emc_anterior1988/emc01-69.htm. Acesso em 5 jul. 2024.

BRASIL. Emenda Constitucional 45 de 30/12/2004. Altera dispositivos dos arts. 5º, 36, 52, 92, 93, 95, 98, 99, 102, 103, 104, 105, 107, 109, 111, 112, 114, 115, 125, 126, 127, 128, 129, 134 e 168 da Constituição Federal, e acrescenta os arts. 103-A, 103B, 111-A e 130-A, e dá outras providências. Brasília, DF: Presidência da República, 2004. Disponível em: https://www.planalto.gov.br/ccivil_03/constituicao/emendas/emc/emc45.htm. Acesso em: 5 jul. 2024.

BRASIL. Lei 4.749 de 12 de agosto de 1965. Dispõe sobre o Pagamento da Gratificação Prevista na Lei n. 4.090, de 13 de julho de 1962. Brasília, DF: Presidência da República, 1962. Disponível em: https://www.planalto.gov.br/ccivil_03/leis/l4749.htm. Acesso em: 5 jul. 2024.

BRASIL. Lei 10.101 de 19 de dezembro de 2000. Dispõe sobre a participação dos trabalhadores nos lucros ou resultados da empresa e dá outras providências. Brasília, DF: Presidência da República, 2000. Disponível em: https://www.planalto.gov.br/ccivil_03/leis/l10101.htm. Acesso em: 5 jul. 2024.

BRASIL. Lei 10.406/2002. Institui o Código Civil. Disponível em: https://www.planalto.gov.br/ccivil_03/leis/2002/l10406compilada.htm. Acesso em: 5 jul. 2024.

BRASIL. Lei 12.506 de 11 de outubro de 2011. Dispõe sobre o aviso prévio e dá outras providências. Brasília, DF: Presidência da República, 2011. Disponível em: https://www.planalto.gov.br/ccivil_03/_ato2011-2014/2011/lei/l12506.htm. Acesso em: 5 jul. 2024.

BRASIL. Supremo Tribunal Federal (Presidência). Ação Direta de Inconstitucionalidade 3.395. Relator: Min. Nelson Jobim, 1 de fevereiro de 2005. Disponível em: https://portal.stf.jus.br/processos/detalhe.asp?incidente=2268427. Acesso em: 5 jul. 2024.

BRASIL. Supremo Tribunal Federal (Primeira Turma). Recurso extraordinário 197.911. EMENTA: 1 — DISSÍDIO COLETIVO. Recursos extraordinários providos, para excluir as cláusulas 2ª (piso correspondente ao salário mínimo acrescido de percentual) e 24ª (estabilidade temporária), por contrariarem, respectivamente, o inciso IV (parte final) e I do art. 7º da Constituição, este último juntamente com o art. 10 do ADCT, bem como a cláusula 29ª (aviso prévio de sessenta dias), por ser considerada invasiva da reserva legal específica, instituída no art. 7º, XXI, da Constituição. 2. Recursos igualmente providos, quanto à cláusula 14ª (antecipação, para junho, da primeira parcela do 13º salário), por exceder seu conteúdo à competência normativa da Justiça do Trabalho, cujas decisões, a despeito de configurarem fonte de direito objetivo, revestem o caráter de regras subsidiárias, somente suscetíveis de operar no vazio legislativo, e sujeitas à supremacia da lei formal (art. 114, § 2º, da Constituição). 3. Recursos de que não se conhece no concernente à cláusula 1ª (reajuste salarial), por ausência de pressupostos de admissibilidade, e, ainda, no que toca às cláusulas 52ª (multa pela falta de pagamento de dia de trabalho), 59ª (abrigos para a proteção dos trabalhadores), 61ª (fornecimento de listas de empregados), 63ª (afixação de quadro de avisos), visto não contrariarem os dispositivos constitucionais contra elas invocados, especialmente o § 2º do art. 114. Decisão por maioria, quanto às cláusulas 29ª e 14ª, sendo, no restante unânime. Relator: Min. Octavio Gallotti, 24 de setembro de 1996. Disponível em: https://jurisprudencia.stf.jus.br/pages/search/sjur31170/false. Acesso em: 5 jul. 2024.

BRASIL. Supremo Tribunal Federal. Reclamação 43.982. Relator: Min. Roberto Barroso, 25 de fevereiro de 2021. Disponível em: https://portal.stf.jus.br/processos/downloadPeca.asp?id=15345777548&ext=.pdf. Acesso em: 5 jul. 2024.

BRASIL. Supremo Tribunal Federal. Reclamação 50.386. Relator: Min. Roberto Barroso, 10 de dezembro de 2021. Disponível em: https://portal.stf.jus.br/processos/downloadPeca.asp?id=15349163246&ext=.pdf. Acesso em: 5 jul. 2024.

BRASIL. Supremo Tribunal Federal. Tema 544 de repercussão geral. A justiça comum, federal ou estadual, é competente para julgar a abusividade de greve de servidores públicos celetistas da Administração pública direta, autarquias e fundações públicas. ATA 25, de 1/8/2017. DJE 171, divulgado em 3/8/2017. Disponível em: https://jurisprudencia.stf.jus.br/pages/search?classeNumeroIncidente=%22RE%20846854%22&base=acordaos&sinonimo=true&plural=true&page=1&pageSize=10&sort=_score&sortBy=desc&isAdvanced=true. Acesso em: 5 jul. 2024.

BRASIL. Supremo Tribunal Federal. Tema 841 de repercussão geral. Constitucionalidade do art. 114, § 2º, da Constituição Federal, alterado pela EC 45/2004, que prevê a necessidade de comum acordo entre as partes como requisito para o ajuizamento de dissídio coletivo de natureza econômica. Data de publicação 13/10/2020, ata 172/2020, DJE n. 247, divulgado em 9/10/2020. Disponível em: https://portal.stf.jus.br/jurisprudenciaRepercussao/verAndamentoProcesso.asp?incidente=5065252&numeroProcesso=1002295&classeProcesso=RE&numeroTema=841. Acesso em: 5 jul. 2024.

BRASIL. Supremo Tribunal Federal (Tribunal Pleno). Ação Direta de Inconstitucionalidade 3.395. CONSTITUCIONAL E TRABALHO. COMPETÊNCIA DA JUSTIÇA DO TRABALHO. ART.114, I, DA CONSTITUIÇÃO FEDERAL. EMENDA CONSTITUCIONAL 45/2004. AUSÊNCIA DE INCONSTITUCIONALIDADE FORMAL. EXPRESSÃO "RELAÇÃO DE TRABALHO". INTERPRETAÇÃO CONFORME À CONSTITUIÇÃO. EXCLUSÃO DAS AÇÕES ENTRE O PODER PÚBLICO E SEUS SERVIDORES. PRECEDENTES. MEDIDA CAUTELAR CONFIRMADA. AÇÃO DIRETA JULGADA PARCIALMENTE PROCEDENTE. 1. O processo legislativo para edição da Emenda Constitucional 45/2004, que deu nova redação ao inciso I do art. 114 da Constituição Federal, é, do ponto de vista formal, constitucionalmente hígido. 2. A interpretação adequadamente constitucional da expressão "relação do trabalho" deve excluir os vínculos de natureza jurídico-estatutária, em razão do que a competência da Justiça do Trabalho não alcança as ações judiciais entre o Poder Público e seus servidores. 3. Medida Cautelar confirmada e Ação Direta julgada parcialmente procedente. Relator: Min. Alexandre de Moraes, 15 de abril de 2020. Disponível em: https://jurisprudencia.stf.jus.br/pages/search?classeNumeroIncidente=%22ADI%203395%22&base=acordaos&sinonimo=true&plural=true&page=1&pageSize=10&sort=_score&sortBy=desc&isAdvanced=true. Acesso em: 5 jul. 2024.

BRASIL. Supremo Tribunal Federal (Tribunal Pleno). Ação Direta de Inconstitucionalidade 3.520. Ação Direta de Inconstitucionalidade. 2. Art. 1º, da Emenda Constitucional n. 45/2004, na parte em que deu nova redação ao art. 114, §§ 2º e 3º, da Constituição Federal. 3. Necessidade de "mutuo acordo" para ajuizamento do Dissídio Coletivo. 4. Legitimidade do MPT para ajuizar Dissídio Coletivo em caso de greve em atividade essencial. 5. Ofensa aos artigos 5º, XXXV, LV e LXXVIII, e 60, § 4º, IV, da Constituição Federal. Inocorrência. 6. Condição da ação estabelecida pela Constituição. Estímulo às formas alternativas de resolução de conflito. 7. Limitação do poder normativo da justiça do trabalho. Violação aos artigos 7º, XXVI, e 8º, III, e ao princípio da razoabilidade. Inexistência. 8. Recomendação do Comitê de Liberdade Sindical da Organização Internacional do Trabalho. Indevida intervenção do Estado nas relações coletivas do trabalho. Dissídio Coletivo não impositivo. Reforma do Poder Judiciário (EC 45) que visa dar celeridade processual e privilegiar a autocomposição. 9. Importância dos acordos coletivos como instrumento de negociação dos conflitos. Mútuo consentimento. Precedentes. 10. Ação direta de inconstitucionalidade julgada improcedente. Relator: Ministro Gilmar Mendes, 29 de maio de 2020. Disponível em: https://portal.stf.jus.br/processos/downloadPeca.asp?id=15343577270&ext=.pdf. Acesso em: 5 jul. 2024.

BRASIL. Supremo Tribunal Federal (Tribunal Pleno). Agravo interno no recurso extraordinário com agravo 1.400.750. AGRAVOS INTERNOS NOS RECURSOS EXTRAORDINÁRIOS COM AGRAVO. DIREITO DO TRABALHO. DISSÍDIO COLETIVO INSTAURADO NO CONTEXTO DA DEFLAGRAÇÃO DE GREVE. INAPLICABILIDADE DO ART. 114, § 2º, DA CONSTITUIÇÃO DA REPÚBLICA. REEXAME DE FATOS E PROVAS. SÚMULA Nº 279/STF. TESE FIRMADA AO JULGAMENTO DO TEMA Nº 841 DA REPERCUSSÃO GERAL. AUSÊNCIA DE DESRESPEITO. PRECEDENTES. 1. O entendimento da Corte de origem, nos moldes do assinalado na decisão agravada, não diverge da jurisprudência firmada no Supremo Tribunal Federal, no sentido da inaplicabilidade do art. 114, § 2º, da Magna Carta a hipóteses como a dos autos, em que a "propositura do dissídio coletivo se deu em momento posterior à deflagração da greve, medida extrema que configura exercício de autotutela e que esgota qualquer possibilidade de mútuo acordo para propositura da ação, tornando dispensável a exigência desse requisito como condição para instauração do dissídio coletivo" (Rcl 50386 AgR, Relator o Ministro Roberto Barroso, Primeira Turma, DJe de 23.06.2022). 2. Compreensão diversa demandaria a reelaboração da moldura fática delineada pelo Tribunal de origem, providência inviável em sede recursal extraordinária (Súmula nº 279/STF). Desatendida a exigência prevista no art. 102, III, "a", da Lei Maior, nos termos da jurisprudência desta Suprema Corte. 3. A teor do art. 85, § 11, do CPC, o "tribunal, ao julgar recurso, majorará os honorários fixados anteriormente levando em conta o trabalho adicional realizado em grau recursal, observando, conforme o caso, o disposto nos §§ 2º a 6º, sendo vedado ao tribunal, no cômputo geral da fixação de honorários devidos ao advogado do vencedor, ultrapassar os respectivos limites estabelecidos nos §§ 2º e 3º para a fase de conhecimento". 4. Agravos internos conhecidos e não providos. Relator: Min. ROSA WEBER, 13/06/2023. Disponível em: https://redir.stf.jus.br/paginadorpub/paginador.jsp?docTP=TP&docID=768725257. Acesso em: 5 jul. 2024.

BRASIL. Supremo Tribunal Federal (Tribunal Pleno). Mandado de Injunção 670. MANDADO DE INJUNÇÃO. GARANTIA FUNDAMENTAL (CF, ART. 5º, INCISO LXXI). DIREITO DE GREVE DOS SERVIDORES PÚBLICOS CIVIS (CF, ART. 37, INCISO VII). EVOLUÇÃO DO TEMA NA JURISPRUDÊNCIA DO SUPREMO TRIBUNAL FEDERAL (STF). DEFINIÇÃO DOS PARÂMETROS DE COMPETÊNCIA CONSTITUCIONAL PARA APRECIAÇÃO NO ÂMBITO DA JUSTIÇA FEDERAL E DA JUSTIÇA ESTADUAL ATÉ A EDIÇÃO DA LEGISLAÇÃO ESPECÍFICA PERTINENTE, NOS TERMOS DO ART. 37, VII, DA CF. EM OBSERVÂNCIA AOS DITAMES DA SEGURANÇA JURÍDICA E À EVOLUÇÃO JURISPRUDENCIAL NA INTERPRETAÇÃO DA OMISSÃO LEGISLATIVA SOBRE O DIREITO DE GREVE DOS SERVIDORES PÚBLICOS CIVIS, FIXAÇÃO DO PRAZO DE 60 (SESSENTA) DIAS PARA QUE O CONGRESSO NACIONAL LEGISLE SOBRE A MATÉRIA. MANDADO DE INJUNÇÃO DEFERIDO PARA DETERMINAR A APLICAÇÃO DAS LEIS Nos 7.701/1988 E 7.783/1989. 1. SINAIS DE EVOLUÇÃO DA GARANTIA FUNDAMENTAL DO MANDADO DE INJUNÇÃO NA JURISPRUDÊNCIA DO SUPREMO TRIBUNAL FEDERAL (STF). [...] Relator: Min. Maurício Correa, 25 de dezembro de 2007. Disponível em: https://jurisprudencia.stf.jus.br/pages/search?classeNumeroIncidente=%22MI%20670%22&base=acordaos&sinonimo=true&plural=true&page=1&pageSize=10&sort=_score&sortBy=desc&isAdvanced=true. Acesso em: 5 jul. 2024.

BRASIL. Supremo Tribunal Federal (Tribunal Pleno). Reclamação 59.795. Relator: Min. Alexandre de Moraes, 19 de maio de 2023. Disponível em: https://portal.stf.jus.br/processos/downloadPeca.asp?id=15358217388&ext=.pdf. Acesso em: 5 jul. 2024.

BRITO FILHO, José Cláudio Monteiro de. *Direito Sindical:* análise do modelo brasileiro de relações coletivas de trabalho à luz do direito estrangeiro comparado e da doutrina da OIT, 6. ed. São Paulo: LTr, 2017.

CARNELUTTI, Francesco. *Sistema de Direito Processual Civil,* v. 1, tradução: Hilomar Martins de Oliveira, São Paulo: Classic Book, 2000.

CARTA Del Lavoro (21 *Aprile* 1927). Disponível em: https://web.archive.org/web/20110722063713/http://www.historia.unimi.it/sezione/fonti/codificazione/cartalavoro.pdf. Acesso em: 5 jul. 2024.

CINTRA, Antônio Carlos de Araújo; GRINOVER, Ada Pellegrini; DINAMARCO, Cândido Rangel. *Teoria Geral do Processo,* 18. ed. São Paulo: Malheiros, 2002.

COSTA, Walmir Oliveira da. Breve estudo sobre a solução dos conflitos trabalhistas no Brasil e no direito comparado. *Revisa do Tribunal Superior do Trabalho,* Brasília, vol. 76, n. 2, abr/jun. 2010.

É PRECISO repensar o tamanho da Justiça do Trabalho, afirma Gilmar. CONJUR, 1 de abril de 2024. Disponível em: https://www.conjur.com.br/2024-abr-01/e-preciso-repensar-tamanho-da-justica-do-trabalho-afirma-gilmar-mendes/. Acesso em: 5 jul 2024.

NASCIMENTO, Amauri Mascaro. *A Competência da Justiça do Trabalho para a Relação de Trabalho. In:* COUTINHO, Grijalbo Fernandes (Coord.); FAVA, Marcos Neves (Coord.). *Nova Competência da Justiça do Trabalho.* São Paulo: LTr, 2005.

ORGANIZAÇÃO INTERNACIONAL DO TRABALHO (Comitê de Liberdade Sindical). *Informe definitivo — Informe núm. 300, Noviembre* 1995, Caso 1.839. Disponível em: https://normlex.ilo.org/dyn/normlex/es/f?p=NORMLEXPUB:50002:0::NO::P50002_COMPLAINT_TEXT_ID:2903565#1. Acesso em: 5 jul. 2024. Tradução livre.

RIPPER, Walter William. O Poder Normativo da Justiça do Trabalho após a Emenda Constitucional n. 45/2004. São Paulo: LTr, 2007.

SANTOS, Ronaldo Lima dos. Sindicato e ações coletivas: acesso à justiça coletiva e tutela dos interesses difusos, coletivos e individuais homogêneos. São Paulo: LTr, 2008.

SCHIAVI, Mauro. Aspectos polêmicos e atuais do dissídio coletivo na atual jurisprudência do TST. Disponível em: https://www.lacier.com.br/cursos/artigos/periodicos/Aspectos%20polemicos%20do%20Poder%20Normativo%20e%20do%20dissidio%20coletivo%20de%20comum%20acordo.pdf. Acesso em: 5 jul. 2024.

SÜSSEKIND, Arnaldo. *Curso de Direito do Trabalho*. 2. ed., Rio de Janeiro: Renovar, 2004.

THEODORO JUNIOR, Humberto. *Curso de Direito Processual Civil*, v. 1. Rio de Janeiro: Forense, 2003.

TOSTES MALTA, Christóvão Piragibe. *Rudimentos de Direito do Trabalho*. Rio de Janeiro: Edições Trabalhistas, 1966.

A Súmula n. 736 do STF e a competência da Justiça do Trabalho em questões afetas à saúde e ao meio ambiente do trabalho

André Sousa Pereira (*)

Resumo: O presente artigo objetiva analisar o entendimento sumular do STF, enunciado no verbete n. 736, destacando as particularidades jurisprudenciais delimitadora do entendimento, mas também invocando os elementos compositivos dos conceitos de saúde do trabalhador e do meio ambiente do trabalho para evidenciar o significativo campo de atuação possível aos agentes do Direito do Trabalho e à própria Justiça do Trabalho, detentora da competência material correspondente. Mais ainda. Ressalta-se a particularidade deste critério competencial se encontrar atrelado à natureza das normas violadas (especificamente as de higiene, saúde e segurança do/no trabalho), independentemente do tipo de relações jurídicas laborais que se façam estabelecidas, autorizando a adoção de medidas processuais eficientes ao gerenciamento alinhado das condições e da organização do trabalho, bem como das relações intersubjetivas em sua perspectiva coletiva e institucional, com foco na concreta efetividade dos direitos humanos e fundamentais à saúde e ao meio ambiente laboral hígidos.

Abstract: This paper means to analyze the summarial understanding of the Brazilian Supreme Court, articulated in Summarization No. 736, emphasizing the jurisprudential peculiarities that delineate this understanding. It also invokes the compositional elements of the concepts of worker health and work environment to highlight the significant field of action available to agents of Labor Law and to Labor Justice itself, which holds the corresponding substantive jurisdiction. Moreover, the uniqueness of this jurisdictional criterion is tied to the nature of the norms broken (specifically those related to hygiene, health, and safety at/in work), regardless of the type of labor legal relationships established, authorizing the adoption of efficient procedural measures for the aligned management of working conditions and organization, as well as of intersubjective relationships from a collective and institutional perspective, focusing on the concrete effectiveness of human and fundamental rights to health and a healthy working environment.

Palavras-chaves: competência; Justiça do Trabalho; saúde; meio ambiente do trabalho; Súmula n. 736 STF.

Keywords: jurisdiction; Brazilian Labor Justice; health; work environment; Summarization n. 736 of The Supreme Court of Brazil.

(*) Mestre em Direito das Relações Sociais e Trabalhistas pelo Centro Universitário do Distrito Federal — UDF. Pós-graduado em Direito e Processo do Trabalho. Pós-graduado em MBA — Poder Judiciário — FGV-Rio. Prof. Convidado da Pós-graduação em Direito do Trabalho e Previdenciário — PUC/MG. Prof. Convidado do Instituto Direito Dinâmico — IDD. Prof. Titular de Direito e Processo da Faculdade Santo Andre — FASA — Vilhena/RO. Juiz do Trabalho Titular da Vara do Trabalho de Vilhena/RO — TRT 14ª Região. Bacharel em Direito pela Faculdade de Direito da UFBA.

1. INTRODUÇÃO

A competência da Justiça do Trabalho, mesmo após 20 anos de publicação da Emenda Constitucional n. 45/2004, continua sendo alvo de profundos debates na jurisprudência dos Tribunais Superiores, em especial no que toca ao diâmetro jurídico-conceitual conferido à expressão "relação de emprego", constante no inciso I do art. 114 da Carta Magna.

O Supremo Tribunal Federal, enquanto Tribunal que confere a interpretação derradeira — dentro da estrutura do Poder Judiciário nacional — às disposições do texto constitucional, desde a publicação da referida emenda, tem — em regra — aplicado interpretação restritiva quanto ao entendimento sobre quais "relações jurídicas de trabalho" estariam submetidas à competência material da Justiça Laboral.

Nesta senda, mantendo a compreensão anterior ao aditivo constitucional em questão (EC n. 45/2004), a Corte tem declarado a competência da Justiça do Trabalho para o processamento e a apreciação dos conflitos vinculados à relação de emprego, bem como daqueles insertos em relações de trabalho estabelecidas por contratos de empreitada, nas quais, o empreiteiro, seja operário ou artífice (na esteira do art. 114, IX da CF/1988 c/c o art. 652, "a", III da CLT). Em direção oposta, contudo, afastou — da sua atuação — as demandas provenientes das relações de trabalho autônomas(1) (consumeristas ou não(2)) e aquelas firmadas com a administração pública direta e indireta de naturezas estatutária ou jurídico-administrativa(3).

Neste último grupo (universo das relações jurídicas de trabalho firmadas entre os servidores e a administração pública), importante pontuar o entendimento jurisprudencial predominante quanto a estar, inserta na competência da Justiça do Trabalho, o processamento dos conflitos instaurados entre aqueles vinculados pelo regime

---

(1) A exemplo da decisão proferida em sede do RE n. 606.003, pela qual se afastou a competência para processar demandas dos representantes comerciais regidos pela Lei n. 4.886/1965. (JUNIOR, José Cairo. *STF decide que relações de trabalho autônomo não são de competência da Justiça do Trabalho*. Jusbrasil. Disponível em: https://www.jusbrasil.com.br/artigos/stf-decide-que-relacoes-de-trabalho-autonomo-nao-sao-da-competencia-da-justica-do-trabalho/1150137510#:~:text=Adicione%20tópicos-,STF%20decide%20que%20relações%20de%20trabalho%20autônomo%20não,competência%20da%20Justiça%20do%20Trabalho&text=Esse%20foi%20o%20resultado%20do,competência%20da%20Justiça%20do%20Trabalho. Acesso em: 11 jul. 2024).

(2) No particular, destacamos a decisão do TST sobre a matéria. "*RECURSO DE REVISTA. INCOMPETÊNCIA DA JUSTIÇA DO TRABALHO. EXECUÇÃO DE HONORÁRIOS ADVOCATÍCIOS. CONTRATO DE MANDATO. RELAÇÃO DE TRABALHO X RELAÇÃO DE CONSUMO. A Justiça do Trabalho é incompetente para julgar a presente ação, em que o advogado, profissional liberal, busca o recebimento dos honorários advocatícios pelos serviços executados. Trata-se de uma relação de consumo, e não de trabalho, sendo, portanto, de competência da Justiça Comum. In casu, o trabalho não é o cerne do contrato, mas sim um bem de consumo que se traduziu nele, que é o resultado esperado diante de um contrato realizado entre as partes, qual seja, prestação de serviços de advocacia como profissional liberal. Assim, a competência da Justiça do Trabalho estará assegurada apenas quando não houver, pela natureza dos serviços realizados, relação contratual de consumo. A apreciação da matéria, que nos parece mais coerente, deve levar em consideração, pelo caráter bifronte da relação, a regra da -bilateralidade da competência — (Ministro João Oreste Dalazen), pela via da ação de reconvenção, em que o juiz competente para a ação, também o deve ser para a reconvenção. — (Ministro Aloysio Corrêa da Veiga). Precedentes. Recurso de revista conhecido e provido.*" (TST — RR: 504002919985050291, Data de Julgamento: 19/11/2014, Data de Publicação: DEJT 21/11/2014).

(3) Decisão vinculativa na íntegra, proferida pelo STF na ADI n. 3.395-6. STF — Supremo Tribunal Federal. *Arquivo*. Disponível em: https://redir.stf.jus.br/paginadorpub/paginador.jsp?docTP=AC&docID=390700 . Acesso em: 12 jul. 2024.

celetista[4], desde que — a matéria discutida — não detenha cunho administrativo[5]. Ou seja, a Justiça Laboral deterá competência material para processar e julgar demandas de servidores celetistas, desde que — os direitos e as obrigações discutidos — sejam estritamente trabalhistas e afetos ao conjunto normativo respectivo.

É neste contexto que se verifica a importância do entendimento consubstanciado na Súmula n. 736 do Corte Suprema, objeto deste texto, quando — considerando a *expertise* da Justiça Laboral[6] — conclui ser direcionamento normativo constitucional a sua competência para julgar ações que apresentem, como causa de pedir, o descumprimento de normas trabalhistas relativas à segurança, higiene e saúde dos trabalhadores. Quais implicações provêm desse entendimento? Qual o alcance jurídico possível ao que se possa compreender como descumprimento das normas de segurança, higiene e saúde do trabalhador?[7]

---

(4) O STF tem firmado entendimento quanto a possibilidade de se firmar regimes jurídicos de trabalho distintos com a administração pública, em especial o celetista, hipótese na qual — a competência material para apreciar eventuais conflitos — é da Justiça do Trabalho. Em tal sentido. "*CONSTITUCIONAL. ADMINISTRATIVO. TRABALHISTA. AGRAVO INTERNO NA RECLAMAÇÃO. SERVIDOR PÚBLICO MUNICIPAL. VÍNCULO DE TRABALHO REGIDO PELA CLT. COMPETÊNCIA DA JUSTIÇA DO TRABALHO. RECURSO NEGADO. 1. A Primeira Turma desta CORTE, envolvendo casos análogos do mesmo Município reclamante, firmou posição de que COMPETE À JUSTIÇA DO TRABALHO apreciar demanda judicial proposta por trabalhador, cujo regime de contratação seja regido pela Consolidação das Leis Trabalhistas, como na presente hipótese. 2. Dessa forma, o entendimento prevalecente foi que, em decorrência da Lei Complementar Municipal nº 90/2006 estabelecer o regime celetista para os servidores admitidos pelo Programa Saúde da Família, no Município do Itajaí, conduz à competência para apreciar a demanda para a JUSTIÇA DO TRABALHO. 3. Nessas circunstâncias, prevalece a tese firmada pela CORTE, no sentido de que cabe à Justiça do Trabalho julgar controvérsia envolvendo agente comunitário de saúde contratado pelo Município de Itajaí/SC, sob o regime da Consolidação das Leis do Trabalho. 4. Recurso de agravo a que se nega provimento.*" (STF — Rcl: 50376 SC 0064270-12.2021.1.00.0000, Relator: ALEXANDRE DE MORAES, Data de Julgamento: 14/02/2022, Primeira Turma, Data de Publicação: 18/02/2022).

(5) Nesse sentido, decisão recente do STF com repercussão geral (RE n. 1288440, Tema 1.143, em 28/8/2023), Rel. Min. Luiz Roberto Barroso, *in verbis*: "*Ementa: Direito constitucional e do trabalho. Recurso extraordinário. Repercussão geral. Demanda proposta por empregado público celetista contra o Poder Público. Prestação de natureza administrativa. Competência. 1. Recurso extraordinário, com repercussão geral reconhecida, em que se discute a competência da Justiça do Trabalho ou da Justiça Comum para julgar ação proposta por servidor celetista contra o Poder Público, na qual se pleiteia prestação de natureza administrativa. 2. Tratando-se de parcela de natureza administrativa, a Justiça Comum é o ramo do Poder Judiciário que tem expertise para apreciar a questão. Nesses casos, embora o vínculo com o Poder Público seja de natureza celetista, a causa de pedir e o pedido da ação não se fundamentam na legislação trabalhista, mas em norma estatutária, cuja apreciação — consoante já decidido por esta Corte ao interpretar o art. 114, I, da Constituição — não compõe a esfera de competência da Justiça do Trabalho. 3. Recurso extraordinário a que se nega provimento, com a fixação da seguinte tese: A Justiça Comum é competente para julgar ação ajuizada por servidor celetista contra o Poder Público, em que se pleiteia parcela de natureza administrativa. 4. Modulação dos efeitos da decisão para manter na Justiça do Trabalho, até o trânsito em julgado e correspondente execução, os processos em que houver sido proferida sentença de mérito até a data de publicação da presente ata de julgamento.*" (STF — RE: 1288440 SP, Relator: ROBERTO BARROSO, Data de Julgamento: 03/07/2023, Tribunal Pleno, Data de Publicação: Processo eletrônico. DJe-s/n Divulg. 25-08-2023. Public. 28-08-2023).

(6) Assim decidiu o STF, *in verbis*: "*Como de fácil percepção, para se aferir os próprios elementos do ilícito, sobretudo a culpa e o nexo causal, é imprescindível que se esteja mais próximo do dia a dia da complexa realidade laboral. Aspecto em que avulta a especialização mesma de que se revestem os órgãos judicantes de índole trabalhista. É como dizer: órgãos que se debruçam cotidianamente sobre os fatos atinentes à relação de emprego (muitas vezes quanto à própria existência dela) e que por isso mesmo detêm melhores condições para apreciar toda a trama dos delicados aspectos objetivos e subjetivos que permeiam a relação de emprego. Daí o conteúdo semântico da* Súmula 736, *deste Excelso Pretórios assim didaticamente legendada: 'Compete à justiça do trabalho julgar as ações que tenham como causa de pedir o descumprimento de normas trabalhistas relativas à segurança, higiene e saúde dos trabalhadores'.*" (CC 7.204, rel. Min. Ayres Britto, P. j. 29-6-2005, DJ de 9-12-2005).

(7) Didaticamente, pode-se identificar 4 etapas evolutivas distintas quanto ao trato da saúde do trabalhador, a saber: a da medicina do trabalho; a da saúde ocupacional; da saúde do trabalhador e a da qualidade

No intento de responder a essas questões, desenvolveremos a reflexão em duas etapas. Na primeira, abordaremos o conteúdo da Súmula n. 736 do STF, as particularidades dos seus termos e o seu alcance subjetivo e objetivo. Neste último, pontuaremos a correlação existente entre segurança, higiene e saúde dos trabalhadores com o meio ambiente laboral, construindo a ponte para a segunda parte do texto, na qual abordaremos o tema concernente ao diâmetro jurídico-conceitual do meio ambiente do trabalho.

2. O ENTENDIMENTO DA SÚMULA N. 736 DO STF. SEU ALCANCE E SUAS PARTICULARIDADES

Assim dispõe a Súmula n. 736 do STF: "*Compete à justiça do trabalho julgar as ações que tenham como causa de pedir o descumprimento de normas trabalhistas relativas à segurança, higiene e saúde dos trabalhadores*".

De imediato, eleva destacar duas particularidades[(8)] redacionais que integram o texto do enunciado acima. O inicial diz quanto ao termo ***"causa de pedir"***. O Supremo Tribunal definiu, como campo de análise para definição da competência da Justiça do Trabalho nas matérias que especifica, a *causa de pedir* apresentada na peça inicial, e não o(s) seu(s) pedido(s). Ou seja, a despeito dos pleitos elencados na exordial, se tais possuem — como fundamentos — alegações presentes na causa de pedir (imediata ou remota) atinentes ao descumprimento de normas laborais relativas à segurança, higiene e saúde dos trabalhadores, a competência para processar e julgar a respectiva ação é da Justiça do Trabalho.

A outra particularidade que merece destaque está na referência à ***"norma"***. Sem adentrar em debates doutrinários eventualmente suscitados[(9)], alinhamo-nos com a concepção neopositivista atual do Direito, em especial quanto à consagração da teoria dos direitos humanos e fundamentais[(10)] [(11)] e a ampliação do sentido jurídico conferido à "norma", para — assim também considerar — os princípios. Desta forma, partindo-se do sentido de "norma" enquanto regulação de conduta, duas espécies são identificadas: as regras e os princípios. Estes, na qualidade de mandados de otimização, consistem em disposições jurídicas abertas, mais amplas, que devem ser alvo de aplicação/concretude em sua maior potencialidade frente ao caso concreto, ou seja, com a maior efetividade possível, consideradas as peculiaridades fáticas e jurídicas de cada Estado, as quais — por sua vez — devem ser geridas com o firme propósito de

---

de vida do trabalhador. (OLIVEIRA, Sebastião Geraldo de. *Proteção Jurídica à Saúde do Trabalhador*. 5. ed. São Paulo: LTr, 2010. p. 45).

(8) Sem qualquer pretensão exclusivista quanto a outras particularidades que possam se identificadas no teor da Súmula. No particular, destacamos aquelas que importam ao objeto do presente texto.

(9) Por ética de pesquisa e interesse acadêmico, impõe-se registar que, a despeito da construção jusfilosófica neopositivista acolhida predominantemente pela doutrina jurídica, há estudiosos que apresentam suas irresignações e críticas. A exemplo: MONTEIRO, Arthur Maximus. Direito como ciência: crítica à doutrina neoconstitucionalista. Revista da Escola da Magistratura do Rio Grande do Norte. *Revista Direito e Liberdade — RDL — ESMARN —*, Rio Grande do Norte, set./dez. 2017, v. 19, n. 3. p. 43-67.

(10) Apenas para pontuar alguns expoentes, como Robert Alexy, Ronald Dworkin, e — no Brasil — Ingo Sarlet.

(11) Reforçando o uso, tal como predominantemente admitido pela doutrina, dos termos "direitos humanos" para aqueles interesses juridicamente tuteláveis inerentes à pessoa humana reconhecidos pelo Direito Internacional e "direitos fundamentais" para aqueles consagrados na Carta Constitucional de cada Estado. (LEITE, Carlos Henrique Bezerra. *Manual de Direitos Humanos*. 3. ed. São Paulo: Atlas, 2014. p. 32-34); (BONAVIDES, Paulo. *Curso de Direito Constitucional*. 31. ed. São Paulo: Malheiros. 2016. p. 574-575).

promover maior materialização àqueles no decurso do tempo(12). Os direitos humanos e fundamentais (dentre os quais destacamos os direitos à saúde e ao meio ambiente hígido), comumente são expressos — nas disposições legislativas internacionais e nacionais — por meio de princípios. Desta forma, por "normas" devemos considerar não só as regras regulatórias alusivas a higiene, segurança e saúde do trabalhador, mas também os princípios vetores — igualmente regulatórios, cogentes — que expressam os direitos correlatos a esses temas.

Pois bem. O enunciado sumulado, para além das particularidades destacadas acima, reclama que reflitamos também sobre o alcance de tal construção normativa, o que examinaremos sob as perspectivas subjetiva e objetiva.

2.1. ALCANCE SUBJETIVO DO ENTENDIMENTO SUMULADO

Por alcance subjetivo almejamos identificar os sujeitos, envoltos em relações de trabalho, submetidos processualmente a tal definição competencial. De imediato, no que toca a relações de labor firmadas por pessoas de direito privado, indubitável o alcance daquelas estabelecidas entre empregados e empregadores — assim identificados porque pressuposto o liame empregatício fático; noutros termos: por estarem presentes os elementos essenciais da relação de emprego no trabalho prestado por uma pessoa física a outrem (subordinação, onerosidade, pessoalidade e habitualidade).

De mais a mais, extrai-se do enunciado que, a referida definição competencial também se aplicará a relações de trabalho não empregatícias, desde que — o fundamento do(s) pedido(s) — esteja lastreado no descumprimento das normas já apontadas. Assim, sejam relações laborais autônomas, sejam estatutárias ou jurídico-administrativas (estas contratadas com a pessoa jurídica de direito público, observadas as exigências legais/constitucionais), a competência será da Justiça do Trabalho quando, os conflitos que reclamem a atuação do Poder Judiciário, invoquem a violação de disposições normativas relacionadas a higiene, saúde e segurança do trabalho. Neste sentido, a jurisprudência do STF:

> *Ao julgar a* ADI 3.395-MC, *este Tribunal deferiu medida cautelar para suspender toda e qualquer interpretação dada ao inciso I do art. 114 da* CF, *na redação dada pela* EC 45/2004, *que inclua, na competência da Justiça do Trabalho, a apreciação de causas que sejam instauradas entre o Poder Público e seus servidores, a ele vinculados por típica relação de ordem estatutária ou de caráter jurídico-administrativo. 3. As circunstâncias do caso concreto, no entanto, não permitem a aplicação dessa orientação. Isto porque o debate instaurado na origem diz respeito ao cumprimento de normas relativas à higiene, saúde e segurança dos trabalhadores de hospital público (**estatutários e celetistas**), matéria que não parece ser alcançada pelo paradigma invocado. Assim, entendo não haver identidade estrita entre a hipótese dos autos e o julgado na* ADI 3.395-MC. (Rcl 20.744 AgR, *rel. Min.* Roberto Barroso, *1ª T, j. 2-2-2016,* DJE *34 de 24-2-2016.)* — ***grifos nossos.***

Desta forma, e com base no entendimento aqui discutido, ainda que se tenha por afastada a competência da Justiça do Trabalho para processar e julgar conflitos emergidos de relações de trabalho autônomas e daquelas verificadas com a administração pública (estatutárias ou jurídico-administrativas), se a causa de pedir atrelar alegação de descumprimento das normas de higiene, segurança e saúde do trabalhador (seja empregado, autônomo ou servidor público), a Justiça do Trabalho será aquela competente para dirimir o conflito.

---

(12) ALEXY, Robert. *Teoria dos Direitos Fundamentais.* Tradução de Virgílio Afonso da Silva. 2. ed. 4. tiragem. São Paulo: Malheiros, 2015. p. 533-542.

2.2. *ALCANCE OBJETIVO DO ENTENDIMENTO SUMULADO*

Por este prisma, aspira-se considerar os conteúdos das normas especificadas no entendimento sumular, os quais, se discutida a respectiva violação, direcionará a apreciação jurisdicional para a Justiça do Trabalho. Estar-se, pois, a dizer das normas de higiene, saúde e segurança no trabalho, a teor do quanto disposto no art. 7º, XXII da CF/1988.

Quatro aspectos merecem nossa atenção.

Primeiro. Na linha do entendimento sob análise, o critério de definição da competência desconsidera a natureza da relação jurídica de trabalho estabelecida (se empregatícia, autônoma, estatutária ou jurídico-administrativa), e utiliza, como critério, a tipologia normativa violada. Essa particularidade é importante porque, a despeito da relação jurídica firmada entre a pessoa humana que trabalha e o tomador dos serviços (ainda que este seja o ente público), se a pretensão deduzida em Juízo possuir lastro na violação das normas apontadas, a competência será da Justiça do Trabalho.

Segundo. Por normas de higiene, saúde e segurança do trabalho não se está a considerar direitos específicos dos contratos de trabalho firmados com a administração pública ou com o tomador dos serviços, a exemplo dos adicionais de insalubridade e periculosidade. Embora consistam em temas próximos, porquanto os requisitos ensejadores para pagamento dos referidos adicionais envolvem aspectos caros à saúde e à segurança no trabalho, o espaço de atuação competencial, à luz do enunciado da Súmula, está dirigido aos fatores do trabalho presentes em determinada realidade de labor, fatores mais amplos, incidentes sobre o conjunto dos trabalhadores atuantes na atividade sob análise, e não a direitos específicos atrelados ao contrato. Mais precisamente, o "olhar" se volta para o ambiente do trabalho e para a medicina do trabalho. Não por outra razão, em regra, o trato processual relativo à matéria se vale da instrumentalidade das ações coletivas.

Por certo, frise-se, que a violação de tais normas podem, e geralmente assim ocorre, gerar agressão a direitos individuais dos laboristas envoltos na atividade, a exemplo mesmo dos referidos adicionais ou de correlatas obrigações reparatórias devidas pelo tomador de serviços; entretanto, nestes casos, a competência será definida pelo caráter da relação jurídica de trabalho estabelecida, remanescendo — à Justiça do Trabalho — apenas aquelas decorrentes do liame empregatício ou de relações celetistas com o ente público, desde que não discutidos direitos administrativos.

Em tal sentido, afastando direitos específicos dos contratos do conteúdo das normas apontadas no entendimento sumular, dispõe a jurisprudência do STF:

> *Trata-se de Reclamação (...) contra decisão (...) que teria desrespeitado o decidido na* ADI 3.395 *(...) ao reconhecer a competência da Justiça do Trabalho para apreciar demanda envolvendo adicional de insalubridade de categoria de servidor público. (...) o Tribunal de origem utilizou-se de premissas equivocadas para assentar a competência da Justiça Laboral, especialmente no que se refere à incidência da* Súmula 736 do STF *("compete à Justiça do Trabalho julgar as ações que tenham como causa de pedir o descumprimento de normas trabalhistas relativas à segurança, higiene e saúde dos trabalhadores"). A supracitada Súmula não incide ao caso: a norma a ser extraída do Enunciado é a de que compete à Justiça do Trabalho julgar as ações cujo objetivo seja corrigir, no ambiente de trabalho como um todo, eventuais descumprimentos de normas trabalhistas relativas à segurança, higiene e saúde. Ou seja, diante de situação de irregularidade ampla em determinado ambiente de trabalho, referente à segurança, higiene e saúde dos trabalhadores, é possível ajuizar ação almejando sanar tais vícios, tornando o ambiente de trabalho próprio ao labor. É, portanto, ínsito ao ideal da Súmula, buscar a cessação da situação de desconformidade. Não é o que ocorre no presente caso. (...). Nitidamente, não se almeja, com a ação, corrigir irregularidades que atingem a todos em determinado ambiente laboral, mas apenas receber adicional por estar ali. Ora, o trabalho exercido em ambiente insalubre, perigoso ou penoso deve observar com maior rigor as normas referentes à segurança, higiene e saúde dos*

> *trabalhadores, não podendo ser compensada, a sua inobservância, com determinado adicional. Portanto, ou se ajuíza ação com fundamento na* Súmula 736-STF, *buscando tornar o ambiente de trabalho próprio ao labor para todos (e não apenas para certa categoria) ou se ajuíza ação buscando direito próprio da categoria, oportunidade em que se deverá observar as regras de competência, a depender do regime jurídico a que submetido o trabalhador. O que não se admite é, como ocorreu no presente caso, sob o argumento de competir à Justiça do Trabalho analisar eventual descumprimento de normas trabalhistas relativas à segurança, higiene e saúde dos trabalhadores, conceder direito a determinada categoria (mantendo, portanto, o descumprimento a tais normas), especialmente quando submetida a regime jurídico-administrativo, sob pena de violação às regras constitucionais de competência. (...). Desse modo, por se tratar, na origem, de ação com intuito de garantir direito próprio de categoria sujeita ao regime jurídico-estatutário, e não de restaurar o respeito a normas relativas à segurança, higiene e saúde dos trabalhadores eventualmente descumpridas, compete à Justiça Comum, e não à Trabalhista, analisar o pleito, nos termos do que fixado na* ADI 3.395. *(*Rcl 52.816, *rel. min.* Alexandre de Moraes, *dec. monocrática, j. 18-4-2022, DJE 75 de 22-4-2022.)*

Terceiro. Saúde, higiene e segurança do trabalhador. Três termos, dos quais dois (higiene e segurança) estão contidos na composição conceitual do meio ambiente do trabalho, enquanto — a saúde —, por si, igualmente se exterioriza como um direito. Em todo o caso, ambos, meio ambiente do trabalho e saúde, consistem em direitos humanos fundamentais, expressos enquanto princípios.

Falar de higiene e segurança do/no trabalho, inexoravelmente, leva-nos a analisar as condições e a organização das atividades, temas inerentes ao meio ambiente do trabalho. Dada à sua amplitude e importância conceitual, teceremos considerações no próximo tópico. Já quanto à saúde, alguns pontos merecem nossa atenção, o que fazemos a seguir.

Quarto. A saúde, enquanto direito humano e fundamental de 2ª dimensão, baseia-se, conforme disposição firmada pela OMS (Organização Mundial da Saúde), em uma avaliação integral da pessoa humana, transcendente à incolumidade física, de modo a também compreender a higidez social e mental[(13)]. Assim, desde o ano de sua criação (1946), a Constituição da Organização dispôs o respectivo conceito a partir de uma concepção holística do homem, fixando, como vetores para a concretização plena do direito à saúde, a sedimentação de um "estado de bem-estar físico, social e mental"[(14)].

Realçamos, ademais, que, para a OMS, saúde não se limita a uma condição de ausência de enfermidades, mas ao estabelecimento de um "estado de bem-estar", o qual, à evidência, traspassa aquele de modo a preceituar um estágio de satisfação física, mental e social[(15)].

A composição "trifásica" do direito à saúde, associada à patente constatação de estar — o ser humano — constantemente mergulhado em uma dada conformação ambiental, elava a íntima relação que se verifica entre si e o direito ao meio ambiente

---

(13) Nesse tópico, o Prof. Sebastião Geraldo de Oliveira chama atenção para o fato de grande parte da legislação destinada à tutela da saúde se encontrar impregnada de uma visão estreita de saúde, restringindo o tratamento jurídico ao aspecto físico da pessoa, o que se reflete, não raro, na conduta de muitos estudiosos da medicina e operadores do direito se voltarem preponderantemente para as enfermidades que atingem esse componente do ser humano. Vide OLIVEIRA, Sebastião Geraldo de. *Proteção Jurídica à Saúde do Trabalhador*. 5. ed. São Paulo: Editora LTr, 2010. p. 209.

(14) USP — Universidade de São Paulo. *Caderno eletrônico de disciplinas*. Disponível em: https://edisciplinas.usp.br/pluginfile.php/5733496/mod_resource/content/0/Constituição%20da%20Organização%20Mundial%20da%20Saúde%20%28WHO%29%20-%201946%20-%20OMS.pdf. Acesso em: 13 jul. 2024.

(15) Sobre este tema, indicamos os estudos desenvolvidos sobre a satisfação no trabalho com base nos postulados da psicodinâmica do trabalho de Christophe Dejours (DEJOURS, Christophe. *Trabalho Vivo*: Trabalho e Emancipação. Tomo II. Tradução de Franck Soudant. Brasília: Paralelo 15, 2012).

equilibrado (direito humano de 3ª dimensão, meta individual, difuso por natureza)(16). À clara evidência, o gozo do direito à saúde é sensível aos fluxos e influxos que se intercambiam entre o ser humano e o ambiente. O homem, no exercício do seu viver, promove impactos (positivos e negativos) no meio ambiente e este, pelos seus próprios elementos ou por efeito do agir humano, atua sobre a sua vida e saúde de modo a melhor qualificá-la ou prejudicá-la. A maioria esmagadora das enfermidades que acometem o homem provém, de alguma forma, da sua interação com o ambiente circundante. Saúde e meio ambiente, portanto, são peculiarmente interdependentes(17).(18)

Assim, na perspectiva descrita, o direito fundamental à saúde — enquanto princípio-norma — impõe obrigações, ao gestor da atividade, no sentido de serem adotadas medidas eficazes à sua tutela e à sua promoção, observada sua tripla composição (estado de *bem-estar físico, social e mental*), em favor da pessoa humana que trabalha.

Tal gestão humanística, exigida pelos direitos fundamentais em questão, impõe o inafastável manejo dos elementos integrantes do meio ambiente do trabalho (afetos à higiene, saúde e segurança no trabalho), elementos que — ordinariamente — encontram-se sobre a propriedade/posse ou direção do gestor da atividade, a despeito de tal interesse jurídico ser difuso, meta individual.

Assim, passemos à análise do diâmetro conceitual do meio ambiente do trabalho, porquanto, igualmente na qualidade de direito humano e fundamental expresso como princípio-norma, compõe o conteúdo objetivo do universo de matérias delineadas no entendimento sumular como atrativo da competência da Justiça do Trabalho.

3. DA AMPLITUDE JURÍDICO-CONCEITUAL DO MEIO AMBIENTE DO TRABALHO

Ponto de partida para a construção conceitual do ambiente do trabalho, encontramos, no art. 3º, I da Lei n. 6.938/1981, a seguinte redação:

---

(16) Importante repisar que a doutrina menciona outras características como: historicidade, inerência, universalidade (com a devida abordagem sobre o relativismo cultural), a relatividade, inalienabilidade e intransmissibilidade, indisponibilidade, irrenunciabilidade e a imprescritibilidade. No que concerne à noção de "indivisibilidade" e "interdependência", as quais — nas lições Rúbia Zanotelli — têm sentidos jurídicos semelhantes, obtém-se o liame hermenêutico dos direitos humanos fundamentais consubstanciado na impossibilidade de serem interpretados de maneira isolada, mas conjunta, interagindo e influenciando-se reciprocamente, devendo ser mutuamente considerados e sopesados quando da concorrência ou colisão. (ALVARENGA, Rúbia Zanotelli de. *Direitos Humanos.* São Paulo: LTr, 2016. p. 78-95. Em especial. p. 88).

(17) A Convenção n. 161 da OIT, de 1985, canalizada à regulação dos serviços de saúde, dispõe, no seu art. 1º, alínea "a", sobre o dever de se promover um ambiente laboral favorável à saúde física e mental, inclusive prescrevendo a necessária adaptação do trabalho às capacidades dos trabalhadores, tendo, também por base, o seu estado de sanidade física e mental. Nesta senda, esta mesma convenção compreende a relação confluente entre saúde e meio ambiente, laboral e extra laboral, recomendando que os serviços de saúde do trabalho sejam multidisciplinares (arts. 9º e 10), contemplando profissionais especialistas em medicina do trabalho, higiene do trabalho, ergonomia, enfermagem e outro conexos (Recomendação n. 171 da OIT, art. 36). OIT — ORGANIZACIÓN INTERNACIONAL DEL TRABAJO. R171 — *Recomendación sobre los servicios de salud en el trabajo, 1985 (núm. 171).* Disponível em: http://www.ilo.org/dyn/normlex/es/f?p=NORMLEXPUB:12100:0::NO:12100:P12100_INSTRUMENT_ID:312509:NO. Acesso em: 13 jul. 2024.

(18) Quando se considera essa inter-relação no âmbito das relações do trabalho, atrai-se, para essa órbita mais próxima, o próprio direito fundamental social ao trabalho (art. 6º da CF/1988), porquanto o desajuste provocado ao meio ambiente laboral causador de dano à saúde do empregado, inexoravelmente implica na violação do próprio direito ao trabalho. Por essa compreensão, aplicável a própria noção de trabalho decente, estudado com profundidade pelo Prof. Dr. Platon Teixeira de Azevedo Neto, para quem, enquanto direito humano, deve ser moldado e interpretado "*[...] com base nos princípios da dignidade humana e outros que assegurem a efetividade aos direitos humanos*". (AZEVEDO NETO, Platon Teixeira de. *O trabalho decente como um Direito Humano.* São Paulo: LTr, 2015. p. 62.)

Art. 3º — Para os fins previstos nesta Lei, entende-se por:

I — meio ambiente, o conjunto de condições, leis, influências e interações de ordem física, química e biológica, que permite, abriga e rege a vida em todas as suas formas;

Com base no dispositivo legal, um meio ambiente ecologicamente adequado reclama avaliar qualitativamente o "*[...] conjunto de condições, leis,* ***influências e interações*** *de ordem física, química e biológica, que* ***permite, abriga e rege*** *a vida em todas as suas formas*" (grifos nossos).

Os jus-ambientalistas, pela percepção dos ambientes que circundam o homem, dividem, o meio ambiente humano em natural, artificial, cultural e do trabalho[19]. Sinteticamente, a primeira espécie engloba todos os elementos integrantes da natureza, tais como a fauna, flora, mares, rios, ar, solo, dentre outros. Pelo segundo, abraça-se todo o ambiente construído pelo homem, resultante da sua atuação urbanística, a exemplo das edificações prediais, casas, rodovias, praças etc. O meio ambiente cultural cinge o patrimônio artístico e cultural, as construções arqueológicas.

O meio ambiente do trabalho, expressamente assim reconhecido pelo art. 200, VIII da Carta Magna e nas Convenções Internacionais da OIT[20], entrementes, invoca uma análise mais profunda para a construção do seu conceito, partindo-se do elemento nominativo peculiar que possui, qual seja, o trabalho, ou, mais precisamente, o trabalhador[21].

Sendo, a pessoa humana que trabalha, o núcleo dessa vertente do meio ambiente, resulta destacada a sua centralidade como fator para sua configuração, razão por que duas consequências são apontadas: a presença do homem que trabalha transmuda a natureza das outras espécies de ambiente, convertendo-as em meio laboral; e esta mesma particularidade torna a pessoa ativada mais diretamente vulnerável a fatores que desarmonizem o referido sistema, com acentuada exposição da sua saúde.

O primeiro efeito, o qual, mais propriamente, interessa à presente análise, ratifica a afirmação pela qual o trabalhador consiste no vetor nuclear para sua caracterização e, em sendo assim, a conformação da ambiência laboral invoca a compreensão da pessoa humana que trabalha com toda sua complexidade orgânica, psíquica e social. Somente assim se poderá efetivamente promover a tutela da higiene, saúde e segurança no trabalho, considerado seu alcance mais amplo.

É o homem que trabalha, portanto, aquele que define o meio ambiente laboral. Por conseguinte, é, ele, o epicentro tutelar da estrutura de proteção jus-ambiental. Esta é a face do meio ambiente humano genuinamente social e dinâmica, porque abarca todas as variáveis possíveis na relação do trabalhador consigo, com o grupo que se relaciona,

(19) Nesse sentido, FELICIANO, Guilherme Guimarães. O meio ambiente do trabalho e a responsabilidade civil patronal. Reconhecendo a danosidade sistêmica. *In* FELICIANO, Guilherme Guimarães; URIAS, João (Orgs.). *Direito ambiental do trabalho.* Apontamentos para uma teoria geral. São Paulo: LTr, 2013. 11-25 p., Volume 1.

(20) A exemplo das Convenções ns. 155 e 161 da OIT, as quais expressamente manejam a expressão "meio ambiente do trabalho". As Convenções da OIT detêm a qualidade de normas supralegais, nos termos da decisão proferida pelo STF, em sede de RE 349.703 e 466.343 e HC 87.885-8/TO e 92.566 — em 2008, conjugada com o entendimento da Corte Interamericana de Direitos Humanos, pelo qual — as Convenções da Organização Internacional, são tutelares de direitos humanos.

(21) Porquanto, não há falar em trabalho, em atividade, sem a pessoa do trabalhador, aquele que exerce a atividade.

com a sociedade e com todas as interações físicas, químicas e biológicas. Altera-se o foco conceitual do meio ambiente, então fixado no elemento físico, para o humano[22].

Partindo-se da teoria econômica, para a qual se especificam — na qualidade de elementos essenciais da produção — *a terra, o capital e o trabalho*[23], apontam-se, como correlatos vetores estruturais do meio ambiente laboral, o ambiente físico, a técnica e o homem. Destes, identificam-se os fatores de risco correlacionados e didaticamente estruturados[24]; são eles: as condições de trabalho, a organização da atividade e as relações interpessoais.

As condições de trabalho dizem respeito a todos os elementos físicos, químicos ou biológicos que envolvem o exercício do labor, o local e suas características. A organização da atividade se volta para os processos estabelecidos e destinados à sua execução, o ritmo do trabalho, as metas, os movimentos exigidos. Por derradeiro e, exatamente por se considerar a pessoa humana que trabalha, não há ignorar, enquanto fator de risco do meio ambiente do trabalho, as relações interpessoais, das quais podem emergir agentes agressores, em especial à saúde mental e social daquele que labora[25], com destaque às manifestações ilícitas do assédio moral (inclusive o organizacional) e do assédio sexual[26].

Desta forma, o meio ambiente do trabalho equilibrado — inclusive considerando sua dimensão psíquica — consistirá naquele "

> *[...] que acomoda* ***condições de trabalho, organizações de trabalho e relações interpessoais*** *continuamente seguras, saudáveis e respeitosas, com a adoção de uma visão protetiva holística do ser humano (saúde física e mental). Em uma expressão: um meio ambiente do trabalho sadio — logo, mais humano"*[27].

Da linha estruturante exposta se conclui que, no que toca ao meio ambiente do trabalho, extraem-se, dos fatores de risco, os elementos agressores correspondentes aos

---

(22) Essas são terminologias utilizadas pelo Dr. Ney Maranhão, *in* MARANHÃO, Ney. Meio Ambiente do Trabalho: descrição jurídico-conceitual. *Revista LTr*, São Paulo, Abril/2016, Nº 80, Doutrina. p. 420-430.

(23) Conforme ensinamento de Jean Baptiste Say mencionado em: WIKIPÉDIA — A enciclopédia livre. Jean Baptiste Say. *Fatores de produção.* Disponível em: https://pt.wikipedia.org/wiki/Fatores_de_produção. Acesso em: 13 jul. 2024.

(24) No doutrinar do Dr. Ney Maranhão *in* MARANHÃO, Ney. Meio Ambiente do Trabalho: descrição jurídico-conceitual. *Revista LTr*, São Paulo, Abril/2016, Nº 80, Doutrina. p. 420-430. Segundo Chistophe Dejours, falar-se-ia nas condições de trabalho e na organização do labor enquanto fatores que potencialmente seriam promotores de enfermidades; a última predominantemente para as patologias mentais. *In* DEJOURS, Christophe. *A loucura do Trabalho.* Estudo de psicopatologia do trabalho. 6ª edição. São Paulo: Edt. Cortez, 2015. p. 29.

(25) Registre-se que, com tal colocação, não se está afastando a potencialidade de danos à saúde mental por decorrência dos demais fatores de risco, ou que tais abalos não provenham da interferência conjunta deles; apenas se está imprimindo destaque às particularidades deste prisma ambiental.

(26) Sobre esses temas, remetemos, o leitor, ao artigo: HELOANI, Roberto; MACEDO, Kátia Barbosa. Assédio Moral: uma nova forma de assédio nas organizações. *Fragmentos de Cultura*, Goiânia, v. 23, n. 3, jul./set. 2013. p. 307-318.

(27) MARANHÃO, Ney Stany Morais. *Poluição Labor-Ambiental.* Abordagem conceitual da degradação das condições de trabalho, da organização do trabalho e das relações interpessoais travadas no contexto laborativo. Rio de Janeiro: Lumen Juris, 2017. p. 126.

elementos físicos, químicos, biológicos e os psicossociais[28]. Esse espaço de intercessão profunda evidencia a interdisciplinaridade e interdependência próprias da relação existente entre os direitos à saúde do trabalhador e ao meio ambiente laboral equilibrado.

Percebe-se, desta forma, que esse vasto espectro conceitual, agregado ao leque definidor do direito à saúde, diz diretamente à substância das normas indicadas no art. 7º, XXII da CF/1988, aclarando uma vasta área de atuação cuidadosa dos órgãos e agentes habilitados à sua tutela perante a Justiça do Trabalho, entre eles o MPT[29], valendo-se dos meios processuais pertinentes, tudo em conformidade com o entendimento da Súmula n. 736 do STF.

4. CONSIDERAÇÕES FINAIS

O enunciado da Súmula n. 736 do STF, considerando o contexto restritivo da interpretação atual exarada quanto ao alcance jurídico da expressão "relação de

(28) Assim é que, em proposição conceitual para o meio ambiente do trabalho, expõe o Dr. Ney Maranhão como sendo aquele "*[...] resultante da interação sistêmica de fatores naturais, técnicos e psicológicos ligados às condições de trabalho, à organização do trabalho e às relações interpessoais que condicionam a segurança e a saúde física e mental do ser humano exposto a qualquer contexto jurídico-laborativo*" (MARANHÃO, Ney. Meio Ambiente do Trabalho: descrição jurídico-conceitual. *Revista LTr*, São Paulo, Abril/2016, Nº 80, Doutrina. p. 420-430). Para o Prof. Raimundo Simão de Melo "*[...] o meio ambiente do trabalho não se restringe ao local de trabalho estrito do trabalhador. Ele abrange o local de trabalho, os instrumentos de trabalho, o modo de execução das tarefas e a maneira como o trabalhador é tratado pelo empregador ou tomador de serviço e pelos próprios colegas de trabalho*", (MELO, Raimundo Simão de. *Direito Ambiental do Trabalho e a Saúde do Trabalhador*. 5. ed. São Paulo: LTr, 2013. p. 29). Dr. Cláudio Brandão ensina que este meio ambiente consistiria no "*[...] conjunto de todos os fatores que, direta ou indiretamente, se relacionam com a execução da atividade do empregado, envolvendo os elementos materiais (local de trabalho em sentido amplo, máquinas, móveis, utensílios e ferramentas) e imateriais (rotinas, processos de produção e modo de exercício do poder de comando do empregador)*" (BRANDÃO, Cláudio. *Acidente do Trabalho e Responsabilidade Civil do Empregador*. São Paulo: LTr, 2006. p. 71).

(29) Seguindo, ainda, jurisprudência do STF, o MPT se apresenta como órgão legitimado à proposição das demandas coletivas para tutela do ambiente do trabalho, na forma da Súmula n. 736. Nesse sentido. "*Na espécie vertente, a Procuradoria Regional do Trabalho da 17ª Região determinou a remessa do procedimento administrativo em foco ao Ministério Público Estadual, ao fundamento de que os guarda-vidas teriam sido contratados por tempo determinado pelo Município de Vitória/ES. Assim, nos termos do que teria sido assentado no julgamento da* Ação Direta de Inconstitucionalidade 3.395, *' tratando-se de regime especial administrativo, competiria à justiça estadual comum processar e julgar controvérsias entre o Município e seus servidores, ainda que a contratação tenha ocorrido em caráter precário ou desvirtuado' (fl. 98). 7. Esse entendimento não foi perfilhado pelo Procuradoria-Geral da República, que distinguiu a questão envolvendo o descumprimento de direitos sociais trabalhistas daquela tratada na* Ação Direta de Inconstitucionalidade 3.395. *Nessa linha, realçou: '[A] jurisprudência dessa Suprema Corte firmou-se no sentido de que é competente a Justiça do Trabalho para processar e julgar ação civil pública referente a ambiente, às condições e à organização do trabalho. Nesse sentido cumpre destacar a* Súmula 736 *do STF, segundo a qual compete à Justiça do Trabalho a competência para julgar demandas relacionadas a descumprimento de normas trabalhistas relativas à segurança, higiene e saúde do s trabalhadores. Na espécie, a Procuradoria Regional do Trabalho da 17ª Região instaurou inquérito civil público para apurar o descumprimento das normas relativas ao meio ambiente de trabalho dos guarda vidas contratados pelo Município de Vitória. Como se vê, o referido inquérito civil servirá de base para a propositura de ação civil pública a ser ajuizada pelo Ministério Público do Trabalho, com o fim de exigir do Poder Público do Município de Vitória o cumprimento de normas relativas à higiene, segurança e saúde dos trabalhadores. De fato, a controvérsia não tem como pano de fundo causa entre a Administração Pública e servidores a ela vinculados, isto é, não se volta a questão em torno de qualquer direito que decorra do regime jurídico administrativo, mas sim, de direito social trabalhista, de alcance coletivo geral, pouco importando a diversidade dos regimes jurídicos dos trabalhadores, uma vez que todos eles estão submetidos às mesmas condições de trabalho' (fls. 121-122, grifos nossos). Como apontado pela Procuradoria-Geral da República, a natureza do vínculo jurídico que une os guarda-vidas ao ente público municipal não está em questão naquele procedimento administrativo, que apura 'irregularidades no meio ambiente de trabalho dos Guarda-Vidas' (fl. 8), pelo que inexistiria contrariedade ao que decidido no julgamento da* Ação Direta de Inconstitucionalidade 3.395/DF, *tampouco óbice à atuação do Ministério Público do Trabalho.*" (ACO 2.169, rel. Min. Cármen Lúcia, dec. monocrática, j. 18-9-2013, DJE 189 de 26-9-2013).

trabalho" presente no inciso I do art. 114 da CF, afigura-se de alta relevância à competente atuação da Justiça do Trabalho na salvaguarda do meio ambiente do trabalho e na concretização das normas de saúde e medicina do trabalho às relações laborais, independentemente de se qualificarem como empregatícias, autônomas, estatutárias ou jurídico-administrativas.

Partindo-se de tal compreensão, é significativo pontuar que o "descumprimento de normas de higiene, saúde e segurança do trabalho", para além da simples violação de regras, também se verifica pela ordenação de um ambiente laboral (consideradas as condições, a organização e as relações de interpessoais) que comprometa a incolumidade das suas biosfera e sociosfera(30), consequencialmente expondo a saúde daqueles que ali trabalham a risco considerável e inviabilizando o alcance de um estágio de bem-estar físico, mental e social.

A despeito de serem afastados, do leque competencial, os direitos individuais inerentes aos respectivos contratos, o plexo integrativo dos elementos estruturantes dos direitos humanos e fundamentais mencionados (os quais promovem a efetividade dos direitos à higiene, saúde e segurança no trabalho), já explicitam um significativo campo fático de atuação, eficaz na prevenção, precaução e repressão de condutas e estruturações organizacionais que explicitamente atentem contra tais direitos.

Assim, a competência da Justiça do Trabalho em tais questões — independentemente da tipologia das relações laborais firmadas na organização -, revela-se importante e potencialmente rica, pois, por meio da atuação dos agentes detentores de legitimidade correlata (mormente os sindicatos e o MPT), faz-se possível alinhar o gerenciamento dos elementos integrantes do meio ambiente do trabalho à finalidade última de tutela à saúde, de manutenção e promoção de uma ambiente equilibrado e saudável, e de maior efetividade da dignidade humana a todos aqueles que atuam na atividade por meio do trabalho(31).

5. REFERÊNCIAS

ALEXY, Robert. *Teoria dos Direitos Fundamentais.* Tradução de Virgílio Afonso da Silva. 2. ed. 4. tiragem. São Paulo: Malheiros, 2015.

ALVARENGA, Rubia Zanotelli de. *Direitos Humanos.* São Paulo: LTr, 2016.

AZEVEDO NETO, Platon Teixeira de. *O trabalho decente como um Direito Humano*. São Paulo: LTr, 2015.

BRANDÃO, Cláudio. *Acidente do Trabalho e Responsabilidade Civil do Empregador*. São Paulo: LTr, 2006.

CAIRO JUNIOR, José. *STF decide que relações de trabalho autônomo não são de competência da Justiça do Trabalho*. Jusbrasil. Disponível em: https://www.jusbrasil.com.br/artigos/stf-decide-que-relacoes-de-trabalho-autonomo-nao-sao-da-competencia-da-justica-do-trabalho/1150137510#:~:text=Adicione%20tópicos-,STF%20decide

(30) Terminologia também encampada pelo Prof. Dr. Ney Maranhão em seu artigo: MARANHÃO, Ney. Meio Ambiente do Trabalho: descrição jurídico-conceitual. *Revista LTr,* São Paulo, v. 80, n. 80, abr. 2016. p. 420-430.

(31) Para um estudo mais aprofundado sobre como os direitos humanos e fundamentais à saúde, ao meio ambiente do trabalho hígido e ao trabalho decente vinculam a gestão empresarial, indicamos livro de nossa autoria, base também para o desenvolvimento deste tópico. *In*: PEREIRA, Andre Sousa. *Meio Ambiente do Trabalho e a Saúde Mental do Trabalhador*. 1. ed. São Paulo: LTr, 2019.

%20que%20relações%20de%20trabalho%20autônomo%20não,competência%20da%20Justiça%20do%20Trabalho&text=Esse%20foi%20o%20resultado%20do,competência%20da%20Justiça%20do%20Trabalho. Acesso em 11 jul. 2024.

DEJOURS, Christophe. *A loucura do Trabalho*. Estudo de psicopatologia do trabalho. 6. ed. São Paulo: Ed . Cortez, 2015.

DEJOURS, Christophe. *Trabalho Vivo*: Trabalho e Emancipação. Tomo II. Tradução de Franck Soudant. Brasília: Paralelo 15, 2012.

FELICIANO, Guilherme Guimarães; URIAS, João (Orgs.). *Direito ambiental do trabalho*. Apontamentos para uma teoria geral. São Paulo: LTr, 2013. 11-25 p, Volume 1.

HELOANI, Roberto; MACEDO, Kátia Barbosa. *Assédio Moral: uma nova forma de assédio nas organizações. Fragmentos de Cultura*, Goiânia, v. 23, n. 3, jul./set. 2013, p. 307-318.

LEITE, Carlos Henrique Bezerra. *Manual de Direitos Humanos*. 3. ed. São Paulo: Atlas, 2014. p 32-34; e BONAVIDES, Paulo. *Curso de Direito Constitucional*. 31. ed. São Paulo: Malheiros. 2016.

MARANHÃO, Ney. Meio Ambiente do Trabalho: descrição jurídico-conceitual. *Revista LTr*, São Paulo, v. 80, n. 80, abr. 2016, p. 420-430.

MARANHÃO, Ney. *Poluição Labor-Ambiental*. Abordagem conceitual da degradação das condições de trabalho, da organização do trabalho e das relações interpessoais travadas no contexto laborativo. Rio de Janeiro: Lumen Juris, 2017.

MELO, Raimundo Simão de. *Direito Ambiental do Trabalho e a Saúde do Trabalhador*. 5. ed. São Paulo: LTr, 2013.

MONTEIRO, Arthur Maximus. Direito como ciência: crítica à doutrina neoconstitucionalista. Revista da Escola da Magistratura do Rio Grande do Norte. *Revista Direito e Liberdade — RDL — ESMARN —*, Rio Grande do Norte, set./dez. 2017, v. 19, n. 3, p. 43-67.

OLIVEIRA, Sebastião Geraldo de. *Proteção Jurídica à Saúde do Trabalhador*. 5. ed. São Paulo: LTr, 2010.

OIT — ORGANIZACIÓN INTERNACIONAL DEL TRABAJO. R171 — *Recomendación sobre los servicios de salud en el trabajo, 1985 (núm. 171)*. Disponível em: http://www.ilo.org/dyn/normlex/es/f?p=NORMLEXPUB:12100:0::NO:12100:P12100_INSTRUMENT_ID:312509:NO. Acesso em: 13 jul. 2024.

STF — Supremo Tribunal Federal. *Arquivo*. Disponível em: https://redir.stf.jus.br/paginadorpub/paginador.jsp?docTP=AC&docID=390700. Acesso em: 12 jul. 2024.

PEREIRA, Andre Sousa. *Meio Ambiente do Trabalho e a Saúde Mental do Trabalhador*. 1. ed. São Paulo: LTr, 2019.

USP — Universidade de São Paulo. *Caderno eletrônico de disciplinas*. Disponível em: https://edisciplinas.usp.br/pluginfile.php/5733496/mod_resource/content/0/Constituição%20da%20Organização%20Mundial%20da%20Saúde%20%28WHO%29%20-%201946%20-%20OMS.pdf. Acesso em 13 jul. 2024.

WIKIPÉDIA — A enciclopédia livre. Jean Baptiste Say. *Fatores de produção*. Disponível em: https://pt.wikipedia.org/wiki/Fatores_de_produção. Acesso em: 13 jul. 2024.

Terceirização e a competência da Justiça do Trabalho

Andrea M. L. Pasold (*)

Resumo: A terceirização alterou profundamente a organização das atividades econômicas no Brasil e no mundo. Por ela, é transferida parte ou toda a produção de uma empresa a outra, que, então, contrata empregados para tais atividades. Disciplinada no Brasil apenas pela Súmula n. 331 do TST por décadas, a Lei n. 6.019/1974, que tratava unicamente da terceirização de mão de obra, ou seja, o trabalho temporário, com aplicação restrita, em 2017 foi alterada e passou a tratar também da terceirização em geral, permitindo-se inclusive a terceirização de atividade-fim, o que gerou discussão jurídica que alcançou o STF. A competência para julgar as ações relacionadas à terceirização, lícita ou ilícita, é da JT, do que não restam dúvidas após a entrada em vigor da EC n. 45 em 2004. Contudo, situações de pejotização, diversas da terceirização, vêm gerando ações trabalhistas visando o reconhecimento de vínculo empregatício por possível fraude na contratação, e a competência para tais controvérsias é questionada com frequência, além da confusão comum entre os institutos — pejotização e terceirização, levando a entendimentos bastante divergentes sobre a matéria no TST. A competência da JT deve ser preservada sempre que o objetivo seja a caracterização e as verbas decorrentes de relações de trabalho pessoais, com ou sem subordinação.

Palavras-chave: terceirização; competência; Justiça do Trabalho; fraude; pejotização, prestação de serviços; trabalho subordinado.

Abstract: The adoption of outsourcing by enterprises has greatly affected the economic activity in Brazil and elsewhere. Through outsourcing the total or partial activities of an enterprise are transferred to another that hires people to perform them. For decades outsourcing was regulated only by Sumula 331, issued by the Supreme Labour Court (SLC), until Bill 6/019/74 was approved. That Bill dealt with manual labour, i.e, temporary work, thus in a restricted way, but in 2017 it was altered to include outsourcing in general, allowing also the outsourcing for the target activity. Such an alteration brought a lot of discussion which went as far as the Supreme Federal Court (STF). Nevertheless, lawsuits concerning outsourcing, either lawful or otherwise, are a prerogative of the Labour Justice (LJ), something that cannot be doubted due to EC 45, of 2004. However, situations of "pejotização", which are different from outsourcinghave generated labour suits that aim at the acknowledgement of labour links, denied by possible fraud in hiring. The competence for judging the above mentioned lawsuits, added to the common confusion between "pejotização" and 'outsourcing', has often been questioned, leading to quite different statements issued by SLC. It goes without saying, however, that the competence of Labour Justice must be respected whenever the aim be the characterizing and the payment involved in labour relationships, with or without subordination.

Keywords: Outsourcing; competence; Labour Court; labor relationships; subordination.

(*) Juíza do Trabalho Substituta do TRT 12ª Região; mestre em ciência jurídica; especialista em direito civil, professora de cursos de pós graduação e de capacitação, professora no curso de Graduação em Direito da Univali, autora e coautora de obras jurídicas.

1. TERCEIRIZAÇÃO: CONCEITO, ELEMENTOS E EFEITOS

Sob o ponto de vista econômico,

> "terceirizar é a estratégia empresarial que consiste em uma empresa transferir para a outra, e sob o risco desta, a atribuição, parcial ou integral, da produção de uma mercadoria ou a realização de um serviço, objetivando — isoladamente ou em conjunto — a especialização, a diminuição de custos, a descentralização da produção ou a substituição temporária de trabalhadores."(1)

Muitos apontam como finalidades a redução de despesas, as mudanças organizacionais, racionalização produtiva, especialização (extrema ou flexível), entre outras.

Dos fins apontados, a especialização é o que faz mais sentido sob todos os pontos de vista. Em novas formas de desenvolvimento econômico, a escolha da empresa (como atividade econômica organizada) de transferir determinadas atividades a quem tem maior especialização parece razoável, assim como na organização da empresa que deseja se concentrar no que lhe traz mais valor (que não se confunde necessariamente com atividade fim), como marketing, distribuição, etc., e deixar que parte das atividades sejam executadas mediante interposta empresa com trabalhadores próprios. Ou, ainda, como inicialmente se entendeu no Tribunal Superior do Trabalho, para que atividades não centrais não precisem ser gerenciadas pela empresa, como vigilância, que tem exigências legais expressivas para sua realização.

Foi abordada como finalidade também a geração de emprego, a partir do entendimento do Supremo Tribunal Federal sobre o tema. Contudo, e com todas as vênias, não nos parece que seja algo relacionado à terceirização em si. A empresa chamada contratante pode perfeitamente gerar os empregos por contratação direta.

Quanto à redução de despesas, só existirá se uma das partes envolvidas nesse triângulo contratual tiver prejuízo econômico, já que a empresa que contratar os trabalhadores tem que respeitar a legislação pertinente E obter lucro com a atividade.

MARTINEZ exemplifica:

> "Ora, se a contratação direta de um empregado custa, por exemplo, 1000 unidades monetárias, não há como fazê-lo continuar a receber as mesmas 1000 unidades quando se colocar entre ele e a empresa tomadora um intermediário que, obviamente, precisará lucrar com a intermediação. Seria razoável super que a empresa tomadora, por uma benevolência inimaginável na coerência capitalista, continuaria a pagar as mesmas 1000 unidades monetárias ao empregado terceirizado e, além disso, o custo da empresa intermediária? Claro que não!"(2)

DELGADO afirma que "Para o Direito do Trabalho terceirização é o fenômeno pelo qual se dissocia a relação econômica de trabalho da relação justrabalhista que lhe seria correspondente"(3).

---

(1) PALMEIRA SOBRINHO, Zéu. *Terceirização e reestruturação produtiva*. São Paulo: LTr, 2008. p. 78.

(2) MARTINEZ, Luciano. *Curso de Direito do Trabalho*. São Paulo: Saraiva educação, 2021. p. 337.

(3) DELGADO, Mauricio Godinho. *Curso de Direito do Trabalho*: obra revista e atualizada. 19 ed. São Paulo: LTr, 2020. p. 549.

Para que se caracterize a terceirização, deve uma empresa (assim entendida a atividade econômica desenvolvida) transferir parte de suas atividades para outra pessoa jurídica, que então contrata os trabalhadores. Cria-se uma relação trilateral: o trabalhador, prestador de serviços, a empresa prestadora de serviços que é a terceirizante, com quem o trabalhador tem o vínculo empregatício, e a empresa tomadora de serviços, que se aproveita da entrega de energia e trabalho do trabalhador, mas não assume a posição de empregadora.

MARTINEZ afirma que se realiza, no Brasil, uma terceirização de conveniência, o que, para ele, é uma descaracterização do que era a natureza da terceirização, a utilização para atividades periféricas, instrumentais, como limpeza, segurança, transporte, alimentação.

Dentro da ideia de subcontratação, pode-se falar de dois modelos, o tradicional ou o de fornecimento global. No caso do tradicional, há a terceirização para contratação de trabalhadores e a terceirização para contratação de serviços.

A primeira ocorre pela contratação de trabalho temporário usado para atender à necessidade de substituição transitória de pessoal permanente ou à demanda complementar de serviços, e é medida considerada excepcional. Não é esta o objeto deste estudo.

A segunda é a terceirização de serviços, na qual, ao menos em tese e pela previsão legal, não há pessoalidade na prestação de serviços pelo trabalhador contratado pela empresa prestadora de serviços para a tomadora, sendo contratados serviços que serão prestados por empregados da prestadora, e que podem ser substituídos livremente, porque não são subordinados à tomadora.

Sendo a terceirização considerada lícita (nos termos que serão apresentados ao longo deste texto), há o que MARTINEZ chama de responsabilidade derivada, ou seja, a sujeição patrimonial para pagamento de dívidas de outras pessoas, diversas da responsável. Só existe em decorrência de fatos geradores específicos, que são a lei, contrato ou decisão judicial.

No caso da terceirização, o principal efeito é a responsabilidade subsidiária da empresa contratante pelas verbas trabalhistas sonegadas pela prestadora de serviços aos seus empregados, independentemente de comprovação efetiva de culpa *in eligendo* e/ou *in vigilando*, embora seja esse o fundamento para a sua determinação.

De toda forma, é comum que se mencione que a responsabilidade subsidiária não está amparada na culpa *in eligendo*, mas *in vigilando*, porque cabe à tomadora, como contratante, exigir com frequência o cumprimento das obrigações trabalhistas da prestadora.

Segundo Rodrigo Coimbra Santos:

> "A responsabilidade subsidiária é a garantia do adimplemento das obrigações trabalhistas criada pelo modelo jurisprudencial pátrio. O tomador dos serviços, como beneficiário da prestação laboral, funciona como um garante da obrigação, sendo por isso responsabilizado subsidiariamente, e executado em caso de inexistência ou insuficiência de bens da empresa prestadora para satisfazer os créditos trabalhistas."[4]

---

(4) SANTOS, Rodrigo Coimbra. *Relações Terceirizadas de Trabalho*. São Paulo: Juruá, 2006. p. 75

Conforme o novo artigo 5º-A, parágrafo 5º da Lei n. 6.019/1974, terceirizada qualquer atividade, inclusive a principal, a empresa contratante é subsidiariamente responsável pelas obrigações trabalhistas referentes ao período em que ocorrer a prestação de serviços, e o recolhimento das contribuições previdenciárias, o que independe de culpa ou dolo.(5)

Contudo, isso só ocorrerá se a contratante compuser o polo passivo da ação trabalhista que cobrar as verbas decorrentes de inadimplemento da prestadora. Não é possível, portanto, ajuizar ação contra a prestadora apenas, e, após a condenação, buscar o pagamento da contratante na fase de execução ou mesmo em outro processo autônomo.

A responsabilidade é solidária, ou seja, com concorrência entre contratante e contratada, quando se tratar de direito do trabalhador relacionado à saúde ou segurança, como a responsabilidade civil decorrente de acidente do trabalho ocorrido nas dependências da contratante, na prestação de serviços pelo trabalhador empregado da prestadora de serviços em benefício da contratante.(6)

Antes de passar ao histórico legislativo propriamente dito sobre a terceirização, importante mencionar que a possibilidade de terceirizar atividades não significa sua obrigatoriedade ou que sempre trará vantagens, inclusive ao contratante. O estudo sobre o interesse efetivo na terceirização deve levar em consideração não apenas aspectos financeiros — embora eles importem muito e possam revelar menos benefícios do que os imaginados e propagados — mas também outras variáveis. Quem opta pela terceirização tem que ter ciência de que está perdendo controle da situação, especialmente se há várias atividades terceirizadas. Um dos principais requisitos de validade da terceirização de serviços é a falta de subordinação direta, além da pessoalidade, de modo que não poderá o contratante fazer exigências e dar ordens como costuma fazer aos seus empregados, porque lhe faltará poder diretivo.

Do mesmo modo, ao estarem os chamados terceirizados trabalhando na mesma atividade de empregados próprios da contratante, mas com salários inferiores, representação sindical diversa e geralmente mais precária, a rotatividade costuma ser elevada, o que exige a cada troca novo treinamento e preparo, além da possível falta de compromisso de quem já sabe que não chegará a empregado da grande empresa.

2. EVOLUÇÃO HISTÓRICO-NORMATIVA E JURISPRUDÊNCIA DO TRIBUNAL SUPERIOR DO TRABALHO SOBRE TERCEIRIZAÇÃO ATÉ A SÚMULA N. 33

A terceirização, como apontado, é, portanto, um fenômeno das relações econômicas contemporâneas, pela qual se busca transferir os riscos de parte da atividade econômica para um prestador de serviços. Por ser recente, naturalmente a Consolidação das Leis do Trabalho — CLT, elaborada na década de 1940, não tratou do tema. Existe, contudo, a previsão de subcontratação de mão de obra, através de empreitada e subempreitada. PALMEIRA SOBRINHO vai além, entendendo que a terceirização

(5) § 5º A empresa contratante é subsidiariamente responsável pelas obrigações trabalhistas referentes ao período em que ocorrer a prestação de serviços, e o recolhimento das contribuições previdenciárias observará o disposto no art. 31 da Lei nº 8.212, de 24 de julho de 1991

(6) Leitura do art. 5º-A, § 2º Os serviços contratados poderão ser executados nas instalações físicas da empresa contratante ou em outro local, de comum acordo entre as partes. 3º É responsabilidade da contratante garantir as condições de segurança, higiene e salubridade dos trabalhadores, quando o trabalho for realizado em suas dependências ou local previamente convencionado em contrato.

foi inicialmente identificada como locação de serviços e disciplinada pelas normas de direito civil.[7]

A primeira norma posta a tratar efetivamente de terceirização foi voltada ao serviço público, pelo Decreto-lei n. 200 de 1967, que previa, no § 7º do art. 10, a possibilidade de descentralização administrativa, pela contratação de serviços executivos ou operacionais. No setor privado, contudo, nada houve por muito tempo.

Em 1974 adveio a Lei n. 6.019, voltada à terceirização de mão de obra já mencionada, regulamentando o trabalho temporário, ou seja, contratos de curta duração. A Lei n. 7.102/1983 foi editada para disciplinar contratação de pessoal de vigilância ostensiva e transporte de valores por intermédio de empresa especializada. Em 1994, a Lei n. 8.863 ampliou as hipóteses para incluir serviços de vigilância patrimonial de bens, de segurança de pessoas físicas, de transporte e segurança de valores ou qualquer outro tipo de carga. Também em 1994 uma alteração no art. 442 da CLT possibilitou a contratação através de terceirização por meio de cooperativas, ao estabelecer que não há vínculo empregatício entre cooperado e cooperativa.

Ainda para serviços públicos, a Lei n. 8.987/1995 dispõe sobre concessão e permissão de prestação de serviços públicos e a Lei n. 9.472/1997 dispõe sobre a organização dos serviços de telecomunicações.

Em 2017, a Lei n. 13.429 foi que inicialmente trouxe regulamentação à terceirização de serviços, finalmente, alterando a Lei n. 6.019, fixando alguns conceitos importantes e estabelecendo requisitos para a terceirização ser considerada lícita. No mesmo ano, a Lei n. 13.467, a da reforma trabalhista, também alterou a Lei n. 6.019, ampliando as possibilidades de terceirização, ao permitir a terceirização de qualquer atividade da empresa tomadora dos serviços, inclusive a atividade-fim.

Conceituou, portanto, a prestação de serviços a terceiros — terceirização como sendo "a transferência feita pela contratante da execução de quaisquer de suas atividades, inclusive sua atividade principal, à pessoa jurídica de direito privado prestadora de serviços que possua capacidade econômica compatível com a sua execução." (art. 4º-A)

Previu também a possibilidade de subcontratação pela prestadora[8], ao que MARTINEZ chama de "quarteirização", ou seja, a possibilidade de contratar uma empresa que administre os diversos contratos existentes entre a contratante e prestadoras de serviços e diversas atividades. É a terceirização da gestão de terceirizações.[9]

A situação difere da terceirização em cadeia, na qual uma prestadora de serviços de limpeza, por exemplo, contrata outra empresa do mesmo setor para fazer o que era sua atribuição originária, e esta empresa terá os empregados destinados à contratante. Não há limites para tal sequência.

A Lei n. 6.019, por alteração pela Lei n. 13.429 negou a possibilidade de vínculo empregatício diretamente com a contratante.[10] Tal artigo deve ser interpretado considerando a lógica de todo o direito do trabalho e os princípios regentes, em especial o Princípio da Proteção e o Princípio da Primazia da Realidade. Caso haja fraude na

(7) *Op. cit.*, p. 87

(8) Art. 4º-A § 1º A empresa prestadora de serviços contrata, remunera e dirige o trabalho realizado por seus trabalhadores, ou subcontrata outras empresas para realização desses serviços.

(9) Ob. cit., p. 317.

(10) Art. 4º-A § 2º Não se configura vínculo empregatício entre os trabalhadores, ou sócios das empresas prestadoras de serviços, qualquer que seja o seu ramo, e a empresa contratante.

contratação por terceirização, e presentes os requisitos — que são analisados no caso concreto, na realidade factual —, não há artigo de lei que possa impedir a declaração do vínculo empregatício diretamente com a contratante.

Isso também se diga sobre a previsão de *possibilidade* de terceirização de atividade-fim. É legal e possível, mas respeitada a legislação pertinente. Em suma, não é porque se trata de atividade-fim que a terceirização está fadada à invalidade, mas, independentemente do serviço terceirizado, pode haver caracterização de fraude e violação da legislação trabalhista. Essa referência é fundamental para o debate posterior acerca da competência da Justiça do Trabalho no que toca à terceirização.

Para compreensão da matéria, também importante a menção de outros artigos da lei mencionada. O art. 5º contempla os conceitos de empresa tomadora de serviços (aplicável para os contratos de trabalho temporário) e contratante (para a terceirização de serviços).(11)

A Lei n. 13.467 ainda acrescentou períodos de "quarentena" para evitar fraudes nas contratações de prestadoras de serviços, com a utilização de trabalhadores com vínculos anteriores com a contratante.(12)

Por fim, e não menos importante, a contratante não pode utilizar dos serviços dos trabalhadores terceirizados em atividades diversas das constantes do contrato com a prestadora de serviços(13).

Quanto ao aspecto constitucional da matéria, os limites à terceirização estão pautados pelo seu sentido sistemático-normativo, ou seja, não há referência expressa, mas há que se analisar a principiologia constitucional, fundamentos da República, objetivos etc. Nesse sentido, DELGADO menciona a dignidade da pessoa humana (art. 1º, III), valorização do trabalho e especialmente do emprego (art. 1º, III combinado com art. 170, caput), igualdade em sentido material, combate à discriminação de pessoas humanas, inclusive no mercado de trabalho (art. 3º, IV, art. 7º, XXXII). No campo dos objetivos, estão a busca da construção de uma sociedade livre, justa e solidária (art. 3º, I), erradicação da pobreza e marginalização e redução das igualdades sociais (art. 3º, III), entre outros.(14)

O art. 170, por sua vez, antes de elencar os Princípios Gerais da Atividade Econômica, assim os introduz: "A ordem econômica, fundada na valorização do trabalho humano e na livre iniciativa, tem por fim assegurar a todos existência digna, conforme os ditames da justiça social, observados os seguintes princípios..."

A legislação de 2017, na forma apresentada, não se coadunou inteiramente com os entendimentos do Tribunal Superior do Trabalho até aquele momento.

---

(11) Art. 5º Empresa tomadora de serviços é a pessoa jurídica ou entidade a ela equiparada que celebra contrato de prestação de trabalho temporário com a empresa definida no art. 4º desta Lei. Art. 5º-A. Contratante é a pessoa física ou jurídica que celebra contrato com empresa de prestação de serviços relacionados a quaisquer de suas atividades, inclusive sua atividade principal.

(12) Art. 5º-C. Não pode figurar como contratada, nos termos do art. 4º-A desta Lei, a pessoa jurídica cujos titulares ou sócios tenham, nos últimos dezoito meses, prestado serviços à contratante na qualidade de empregado ou trabalhador sem vínculo empregatício, exceto se os referidos titulares ou sócios forem aposentados. Art. 5º-D. O empregado que for demitido não poderá prestar serviços para esta mesma empresa na qualidade de empregado de empresa prestadora de serviços antes do decurso de prazo de dezoito meses, contados a partir da demissão do empregado.

(13) Art. 5º-A § 1º É vedada à contratante a utilização dos trabalhadores em atividades distintas daquelas que foram objeto do contrato com a empresa prestadora de serviços.

(14) Ob. cit., p. 562-3.

Antes da Constituição de 1988 o TST editou a Súmula n. 256, que considerava ilegal a contratação de trabalhadores por interposta pessoal, salvo o contrato de trabalho temporário.

Posteriormente, foi substituída pela Súmula n. 331, que teve algumas alterações no decorrer do tempo, e foi, por décadas, a única fonte formal, ou seja, de integração pela existência de lacuna, para todas as questões que envolvessem a terceirização. Embora a jurisprudência seja referida normalmente como critério ou fonte de interpretação, no caso presente, acabou por suprir inteiramente a ausência de norma heteronormativa.

A redação atual (com as ressalvas necessárias após as leis mencionadas e o entendimento do STF sobre a matéria) é a seguinte:

> "**CONTRATO DE PRESTAÇÃO DE SERVIÇOS. LEGALIDADE**
>
> I — A contratação de trabalhadores por empresa interposta é ilegal, formando-se o vínculo diretamente com o tomador dos serviços, salvo no caso de trabalho temporário (Lei nº 6.019, de 03.01.1974).
>
> II — A contratação irregular de trabalhador, mediante empresa interposta, não gera vínculo de emprego com os órgãos da Administração Pública direta, indireta ou fundacional (art. 37, II, da CF/1988).
>
> III — Não forma vínculo de emprego com o tomador a contratação de serviços de vigilância (Lei nº 7.102, de 20.06.1983) e de conservação e limpeza, bem como a de serviços especializados ligados à atividade-meio do tomador, desde que inexistente a pessoalidade e a subordinação direta.
>
> IV — O inadimplemento das obrigações trabalhistas, por parte do empregador, implica a responsabilidade subsidiária do tomador dos serviços quanto àquelas obrigações, desde que haja participado da relação processual e conste também do título executivo judicial.
>
> V — Os entes integrantes da Administração Pública direta e indireta respondem subsidiariamente, nas mesmas condições do item IV, caso evidenciada a sua conduta culposa no cumprimento das obrigações da Lei nº 8.666, de 21.06.1993, especialmente na fiscalização do cumprimento das obrigações contratuais e legais da prestadora de serviço como empregadora. A aludida responsabilidade não decorre de mero inadimplemento das obrigações trabalhistas assumidas pela empresa regularmente contratada.[15]
>
> VI — A responsabilidade subsidiária do tomador de serviços abrange todas as verbas decorrentes da condenação referentes ao período da prestação laboral.

O entendimento histórico do TST foi no sentido de conferir ilicitude às terceirizações de atividade-fim das empresas contratantes, reconhecendo o vínculo direto entre os empregados da prestadora e a contratante em tais situações. Naturalmente, nem sempre é tão evidente a atividade-fim, que pode ir além — ou em sentido diverso — do que apenas consta do objeto social no contrato de constituição de determinada sociedade. Como já mencionado, muitas vezes a atividade que parece ser a principal não é a que tem mais *valor* para a empresa, como ocorre no caso de grandes marcas.

De toda sorte, DELGADO assim conceitua atividades-fim:

> "funções e tarefas empresariais e laborais que se ajustam ao núcleo da dinâmica empresarial do tomador dos serviços, compondo a essência dessa dinâmica e contribuindo inclusive para a definição de seu posicionamento e classificação no contexto empresarial e econômico."[16]

---

(15) A responsabilidade subsidiária da Administração Pública exigiu alteração da Súmula após o julgamento da ADC 16, exigindo prova de culpa da Contratante quando órgão da Administração Pública.

(16) Ob. cit., p. 573.

Atividades-meio são

> "aquelas funções e tarefas empresariais e laborais que não se ajustam ao núcleo da dinâmica empresarial do tomador dos serviços, nem compõe a essência dessa dinâmica ou contribuem para a definição de seu posicionamento no contexto empresarial e econômico mais amplo. São, portanto, atividades periféricas à essência da dinâmica empresarial do tomador dos serviços."(17)

Apesar da problemática em torno de tais conceitos, são importantes para a compreensão do entendimento do STF sobre a matéria.

3. O SUPREMO TRIBUNAL FEDERAL E A TERCEIRIZAÇÃO: ADPF 324 E TEMA 725

Os limites (ou a falta deles) foram levados a julgamento no STF pela análise do RExtr. 958.52/MG e da ADPF 324/DF. Pela importância da matéria, foi entendida a sua repercussão geral e nas sessões de 29 e 30 de agosto de 2018, foi proposta e aprovada a tese do Tema 725: "É lícita a terceirização ou qualquer outra forma de divisão do trabalho entre pessoas jurídicas distintas, independentemente do objeto social das empresas envolvidas, mantida a responsabilidade subsidiária da empresa contratante".

Esta autora recomenda fortemente a leitura dos votos proferidos em ambas as ações, mas, para não fugir à temática do texto, serão trazidos apenas trechos específicos que possam ser relevantes para a temática da Competência (apesar de ser tentadora a transcrição de argumentos expostos pelos Ministros).

Extraem-se da ementa os seguintes destaques:

> "4. Os valores do trabalho e da livre iniciativa, insculpidos na Constituição (art. 1º, IV), são intrinsecamente conectados, em uma relação dialógica que impede seja rotulada determinada providência como maximizadora de apenas um desses princípios, haja vista ser essencial para o progresso dos trabalhadores brasileiros a liberdade de organização produtiva dos cidadãos, entendida esta como balizamento do poder regulatório para evitar intervenções na dinâmica da economia incompatíveis com os postulados da proporcionalidade e da razoabilidade. [...]
>
> 10. A dicotomia entre "atividade-fim" e "atividade-meio" é imprecisa, artificial e ignora a dinâmica da economia moderna, caracterizada pela especialização e divisão de tarefas com vistas à maior eficiência possível, de modo que frequentemente o produto ou serviço final comercializado por uma entidade comercial é fabricado ou prestado por agente distinto, sendo também comum a mutação constante do objeto social das empresas para atender a necessidades da sociedade, como revelam as mais valiosas empresas do mundo.[...]
>
> 16. As leis trabalhistas devem ser observadas por cada uma das empresas envolvidas na cadeia de valor com relação aos empregados que contratarem, tutelando-se, nos termos constitucionalmente assegurados, o interesse dos trabalhadores. [...]
>
> 18. A terceirização, segundo estudos empíricos criteriosos, longe de "precarizar", "reificar" ou prejudicar os empregados, resulta em inegáveis benefícios aos trabalhadores em geral, como a redução do desemprego, diminuição do turnover, crescimento econômico e aumento de salários, permitindo a concretização de mandamentos constitucionais como "erradicar a pobreza e a marginalização e reduzir as desigualdades sociais e regionais", "redução das desigualdades regionais e sociais" e a "busca do pleno emprego" (arts. 3º, III, e 170 CRFB)".

(17) *Idem.*

Do voto do Relator, Ministro Luiz Fux:

"Nota-se, portanto, que a terceirização é um mecanismo moderno e eficiente de configuração da firma, utilizado pelas principais empresas do mundo nos mais variados segmentos, inclusive em suas "atividades-fim", pois facilita a especialização e fomenta a concorrência dentro de uma mesma cadeia de produção. Isso incentiva cada célula empresarial a produzir mais, melhor e com menos custos, proporcionando à sociedade, assim, bens e serviços com qualidade superior e preços inferiores. [...]

Por todo o exposto, a premissa de que a "terceirização" configura fraude é desprovida de qualquer fundamento fático, pois contraria os ensinamentos da mais avançada literatura no campo da administração de empresas, bem assim a realidade organizacional de companhias que são referência no mercado e devem servir de exemplo para concorrentes interessados em obter performances semelhantes. Tanto não há intuito fraudulento que cada uma das empresas envolvidas na cadeia de valor deve observar as leis trabalhistas com relação aos empregados que contratarem. [...]"

Na ADPF 324, por sua vez, foi assim a decisão:

1. A Constituição não impõe a adoção de um modelo de produção específico, não impede o desenvolvimento de estratégias empresariais flexíveis, tampouco veda a terceirização. Todavia, a jurisprudência trabalhista sobre o tema tem sido oscilante e não estabelece critérios e condições claras e objetivas, que permitam sua adoção com segurança. O direito do trabalho e o sistema sindical precisam se adequar às transformações no mercado de trabalho e na sociedade. 2. A terceirização das atividades-meio ou das atividades-fim de uma empresa tem amparo nos princípios constitucionais da livre iniciativa e da livre concorrência, que asseguram aos agentes econômicos a liberdade de formular estratégias negociais indutoras de maior eficiência econômica e competitividade.

7. Firmo a seguinte tese: '1. É lícita a terceirização de toda e qualquer atividade, meio ou fim, não se configurando relação de emprego entre a contratante e o empregado da contratada. 2. Na terceirização, compete à contratante: i) verificar a idoneidade e a capacidade econômica da terceirizada; e ii) responder subsidiariamente pelo descumprimento das normas trabalhistas, bem como por obrigações previdenciárias, na forma do art. 31 da Lei 8.212/1993'. 8. ADPF julgada procedente para assentar a licitude da terceirização de atividade-fim ou meio.

Nos terceiros ED opostos, a discussão era:

"3. A parte embargante sustenta que o acórdão não teria se manifestado sobre a possibilidade das instâncias ordinárias aferirem, de forma casuística, o preenchimento dos requisitos da relação de emprego no vínculo entre a contratante e o empregado da contratada, assim como analisarem eventual existência de fraude. Alega, ainda, que o aresto não teria delimitado as situações que não estariam abrangidas pela decisão do STF. Por fim, defende a necessidade da modulação dos efeitos da decisão."

Foram rejeitados tais embargos.

4. COMPETÊNCIA DA JUSTIÇA DO TRABALHO A PARTIR DA EMENDA CONSTITUCIONAL N. 45/2004 EM AÇÕES QUE ENVOLVEM TERCEIRIZAÇÃO

Competência é um critério de distribuição da jurisdição entre os diversos juízes, em síntese. A jurisdição foi separada em matérias, de modo que cada ramo do Poder Judiciário julgará determinadas matérias. Essa especialização é importantíssima e visa proporcionar mais eficiência e qualidade na prestação jurisdicional.

A competência que nos interessa neste estudo é em razão da matéria, ou seja, a partir da natureza da relação jurídica controvertida.

Contudo, até 2004, a competência era fixada mais em relação às partes envolvidas do que a matéria envolvida. Como menciona GIGLIO em obra anterior à Emenda Constitucional n. 45:

"Reproduzindo o mesmo vício da legislação ordinária, o texto constitucional não estabelece a competência da Justiça do trabalho em razão da matéria, mas se refere apenas aos litígios entre empregados e empregadores, isto é, invoca a competência em razão das pessoas, o que é inconveniente, inconclusivo e falacioso, pois nem todos os conflitos entre empregados e empregadores constituem objeto de relações trabalhistas."(18)

Na época, o autor fazia a crítica:

"Finalmente perdeu o país excelente oportunidade de expandir a competência da Justiça do trabalho, por meio de norma constitucional, para abranger a solução de controvérsias derivadas das relações de seguridade social [...]. Em suma: por falta de menção da matéria para a qual se estipula a competência da Justiça do trabalho, o intérprete se vê constrangido a buscar os limites dessa competência pelas pessoas que intervêm nas demandas trabalhistas."(19)

Isso porque a competência material foi definida na Constituição, inicialmente de forma bastante restritiva, a gerar dúvidas na interpretação:

"Art. 114. Compete à Justiça do Trabalho conciliar e julgar os dissídios individuais e coletivos entre trabalhadores e empregadores, abrangidos os entes de direito público externo e da administração pública direta e indireta dos Municípios, do Distrito Federal, dos Estados e da União, e, na forma da lei, outras controvérsias decorrentes da relação de trabalho, bem como os litígios que tenham origem no cumprimento de suas próprias sentenças, inclusive coletivas."

Em 2004 a Emenda Constitucional n. 45 alterou o artigo, que passou a ter a seguinte redação:

"**Art. 114.** Compete à Justiça do Trabalho processar e julgar: (Redação dada pela Emenda Constitucional nº 45, de 2004) (Vide ADIN 3392) (Vide ADIN 3432)

I — as ações oriundas da relação de trabalho, abrangidos os entes de direito público externo e da administração pública direta e indireta da União, dos Estados, do Distrito Federal e dos Municípios;

II — as ações que envolvam exercício do direito de greve;

III — as ações sobre representação sindical, entre sindicatos, entre sindicatos e trabalhadores, e entre sindicatos e empregadores;

IV — os mandados de segurança, habeas corpus e habeas data, quando o ato questionado envolver matéria sujeita à sua jurisdição;

V — os conflitos de competência entre órgãos com jurisdição trabalhista, ressalvado o disposto no art. 102, I, o;

VI — as ações de indenização por dano moral ou patrimonial, decorrentes da relação de trabalho;

VII — as ações relativas às penalidades administrativas impostas aos empregadores pelos órgãos de fiscalização das relações de trabalho;

VIII — a execução, de ofício, das contribuições sociais previstas no art. 195, I, a, e II, e seus acréscimos legais, decorrentes das sentenças que proferir;

IX — outras controvérsias decorrentes da relação de trabalho, na forma da lei."

(18) GIGLIO, Wagner D. *Direito Processual do Trabalho*. 14. ed. São Paulo: Saraiva, 2005. p. 36.
(19) Idem. p. 37.

A CLT também tem regra sobre competência, sendo no caso importante a competência das Varas do Trabalho (primeiro grau de Jurisdição), que sofreu acréscimo em 2017 com a Lei n. 13.467:

> "**Art. 652.** Compete às Varas do Trabalho: (Redação dada pela Lei nº 13.467, de 2017)
>
> **a)** conciliar e julgar:
>
> **I** — os dissídios em que se pretenda o reconhecimento da estabilidade de empregado;
>
> **II** — os dissídios concernentes a remuneração, férias e indenizações por motivo de rescisão do contrato individual de trabalho;
>
> **III** — os dissídios resultantes de contratos de empreitadas em que o empreiteiro seja operário ou artífice;
>
> **IV** — os demais dissídios concernentes ao contrato individual de trabalho;
>
> **V** — as ações entre trabalhadores portuários e os operadores portuários ou o Órgão Gestor de Mão-de-Obra — OGMO decorrentes da relação de trabalho;
>
> **b)** processar e julgar os inquéritos para apuração de falta grave;
>
> **c)** julgar os embargos opostos às suas próprias decisões;
>
> **d)** impor multas e demais penalidades relativas aos atos de sua competência;
>
> **f)** decidir quanto à homologação de acordo extrajudicial em matéria de competência da Justiça do Trabalho. (Incluído pela Lei n.13.467, de 2017)

Antes da Emenda Constitucional n. 45, de fato poderia haver confusão acerca da abrangência da competência material da Justiça do Trabalho. Afinal, a referência era "trabalhadores e empregadores", ou seja, conflitos (dissídios, na época) oriundos de relação de emprego a partir desses sujeitos especificados. Mais adiante, havia referência a "outras controvérsias decorrentes da relação de trabalho", o que gerava ainda mais debates, já que alguns entendiam que a relação de trabalho mencionada era, na verdade, ainda a relação de emprego, como se sinônimos fossem, muito pelo uso da expressão "outras", ou seja, além daquelas de dissídio individual.

Com a nova redação, não há mais referência expressa aos sujeitos da relação de emprego, empregado e empregador, e sim à relação propriamente dita, "relação de trabalho".

Assim, acertadamente SCHIAVI assim traduz: "O termo relação de trabalho pressupõe trabalho prestado por conta alheia, em que o trabalhador (pessoa física) coloca sua força de trabalho em prol de outra pessoa (física ou jurídica), podendo o trabalhador correr ou não os riscos da atividade. Desse modo, estão excluídas as modalidades de relação de trabalho em que o trabalho for prestado por pessoa jurídica, porquanto, nessas modalidades, embora haja relação de trabalho, o trabalho humano não é o objeto dessas relações jurídicas e sim um contrato de natureza cível ou comercial".[20]

Como a maior parte da doutrina e o entendimento predominante no TST, como se verá oportunamente, SCHIAVI define o alcance da expressão relação de trabalho, para fins de competência da Justiça do Trabalho, como abrangendo: "as lides decorrentes de qualquer espécie de prestação de trabalho humano, preponderantemente pessoal, seja qualquer a modalidade do vínculo jurídico, prestado por pessoa natural em favor de pessoa natural ou jurídica. Abrange tanto as ações propostas pelos trabalhadores, como

---

(20) SCHIAVI, Mauro. *Manual Didático de Direito Processual do Trabalho*. 2 ed. Salvador: Juspodivm, 2021. p. 86.

as ações propostas pelos tomadores dos seus serviços."[21] Ficam excluídas relações de consumo, relações estatutárias de servidores públicos, entre outras mais específicas.

Ao se falar de trabalhadores, portanto, são incluídas as ações em que o trabalhador pleiteia verbas que entende devidas pela prestação de serviço em si, subordinada (relação de emprego) ou não. Pode ser um vendedor autônomo cobrando comissões contratadas, um técnico em segurança do trabalho autônomo cobrando honorários da construtora, dentre tantos outros.

Em caso de trabalhador autônomo que sofreu acidente e os herdeiros buscam responsabilidade civil, por exemplo:

> "I — AGRAVO DE INSTRUMENTO. RECURSO DE REVISTA. RECLAMANTES. LEI Nº 13.467/2017. COMPETÊNCIA DA JUSTIÇA DO TRABALHO. DANOS MORAIS. ACIDENTE DE TRABALHO. II — RECURSO DE REVISTA. RECLAMANTES. LEI Nº 13.467/2017. COMPETÊNCIA DA JUSTIÇA DO TRABALHO. DANOS MORAIS. ACIDENTE DE TRABALHO. TRABALHADOR AUTÔNOMO. AÇÃO PROPOSTA PELOS FILHOS E ESPOSA DO DE CUJUS No caso, o TRT entendeu que, nos termos da Súmula Vinculante nº 22 do STF, fica delimitada a competência da Justiça do Trabalho às ações de indenização por danos morais e materiais decorrentes de acidentes de trabalho ajuizadas por empregado em face do empregador. Assentou que, no caso, a causa de pedir não se baseia em um vínculo de emprego, mas numa relação de trabalho autônomo. Consignou ainda que seria incabível a pretensão da esposa e filhos do de cujus ao recebimento de indenização a título de reparação de dano moral e material decorrente do acidente sofrido, pois seria direito acessório do benefício previdenciário do acidente de trabalho, ao qual o trabalhador autônomo não tem direito. Nos termos do art. 114 da CF/88, "Compete à Justiça do Trabalho processar e julgar: (...) VI — as ações de indenização por dano moral ou patrimonial, decorrentes da relação de trabalho". Da leitura do dispositivo se depreende que o fato de o trabalhador ser autônomo não afasta a competência desta Justiça especializada para julgar a lide. **A inexistência do direito do trabalhador autônomo ao benefício previdenciário do acidente de trabalho é irrelevante no caso concreto porque a controvérsia previdenciária não se confunde com a controvérsia cível oriunda do contrato de trabalho.** Ainda, segundo a Súmula nº 392 do TST, a Justiça do Trabalho é competente para processar e julgar ações de indenização por dano moral e material, decorrentes da relação de trabalho, ainda que propostas pelos dependentes ou sucessores do trabalhador falecido, *in verbis*: "nos termos do art. 114, inc. VI, da Constituição da República, a Justiça do Trabalho é competente para processar e julgar ações de indenização por dano moral e material, decorrentes da relação de trabalho, inclusive as oriundas de acidente de trabalho e doenças a ele equiparadas, ainda que propostas pelos dependentes ou sucessores do trabalhador falecido." Recurso de revista a que se dá provimento"[22].

Assim também quando pleiteia, o autônomo, verbas decorrentes do contrato:

> "AGRAVO INTERNO. AGRAVO DE INSTRUMENTO. RECURSO DE REVISTA. COMPETÊNCIA DA JUSTIÇA DO TRABALHO. TRABALHADOR AUTÔNOMO. PRESTAÇÃO DE SERVIÇOS. EC 45/2004. O art. 114, inciso I, da Constituição Federal, após a promulgação da Emenda Constitucional nº 45/2004, de modo a abranger o processamento e julgamento de todas as demandas oriundas da relação de trabalho. Assim, a hipótese dos autos, em que o trabalhador autônomo postula diferenças de remuneração contra o estabelecimento que o contratou, está abrangida pelo novo rol de competências desta Justiça Especializada. Portanto, deve-se manter a decisão monocrática nos termos em que proferida. Precedentes. Agravo interno de que se conhece e a que se nega provimento."[23]

---

(21) Ob. cit., p. 88.

(22) RR-11025-64.2015.5.01.0411, 6ª Turma, Relatora Ministra Katia Magalhaes Arruda, DEJT 04/09/2020

(23) Ag-AIRR-1239-65.2014.5.09.0004, 7ª Turma, Relator Desembargador Convocado Roberto Nobrega de Almeida Filho, DEJT 31/05/2019.

5. TERCEIRIZAÇÃO E PEJOTIZAÇÃO: DIFERENCIAÇÃO NECESSÁRIA PARA FIXAÇÃO DA COMPETÊNCIA DA JUSTIÇA DO TRABALHO

Já foram apresentados os conceitos e características da terceirização, que não é sinônimo da denominada "pejotização". Esta ocorre quando o empregador contrata trabalhadores (pessoas físicas) para trabalhar de modo pessoal, subordinado e não eventual, mas os obriga a constituir empresa/pessoa jurídica para viabilizar o recebimento dos salários, com a finalidade mascarar a relação de emprego e afastar o dever de pagamento das verbas e os encargos trabalhistas/previdenciários, ou seja, trata-se de ocorrência que visa a precarização dos direitos trabalhistas.

Ocorre uma simulação com objetivo de fraude. Existe um negócio jurídico simulado, que é a contratação de uma pessoa jurídica, que deveria prestar serviços por qualquer de seus sócios ou associados, e o negócio dissimulado, que é prestação subordinada e pessoal de serviços pelo sócio. Algumas pessoas jurídicas são unipessoais, outras são sociedades na forma limitada, com uma pessoa da família como sócia, que não tem qualquer aptidão para a prestação dos serviços contratados, ou com outro profissional, conhecido ou não do primeiro trabalhador, para que ambos prestem os serviços, mas sempre sob o poder diretivo do contratante.

Existem, sim, pessoas jurídicas regularmente constituídas e que prestam serviços a outras, por seus sócios, sem qualquer relação de dependência perante o contratante dos serviços. Nesses casos, se houver alguma controvérsia envolvendo a contratação, deverá ser dirimida pela Justiça Comum, por se tratar, de fato, da relação entre duas pessoas jurídicas, ainda que haja prestação de serviços.

No entanto, não é o que geralmente ocorre, o que acarreta o ajuizamento de ações visando a declaração judicial da fraude perpetrada, por violação ao art. 9º da CLT, e o reconhecimento do vínculo empregatício entre o trabalhador e a empresa que o contratou através da pessoa jurídica. Deste modo, tem-se que a ação é ajuizada pelo trabalhador, pessoa natural, contra a pessoa física ou jurídica que se utilizou dos serviços subordinados, ou seja, a relação jurídica que se busca analisar é de vínculo de emprego, tanto quanto qualquer ação que tenha o objetivo de reconhecimento das verbas consectárias, como um pedreiro que, contratado e tratado como empregado de uma construtora, não tem qualquer contrato formalizado, ficando de fato na informalidade.

A diferença, no caso, é que pode existir um contrato escrito — embora isso nem sempre aconteça — e o pagamento é feito para a tal pessoa jurídica constituída, com emissão de notas fiscais — geralmente.

Tal contrato, porém, não prevalece sobre a realidade dos fatos. Se a relação for de trabalho pessoal subordinado, não há documento que possa alterar a natureza jurídica da relação, pela aplicação do Princípio da Primazia da Realidade.

Se o objetivo é a declaração de vínculo e a percepção das verbas decorrentes, o dissídio é sobre relação de trabalho e, assim, a competência para análise da existência da fraude e do contrato de emprego é da Justiça do Trabalho, ainda que ao final não seja reconhecido o vínculo e o pedido seja julgado improcedente. É a análise da situação que cabe ao juiz do trabalho. Mas, se a ação é para receber créditos decorrentes do contrato firmado pela Pessoa Jurídica, nessa qualidade, sem invocar qualquer nulidade ou fraude, a competência será da Justiça Comum.

Por fim, antes de se passar à análise da jurisprudência do TST sobre a competência nas situações de terceirização e pejotização (nessas, quando o objetivo é sua invalidade e reconhecimento de vínculo de emprego), deve-se ter claro que o Tema 725, em nenhum momento, tratou especificamente da chamada pejotização, embora mencione outras formas de contratação. Toda a argumentação, todos os votos, são em torno da terceirização propriamente dita (não é abordado sequer o trabalho temporário), tanto que o objetivo da ADPF é a inconstitucionalidade da Súmula n. 331, que trata, exclusivamente, de terceirização.

É incontroverso que as ações dos trabalhadores terceirizados contra as suas empregadoras e as contratantes dos serviços são apreciadas pela Justiça do Trabalho, seja para deferimento de verbas decorrentes do contrato de emprego e pedido de responsabilidade subsidiária, seja para analisar pedido de reconhecimento de vínculo direto com a contratante, pela existência de fraude, já que a terceirização, como dito, é permitida, em qualquer atividade, mas dentro dos parâmetros legais de sua operacionalização, o que, desde 2017, tem, sim, fonte normativa específica.

Ora, se para o reconhecimento de fraude e existência de vínculo empregatício direto em caso de terceirização a competência é da Justiça do Trabalho, considerando os incisos I e IX do art. 114 da Constituição, por que não seria considerada controvérsia decorrente da relação de trabalho o questionamento da forma de contratação, por pessoa jurídica, de trabalhador que entrega pessoal e subordinadamente sua força de trabalho?

6. JURISPRUDÊNCIA DO TST SOBRE COMPETÊNCIA EM AÇÕES ENVOLVENDO TERCEIRIZAÇÃO, PEJOTIZAÇÃO E OUTRAS CONTRATAÇÕES ANÔMALAS DE PRESTAÇÃO PESSOAL DE SERVIÇOS

O TST tem entendido pela licitude da terceirização das atividades-fim da contratante, e não se tem admitido mais a discussão sobre existência de vínculo direto unicamente a partir do argumento de que se trata de atividade-fim desempenhada pelo trabalhador, já que exatamente era esse o ponto crucial das decisões do STF sobre a matéria.

No entanto, segue existindo a possibilidade de declaração de vínculo empregatício em casos concretos em que a terceirização foi fraudulenta, seja pelo não preenchimento dos requisitos legais por parte da prestadora de serviços, seja pela prestação subordinada diretamente ao contratante, como se verifica pelas decisões abaixo, em ambos os sentidos.

> TERCEIRIZAÇÃO. VENDEDOR PROPAGANDISTA. LICITUDE DA TERCEIRIZAÇÃO, INCLUSIVE EM ATIVIDADE-FIM DA TOMADORA DE SERVIÇOS. TESE FIRMADA NOS AUTOS DA ADPF 324 E DO RE-958.252-MG, TEMA 725 DA TABELA DE REPERCUSSÃO GERAL. HIPÓTESE DOS AUTOS NÃO VINCULADA À *RATIO DECIDENDI* DA CONTROVÉRSIA APRECIADA PELA SUPREMA CORTE. HIPÓTESE DE DEMONSTRAÇÃO DE SUBORDINAÇÃO DIRETA COM A EMPRESA TOMADORA. *DISTINGUISHING*. [...] Entretanto, não obstante a licitude da terceirização das atividades da tomadora de serviços, na forma do entendimento proferido pelo Supremo Tribunal Federal, no julgamento da ADPF 324 e do RE 958.252-MG (Tema nº 725 da Tabela de Repercussão Geral), inexiste óbice ao reconhecimento de vínculo de emprego entre o trabalhador terceirizado e essa empresa, se, no caso concreto, houver comprovação nesse sentido. **Nessa circunstância específica, a observância da tese firmada pela Suprema Corte não impede o reconhecimento de vínculo de emprego entre o trabalhador terceirizado e essa empresa, quando comprovada a incidência dos artigos 2º, 3º e 9º da CLT ao caso em apreço. Nesse contexto, não haverá desrespeito à decisão de natureza vinculante, na medida em que o vínculo não se fundamenta na ilicitude da terceirização, mas na comprovação, na prática, de que a terceirização visava mascarar vínculo de emprego entre a concessionária de serviços de telecomunicações e o trabalhador terceirizado.**[...] [...] Do exposto, verifica-se que o reconhecimento do vínculo de emprego entre a reclamante e a tomadora de serviços se deu com base na comprovada existência dos requisitos fático-jurídicos da relação de emprego entre as citadas partes, estabelecidos pelas

normas infraconstitucionais trabalhistas, ensejando a incidência e a aplicação do disposto no artigo 9º da CLT. Por todo o exposto, mesmo considerando, em princípio, lícita a terceirização das atividades da tomadora de serviços, conforme decidiu a Suprema Corte, no caso *sub judice*, há fundamento autônomo e independente que constitui elemento de distinção (*distinguishing*) para manter o vínculo de emprego entre a reclamante e a tomadora de seus serviços (artigos 2º, 3º e 9º da CLT). Agravo de instrumento desprovido."[24].

O que se deve ter sempre em mente é que são coisas distintas a competência para apreciação e julgamento da matéria e o mérito julgado. A Justiça do Trabalho tem competência para apreciar as causas que envolvem pedido de vínculo empregatício, ainda que ajuizadas pelo alegado titular de uma pessoa jurídica contratada para a prestação dos serviços. Se o vínculo será ou não reconhecido, na Justiça do Trabalho, dependerá do preenchimento dos requisitos legais, ou seja, a análise pontual de cada caso concreto.

Esta é a razão (uma das) pela qual se mostra perigosa e temerária a análise e cassação, pelo STF, de decisões que reconheceram o vínculo empregatício a partir de provas produzidas nos processos. Não se trata de mero entendimento ou descumprimento de decisão vinculativa do STF por "rebeldia" da Justiça do Trabalho, mas de persuasão racional, de produção de prova robusta que conclua pela fraude existente, com uma sentença fundamentada. Não é objeto desta pesquisa a análise de Reclamações Constitucionais que visam reformar ou cassar decisões da Justiça do Trabalho nos assuntos aqui tratados, até pela impropriedade da ferramenta para desconstituir decisão de mérito, tornando o STF instância recursal.

O que se pretende mostrar é como o Tribunal Superior do Trabalho está coeso na preservação da competência da Justiça do Trabalho no que tange à terceirização e pejotização, entre outras formas de contratação diversas do vínculo empregatício formalmente estabelecido, ficando ressalvadas apenas situações pontuais, como o transportador autônomo de cargas. Após confirmar a competência, as Turmas têm visões diversas da matéria de fundo, mas também encontram a barreira da discussão de matéria factual na instância superior, não cabendo nova apreciação de provas.

Assim, seguem exemplos, por amostragem, e já com destaque na ementa do tema que se pretende abordar:

"COMPETÊNCIA DA JUSTIÇA DO TRABALHO. LITÍGIO ACERCA DA FRAUDE NA CONTRATAÇÃO DO OBREIRO. CORRETOR DE SEGUROS. RECONHECIMENTO DE VÍNCULO EMPREGATÍCIO. Cinge-se a controvérsia em definir a competência da Justiça do Trabalho para analisar demanda relativa à fraude na contratação do trabalhador por meio do artifício da "pejotização". A competência se fixa em razão da causa de pedir e do pedido formulado na inicial. Na hipótese dos autos, houve pedido de reconhecimento de vínculo de emprego com fundamento na contratação fraudulenta realizada pela reclamada (contratação de empregado através de contrato de franquia), sendo patente, pois, a competência desta Justiça especializada. Precedentes. Agravo desprovido."[25].

"AGRAVO EM RECURSO DE REVISTA INTERPOSTO PELO RECLAMADO. ACÓRDÃO REGIONAL PUBLICADO NA VIGÊNCIA DA LEI Nº 13.015/2014 E 13.467/2017. 1. COMPETÊNCIA DA JUSTIÇA DO TRABALHO. PEDIDO DE VÍNCULO EMPREGATÍCIO. PEJOTIZAÇÃO. TRANSCENDÊNCIA JURÍDICA RECONHECIDA. CONHECIMENTO E NÃO PROVIMENTO. I. Fundamentos da decisão agravada não desconstituídos. II. Esta Corte Superior já se manifestou

(24) AIRR-20594-08.2015.5.04.0023, 2ª Turma, Relator Ministro Jose Roberto Freire Pimenta, DEJT 06/05/2022 — grifos meus.

(25) Ag-AIRR-1001024-66.2019.5.02.0077, 3ª Turma, Relator Desembargador Convocado Marcelo Lamego Pertence, DEJT 14/06/2024.

> no sentido de que compete à Justiça do Trabalho dirimir controvérsias consistentes em julgar os elementos caracterizares do vínculo emprego e acerca da fraude a que se refere o artigo 9º da CLT, inclusive no caso de "pejotização". Precedentes, inclusive desta C. 4ª Turma. III. Agravo de que se conhece e a que se nega provimento"[26]
>
> "AGRAVO DE INSTRUMENTO. RECURSO DE REVISTA SOB A ÉGIDE DA LEI 13.467/2017. COMPETÊNCIA MATERIAL DA JUSTIÇA DO TRABALHO. TRANSCENDÊNCIA NÃO RECONHECIDA. O TRT manteve a competência material da Justiça do Trabalho haja vista que a controvérsia cinge-se ao reconhecimento do vínculo empregatício entre o prestador de serviços e o real tomador da força laboral. O exame prévio dos critérios de transcendência do recurso de revista revela a inexistência de qualquer deles a possibilitar o exame do apelo no TST. A par disso, irrelevante perquirir a respeito do acerto ou desacerto da decisão agravada, dada a inviabilidade de processamento, por motivo diverso, do apelo anteriormente obstaculizado. Agravo de instrumento não provido. VÍNCULO EMPREGATÍCIO. NULIDADE DA PEJOTIZAÇÃO. PREJUDICADO O EXAME DOS CRITÉRIOS DA TRANSCENDÊNCIA."[27]
>
> COMPETÊNCIA DA JUSTIÇA DO TRABALHO. LITÍGIO ACERCA DA FRAUDE NA CONTRATAÇÃO DO OBREIRO. CORRETOR DE SEGUROS. RECONHECIMENTO DE VÍNCULO EMPREGATÍCIO. Cinge-se a controvérsia em definir a competência da Justiça do Trabalho para analisar demanda relativa à fraude na contratação do trabalhador por meio do artifício da "pejotização". A competência se fixa em razão da causa de pedir e do pedido formulado na inicial. Na hipótese dos autos, houve pedido de reconhecimento de vínculo de emprego com fundamento na contratação fraudulenta realizada pela reclamada (contratação de empregado através de contrato de franquia), sendo patente, pois, a competência desta Justiça especializada. Precedentes. Agravo desprovido.[28]

A exceção, como mencionado, é no caso de Transportador Autônomo de Carga, como se vê:

> "I — AGRAVO. TRANSPORTADOR AUTÔNOMO DE CARGA. PEDIDO DE RECONHECIMENTO DE VÍNCULO DE EMPREGO COM A TRANSPORTADORA. FRAUDE. INCOMPETÊNCIA DA JUSTIÇA DO TRABALHO. TEMA DA ADC Nº 48 E DA ADI Nº 3.961 DO STF. TRANSCENDÊNCIA RECONHECIDA. NÃO PROVIMENTO. [...] Ademais, debate-se nos autos a competência da Justiça do Trabalho para julgar e processar demanda em que se discute o vínculo de emprego entre o autor, transportador autônomo de carga, e a reclamada, empresa transportadora, nos moldes dos artigos 3º da CLT. A pretensão deduzida nos autos está fundamentada na alegação de fraude na contratação celebrada entre as partes, nos termos do artigo 9º da CLT, argumentando a parte o não atendimento dos requisitos da Lei nº 11.442/2007. Com relação ao tema, o Supremo Tribunal Federal, no julgamento da ADC 48 e da ADI 3.961, declarou a constitucionalidade da Lei nº 11.442/2007 e firmou tese de que "uma vez preenchidos os requisitos dispostos na Lei nº 11.442/2007, estará configurada a relação comercial de natureza civil e afastada a configuração de vínculo trabalhista". **Em vista da decisão proferida pelo STF, há que se concluir que é da Justiça Comum a competência para julgar as causas em que se discute a relação comercial de natureza civil existente entre as partes, inclusive quando se questiona o não preenchimento dos requisitos da Lei nº 11.442/2007, em face da alegação de existência de fraude à legislação trabalhista, com a configuração de vínculo de emprego, nos termos dos artigos 2º e 3º da CLT. Ressalte-se que cabe à Justiça Comum, e não a esta Justiça Especializada, examinar, em primeiro plano, se realmente houve vício apto a descaracterizar a natureza comercial da contratação, aplicando-se ao caso o mesmo entendimento proferido pelo STF na Medida Cautelar na ADI 3.395-6/DF, em que se tratou da competência da Justiça Comum para julgar as lides envolvendo desvirtuamento da relação jurídico-administrativo.** Precedentes de Turma do STF e desta Corte Superior. Agravo a que se nega provimento"[29].

---

(26) Ag-RRAg-1000861-57.2020.5.02.0043, 4ª Turma, Relator Ministro Alexandre Luiz Ramos, DEJT 24/05/2024.

(27) AIRR-1000264-70.2021.5.02.0264, 6ª Turma, Relator Ministro Augusto Cesar Leite de Carvalho, DEJT 08/03/2024.

(28) TST-Ag-AIRR-1001024-66.2019.5.02.0077, 3ª Turma, Relator MARCELO LAMEGO PERTENCE

(29) Ag-AIRR-11670-25.2017.5.15.0122, 8ª Turma, Redator Ministro Guilherme Augusto Caputo Bastos, DEJT 30/10/2023.

Apesar do entendimento ser o predominante, causa um pouco de espanto que para as outras situações de pedido de vínculo de emprego a Justiça do Trabalho aprecie a existência ou não dos requisitos, e isso não se aplique quanto ao transportador autônomo de cargas, motorista, ainda que seja ação que pretenda o reconhecimento de vínculo. O *distinguishing*, talvez, nessas hipóteses, seja quando não há a regularidade formal do contrato, sendo mera alegação de contrato verbal, não preenchendo os pressupostos legais.

CONSIDERAÇÕES FINAIS

A terceirização, disciplinada por décadas pela Súmula n. 331 do Tribunal Superior do Trabalho, foi alçada a tema de repercussão geral pelo STF, que concluiu pela possibilidade de sua utilização em ampla e quase irrestrita escala. Embora a discussão seja anterior às Leis ns. 13.429 e 13.467, ambas de 2017, que alteraram a Lei n. 6.019/74, o entendimento firmado pela Corte conferiu também constitucionalidade aos artigos inseridos no ordenamento jurídico, em especial pela autorização de terceirização de atividade-fim das empresas.

Sendo lícita a terceirização, o que se verifica pela apreciação dos requisitos legais — agora existentes, como capacidade econômica da prestadora de serviços, obediência do objeto do contrato pelos trabalhadores na execução das atividades, garantia de segurança no meio ambiente laboral, a empresa chamada contratante terá responsabilidade subsidiária em decisões — da Justiça do Trabalho, naturalmente — com condenação da prestadora ao pagamento de verbas trabalhistas. Isso só ocorrerá se a contratante compuser desde o início o polo passivo da demanda.

Com o passar do tempo, nova forma de contratação foi sendo desenvolvida ardilosamente. Assim como ocorreram tentativas de mascarar vínculo de emprego direto com contratantes através da contratação de cooperativas, nos anos 1990 e início dos anos 2000, o século XXI traz a "pejotização", que pode mascarar a relação de emprego pela contratação aparente de uma pessoa jurídica para prestação dos serviços, embora persista a pessoalidade e a subordinação.

Para tais situações é que se pode falar em debate sobre a Justiça Competente para apreciar ações ajuizadas por trabalhadores.

A competência da Justiça do Trabalho foi ampliada pela Emenda Constitucional n. 45, de 2004 e não apenas na forma de um alargamento, mas verdadeira mudança de referencial: das partes para a matéria. O que antes era competência para julgar dissídios entre empregados e empregadores, passou a competência para julgar controvérsias decorrentes de relação de trabalho, categoria muito mais abrangente, que inclui, mas não se resume, a relações de emprego.

É lógico que há tentativas de fraude à legislação trabalhista protetiva ao trabalhador, assim como há simplesmente a utilização da força de trabalho sem qualquer formalização ou garantia de direitos, e ambas as situações permitem o ajuizamento de ação trabalhista perante a Justiça do Trabalho para ver reconhecidos os requisitos da relação de emprego e, como consequência, sejam deferidas as verbas que são decorrentes desse tipo de relação jurídica.

Não há sentido em se deslocar para a Justiça Comum uma ação que aparentemente tem uma controvérsia entre pessoas jurídicas, apenas por isso: aparência. Se o objetivo é a descaracterização dessa situação, serão produzidas provas de vínculo empregatício, e, para tal apreciação, o juiz do trabalho detém a competência e especialidade.

Cabe ao Tribunal Superior do Trabalho a preservação dessa competência, assim como a todos os operadores do direito do trabalho, garantindo a apreciação pela Justiça Especializada da matéria especializada, inclusive a análise de fraudes em contratação, para reconhecê-las ou negá-las, mantendo a relação jurídica estabelecida hígida.

REFERÊNCIAS

BRASIL. [Constituição (1988)]. *Constituição da República Federativa do Brasil*: promulgada em 5 de outubro de 1988. Constituição (planalto.gov.br).

BRASIL. *Decreto-lei n. 5.452*, de 1 de maio de 1943. Aprova a consolidação das leis do trabalho. DEL5452 (planalto.gov.br).

Pesquisa de jurisprudência (tst.jus.br).

BRASIL, *SUPREMO TRIBUNAL FEDERAL*. Supremo Tribunal Federal (stf.jus.br).

DELGADO, Mauricio Godinho. *Curso de Direito do Trabalho*: obra revista e atualizada. 19. ed. São Paulo: LTr, 2020.

GIGLIO, Wagner D. *Direito Processual do Trabalho*. 14. ed. São Paulo: Saraiva, 2005.

MARTINEZ, Luciano. *Curso de Direito do Trabalho*. São Paulo: Saraiva educação, 2021.

PALMEIRA SOBRINHO, Zéu. *Terceirização e reestruturação produtiva*. São Paulo: LTr, 2008.

SANTOS, Rodrigo Coimbra. *Relações Terceirizadas de Trabalho*. São Paulo: Juruá, 2006.

SCHIAVI, Mauro. *Manual Didático de Direito Processual do Trabalho*. 2. ed. Salvador: Juspodivm, 2021.

Conflitos em torno do exercício do direito de greve e a competência da Justiça do Trabalho

Arion Mazurkevic (*)

Resumo: O presente artigo examina as alterações introduzidas pela Emenda Constitucional n. 45 na competência da Justiça do Trabalho relativas aos conflitos que envolvem o exercício do direito de greve, bem como a interpretação destas mudanças pelos Tribunais superiores.

O desenvolvimento da autonomia negocial coletiva nas democracias reconstruídas no pós-guerra e os fundamentos incorporados pela Constituição de 1988 são as bases para esta reflexão.

Cotejando-se a tradição brasileira na regulação do direito de greve com a função e a importância que este instrumento de pressão desempenha no processo de negociação coletiva nos regimes de democracia constitucional, busca-se compreender o sentido que tomou a interpretação jurisprudencial das alterações da competência da Justiça do Trabalho pela Emenda Constitucional nº 45/2004.

Palavras-chave: Justiça do Trabalho; greve; competência

Abstract: In this article, the jurisdiction of the Labor Court and the conflicts involving the exercise of the right to strike are examined in light of the changes introduced by Constitutional Amendment No. 45 and its interpretation by the higher courts.

The development of collective bargaining autonomy in post-war reconstructed democracies and the principles incorporated by the 1988 Constitution form the basis for said analysis.

By comparing the Brazilian tradition in regulating the right to strike with the role and importance said pressure instrument plays in the collective bargaining process in constitutional democracy regimes, this work aims to draw an understanding on the meaning purported by precedential interpretation of the changes to the jurisdiction of the Employment Tribunal brought by Constitutional Amendment No. 45/2004.

Keywords: Employment Tribunal; strike; jurisdiction

1. INTRODUÇÃO

A Reforma do Poder Judiciário, introduzida pela Emenda Constitucional n. 45, que em 2024 completa 20 anos, promoveu significativas alterações no art. 114 da Constituição Federal. Festejadas por uns e criticadas por outros, essas mudanças foram vistas como ampliação da competência da Justiça do Trabalho.

(*) Desembargador do Tribunal Regional do Trabalho da 9ª Região, Mestre em Direito pela Faculdade de Direito da Universidade Federal do Paraná e Master de Empleo, Relaciones Laborales y Dialogo Social en Europa pela Universidad de Castilla-la Mancha.

O tema que nos propomos a abordar nesta reflexão relaciona-se com os efeitos dessas alterações na competência da Justiça do Trabalho para a apreciação dos conflitos em torno do exercício do direito de greve.

Para quem acompanhou, como nós, a transição do país para uma democracia constitucional, participou da construção da hermenêutica da então nova Constituição Federal, conviveu com crises, avanços e retrocessos ocorridos deste então e compartilhou das expectativas trazidas com as alterações da Emenda Constitucional 45, revisitar o tema da competência da Justiça do Trabalho após 20 anos revela-se uma experiência de sensações ambíguas e provoca o questionamento se a referida alteração constitucional realmente produziu modificações e, se isso ocorreu, qual foi sentido delas.

No Brasil historicamente, e se poderia dizer culturalmente, há uma resistência em se admitir a greve como o exercício de um direito. Desde os primórdios da construção da estrutura sindical brasileira, ou seja, na década de 1930, o patronato recusava-se a se submeter às pressões dos sindicatos organizados para negociar coletivamente a regulação das relações de trabalho, preferindo a regulação da lei e a intervenção do Estado nos conflitos coletivos[1]. O poder normativo da Justiça do Trabalho, que tem suas bases lançadas pelo Decreto-lei n. 21.396 em 12.05.1932, foi construído e mantido por tão largo espaço de tempo justamente por esse motivo.

Não é por outro motivo que o Decreto-lei n. 9.070, de 15.03.1946, com o propósito de restabelecer o direito de greve proibido desde a Constituição de 1937, sintomaticamente em seu primeiro artigo não tratava do direito que pretendia regular, mas sim de um pressuposto: "*os dissídios coletivos, oriundos das relações entre empregadores e empregados, serão obrigatoriamente submetidos à conciliação prévia, ou à decisão da Justiça do Trabalho*", estabelecendo que a greve somente poderia ser deflagrada depois do ajuizamento do dissídio coletivo. Não foi muito distinta a sua regulamentação pela Lei n. 4.330/1964, que além de impor várias condicionantes para a deflagração da greve, estabelecia que se a conciliação prévia não fosse exitosa, o Ministério Público do Trabalho deveria comunicar ao presidente do Tribunal do Trabalho para, de ofício, instaurar o dissídio coletivo.

Mesmo na vigência da Constituição Federal de 1988, que expressamente assegurou como direito fundamental o exercício do direito de greve, a Lei n. 7.783/1989 continuou a prever que a Justiça do Trabalho, por iniciativa de qualquer das partes ou do Ministério Público do Trabalho, "*decidirá sobre a procedência, total ou parcial, ou improcedência das reivindicações*" (art. 8º), proibindo a manutenção da paralização após a celebração do acordo coletivo, convenção coletiva ou da decisão da Justiça do Trabalho (art. 14).

Assim, para a reflexão que pretendemos desenvolver neste artigo é necessário inicialmente contextualizar o tema, identificando, mesmo de forma bastante sucinta, em que bases se desenvolveu o modelo que priorizou a negociação coletiva como forma de regulação das relações de trabalho, bem como o papel da greve nesse modelo.

(1) Luiz Werneck Vianna, nesse sentido, identifica que ao apoiar a estrutura sindical que estava sendo construída, "*essa orientação empresarial exigia uma contrapartida, da qual não abrirá mão nem após 1937: a questão salarial seria expurgada do mercado, consistindo num* affaire *monopolístico do Estado. Recusava-se as convenções coletivas do trabalho, que, mesmo sob regime corporativo-autoritário, fossem quais fossem as limitações, implicavam em relativo êxito para as pressões econômicas do sindicalismo organizado.*" (*Liberalismo e sindicado no Brasil*, p. 187-188)

Oportuno também um breve olhar sobre os fundamentos da Constituição Federal de 1988 e a função destinada ao Poder Judiciário nesse sistema.

A partir dessas premissas se examinará as alterações introduzidas pela Emenda Constitucional n. 45 na competência da justiça do trabalho relacionadas com os conflitos em torno do exercício do direito de greve e como estas alterações foram tratadas pela jurisprudência.

2. O DESENVOLVIMENTO DA AUTONOMIA NEGOCIAL COLETIVA

A partir do final da Segunda Guerra Mundial, especialmente nas economias centrais, o Direito do Trabalho puramente protecionista, caracterizado pela regulação heterônoma, ou seja, pelo Estado, das relações de trabalho, cedeu lugar ao modelo orientado pela proteção promocional(2), em que a autonomia privada coletiva é potencializada, sendo reconhecida como a principal fonte de regulação das relações de trabalho.

A concepção puramente protecionista(3), que sobreviveu nas economias periféricas ou semiperiféricas(4), pressupõe a intervenção legal (heterônoma) nas relações individuais de trabalho, a fim de que, limitando a autonomia contratual e superando o dogma da igualdade formal, torne-se possível equilibrar as forças desiguais dos contratantes e obter a igualdade material.

Já na proteção promocional, o desequilíbrio nas relações individuais é compensado, ainda que parcialmente, pela coletivização dos interesses dos trabalhadores através do sindicato(5). Assim, o ordenamento jurídico passou a reconhecer a função representativa da entidade sindical e o caráter de fonte de direito às regras que negociar(6), pressupondo, como consequência, duas dimensões de sua autonomia: a supremacia do ente coletivo em relação a cada um dos integrantes do grupo representado, que ficam submetidos ao regramento ajustado; a independência em relação ao próprio Estado, assim entendida a liberdade de se autoconstituir e de se autodeterminar(7).

As principais características desse modelo são a forte presença de organizações sindicais(8), a legislação protecionista da liberdade sindical e dos instrumentos de autotutela, como a greve e os direitos de informação, bem como o reconhecimento amplo

(2) Expressão utilizada por Antônio Rodrigues de Freitas Jr. (Direito do Trabalho na era do desemprego: instrumentos jurídicos em políticas públicas de fomento à ocupação, p. 41).

(3) Identificada por Antônio Rodrigues de Freitas Jr. como a "adolescência" do Direito do Trabalho ou sua segunda fase, onde a liberdade (conquistada em seu nascedouro) transforma-se em direitos subjetivos, a partir da socialização dos riscos (*op. cit.*, p. 39 e 47-48).

(4) Onde se insere o Brasil. Vide Antônio Rodrigues de Freitas Jr. (*op. cit.*, p. 33 e 41-42). No mesmo sentido, Marcio Pochmann (Relações de trabalho e padrões de organização sindical no Brasil, p. 32).

(5) Esta lógica é identificada com precisão por Enzo Roppo: "*Associando-se e organizando-se, na verdade, os trabalhadores colocavam-se — relativamente à contraparte patronal — em posição de força (e, portanto, de poder contratual), multíssimo superiores àquelas de que teria podido desfrutar cada trabalhador singular que se apresentasse a contratar isoladamente com o empresário a sua relação de trabalho individual*" (O contrato, p. 321). No mesmo sentido e destacando que o equilíbrio obtido não é completo, José Barros de Moura afirma: "*... quando os assalariados deixam de se contrapor isoladamente ao patrão, e podem recorrer ao sindicato como representante da colectividade por eles constituída, é em certa medida a igualdade real entre as partes que se estabelece ou, melhor, a desigualdade que se atenua.*" (A convenção colectiva entre as fontes de direito do trabalho, p. 42).

(6) RÜDIGER, Dorithee Susanne. *O contrato coletivo no direito privado*, p. 97.

(7) *Idem, ibidem*, p. 99.

(8) FREITAS JR, Antônio Rodrigues de. *op. cit.*, p. 50.

da autonomia privada coletiva[9], tudo voltado a proteger e fomentar a função negocial dos organismos coletivos.

A Organização Internacional do Trabalho consagrou esses pressupostos como diretrizes universais, especialmente na Declaração de Filadélfia de 1944[10], explicitando-os em diversas Convenções e Recomendações[11], o que também foi absorvido pelo modelo de democracia constitucional adotado inicialmente pelas democracias europeias a partir do fim da Segunda Guerra Mundial.

A greve, nesse cenário, se consagra como instrumento chave do sistema de negociação coletiva e de efetiva atuação da autonomia coletiva dos sindicatos, posto que por meio dela, ou por sua ameaça, se reforçam os poderes de negociação, de modo a equilibrar as posições de poder nas relações de trabalho[12]. Por sinal, a greve é um fenômeno social de força impressionante, que resistiu ao longo da história a diversas formas de repressão[13]. Inicialmente criminalizada e reprimida, passou ao longo da história a ser tolerada e finalmente protegida como direito fundamental.

3. OS FUNDAMENTOS DA CONSTITUIÇÃO DE 1988

No Brasil, a Constituição Federal de 1988, consolidando a redemocratização do país e alinhada ao modelo de democracia constitucional forjado no pós-Segunda Guerra mundial, assimilou a concepção de um regime que coloca em seu centro a **pessoa**, assegurando-lhe um pleno e "*harmônico desenvolvimento das suas potencialidades humanas*"[14]. Portanto, não garantiu apenas a liberdade e os direitos civis, mas também os direitos sociais, os direitos das minorias, os direitos de todos, com as suas diversidades e pluralidades. Direitos que não podem ser suprimidos pela maioria, protegendo a **democracia dela mesma**.

Foi fruto de um momento raro de nossa história, em que as diversas forças que compõem a sociedade brasileira mais se aproximaram do equilíbrio, o que se manifestou claramente em seu conteúdo, muitas vezes paradoxal, mas com destacada inflexão para o social. As contradições que podem ser identificadas no texto Constitucional refletem justamente o jogo de forças que atuou na sua elaboração, com as renúncias e concessões recíprocas próprias de uma negociação razoavelmente equilibrada.

---

(9) FREITAS JR., Antônio Rodrigues de. *op. cit.*, p. 62 e 69.

(10) O parágrafo I, alínea *d* da Declaração de Filadélfia de 1944 preconiza como objetivo da OIT: "*a luta contra a necessidade deve ser perseguida com incessante energia dentro de cada nação e mediante um esforço internacional, contínuo e concertado, no qual os representantes dos trabalhadores e dos empregadores, colaborando em um pé de igualdade com governos, participem de discussões livres e de decisões de caráter democrático, a fim de promover o bem-estar comum*" (tradução do texto extraído da Biblioteca electrónica sobre libertad sindical y negociación colectiva).

(11) As Convenções ns. 87 e 98 da OIT estabelecem os fundamentos da liberdade sindical. A Recomendação n. 91 de 1951, bem como as Convenções ns. 98 e 151 tratam também da negociação coletiva.

(12) "*Nas relações entre empresários e trabalhadores subordinados, na verdade, aquele tipo de solução tornou-se possível por força de um reequilíbrio substancial das posições de poder contratual das partes, por sua vez determinado pela formação e pelo desenvolvimento de um movimento sindical organizado, a cujas reivindicações e iniciativas oferecia sustentáculo decisivo a arma da greve. Onde faltem estas condições, faltam os próprios pressupostos para que possa realizar-se aquela recuperação da 'contratualidade' num pé de igualdade substancial entre as partes contrapostas do contrato*" (ROPPO, Enzo. O contrato, p. 319).

(13) Emblemática a Lei Le Chapelier, na França de 1791, que proibia os sindicatos, as greves e as manifestações de trabalhadores, impondo penas que iam desde o pagamento de multas, privação de direitos de cidadania a até a pena de morte. A referida lei somente foi revogada em 1887.

(14) ROPPO, Enzo. *O contrato*, p. 280.

Nela, o Estado Democrático de Direito, consagrado no caput do art. 1º da Constituição Federal, por si só, já indica a "*incorporação efetiva da questão da igualdade como um conteúdo próprio a ser buscado garantir através do asseguramento mínimo de condições mínimas de vida ao cidadão e à comunidade.*"[15]

Explicita como fundamentos do Estado Democrático de Direito a "dignidade da pessoa humana" (inciso III do art. 1º), "os valores sociais do trabalho" (inciso IV), identificando entre os objetivos fundamentais a construção de "uma sociedade livre, justa e solidária" (inciso I do art. 3º) e "erradicar a pobreza e a marginalização e reduzir as desigualdades sociais e regionais" (inciso III do art. 3º).

Para dar efetividade a este projeto, o Título II relaciona os direitos e garantias fundamentais, compreendendo os direitos e deveres individuais e coletivos (art. 5º), os direitos sociais (arts. 6º a 11), os atributos da nacionalidade (arts. 12 e 13), os direitos políticos (arts. 14 a 16) e as regras de organização política (art. 17). Também estabelece a função que deve orientar a exploração da atividade econômica.[16]

Entre os direitos e garantias fundamentais sociais o **trabalho** recebeu tratamento destacado, encontrando-se no caput do art. 7º o princípio fundamental que deve (ou deveria) orientar a sua regulação, interpretação e aplicação: "*São direitos dos trabalhadores urbanos e rurais, **além de outros que visem à melhoria de sua condição social***" (destacamos), incorporando como status constitucional o rol não taxativo de direitos nos incisos I a XXXIV do mesmo artigo.

O art. 8º consagrou na qualidade de direito social fundamental a liberdade de associação e sindical, com as garantias, características e limites previstos em seus incisos, entre os quais a principal função dos sindicatos: "*ao sindicato cabe a **defesa dos direitos e interesses coletivos ou individuais da categoria,** inclusive em questões judiciais ou administrativas*" (inciso III — destacamos).

O art. 9º protege com status constitucional e como direito social fundamental a **greve**, dando os contornos do seu exercício:

> Art. 9º É assegurado o direito de greve, competindo aos trabalhadores decidir sobre a oportunidade de exercê-lo e sobre os interesses que devam por meio dele defender.
>
> § 1º A lei definirá os serviços ou atividades essenciais e disporá sobre o atendimento das necessidades inadiáveis da comunidade.
>
> § 2º Os abusos cometidos sujeitam os responsáveis às penas da lei.

Também alinhada ao modelo das Democracias Constitucionais construído na Europa a partir de 1945, a Constituição de 1988 releva a função do Poder Judiciário. Para dar suporte ao Estado Democrático de Direito e servir de instrumento de proteção e concretização dos direitos e garantias estruturados pela Constituição Federal[17],

---

(15) STREK, Lenio. 2011, p. 39.

(16) O que se encontra previsto no art. 170. "*A ordem econômica, fundada na valorização do trabalho humano e na livre iniciativa, tem por fim assegurar a todos existência digna, conforme os ditames da justiça social, observados os seguintes princípios: (...) III — função social da propriedade; (...) VII — redução das desigualdades regionais e sociais; VIII — busca do pleno emprego (...)*".

(17) "*O espaço que assumem os direitos fundamentais na democracia constitucional leva a uma consequência ulterior: a dilação do papel dos juízes. (...) Muda a própria ideia de juiz, em geral: o juiz não é mais concebido, segundo os esquemas do positivismo jurídico, como simples executor da vontade do legislador. Em nome do vínculo entre direitos, democracia e constituição, surge um juiz protagonista; um juiz que se propõe como um policy maker, chamado a realizar os direitos constitucionalmente garantidos, a promover a igualdade, a inserir no raciocínio a*

é garantido o amplo acesso ao Poder Judiciário (art. 5º, incisos XXXV e LXXIV), assegurado o devido processo legal como direito fundamental (art. 5º, inciso LV), previstas as garantias de independência dos Tribunais (arts. 96 e 99) e as salvaguardas à imparcialidade dos juízes (que estão na raiz dos deveres, direitos e prerrogativas da magistratura previstos arts. 93 e 95).

À Justiça do Trabalho, mantendo a tradição brasileira, como ramo especializado do Poder Judiciário, incumbe a proteção dos direitos sociais trabalhistas, individuais e coletivos, e dirimir os conflitos deles decorrentes.

4. A COMPETÊNCIA DA JUSTIÇA DO TRABALHO E SUAS ALTERAÇÕES

Originariamente, a Constituição de 1988 previa de forma bastante sintética a competência da Justiça do Trabalho[(18)]. Essa regra foi pela primeira vez alterada pela Emenda Constitucional n. 20, de 1998, que introduziu o § 3º ao art. 114, prevendo a competência para *"executar, de ofício, as contribuições sociais previstas no art. 195, I, a, e II, e seus acréscimos legais, decorrentes das sentenças que proferir."*

Mas a alteração mais significativa veio com a Emenda Constitucional n. 45 de 2004.

Interessante assinalar que esta reforma constitucional teve uma longa tramitação, iniciada com a Proposta de Emenda à Constitucional n. 96, apresentada pelo Deputado Federal Hélio Bicudo em 26.03.1992. Foi arquivada em 02.02.1999 e desarquivada na nova legislatura, em 22.02.1999. O relator, Deputado Aluysio Nunes Marques, em 01.06.1999, apresentou substitutivo onde propunha a extinção da Justiça do Trabalho, atribuindo a competência em matéria trabalhista a Varas Especializadas da Justiça Federal[(19)]. A nova relatora, Deputada Zulaiê Cobra Ribeiro, apresentou novo relatório, excluindo do texto a extinção da Justiça do Trabalho, o qual foi aprovado na Comissão Especial em 19.10.1999. Após aprovação em segundo turno na Câmara dos Deputados em 07.06.2000 e aprovação no Senado Federal, foi promulgada como Emenda Constitucional n. 45 em 30.12.2004. Há que se registrar a intensa atuação da ANAMATRA em toda a sua tramitação, em especial sob as presidências dos Juízes Gustavo Tadeu Alkmim e Grijalbo Fernandes Coutinho, essencial para a preservação da Justiça do Trabalho e ampliação de sua competência.

Com as alterações introduzidas pela Emenda Constitucional n. 45/2004, o art. 114 da Constituição passou a ter o conteúdo atualmente em vigor, prevendo em seu inciso I que a Justiça do Trabalho possui competência para processar e julgar *"as ações oriundas da relação de trabalho"*, especificando outras hipóteses em seus demais incisos.

---

referência a princípios eticamente vinculantes." (COSTA, Pietro. *Poucos, Muitos, Todos:* Lições de história da democracia, p. 285).

(18) *"Art. 114. Compete à Justiça do Trabalho conciliar e julgar os dissídios individuais e coletivos entre trabalhadores e empregadores, abrangidos os entes de direito público externo e da administração pública direta e indireta dos Municípios, do Distrito Federal, dos Estados e da União, e, na forma da lei, outras controvérsias decorrentes da relação de trabalho, bem como os litígios que tenham origem no cumprimento de suas próprias sentenças, inclusive coletivas.* § 1º Frustrada a negociação coletiva, as partes poderão eleger árbitros. § 2º Recusando-se qualquer das partes à negociação ou à arbitragem, é facultado aos respectivos sindicatos ajuizar dissídio coletivo, podendo a Justiça do Trabalho estabelecer normas e condições, respeitadas as disposições convencionais e legais mínimas de proteção ao trabalho."

(19) Essa proposta, construída sem qualquer debate, nos bastidores, aparentemente sequer era de conhecimento do próprio relator, pois no dia anterior à sua apresentação, em entrevista concedida a programa de televisão, não cogitou de sua existência, fazendo inclusive referências positivas à Justiça do Trabalho. Com a apresentação do relatório, as críticas levaram à sua substituição (passou a ocupar a função de Secretário Geral da Presidência da República), assumindo a relatoria da PEC a Deputada Zulaiê Cobra Ribeiro.

A redação do referido inciso I que foi aprovada pela Câmara dos Deputados em dois turnos possuía o teor que constou de sua promulgação. Entretanto, no Senado Federal esse texto havia sido alterado, para explicitar que a competência da Justiça do Trabalho não compreenderia os servidores públicos submetidos a regime de natureza administrativa:

> I — as ações oriundas da relação de trabalho, abrangidos os entes de direito público externo e da administração pública direta e indireta da União, dos Estados, do Distrito Federal e dos Municípios, exceto os servidores ocupantes de cargos criados por lei, de provimento efetivo ou em comissão, incluídas as autarquias e fundações públicas dos referidos entes da federação; (destacamos)

Quando submetido à promulgação, a Presidência da Câmara dos Deputados não concordou com a redação proposta pelo Senado, o que fez esta Casa desmembrar os textos, submetendo à promulgação a redação originária da Câmara e atualmente em vigor, devolvendo à Câmara a parte acrescida no Senado ("*... exceto os servidores ocupantes de cargos criados por lei, de provimento efetivo ou em comissão, incluídas as autarquias e fundações públicas dos referidos entes da Federação*").

A redação prevalecente na Emenda Constitucional promulgada e a insólita tramitação do texto entre as Casas legislativas provocou polêmica sobre a extensão da competência da Justiça do Trabalho em relação à administração pública direta e indireta, ou seja, se compreendia apenas os servidores submetidos ao regime da CLT ou também os servidores públicos sob regime administrativo. O dissenso motivou a AJUFE (Associação dos Juízes Federais do Brasil) a ingressar no STF com a ADI 3395, que inicialmente obteve liminar favorável em 27.01.2005, deferida pelo então Presidente da Corte, Min. Nelson Jobim[20], sendo o julgamento do mérito concluído apenas em 14.04.2020 na mesma linha:

> CONSTITUCIONAL E TRABALHO. COMPETÊNCIA DA JUSTIÇA DO TRABALHO. ART.114, I, DA CONSTITUIÇÃO FEDERAL. EMENDA CONSTITUCIONAL 45/2004. AUSÊNCIA DE INCONSTITUCIONALIDADE FORMAL. EXPRESSÃO "RELAÇÃO DE TRABALHO". INTERPRETAÇÃO CONFORME À CONSTITUIÇÃO. EXCLUSÃO DAS AÇÕES ENTRE O PODER PÚBLICO E SEUS SERVIDORES. PRECEDENTES. MEDIDA CAUTELAR CONFIRMADA. AÇÃO DIRETA JULGADA PARCIALMENTE PROCEDENTE. 1. O processo legislativo para edição da Emenda Constitucional 45/2004, que deu nova redação ao inciso I do art. 114 da Constituição Federal, é, do ponto de vista formal, constitucionalmente hígido. 2. A interpretação adequadamente constitucional da expressão "relação do trabalho" deve excluir os vínculos de natureza jurídico-estatutária, em razão do que a competência da Justiça do Trabalho não alcança as ações judiciais entre o Poder Público e seus servidores. 3. Medida Cautelar confirmada e Ação Direta julgada parcialmente procedente. (ADI 3395, Relator(a): ALEXANDRE DE MORAES, Tribunal Pleno, julgado em 15-04-2020, PROCESSO ELETRÔNICO DJe-165 DIVULG 30-06-2020 PUBLIC 01-07-2020).

---

(20) EM 27/01/05 "(...) A NÃO INCLUSÃO DO ENUNCIADO ACRESCIDO PELO SF EM NADA ALTERA A PROPOSIÇÃO JURÍDICA CONSTIDA NA REGRA. (...) NÃO HÁ QUE SE ENTENDER QUE A JUSTIÇA TRABALHISTA, A PARTIR DO TEXTO PROMULGADO, POSSA ANALISAR QUESTÕES RELATIVAS AOS SERVIDORES PÚBLICOS. ESSAS DEMANDAS VINCULADAS A QUESTÕES FUNCIONAIS A ELES PERTINENTES, REGIDOS QUE SÃO PELA LEI 8112/90 E PELO DIREITO ADMINISTRATIVO, SÃO DIVERSAS DOS CONTRATOS DE TRABALHO REGIDOS PELA CLT. (...) EM FACE DOS PRINCÍPIOS DA PROPORCIONALIDADE E DA RAZOABILIDADE E AUSÊNCIA DE PREJUÍZO, CONCEDO A LIMINAR, COM EFEITO 'EX TUNC'. DOU INTERPRETAÇÃO CONFORME AO INC. I DO ART. 114 DA CF, NA REDAÇÃO DA EC Nº 45/04. SUSPENDO, AD REFERENDUM, TODA E QUALQUER INTERPRETAÇÃO DADA AO INC. I DO ART. 114 DA CF, NA REDAÇÃO DADA PELA EC 45/04, QUE INCLUA, NA COMPETÊNCIA DA JUSTIÇA DO TRABALHO, A "...APRECIAÇÃO ... DE CAUSAS QUE... SEJAM INSTAURADAS ENTRE O PODER PÚBLICO E SEUS SERVIDORES, A ELE VINCULADOS POR TÍPICA RELAÇÃO DE ORDEM...".

Portanto, prevaleceu o entendimento de que a alteração constitucional promovida pela Emenda Constitucional n. 45 não modificou a competência da Justiça do Trabalho para apreciar as lides que envolvem servidores públicos da administração pública direta e indireta da União, dos Estados, do Distrito Federal e dos Municípios, permanecendo restrita aos servidores vinculados sob o regime da CLT.

5. OS CONFLITOS ENVOLVENDO O EXERCÍCIO DO DIREITO DE GREVE E A JURISPRUDÊNCIA

O inciso II, do art. 114, da Constituição Federal, introduzido pela Emenda Constitucional n. 45, prevê a competência da Justiça do Trabalho para as "*as ações que envolvam exercício do direito de greve*".

Essa competência poderia parecer decorrência lógica do inciso I, pois não deixam de ser ações oriundas da relação de trabalho. Todavia, a prática fez ver que o inciso II não se tratou de redundância do legislador, pois houve Juízes do Trabalho que declinavam da competência para apreciar uma ação que se tornou prática corriqueira durante os movimentos paredistas, o interdito proibitório. E o STJ firmou jurisprudência, mesmo na vigência do inciso II, no sentido de que a competência seria da Justiça Comum(21).

Foi o STF no Recurso Extraordinário 579648-MG, ao firmar a tese em Repercussão Geral n. 74, que definiu a competência da Justiça do Trabalho nesse tema:

> 74 — Compete à Justiça do Trabalho o julgamento das ações de interdito proibitório em que se busca garantir o livre acesso de funcionários e de clientes às agências bancárias interditadas em decorrência de movimento grevista.(22)

Por outro lado, se o conteúdo do inciso I do art. 114, já com a interpretação restritiva promovida pelo STF no julgamento da ADI 3395, conjugado com o disposto no inciso II, poderia sugerir que a competência da Justiça do Trabalho abrangeria "*as ações que envolvam exercício do direito de greve*" dos servidores públicos regidos pela CLT, outra polêmica foi suscitada quanto a esse tema e pela própria Justiça do Trabalho.

---

(21) CONFLITO DE COMPETÊNCIA. GREVE. INTERDITO PROIBITÓRIO. AGÊNCIAS BANCÁRIAS. LIVRE FUNCIONAMENTO. ACESSO DE FUNCIONÁRIOS E CLIENTES. NATUREZA POSSESSÓRIA. QUESTÃO DE DIREITO PRIVADO E NÃO DE NATUREZA TRABALHISTA. 1. A natureza da demanda determina a competência em razão da matéria, vale dizer, há que se verificar o pedido e a causa de pedir para saber qual o juízo competente. 2. O caso em análise é de ação de interdito proibitório, intentada por um banco, porque poderá ter a posse de suas agências turbada por um movimento grevista. Matéria eminentemente de cunho civil. 3. Conflito de Competência conhecido para declarar competente o Juízo de Direito da 2ª Vara Cível de Nova Iguaçu — RJ, suscitado. (CC n. 89.300/RJ, relator Ministro Fernando Gonçalves, Segunda Seção, julgado em 10/10/2007, DJ de 22/10/2007, p. 189.)

(22) EMENTA: CONSTITUCIONAL. COMPETÊNCIA JURISDICIONAL. JUSTIÇA DO TRABALHO X JUSTIÇA COMUM. AÇÃO DE INTERDITO PROIBITÓRIO. MOVIMENTO GREVISTA. ACESSO DE FUNCIONÁRIOS E CLIENTES À AGÊNCIA BANCÁRIA: "PIQUETE". ART. 114, INCISO II, DA CONSTITUIÇÃO DA REPÚBLICA. JURISPRUDÊNCIA DO SUPREMO TRIBUNAL FEDERAL. COMPETÊNCIA DA JUSTIÇA DO TRABALHO. 1. "A determinação da competência da Justiça do Trabalho não importa que dependa a solução da lide de questões de direito civil" (Conflito de Jurisdição n. 6.959), bastando que a questão submetida à apreciação judicial decorra da relação de emprego. 2. Ação de interdito proibitório cuja causa de pedir decorre de movimento grevista, ainda que de forma preventiva. 3. O exercício do direito de greve respeita a relação de emprego, pelo que a Emenda Constitucional n. 45/2003 incluiu, expressamente, na competência da Justiça do Trabalho conhecer e julgar as ações dele decorrentes (art. 114, inciso II, da Constituição da República). 4. Recurso extraordinário conhecido e provido para fixar a competência da Justiça do Trabalho. (Relatora Min. CÁRMEN LÚCIA — Julgamento: 10/09/2008 — Publicação: 06/03/2009)

Após julgado Dissídio Coletivo de Greve pelo TRT da 2ª Região, em face de recurso interposto pelo Município de São Bernardo do Campo, a Seção Especializada em Dissídios Coletivos do TST, por unanimidade, reconheceu a incompetência da Justiça do Trabalho para apreciar o dissídio, porque envolviam servidores, embora regidos pela CLT, que atuavam na guarda civil:

> Conforme decidido, por ora, os conflitos envolvendo direito de greve dos servidores públicos estatutários encontram-se também fora do âmbito de competência da Justiça do Trabalho. Não por outra razão foi do Superior Tribunal de Justiça que emanou decisão liminar determinando o funcionamento das unidades do INSS durante a greve deflagrada em 2009 (MC-15656-DF, Rel. Min. Og Fernandes, DJ 15/06/2009).
>
> Embora sob o regime da CLT, a Guarda Civil do Município de São Bernardo constitui instituição voltada à segurança pública, prevista no art. 144, § 8º, da Constituição Federal, de forma que se encontra abrangida pela aludida decisão do STF que denota a preocupação com a continuidade dos serviços públicos. (Dissídio Coletivo nº TST-RODC-20304/2007-000-02-00.7 — Relator Min. Maurício Eurico Vitral Amaro — julgado em 08-03-2010).

Em sede de Recurso Extraordinário, o STF reconheceu a Repercussão Geral e, por maioria, negou provimento ao recurso, fixando a Tese 544 nos seguintes termos: "*A Justiça Comum Federal ou Estadual é competente para julgar a abusividade de greve de servidores públicos celetistas da administração direta, autarquias e fundações de direito público*".(23)

Portanto, embora a Constituição Federal, de forma expressa, estabeleça que à Justiça do Trabalho compete processar e julgar as ações oriundas da relação de trabalho, inclusive quando envolver os entes da administração pública direta e indireta da União, dos Estados, do Distrito Federal e dos Municípios, bem como as ações decorrentes do exercício do direito de greve, as ações que envolvem o exercício desse direito de greve por servidores públicos que mantêm vínculo de emprego regido pela CLT não fazem parte desta competência.

Outra questão que se polemizou e se relaciona ao exercício do direito de greve, diz respeito aos parágrafos segundo e terceiro do art. 114 da Constituição, com a redação dada pela Emenda Constitucional n. 45/2004:

> § 2º Recusando-se qualquer das partes à negociação coletiva ou à arbitragem, é facultado às mesmas, de comum acordo, ajuizar dissídio coletivo de natureza econômica, podendo a Justiça do Trabalho

(23) Ementa: CONSTITUCIONAL. DIREITOS SOCIAIS. COMPETÊNCIA PARA O JULGAMENTO DA LEGALIDADE DE GREVE DE SERVIDORES PÚBLICOS CELETISTAS. JUSTIÇA COMUM. FIXAÇÃO DE TESE DE REPERCUSSÃO GERAL. 1. É competência da justiça comum, federal ou estadual, conforme o caso, o julgamento de dissídio de greve promovida por servidores públicos, na linha do precedente firmado no MI 670 (Rel. Min. MAURÍCIO CORRÊA, Rel. p/ acórdão Min. GILMAR MENDES, Tribunal Pleno, DJe de 30/10/2008). 2. As Guardas Municipais executam atividade de segurança pública (art. 144, § 8º, da CF), essencial ao atendimento de necessidades inadiáveis da comunidade (art. 9º, § 1º, CF), pelo que se submetem às restrições firmadas pelo Supremo Tribunal Federal no julgamento do ARE 654.432 (Rel. Min. EDSON FACHIN, redator para acórdão Min. ALEXANDRE DE MORAES, Tribunal Pleno, julgado em 5/4/2017). 3. A essencialidade das atividades desempenhadas pelos servidores públicos conduz à aplicação da regra de competência firmada pelo Supremo Tribunal Federal no MI 670, mesmo em se tratando de servidores contratados pelo Estado sob o regime celetista. 4. Negado provimento ao recurso extraordinário e fixada a seguinte tese de repercussão geral: "A Justiça Comum Federal ou Estadual é competente para julgar a abusividade de greve de servidores públicos celetistas da administração direta, autarquias e fundações de direito público". (RE 846854, Relator(a): LUIZ FUX, Relator(a) p/ Acórdão: ALEXANDRE DE MORAES, Tribunal Pleno, julgado em 01-08-2017, ACÓRDÃO ELETRÔNICO REPERCUSSÃO GERAL — MÉRITO DJe-022 DIVULG 06-02-2018 PUBLIC 07-02-2018 — vencidos os Ministros Luiz Fux (Relator), Roberto Barroso, Rosa Weber, Ricardo Lewandowski e Marco Aurélio — Julgado em 25-05-2017.

> decidir o conflito, respeitadas as disposições mínimas legais de proteção ao trabalho, bem como as convencionadas anteriormente.
>
> § 3º Em caso de greve em atividade essencial, com possibilidade de lesão do interesse público, o Ministério Público do Trabalho poderá ajuizar dissídio coletivo, competindo à Justiça do Trabalho decidir o conflito.

Desses dispositivos, pode-se concluir que o poder normativo, como solução jurisdicional dos conflitos coletivos de trabalho de natureza econômica[(24)], deixou de existir, salvo na exceção prevista no § 3º, que trata de greve em atividades essenciais.

A hipótese prevista no § 2º, que a prática demonstrou ocorrer com reduzida frequência[(25)], não se trata, ao nosso ver, de exercício do poder normativo, mas sim uma forma de arbitragem facultativa, em que o Poder Judiciário é convocado para desempenhar o papel de árbitro.

A constitucionalidade desses parágrafos foi questionada por meio da ADI 3423, decidindo o STF pela sua conformidade com as regras pétreas, tanto ao condicionar o dissídio coletivo de natureza econômica ao comum acordo, como a legitimidade exclusiva do Ministério Público do Trabalho para ajuizar dissídio coletivo em caso de greve em atividade essencial:

> Ação Direta de Inconstitucionalidade. 2. Art. 1º, da Emenda Constitucional nº 45/2004, na parte em que deu nova redação ao art. 114, §§ 2º e 3º, da Constituição Federal. 3. Necessidade de "mutuo acordo" para ajuizamento do Dissídio Coletivo. 4. Legitimidade do MPT para ajuizar Dissídio Coletivo em caso de greve em atividade essencial. 5. Ofensa aos artigos 5º, XXXV, LV e LXXVIII, e 60, § 4º, IV, da Constituição Federal. Inocorrência. 6. Condição da ação estabelecida pela Constituição. Estímulo às formas alternativas de resolução de conflito. 7. Limitação do poder normativo da justiça do trabalho. Violação aos artigos 7º, XXVI, e 8º, III, e ao princípio da razoabilidade. Inexistência. 8. Recomendação do Comitê de Liberdade Sindical da Organização Internacional do Trabalho. Indevida intervenção do Estado nas relações coletivas do trabalho. Dissídio Coletivo não impositivo. Reforma do Poder Judiciário (EC 45) que visa dar celeridade processual e privilegiar a autocomposição. 9. Importância dos acordos coletivos como instrumento de negociação dos conflitos. Mútuo consentimento. Precedentes. 10. Ação direta de inconstitucionalidade julgada improcedente. (ADI 3423, Relator(a): GILMAR MENDES, Tribunal Pleno, julgado em 29-05-2020, PROCESSO ELETRÔNICO DJe-151 DIVULG 17-06-2020 PUBLIC 18-06-2020)

Conforme se infere do voto do Relator Min. Gilmar Mendes, as questões postas na referida Ação Direta de Inconstitucionalidade eram:

> (...) se a exigência de "mútuo acordo" para a instauração de dissídio coletivo e a legitimidade conferida ao Ministério Público do Trabalho para ajuizar dissídio coletivo em caso de greve em atividades essenciais importam em abolir direitos fundamentais, especialmente o direito de acesso ao Poder Judiciário, a competência dos sindicatos para defesa de direitos coletivos e o poder normativo da justiça do trabalho.

Quanto ao mútuo acordo, o voto argumenta que a Reforma do Poder Judiciário teve por escopo efetivamente reduzir o poder normativo da Justiça do Trabalho, que era objeto de críticas, inclusive no âmbito internacional, por contrariar as Convenções

---

(24) Assim considerados aqueles que visem a estabelecer normas e condições de trabalho para regular os contratos individuais de trabalho.

(25) Na época da promulgação da EC 45 já não nos parecia que haveria interesse, especialmente do empregador ou das entidades sindicais patronais, em submeter, de comum acordo com o sindicato de trabalhadores, o conflito coletivo à decisão da Justiça do Trabalho, especialmente porque a Justiça do Trabalho só pode estabelecer condições mais favoráveis aos trabalhadores ou, no mínimo, iguais àquelas asseguradas na lei e nos instrumentos coletivos anteriores.

ns. 98/1949 e 154/1981 da OIT, concluindo que a disposição questionada *"busca implementar boas práticas internacionais, ampliando direitos fundamentais dos trabalhadores, na medida em que privilegia o acordo de vontades."*[26]

Em relação ao segundo aspecto, o voto argumentou que o "§ 3º complementa o § 2º, trazendo uma garantia de pacificação de conflitos no caso de greve em atividades essenciais, de *modo a privilegiar a paz social*"[27], sendo por isso válida.

Não obstante o reconhecimento da constitucionalidade dessas disposições, a jurisprudência do TST se firmou no sentido de que em se deflagrando a greve, é possível a instauração de Dissídio Coletivo por qualquer das partes envolvidas no conflito, independentemente de mútuo acordo e mesmo em não se tratando de atividade essencial:

> RECURSO ORDINÁRIO EM DISSÍDIO COLETIVO DE GREVE AJUIZADO PELO SINDICATO REPRESENTANTE DA CATEGORIA ECONÔMICA. PROCESSO SOB A ÉGIDE DA LEI 13.467/2017. 1. ALEGAÇÃO DE AUSÊNCIA DE COMUM ACORDO. DEFLAGRAÇÃO DE GREVE. A jurisprudência desta Seção Especializada em Dissídios Coletivos abraçou o entendimento de que a redação do § 2º do artigo 114 da Constituição Federal, embora não tenha extirpado o poder normativo definitivamente da Justiça do Trabalho, fixou a necessidade do mútuo consenso das partes, ao menos tácito, como pressuposto intransponível para o ajuizamento do dissídio coletivo de natureza econômica. Porém, havendo greve, torna-se possível a propositura de dissídio coletivo por qualquer das partes, empregador ou sindicato patronal e sindicato de trabalhadores, ou pelo Ministério Público do Trabalho (art. 114, § 3º, CF), cabendo à Justiça do Trabalho decidir sobre a procedência, total ou parcial, ou improcedência das reivindicações (art. 8º, Lei 7.783/89). Na situação concreta, o Tribunal Regional do Trabalho da 8ª Região deferiu, parcialmente, a tutela de urgência requerida pelo Sindicato Patronal para garantir a prestação de transporte coletivo urbano, no percentual de 80%, enquanto perdurasse a greve. Além disso, a compensação dos dias parados foi objeto de acordo entre as partes. É incontroversa, portanto, a efetiva deflagração de greve pela categoria profissional, o que torna desnecessário o mútuo consenso para a apreciação, pela Justiça do Trabalho, das reivindicações. Recurso ordinário desprovido, no aspecto. (...) (ROT-379-59.2021.5.08.0000, Seção Especializada em Dissídios Coletivos, Relator Ministro Mauricio Godinho Delgado, DEJT 23/04/2024).

O STF vem ratificando este entendimento, sem identificar conflito com os precedentes vinculantes daquela Corte:

> DIREITO CONSTITUCIONAL E DO TRABALHO. AGRAVO INTERNO EM RECLAMAÇÃO. ALEGADO DESCUMPRIMENTO DE DECISÃO VINCULANTE DO SUPREMO TRIBUNAL FEDERAL. INOCORRÊNCIA. ALEGAÇÃO DE AFRONTA À SÚMULA VINCULANTE 10. 1. Agravo interno em reclamação ajuizada sob a alegação de (i) afronta à decisão proferida pelo Supremo Tribunal Federal (STF) na ADI 3.423 e no RE 1.002.295, paradigma do Tema 841 da repercussão geral e (ii) violação à Súmula Vinculante 10. 2. No julgamento conjunto das ADIs 3.392, 3.423, 3.431, 3.432 e 3.520, esta Corte julgou constitucional o art. 1º da EC 45/2004, que alterou o art. 114, §§ 2º e 3º, da CF, que trata, entre outros pontos, da necessidade de mútuo acordo para ajuizamento do Dissídio Coletivo. No julgamento do RE 1.002.295, paradigma do Tema 841, o Plenário do STF fixou tese nestes termos: "é constitucional a exigência de comum acordo entre as partes para ajuizamento de dissídio coletivo de natureza econômica, conforme o artigo 114, § 2º, da Constituição Federal, na redação dada pela Emenda Constitucional 45/2004". 3. No caso, a propositura do dissídio coletivo se deu em momento posterior à deflagração da greve, medida extrema que configura exercício de autotutela e que esgota qualquer possibilidade de mútuo acordo para propositura da ação, tornando dispensável a exigência desse requisito como condição para instauração do dissídio coletivo. 4. Não se vislumbra afastamento da regra constante do art. 114, § 2º, da CF, porquanto inaplicável ao caso dos autos. A ausência de juízo de inconstitucionalidade, ostensivo ou oculto, afasta a obrigatoriedade do quórum qualificado previsto no art. 97 da Constituição. Por conseguinte, não há que se falar em ofensa à Súmula Vinculante 10. 5. Agravo interno a que se nega provimento. (Rcl 50386 AgR, Relator(a): ROBERTO BARROSO, Primeira Turma, julgado em 30-05-2022, PROCESSO ELETRÔNICO DJe-121 DIVULG 22-06-2022 PUBLIC 23-06-2022)

---

(26) Fl. 09 do voto.

(27) Fl. 10 do voto.

6. CONCLUSÃO

Nas democracias constitucionais em que se desenvolveu a autonomia negocial coletiva, com a regulação das relações de trabalho predominantemente pela via da negociação coletiva, o Estado, seja o Poder Executivo, seja o Poder Judiciário, não interfere no processo de negociação e na elaboração dessas regras, mesmo quando deflagrada a greve.

No Brasil, ainda que a Constituição Federal aparentemente tenha incorporando o modelo de proteção promocional, com o reconhecimento das convenções coletivas, com a proteção da liberdade sindical e do direito de greve, as principais características da estrutura sindical construída na década de 1940 haviam sido conservadas pelo texto originário: a unicidade sindical, o poder normativo da Justiça do Trabalho como instrumento de intervenção do Poder Judiciário na regulação autônoma das relações de trabalho e a contribuição sindical.

Desde a promulgação da Constituição em 1988 essa moldura do sistema sindical brasileiro foi parcialmente desconstruída. Isso ocorreu por alteração Constitucional (Emenda Constitucional n. 45/2004 com a limitação do poder normativo da Justiça do Trabalho), pela Reforma Trabalhista de 2017 (com o fim da contribuição sindical obrigatória e imunização da interferência judicial nas convenções e acordos coletivos) e pela jurisprudência do STF (ADPF 381 e Tema 1.046 de Repercussão Geral) ao reconhecer a constitucionalidade da Reforma Trabalhista e a validade, mesmo antes da Reforma, das limitações ou afastamento de direitos trabalhistas, independentemente de vantagem compensatória, por meio de acordos e convenções coletivas, preservando apenas os direitos absolutamente indisponíveis.

Contudo, a interferência do Poder Judiciário na autonomia negocial coletiva em caso de greve permanece preservada, não só no caso de atividade essencial (pela literalidade do § 3º do art. 114 da Constituição), mas também, pela jurisprudência, para as demais situações. Ademais, também por interpretação jurisprudencial, a legitimidade para o ajuizamento de dissídio coletivo em caso de greve não se restringe, como consta do texto Constitucional, ao Ministério Público do Trabalho.

Portanto, cotejando-se o conteúdo das alterações da competência da Justiça do Trabalho para apreciar os conflitos em torno do exercício do direito de greve, introduzidas pela Emenda Constitucional n. 45/2004, com a interpretação que prevaleceu na jurisprudência, pode-se afirmar que na prática muito pouco se modificou.

Não houve qualquer ampliação da competência da Justiça do Trabalho. As modificações que restringiram as atribuições da Justiça do Trabalho foram ratificadas, exceto para restabelecer o poder normativo em caso de greve, mesmo fora das previsões introduzidas pela Reforma do Poder Judiciário.

Portanto, as mudanças confirmadas pela jurisprudência foram no sentido de se manter o que já existia.

Ao final, fica a sensação de que se realizou a frase antológica do príncipe de Falconeri na obra O Leopardo de Giuseppe Tomasi di Lampedusa: "*Se queremos que tudo fique como está, é preciso que tudo mude*"[(28)].

(28) LAMPEDUSA, Giuseppe Tomasi di. *O Leopardo*, p. 42.

REFERÊNCIAS

COSTA, Pietro. *Poucos, muitos, todos:* lições de história da democracia. Trad. Luiz Ernani Fritoli. Curitiba: Editora UFPR, 2012.

FREITAS JR., Antônio Rodrigues de. *Direito do trabalho na era do desemprego:* instrumentos jurídicos em políticas públicas de fomento à ocupação. São Paulo: 1999.

LAMPEDUSA, Giuseppe Tomasi di. *O Leopardo.* Trad. Leonardo Codignoto. São Paulo: Nova Cultura, 2002.

POCHMANN, Marcio. *Relações de trabalho e padrões de organização sindical no Brasil.* São Paulo: LTr, julho/2003.

ROPPO, Enzo. *O contrato.* Coimbra: Almedina, 1988.

RÜDIGER, Dorothee Susanne. *O contrato coletivo no direito privado:* contribuições do direito do trabalho para a teoria geral do contrato. São Paulo: LTr, 1999.

STRECK, Lenio Luiz. *Hermenêutica jurídica e(m) crise:* uma exploração hermenêutica da construção do Direito.

VIANNA, Luiz Werneck. *Liberalismo e sindicado no Brasil.* Belo Horizonte: UFMG, 4. ed., 1999.

Controle de convencionalidade e a proteção dos direitos fundamentais e humanos

Augusto César Leite de Carvalho (*)

Resumo: Este artigo trata do controle de convencionalidade a partir da sintaxe estabelecida pela Corte Interamericana de Direitos Humanos e, internamente, pelo Supremo Tribunal Federal entre os tratados internacionais sobre direitos humanos e as normas internas. Para efeito ilustrativo, compara-se como a adoção do princípio da indivisibilidade e seus correlatos da interdependência e da inter-relação entre os direitos humanos tem ocorrido no âmbito das duas mencionadas cortes judiciais, a Corte IDH e o STF.

Abstract: This article deals with the conventionality control from the syntax established by the Inter--American Court of Human Rights and, internally, by the Federal Supreme Court between international treaties on human rights and internal norms. For illustrative purposes, it is compared how the adoption of the principle of indivisibility and its correlates of interdependence and the interrelationship between human rights has occurred within the scope of the two aforementioned courts.

Palavras-chaves: controle de convencionalidade; princípio da indivisibilidade; interdependência; inter-relação; Corte IDH.

Keywords: conventionality control; principle of indivisibility; interdependence; interrelationship; Inter-american Court.

Sumário: 1. Introdução. 2. Controle de convencionalidade como nova sintaxe de validade das normas jurídicas. 2.1. Controle de convencionalidade a partir das convenções da OIT. 2.2. Controle de convencionalidade a partir dos órgãos de controle dos organismos internacionais. 3. A incipiência do diálogo entre os princípios convencionais e as instituições políticas nacionais. 3.1. A questão da responsabilidade dos contratantes nas cadeias de suprimento. 3.2. A questão da regência normativa do trabalho plataformizado. 3.3. A questão da isonomia entre empregados terceirizados e empregados da empresa contratante. 4. Conclusão.

1. INTRODUÇÃO

O direito internacional recebeu um claro sopro de *humanização* quando os vencedores da Segunda Grande Guerra, em vez de escravizarem os povos derrotados como faziam os antigos, resolveram eliminar toda forma de opressão às minorias étnicas ou grupos de pessoas vulnerabilizadas por regimes autocratas, com destaque para o nazifascismo.

Com olhos antes voltados, quase exclusivamente, à promoção da paz entre as nações, a comunidade internacional deu-se então à tarefa de instituir uma ordem jurídica transcendente, fundada na dignidade da pessoa humana. Uma nova ordem

---

(*) Doutor em Direito das Relações Sociais pela Universidad de Castilla la Mancha e Pós-doutor em Direitos Humanos pela Universidad de Salamanca. Ministro do Tribunal Superior do Trabalho.

que a todos os povos se impusesse e estivesse munida, ou fortalecida, por organismos e cortes supranacionais a que os estados nacionais pudessem aderir, submetendo-se a suas deliberações.

Mais de seis décadas após, ao julgar o RE 466343/SP, em 2009, o Supremo Tribunal Federal (STF) superou jurisprudência que atribuía aos tratados internacionais de direitos humanos o status de mera lei ordinária (RE 80.004, em 1977) e consentiu que se situavam eles na categoria, quando menos, de normas supralegais. Alguns anos antes, a Emenda Constitucional n. 45/2004 já havia equiparado os tratados, quando ratificados com o quórum de três quintos das casas congressuais, às emendas constitucionais (conforme atual art. 5º, §3º da Constituição).

Este escrito, que ambiciona integrar-se às efemérides, promovidas pela ANAMATRA, para celebrar os vinte anos de vigência da Emenda Constitucional n. 45/2004, tem o escopo de adensar algumas reflexões sobre a importância dos princípios regentes dos tratados internacionais de direitos humanos e acerca da influência das sentenças proferidas pela Corte Interamericana de Direitos Humanos (Corte IDH), desde quando o Brasil se submeteu à sua jurisdição por meio do Decreto n. 4.463/2002 (com eficácia retroativa às violações ocorridas a partir de 10 dez. 1998).

O objetivo específico há de ser a análise de como a Corte IDH e os órgãos judiciais internos têm exercido o controle de convencionalidade, vale dizer, o exame de conformidade dos atos normativos internos com os tratados e convenções internacionais.

2. CONTROLE DE CONVENCIONALIDADE COMO NOVA SINTAXE DE VALIDADE DAS NORMAS JURÍDICAS

Antes de avançarmos sobre a dimensão pragmática do controle de convencionalidade, ou seja, antes de consultarmos o modo como a experiência de nossos atores jurídicos — magistrados, membros do Ministério Público, advogados, teóricos e pesquisadores do Direito — tem-se revelado afinada, porventura, com a necessidade de harmonizarmos a ordem jurídica nacional com os valores éticos universais, cabe verificar o significado que os órgãos judiciais têm atribuído a esse instituto, o controle de convencionalidade.

E a tal propósito é de se destacar que a Corte IDH, ao julgar o caso Almonacid Arellano e outros *vs.* Chile, em 2006, assentou com firmeza e algum pioneirismo: "o Poder Judiciário deve exercer uma espécie de 'controle de convencionalidade' entre as normas jurídicas internas que aplicam nos casos concretos e a Convenção Americana sobre Direitos Humanos. Nesta tarefa, o Poder Judiciário deve ter em conta não somente o tratado, mas também a interpretação que dele fez a Corte Interamericana, intérprete última da Convenção Americana"[(1)].

Mais recentemente, em 2022, ao julgar questões de direito previdenciário no caso Federação Nacional de Trabalhadores Marítimos e Portuários *vs.* Peru, a Corte IDH voltou a afirmar que "todas as autoridades de um Estado-Parte da Convenção têm a obrigação de exercer o controle de convencionalidade, de modo que a interpretação

(1) Sentença da Corte IDH disponível em: https://corteidh.or.cr/docs/casos/articulos/seriec_154_esp.pdf. O fragmento transcrito corresponde ao parágrafo 124 da sentença.

e aplicação do direito nacional seja compatível com o direito internacional e com as obrigações do Estado em matéria de direitos humanos"[(2)].

Mesmo quando o contraste se apresenta entre a Convenção Americana sobre Direitos Humanos e alguma constituição nacional, a Corte IDH tem enfatizado a necessidade de se proceder ao controle de convencionalidade, a exemplo do que sucedeu ao apreciar, em 2001, o caso "A Última Tentação de Cristo" (Olmedo Busto e outros *vs.* Chile), tendo a Corte IDH relatado com clareza:

> "No presente caso, ao manter a censura cinematográfica no ordenamento jurídico chileno (artigo 19, inciso 12, da Constituição Política e Decreto-Lei número 679), o Estado está descumprindo o dever de adequar seu direito interno à Convenção de modo a fazer efetivos os direitos consagrados na mesma, como estabelecem os artigos 2 e 1.1 da Convenção."

A Corte IDH sentenciou então que o Estado do Chile violou o direito à liberdade de pensamento, ao censurar a exibição em seu território do filme "A Última Tentação de Cristo", e, entre o mais, impôs ao Estado do Chile modificar seu ordenamento jurídico interno — vale dizer, a sua Constituição — em um prazo razoável, com o fim de suprimir a censura prévia para permitir a exibição da citada película, informando à Corte IDH, no prazo de seis meses, as medidas tomadas a respeito[(3)].

Ao decidir o RE 466.343 e o HC 87.585-8, em 2009, o Supremo Tribunal Federal pareceu situar-se em um estágio evolutivo anterior ao enfrentar a questão, sem dúvida árdua, acerca de a prisão civil por dívida, admitida pelo art. 5º, LXVII, da Constituição e pelas leis infraconstitucionais brasileiras, resistir ao controle de convencionalidade. O dilema existia porque o art. 7.7 da Convenção Americana sobre Direitos Humanos prevê que "ninguém deve ser detido por dívidas"[(4)]. Em seu voto-vista, o Ministro Celso de Mello ressaltou:

> "O Juiz, no plano de nossa organização institucional, representa o órgão estatal incumbido de concretizar as liberdades públicas proclamadas pela declaração constitucional de direitos e reconhecidas pelos atos e convenções internacionais fundados no direito das gentes. Assiste, desse modo, ao Magistrado, o dever de atuar como instrumento da Constituição — e garante de sua supremacia — na defesa incondicional e na garantia real das liberdades fundamentais da pessoa humana, conferindo, ainda, efetividade aos direitos fundados em tratados internacionais de que o Brasil seja parte. Essa é a missão socialmente mais importante e politicamente mais sensível que se impõe aos magistrados, em geral, e a esta Suprema Corte, em particular."

---

(2) Sentença da Corte IDH disponível em: https://www.corteidh.or.cr/docs/casos/articulos/seriec_448_esp.pdf. O fragmento transcrito corresponde ao parágrafo 99 da sentença. A Corte IDH faz remissão ainda ao caso Vera Rojas y otros Vs. Chile. Excepciones preliminares, Fondo, Reparaciones y Costas. Sentencia de 1 de octubre de 2021. Serie C No. 439, párr. 138.

(3) Sentença da Corte IDH disponível em: https://corteidh.or.cr/docs/casos/articulos/Seriec_73_esp.pdf. A sua parte dispositiva está em sua página 39.

(4) Em igual sentido, o art. 11 do Pacto Internacional sobre Direitos Civis e Políticos estabelece: "Ninguém poderá ser preso apenas por não poder cumprir com uma obrigação contratual".

O voto-condutor foi da lavra do Ministro Cezar Peluso, tendo o STF fixado, em prestígio ao controle de convencionalidade, a tese, com repercussão geral, de que "é ilícita a prisão civil de depositário infiel, qualquer que seja a modalidade de depósito". O que merece maior registro, para nosso estudo, é o fato de o STF ter evoluído apenas parcimoniosamente para atribuir aos tratados de direitos humanos o grau de norma supralegal, sem lhes conferir, como visto e por muitos aguardado, o grau constitucional ou supraconstitucional.

A relação hierárquica entre os tratados internacionais de direitos humanos e as constituições nacionais sempre foi de trato tormentoso. Voltando ao âmbito internacional, Fuhrmann[5] esclarece que "na Alemanha, a questão do controle de convencionalidade é mais antigo, gestado na própria construção do sistema jurídico europeu, em especial desde a institucionalização do Conselho da Europa, em maio de 1949". O autor cita o caso Görgülü, em que um nacional turco, residente na Alemanha, reivindicava a guarda paterna e o acesso ao seu filho, dado de forma unilateral em adoção pela mãe. Após ser derrotado na última instância interna, Kazim Görgülü provocou o Tribunal Europeu de Direitos Humanos que, a seu turno, afirmou o direito paterno de guarda do seu filho, com esteio no art. 8º da Convenção Europeia de Direitos Humanos. Na sequência, arremata Fuhrmann[6]:

> "Avulta em significância a decisão do Tribunal Constitucional Federal alemão no contexto do caso Görgülü, no sentido de que os tribunais da Alemanha estão estritamente vinculados às decisões da Corte Europeia de Direitos Humanos, da mesma forma e intensidade que ao direito e à legislação alemã em vigor".

Sob a jurisdição da Corte IDH não haveria de ser diferente. À semelhança de como se expressara ao decidir o caso Furlan e familiares *vs.* Argentina, também ao julgar o caso Gomes Lund e outros ("Guerrilha do Araguaia") *vs.* Brasil a Corte Interamericana de Direitos Humanos fora enfática ao assentar que o controle de convencionalidade deve inclusive ser exercido *ex officio*:

> "Este Tribunal estabeleceu em sua jurisprudência que é consciente de que as autoridades internas estão sujeitas ao império da lei e, por esse motivo, estão obrigadas a aplicar as disposições vigentes no ordenamento jurídico. No entanto, quando um Estado é Parte de um tratado internacional, como a Convenção Americana, todos os seus órgãos, inclusive seus juízes, também estão submetidos àquele, o que os obriga a zelar para que os efeitos das disposições da Convenção não se vejam enfraquecidos pela aplicação de normas contrárias a seu objeto e finalidade, e que desde o início carecem de efeitos jurídicos. O Poder Judiciário, nesse sentido, está internacionalmente obrigado a exercer um 'controle de convencionalidade' *ex officio* entre as normas internas e a Convenção Americana, evidentemente no marco de suas respectivas competências e das regulamentações processuais correspondentes. Nessa tarefa, o Poder Judiciário deve levar em conta não somente o tratado, mas também

---

(5) FUHRMANN, Italo Roberto. "O controle de convencionalidade no direito europeu e alemão". Sítio virtual CONJUR Consultor Jurídico, em 25/abr/2024. Disponível em: https://www.conjur.com.br/2024-abr-25/o-controle-de-convencionalidade-no-direito-europeu-e-alemao/#_ftn12. Acesso em: 4 jul. 2024.

(6) *Ibidem.*

a interpretação que a ele conferiu a Corte Interamericana, intérprete última da Convenção Americana".

Em aparente sintonia, o Conselho Nacional de Justiça, em janeiro de 2022, recomendou, aos magistrados e magistradas brasileiros, "a observância dos tratados e convenções internacionais de direitos humanos em vigor no Brasil e a utilização da jurisprudência da Corte Interamericana de Direitos Humanos (Corte IDH), bem como a necessidade de controle de convencionalidade das leis interna".

Mas é justo realçar que o controle de convencionalidade realizado *ex officio* pelos juízes nacionais ganha ainda maior importância ante o aspecto de a jurisdição da Corte Interamericana, a exemplo do que se dá com a Corte Europeia[(7)], ser subsidiária. O art. 46.1.a da CADH exige, para que uma petição ou comunicação seja admitida pela Comissão Interamericana (vale dizer, para que esta analise se é o caso de submetê-la à Corte IDH), "que hajam sido interpostos e esgotados os recursos da jurisdição interna, de acordo com os princípios de direito internacional geralmente reconhecidos"[(8)].

2.1. CONTROLE DE CONVENCIONALIDADE A PARTIR DAS CONVENÇÕES DA OIT

Um relevante traço distintivo do controle de convencionalidade que se exerce nos domínios do direito do trabalho é que devemos atentar, com ênfase, para o conteúdo das convenções da Organização Internacional do Trabalho ratificadas pelo Brasil[(9)] ou, independentemente de ratificação, pelas dez convenções da OIT tidas por fundamentais.

As convenções fundamentais da OIT são normas internacionais *erga omnes* que preveem princípios cuja observância obrigatória pelos estados-membros prescinde de ratificação, princípios esses que remetem, em verdade, a compromisso firmado em 1998 por todos os Países-membros da OIT, inclusive o Brasil, de "respeitar, promover e realizar, de boa-fé" os princípios relativos aos direitos fundamentais no trabalho.

Conforme se extrai da Declaração da OIT sobre os Princípios e Direitos Fundamentais no Trabalho[(10)], de 1998, os princípios fundamentais inicialmente consagrados foram "a liberdade de associação e o reconhecimento efetivo do direito de negociação coletiva", "a eliminação de todas as formas de trabalho forçado ou obrigatório", "a abolição efetiva do trabalho infantil" e "a eliminação da discriminação em matéria de

---

(7) Também o art. 35º.1 da Convenção Europeia de Direitos Humanos somente permite que queixa ou denúncia seja apresentada ao Tribunal Europeu de Direitos Humanos após esgotadas as instâncias internas.

(8) Sobre o tema: CARVALHO, Augusto César Leite de; CARVALHO NETO, Theobaldo Eloy de. "Do Acesso ao Sistema Interamericano de Direitos Humanos à Força Precedencial das Sentenças da Corte IDH". *In:* Augusto César Leite de Carvalho; Any Ávila Assunção. (Org.). *Precedentes da Corte Interamericana de Direitos Humanos*: resgate da primazia concorrente dos direitos sociais em perspectiva ética emancipatória. 1ed. Brasília: Editora Venturoli, 2023, v. 1, p. 23-34. Também e com destaque: MAZZUOLI, Valerio; AZEVEDO NETO, Platon Teixeira de. "Noções básicas para a compreensão do controle de convencionalidade em matéria trabalhista". *In: Controle de convencionalidade no direito do trabalho brasileiro*. MAZZUOLI, Valerio; AZEVEDO NETO, Platon Teixeira de (org.). Brasília: Editora Venturoli, 2024.

(9) Sobre o tema: ARAÚJO NETO, Geraldo Furtado de. "*A interpretação da OIT como parâmetro no controle de convencionalidade trabalhista*". MAZZUOLI, Valerio; AZEVEDO NETO, Platon Teixeira de (org.). Brasília: Editora Venturoli, 2024.

(10) Disponível em: chrome-extension://efaidnbmnnnibpcajpcglclefindmkaj/https://www.ilo.org/wcmsp5/groups/public/---americas/---ro-lima/---ilo-brasilia/documents/genericdocument/wcms_336958.pdf. Acesso em: 13 ago. 2022. O tema também é versado na página oficial da OIT em Portugal: http://www.ilo.org/public/portugue/region/eurpro/lisbon/html/portugal_visita_guiada_03b_pt.htm.

emprego e de ocupação". Em 10 de junho de 2022, a 110ª Conferência Internacional do Trabalho aprovou resolução em que se inclui mais um princípio entre os fundamentais: "um ambiente de trabalho seguro e saudável"[(11)].

Em nossos dias, as convenções fundamentais da OIT — ou seja, as dez convenções da OIT que consagram os cinco princípios fundamentais — são:

- Convenção n. 29, sobre o Trabalho Forçado ou Obrigatório, 1930 [Protocolo de 2014 à Convenção (n. 29) sobre o Trabalho Forçado ou Obrigatório, 1930]
- Convenção n. 87, sobre a Liberdade Sindical e a Proteção do Direito Sindical, 1948
- Convenção n. 98, sobre o Direito de Organização e Negociação Coletiva, 1949
- Convenção n. 100, sobre a Igualdade de Remuneração, 1951
- Convenção n. 105, sobre a Abolição do Trabalho Forçado, 1957
- Convenção n. 111, sobre a Discriminação (Emprego e Profissão), 1958
- Convenção n. 138, sobre a Idade Mínima para Admissão, 1973
- Convenção n. 182, sobre as Piores Formas de Trabalho das Crianças, 1999
- Convenção n. 155, sobre a Segurança e a Saúde dos Trabalhadores, 1981
- Convenção n. 187, sobre o Quadro Promocional para a Segurança e Saúde Ocupacional, 2006

O que mais importa, segundo a Declaração da OIT sobre os Princípios e Direitos Fundamentais no Trabalho, é "que todos os Membros, ainda que não tenham ratificado as convenções aludidas, têm um compromisso derivado do fato de pertencer à Organização de respeitar, promover e tornar realidade, de boa fé e de conformidade com a Constituição, os princípios relativos aos direitos fundamentais que são objeto dessas convenções".

Das dez citadas convenções fundamentais da OIT o Brasil não ratificou a Convenção n. 87, que consagra a liberdade sindical sem as amarras previstas no art. 8º da Constituição brasileira, e a Convenção n. 187, que instituiu o Quadro Promocional para a Segurança e Saúde Ocupacional e foi submetida em maio de 2023 ao Congresso Nacional pela Presidência da República, para a esperada ratificação[(12)].

2.2. CONTROLE DE CONVENCIONALIDADE A PARTIR DOS ÓRGÃOS DE CONTROLE DOS ORGANISMOS INTERNACIONAIS

Forte influência na interpretação do direito internacional dos direitos humanos dá-se, enfim, com a atuação dos órgãos de controle ou monitoramento da Organização das Nações Unidas, da Organização Internacional do Trabalho e da Organização dos Estados Americanos. São "comitês" formados por expertos e, como explica Piovesan, "são órgãos políticos ou 'quase judiciais' que, todavia, não apresentam caráter jurisdicional, isto é, suas decisões possuem natureza recomendatória e não jurídico-sancionatória,

---

(11) Conforme notícia na página da OIT no Brasil. Disponível em: https://www.ilo.org/brasilia/noticias/WCMS_848148/lang--pt/index.htm. Acesso em: 13 ago. 2022.

(12) Notícia do Governo Federal disponível em: https://www.gov.br/planalto/pt-br/acompanhe-o-planalto/noticias/2023/04/presidente-envia-ao-congresso-nacional-duas-convencoes-da-oit.

de modo que se aplicam ao Estado violador sanções de caráter moral e político, mas não jurídico, no enfoque estrito"[13].

Quando o tratado vem aparelhado por um comitê formado por expertos que monitoram o seu efetivo cumprimento pelos estados-partes, há nesse tratado uma cláusula que se costuma denominar "protocolo facultativo" e que pode ou não ser ratificada na ocasião em que o país ratifica o tratado correspondente. O Brasil tem ratificado importantes protocolos facultativos[14].

Daremos ênfase, porém, e em seguida, às sentenças da Corte IDH e aos acórdãos do STF, por entendermos que o estudo sobre o controle de convencionalidade ganha foros de ainda maior importância quando cuidamos de decisões com força vinculante.

3. A INCIPIÊNCIA DO DIÁLOGO ENTRE OS PRINCÍPIOS CONVENCIONAIS E AS INSTITUIÇÕES POLÍTICAS NACIONAIS

Dos princípios regentes dos direitos humanos, pretendemos destacar o da indivisibilidade, que se correlaciona com a interdependência e inter-relação entre todas as gerações ou dimensões dos direitos humanos e fundamentais.

Conforme sustentamos em outro escrito[15], a simples categorização dos direitos humanos e fundamentais em gerações, ou mesmo em dimensões, permite, não raro, que liberdades associadas a direitos civis e políticos sejam dissociadas, em elucubrações doutrinárias ou decisões judiciais, das condições materiais — consubstanciadas em direitos econômicos, sociais, culturais e ambientais — que possibilitariam aos atores sociais, em relações jurídicas que envolvem entes desiguais, o proveito de deliberarem livremente sobre os seus destinos. São doutrinas e sentenças que tratam a liberdade como um departamento autônomo, cujo exercício independeria, estranhamente, de qualquer condição econômica ou existencial.

É relevante valorizar as incursões jurisprudenciais que ponderam a necessidade de equilibrar os direitos de liberdade e os direitos sociais à hora de decidir sobre situações concretas que demandam atenção a ambas as categorias de direitos humanos e fundamentais. Ao votar no julgamento da ADC 48-DF, em que se debatia a constitucionalidade do art. 5º da Lei n. 11.442/2007[16], contrariando voto (que se sagraria vencedor) baseado no princípio da livre iniciativa, a Ministra Rosa Weber observou:

---

(13) PIOVESAN, Flavia. *Direitos Humanos e Justiça Internacional:* um estudo comparativo dos sistemas regionais europeu, interamericano e africano. São Paulo: Saraiva, 2015. Livro eletrônico, paginação irregular.

(14) Exemplos de protocolos facultativos relevantes ratificados pelo Brasil: o que corresponde ao Comitê para a Eliminação de Todas as Formas de Discriminação Racial, por ocasião em que ratificou a Convenção Internacional sobre esse tema, em 1969: o que corresponde ao Comitê contra a Tortura e Outros Tratamentos Cruéis, Desumanos e Degradantes, na ocasião em ratificou a Convenção sobre o tema, em 1989; o do Comitê sobre os Direitos das Crianças, ratificado juntamente com a ratificação da Convenção sobre os Direitos das Crianças, em 1990; o do Comitê para Eliminação de Todas as Formas de Discriminação contra a Mulher, quando ratificou em 1995 a Convenção Interamericana para Prevenir, Punir e Erradicar a Violência contra a Mulher; o da Convenção Internacional sobre os Direitos das Pessoas com Deficiência, ratificada em 2009; o da Convenção Interamericana contra o Racismo, a Discriminação Racial e Formas Correlatas de Intolerância, ratificada em 2022.

(15) CARVALHO, Augusto César Leite de. "Indivisibilidade e progressividade dos direitos humanos sob a perspectiva da Corte IDH". In: Augusto César Leite de Carvalho; Any Ávila Assunção. (Org.). *Precedentes da Corte Interamericana de Direitos Humanos:* resgate da primazia concorrente dos direitos sociais em perspectiva ética emancipatória. 1ed. Brasília: Editora Venturoli, 2023, v. 1, p. 99-116.

(16) Art. 5º da Lei n. 11.442/2007 — As relações decorrentes do contrato de transporte de cargas de que trata o art. 4º desta Lei são sempre de natureza comercial, não ensejando, em nenhuma hipótese, a caracterização de vínculo de emprego.

"[...] em verdade, os princípios constitucionais da livre iniciativa e da livre concorrência não são valores em si mesmos. Ao contrário, na complexa realidade cotidiana de sua mutualidade, a necessária equiponderância entre o exercício da liberdade econômica e o valor social do trabalho à luz dos art. 1º, IV e 170, da Constituição Federal como valor máximo do Estado Democrático para o desenvolvimento da ordem econômica e financeira representa chave hermenêutica para a concretização da dignidade do trabalhador. O exercício legítimo da liberdade condiciona-se ao enobrecimento da força de trabalho [...]"

A Declaração de Viena e Programa de Ação (ONU 1993), a mesma que consolidou, a propósito dos direitos humanos, que "a natureza universal desses direitos e liberdades é inquestionável", avançou para também assinalar que "todos os direitos do homem" são "indivisíveis, interdependentes e inter-relacionados. A comunidade internacional tem de considerar globalmente os direitos do homem, de forma justa e equitativa e com igual ênfase".

Também a Corte Interamericana de Direitos Humanos, ao decidir o caso Lagos del Campo e outros *vs.* Peru, mostrou-se atenta ao princípio da indivisibilidade. Nesse emblemático julgamento, em que se contrapunham a liberdade de a empresa dispensar empregado que denunciara sua tentativa de intrometer-se em eleição de representante de trabalhadores em órgão interno e, de outro lado, a liberdade de expressão do trabalhador denunciante e seu direito a estabilizar-se no emprego, a Corte IDH foi incisiva:

"Esta Corte reafirmou a interdependência e a indivisibilidade existente entre os direitos civis e políticos, e os econômicos, sociais e culturais, uma vez que devem ser entendidos integralmente e de forma conjunta como direitos humanos, sem hierarquia entre si e exigíveis em todos os casos perante aquelas autoridades com competência para tanto"(17).

Por que seriam indivisíveis os direitos humanos? Porque indivisível, ensina-nos Cançado Trindade(18), "é o próprio ser humano, titular desses direitos. Em época, como a presente, em que os Estados, autocomplacentes, tendem a descuidar da prevalência dos direitos econômicos, sociais e culturais, importa se afirmem e contraiam novos compromissos nessa área, em benefício dos direitos humanos".

---

(17) Sentença disponível em: https://corteidh.or.cr/docs/casos/articulos/seriec_340_esp.pdf. O fragmento de interesse está no parágrafo 141 da sentença. A Corte cita, como precedente, o caso Acevedo Buendía e outros *vs* Peru e outros precedentes dela e do Tribunal Europeu de Direitos Humanos. No caso Airey Vs. Irlanda, o Tribunal Europeu assinalou: "[s]i bien el Convenio recoge derechos esencialmente civiles y políticos, gran parte de ellos tienen implicaciones de naturaleza económica y social. Por eso, el Tribunal estima, como lo hace la Comisión, que el hecho de que una interpretación del Convenio pueda extenderse a la esfera de los derechos sociales y económicos no es factor decisivo en contra de dicha interpretación, ya que no existe una separación tajante entre esa esfera y el campo cubierto por el Convenio" (sentença do TEDH disponível em: https://hudoc.echr.coe.int/eng#{%22languageisocode%22:[%22SPA%22],%22appno%22:[%226289/73%22],%22documentcollectionid2%22:[%22CHAMBER%22],%22itemid%22:[%22001-165157%22]}.

(18) *Apud* RAMOS, André de Carvalho. *Teoria Geral dos Direitos Humanos na Ordem Internacional*. São Paulo: Saraiva, 2013. Livro eletrônico, paginação irregular. Parte II, capítulo 11, nota de rodapé n. 18.

Ao tratar da indivisibilidade dos direitos humanos no 21º CONAMAT — Congresso Nacional dos Magistrados da Justiça do Trabalho[19], ao início de maio de 2024, lembrei parábola contada por Amartya Sen[20] acerca da Floresta de Sunderban, na Índia, onde estão protegidos os tigres de bengala e de onde também se extrai mel de excelente qualidade. A cada ano, ao menos cinquenta homens, coletores de mel, são mortos pelos tigres e há, nesse contexto, quem suponha estarmos apenas a tratar de direitos de liberdade: a liberdade de trabalho *versus* liberdade política de regular o ambiente da floresta, quiçá a liberdade dos tigres.

Entretanto, se estaríamos a cuidar de liberdade formal ou mesmo de liberdades políticas, Sen questiona, com fina ironia, se "o *habeas-corpus* pode não parecer um conceito comunicável nesse contexto". Em verdade, a solução do problema relacionado ao "labor-suicida" dos coletores de mel não reclama a atuação de instrumentos jurídico-processuais que servem às liberdades. Não reclama *habeas-corpus*.

Para além de influir o propósito de sustentabilidade ambiental, é evidente que o conflito entre legítimos interesses, trazidos à nossa consideração por Sen, remete-nos substancialmente a uma questão atinente aos direitos sociais, pois é a existência e sobrevivência digna dos coletores de mel o problema a solucionar.

Ao versarmos sobre o tema da indivisibilidade no CONAMAT, trouxemos a debate acadêmico três episódios recentes de nossa jurisprudência constitucional que, ao nosso sentir, conflitam com a primazia dos princípios da indivisibilidade, interdependência ou inter-relação dos direitos humanos e, a ver, conspirariam em favor de petição de princípio que inverteria o silogismo jurídico, como a perscrutar qual a premissa a ser adotada para o resultado preconcebido: o primado absoluto das liberdades.

3.1. A QUESTÃO DA RESPONSABILIDADE DOS CONTRATANTES NAS CADEIAS DE SUPRIMENTO

Em todo o Ocidente, onde espasmos de liberalismo convivem com um projeto sempre inacabado de democracia social, o dever de diligência — ou *due diligence* — dos Estados que são parte em tratados internacionais tem sido invocado para gerar responsabilidade das empresas tomadoras de serviços em relação a toda a cadeia de valor que precede a atuação extrativa, agrária, fabril ou mesmo comercial dessas empresas.

Se é fato que os Estados nacionais têm sido condenados pelas cortes regionais (Corte IDH, TEDH, CADHP) por faltarem à devida diligência — vale dizer, à obrigação de respeitar, garantir e promover os direitos humanos, obrigação essa cujo descumprimento é indispensável para que tais cortes condenem os estados-partes — há a ingente necessidade de instituir mecanismos internos que evitem, ou ao menos aliviem, essa responsabilidade internacional (que recai apenas sobre os Estados, não incidindo sobre pessoas naturais ou jurídicas).

Na União Europeia, o Regulamento 2017/821, em vigor desde janeiro/2021, impõe obrigações a todas as empresas que, atuando em etapa intermediária ou final de produção de equipamentos de informática, aproveitem-se da importação de materiais provenientes de zonas de conflito, ou seja, de estanho, tântalo, tungstênio ou ouro minerados em regiões onde há denúncia de trabalho infantil e de pessoas escravizadas, como a região africana no entorno da República do Congo.

---

(19) A conferência "Direitos Humanos e a Autoridade das Sentenças da Corte Interamericana" está disponível em: https://www.youtube.com/watch?v=UeDF5p3hdVw

(20) SEN, Amartya. *Desenvolvimento como Liberdade.* Tradução de Laura Teixeira Motta. São Paulo: Companhia das Letras, 2000. Livro eletrônico, paginação irregular.

Em complemento, ainda na União Europeia, em abril de 2024, o Parlamento Europeu aprovou a nova Diretiva de "devida diligência", acordada com o Conselho Europeu e bem mais ampla, a exigir agora que as empresas e os seus parceiros, incluindo todos os entes voltados ao fornecimento, à produção e à distribuição, previnam, mitiguem ou eliminem o seu impacto adverso sobre direitos humanos e meio ambiente. Esse impacto pode relacionar-se a escravatura, a trabalho infantil, a exploração laboral, a perda de biodiversidade, a poluição ou a destruição do património natural(21).

Nos EUA, em 2010, aprovou-se lei exigindo que as empresas indiquem seus fornecedores (se seus produtos contêm um ou mais minerais provenientes do Congo ou de um de seus nove países vizinhos), impondo-lhes uma série de protocolos. Sítio virtual especializado em tecnologia informa que só em 2020 a empresa de tecnologia Apple rompeu com 36 fornecedores porque não aprovou os seus relatórios sobre atividades de extração(22).

Nos dois lados do Atlântico, há a preocupação de desenvolver políticas legislativas que responsabilizem as instituições privadas por todas as etapas de sua produção, haja vista a ampla horizontalização das cadeias de suprimento, com vários degraus na intermediação do trabalho, como é característico dos dias atuais. A liberdade de empresa não se descola, nesse contexto normativo, da promoção dos direitos econômicos, sociais, culturais e ambientais — sob as lentes, portanto, do princípio da indivisibilidade dos direitos humanos.

No Brasil, é fato que uma grande rede varejista foi condenada, em um primeiro momento, na ACP 0000108-81.2012.5.02.0081, por ser a empresa que cedia sua marca a roupas confeccionadas com a exploração de trabalhadores em condição análoga à de escravo.

Sucedeu, contudo, de o Supremo Tribunal Federal cassar liminarmente tal decisão, entre outras razões, porque "da leitura da decisão reclamada, observa-se que foi firmado contrato de fornecimento de produtos (contrato de facção) celebrado entre a empresa varejista e a indústria de confecção, de forma que o simples fato de ser aposta a sua marca nas peças confeccionadas pelos fornecedores não implica, necessariamente, em sua inserção na cadeia produtiva da confecção têxtil".

Em mencionada decisão monocrática, atualmente submetida a reexame via agravo interno, o STF ressaltou "que o recebimento dos valores devidos pela prestação do serviço ocorria por intermédio de pessoa jurídica", arrematando "ser lícita a terceirização por *pejotização*"(23).

3.2. *A QUESTÃO DA REGÊNCIA NORMATIVA DO TRABALHO PLATAFORMIZADO*

Antes de as contendas judiciais envolvendo motoristas ou entregadores e plataformas digitais congestionarem as pautas do Poder Judiciário brasileiro, o Tribunal de Justiça da União Europeia, na sentença C-434, decidiu que a UberPop não realizava serviço de mera intermediação tecnológica, mas sim serviço de transporte, ou seja, trabalho humano (ao menos enquanto não sobrevêm, em definitivo, os veículos autônomos).

(21) Disponível em: https://www.europarl.europa.eu/news/en/press-room/20240419IPR20585/due-diligence-meps-adopt-rules-for-firms-on-human-rights-and-environment. A Diretiva foi aprovada por ampla maioria (374 x 235, com 19 abstenções).

(22) Notícia disponível em: https://blog.trocafone.com/do-que-e-feito-o-celular/

(23) Decisão monocrática do MLRB disponível em: https://portal.stf.jus.br/processos/downloadPeca.asp?id=15359367121&ext=.pdf

Ocorreu então de as cortes judiciais de vários países serem provocadas acerca de a sujeição de motoristas e entregadores ao comando inumano, forjado por algoritmos manietados por inteligência artificial, ser suficiente para afastar a regência de trabalhadores igualmente vulnerabilizados, que prestam labor oneroso, pessoal e não eventual, mas dirigidos pela inteligência humana.

Conforme anotei em outro escrito[(24)], pesquisa jurisprudencial desenvolvida, no direito comparado, pela professora Teresa Coelho Moreira[(25)], da Universidade de Minho (Portugal), apontou vários países nos quais a polêmica sobre a natureza do vínculo repercutiu inicialmente em decisões judiciais antagônicas, mas se pacificou, após longa cizânia jurisprudencial, quando reconhecida a existência de emprego pela *Ontario Labour Relations Board*, no Canadá, em 25 fev. 2020[(26)]; pela Corte de Cassação da França em 28 nov. 2018 (quanto a entregadores da *Take Eat Easy*) e em 4/mar/2020 (quanto a motoristas da Uber); pela Corte de Cassação da Itália em 24 jan. 2020; pela Corte de Apelações do Estado de Nova Iorque em 26/mar/2020[(27)] e pela Corte Distrital Norte da Califórnia em 11 mar. 2015[(28)].

A mesma pesquisa indica que a Suprema Corte do Reino Unido, em 13 jun. 2018, considerou a subordinação algorítmica no caso *Pimlico Plimbers Ltd & Amor vs. Smith*, embora assim decidisse para o efeito de qualificar o trabalhador como *worker*, estágio intermediário entre *employees* e *independent contractors*.

Há lei na Espanha (RDL 9/2021) e em Portugal (Lei 13/2023) estabelecendo a presunção de que há emprego no trabalho plataformizado. Em âmbito bem mais amplo, cabe indicar que na mencionada sessão do Parlamento Europeu em que aprovada a Diretiva da devida diligência, há pouco referida, aprovou-se também Diretiva para promover "a melhoria das condições de trabalho nas plataformas digitais" e "combater o falso trabalho por conta própria no trabalho em plataformas digitais" (*considerando* 26), fixando-se no art. 5º da nova Diretiva:

> "A relação contratual entre uma plataforma de trabalho digital e uma pessoa que trabalha através dessa plataforma é legalmente presumida como uma relação de trabalho quando se verificarem factos que indiquem o controlo e a direção, de acordo com o direito nacional, as convenções coletivas ou as práticas em vigor nos Estados-Membros e tendo em conta a jurisprudência do Tribunal de Justiça. Se a plataforma de trabalho digital pretender refutar a presunção legal, cabe à plataforma de trabalho digital provar que a relação contratual em causa não constitui uma relação de trabalho, tal como definida pela legislação, por convenções coletivas ou pelas práticas em vigor nos Estados-Membros, tendo em conta a jurisprudência do Tribunal de Justiça"[(29)].

---

(24) CARVALHO, Augusto César Leite de. *Direito do trabalho: curso e discurso*. Brasília: Editora Venturoli, 2024, *passim*.

(25) MOREIRA, Teresa Coelho. *Direito do Trabalho na Era Digital*. Coimbra: Almedina, 2023, 2. ed., *passim*.

(26) Caso *Canadian Union of Postal Workers, Applicant vs. Foodora Inc. d.b.a. Foodora, Responding Party*

(27) Caso *Postmates, Inc.*

(28) Caso *O'Connor vs. Uber Technologies, Inc.* O julgamento fez a Califórnia editar lei que obrigava as empresas Uber e Lyft a contratar seus motoristas como empregados, estando a posterior revogação de tal lei sob apreciação judicial.

(29) Disponível em: https://www.europarl.europa.eu/doceo/document/TA-9-2024-0330_PT.html. Acesso em: 24 jun. 2024.

Nos Estados Unidos, a Secretária do Trabalho do Governo dos Estados Unidos anunciou, em janeiro de 2024, nova diretriz a prevalecer em citado país, a partir de 11 de março desse mesmo ano, segundo a qual os trabalhadores que prestam serviço de transporte ou entrega mediante aplicações tecnológicas poderão ser classificados não mais como trabalhadores autônomos (*independent contractors*) e sim como empregados (*employees*), regidos pela lei que regula a relação de emprego nos EUA (a *Fair Labor Standards Act*), a depender de estarem presentes alguns elementos factuais característicos do emprego, com ênfase para o grau de controle da companhia sobre as condições de trabalho e, noutra perspectiva, a real intensidade com que a plataforma proporciona o empreendimento individual (*entrepreneurial opportunity*)[(30)].

Em igual direção, o Tribunal de Apelações do Trabalho do Uruguai, em junho de 2024, manteve decisão de primeira instância que condenara a empresa Uber a registrar o autor da ação como "trabalhador vinculado", perante o órgão uruguaio de previdência social (BPS), e a contratar seguro contra acidentes de trabalho e doenças ocupacionais, bem como regularizar toda a documentação trabalhista relacionada ao motorista e pagar as diferenças salariais por ele solicitadas (AFP, 2024)[(31)].

A professora Teresa Coelho Moreira[(32)] aponta, todavia, países — como África do Sul, Austrália e Brasil — nos quais a jurisprudência ainda oscila quanto à possibilidade de reconhecimento de vínculo de emprego no âmbito das plataformas digitais. A prevalecer o primado da indivisibilidade e inter-relação dos direitos humanos, esses países, da periferia do capitalismo liberal, haveriam de espelhar-se naqueles que dominam os fluxos econômicos e estar atentos ao aspecto de o tema não se associar apenas às liberdades, ou à liberdade de empresa em particular, mas também à grave questão social que aflige motoristas e sobretudo entregadores submetidos ao comando algoritmo das plataformas digitais.

Foi o que se percebeu, no Brasil, em acórdão regional do Tribunal Regional do Trabalho da 3ª Região, da relatoria da Desembargadora Adriana de Goulart Orsini, no qual se identificou, com a necessária minudência, a presença dos elementos do art. 3º da CLT (entre um motorista e a plataforma digital Cabify). A decisão se revelou atenta ao princípio da primazia da realidade, em linha com o art. 9º da CLT e com o art. 167 do Código Civil, este a prescrever que "é nulo o negócio jurídico simulado, mas subsistirá o que se dissimulou, se válido for na substância e na forma".

O acórdão do TRT da 3ª Região guarda ainda consonância com o art. 8º da CLT, que nos obriga a colmatar lacunas com base no que se costuma decidir no âmbito do direito comparado. É que a muito recente Diretiva da União Europeia, há pouco citada, anuncia com absoluta pertinência:

> "o princípio do primado dos factos, segundo o qual a determinação da existência de uma relação de trabalho se deverá basear principalmente nos factos

---

(30) Notícia disponível em: https://www.washingtonpost.com/business/2024/01/09/gig-workers-new-labor-rules-independent-contractors/71b84dce-aede-11ee-9a32-5c9e6aa28b3b_story.html. Também disponível em: https://fortune.com/2024/01/09/biden-labor-department-rule-independent-contractors-gig-economy-uber-lyft-doordash/ ; e em: https://55content.com.br/politica/eua-fixa-criterios-para-definir-se-motorista-e-ou-nao-empregado-de-app/ . Em outra matéria, o *Economic Policy Institute* explica o custo que a classificação incorreta de trabalhadores gera nos EUA: https://www.epi.org/publication/cost-of-misclassification/. Acesso a todas essas matérias jornalísticas em: 13 jan. 2024.

(31) Notícia disponível em: https://www.cartacapital.com.br/mundo/justica-do-uruguai-obriga-uber-a-reconhecer-vinculo-trabalhista-com-motorista/. Acesso em: 24 jun. 2024.

(32) *Op. cit.*

relacionados com a execução efetiva do trabalho, incluindo a sua remuneração, e não na descrição da relação de trabalho pelas partes, em conformidade com a Recomendação n. 198 da OIT sobre a Relação de Trabalho (2006), é particularmente pertinente para o trabalho nas plataformas digitais, em que as condições contratuais são frequentemente determinadas unilateralmente por uma das partes".

Tal decisão do TRT da 3ª Região foi, porém e em seguida, cassada pelo Supremo Tribunal Federal, o qual desde logo julgou improcedente a ação trabalhista e determinou que fosse "oficiado o CNJ com o levantamento das reiteradas decisões de descumprimento do que tem decidido esta Corte na ADC 48, na ADPF 324, no RE 958.252 (Tema 725-RG), na ADI 5.835 MC e no RE 688.223"

A remissão à ADC 48, à ADPF 324, ao RE 958.252, à ADI 5.835 e ao RE 688.223 tem um significado transcendente, pois revelariam que, não se tendo decidido em qualquer desses precedentes sobre a natureza do vínculo de trabalho quando há gerenciamento algorítmico (decidiu-se, essencialmente, sobre *terceirização* e *pejotização*), pode estar a corte a enunciar, com a autoridade de quem dá a última palavra em interpretação do texto constitucional, que a liberdade de iniciativa no Brasil está protegida a ponto de o conteúdo formal dos contratos, quando simulam relações jurídicas de outra natureza, dever preponderar.

Como reforço a essa elucubração acadêmica, sempre respeitosa, nota-se que a Justiça do Trabalho tem, a partir de quando o STF debruçou-se sobre os temas decididos nos referidos precedentes vinculantes do STF, validado, *exempli gratia*, a terceirização em todas as etapas de produção ou comércio, sem notícia de maior oscilação na observância da tese estabelecida pelo STF. Também em reforço, repara-se, no plano lógico, o mais significativo: em todos os citados países nos quais vigora hoje a presunção de emprego para o trabalho por aplicativos tecnológicos também vigora, pacificamente e há muito mais tempo, a licitude da terceirização da atividade-fim. Em nenhum deles se associou um tema ao outro.

Mas o STF, ou parte dele significativa, entendeu que haveria correlação (aparentemente mais: aderência estrita!) entre os temas adrede decididos e, afinal, que os juízes em cujas decisões havia reconhecimento de emprego estavam descumprindo a interpretação constitucional por meio da qual se afirmara a licitude da *terceirização* ou da *pejotização*. Como em tudo há de se buscar o sinal de coerência e os doutos integrantes do STF são reconhecidamente providos de invulgar inteligência e alta capacidade cognitiva, parece evidenciar-se que o fundamento comum, aqui e lá, seria então a absoluta liberdade de ação empresarial, indiferente inclusive ao que sucede no mundo dos fatos.

Ademais do aspecto disruptivo de se compreender que há, no plano constitucional do diálogo entre as fontes jurídicas, uma inesperada supremacia da liberdade de atribuir conteúdo formal diverso aos contratos em detrimento de estarem presentes, de fato, os requisitos necessários à configuração do emprego, há ainda um ingrediente de análise econômica do direito (AED) que estaria a merecer alguma ponderação.

É que a Fundação Getúlio Vargas, por solicitação da seccional paulista da Ordem dos Advogados do Brasil, realizou estudo sobre o impacto da *pejotização* na arrecadação tributária. Após minuciosa investigação científica de dados e suas projeções, a FGV, em Nota Técnica[33], anunciou:

> "[...] se supusermos que, dado o avanço da pejotização e com o passar dos anos, 50% da força de trabalho com carteira assinada passe a atuar como conta própria formal, isso é, seja pejotizada, a perda arrecadatória seria da ordem de 382 bilhões de reais por ano. Esta redução corresponde a 16,6% da arrecadação federal de 2023".

A FGV sentencia em conclusão:

> "Assim, ressaltamos que a perda de receita decorrente da pejotização causa impacto relevante nas contas públicas. É um importante aspecto a considerar quando são analisados os efeitos da flexibilização ampla pretendida para o mercado de trabalho na direção de possibilitar situações de violação à legislação trabalhista."

Talvez a defesa da liberdade de iniciativa, como valor ético prioritário, adote, em um futuro próximo, essas variáveis de eficiência econômica ao dar lances finais à imunização de plataformas digitais, especialmente daquelas que contratam trabalhadores nos moldes do art. 3º da CLT. O reconhecimento da natureza empregatícia seria então inevitável, embora a lamentar-se que esse desiderato se tenha alcançado pela influência "colonizadora" da Economia, não por maior desvelo a valores éticos fundamentais que insistem em emprestar fundamento a dogmas do Direito.

Mesmo se desconsiderada a influência do princípio da indivisibilidade dos direitos humanos, emprestar-se-á assim algum sentido ao art. 20 da Lei de Introdução às Normas do Direito Brasileiro: "nas esferas administrativa, controladora e judicial, não se decidirá com base em valores jurídicos abstratos sem que sejam consideradas as *consequências práticas* da decisão".

E somente assim se atribuirá efetividade, por via reflexa, à configuração dos direitos sociais como direitos humanos e fundamentais, inter-relacionados e interdependentes com as liberdades que para todos se quer assegurar.

3.3. A QUESTÃO DA ISONOMIA ENTRE EMPREGADOS TERCEIRIZADOS E EMPREGADOS DA EMPRESA CONTRATANTE

Uma terceira matéria em relação à qual os direitos de liberdade foram sublimados em prejuízo dos direitos sociais inter-relacionados é aquela atinente ao direito de equiparação salarial entre trabalhadores terceirizados e trabalhadores contratados diretamente pela empresa que toma os serviços destes e daqueles, para prestarem trabalho de igual valor no mesmo estabelecimento empresarial.

Em 2017, a Lei n. 13.467 (por muitos denominada "lei da reforma trabalhista") consentiu, em seu art. 4º-C, § 1º: "Contratante e contratada poderão estabelecer, se assim entenderem, que os empregados da contratada farão jus a salário equivalente ao pago aos empregados da contratante, além de outros direitos não previstos neste artigo". Em

(33) FGV — Fundação Getúlio Vargas. Nota Técnica sobre os impactos da pejotização na arrecadação tributária. Disponível em: https://eaesp.fgv.br/sites/eaesp.fgv.br/files/impactos_da_pejotizacao_sobre_a_arrecadacao_de_tributos_-_final.pdf. Acesso em: 5 jul. 2024.

sua literalidade, o dispositivo concede estranha alforria a agentes econômicos supostamente livres (não vulnerabilizados) ao prever que o empregador teria "conquistado" o direito de pagar salários diferentes a empregados que prestam trabalho de igual valor, distinguindo-os em razão unicamente da terceirização, pois tal prerrogativa patronal se ambientaria entre os direitos ungidos pela liberdade contratual.

Se considerarmos o direito comparado, veremos que um ano depois, em 2018, o Código de Trabalho de Portugal teve acrescido o art. 498-A para que não mais se permitisse, ali entre os portugueses, que a terceirização fosse justificativa única para o tratamento salarial diferenciado. O citado dispositivo prevê:

> Art. 498-A [...]
>
> 1 — Em caso de aquisição de serviços externos a entidade terceira para o desempenho de atividades correspondentes ao objeto social da empresa adquirente, o instrumento de regulamentação coletiva de trabalho que vincula o beneficiário da atividade é aplicável ao prestador do serviço, quando lhe seja mais favorável.
>
> [...]
>
> 3 — O disposto nos números anteriores apenas se aplica após 60 dias de prestação de atividade em benefício da empresa adquirente, tendo, antes disso, o prestador do serviço direito à retribuição mínima prevista em instrumento de regulamentação coletiva de trabalho que vincule o beneficiário da atividade que corresponda às suas funções, ou à praticada por esta para trabalho igual ou de valor igual, consoante a que for mais favorável.

É possível perceber que o legislador brasileiro associou o tema exclusivamente ao âmbito das liberdades e o legislador estrangeiro, um ano mais tarde, regulou o tema no âmbito dos direitos sociais, sob a influência do princípio da igualdade. A antiga orientação jurisprudencial n. 363 da Subseção I de Dissídios Individuais recomendava a prevalência do direito à igualdade salarial, sem que a terceirização fosse, *per se*, argumento suficiente para o tratamento distintivo.

Mas eis que, nesse interlúdio, a terceirização da atividade-fim, ou da atividade principal, é autorizada no Brasil em decisões do STF fortemente influenciadas pela primazia das liberdades e pela análise econômica do direito.

Em meio a outros sentenciosos fundamentos, afirma-se na ementa do RE 958.252[(34)] que "a cisão de atividades entre pessoas jurídicas distintas não revela qualquer intuito fraudulento, consubstanciando estratégia, garantida pelos artigos 1º, IV, e 170 da Constituição brasileira, de configuração das empresas para fazer frente às exigências dos consumidores, justamente porque elas assumem o risco da atividade, representando a perda de eficiência uma ameaça à sua sobrevivência e ao emprego dos trabalhadores" e que se considera "a terceirização (*outsourcing*) como modelo organizacional de desintegração vertical, destinado ao alcance de ganhos de performance por meio da transferência para outros do fornecimento de bens e serviços anteriormente providos pela própria firma, a fim de que está se concentre somente naquelas atividades em que pode gerar o maior valor, adotando a função de 'arquiteto vertical' ou 'organizador da cadeia de valor'."

Na ementa da ADPF 324[(35)], lê-se, em perfeita sintonia, que a "terceirização das atividades-meio ou das atividades-fim de uma empresa tem amparo nos princípios

(34) Inteiro teor do acórdão disponível em: https://portal.stf.jus.br/processos/downloadPeca.asp?id=15341103626&ext=.pdf. Acesso em: 5 jul. 2024.

(35) Inteiro teor do acórdão disponível em: https://portal.stf.jus.br/processos/downloadPeca.asp?id=15341024987&ext=.pdf. Acesso em 5 jul. 2024.

constitucionais da livre iniciativa e da livre concorrência, que asseguram aos agentes econômicos a liberdade de formular estratégias negociais indutoras de maior eficiência econômica e competitividade" e que "a terceirização não enseja, por si só, precarização do trabalho, violação da dignidade do trabalhador ou desrespeito a direitos previdenciários. É o exercício abusivo da sua contratação que pode produzir tais violações".

Em seguida, foi o STF provocado sobre o tema específico de que estamos a cuidar, o de ser devida a igualdade de salários entre empregados terceirizados e empregados contratados diretamente. A tese agora fixada pelo STF, no julgamento do RE 635546, com repercussão geral, descola-se, contudo, das variáveis hauridas em escaninhos da análise econômica do direito e remete-nos somente aos direitos de liberdade:

> "A equiparação de remuneração entre empregados da empresa tomadora de serviços e empregados da empresa contratada (terceirizada) fere o princípio da livre iniciativa, por se tratarem de agentes econômicos distintos, que não podem estar sujeitos a decisões empresariais que não são suas."

Se o STF mantivesse o critério de eficiência econômica (adotado, com ênfase, nos casos-líderes em que se admitiu a terceirização ampla) como fundamento relevante para equacionar também o correlato tema salarial, talvez houvesse concluído que a diferença entre salários pelo só fato da terceirização não seria *pareto eficiente*[(36)], pois proporcionaria proveito apenas para um das partes em prejuízo do pretenso titular de direitos sociais.

Ou talvez estimasse que a eficiência econômica da terceirização pode não se associar concretamente à "transferência para outros do fornecimento de bens e serviços anteriormente providos pela própria firma, a fim de que está se concentre somente naquelas atividades em que pode gerar o maior valor", mas, sim, estar atrelada também, ou apenas, à precarização das condições salariais em relação a trabalhadores que, prestando serviço ombro a ombro com empregados contratados diretamente, distinguem-se destes pelo fato singelo da terceirização.

O STF tem a definitiva guarda da Constituição e não se está, neste despretensioso escrito, a sugerir-se seja outra a perspectiva hermenêutica a ser considerada, pelos demais órgãos judicantes. Revelam-no as decisões do TST sob a relatoria do autor[(37)].

---

(36) A considerar-se o critério de eficiência de Pareto, para a medida ser eficiente ela deve gerar proveito para uma das partes sem que se reduza o que já possui qualquer outra pessoa (ótimo de Pareto). Segundo o critério de Kaldor-Hicks, a medida pode até gerar algum decréscimo de valor para alguém, desde que esse alguém possa ser idealmente compensado. Acerca dessa distinção, ver POSNER, Richard A. *A Economia da Justiça*. Tradução de Evandro Ferreira e Silva, com revisão de Aníbal Mari. São Paulo: Editora WMF Martins Fontes, 2010, pp. 105-110.

(37) Sobre a validade da terceirização na atividade-fim: "AGRAVO INTERPOSTO CONTRA DECISÃO MONOCRÁTICA DE PRESIDENTE DE TURMA QUE NEGA SEGUIMENTO A RECURSO DE EMBARGOS. TERCEIRIZAÇÃO DE SERVIÇOS. LICITUDE. TEMA 725 DA REPERCUSSÃO GERAL E ADPF 324. O Supremo Tribunal Federal, ao julgar a Arguição de Descumprimento de Preceito Fundamental (ADPF) nº 324 e o Recurso Extraordinário (RE) nº 958252, com repercussão geral reconhecida (Tema 725), decidiu pela licitude da terceirização em todas as etapas do processo produtivo. A tese firmada pelo STF em repercussão geral, com efeito vinculante, foi no sentido de que "é lícita a terceirização ou qualquer outra forma de divisão do trabalho entre pessoas jurídicas distintas, independentemente do objeto social das empresas envolvidas, mantida a responsabilidade subsidiária da empresa contratante". No caso, o TRT reconheceu o vínculo de emprego diretamente com a tomadora dos serviços essencialmente por vislumbrar que o trabalho exercido pelo reclamante estava inserido na atividade-fim da tomadora dos serviços, isto é, foi constatada a subordinação jurídica estrutural ou indireta com o tomador de serviços, a qual é inerente à

O que se procurou demonstrar foi a diferença entre decisões políticas ou julgamentos que, versando rigorosamente sobre os mesmos temas, prestigiam a indivisibilidade, a inter-relação e a interdependência dos direitos humanos e, por outro lado, aqueles em que se enobrecem os direitos de liberdade em aparente desapreço aos direitos sociais envolvidos na causa. Em adendo, a demonstração de como a análise econômica do direito, mesmo se abstraído seu proverbial ascetismo moral ou ético, não contribui para legitimar a opção libertária entre as alternativas adotadas para a justa resolução dos conflitos.

4. CONCLUSÃO

O controle de convencionalidade corresponde ao controle de validade da norma interna e de sua interpretação com base no que delimitam os tratados e convenções internacionais. Ao cotejo da ordem jurídica nacional com os catálogos internacionais de direitos humanos, importa não somente considerar o conteúdo destes, mas sobretudo os modelos hermenêuticos produzidos no âmbito das cortes internacionais, merecendo especial atenção, para nós, as sentenças da Corte Interamericana de Direitos Humanos. Importa ter em consideração, ademais, as observações gerais dos órgãos de monitoramento da Organização das Nações Unidas, da Organização Internacional do Trabalho e da Organização dos Estados Americanos.

Desde quando apreciou o caso Almonacid Arellano e outros *vs.* Chile, a Corte IDH tem enfatizado que os juízes nacionais devem exercer de ofício o controle de convencionalidade, levando a efeito não somente o que preveem os tratados internacionais de direitos humanos, mas também a interpretação que a Corte IDH tem emprestado a esses tratados.

Em sua atuação, a Corte IDH, à semelhança do que sucede no âmbito do Tribunal Europeu de Direitos Humanos, vem enaltecendo a indivisibilidade dos direitos

---

própria terceirização, o que atrai a aplicação na espécie da tese vinculante firmada pelo Supremo Tribunal Federal. Nesse contexto, não se verifica a alegada contrariedade à Súmula 126, pois não é possível extrair do acórdão do TRT que o reconhecimento da ilicitude da terceirização estava respaldado na formação de grupo econômico mediante fraude com o intuito de burlar a legislação trabalhista, como sustenta o ora agravante. Igualmente, não prospera a pretensão a partir de julgados colacionados para confronto de teses, que não trazem tese jurídica sobre a mesma premissa fática identificada no acórdão turmário, o que inviabiliza a pretensão recursal, ante a diretriz preconizada na Súmula 296, I, do TST. Mantém-se, pois, a decisão de inadmissibilidade dos embargos. Agravo conhecido e desprovido" (Ag-E-ED-Ag-R-RAg-1226-87.2014.5.05.0033, Subseção I Especializada em Dissídios Individuais, Relator Ministro Augusto Cesar Leite de Carvalho, DEJT 30/06/2023). Sobre a igualdade salarial entre terceirizados e empregados contratados diretamente pelo tomador dos serviços: "JUÍZO DE RETRATAÇÃO. ARTIGO 1.030, II, DO CPC. RECURSO DE EMBARGOS REGIDO PELA LEI 11.496/2007. PEDIDO DE ISONOMIA DE REMUNERAÇÃO ENTRE TERCEIRIZADOS E AGENTES PENITENCIÁRIOS DO PARANÁ. APLICAÇÃO DA TESE FIRMADA PELO STF NO TEMA 383 EM REPERCUSSÃO GERAL. Quanto ao pedido de isonomia de remuneração, é fato relevante que o e. STF emprestou nova ponderação ao embate ético-dogmático (igualdade vs livre iniciativa na terceirização de atividade-fim) ao julgar, com repercussão geral, o Tema 383, oportunidade em que a Corte estabeleceu não haver guarida constitucional para a equiparação de remuneração entre empregados do tomador de serviços e empregados da empresa contratada (terceirizada). Sendo o caso de aplicação imediata e vinculante de precedente julgado em sede de repercussão geral (Tema 383), o qual torna insubsistente a tese jurídica preconizada na Orientação Jurisprudencial 383 da SBDI-1 deste Tribunal, cabe exercer o juízo de retratação nos termos do artigo 1.030, II, do CPC. Recurso de embargos das empresas terceirizadas conhecido e provido" (Emb-EDCiv-RR-1300100-65.2008.5.09.0014, Subseção I Especializada em Dissídios Individuais, Relator Ministro Augusto Cesar Leite de Carvalho, DEJT 29/05/2024). Em igual sentido: Ag-E-ED-Ag-RR-114300-18.2008.5.01.0009, Subseção I Especializada em Dissídios Individuais, Relator Ministro Augusto Cesar Leite de Carvalho, DEJT 05/04/2024.

humanos e as características correlatas da interdependência e da inter-relação entre os direitos humanos de todas as gerações ou dimensões.

Neste artigo, procuramos demonstrar como as decisões do STF, no Brasil, parecem destoar da atenção que outros centros de positivação jurídica, na União Europeia e mesmo no restante das Américas, têm emprestado ao princípio da indivisibilidade. Três temas foram eleitos para evidenciar tal dissonância: o da responsabilidade dos entes que figuram como últimos elos nas cadeias de valor; o da natureza jurídica do trabalho gerenciado por plataformas digitais; o da isonomia salarial entre trabalhadores terceirizados e os contratados diretamente, quando prestam serviço em um só ambiente laboral e realizam trabalho de igual valor.

REFERÊNCIAS

CARVALHO, Augusto César Leite de. *Direito do trabalho: curso e discurso.* Brasília: Editora Venturoli, 2024.

CARVALHO, Augusto César Leite de. "Indivisibilidade e progressividade dos direitos humanos sob a perspectiva da Corte IDH". In: Augusto César Leite de Carvalho; Any Ávila Assunção. (Org.). Precedentes da Corte Interamericana de Direitos Humanos: resgate da primazia concorrente dos direitos sociais em perspectiva ética emancipatória. 1ed. Brasília: Editora Venturoli, 2023, v. 1, p. 99-116.

CARVALHO, Augusto César Leite de; CARVALHO NETO, Theobaldo Eloy de. "Do Acesso ao Sistema Interamericano de Direitos Humanos à Força Precedencial das Sentenças da Corte IDH". *In:* Augusto César Leite de Carvalho; Any Ávila Assunção. (Org.). Precedentes da Corte Interamericana de Direitos Humanos: resgate da primazia concorrente dos direitos sociais em perspectiva ética emancipatória. 1. ed. Brasília: Editora Venturoli, 2023, v. 1, p. 23-34.

FGV — Fundação Getúlio Vargas. Nota Técnica sobre os impactos da pejotização na arrecadação tributária. Disponível em: https://eaesp.fgv.br/sites/eaesp.fgv.br/files/impactos_da_pejotizacao_sobre_a_arrecadacao_de_tributos_-_final.pdf. Acesso em 5/jul/2024.

FUHRMANN, Italo Roberto. "O controle de convencionalidade no direito europeu e alemão". Sítio virtual CONJUR Consultor Jurídico, em 25/abr/2024. Disponível em: https://www.conjur.com.br/2024-abr-25/o-controle-de-convencionalidade-no-direito-europeu-e-alemao/#_ftn12. Acesso em 4/jul/2024.

MAZZUOLI, Valerio; AZEVEDO NETO, Platon Teixeira de (org.). Controle de convencionalidade no direito do trabalho brasileiro. MAZZUOLI, Valerio; AZEVEDO NETO, Platon Teixeira de (org.). Brasília: Editora Venturoli, 2024.

MOREIRA, Teresa Coelho. *Direito do Trabalho na Era Digital.* Coimbra: Almedina, 2023.

PIOVESAN, Flavia. *Direitos Humanos e Justiça Internacional:* um estudo comparativo dos sistemas regionais europeu, interamericano e africano. São Paulo: Saraiva, 2015. Livro eletrônico, paginação irregular.

POSNER, Richard A. *A Economia da Justiça.* Tradução de Evandro Ferreira e Silva, com revisão de Aníbal Mari. São Paulo: Editora WMF Martins Fontes, 2010.

RAMOS, André de Carvalho. *Teoria Geral dos Direitos Humanos na Ordem Internacional.* São Paulo: Saraiva, 2013. Livro eletrônico, paginação irregular.

SEN, Amartya. *Desenvolvimento como Liberdade.* Tradução de Laura Teixeira Motta. São Paulo: Companhia das Letras, 2000. Livro eletrônico, paginação irregular.

Arrecadação tributária e a participação indispensável da Justiça do Trabalho no equilíbrio financeiro/atuarial do Sistema Previdenciário

Bento Herculano Duarte Neto (*)

Resumo: O presente artigo aborda a importância da atuação da Justiça do Trabalho na arrecadação das contribuições previdenciárias e o impacto desta atuação no equilíbrio financeiro da Previdência Social no Brasil. Analisam-se as implicações da Lei n. 8.212/1991 e da Emenda Constitucional n. 20/2008, que transferiram à Justiça do Trabalho a competência para a execução de ofício das contribuições previdenciárias, resultando em um aumento na arrecadação e na redução da sonegação fiscal. A abordagem crítica das recentes decisões do Supremo Tribunal Federal (STF) demonstra implicações preocupantes para a arrecadação de contribuições previdenciárias e para o equilíbrio financeiro da Previdência Social. A permissividade do STF com relação à pejotização, prática de disfarçar relações de emprego por meio de pessoas jurídicas, pode comprometer a eficácia do princípio da primazia da realidade, fundamental para o Direito do Trabalho, contribuindo para um maior deficit nas contas da Previdência Social. A atuação do STF nesse contexto é vista como um fator que agrava o já problemático equilíbrio das contas públicas, exigindo uma revisão crítica e, possivelmente, reformas adicionais para garantir a efetividade da arrecadação e a proteção dos direitos trabalhistas e previdenciários. Sugere-se a necessidade de reformas adicionais para fortalecer a atuação da Justiça do Trabalho na arrecadação das contribuições sociais, o que pode ser efetivado por meio da ampliação das competências da Justiça do Trabalho.

Abstract: This article examines the importance of the Labor Court's role in the collection of social security contributions and its impact on the financial balance of Social Security in Brazil. Initially, it analyzes the implications of Law No. 8.212/91 and Constitutional Amendment No. 20/2008, which transferred to the Labor Court the authority to enforce social security contributions ex officio. This transfer resulted in a significant increase in collection and a reduction in tax evasion. A critical analysis of recent decisions by the Supreme Federal Court (STF) reveals concerning implications for both collection and the financial stability of Social Security. The STF's permissiveness regarding "pejotização" — the practice of disguising employment relationships through legal entities — potentially undermines the effectiveness of the principle of "primacy of reality," which is fundamental to Labor Law. This permissiveness contributes to a larger deficit in Social Security accounts, exacerbating the already problematic public finance balance. A critical review and potential additional reforms are necessary to ensure effective collection and protection of labor and social security rights. Therefore, it is suggested that expanding the Labor Court's competencies could strengthen the collection of social contributions.

Palavras-chave: Justiça do Trabalho; arrecadação de contribuições previdenciárias; princípio da primazia da realidade; equilíbrio financeiro da Previdência Social; sonegação fiscal; reformas previdenciárias.

Keywords: Labor Court; social security contributions collection; principle of "primacy of reality"; financial balance of Social Security; tax evasion; social security reforms.

(*) Desembargador do Tribunal Regional do Trabalho da 21ª Região. Professor Titular de Direito do Trabalho da Universidade Federal do Rio Grande do Norte. Doutor e Mestre em Direito pela Pontifícia Universidade Católica de São Paulo. Membro da Academia Brasileira de Direito do Trabalho.

Sumário: 1. Considerações introdutórias; 2. Escorço histórico constitucional (recente) sobre a competência da Justiça do Trabalho; 3. Lei n. 8.212/91. Custeio da Previdência Social; 4. Emenda Constitucional n. 20, de 15 de dezembro de 1998; 5. Leis posteriores e súmulas que tratam da competência da justiça do trabalho em matéria de execução de contribuições sociais; 6. Essencialidade da atuação da Justiça do Trabalho na arrecadação tributária para o equilíbrio das contas da Previdência Social. O aumento da arrecadação de contribuições sociais a partir da competência outorgada à Justiça do Trabalho; 7. As recentes decisões do STF acolhendo a pejotização fraudulenta. O fim do princípio da primazia da realidade? Impacto nas contas públicas; 8. Considerações finais. Justiça do Trabalho e da Previdência Social; Referências.

1. CONSIDERAÇÕES INTRODUTÓRIAS

Passo primeiro, é de se agradecer ao honroso convite formulado pela Associação Nacional dos Magistrados da Justiça do Trabalho — ANAMATRA, no sentido de participar de obra coletiva, comemorativa do aniversário dos 20 anos da Emenda Constitucional n. 45, que concretizou a chamada Reforma do Poder Judiciário, tendo, entre os seus pilares, a (suposta? em tese?) ampliação da competência material da Justiça do Trabalho.

A Emenda n. 45, de 30 de dezembro de 2004, sem dúvida, buscou o aperfeiçoamento do sistema processual e, por conseguinte, do próprio Poder Judiciário, para alguns havendo relação inversa, com novéis mecanismos processuais, inclusive no tocante a modificações estruturais em nosso sistema de Justiça. O fato é que tivemos boas alterações, a exemplo da edição da súmula vinculante, do novo *status* dado aos tratados e convenções internacionais que tratem de direitos humanos, e da inserção, enquanto direito fundamental dos cidadãos, do direito a um processo (judicial e administrativo) em *tempo razoável (art. 5º, inc. LXXVIII).* Não obstante o laconismo da expressão, a preocupação já traz algum significado, além da previsão de criação de mecanismos infraconstitucionais que viabilizem tal agilização.

No que toca, especificamente, à Justiça Especializada do Trabalho, a Emenda n. 45/2004 modificou, com profundidade, a competência da Justiça Laboral, alterando o teor do art. 114 da Constituição.

Deu-se à Justiça do Trabalho a competência para dirimir conflitos além das relações de emprego, a exemplo daqueles envolvendo direito de greve, de forma ampla; das ações envolvendo disputa por representação sindical; das ações de indenização por dano moral ou patrimonial decorrentes de acidentes de trabalho; daquelas atinentes a penalidades administrativas, ou seja, impostas pela fiscalização do Ministério do Trabalho. Esses são apenas algumas hipóteses de competências jurisdicionais de índole material, até então, ilogicamente, fora da alçada de uma justiça especializada em matéria trabalhista, ressalvada jurisprudência afirmativa em matéria acidentária. Uma multa administrativa, aplicada pela autarquia administrativa, sob o fundamento de que um empregado era equivocadamente considerado trabalhador autônomo, seria impugnada e decidida pela Justiça Comum Federal. Uma discussão sobre qual sindicato, de trabalhadores ou de empregadores, teria legitimidade para representar determinada categoria, seria decidida pela Justiça Comum Estadual. Mais atrás, até mudança de jurisprudência do STF, a Justiça do Trabalho não tinha, conforme o Excelso Pretório, sequer competência para decidir questão atinente a acidente de trabalho.

O grande avanço da Emenda n. 45/2004, no que se refere à Justiça do Trabalho, entrementes, foi a redação do inciso I do art. 114, dispondo quanto à competência da Justiça do trabalho, falando em "processar e julgar", e não mais em "conciliar e julgar", "as ações oriundas da relação de trabalho, abrangidos os entes de direito público externo e da administração pública direta e indireta da União, dos Estados, do Distrito Federal e dos Municípios". Assim, celebrou-se efusivamente o fato de que a competência não seria mais restrita a empregados, mas a trabalhadores, ainda que o Direito do Trabalho não tenha tido o seu rol de destinatários ampliado.

À época, o que vale como componente histórico, muito se falou que os defensores da ampliação da competência da Justiça do Trabalho, inegavelmente à frente a ANAMATRA, abriu mão de lutar pela competência de servidores públicos estatutários, por uma questão política, optando por centrar esforços na luta pela competência para dirimir conflitos oriundos de relações de trabalho, e não somente de emprego. Não obstante, a Lei n. 8.112/1990 deu competência à Justiça Laboral para os servidores públicos federais, mesmo os estatutários, o que foi vetado pelo Presidente da República da época, em seguida tal veto sendo derrubado pelo Congresso Nacional, adiante o Supremo Tribunal Federal acabando por manter o veto presidencial, ainda que por força de decisão precária.

Mas aqui não nos cabe aprofundar essa discussão. Não podemos, todavia, é deixar de registrar que a jurisprudência, não somente da Excelsa Corte, como também a do Superior Tribunal de Justiça, têm promovido um verdadeiro boicote à competência material constitucionalmente concedida à Justiça do Trabalho. Por isso a dúvida lançada no parágrafo de abertura deste breve artigo, sem olvidar o que se segue, com recentes decisões do STF, noutro quadrante, o que se correlaciona intrinsecamente com o foco da abordagem que nos foi proposta.

Feitas tais considerações, realce-se que o objeto de nossa abordagem respeita à competência da Justiça do Trabalho para promover a execução de contribuições sociais decorrentes de suas sentenças e acordos por si homologados, o que veio, anteriormente, com a Emenda Constitucional n. 20, de 15 de dezembro de 1998, que, na expressão do texto legal, modificou o sistema de previdência social, estabeleceu normas de transição e deu outras providências. O Congresso Nacional, por provocação do Poder Executivo, sendo presidente da república o Sr. Fernando Henrique Cardoso, concretizou uma Reforma Previdenciária — para uns a primeira; para outros a segunda pós-Constituição — introduzindo, na esfera de competência da Justiça do Trabalho, a execução de contribuições sociais.

2. ESCORÇO HISTÓRICO CONSTITUCIONAL (RECENTE) SOBRE A COMPETÊNCIA DA JUSTIÇA DO TRABALHO

A Constituição Federal de 1967, por seu art. 134, rezava que competia à Justiça do Trabalho "conciliar e julgar os dissídios individuais e coletivos entre empregadores e as demais controvérsias oriundas de relações de trabalho regidas por lei especial", em seu § 2º assentando, categoricamente, que "os dissídios relativos a acidentes de trabalho são da competência da Justiça ordinária".

Portanto, extreme de dúvida que a competência relativa à execução de contribuições previdenciárias, ainda que decorrentes de contratos de emprego, seriam exclusivamente da Justiça ordinária (comum).

A Constituição de 05 de outubro de 1988, por sua vez, nada mudou, no que concerne à específica competência da Justiça Laboral e a execução de contribuições sociais, ainda que se tratando de uma Justiça especializada em solucionar conflitos de trabalho, mas permanecendo adstrita aos litígios envolvendo diretamente empregados e empregadores, além de outros previstos em lei, a exemplo daqueles envolvendo pequenos empreiteiros, operários ou artífices, malgrada a condição de autonomia do prestador, mas por força do art. 652 da CLT.

Eis o texto original da Constituição Cidadã:

> Art. 114. Compete à Justiça do Trabalho conciliar e julgar os dissídios individuais e coletivos entre trabalhadores e empregadores, abrangidos os entes de direito público externo e da administração pública direta e indireta dos Municípios, do Distrito Federal, dos Estados e da União, e, na forma da lei, outras controvérsias decorrentes da relação de trabalho, bem como os litígios que tenham origem no cumprimento de suas próprias sentenças, inclusive coletivas.
>
> § 1º Frustrada a negociação coletiva, as partes poderão eleger árbitros.
>
> § 2º Recusando-se qualquer das partes à negociação ou à arbitragem, é facultado aos respectivos sindicatos ajuizar dissídio coletivo, podendo a Justiça do Trabalho estabelecer normas e condições, respeitadas as disposições convencionais e legais mínimas de proteção ao trabalho.

Nesse contexto, na prática, qualquer condenação ou acordo homologado no âmbito da Justiça do Trabalho eximia empregadores de arcar com as contribuições previdenciárias eventualmente incidentes, com inequívoca e vultosa elisão fiscal, algo injusto e prejudicial à população, em face da ausência de receita e, por conseguinte, diminuindo a capacidade de investimento do Estado.

Por mais que cópias de sentenças e de acordos homologados fossem enviadas à autarquia previdenciária competente, não transcorria uma efetiva cobrança, na Justiça Comum Federal — e aqui não vamos adentrar nos motivos -, das contribuições sociais consequentes, de empregadores e de empregados. A jurisprudência trabalhista do Tribunal Superior do Trabalho, saliente-se, é pacífica, no sentido da repartição do ônus, conforme a quota-parte, ou seja, também empregados sofrendo descontos previdenciários das parcelas que vierem a receber em execução, por óbvio desde que a verba sofra incidência de contribuição.

3. LEI N. 8.212/91. CUSTEIO DA PREVIDÊNCIA SOCIAL

Antes da Emenda n. 20/2018, a Lei n. 8.212, de 24 de julho de 1991, tratando do custeio da Previdência Social, dispôs, em seu art. 43, que, "Em caso de extinção de processos trabalhistas de qualquer natureza, inclusive a decorrente de acordo entre as partes, de que resultar pagamento de remuneração ao segurado, o recolhimento das contribuições devidas à Seguridade Social será efetuado incontinenti".

Tal lei, na verdade, não concedeu competência à Justiça do Trabalho para executar contribuições sociais, mas estabeleceu a incidência delas em face de sentenças condenatórias contendo verbas salariais, assim como dos acordos homologados pela citada justiça especializada, com tal característica.

Já sendo corriqueira a remessa, por magistrados do trabalho de primeiro grau, de sentenças e acordos homologados, contendo conteúdo condenatório/transacionado salarial, para o INSS, a partir da Lei n. 8.212/1991 isso passou a consistir em obrigação legal incontestável, no contexto de evitar a inadimplência dos devedores da Previdência, conforme apurado/sancionado na Justiça do Trabalho.

Porém, as sentenças proferidas nem sempre eram claras, no tocante a quais verbas condenatórias sofreriam a incidência de contribuição. Na hipótese de acordo, mais densa a névoa, porque, em geral, o valor era fixado globalmente, sem fazer referência à origem do crédito. O empregador compromete-se a pagar o valor X ao empregado, em data(s) tal(ais), com multa tal e ponto final; eis o teor usual dos termos de conciliação.

Nesse diapasão, a aperfeiçoar a cobrança das contribuições sociais encontradas e devidas, o art. 43 da Lei n. 8.212/1991 foi alterado pela Lei n. 8.620, de 05 de janeiro de 1993, estabelecendo, de forma peremptória, no caput, que, "Nas ações trabalhistas de que resultar o pagamento de direitos sujeitos à incidência de contribuição previdenciária, o juiz, sob pena de responsabilidade, determinará o imediato recolhimento das importâncias devidas à Seguridade Social".

Por força de outras alterações legislativas, o art. 43 da Lei n. 8.212/1991 tem a seguinte redação:

> Art. 43. Nas ações trabalhistas de que resultar o pagamento de direitos sujeitos à incidência de contribuição previdenciária, o juiz, sob pena de responsabilidade, determinará o imediato recolhimento das importâncias devidas à Seguridade Social. (Redação dada pela Lei n. 8.620, de 5.1.93)
>
> § 1º Nas sentenças judiciais ou nos acordos homologados em que não figurarem, discriminadamente, as parcelas legais relativas às contribuições sociais, estas incidirão sobre o valor total apurado em liquidação de sentença ou sobre o valor do acordo homologado. (Incluído pela Lei n.11.941, de 2009).
>
> § 2º Considera-se ocorrido o fato gerador das contribuições sociais na data da prestação do serviço. (Incluído pela Lei n. 11.941, de 2009).
>
> § 3º As contribuições sociais serão apuradas mês a mês, com referência ao período da prestação de serviços, mediante a aplicação de alíquotas, limites máximos do salário-de-contribuição e acréscimos legais moratórios vigentes relativamente a cada uma das competências abrangidas, devendo o recolhimento ser efetuado no mesmo prazo em que devam ser pagos os créditos encontrados em liquidação de sentença ou em acordo homologado, sendo que nesse último caso o recolhimento será feito em tantas parcelas quantas as previstas no acordo, nas mesmas datas em que sejam exigíveis e proporcionalmente a cada uma delas. (Incluído pela Lei n. 11.941, de 2009).
>
> § 4º No caso de reconhecimento judicial da prestação de serviços em condições que permitam a aposentadoria especial após 15 (quinze), 20 (vinte) ou 25 (vinte e cinco) anos de contribuição, serão devidos os acréscimos de contribuição de que trata o § 6º do art. 57 da Lei nº 8.213, de 24 de julho de 1991. (Incluído pela Lei n. 11.941, de 2009).
>
> § 5º Na hipótese de acordo celebrado após ter sido proferida decisão de mérito, a contribuição será calculada com base no valor do acordo. (Incluído pela Lei n. 11.941, de 2009).
>
> § 6º Aplica-se o disposto neste artigo aos valores devidos ou pagos nas Comissões de Conciliação Prévia de que trata a Lei nº 9.958, de 12 de janeiro de 2000. (Incluído pela Lei n. 11.941, de 2009).

Observe-se a veemência do dispositivo legal, dispondo, em seu caput, que "o juiz, **sob pena de responsabilidade**, determinará o imediato recolhimento das importâncias devidas à Seguridade Social". (grifos nossos)

Lembramos que alguns colegas, notadamente juízes da primeira instância, à época expressaram desconforto, não só pelo 'tom ameaçador' da lei, como rechaçando a ideia de ser 'fiscal' do INSS, o que sempre nos pareceu exagerado, apesar de acharmos fora de esquadro a primeira parte da crítica.

Antes da lei em epígrafe, a autarquia previdenciária, ao receber cópias das sentenças condenatórias e acordos homologados, mesmo sem a discriminação imposta por lei, haveria de propor a competente execução fiscal perante a Justiça Comum Federal, realizando ela tal análise. Sem aqui 'dourar a pílula', na prática raramente havia a cobrança judicial por parte da autarquia, por diversas razões, concentrada ela nas ações de execução fiscal, propostas em face da inadimplência de recolhimento sobre parcelas da folha de pagamento. Ademais, na prática o esforço complementar de calcular o crédito previdenciário era usado como mais um óbice para uma melhor atuação da autarquia no *mister* executório.

Por outro lado, permeava insegurança jurídica, no que concerne à incidência de contribuição previdenciária, sendo notório que a vasta maioria das reclamações trabalhistas contêm cumulação de pedidos e, em hipótese condenatória, algumas verbas comportando a citada incidência e outras não. Nas homologações judiciais de acordos, como já dito, o quadro de insegurança sendo ainda maior, com inegáveis desvios, ainda que pontuais.

Assim, em nosso sentir, a nova lei veio corrigir tal insegurança, com o escopo de deixar claro, desde logo, quais as parcelas da condenação ou do acordo a servir de base de cálculo para o recolhimento da contribuição social. De fato, um trabalho que poderia caber à autarquia foi transferido para as partes, Justiça do Trabalho e, eventualmente, peritos contábeis, inclusive quanto à elaboração de cálculos, o que também chegou ser discutido e reclamado, mas, atualmente, tem sido cumprido sem maiores controvérsias e dificuldades, no particular pelas Varas da Justiça do Trabalho.

4. EMENDA CONSTITUCIONAL N. 20, DE 15 DE DEZEMBRO DE 1998

Verificada a falibilidade do sistema arrecadatório, deixando-se de lado uma cobrança mais efetiva de contribuições sociais, incluindo aquelas não arrecadadas e apuradas a partir de processos judiciais em tramitação na Justiça Laboral, notoriamente sendo expresso o volume processual da Justiça do Trabalho do Brasil — *fakes* à parte —, o Poder Executivo Federal resolveu dar um passo importante para, não somente combater a sonegação / elisão, mas fazer justiça, em seu sentido mais amplo.

Nesse contexto, um importante passo dado na direção da ampliação da arrecadação de contribuições sociais devidas pelos empregadores e, reitere-se, também pelos empregados, em função da chamada quota-parte, foi a aprovação da Emenda Constitucional n. 20, de 15 de dezembro de 1998, concretizando a denominada Reforma da Previdência.

Na verdade, desde a Constituição de 1988, as regras de aposentadorias e pensões dos servidores públicos e dos trabalhadores privados já passaram por sete reformas, a primeira ocorrendo em 1993, que atingiu especificamente os servidores públicos federais, com a instituição da cobrança de contribuição previdenciária (Emenda Constitucional n. 3).

A Emenda n. 20/2018, por sua vez, foi a segunda a reformar o sistema previdenciário pós Carta de 1988, trazendo, como pontos centrais, as ideias de tempo de contribuição e de idade mínima para a aposentadoria de servidores públicos civis, mas, dentre outros aspectos, acrescentou o parágrafo 3º ao art. 114 da Constituição, com o seguinte teor:

> Art. 114. (...)
>
> § 3º Compete ainda à Justiça do Trabalho executar, de ofício, as contribuições sociais previstas no art. 195, I, "a", e II, e seus acréscimos legais, decorrentes das sentenças que proferir.

Esse, sem dúvida, foi um grande avanço, a partir de uma iniciativa legislativa, visando ao equilíbrio atuarial do sistema previdenciário brasileiro, particularmente pelo crescimento da arrecadação. Não que o § 3º tenha tido apenas tal objetivo, mas sendo esse dos mais relevantes, envolto em diversos outros aspectos.

Como é cediço, a partir do estabelecimento de competência material à Justiça do Trabalho para executar, de ofício, as contribuições sociais decorrentes de suas decisões, essa Justiça especializada passou a atuar, de forma eficiente, para fazer valer a sua nova atribuição. Acresça-se, o que também é de conhecimento geral, que os acordos homologados judicialmente igualmente passaram a servir como fator gerador de incidência e eventual execução forçada das contribuições, na medida em que equivalem a sentenças com trânsito em julgado.

Sob tal contexto, a Justiça do Trabalho passou a ser o órgão do Judiciário Brasileiro que mais vem a arrecadar contribuições sociais, comparativamente, no particular, com a Justiça Comum Federal, o que decorre, naturalmente, de sua maior capilaridade e do expressivo número de ações trabalhistas no Brasil, majoritariamente com decisões condenatórias, ainda que significando procedência parcial, contendo verbas de natureza salarial.

A aludida competência, como toda novidade, veio a inquietar alguns magistrados trabalhistas, não somente com o raso argumento do 'fiscal da previdência', mas até mesmo porque tornou mais complexa a execução no processo do trabalho, uma vez que passaram a existir, eventualmente, dois tipos diversos de crédito; o do reclamante e o da previdência social, impondo procedimentos executórios distintos em um mesmo caderno processual, a lembrar da Lei da Execução Fiscal (Lei n. 6.830/1980).

Foram diversos seminários, cursos e publicações que desmistificaram uma inviabilidade conceitual intransponível, prevalecendo a ideia de diálogo das fontes e convivência *pacífica* das execuções de créditos de naturezas diferentes. Hoje, pensamos, a discussão resta vencida e a Justiça do Trabalho cumpre com o seu *mister* a contento e sem maiores polêmicas. Há de se entender que toda mudança implica em inquietude, em maior ou menor grau.

5. LEIS POSTERIORES E SÚMULAS QUE TRATAM DA COMPETÊNCIA DA JUSTIÇA DO TRABALHO EM MATÉRIA DE EXECUÇÃO DE CONTRIBUIÇÕES SOCIAIS

Acomodada a competência da Justiça Laboral, no tocante à execução das contribuições sociais decorrentes de suas sentenças e dos acordos por si homologados, vieram diplomas posteriores à Emenda n. 20/2018, tratando do instituto, disciplinando e regulamentando adequadamente a questão, como a espancar dúvidas, sendo sempre bem-vindo o valor 'segurança jurídica'. Deixaremos de lado a Lei n. 11.941/2009, que deu nova redação à Lei n. 8.212/1991, pois já tratada no item 03. Abordaremos, especificamente, leis que alteraram a Consolidação das Leis do Trabalho, ou seja, as Lei ns. 10.035/2000, 11.457/2007 e 13.467/2017 (Lei da Reforma Trabalhista). Por outro lado, traz-se à colação súmula vinculante do E. STF que enfrentou o tema da competência, e jurisprudência do Colendo Tribunal Superior do Trabalho, traduzida em súmula e orientações jurisprudenciais.

A Lei n. 10.035/2000 acrescentou o art. 878-A à CLT, facultando ao devedor efetuar o pagamento imediato da parte que entender devida à Previdência Social, sem prejuízo da cobrança de eventuais diferenças encontradas na execução. Ao artigo 879 consolidado, acrescentou os parágrafos 1º-A e 1º-B, assim como fixou, de forma clara, pelo § 4º, que a atualização do crédito devido à Previdência Social há de observar os critérios estabelecidos na legislação previdenciária.

> Art. 878-A. Faculta-se ao devedor o pagamento imediato da parte que entender devida à Previdência Social, sem prejuízo da cobrança de eventuais diferenças encontradas na execução *ex officio*.
>
> Art. 879. (...)
>
> § 1º-A. A liquidação abrangerá, também, o cálculo das contribuições previdenciárias devidas.
>
> § 1º-B. As partes deverão ser previamente intimadas para a apresentação do cálculo de liquidação, inclusive da contribuição previdenciária incidente.

> (...)
> § 4º A atualização do crédito devido à Previdência Social observará os critérios estabelecidos na legislação previdenciária.

A Lei n. 11.457/2007, por sua vez, alterou o § 3º do mesmo art. 879, determinando que, "Elaborada a conta pela parte ou pelos órgãos auxiliares da Justiça do Trabalho, o juiz procederá à intimação da União para manifestação, no prazo de 10 (dez) dias, sob pena de preclusão".

Quanto à Reforma Trabalhista, a nosso ver de forma equivocada, o legislador flexibilizou a regra da execução *ex officio* do crédito trabalhista, não obstante manteve a execução de ofício do crédito previdenciário, o que acentua a contradição da alteração legislativa.

> Art. 878. A execução será promovida pelas partes, permitida a execução de ofício pelo juiz ou pelo Presidente do Tribunal apenas nos casos em que as partes não estiverem representadas por advogado.
>
> Art. 876. Parágrafo único. A Justiça do Trabalho executará, de ofício, as contribuições sociais previstas na alínea *a* do inciso I e no inciso II do caput do art. 195 da Constituição Federal, e seus acréscimos legais, relativas ao objeto da condenação constante das sentenças que proferir e dos acordos que homologar.

Com efeito, de certo modo o legislador reformista entendeu que o crédito previdenciário encontra-se, em importância, acima do trabalhista, em que pese o caráter alimentar deste. Não que se olvide a prejudicialidade do não recolhimento das contribuições sociais, mas discordamos da dicotomia de tratamento entre as duas espécies creditórias, não se olvidando o fato da, em regra, maior urgência do recebimento de salário, pelo seu caráter alimentar, portanto de subsistência. Grife-se que a grande maioria das ações trabalhistas envolve pedidos de natureza salarial.

Noutra quadra, a afastar a competência da Justiça do Trabalho, no que concerne às contribuições sociais decorrentes de decisões meramente declaratórias de relação de emprego, o E. STF editou a Súmula Vinculante 53, a assentar que "A competência da Justiça do Trabalho prevista no art. 114, VIII, da Constituição Federal alcança a execução de ofício das contribuições previdenciárias relativas ao objeto da condenação constante das sentenças que proferir e acordos por ela homologados".

Conforme o sítio eletrônico do STF, ao publicizar o precedente representativo que originou a súmula:

> Ora, o que se executa não é a contribuição social, mas o título que a corporifica ou representa, assim como o que se executa no juízo comum não é o crédito representado no cheque, mas o próprio cheque. O requisito primordial de toda execução é a existência de um título, judicial ou extrajudicial. No caso da contribuição social atrelada ao salário objeto da condenação, é fácil perceber que o título que a corporifica é a própria sentença cuja execução, uma vez que contém o comando para o pagamento do salário, envolve o cumprimento do dever legal de retenção das parcelas devidas ao sistema previdenciário. De outro lado, entender possível a execução de contribuição social desvinculada de qualquer condenação ou transação seria consentir em uma execução sem título executivo, já que a sentença de reconhecimento do vínculo, de carga predominantemente declaratória, não comporta execução que origine o seu recolhimento. No caso, a decisão trabalhista que não dispõe sobre o pagamento de salários, mas apenas se limita a reconhecer a existência do vínculo não constitui título executivo judicial no que se refere ao crédito de contribuições previdenciárias (...). [RE 569.056, voto do rel. min. Menezes Direito, P, j. 11-9-2008, DJE 236 de 12-12-2008.]

Com a devida vênia, nos perfilhamos dentre aqueles que entendem que o E. STF fez cápsula de minúcia da nova competência constitucional da Justiça do Trabalho, na medida em que a sentença declaratória de vínculo de emprego traz consigo um inerente conteúdo condenatório, apesar de não ser esse o seu aspecto predominante.

Dentre as súmulas e Orientações Jurisprudenciais do Colendo Tribunal Superior do Trabalho, destacamos:

SÚMULA 368. DESCONTOS PREVIDENCIÁRIOS. IMPOSTO DE RENDA. COMPETÊNCIA. RESPONSABILIDADE PELO RECOLHIMENTO. FORMA DE CÁLCULO. FATO GERADOR (aglutinada a parte final da Orientação Jurisprudencial nº 363 da SBDI-I à redação do item II e incluídos os itens IV, V e VI em sessão do Tribunal Pleno realizada em 26.06.2017) — Res. 219/2017, republicada em razão de erro material — DEJT divulgado em 12, 13 e 14.07.2017

I — A Justiça do Trabalho é competente para determinar o recolhimento das contribuições fiscais. A competência da Justiça do Trabalho, quanto à execução das contribuições previdenciárias, limita-se às sentenças condenatórias em pecúnia que proferir e aos valores, objeto de acordo homologado, que integrem o salário de contribuição. (ex-OJ n. 141 da SBDI-1 — inserida em 27.11.1998).

II — É do empregador a responsabilidade pelo recolhimento das contribuições previdenciárias e fiscais, resultantes de crédito do empregado oriundo de condenação judicial. A culpa do empregador pelo inadimplemento das verbas remuneratórias, contudo, não exime a responsabilidade do empregado pelos pagamentos do imposto de renda devido e da contribuição previdenciária que recaia sobre sua quota-parte. (ex-OJ n. 363 da SBDI-1, parte final)

III — Os descontos previdenciários relativos à contribuição do empregado, no caso de ações trabalhistas, devem ser calculados mês a mês, de conformidade com o art. 276, § 4º, do Decreto n. 3.048/1999 que regulamentou a Lei n. 8.212/1991, aplicando-se as alíquotas previstas no art. 198, observado o limite máximo do salário de contribuição (ex-OJs ns. 32 e 228 da SBDI-1 — inseridas, respectivamente, em 14.03.1994 e 20.06.2001).

IV — Considera-se fato gerador das contribuições previdenciárias decorrentes de créditos trabalhistas reconhecidos ou homologados em juízo, para os serviços prestados até 4.3.2009, inclusive, o efetivo pagamento das verbas, configurando-se a mora a partir do dia dois do mês seguinte ao da liquidação (art. 276, "caput", do Decreto n. 3.048/1999). Eficácia não retroativa da alteração legislativa promovida pela Medida Provisória n. 449/2008, posteriormente convertida na Lei n. 11.941/2009, que deu nova redação ao art. 43 da Lei n. 8.212/91.

V — Para o labor realizado a partir de 5.3.2009, considera-se fato gerador das contribuições previdenciárias decorrentes de créditos trabalhistas reconhecidos ou homologados em juízo a data da efetiva prestação dos serviços. Sobre as contribuições previdenciárias não recolhidas a partir da prestação dos serviços incidem juros de mora e, uma vez apurados os créditos previdenciários, aplica-se multa a partir do exaurimento do prazo de citação para pagamento, se descumprida a obrigação, observado o limite legal de 20% (art. 61, § 2º, da Lei n. 9.430/96).

VI — O imposto de renda decorrente de crédito do empregado recebido acumuladamente deve ser calculado sobre o montante dos rendimentos pagos, mediante a utilização de tabela progressiva resultante da multiplicação da quantidade de meses a que se refiram os rendimentos pelos valores constantes da tabela progressiva mensal correspondente ao mês do recebimento ou crédito, nos termos do art. 12-A da Lei n. 7.713, de 22/12/1988, com a redação conferida pela Lei n. 13.149/2015, observado o procedimento previsto nas Instruções Normativas da Receita Federal do Brasil.

*Súmula alterada — (redação do item II alterada na sessão do Tribunal Pleno realizada em 16.04.2012) — Res. 181/2012, DEJT divulgado em 19, 20 e 23.04.2012

*Redação Original (conversão das Orientações Jurisprudenciais ns. 32, 141 e 228 da SBDI-I) — Res. 129/2005, DJ 20, 22 e 25.04.2005

*Súmula alterada — (inciso I alterado) — Res. 138/2005, DJ 23, 24 e 25.11.2005

OJ-SDI1-368. DESCONTOS PREVIDENCIÁRIOS. ACORDO HOMOLOGADO EM JUÍZO. INEXISTÊNCIA DE VÍNCULO EMPREGATÍCIO. PARCELAS INDENIZATÓRIAS. AUSÊNCIA DE DISCRIMINAÇÃO. INCIDÊNCIA SOBRE O VALOR TOTAL (DEJT divulgado em 03, 04 e 05.12.2008)

É devida a incidência das contribuições para a Previdência Social sobre o valor total do acordo homologado em juízo, independentemente do reconhecimento de vínculo de emprego, desde que não haja discriminação das parcelas sujeitas à incidência da contribuição previdenciária, conforme parágrafo único do art. 43 da Lei n. 8.212, de 24.07.1991, e do art. 195, I, "a", da CF/1988.

OJ-SDI1-376. CONTRIBUIÇÃO PREVIDENCIÁRIA. ACORDO HOMOLOGADO EM JUÍZO APÓS O TRÂNSITO EM JULGADO DA SENTENÇA CONDENATÓRIA. INCIDÊNCIA SOBRE O VALOR HOMOLOGADO (DEJT divulgado em 19, 20 e 22.04.2010)

É devida a contribuição previdenciária sobre o valor do acordo celebrado e homologado após o trânsito em julgado de decisão judicial, respeitada a proporcionalidade de valores entre as parcelas de natureza salarial e indenizatória deferidas na decisão condenatória e as parcelas objeto do acordo.

OJ-SDI1-398. CONTRIBUIÇÃO PREVIDENCIÁRIA. ACORDO HOMOLOGADO EM JUÍZO SEM RECONHECIMENTO DE VÍNCULO DE EMPREGO. CONTRIBUINTE INDIVIDUAL. RECOLHIMENTO DA ALÍQUOTA DE 20% A CARGO DO TOMADOR E 11% A CARGO DO PRESTADOR DE SERVIÇOS. (DEJT divulgado em 02, 03 e 04.08.2010)

Nos acordos homologados em juízo em que não haja o reconhecimento de vínculo empregatício, é devido o recolhimento da contribuição previdenciária, mediante a alíquota de 20% a cargo do tomador de serviços e de 11% por parte do prestador de serviços, na qualidade de contribuinte individual, sobre o valor total do acordo, respeitado o teto de contribuição. Inteligência do § 4º do art. 30 e do inciso III do art. 22, todos da Lei n. 8.212, de 24.07.1991.

6. ESSENCIALIDADE DA ATUAÇÃO DA JUSTIÇA DO TRABALHO NA ARRECADAÇÃO TRIBUTÁRIA PARA O EQUILÍBRIO DAS CONTAS DA PREVIDÊNCIA SOCIAL. O AUMENTO DA ARRECADAÇÃO DE CONTRIBUIÇÕES SOCIAIS A PARTIR DA COMPETÊNCIA OUTORGADA À JUSTIÇA DO TRABALHO

Como já colocado, o caminho para a cobrança de contribuições previdenciárias sonegadas, particularmente pelos empregadores, era o ajuizamento de execução fiscal pela União, na Justiça Comum Federal. Percentual significativo de empregadores não assina a carteira de trabalho de seus empregados, outros assinam mas não recolhem as contribuições sociais devidas, outros chegam a recolher a quota-parte do empregado mas não a repassa ao cofre público, a cometer o delito penal da apropriação indébita, tipificado no art. 168-A, do Código Penal, incluído pela Lei n. 9.983/2000:

Apropriação indébita previdenciária

Art. 168-A. Deixar de repassar à previdência social as contribuições recolhidas dos contribuintes, no prazo e forma legal ou convencional:

Pena — reclusão, de 2 (dois) a 5 (cinco) anos, e multa.

Dados oficiais recentes, divulgados pelo IBGE, apontam o crescimento na formalização do emprego, porém o percentual de informalidade no Brasil ainda se aproximando de 40% da mão de obra ocupada, o que persiste significativo e preocupante.

Por outro lado, repise-se, a Fazenda Pública, ao ajuizar as competentes ações fiscais, pretendendo o recebimento de contribuições sociais, o fazia, regularmente, fora do escopo dessa questão, ou seja, de vínculos de emprego não formalizados, ou do não atendimento à legislação trabalhista, quer dizer, persistindo o não recolhimento de tributos, com o gravame de que eles sequer eram perseguidos judicialmente.

Há de se diferenciar três situações. Na primeira, o empregador não reconhece o vínculo de emprego e simplesmente não aplica, à relação jurídica de trabalho, a legislação trabalhista. Na segunda, o tomador do serviço admite o vínculo, paga salários e outras verbas trabalhistas, mas não tem como recolher as contribuições sociais pela ausência de formalização. Na terceira, a relação de emprego é formalizada, mas não há o adimplemento da totalidade das obrigações trabalhistas, a exemplo de horas extras e adicional noturno. Nas três hipóteses há algo em comum, que é justamente a elisão fiscal.

Reiterando-se pela derradeira vez, a Fazenda Pública, até a Emenda n. 20/2018, concentrava a cobrança de contribuições sociais devidas pelos tomadores de serviço, em decorrência de contratos de emprego, naqueles valores encontrados após a regular fiscalização e a constatação de sonegação, sob a forma mais trivial; não tinha ocorrido o recolhimento calculado sobre a folha de pagamento.

E tal fato, sem dúvida, impactava fortemente na arrecadação da Previdência Social, um sistema notoriamente problemático e deficitário, apelidado de bomba atômica desde há muito.

Ocorre que a Emenda Constitucional n. 20/2008 bipartiu a competência material para a execução de contribuições sociais devidas à União, antes exclusivamente na esfera da Justiça Federal, agora repartida entre esta e a Justiça do Trabalho. E, ainda que nada seja imune a críticas e aperfeiçoamento, o resultado foi e tem sido inegavelmente positivo, por mais que algumas 'brechas' possam ser 'fechadas'.

A resumir a questão, oportuna a transcrição das palavras de Jorge C. Boucinhas Filho (2004):

> Nos últimos anos um dos setores que mais têm demandado atenção dos que chegam ao poder em nosso país é o da seguridade social. A má administração dos recursos administrados e as fraudes escandalosas envolvendo as verbas securitárias deixaram, por diversas ocasiões, o sistema de seguridade brasileiro a beira do colapso.
>
> Com o escopo de combater a sonegação e evitar o naufrágio total da nossa previdência, os últimos governantes eleitos vêm implantando novas políticas no setor através de sucessivas mudanças legislativas.
>
> Dentre elas, aquela que talvez tenha obtido melhor efeito prático no combate à sonegação foi a que determinou a execução das contribuições previdenciárias no próprio juízo onde se processar a reclamação trabalhista. Entretanto, esta medida, que tornou o Judiciário Trabalhista forte aliado no recolhimento das contribuições previdenciárias.[1]

Não compartilhamos da opinião, a bem da verdade, de que a Emenda n. 20/1998 foi a medida mais efetiva, a destacar que ocorreram reformas estruturantes 'duras', no particular mexendo com a categoria dos servidores públicos civis, mormente no âmbito federal. Contudo, que a competência conferida à Justiça do Trabalho tem sido instrumento eficiente manejado em favor da arrecadação, isso é insofismável.

No que toca ao arcabouço jurídico construído para o procedimento de execução das contribuições previdenciárias encontradas nos processos trabalhistas, o marco regulatório estabelecido favorece a obtenção do escopo pretendido, qual seja, a ampliação da arrecadação fiscal, peculiarmente na medida em que se transferiu esforços da advocacia pública para o próprio órgão judicial, a execução ocorrendo de ofício, portanto sem necessidade de provocação, inclusive com cálculos formulados pelo setor competente da Vara do Trabalho e uma tramitação acelerada, nos termos da Lei

(1) BOUCINHAS FILHO, Jorge C. Da execução da contribuição previdenciária na Justiça do Trabalho. Jus Navigandi (Teresina), Internet, v. 1, p. 1, 2004. Disponível em: https://jus.com.br/artigos/6067/da-execucao-da-contribuicao-previdenciaria-na-justica-do-trabalho. Acesso em: 17 jul. 2024.

de Execução Fiscal, com proeminência da legislação previdenciária, a teor de norma expressa da CLT.

E, se contra números não há argumentos, trazemos abaixo quadro sinótico, relativo ao ano de 2023, com os dados da arrecadação, pela Justiça do Trabalho, em favor dos cofres da União.

Região Judiciária	Arrecadação				Total
	Custas/Emolumentos	Previdência	Imposto de Renda	Multas	
1ª - RJ	40.028.308,97	479.820.930,86	154.699.410,66	552.922,56	675.101.573,05
2ª - SP	42.491.681,47	321.382.606,05	85.165.707,59	229.681,24	449.269.676,35
3ª - MG	31.443.006,79	665.117.707,73	165.100.439,01	814.804,85	862.475.958,38
4ª - RS	72.326.666,60	607.797.227,66	195.087.689,34	120.416,83	875.332.000,43
5ª - BA	41.879.461,66	225.569.082,51	54.931.898,36	411.314,41	322.791.756,94
6ª - PE	29.208.773,10	136.793.121,55	14.778.339,90	52.115,26	180.832.349,81
7ª - CE	7.138.436,96	80.506.953,10	8.934.391,12	25.176,72	96.604.957,90
8ª - PA e AP	9.388.129,67	71.335.816,66	12.699.671,49	74.922,64	93.498.540,46
9ª - PR	51.415.292,16	471.992.878,66	88.430.172,88	358.358,91	612.196.702,61
10ª - DF e TO	20.139.929,24	152.339.377,89	55.434.736,17	281.408,19	228.195.451,49
11ª - AM e RR	3.901.017,08	27.963.524,03	6.302.216,09	12.761,07	38.179.518,27
12ª - SC	19.498.724,13	118.261.981,07	16.306.030,82	223.721,62	154.290.457,64
13ª - PB	8.077.405,84	42.098.704,69	4.086.544,98	834.884,12	55.097.539,63
14ª - RO e AC	8.189.787,27	24.225.278,72	3.842.187,67	94.388,79	36.351.642,45
15ª - Campinas/SP	52.285.742,05	480.078.771,72	68.212.351,62	478.720,79	601.055.586,18
16ª - MA	2.552.449,11	21.329.384,68	1.749.662,78	19.520,93	25.651.017,50
17ª - ES	9.554.852,40	83.700.062,44	16.514.121,74	1.569.546,01	111.338.582,59
18ª - GO	18.709.342,59	71.468.223,75	12.628.229,39	94.335,87	102.900.131,60
19ª - AL	2.304.887,88	18.308.951,16	4.358.170,75	74.673,07	25.046.682,86
20ª - SE	2.493.442,00	27.889.150,41	4.601.898,14	489.905,63	35.474.396,18
21ª - RN	4.294.387,14	59.171.516,51	6.289.762,85	115.990,93	69.871.657,43
22ª - PI	2.405.457,35	27.946.045,10	4.518.953,88	98.541,99	34.968.998,32
23ª - MT	9.458.373,73	42.451.935,97	5.960.287,87	8.413,60	57.879.011,17
24ª - MS	8.608.590,87	64.348.629,02	10.819.830,25	49.844,48	83.826.894,62
País	497.794.146,06	4.321.897.861,94	1.001.452.705,35	7.086.370,51	5.828.231.083,86

Fonte: Relatório Geral da Justiça do Trabalho 2023, 2024.[2]

Observe-se, portanto, que a Justiça do Trabalho arrecadou, em 2023, em favor da União, R$ 5.828.231.083,86 (cinco bilhões, oitocentos e vinte e oito milhões, duzentos e trinta e um mil, oitenta e três reais e oitenta e seis centavos), sendo R$ 4.321.897.861,94 (quatro bilhões, trezentos e vinte e um milhões, oitocentos e noventa e sete mil, oitocentos e sessenta e um reais e noventa e quatro centavos), montante extremamente significativo, o que fala por si só, a ratificar a essencialidade da Justiça Laboral no equilíbrio atuarial da Previdência Social.

7. AS RECENTES DECISÕES DO STF ACOLHENDO A PEJOTIZAÇÃO FRAUDULENTA. O FIM DO PRINCÍPIO DA PRIMAZIA DA REALIDADE? IMPACTO NAS CONTAS PÚBLICAS

Não há dúvidas sobre a importância do art. 9º da CLT, ao dispor que "Serão nulos de pleno direito os atos praticados com o objetivo de desvirtuar, impedir ou fraudar a aplicação dos preceitos contidos na presente Consolidação". Consagra-se, no dispositivo legal, o princípio da primazia da realidade, pilar essencial à efetividade do Direito do

(2) TRIBUNAL SUPERIOR DO TRABALHO — TST. Relatório Geral da Justiça do Trabalho 2023. 2024. Tabela 1.3.1 Arrecadação nas Varas do Trabalho. Disponível em: https://tst.jus.br/documents/18640430/31950226/RGJT2022.pdf/fa638cf6-969b-6508-09d8-625ffba9cd93?t=1689185086782. Acesso em: 17 jul. 2024.

Trabalho. Não à toa, conforme Arnaldo Lopes Süssekind, um dos que compuseram a comissão da CLT (Dec.-lei n. 5.452, de 1ª de maio de 1943), o art. 9º consiste em um dos principais artigos da Consolidação, senão o principal.

Ocorre que, desde já se expressando profundo respeito à nossa Corte Suprema, o STF tem decidido, reiteradamente, em nosso sentir, de forma absolutamente equivocada, a afastar a competência da Justiça de Trabalho e, meritoriamente, por meio de reclamações constitucionais, a derrubar decisões de todos os graus (Varas, Tribunais Regionais e Tribunal Superior), acolhendo fraudes e consagrando o princípio da primazia da formalidade, em detrimento da realidade fática. Faz tábula rasa do art. 9º da CLT e, com isso, coloca em xeque a própria subsistência do Direito do Trabalho. O art. 9º, saliente-se, que se encontra em diapasão com a Recomendação n. 198 da OIT e com a Corte Interamericana de Direitos Humanos.

A Corte Suprema tem acolhido reclamações, que não são poucas, inclusive *per saltum*, ou seja, sem obediência à gradação estabelecida, quer dizer, pulando as etapas dos recursos nos Tribunais Regionais e no Tribunal Superior do Trabalho, quando se sabe que a ação trabalhista, versando sobre matéria constitucional, para chegar ao STF, tem que, além da violação direta e literal à Constituição, passar pelo órgão regional e pelo TST. Pior; o E. STF chegou a reformar sentenças com trânsito em julgado, por meio de reclamação constitucional, o que se apresenta impróprio. Ademais, os processos analisados e revertidos envolvem, inevitavelmente, matéria de fato, o que encontra óbice na Súmula n. 279 do Excelso Pretório.

A desafiar reclamação constitucional, uma das hipóteses consiste no descumprimento de decisões obrigatórias (vinculantes) do STF. Acontece que a nossa Corte Maior de Justiça tem lançado mão do Tema 725, para reformar decisões da Justiça Laboral, cuja tese é no sentido que "É lícita a terceirização ou qualquer outra forma de divisão do trabalho entre pessoas jurídicas distintas, independentemente do objeto social das empresas envolvidas, mantida a responsabilidade subsidiária da empresa contratante". Dessa forma, inexiste estrita aderência entre o decidido pelo E. STF, no bojo do RE 958252-MG, *leading case*, como na ADPF 324, e as hipóteses nas quais a Justiça do Trabalho afasta contratos de pejotização, que mascaram relações de emprego, preenchidos os requisitos estabelecidos nos arts. 2º e 3º da CLT. Aliás, inexiste aderência, por menor que seja.

E isso fica por demais claro, a teor da parte dispositiva do acórdão publicado: O Tribunal, por maioria e nos termos do voto do Relator, apreciando o tema 725 da repercussão geral, deu provimento ao recurso extraordinário, vencidos os Ministros Edson Fachin, Rosa Weber, Ricardo Lewandowski e Marco Aurélio. Em seguida, o Tribunal fixou a seguinte tese: É lícita a terceirização ou qualquer outra forma de divisão do trabalho entre pessoas jurídicas distintas, independentemente do objeto social das empresas envolvidas, mantida a responsabilidade subsidiária da empresa contratante, vencida a Ministra Rosa Weber. Plenário, 30.08.2018.

Nessa perspectiva, a tendência do E. STF, de cassar decisões da Justiça do Trabalho e convalidar fraudes, sob a forma de pejotização de relações de emprego, pode custar caro e, como alertado pela Procuradoria-Geral a Fazenda Nacional, levar a situações anti-isonômicas do ponto de vista fiscal e tributário.

Segundo Rodrigo de Lacerda Carelli, em artigo intitulado "Bomba atômica previdenciária armada pelo STF" (24.06.2024)[3], com supedâneo até na Receita Federal, preocupada mais com o imposto de renda pessoa física não recolhido, considerando o salário médio e o número de empregados que migraram para outras formas de contratação, somente com a sonegação da contribuição patronal o rombo, em 2024, será da ordem de R$ 2.263.742.000,00 (dois bilhões, duzentos e sessenta e três mil reais, setecentos e quarenta e dois reais) mensais, chegando-se a R$ 29.000.000.000,00 (vinte e nove bilhões) ao ano, computando-se décimo terceiro salário. E, na esteira da jurisprudência do E. STF, não paira dúvidas que esse percentual de empregados contratados sob a forma de pessoa jurídica falsa crescerá, levando a um desequilíbrio extraordinário nas contas da Previdência Social, de há muito já combalidas.

8. CONSIDERAÇÕES FINAIS. JUSTIÇA DO TRABALHO E DA PREVIDÊNCIA SOCIAL

A importância da Justiça do Trabalho nas contas da Previdência Social do Brasil resta inequívoca, a partir dos números trazidos anteriormente. A sonegação das contribuições sociais, pela não arrecadação delas em face de sentenças condenatórias e acordos homologados na Justiça do Trabalho, diminuiu consideravelmente a partir da Emenda n. 20/1998, que atribui competência material à Justiça Laboral para executar, de ofício, as aludidas contribuições. Não há que se falar em fim da sonegação porque muitas vezes a execução não resta frutífera.

Portanto, a essencialidade da Justiça do Trabalho para o equilíbrio financeiro/atuarial da Previdência Social reveste-se de clareza indisfarçável. Porém, sabendo que isso mexe com diversos aspectos e interesses, em linguagem popular, numa 'caixa de maribondos', mas entendemos que chegou a hora de se dar um passo adiante.

Aproveitando a maior capilaridade da Justiça do Trabalho, em comparação com a Justiça Federal, temos plena convicção que, não obstante a notória eficiência da segunda, a transferência de sua competência em matéria de cobrança e execução de contribuições previdenciárias, não importando a origem, para a primeira, trará ampliação de receita para a União, o que é justo quando em combate à sonegação fiscal. De tal sorte, por meio de Emenda à Constituição, o ideal seria que a Justiça do Trabalho passasse a se denominar Justiça do Trabalho e Previdência, ainda que a Justiça Federal mantivesse alguma competência em matéria previdenciária. Ou, por não haver transferência completa de competência, que continue com o nome de Justiça do Trabalho, mas que tenha maior amplitude quanto à questão das contribuições sociais. É uma ideia polêmica e, por isso, poderíamos silenciar, mas as ideias devem ser lançadas como sementes e, muitas vezes, nada esperamos no tocante a germinar, mas sai do solo uma árvore frondosa e de bons frutos.

REFERÊNCIAS

BOUCINHAS FILHO, Jorge C. *Da execução da contribuição previdenciária na Justiça do Trabalho.* Jus Navigandi (Teresina), Internet, v. 1, p. 1, 2004. Disponível em: https://

---

(3) CARELLI, R. de L. (2024). A bomba atômica previdenciária armada pelo STF: Decisões que impedem Justiça do Trabalho de reconhecer vínculos têm a capacidade de exterminar o sistema previdenciário. JOTA. Disponível em: https://www.jota.info/artigos/a-bomba-atomica-previdenciaria-armada-pelo-stf-24062024. Acesso em: 17 jul. 2024.

jus.com.br/artigos/6067/da-execucao-da-contribuicao-previdenciaria-na-justica-do-trabalho. Acesso em: 17 jul. 2024.

CARELLI, R. de L. (2024). *A bomba atômica previdenciária armada pelo STF*: Decisões que impedem Justiça do Trabalho de reconhecer vínculos têm a capacidade de exterminar o sistema previdenciário. JOTA. Disponível em: https://www.jota.info/artigos/a-bomba-atomica-previdenciaria-armada-pelo-stf-24062024. Acesso em: 17 jul. 2024.

TRIBUNAL SUPERIOR DO TRABALHO — TST. Relatório Geral da Justiça do Trabalho 2023. 2024. Tabela 1.3.1 Arrecadação nas Varas do Trabalho. Disponível em: https://tst.jus.br/documents/18640430/31950226/RGJT2022.pdf/fa638cf6-969b-6508-09d8-625ffba9cd93?t=1689185086782. Acesso em: 17 jul. 2024.

Greve no serviço público: reflexões em torno da competência

Carlos Henrique Bezerra Leite (*)

Resumo: o presente artigo tem por objeto examinar juridicamente a questão da competência em razão da matéria e da pessoa para processar e julgar demandas que versam sobre greve do servidor público no ordenamento jurídico brasileiro.

Palavras-chave: greve; servidor público; competência.

Abstract: The purpose of this article is to legally examine the issue of competence based on the matter and the person to process and judge demands that deal with public servant strikes in the Brazilian legal system.

Keywords: strike; public server; competence.

Sumário: Introdução. 1. Escorço histórico da greve no Brasil. 2. A Greve na Constituição Brasileira de 1988. 3. A greve na teoria dos Direitos Humanos. Convenção n. 151 da OIT. 4. A Convenção n. 151 da OIT. 5. A questão da competência para processar e julgar as ações que envolvam o direito de greve do servidor público civil. Conclusão. Referências.

INTRODUÇÃO

Uma das mais importantes e complexas manifestações coletivas existentes na história é a greve. Diz-se que o termo "greve" foi utilizado pela primeira vez no final do século XVIII, precisamente na chamada *Place de Grève*, em Paris (França), onde se reuniam trabalhadores que, insatisfeitos geralmente com os baixos salários e com as jornadas exaustivas, paralisavam suas atividades laborais e reivindicavam melhores condições de trabalho. Na referida praça, os trabalhadores utilizam os gravetos trazidos pelas enchentes do rio Sena e os jogavam para o alto. Daí a simbologia do termo *grève*, originário de graveto.

A greve, porém, como fenômeno sociojurídico, surge com o regime de trabalho assalariado, fruto da Revolução Industrial, estando, portanto, vinculada aos movimentos sindicais ocorridos mormente na Inglaterra.[1] A matriz ideológica da greve, nessa perspectiva, vincula-se às relações de natureza privada oriundas dos conflitos entre o capital e o trabalho.

Com o advento da estruturação das relações entre o Estado e seus funcionários, a greve, no âmbito do setor público, passou a ser permitida em alguns países, como

(*) Pós-Doutorado pela Universidade de Coimbra/Portugal. Doutorado e Mestrado em Direito pela PUC/SP. Professor do Mestrado e Doutorado em Direitos e Garantias Fundamentais da FDV. Líder do Grupo de Pesquisa Acesso à Justiça na Perspectiva dos Direitos Humanos. Desembargador do Trabalho (aposentado). Advogado e Consultor Jurídico. Ex-Procurador Regional do Trabalho do MPT.

(1) RUSSOMANO, Mozart Victor. *Princípios gerais de direito sindical*. 2. ed. Rio de Janeiro: Forense, 1997. p. 243.

Canadá, Espanha, Finlândia, França, México e Portugal, cujos ordenamentos jurídicos exigem, em geral, alguns procedimentos prévios, como consultas e negociações coletivas para a validação do movimento paredista dos funcionários públicos.

No Brasil, com o advento da Constituição brasileira de 1988, a greve passou a ser reconhecida como direito fundamental tanto para os trabalhadores do setor privado em geral (art. 9º) quanto para os servidores públicos civis (art. 37, VI e VII), aos quais também foram assegurados o direito à livre sindicalização. Ao militar, no entanto, há vedação expressa quanto aos direitos à sindicalização e à greve (CF, art. 142, § 3º, IV).

Disciplinando a greve para os trabalhadores do setor privado, abrangendo os "servidores celetistas" das sociedades de economia mista e empresas públicas, a Lei n. 7.783/1989 (LG): a) conceitua a greve como "suspensão coletiva, temporária e pacífica, total ou parcial, de prestação pessoal de serviço a empregador" (art. 2º); b) arrola os serviços considerados essenciais; c) fixa os requisitos para o exercício do direito; d) obriga os sindicatos, os trabalhadores e os empregadores a garantir, durante a greve, a prestação de serviços indispensáveis ao atendimento das atividades inadiáveis da comunidade, que são aquelas que, não atendidas, coloquem em risco iminente a sobrevivência, a saúde ou a segurança da população; caso isso não seja observado, o Poder Público assegurará a prestação dos serviços indispensáveis; e) estabelece as sanções para os casos de abuso do direito, etc.

Quanto ao servidor público civil da Administração direta, autárquica e fundacional, o art. 16 da LG dispõe expressamente que: "Para os fins previstos no art. 37, VII, da Constituição, lei complementar definirá os termos e os limites em que o direito de greve poderá ser exercido".

No que tange à competência examinar as demandas sobre greve, a Emenda Constitucional n. 45/2004, que alterou o art. 114 da CF/1988, prevê que é da Justiça do Trabalho a competência para processar e julgar as ações que envolvam o exercício do direito de greve (inciso II) e os dissídios coletivos de greve (§ 3º).

O presente estudo tem por objetivo examinar as questões que versam sobre a competência em razão da matéria e da pessoa para processar e julgar as ações que envolvem o direito de greve do servidor público no ordenamento jurídico brasileiro, com ênfase no direito de greve do servidor público civil da Administração Pública direta e indireta da União, do Distrito Federal, dos Estados e dos Municípios.

Eis os problemas específicos da presente pesquisa: qual a instituição do Poder Judiciário brasileiro que detém a competência em razão da matéria e da pessoa para processar e julgar as ações que envolvam o exercício do direito de greve do servidor público civil da Administração Pública direta, autárquica ou fundacional?

1. ESCORÇO HISTÓRICO DA GREVE NO BRASIL

O Código Penal brasileiro, de 1890, proibia a greve. Até o advento do Decreto n. 1.162, de 12.12.1890, essa orientação foi mantida. A Lei n. 38, de 04.04.1932, que dispunha sobre segurança nacional, conceituou a greve como delito.

As Constituições brasileiras de 1891 e de 1934 foram omissas a respeito da greve, o que, na prática, implicou fosse considerada um simples fato, de natureza social, tolerado pelo Estado. Mas a Constituição de 1937 (art. 139, 2ª parte) considerava a greve e o locaute como recursos antissociais, nocivos ao trabalho e ao capital, sendo incompatíveis com os superiores interesses da produção nacional.

O Decreto-Lei n. 431, de 18.5.1938, que também versava sobre segurança nacional, tipificou a greve como crime se houvesse incitamento dos funcionários públicos à paralisação coletiva dos serviços, induzimento de empregados à cessação ou suspensão do trabalho ou a paralisação coletiva dos próprios funcionários públicos.

O Decreto-Lei n. 1.237, de 2.5.1939, que instituiu a Justiça do Trabalho, previa punições dos trabalhadores em caso de greve, desde a suspensão e a despedida por justa causa até a pena de detenção. O Código Penal, de 7.12.1940, em seus arts. 200 e 201 considerava crime a paralisação do trabalho, na hipótese de perturbação da ordem pública ou se o movimento fosse contrário aos interesses públicos.

A CLT, de 1943, previa, em seu art. 723, a pena de suspensão ou perda do cargo do representante dirigente sindical nos casos de suspensão coletiva do trabalho sem prévia autorização do tribunal trabalhista e, no art. 724, estabelecia multa para o sindicato que ordenasse a deflagração do movimento grevista, além de cancelamento do registro da associação ou perda do cargo, caso a ordem partisse exclusivamente dos dirigentes sindicais.

O Decreto-Lei n. 9.070, de 15.3.1946, passou a tolerar a greve nas atividades acessórias, não obstante a proibição prevista na Constituição de 1937. Nas atividades fundamentais, contudo, permanecia a vedação.

Com a Constituição de 1946 a greve passa a ser reconhecida como direito dos trabalhadores, embora condicionando o seu exercício à edição de lei posterior (art. 158). O STF, no entanto, deixou assentado naquela oportunidade que o Decreto-Lei n. 9.070/1946 não era incompatível com o Texto Constitucional de 1946, de modo que continuavam vigorando as restrições ao exercício do direito de greve.

Em 1º de junho de 1964, entrou em vigor a Lei de Greve (Lei n. 4.330), que considerava ilegal a greve: a) se não fossem observados os prazos e condições estabelecidos na referida lei; b) que tivesse por objeto reivindicações julgadas improcedentes pela Justiça do Trabalho, em decisão definitiva, há menos de um ano; c) por motivos políticos, partidários, religiosos, morais, de solidariedade ou quaisquer outros que não tivessem relação com a própria categoria diretamente interessada; d) cujo fim residisse na revisão de norma coletiva, salvo se as condições pactuadas tivessem sido substancialmente modificadas (*rebus sic stantibus*).

Adite-se que o art. 20, parágrafo único, da Lei n. 4.330/1964, dispunha que a greve lícita suspendia o contrato de trabalho, sendo certo que o pagamento dos dias de paralisação ficava a cargo do empregador ou da Justiça do Trabalho, desde que deferidas, total ou parcialmente, as reivindicações formuladas pela categoria profissional respectiva.

Cumpre sublinhar a correta observação de *Francisco Osani de Lavor*:

> A Lei 4.330/64 regulamentou, por muito tempo, o exercício do direito de greve, impondo tantas limitações e criando tantas dificuldades, a ponto de ter sido denominada por muitos juslaboristas como a Lei do delito da greve e não a Lei do direito da greve.[2]

(2) LAVOR, Francisco Osani de. A greve no contexto democrático. *Revista Síntese Trabalhista*, n. 82, abr. 1996, Porto Alegre, p. 12.

A Constituição de 1967, em seu artigo 158, XXI, combinado com o art. 157, § 7º, assegurou a greve aos trabalhadores do setor privado, proibindo-a, contudo, em relação aos serviços públicos e às atividades essenciais, sendo certo que a Emenda Constitucional n. 01, de 17.10.1969, manteve a mesma orientação (artigos 165, XX, e 162).

2. A GREVE NA CONSTITUIÇÃO BRASILEIRA DE 1988

A Constituição de 1988 consagra o direito de greve no elenco dos direitos fundamentais sociais dos trabalhadores do setor privado, nos seguintes termos:

> "Art. 9º — É assegurado o direito de greve, competindo aos trabalhadores decidir sobre a oportunidade de exercê-lo e sobre os interesses que devam por meio dele defender.
>
> § 1º — A lei definirá os serviços e atividades essenciais e disporá sobre o atendimento das necessidades inadiáveis da comunidade.
>
> § 2º — Os abusos cometidos sujeitam os responsáveis às penas da lei".

Não há mais nenhuma proibição de greve no setor privado, nem mesmo nos serviços essenciais, sendo certo que nestes últimos trabalhadores e empregadores tenham que estabelecer medidas que assegurem, durante a greve, a manutenção de serviços para atendimento das necessidades inadiáveis da comunidade.

Aos servidores públicos civis, quer investidos em cargos, quer investidos em empregos, também foi reconhecido, no art. 37, inciso VII, da CF/88, o direito de greve. Todavia, o constituinte originário estabeleceu que o exercício desse direito seria disciplinado por lei complementar que, diga-se de passagem, não fora editada. Pelo contrário, ao invés de editá-la, o constituinte derivado preferiu alterar a redação original do Texto Constitucional por meio da Emenda Constitucional n. 19/1998, estabelecendo, assim, no que concerne ao servidor público civil, que "o direito de greve será exercido nos termos e nos limites definidos em lei específica".

3. A GREVE NA TEORIA DOS DIREITOS HUMANOS

Situar a greve na dimensão dos direitos humanos requer uma investigação de fôlego, o que não é a nossa pretensão neste singelo artigo. Mas é possível afirmar que a greve, a partir do momento em que passa a ter sede nas Constituições dos países ocidentais, tal como ocorre nos ordenamentos brasileiro, espanhol e português, passa a ser considerada direito fundamental dos trabalhadores. Trata-se, pois, de um direito fundamental da pessoa humana que se insere na moldura das chamadas dimensões dos direitos humanos.

Nesse sentido é o magistério de *Julio Cesar do Prado Leite*, para quem:

> A greve é um direito fundamental que se arrima na Declaração dos Direitos do Homem (...) Com efeito, o ato internacional em causa, de modo explícito, cuida de assegurar condições justas e favoráveis de trabalho. Para obtê-las ou confirmá-las todo trabalhador tem direito a organizar sindicatos e neles ingressar para a proteção de seus interesses. Não há greve sem sindicato. O sindicato tornar-se-ia uma mera associação corporativa assistencial se não dispuser do direito de fazer greve.(3)

---

(3) LEITE, Julio Cesar do Prado. O papel da greve na negociação coletiva. In: RIBEIRO, Lélia Guimarães Carvalho; PAMPLONA FILHO, Rodolfo (coords.). *Direito do trabalho*: estudos em homenagem ao prof. Luiz de Pinho Pedreira da Silva. São Paulo: LTr, 1998. p. 427.

Vale dizer, a greve constitui, a um só tempo, direito de primeira, de segunda e de terceiras dimensões, na medida em que se enquadra simultaneamente como:

a) **direito de liberdade** ou de **direito humano de primeira dimensão**, pois implica um *non facere* por parte do Estado, ou seja, representa um *status negativus* estatal que passa a reconhecer as liberdades públicas e o direito subjetivo de reunião entre pessoas para fins pacíficos;

b) **direito de igualdade**, ou **direito humano de segunda dimensão**, porque é pelo exercício do direito de greve que os trabalhadores pressionam os respectivos tomadores de seus serviços, visando à melhoria de suas condições sociais e corrigindo, dessa forma, a desigualdade econômica produzida pela concentração de riquezas inerente ao regime capitalista, mormente numa economia globalizada. Tanto é assim que a Constituição brasileira de 1988 (art. 9º) considera a greve um direito social fundamental dos trabalhadores;

c) **direito de solidariedade** ou **direito humano de terceira dimensão**, na medida em que a greve representa inequivocamente uma manifestação de solidariedade entre pessoas, o que reflete, em última análise, a ideologia da paz, do progresso, do desenvolvimento sustentado, da comunicação e da própria preservação da família humana. Além disso, a greve, por ser um direito coletivo social dos trabalhadores, pode ser tipificada como uma espécie de direito ou interesse metaindividual ou, na linguagem do Código de Defesa do Consumidor (art. 81, parágrafo único, II), um direito ou interesse coletivo.

Ora, se a greve tem por escopo básico a melhoria das condições sociais do trabalhador, então é factível concluir que ela constitui um direito fundamental do trabalhador como pessoa humana.

De outro giro, parece-nos adequado afirmar que a greve constitui um instrumento democrático a serviço da cidadania, na medida em que seu objetivo maior consiste na reação pacífica e ordenada dos trabalhadores contra os atos que impliquem direta ou indiretamente desrespeito às suas dignidades como pessoas humanas.

E como se trata de direito humano e fundamental, não pode haver distinção entre o trabalhador do setor privado e o do setor público pelo exercício do respeito direito, salvo quando o próprio ordenamento jurídico dispuser em contrário, tal como ocorre, no nosso sistema, com o servidor público militar (CF, art. 142, § 3º, IV), para quem é vedada a greve e a sindicalização em função da missão institucional que esse servidor exerce no sentido da preservação da ordem e da segurança para a população em geral.[(4)]

4. A CONVENÇÃO N. 151 DA OIT

A Organização Internacional do Trabalho — OIT não possui convenção específica sobre greve, mas a doutrina é praticamente unânime em afirmar que as Convenções ns. 87 e 98, que dispõem sobre liberdade sindical e negociação coletiva[(5)], contemplam, implicitamente, a greve como um direito fundamental dos trabalhadores, tanto do setor

(4) O art. 142, § 3º, inciso IV, da CF (com redação dada pela EC n. 18/1998) dispõe, *in verbis*: "ao militar são proibidas a sindicalização e a greve;

(5) A Convenção 87 da OIT ainda não foi ratificada pelo Brasil, mas a Convenção 98 foi aprovada pelo Decreto Legislativo n. 49, de 27.8.52, promulgada pelo Decreto n. 33.196, de 29.6.53, com vigência nacional a partir de 18.11.1953.

público quanto do setor privado, sendo certo que apenas os funcionários das forças armadas podem ter, segundo aquele organismo internacional, algumas restrições ou até mesmo vedações ao exercício do direito de greve.

É importante assinalar que a Convenção n. 151 da OIT, também conhecida como "Convenção sobre as Relações de Trabalho na Administração Pública", nos seus *considerando*, reconhece, entre outros aspectos, a expansão dos serviços prestados pela administração pública em muitos países e a necessidade de que existam sadias relações de trabalho entre as autoridades públicas e as organizações de empregados públicos.[6] Para tanto, prescreve expressamente no seu art. 7º, *in verbis*:

> "Quando necessário, devem ser tomadas medidas adequadas às condições nacionais para encorajar e promover o desenvolvimento e utilização dos mais amplos processos que permitam a negociação das condições de trabalho entre as autoridades públicas interessadas e as organizações de trabalhadores da função pública ou de qualquer outro processo que permita aos representantes dos trabalhadores da função pública participarem na fixação das referidas condições".

Ademais, o art. 8º da Convenção n. 151 da OIT prevê que:

> "A resolução dos conflitos surgidos a propósito da fixação das condições de trabalho será procurada de maneira adequada às condições nacionais, através da negociação entre as partes interessadas ou por um processo que dê garantias de independência e imparcialidade, tal como a mediação, a conciliação ou a arbitragem, instituído de modo que inspire confiança às partes interessadas".

Nesse passo, cumpre lembrar que o Congresso Nacional ratificou no dia 14.05.2010, por meio do Decreto Legislativo n. 206, os textos da Convenção n. 151 e da Recomendação n. 159, ambas da OIT, que estabelecem princípios que asseguram a proteção dos trabalhadores da Administração Pública no exercício de seus direitos sindicais, como filiados ou representantes de sindicatos, garantindo sua autonomia de atuação.

Ao editar o referido ato normativo, o Congresso Nacional fez duas ressalvas importantes: a) a expressão "pessoas empregadas pelas autoridades públicas", constante na Convenção n. 151, aos diversos níveis de governo e às várias relações de trabalho, alcançando tanto os servidores públicos federais regidos pela Lei n. 8.112/1990 ou pela CLT quanto os servidores dos âmbitos estadual e municipal, regidos pela legislação específica de cada um; b) as organizações de trabalhadores abrangidas pela Convenção são apenas aquelas organizações "constituídas nos termos do artigo 8º da Constituição Federal".

Assim, a Convenção n. 151 da OIT, que trata da proteção do direito de sindicalização e dos procedimentos sobre condições de emprego no serviço público, passa a ser, em nosso ordenamento, norma de direito fundamental (CF, art. 5º, § 2º) que assegura aos servidores públicos, dentre outros, o direito de organização, de petição, de trabalho decente e de remuneração digna, de negociação coletiva e, em caso de frustração da negociação coletiva, o direito de greve.

A Convenção n. 151 da OIT é, portanto, um tratado internacional de direitos humanos que se aplica a todas as pessoas que exercem cargos e empregos nos órgãos da Administração Pública (em todos os níveis municipal, estadual e federal) e que dentre

(6) A expressão "empregados públicos" tem significação ampla, isto é, abrange a todas as pessoas que mantêm vínculo de trabalho com a administração pública, tal como se deflui do art. 1º da Convenção n. 151 da OIT.

os principais direitos destacam-se: a) proteção contra os atos de discriminação que acarretem violação da liberdade sindical em matéria de trabalho; b) independência das organizações de trabalhadores da função pública face às autoridades públicas; c) proteção contra atos de ingerência das autoridades públicas na formação, funcionamento e administração das organizações de trabalhadores da função pública; d) concessão de facilidades aos representantes das organizações reconhecidas dos trabalhadores da função pública, com permissão para cumprir suas atividades seja durante as suas horas de trabalho ou fora delas; e) instauração de processos que permitam a negociação das condições de trabalho entre as autoridades públicas interessadas e as organizações de trabalhadores da função pública; f) garantias dos direitos civis e políticos essenciais ao exercício normal da liberdade sindical.

A ratificação da Convenção n. 151 da OIT pelo Governo brasileiro levou o Tribunal Superior do Trabalho a alterar a OJ 5 da SDC, que passou a ter a seguinte redação:

> "**DISSÍDIO COLETIVO. PESSOA JURÍDICA DE DIREITO PÚBLICO. POSSIBILIDADE JURÍDICA. CLÁUSULA DE NATUREZA SOCIAL** (redação alterada na sessão do Tribunal Pleno realizada em 14.09.2012 — Res. 186/2012, DEJT divulgado em 25, 26 e 27.09.2012). Em face de pessoa jurídica de direito público que mantenha empregados, cabe dissídio coletivo exclusivamente para apreciação de cláusulas de natureza social. Inteligência da Convenção n. 151 da Organização Internacional do Trabalho, ratificada pelo Decreto Legislativo n. 206/2010".

No que tange particularmente à greve do servidor público, o Comitê de Liberdade Sindical vem editando verbetes no sentido do recomendar que os países membros reconheçam a greve como um direito dos servidores públicos, somente admitindo restrições em casos muito particulares.

Nesse sentido, o Comitê editou o verbete n. 394, que dispõe:

> "O direito de greve só pode ser objeto de restrições, inclusive proibição, na função pública, sendo funcionários públicos aqueles que atuam como órgãos de poder público, ou nos serviços essenciais no sentido estrito do termo, isto é, aqueles serviços cuja interrupção possa pôr em perigo a vida, a segurança ou a saúde da pessoa, no todo ou em parte da população".

O verbete n. 386 do referido Comitê, por outro lado, trata da possibilidade de conciliação e arbitragem em serviços essenciais e funções públicas.

Esses verbetes — é imperioso ressaltar — vinculam o Brasil, uma vez que a nosso país se reportam, expressamente, os informes correspondentes da OIT.(7) Nestes termos, a orientação da OIT é no sentido de permitir amplamente a greve do servidor público civil, salvo para aqueles que atuam como órgãos de poder político, isto é, os que exercem parcela da soberania do Estado, como os juízes, membros do Ministério Público, diplomatas, ministros, secretários, diretores das estatais etc.

É de se registrar, contudo, que o STF, em controle concentrado, decidiu que o servidor público não pode entabular negociação coletiva, celebrar convenção ou acordo coletivo, ou ajuizar dissídio coletivo na Justiça do Trabalho (STF-ADIn 492-1-DF, Rel. Min. Carlos Veloso, DJU 12.03.93), o que levou a Suprema Corte a editar a Súmula n. 679, *in verbis*: "A fixação de vencimentos dos servidores públicos não pode ser objeto de convenção coletiva".

---

(7) FRANCO FILHO, Georgenor de Sousa. *Liberdade sindical e direito de greve no direito comparado*: lineamentos. São Paulo: LTr, 1992. p. 94.

Ocorre que tanto a ADI 492 quanto a Súmula 679 do STF são anteriores ao Decreto Legislativo 206/2010, que ratificou a Convenção n. 151 da OIT, de modo que nos parece que as tratativas entabuladas na negociação coletiva envolvendo servidores públicos e as pessoas jurídicas de direito público podem ser objeto de projeto de lei de iniciativa do chefe do Poder Executivo (federal, estadual ou municipal), transformando as cláusulas (condições) negociadas coletivamente em dispositivos do referido projeto de lei, caso em que a negociação coletiva funcionaria como uma espécie de fonte material e a lei sancionadora do projeto de lei como fonte formal.

5. A QUESTÃO DA COMPETÊNCIA PARA PROCESSAR E JULGAR AÇÕES QUE ENVOLVAM O DIREITO DE GREVE DO SERVIDOR PÚBLICO CIVIL

Quanto à competência para apreciação das ações que envolvam o exercício do direito de greve pelos servidores públicos, há de se examinar a competência material, pessoal e territorial.

Para tanto, deve-se primeiramente analisar, para fins de competência em razão da matéria e das pessoas, qual o órgão jurisdicional competente quando se tratar de greve de servidor público estatutário ou de servidor público celetista. Em seguida, deve-se verificar o âmbito geográfico do conflito para se fixar o órgão jurisdicional competente em razão do território.

Até o advento da EC n. 45/2004, a competência para processar e julgar ação relacionada à declaração de (i)legalidade da greve do servidor público estatutário, a competência *ratione materiae ex personae* era da Justiça comum federal para a greve do servidor público federal ou da Justiça comum estadual, para a greve dos servidores públicos estatutários estaduais ou municipais.

Com a promulgação da EC n. 45/2004, que deu nova redação ao art. 114, II, da CF, a Justiça do Trabalho passou a ser competente para processar e julgar "as ações que envolvam o exercício do direito de greve" e, tendo em vista que o novo Texto Constitucional estabelece nova competência material para todas as ações relacionadas ao exercício de greve, parece-nos que a Justiça do Trabalho passou a ser competente para processar e julgar qualquer ação sobre greve envolvendo movimentos paredistas de servidores públicos celetistas ou estatutários.

Nesse sentido, José dos Santos Carvalho Filho leciona que o inciso II do art. 114 da Constituição Federal (redação da EC n. 45/2004) não fez distinção entre as greves dos celetistas e dos estatutários, afirmando que "como o direito de greve é assegurado a todos os servidores públicos, quaisquer litígios sobre a legitimidade, ou não, do exercício desse direito devem ser submetidos à justiça trabalhista, inclusive quando se tratar de greve de servidores estatutários".(8)

Em sentido contrário, o STF, baseando-se na ADI 3.395/DF, decidiu que até a devida disciplina legislativa, as ações sobre greve de servidores estatutários devem ser julgadas pela Justiça comum, federal ou estadual, conforme o caso, sendo certo, ainda, que, na visão do Pretório Excelso, devem ser definidas as situações provisórias de competência constitucional para a apreciação dos dissídios de greve dos servidores públicos no contexto nacional, regional, estadual e municipal.

(8) CARVALHO FILHO, José dos Santos. *Manual de direito administrativo*. 25. ed. São Paulo: Atlas, 2012. p. 753.

Nesse passo, colecionamos o seguinte trecho da ementa do MI 670 que fixa a competência territorial e funcional:

> (...) se a paralisação for de âmbito nacional, ou abranger mais de uma região da justiça federal, ou ainda, compreender mais de uma unidade da federação, a competência para o dissídio de greve será do Superior Tribunal de Justiça (por aplicação analógica do art. 2º, I, "a", da Lei no 7.701/1988). Ainda no âmbito federal, se a controvérsia estiver adstrita a uma única região da justiça federal, a competência será dos Tribunais Regionais Federais (aplicação analógica do art. 6o da Lei no 7.701/1988). Para o caso da jurisdição no contexto estadual ou municipal, se a controvérsia estiver adstrita a uma unidade da federação, a competência será do respectivo Tribunal de Justiça (também por aplicação analógica do art. 6o da Lei no 7.701/1988). As greves de âmbito local ou municipal serão dirimidas pelo Tribunal de Justiça ou Tribunal Regional Federal com jurisdição sobre o local da paralisação, conforme se trate de greve de servidores municipais, estaduais ou federais. 6.4. Considerados os parâmetros acima delineados, a par da competência para o dissídio de greve em si, no qual se discuta a abusividade, ou não, da greve, os referidos tribunais, nos âmbitos de sua jurisdição, serão competentes para decidir acerca do mérito do pagamento, ou não, dos dias de paralisação em consonância com a excepcionalidade de que esse juízo se reveste. Nesse contexto, nos termos do art. 7º da Lei no 7.783/1989, a deflagração da greve, em princípio, corresponde à suspensão do contrato de trabalho. Como regra geral, portanto, os salários dos dias de paralisação não deverão ser pagos, salvo no caso em que a greve tenha sido provocada justamente por atraso no pagamento aos servidores públicos civis, ou por outras situações excepcionais que justifiquem o afastamento da premissa da suspensão do contrato de trabalho (art. 7º da Lei n. 7.783/1989, *in fine*). 6.5. Os tribunais mencionados também serão competentes para apreciar e julgar medidas cautelares eventualmente incidentes relacionadas ao exercício do direito de greve dos servidores públicos civis, tais como: i) aquelas nas quais se postule a preservação do objeto da querela judicial, qual seja, o percentual mínimo de servidores públicos que deve continuar trabalhando durante o movimento paredista, ou mesmo a proibição de qualquer tipo de paralisação; ii) os interditos possessórios para a desocupação de dependências dos órgãos públicos eventualmente tomados por grevistas; e iii) as demais medidas cautelares que apresentem conexão direta com o dissídio coletivo de greve. (STF-MI 670/ES. Relator: Min. Maurício Corrêa. Relator p/ Acórdão: Min. Gilmar Mendes, j. 25/10/2007, Tribunal Pleno, DJE 30/10/2008).

A nosso entender, à luz do princípio da máxima efetividade nas normas constitucionais, o inciso II do art. 114 da Constituição Federal atribui à Justiça do Trabalho competência para processar e julgar todas as causas que envolvam o exercício do direito de greve, independentemente do vínculo jurídico existente entre o servidor público e a Administração.

Por essa razão, não obstante a evolução jurisprudencial do STF para aplicação da Lei n. 7.783/1989 à greve dos servidores públicos civis, pedimos vênia para divergir do entendimento daquela Corte adotado nos MIs 670 e 712, nos quais estabeleceu ser da Justiça Comum a competência para as causas que envolvam o exercício do direito fundamental de greve pelos servidores públicos civis da Administração direta, autárquica e fundacional.

No que respeita à greve do servidor público celetista que exerce atividade análoga aos servidores das forças armadas, como é o caso do policial civil ou guarda municipal regidos pela CLT, o STF aprovou Repercussão Geral no recurso extraordinário com agravo n. 665.969/SP interposto contra acórdão da SDC/TST (RODC-2166/2007-000-15-00.3, Rel. Min. Dora Maria da Costa, DJ 22/05/2009) que julgou extinto, sem resolução de mérito, dissídio coletivo de greve ajuizado pelo Município de Paulínia em face de greve deflagrada pela Guarda Civil Municipal, cujos servidores são regidos pela CLT.

A questão constitucional posta à apreciação do STF na referida repercussão geral (Tema 544) é mais ampla e pode ser assim sintetizada: qual o juízo competente para julgar processo em que se discute abusividade de greve de servidores públicos regidos pela CLT, nos termos do artigo 114, incisos I e II, da Constituição Federal?

Em outros termos, no Tema 544, o STF fixou a seguinte tese:

> A justiça comum, federal ou estadual, é competente para julgar a abusividade de greve de servidores públicos celetistas da Administração pública direta, autarquias e fundações públicas.

Este tema decorreu do *leading case* previsto no RE 846854, no qual se discutiu, à luz dos incisos I e II do art. 114 da Constituição Federal, a competência para processar e julgar processo que tenha por objeto a declaração de abusividade de greve de servidores públicos regidos pela Consolidação das Leis do Trabalho — CLT.

Eis a ementa do acórdão proferido pelo STF no RE 846845:

> CONSTITUCIONAL. DIREITOS SOCIAIS. COMPETÊNCIA PARA O JULGAMENTO DA LEGALIDADE DE GREVE DE SERVIDORES PÚBLICOS CELETISTAS. JUSTIÇA COMUM. FIXAÇÃO DE TESE DE REPERCUSSÃO GERAL. 1. É competência da justiça comum, federal ou estadual, conforme o caso, o julgamento de dissídio de greve promovida por servidores públicos, na linha do precedente firmado no MI 670 (Rel. Min. MAURÍCIO CORRÊA, Rel. p/ acórdão Min. GILMAR MENDES, Tribunal Pleno, DJe de 30/10/2008). 2. As Guardas Municipais executam atividade de segurança pública (art. 144, § 8º, da CF), essencial ao atendimento de necessidades inadiáveis da comunidade (art. 9º, § 1º, CF), pelo que se submetem às restrições firmadas pelo Supremo Tribunal Federal no julgamento do ARE 654.432 (Rel. Min. EDSON FACHIN, redator para acórdão Min. ALEXANDRE DE MORAES, Tribunal Pleno, julgado em 5/4/2017). 3. A essencialidade das atividades desempenhadas pelos servidores públicos conduz à aplicação da regra de competência firmada pelo Supremo Tribunal Federal no MI 670, mesmo em se tratando de servidores contratados pelo Estado sob o regime celetista. 4. Negado provimento ao recurso extraordinário e fixada a seguinte tese de repercussão geral: "A Justiça Comum Federal ou Estadual é competente para julgar a abusividade de greve de servidores públicos celetistas da administração direta, autarquias e fundações de direito público". (RE 846854, Relator(a): LUIZ FUX, Relator(a) p/ Acórdão: ALEXANDRE DE MORAES, Tribunal Pleno, julgado em 01-08-2017, ACÓRDÃO ELETRÔNICO REPERCUSSÃO GERAL — MÉRITO DJe-022 DIVULG 06-02-2018 PUBLIC 07-02-2018).

A nosso sentir, a tese firmada no Tema 544 é, *data venia*, uma verdadeira *aberratio iuris*, porquanto gera a possibilidade concreta de se fragmentar um processo judicial, retirando da Justiça do Trabalho a competência para julgar pontos, questões e pedidos decorrentes da greve, como, por exemplo, os efeitos sobre os contratos de trabalho dos servidores grevistas.

Imaginemos uma greve deflagrada por servidores celetistas por não ter o empregador público depositado o FGTS, ou não ter honrado o pagamento de férias, horas extras, adicional de insalubridade, décimo-terceiro salário, etc.

Segundo a tese firmada no Tema 544, compete à Justiça comum, estadual ou federal, **julgar a abusividade de greve de servidores públicos celetistas da Administração pública direta, autarquias e fundações públicas**.

Percebe-se que o Tema 544 do STF não deixa claro se será da Justiça comum ou da Justiça do Trabalho a competência para julgar os demais pedidos que estão vinculados à própria declaração de abusividade (ou não abusividade) da greve, como: o pagamento ou não dos dias paralisação dos serviços, interdito proibitório, danos materiais ocasionados pelos servidores grevistas etc.

Vale dizer, parece-me que a *ratio decidendi* extraída do v. acórdão proferido no RE 846854 é no sentido de que compete à Justiça comum, federal ou estadual, julgar os Dissídios Coletivos de Greve deflagrada por servidores celetistas da Administração Direta, autárquica ou fundacional, e não os demais pedidos que gravitam em torno da greve exercida por esses servidores.

E isto porque, embora o Tema 544 tenha aludido como questão constitucional a competência da Justiça do Trabalho prevista nos incisos I e II do art. 114 da CF, a *quaestio juris* debatida no STF teve como objeto específico — segundo nos parece — o alcance do disposto no § 3º do art. 114 da CF, segundo o qual:

> "Em caso de greve em atividade essencial, com possibilidade de lesão do interesse público, o Ministério Público do Trabalho poderá ajuizar dissídio coletivo, competindo à Justiça do Trabalho decidir o conflito".

Situação mais paradoxal ocorrerá no caso de greve ambiental deflagrada por servidores públicos celetistas, na qual os servidores celetistas da Administração Pública direta, autárquica ou fundacional postulam direitos trabalhistas inerentes à saúde e segurança do e no trabalho, o que atrai a aplicação da Súmula 736 do STF.

CONCLUSÃO

Como síntese do exposto, apresentamos as conclusões mais importantes.

A greve constitui um direito humano e fundamental, sendo que seu objetivo maior consiste na reação pacífica e ordenada contra atos que impliquem direta ou indiretamente desrespeito aos princípios da dignidade da pessoa humana, do valor social do trabalho e da cidadania.

O ordenamento jurídico brasileiro considera a greve direito fundamental social dos trabalhadores, nos termos do art. 9º da Constituição Federal. Por se tratar de direito humano e fundamental, não pode haver distinção entre o trabalhador do setor privado e o do setor público, salvo em situações excepcionais, tal como ocorre, no nosso sistema, com a proibição da greve para o servidor público militar (CF, art. 142, § 3º, IV).

Nesse sentido é a posição da OIT que somente admite vedação ao direito de greve nas forças armadas ou algumas restrições ao exercício do direito de greve como nas hipóteses de serviços essenciais cuja interrupção possa pôr em perigo iminente a vida, a segurança ou a saúde no todo ou em parte da população.

A Lei n. 7.783/1989, como reconhecido pelo Supremo Tribunal Federal, por ser uma lei específica sobre a greve, pode ser aplicada, por analogia e no que couber, ao servidor público civil, mormente, no que tange à greve eclodia nos serviços públicos considerados essenciais.

A competência em razão da matéria e da pessoa para processar e julgar ações que envolvam qualquer direito do servidor público celetista (STF, ADI 3395) é da Justiça do Trabalho pela aplicação do princípio da máxima efetividade das normas previstas no inciso II e no § 3º do art. 114 da CF.

O STF (ARE 654.432), porém, num primeiro momento, passou a atribuir à Justiça comum o julgamento do dissídio coletivo de greve dos guardas municipais regidos pela CLT, por entender que esses servidores exercem funções inerentes à segurança pública.

No Tema 544, no entanto, o STF, por maioria de seus membros, ampliou o alcance da competência da Justiça comum para julgar a abusividade da greve de qualquer servidor público celetista da Administração direta, autárquica ou fundacional.

Em resumo, parece-nos que a maioria dos ministros do STF não respeita os próprios precedentes firmados na ADI 3395 e na Súmula 736, o que gera insegurança jurídica e, o mais grave, deixa transparecer, não obstante a clareza dos incisos I, II e § 3º do art. 114 da CF, um certo preconceito contra a Instituição Justiça do Trabalho, pois, em diversas oportunidades — o que é público e notório — alguns ministros da Suprema Corte desferem ataques contra suas decisões e seus membros, o que o compromete a própria legitimidade orgânica do Poder Judiciário no Estado Democrático de Direito.

REFERÊNCIAS

BRAMANTE, lvani Contini. Direito constitucional de greve dos servidores públicos — eficácia limitada ou plena? Emenda Constitucional n. 19. *Trabalho em Revista*, Curitiba, Decisório Trabalhista, jan. 1999, p. 530.

BULOS, Uadi Lammêgo. *Curso de direito constitucional*. 4. ed. São Paulo: Saraiva, 2009.

CARVALHO FILHO, José dos Santos. *Manual de direito administrativo*. 25. ed. São Paulo: Atlas, 2012.

FRANCO FILHO, Georgenor de Sousa. *Liberdade sindical e direito de greve no direito comparado:* lineamentos. São Paulo: LTr, 1992.

LAVOR, Francisco Osani de. A greve no contexto democrático. *Revista Síntese Trabalhista*, n. 82, Porto Alegre, Síntese, abr. 1996.

LEITE, Carlos Henrique Bezerra. *Curso de direito do trabalho*. 16. ed. São Paulo: Saraiva, 2024.

LEITE, Carlos Henrique Bezerra. *Direito e processo do trabalho na teoria geral do direito*. São Paulo: LTr, 2000.

LEITE, Carlos Henrique Bezerra. *Curso de direito processual do trabalho*. 22. ed. São Paulo: Saraiva, 2024.

LEITE, Julio Cesar do Prado. O papel da greve na negociação coletiva. In: RIBEIRO, Lélia Guimarães Carvalho; PAMPLONA FILHO, Rodolfo (coords.). *Direito do trabalho:* estudos em homenagem ao prof. Luiz de Pinho Pedreira da Silva. São Paulo: LTr, 1998.

LEITE, Carlos Henrique Bezerra.; LEITE, Laís Durval. A greve do servidor público civil como direito humano fundamental social. In: ALEXY, Robert; BAEZ, Narciso Leandro Xavier; SANDKUHLER, Hans Jorg; HAHN, Paulo. (Org.). *Níveis de efetivação dos direitos fundamentais civis e sociais:* um diálogo Brasil e Alemanha. Joaçaba-SC: Editora Unoesc, 2013, v. 1, p. 411-447.

MARTINS, Sérgio Pinto. *Direito do trabalho*. 6. ed. São Paulo: Atlas, 1998.

PEDREIRA DA SILVA, Luiz de Pinho. A negociação coletiva no setor público. In: PRADO, Ney (coord.). *Direito sindical brasileiro:* estudos em homenagem ao prof. Arion Sayão Romita. São Paulo: LTr, 1998, p. 262.

ROMITA, Arion Sayão. *Direitos sociais na constituição e outros estudos*. São Paulo: LTr, 1991.

ROMITA, Arion Sayão. *Regime jurídico dos servidores públicos civis*: aspectos trabalhistas e previdenciários. São Paulo: LTr, 1993.

RUSSOMANO, Mozart Victor. *Princípios gerais de direito sindical*. 2. ed. Rio de Janeiro: Forense, 1997.

SILVA, José Afonso da. *Aplicabilidade das normas constitucionais*. 3. ed. São Paulo: Malheiros, 1998.

SÜSSEKIND, Arnaldo. *Direito constitucional do trabalho*. Rio de Janeiro: Renovar, 1999.

A "jurisprudência das reclamações" ou como o STF modificou, substancialmente, a estrutura da reclamação

Cláudio Brandão (*)

Resumo: A análise das mudanças promovidas pelo STF em sua jurisprudência uniformizada, íntegra, estável e coerente, no que diz respeito ao cabimento das reclamações, constitui o objeto deste artigo, que parte de sua evolução histórica, a ampliação das hipóteses previstas no CPC e busca demonstrar que a verdadeira guinada promovida não encontra amparo nas teses fixadas nos precedentes com efeito vinculante. A partir de estudo elaborado pelo Núcleo de Extensão e Pesquisa "O Trabalho Além do Direito do Trabalho" (NTADT), vinculado ao Departamento de Trabalho e Previdência Social da Faculdade de Direito da Universidade de São Paulo (USP), resultante de convênio celebrado com a Associação Nacional dos Magistrados da Justiça do Trabalho (ANAMATRA), demonstrou-se a existência de decisões que afastaram a competência da Justiça do Trabalho para analisar as controvérsias alusivas ao reconhecimento de vínculo empregatício, baseadas na ocorrência de fraude na celebração dos contratos, ainda que esses temas não tenham tratados em precedentes anteriores. Também foi evidenciada a ocorrência de contradições entre decisões do STF em temas como "representantes comerciais", "trabalhadores por demanda", "advogados associados", "profissionais liberais: pejotização", "transportadores autônomos de cargas", "parceiros em salões de beleza" e "terceirização de mão de obra", quanto à competência e até mesmo quanto à análise de mérito, ao julgarem improcedentes pedidos formulados nas ações principais, tudo a demonstrar o uso indevido da reclamação.

Palavras-chave: reclamação; precedente; efeito vinculante

Abstract: The analysis of the changes promoted by the STF in its uniform, complete, stable and coherent jurisprudence, with regard to the validity of complaints, constitutes the object of this article, which starts from its historical evolution, the expansion of the hypotheses provided for in the CPC and seeks to demonstrate that the true shift promoted does not find support in the theses established in precedents with binding effect. Based on a study prepared by the Extension and Research Center "Work Beyond Labor Law" (NTADT), linked to the Department of Labor and Social Security of the Faculty of Law of the University of São Paulo (USP), resulting from an agreement signed with the National Association of Labor Justice Magistrates (ANAMATRA), the existence of decisions that removed the jurisdiction of the Labor Court to analyze controversies alluding to the recognition of employment relationships, based on the occurrence of fraud in the conclusion of contracts, was demonstrated. that these topics have not been addressed in previous precedents. The occurrence of contradictions between STF decisions was also highlighted on topics such as "commercial representatives", "demand workers", "associate lawyers", "self-employed professionals: pejotização", "independent freight transporters", "partners in beauty salons " and "labor outsourcing", regarding competence and even the analysis of merit, when dismissing requests formulated in the main actions, all demonstrating the improper use of the complaint.

Keywords: *complaint; precedent; binding effect*

(*) Ministro do Tribunal Superior do Trabalho. Doutor em Direito — Especialidade em Ciências Jurídicas pela Universidade Autônoma de Lisboa "Luís de Camões". Mestre em Direito pela Universidade Federal da Bahia. Membro da Academia Brasileira de Direito do Trabalho (Cadeira n. 39). Membro da Academia de Letras Jurídicas da Bahia (Cadeira n. 19). Membro do Instituto Baiano de Direito do Trabalho. Membro do Instituto Brasileiro de Direito Processual. Membro Correspondente da Academia Paulista de Letras Jurídicas. Investigador Integrado do *Ratio Legis* — Centro de Investigação e Desenvolvimento em Ciências Jurídicas da Universidade Autônoma de Lisboa [Projeto: Cultura de Paz e Democracia]. Autor de livros e artigos jurídicos.

Sumário: 1. Introdução; 2. A crítica doutrinária ao "modelo brasileiro de precedentes"; 3. A função exercida pelos órgãos judiciários no sistema processual brasileiro; 4. Cabimento das reclamações no CPC e a mudança promovida pelo STF na sua jurisprudência; 5. A previsão no Regimento Interno do STF, o contraditório e o procedimento adotado em reclamações; 6. As mudanças (nem sempre justificadas) na jurisprudência; 7. Conclusão; 8. Referências.

1. INTRODUÇÃO

Desde o seu nascimento no STF, a partir do pioneirismo do Ministro Rocha Lagoa que, na Reclamação n. 141-SP, julgada em 25.1.1952, invocou a Teoria dos Poderes Implícitos oriunda do direito americano como demonstração do seu fundamento constitucional, e do Ministro Orozimbo Nonato, que evidenciou, de forma clara e original, as hipóteses do seu cabimento e o "dilema prático que conduziu à necessidade do seu reconhecimento",(1) (2) (3) a reclamação era utilizada sob a justificativa de que, ao julgar os recursos extraordinários, o Tribunal também possui — embora não expresso — o poder de "fazer prevalecer seus próprios pronunciamentos", o que pode ser compreendido atualmente como a teoria da máxima eficácia constitucional.(4)

Com o advento da Constituição de 1988, foi previsto de modo expresso o seu cabimento para preservação da competência e da autoridade das decisões proferidas pelos STF (art. 102, I, "l", CF/88) e STJ (105, I, "f", CF/88),(5) encerrou-se, definitivamente, o debate sobre a sua constitucionalidade e se retirou do STF a exclusividade para o seu julgamento.

A partir da vigência do CPC, foram adicionadas duas outras hipóteses, previstas nos incisos III e IV do art. 988: garantir a observância de enunciado de súmula vinculante e de decisão do Supremo Tribunal Federal em controle concentrado de constitucionalidade e a observância de acórdão proferido em julgamento de incidente de resolução de demandas repetitivas ou de incidente de assunção de competência.

Além dessa ampliação, o legislador também inovou no sistema de precedentes, ao impor aos juízes a obrigatoriedade de cumprimento das decisões do Supremo Tribunal Federal em controle concentrado de constitucionalidade, os enunciados de súmula vinculante, os acórdãos em incidente de assunção de competência ou de resolução de

(1) XAVIER, Carlos Eduardo Rangel. *Reclamação constitucional e precedentes judiciais*: contributo a um olhar crítico sobre o Novo Código de Processo Civil. São Paulo: Revista dos Tribunais, 2016. p. 26.

(2) Ementa citada pelo mesmo autor

(3) A consulta ao sítio do STF na internet não disponibiliza a ementa da decisão. Por isso, valho-me da transcrição feita por Leonardo Lins Morato: "A competência não expressa dos tribunais federais pode ser ampliada por construção constitucional. Vão seria o poder outorgado ao Supremo Tribunal Federal de julgar em recurso extraordinário as causas decididas por outros tribunais, se lhe não fora possível fazer prevalecer os seus próprios pronunciamentos, acaso desatendidos pelas justiças locais A criação dum remédio de direito para vindicar o cumprimento fiel de suas sentenças está na vocação do Supremo Tribunal Federal e na amplitude constitucional e natural de seus poderes. Necessária e legítima é assim a admissão do processo de Reclamação, como o Supremo Tribunal tem feito. É de ser julgada procedente a Reclamação quando a justiça local deixa de atender a decisão do Supremo Tribunal Federal". MORATO, Leonardo Lins. *Reclamação e sua aplicação para o respeito da súmula vinculante*. São Paulo: Revista dos Tribunais, 2007. p. 32-33.

(4) DANTAS, Marcelo Navarro Ribeiro. *Reclamação constitucional no direito brasileiro*. Porto Alegre: Sérgio Fabris, 2000. p. 177. O autor, na obra mencionada, analisa detidamente os votos proferidos pelos diversos Ministros do STF, por ocasião do julgamento e ainda menciona julgamentos subsequentes que delinearam os primeiros contornos da Reclamação (p. 175-189).

(5) A esse rol foi acrescido o § 3º do art. 111-A, pela Emenda Constitucional n. 92, de 12.07.2016, que passou a prever para o TST o cabimento da mesma ação e em hipóteses semelhantes.

demandas repetitivas e em julgamento de recursos extraordinário e especial repetitivos, os enunciados das súmulas do Supremo Tribunal Federal em matéria constitucional e do Superior Tribunal de Justiça em matéria infraconstitucional (leia-se Tribunal Superior do Trabalho em matéria infraconstitucional trabalhista) e a orientação do plenário ou do órgão especial aos quais estiverem vinculados (art. 927, incisos I a V).

Desde então, apesar de haver sido ampliado o cabimento dessa ação de rito especial e hipóteses específicas, não era comum serem encontradas decisões do STF em matéria trabalhista, devido ao fato de haverem sido fixadas algumas premissas importantes na jurisprudência daquela Corte, em especial, para o que interessa, não ser sucedânea de recurso e não ser cabível para a revisão de matéria fático-probatória, como decidido na Rcl.12634, 1ª T, Rel. Min. Roberto Barroso.(6)

Nos últimos anos, porém, ocorreu mudança drástica na jurisprudência do STF no que diz respeito a reclamações que questionam decisões proferidas pela Justiça do Trabalho em algumas matérias e alterou algumas das mais importantes teses anteriormente fixadas.

Também têm sido veiculados na imprensa notícias a respeito de possível "desobediência" do Tribunal Superior do Trabalho (ou de alguns de seus Ministros) às decisões do Supremo Tribunal Federal em torno da possibilidade de reconhecimento da relação de emprego em situações de terceirização ou de trabalho realizado por intermédio das denominadas "plataformas digitais", o que provocaria — e até mesmo estimularia — a insegurança jurídica, tema que se pretende analisar, na perspectiva do cabimento das reclamações em tais hipóteses.

2. A CRÍTICA DOUTRINÁRIA AO "MODELO BRASILEIRO DE PRECEDENTES"

O denominado "*modelo brasileiro de precedente judicial*" é alvo de críticas por parte da doutrina e, como exemplo, menciono as observações de Lucas Buril de Macedo, algumas delas aqui resumidas.(7)

Talvez quando as enumerou, em verdadeira profecia, o mencionado autor não imaginou o que ocorreria alguns anos depois na estrutura dogmática da reclamação, a partir da atuação do Supremo Tribunal Federal que promoveu verdadeiro "giro copernicano" na sua jurisprudência, até então uniformizada, estável e coerente com relação a alguns aspectos dessa nova ação.

A crítica dele é centrada no uso da reclamação como instrumento destinado à garantia da força obrigatória do precedente judicial, não ser adequado conferir ao STF a competência para decidir com fundamento em seus precedentes obrigatórios e o no argumento de que, enquanto norma e à semelhança da lei, o precedente comporta interpretação e não há qualquer razoabilidade em se admitir o cabimento da referida

(6) "DIREITO DO TRABALHO E ADMINISTRATIVO. AGRAVO REGIMENTAL EM RECLAMAÇÃO. PODER PÚBLICO. TERCEIRIZAÇÃO. RESPONSABILIDADE SUBSIDIÁRIA. 1. Decisão reclamada que afirma a responsabilidade subsidiária da Administração por débitos trabalhistas de suas contratadas, quando reconhecida a omissão da contratante na fiscalização da execução do contrato (*culpa in eligendo* ou *in vigilando*). 2. Inexistência de violação à autoridade da decisão proferida na ADC 16. 3. Em reclamação, é inviável reexaminar o material fático-probatório dos autos, a fim de rever a caracterização da omissão do Poder Público. 4. Agravo regimental ao qual se nega provimento." (BRASIL. Supremo Tribunal Federal. Rcl 12634 AgR, Rel: Min. Roberto Barroso, 1ª T., julgado em 22.9.2015. Disponível em: https://redir.stf.jus.br/paginadorpub/paginador.jsp?docTP=TP&docID=9562737. Acesso em: 31 jul. 2024).

(7) MACEDO, Lucas Buril de. *Precedentes judiciais e o direito processual civil*. Salvador: Juspodivm, 2015. p. 430.

ação por ofensa à lei porque importaria fixar-se o tribunal como único órgão legítimo para a afirmação do direito.

Ele também lançou o seu olhar crítico para o procedimento e, apesar de concordar com o rito célere que a marca, afirmou que a concentração das instâncias decisórias em um único tribunal o transformaria em um "novo — e exclusivo — oráculo do direito", aliado ao fato de comprometer a imprescindível legitimidade do precedente, também resultante da participação democrática e paulatina que deve nortear a sua construção, sobretudo para que possa ser influenciado e enriquecido pelas vertentes argumentativas resultantes das múltiplas experiências processuais de advogados, partes, juízes e tribunais, além de provocar o risco de o juiz ser a "boca da jurisprudência".

Alguns dos riscos por ele identificados transformaram-se em realidade, o que se demonstrará adiante.

3. A FUNÇÃO EXERCIDA PELOS ÓRGÃOS JUDICIÁRIOS NO SISTEMA PROCESSUAL BRASILEIRO

Antes da análise das mudanças promovidas pelo STF, convém rememorar algumas características que marcam a concepção e o funcionamento do Poder Judiciário brasileiro, a partir da estruturação concebida por meio das competências conferidas aos órgãos que compõem as suas diversas instâncias.

Nele, cada órgão possui competência própria e, em decorrência dela, deve atuar nos estritos limites fixados pela Constituição ou leis editadas pelo Poder Legislativo, limites esses intransponíveis para que seja preservada a garantia constitucional do devido processo legal.

Ao juiz de primeiro grau é conferida a tarefa primeira da **produção probatória**, a quem são dirigidos os meios legais ou moralmente legítimos apresentados pelas partes para demonstração da veracidade de suas alegações (art. 369 do CPC), embora não seja ele um expectador passivo, autorizado — como está — a coletar, de ofício, as provas que julgar necessárias, a fim de que possa decidir com segurança a controvérsia que lhe é submetida (art. 370 do CPC). Ele é o responsável inicial para dizer o direito.

Os tribunais de segundo grau — na esfera trabalhista os Tribunais Regionais do Trabalho — possuem competência recursal, que compreende a plena e absoluta possibilidade de delimitar o conjunto fático probatório sobre o qual recai a controvérsia e, **em definitivo, estabelecer a interpretação dos fatos e valoração das provas.** Nesse mister, eles são soberanos. Significa que a conclusão extraída a partir da revisão feita sobre os fatos indicados pelo juiz de primeiro grau e as provas que a respaldaram não mais podem ser reexaminadas quanto ao mérito.

Os tribunais superiores, por sua vez, possuem a competência de fixar, em última instância e em definitivo, a interpretação da legislação infraconstitucional. Ainda assim, **nada podem dizer dos fatos da causa.** No caso do Tribunal Superior do Trabalho, cabe-lhe definir a interpretação, em última instância, da legislação infraconstitucional em matéria trabalhista. Apesar de, nessa atividade, ser soberano, não pode rever as conclusões a que chegou o TRT sobre os fatos da controvérsia, nem reapreciar o mérito das provas contidas nos autos. Se o TRT afirmou que determinado acontecimento da vida ocorreu, o TST não pode dizer o contrário; se o TRT, ao aquilatar as provas, atribuiu maior valor a uma delas, o TST não pode rever essa conclusão.

Ao Supremo Tribunal Federal é reservada a relevantíssima tarefa de interpretar a Constituição da República e garantir a estabilidade constitucional, mas, ainda assim,

não possui competência infraconstitucional. Portanto, não interpreta a legislação infraconstitucional, não revê as conclusões a que chegaram os tribunais de segundo grau sobre os fatos da causa nem promove a requalificação das provas.

Portanto, **na definição dos fatos, a última palavra cabe ao TRT; na interpretação da legislação ordinária trabalhista, ao TST; em matéria constitucional, ao STF.**

Todos esses papéis são garantidos igualmente na Constituição, que organiza e distribui as principais competências atribuídas aos órgãos do Poder Judiciário.

Portanto, por mais relevante que seja — e inquestionavelmente é — a função conferida ao STF, **ele não nada pode dizer dos fatos causa ou fixar a interpretação da legislação ordinária**, como, aliás, repete inúmeras vezes em decisões nas quais, ao decidir controvérsia constitucional, a ela se limita e remete a apreciação dos demais aspectos às instâncias próprias.

Assim o fez, por exemplo, ao analisar a possibilidade de concessão dos privilégios da Fazenda Pública às pessoas jurídicas de direito privado prestadoras de serviço essenciais ao Estado e de natureza não concorrencial, controvérsia examinada na ADPF 387.(8)

Nesses casos, apesar de os privilégios em matéria trabalhista previstos no Decreto-lei n. 779/1969 alcançarem o regime de precatórios, a dispensa do recolhimento do depósito recursal e isenção das custas (União) ou pagamento a final (Estados e Municípios), as decisões do STF tratam apenas do primeiro tema, em virtude de também estar previsto no art. 100 da Constituição Federal e o cabimento da ADPF se restringir aos "casos que envolvam a aplicação direta da Constituição e a alegação de contrariedade à Constituição decorrente de decisão judicial ou controvérsia sobre interpretação adotada pelo Judiciário que não cuide de simples aplicação de lei ou normativo infraconstitucional", como afirmou o Ministro Relator no julgamento citado.

Também podem ser citadas decisões que rejeitam a possibilidade de apreciação da controvérsia por envolver matéria infraconstitucional. São inúmeras e indico, por todas: RE 1187342 RG, Rel. Ministro Presidente (Dias Toffoli), Tribunal Pleno, julgado em 13-02-2020 — rejeição de repercussão geral à controvérsia relativa à responsabilização civil da União, do Estado do Paraná e da Fundação Faculdade Vizinhança Vale do Iguaçu (VIZIVALI) pela demora ou negativa de entrega de diplomas ou certificados de conclusão de curso superior ministrado por entidade privada de ensino no âmbito de programa estadual de capacitação docente.(9)

---

(8) "Arguição de descumprimento de preceito fundamental. 2. Ato lesivo fundado em decisões de primeiro e de segundo graus do Tribunal Regional do Trabalho da 22ª Região que determinaram bloqueio, penhora e liberação de valores oriundos da conta única do Estado do Piauí, para pagamento de verbas trabalhistas de empregados da Empresa de Gestão de Recursos do Estado do Piauí S/A (EMGERPI). 3. Conversão da análise do pedido de medida cautelar em julgamento de mérito. Ação devidamente instruída. Possibilidade. Precedentes. 4. É aplicável o regime dos precatórios às sociedades de economia mista prestadoras de serviço público próprio do Estado e de natureza não concorrencial. Precedentes. 5. Ofensa aos princípios constitucionais do sistema financeiro e orçamentário, em especial ao da legalidade orçamentária (art. 167, VI, da CF), aos princípios da independência e da harmonia entre os Poderes (art. 2º da CF) e ao regime constitucional dos precatórios (art. 100 da CF). 6. Arguição de descumprimento de preceito fundamental julgada procedente". BRASIL. Supremo Tribunal Federal. ADPF 387, Rel. Min. Gilmar Mendes, Tribunal Pleno, julgado em 23-03-2017. Disponível em: https://redir.stf.jus.br/paginador pub/paginador.jsp?docTP=TP&docID=13922687. Acesso em: 31 jul. 2024.

(9) "Recurso extraordinário com agravo. Administrativo. Responsabilidade civil. Educação. Modalidade de ensino. Programa estadual de capacitação docente. Demora ou negativa de entrega de diploma ou certificado de conclusão de curso. Indenização por danos materiais e morais. Matéria infraconstitucional.

Outro exemplo marcante encontra-se na apreciação do Tema 1005 de Repercussão Geral, suscitado no Recurso Extraordinário n. 1.123.068/DF, referente à "possibilidade de reconhecimento de relação empregatícia a advogado com vínculo societário em escritório de advocacia".(10)

O TRT reconheceu o vínculo empregatício entre a advogada e o escritório de advocacia com fundamento na prevalência do contrato-realidade e a existência de elementos que caracterizaram dependência econômica, pessoalidade, não eventualidade e subordinação entre as partes e o TST manteve a decisão com fundamento na Súmula n. 126 (impossibilidade de revisão fático-probatória).

O RE foi interposto com fundamento nos arts. 1º, IV, 5º, cabeça e incisos II, XVII, XVIII, XXXVI, 8º, cabeça, 133 e 170, cabeça, da Constituição Federal. Ao decidir sobre a existência de Repercussão Geral, **o STF a rejeitou sob o pressuposto de tratar-se de matéria infraconstitucional.**

Curioso notar nesse julgamento a compreensão inicial do Ministro Marco Aurélio, então relator de origem. Era em sentido contrário ao que veio a prevalecer e ele levou em consideração aspectos relacionados ao grau de discernimento e de conhecimento do Direito pelo profissional da advocacia, a sua autodeterminação e a liberdade de associação, entre outros aspectos. Confira-se:

> Observem ter-se matéria passível de repercussão em um sem número de casos, sinalizando a higidez de escritórios de advocacia. Cumpre definir se é harmônico, ou não, com a Constituição Federal, sob o ângulo da autodeterminação, da liberdade de associação, da razoabilidade, admitir-se, quanto a prestadores de serviços em geral autônomos, como são os advogados, que, uma vez integrando o profissional a sociedade, venha, ante desentendimento, a evocar e ver reconhecida a relação empregatícia, de subordinação, nos termos da Consolidação das Leis do Trabalho. De início, há de distinguir-se situações jurídicas, considerado, até mesmo, o grau de esclarecimento, de domínio do Direito, daquele que aceita certa formalização de ajuste no caso, societário para, depois, vir a insurgir-se contra a sociedade na qual esteve integrado.
>
> 3. Admito configurada a repercussão geral do tema veiculado no extraordinário.

Ausência de repercussão geral. É infraconstitucional, a ela se aplicando os efeitos da ausência de repercussão geral, a controvérsia relativa à responsabilização civil da União, do Estado do Paraná e da Fundação Faculdade Vizinhança Vale do Iguaçu (VIZIVALI) pela demora ou negativa de entrega de diplomas ou certificados de conclusão de curso superior ministrado por entidade privada de ensino no âmbito de programa estadual de capacitação docente". BRASIL. Supremo Tribunal Federal. RE 1187342 RG, Rel. Ministro Presidente, Tribunal Pleno, julgado em 13-02-2020. Disponível em: https://redir.stf.jus.br/paginadorpub/paginador.jsp?docTP=TP&docID=752185373. Acesso em: 31 jul. 2024.

(10) "AGRAVO DE INSTRUMENTO. RECURSO DE REVISTA INTERPOSTO NA VIGÊNCIA DA LEI 13.015/2014. NULIDADE DO ACÓRDÃO POR NEGATIVA DE PRESTAÇÃO JURISDICIONAL. A decisão do Regional está suficientemente fundamentada sobre as questões e a matérias em debate, ainda que em sentido contrário à pretensão da parte, o que não gera a nulidade da decisão por negativa de prestação jurisdicional. Agravo de instrumento não provido. VÍNCULO DE EMPREGO. ADVOGADO. *AFFECTIO SOCIETATIS* NÃO VERIFICADA NO CONTRATO SOCIETÁRIO. PRESENÇA DOS REQUISITOS DOS ARTS. 2º E 3º DA CLT. RECONHECIMENTO. Tendo as instâncias ordinárias e soberanas na análise da prova decidido que ficou caracterizado na relação entre as partes que estão presentes os elementos que caracterizam uma relação de emprego, inviável o processamento do apelo, pois para se concluir de forma distinta, seria imprescindível a reapreciação da prova coligida nos autos, procedimento vedado em sede de recurso de revista, nos termos da Súmula 126 do TST. Agravo de instrumento a que se nega provimento» (BRASIL. Tribunal Superior do Trabalho. AIRR-709-44.2013.5.10.0012, 2ª T., Relª Ministra Maria Helena Mallmann, DEJT 09/06/2017. Disponível em: https://jurisprudencia-backend2.tst.jus.br/rest/documentos/33a691299e0e4c98330c19b70f069712. Acesso em: 31 jul. 2024).

Prevaleceu, contudo, o voto divergente do Ministro Luiz Fux[11] cuja fundamentação expressou a antiga e remansosa jurisprudência do STF (são citados diversos **julgados das duas Turmas** proferidos nos anos de 1995[12], 2004[13], 2005[14], 2006[15], 2011[16] e 2016[17] que consagraram a tese no sentido de que os requisitos para o reco-

---

(11) Ficaram vencidos os Ministros Marco Aurélio (relator originário), Gilmar Mendes e Roberto Barroso.

(12) "CONSTITUCIONAL. RECURSO EXTRAORDINÁRIO: PRESSUPOSTOS. VINCULO EMPREGATÍCIO: MATÉRIA DE FATO. I. — Inocorrência dos pressupostos do recurso extraordinário, dado que o acórdão limitou-se a interpretar normas infraconstitucionais. Inocorrência de ofensa direta a Constituição. II. — Alegação de inexistência do vinculo empregatício: questão de fato, inadmissível em sede extraordinária. III. — R.E. inadmitido. Agravo não provido" (BRASIL. Supremo Tribunal Federal. AI 138.985-AgR, 2ª T., Rel. Min. Carlos Velloso, DJ 15/9/1995. Disponível em: https://redir.stf.jus.br/paginadorpub/paginador.jsp?docTP=AC&docID=274923. Acesso em 29 jul. 2024).

(13) "Trabalhista. Vínculo empregatício. Controvérsia infraconstitucional. Ofensa indireta à CF. Regimental não provido". (BRASIL. Supremo Tribunal Federal. AI 477081-AgR, 2ª T., Rel. Min. Nelson Jobim, DJ 21/05/2004. Disponível em: https://redir.stf.jus.br/paginadorpub/paginador.jsp?docTP=AC&docID=356237. Acesso em: 30 jul. 2024).

(14) "AGRAVO REGIMENTAL. RECURSO EXTRAORDINÁRIO. ACÓRDÃO DO TRIBUNAL SUPERIOR DO TRABALHO QUE RECONHECEU A EXISTÊNCIA DE VÍNCULO EMPREGATÍCIO ENTRE O BANCO DO BRASIL E EX-ESTAGIÁRIO DAQUELA INSTITUIÇÃO FINANCEIRA. Solução da controvérsia que demanda o reexame do conjunto fático-probatório dos autos, o que é vedado pela Súmula 279 do STF. Ofensa à Carta de Outubro que, se existente, ocorreria de modo reflexo ou indireto, impedindo a abertura da via extraordinária. Precedente: RE 231.480-AgR, Relator ministro Gilmar Mendes. Agravo regimental manifestamente infundado, ao qual se nega provimento. Condenação da parte recorrente a pagar multa de dez por cento sobre o valor da causa, a ser revertida em favor do agravado, nos termos do art. 557, § 2º, do Código de Processo Civil". (BRASIL. Supremo Tribunal Federal. RE 249.840-AgR, 1ª T., Rel. Min. Ayres Britto, DJ de 1º/4/05. Disponível em: https://redir.stf.jus.br/paginadorpub/paginador.jsp?docTP=AC&docID=334111https://redir.stf.jus.br/paginadorpub/paginador.jsp?docTP=AC&docID=334111. Acesso em: 3 ago. 2024).

(15) "Justiça do Trabalho: competência para dizer da existência ou não de vínculo empregatício: precedentes. 2. RE: descabimento: questão relativa à caracterização de vínculo empregatício, que demanda reexame de matéria de fato e de provas inviável no recurso extraordinário (Súmula 279). 3. Agravo regimental: motivação da decisão agravada: necessidade de impugnação: precedentes". (BRASIL. Supremo Tribunal Federal. AI 376.709-AgR, 1ª T., Rel. Min. Sepúlveda Pertence, DJ de 3/2/2006. Disponível em: https://redir.stf.jus.br/paginadorpub/paginador.jsp?docTP=AC&docID=306031. Acesso em: 3 ago. 2024).

(16) "DIREITO DO TRABALHO. PRESCRIÇÃO TOTAL OU PARCIAL E PRESCRIÇÃO TRINTENÁRIA DO FGTS. NECESSIDADE DA ANÁLISE DA LEGISLAÇÃO INFRACONSTITUCIONAL. ALEGAÇÃO DE INEXISTÊNCIA DE VÍNCULO DE EMPREGO. IMPOSSIBILIDADE DE REEXAME DE FATOS E PROVAS. SÚMULA STF 279. VIOLAÇÃO AOS ARTS. 5º, II, XXII, XXIX, XXXV, XXXVI, LIV e LV, E 93, IX, DA CF/88: INEXISTÊNCIA. OFENSA REFLEXA. (...) 2. A questão referente à alegação de inexistência de vínculo empregatício entre o agravante e o agravado depende do reexame de fatos e provas, hipótese inviável em sede extraordinária. Incide, na espécie, o óbice da Súmula STF 279". (BRASIL. Supremo Tribunal Federal. AI 832.987-AgR, 2ª T., Rel. Min. Ellen Gracie, DJ de 18/5/2011. Disponível em: https://redir.stf.jus.br/paginadorpub/paginador.jsp?docTP=AC&docID=623124. Acesso em: 3 ago. 2024) e "AGRAVO REGIMENTAL EM AGRAVO DE INSTRUMENTO. MATÉRIA TRABALHISTA. VÍNCULO EMPREGATÍCIO. 1. CONTROVÉRSIA DECIDIDA CENTRALMENTE À LUZ DA LEGISLAÇÃO INFRACONSTITUCIONAL PERTINENTE. 2. ALEGAÇÃO DE OFENSA AOS INCISOS XXXV, LIV E LV DO ART. 5º E AO INCISO IX DO ART. 93 DA CONSTITUIÇÃO FEDERAL. INSUBSISTÊNCIA. 1. Caso em que entendimento diverso do adotado pelo Tribunal Superior do Trabalho demandaria o reexame da legislação ordinária aplicada à espécie. Providência vedada na instância recursal extraordinária. 2. A jurisdição foi prestada de forma completa, em acórdão devidamente fundamentado, embora em sentido contrário aos interesses da parte recorrente, o que não configura cerceamento de defesa. Agravo regimental desprovido". (BRASIL. Supremo Tribunal Federal AI 816.563- AgR, 2ª T., Rel. Min. Ayres Britto, DJ de 21/3/2011. Disponível em: https://redir.stf.jus.br/paginadorpub/paginador.jsp?docTP=AC&docID=620774. Acesso em: 3 ago. 2024).

(17) "Agravo regimental no recurso extraordinário com agravo. Administrativo. Concurso público. Fase pré-contratual. Competência da justiça do trabalho. Curso de formação. Reconhecimento do vínculo empregatício. Legislação infraconstitucional. Ofensa reflexa. Fatos e provas. Reexame. Impossibilidade. Precedentes. (...) 2. Para dissentir das conclusões do Tribunal de origem no tocante ao reconhecimento do vínculo empregatício, seria necessário o reexame da legislação infraconstitucional pertinente, assim como

nhecimento do vínculo empregatício estão restritos à seara do Direito do Trabalho. Por isso, a matéria situa-se no campo infraconstitucional e encontra obstáculo na revisão de fatos e provas (Súmula 279 do STF).

Percebe-se que os julgados citados foram proferidos no intervalo de quase 21 anos, a evidenciar a uniformidade, integridade, estabilidade e coerência da tese acolhida pelo colegiado.(18)

Afastou-se também a violação ao princípio da legalidade e ao ato jurídico perfeito e merece destaque o vaticínio feito à época pelo Ministro autor do voto divergente **quanto** à possibilidade de o STF vir a examinar "toda sorte de relações privadas e contratuais", caso viesse a prevalecer o entendimento sustentado pelo Ministro Relator (vencido), além de a controvérsia envolver reexame fático-probatório. Destaco importantes passagens (com destaques):

> Em que pese o estatuto constitucional do princípio da legalidade (art. 5º, II, CF), do ato jurídico perfeito (art. 5º, XXXVI, CF) e dos princípios da liberdade de associação profissional, da autonomia da vontade, da inviolabilidade da advocacia e da livre iniciativa (arts. 1º, IV, 5º, *caput*, XVII e XVIII, 8º, *caput*, 133 e 170 *caput*, CF), constata-se que, no caso concreto, **a questão suscitada envolve a análise da configuração de vínculo de emprego, o que não se admite em sede de recurso extraordinário, por exigir o reexame de legislação infraconstitucional.**
>
> Deveras, os **requisitos para o reconhecimento de vínculo de emprego estão adstritos à seara do direito do trabalho, de modo que não guardam amparo constitucional apto a atrair a competência deste Egrégio Tribunal.**
>
> Destaque-se, nessa toada, que **o Supremo Tribunal Federal já pacificou a orientação de que é inviável a apreciação, em recurso extraordinário, de violação meramente indireta ou reflexa a dispositivo da Constituição Federal, porquanto seria imprescindível a análise de normas infraconstitucionais.**
>
> Nessa temática, **ambas as Turmas desta Corte firmaram o entendimento de que a discussão relativa ao reconhecimento de vínculo empregatício demanda o reexame da legislação infraconstitucional pertinente, bem como dos fatos e das provas dos autos, o que é inviável em recurso extraordinário.** Por oportuno, trago à colação as ementas dos seguintes julgados:
>
> (...)
>
> Igualmente, colhe-se da jurisprudência desta Corte o reconhecimento de que **as alegações de violação a incisos do artigo 5º da Constituição Federal, como o princípio da legalidade ou o ato jurídico perfeito, configuram situações de ofensa meramente reflexa ao texto da Constituição.** Nesse sentido, confira-se:
>
> (...)

---

dos fatos e das provas dos autos, o que é inviável em recurso extraordinário. Incidência das Súmulas ns. 279 e 636/STF (...)". (BRASIL. Supremo Tribunal Federal. ARE 972.204-AgR, 2ª T;, Rel. Min. Dias Toffoli, DJe de 29/8/2016. Disponível em: https://redir.stf.jus.br/paginadorpub/paginador.jsp?docTP=TP&docID=11564603. Acesso em: 28 jul. 2024).

(18) O acórdão mais antigo com fundamento semelhante data de 26/06/1988: "RECURSO EXTRAORDINÁRIO. RECLAMAÇÃO CONTRA MITRA ARQUIEPISCOPAL. RECURSO EXTRAORDINÁRIO DA MITRA DE QUE NÃO SE CONHECE, POR FALTA DE INSTRUMENTO DE MANDATO, NOS AUTOS, PARA O ADVOGADO SIGNATÁRIO DO APELO EXTREMO. MESMO SE FOSSE POSSÍVEL SUPERAR ESSA PRELIMINAR, O RECURSO, COM ALEGAÇÃO DE OFENSA AO ART. 153, PARAGRAFO 5., DA CONSTITUIÇÃO, NÃO PODERIA SER CONHECIDO. RECONHECERAM OS ACÓRDÃOS DA JUSTIÇA DO TRABALHO, COM EXAME DE FATOS E PROVAS, NA ESPÉCIE, A EXISTÊNCIA DE RELAÇÃO DE EMPREGO. NÃO CABERIA, EM RECURSO EXTRAORDINÁRIO, REAPRECIAR FATOS E PROVAS, A TEOR DA SÚMULA 279. RECURSO EXTRAORDINÁRIO DO RECLAMANTE, TAMBÉM, INSUSCETÍVEL DE CONHECIMENTO. FALTA DE OPORTUNO PREQUESTIONAMENTO DOS DISPOSITIVOS CONSTITUCIONAIS, QUE SE TEM POR VIOLADOS. SUMULAS 282 E 356. RECURSOS EXTRAORDINÁRIOS NÃO CONHECIDOS". (BRASIL. Supremo Tribunal Federal. RE 97817, Rel. Min. Néri da Silveira, 1ª T., julgado em 28-06-1988. Disponível em: https://redir.stf.jus.br/paginadorpub/paginador.jsp?docTP=AC&docID=191201. Acesso em: 27 jul. 2024).

> Saliente-se, por fim, que as alegadas ofensas aos princípios da liberdade de associação profissional, da autonomia da vontade, da inviolabilidade da advocacia e da livre iniciativa não foram suficientemente confrontadas na hipótese concreta a ponto de suscitar o reconhecimento da repercussão geral. Deveras, **entendimento diverso atrairia a este Supremo Tribunal Federal a análise de toda a sorte de relações privadas e contratuais, notadamente de casos em que se discute a existência de vínculo empregatício.**
>
> Demonstrados, assim, o caráter infraconstitucional da controvérsia e a necessidade do reexame dos elementos fático-probatórios do caso, tem-se como não preenchido requisito primordial para o reconhecimento da repercussão geral, uma vez que ausente violação direta à Constituição Federal.
>
> *Ex positis*, manifesto-me pela inexistência de repercussão geral da matéria em exame, fixando a seguinte tese: "*São infraconstitucionais as discussões relativas ao reconhecimento de relação empregatícia a advogado com vínculo societário em escritório de advocacia*".

Portanto, a jurisdição do STF é restrita ao campo constitucional.

4. CABIMENTO DAS RECLAMAÇÕES NO CPC E A MUDANÇA PROMOVIDA PELO STF NA SUA JURISPRUDÊNCIA

Com efeito, no sistema brasileiro de precedentes, a partir do CPC, a força vinculante das decisões proferidas pelo Supremo Tribunal Federal resulta da tipologia de recursos ou ações aos quais a lei lhes atribui tal característica, como se constata no artigo 927 referido, e, nele, não se incluem as reclamações, cujo regramento encontra-se previsto no artigo 988, em especial, no que interessa, no inciso II.

Para rememorar, o mencionado artigo 927, no âmbito do STF, apenas considera como precedentes com efeito vinculante as decisões proferidas em ações de controle concentrado de constitucionalidade (ADC, ADI e ADPF), os enunciados de súmulas vinculantes, os acórdãos proferidos em incidentes de assunção de competência ou de resolução de demandas repetitivas e em julgamento de recursos extraordinários repetitivos, assim como os enunciados das súmulas do Supremo Tribunal Federal em matéria constitucional.

Portanto, pressuposto fático para o cabimento da reclamação é a existência de decisão anterior com a natureza jurídica de precedente vinculante para que se possa aferir se houve, ou não, descumprimento de tese fixada no incidente que lhe deu origem, a partir dos seus fundamentos determinantes, e também se faz necessário que ela seja oriunda de uma das modalidades de ações ou recursos mencionados no citado dispositivo, pois nem toda decisão judicial é dotada de aptidão para converter-se em precedente de cumprimento obrigatório, ainda que proferida pelo Supremo Tribunal Federal.

A opção feita pelo legislador processual de 2015, no que toca ao sistema de precedentes, decorre da natureza própria das decisões que possuem o atributo referido, por resultarem do exercício de competência legiferante anômala conferida ao Poder Judiciário e constituírem normas jurídicas de caráter geral e abstrato, para as quais se exige o mínimo de legitimação, em virtude de não serem editadas pelo Poder Político dotado de função legislativa e, pois, sem a outorga pelos cidadãos por meio do voto.

A "legitimação mínima" é alcançada pela participação da sociedade por meio de audiências públicas e eventual atuação de pessoas, entidades e órgãos interessados em "auxiliar" o Judiciário a proferir a decisão que melhor se adeque ao caso paradigma, o que pode ocorrer por meio da figura do *amicus curiae*.

Esse cuidado foi revelado no § 2º do referido art. 927, da mesma forma que foi prevista no §4º a fundamentação qualificada (caracterizada como "adequada e específica") para a modificação de enunciado de súmula, de jurisprudência pacificada ou de tese adotada em julgamento de casos repetitivos, a fim de preservar a segurança jurídica, a proteção da confiança e a isonomia.

5. A PREVISÃO NO REGIMENTO INTERNO DO STF, O CONTRADITÓRIO E O PROCEDIMENTO ADOTADO EM RECLAMAÇÕES

Além do regramento mencionado, existe a previsão contida no art. 161 do Regimento Interno do STF, segundo a qual pode o relator julgar a reclamação "quando a matéria for objeto de jurisprudência consolidada do Tribunal", o que representa verdadeira nova hipótese de cabimento e tem sido utilizada para mitigar o procedimento previsto no CPC, como afirmou o Ministro André Mendonça, ao cassar decisão impugnada em reclamação:[(19)]

> 8. Ressalto que, nos termos do parágrafo único do art. 161 do Regimento Interno do Supremo Tribunal Federal, "o Relator poderá julgar a reclamação quando a matéria for objeto de jurisprudência consolidada do Tribunal", **o que se apresenta na espécie.**
>
> 9. Deixo, assim, de solicitar informações à autoridade reclamada e dispenso a remessa à Procuradoria-Geral da República (RISTF, art. 52, parágrafo único), diante do caráter reiterado da matéria e por entender que o processo está suficientemente instruído e em condições de julgamento.
>
> (...)
>
> 18. Ante o exposto, **julgo procedente o pedido formulado, para cassar a decisão reclamada e determinar que outra seja proferida em respeito aos enunciados n. 10 e n. 37 da Súmula Vinculante do STF, ficando prejudicado o pedido liminar.** Sem honorários, de acordo com o entendimento prevalente da Segunda Turma do Supremo Tribunal Federal.

O dispositivo, contudo, apenas autoriza o julgamento monocrático para afastar a regra do § 1º do art. 988 do CPC, segundo a qual "compete ao órgão jurisdicional cuja competência se busca preservar ou cuja autoridade se pretenda garantir". Ou seja, se a questão jurídica controvertida já houver sido apreciada pelo STF e o resultado constituir "jurisprudência consolidada", pode ser objeto de decisão unipessoal, mas inexiste previsão para que o procedimento previsto no CPC deixe de ser observado, sobretudo porque, ao se suprimir o direito, pelo menos em um primeiro momento, de a parte prejudicada ser ouvida, fica comprometido o contraditório expressamente previsto nos arts. 9º e 10 do CPC e a possibilidade de poder influenciar no resultado da decisão.

Em decisão de 2017, o STF reconheceu a relevância das alterações introduzidas pelo CPC que dizem respeito ao contraditório e ao novo rito:[(20)]

> 9. Recorde-se que a reclamação constitucional foi originalmente disciplinada pela Lei n. 8.038/1990, a qual não impunha a formação de contraditório prévio à decisão de mérito. Nessa linha, a jurisprudência do STF desenvolveu-se no sentido de que a reclamação, antes de atender a direitos subjetivos, buscava preservar a competência e a autoridade das decisões do STF. Assim, o contraditório, embora possível, não constituía requisito de validade das decisões finais: Rcl 7.904-AgR, Rel. Min. Luiz Fux; Rcl 449-AgR, Rel. Min. Celso de Mello; Rcl 3.375-AgR, Rel. Min. Gilmar Mendes; Rcl 8.478, Rel. Min. Cármen Lúcia; e Rcl 8.197-AgR, Rel. Min. Dias Toffoli.

---

(19) BRASIL. Supremo Tribunal Federal. Rcl 63862, Rel. Min. André Mendonça, julg. em 09/02/2024. Disponível em: https://portal.stf.jus.br/processos/downloadPeca.asp?id=15364331454&ext=.pdf. Acesso em: 3 ago. 2024.

(20) BRASIL. Supremo Tribunal Federal. Rcl 24417 AGR/SP, 1ª T, Rel. Min. Roberto Barroso, em 7/03/2017. Disponível em: https://redir.stf.jus.br/paginadorpub/paginador.jsp?docTP=TP&docID=12760928. Acesso em: 2 ago. 2024.

10. Entretanto, o CPC/2015 promoveu uma modificação essencial no procedimento da reclamação, ao instituir o contraditório prévio à decisão final (art. 989, III). Disso decorre o ingresso do beneficiário do ato impugnado efetivamente como parte, com a respectiva obrigatoriedade de se lhe oportunizar a defesa do seu direito. Isto é, a reclamação indiscutivelmente tornou-se uma ação, dotada de um rito próprio. Neste novo cenário, nas reclamações ajuizadas após a entrada em vigor do CPC/2015, a observância do princípio da causalidade impõe a condenação da parte sucumbente ao pagamento dos respectivos honorários.

Não fosse suficiente a menção aos dispositivos que, de maneira genérica, se baseiam na importância do contraditório, o legislador previu expressamente — e de modo imperativo, friso — a participação prévia do beneficiário da decisão que se procura cassar, ao determinar (e não apenas facultar) ao relator que, ao despachar a petição inicial, **determine a sua citação** para que, em quinze dias, apresente a sua contestação (art. 989, III, CPC).

Também considerou relevantes para o conhecimento da demanda as informações a serem prestadas pela autoridade a quem for imputada a prática do ato impugnado; por isso e nesse mesmo momento processual, acrescentou a determinação para que as requisite e fixou o prazo de 10 dias para serem prestadas (art. 989, I, CPC).

Não são providências facultativas. A utilização das expressões "requisitará" e "determinará", contidas nos incisos I e II, revela comandos imperativos dirigidos ao relator, especialmente quando se compara com o poder de ordenar a suspensão do processo ou do ato impugnado previsto no inciso II do mesmo dispositivo, precedida, neste caso, da expressão "se necessário".

Ademais, são elas essenciais para materializar o princípio da ampla defesa, que ganhou novos contornos no CPC. Ao se referir a essa nova compreensão, assim afirmou o Ministro Dias Toffoli em voto proferido no julgamento do Tema 1232 de Repercussão Geral (RE 1387795):(21)

> Isso significa que **o novo CPC positivou, como regra geral, o princípio da não surpresa**, de modo a permitir o desenvolvimento do processo em contraditório, **de forma dialética**, sob o pálio do devido processo legal, a fim de que a jurisdição seja entregue da forma mais democrática, resolutiva e adequada à realidade. **O processo deve ser, pois, cooperativo**.
>
> Mas não é só isso. Também decorre do princípio do contraditório o dever de assegurar às partes **igualdade de tratamento** (**princípio da paridade de armas**), incumbindo ao juiz, nos termos do art. 7º c/c art. 139, inciso I, do CPC, o dever de zelar pelo **equilíbrio processual**.
>
> (...)
>
> Ademais, diretamente relacionado ao princípio do contraditório, está o **princípio da ampla defesa**, que assegura aos litigantes em geral o uso dos meios necessários e dos recursos previstos para **influir no convencimento do julgador** e, nesse sentido, **confunde-se com a dimensão material ou substancial do princípio do contraditório**.
>
> Embora distintos, **o contraditório e a ampla defesa constituem duas faces da mesma moeda, sendo sempre princípios indissociáveis**. É dizer, não há ampla defesa sem contraditório. Tampouco se vislumbra contraditório efetivo sem ampla defesa.

Portanto, ao suprimir a prévia manifestação da parte interessada na manutenção da decisão e, no mínimo, dificultar a possibilidade de influenciar o resultado da decisão, contraria-se a interpretação atribuída pelo próprio STF ao princípio da ampla defesa e do contraditório.

(21) BRASIL. Supremo Tribunal Federal. RE 1387795, Rel. Min. Dias Toffoli. Plenário Virtual. Disponível em: https://portal.stf.jus.br/processos/detalhe.asp?incidente=6422105. Acesso em: 3 ago. 2024.

6. AS MUDANÇAS (NEM SEMPRE JUSTIFICADAS) NA JURISPRUDÊNCIA

Em vários outros aspectos, o STF contraria a sua própria jurisprudência, estabelecida, diga-se de passagem, há anos, especialmente no que toca ao cabimento da reclamação.

Para rememorar, já se apontou ser incabível a referida ação — como, de resto, de qualquer pronunciamento do STF — quando a solução pretendida importar no revolvimento de fatos e provas ou acarretar a revisão de fatos e provas.

Estudo elaborado pelo Núcleo de Extensão e Pesquisa "O Trabalho Além do Direito do Trabalho" (NTADT), vinculado ao Departamento de Trabalho e Previdência Social da Faculdade de Direito da Universidade de São Paulo (USP), resultante de convênio celebrado com a Associação Nacional dos Magistrados da Justiça do Trabalho (ANAMATRA), objeto da Nota Técnica 1/2024, que envolveu decisões proferidas em reclamações constitucionais acerca da competência da Justiça do Trabalho no Brasil, período de 01 de julho de 2023 a 16 de fevereiro de 2024, em temas como "representantes comerciais", "trabalhadores por demanda", "advogados associados", "profissionais liberais: pejotização", "transportadores autônomos de cargas", "parceiros em salões de beleza" e "terceirização de mão de obra", permite extrair algumas conclusões que reforçam a afirmação acima.(22)

Quanto ao tema "transportadores autônomos de carga", ao julgar a constitucionalidade de dispositivos da Lei n. 11.442/2007 (ADC 48 e ADI 3961),(23) o STF não afastou a competência da Justiça do Trabalho para apreciar as ações em que se questiona a existência de vínculo empregatício, aliás o tema nem foi examinado. O estudo aponta como premissas desse julgamento: (24)

---

(22) Nota técnica relativa ao convênio NTADT — Anamatra. Anamatra, 3 maio 2024. Disponível em: https://www.anamatra.org.br/conamat/avisos-gerais/34936-nota-tecnica-relativa-ao-convenio-ntadt-anamatra. Acesso em: 3 ago. 2024.

(23) Ementa: Direito do Trabalho. Ação Direta de Inconstitucionalidade e Ação Declaratória da Constitucionalidade. Transporte rodoviário de cargas. Lei 11.442/2007, que previu a terceirização da atividade-fim. Vínculo meramente comercial. Não configuração de relação de emprego. 1. A Lei nº 11.442/2007 (i) regulamentou a contratação de transportadores autônomos de carga por proprietários de carga e por empresas transportadoras de carga; (ii) autorizou a terceirização da atividade-fim pelas empresas transportadoras; e (iii) afastou a configuração de vínculo de emprego nessa hipótese. 2. É legítima a terceirização das atividades-fim de uma empresa. Como já foi decidido pelo Supremo Tribunal Federal, a Constituição não impõe uma única forma de estruturar a produção. Ao contrário, o princípio constitucional da livre iniciativa garante aos agentes econômicos liberdade para eleger suas estratégias empresariais dentro do marco vigente (CF/1988, art. 170). A proteção constitucional ao trabalho não impõe que toda e qualquer prestação remunerada de serviços configure relação de emprego (CF/1988, art. 7º). Precedente: ADPF 524, Rel. Min. Luís Roberto Barroso. 3. Não há inconstitucionalidade no prazo prescricional de 1 (um) ano, a contar da ciência do dano, para a propositura de ação de reparação de danos, prevista no art. 18 da Lei 11.442/2007, à luz do art. 7º, XXIX, CF, uma vez que não se trata de relação de trabalho, mas de relação comercial. 4. Procedência da ação declaratória da constitucionalidade e improcedência da ação direta de inconstitucionalidade. Tese: "1 — A Lei 11.442/2007 é constitucional, uma vez que a Constituição não veda a terceirização, de atividade-meio ou fim. 2 — O prazo prescricional estabelecido no art. 18 da Lei 11.442/2007 é válido porque não se trata de créditos resultantes de relação de trabalho, mas de relação comercial, não incidindo na hipótese o art. 7º, XXIX, CF. 3 — Uma vez preenchidos os requisitos dispostos na Lei nº 11.442/2007, estará configurada a relação comercial de natureza civil e afastada a configuração de vínculo trabalhista". (BRASIL. Supremo Tribunal Federal. ADI 3961, Rel. Min. Roberto Barroso, Tribunal Pleno, julgado em 15-04-2020. Disponível em: https://redir.stf.jus.br/paginadorpub/paginador.jsp?docTP=TP&docID=752871041. Acesso em: 2 ago. 2024).

(24) Nota técnica relativa ao convênio NTADT — Anamatra. Anamatra, 3 mai. 2024. Disponível em: https://www.anamatra.org.br/conamat/avisos-gerais/34936-nota-tecnica-relativa-ao-convenio-ntadt-anamatra. Acesso em: 3 ago. 2024.

(i) há o reconhecimento da constitucionalidade da Lei, em sentido abstrato; (ii) a discussão travada no acórdão cinge-se à possibilidade de terceirização das atividades de transporte de cargas; (iii) de acordo com a tese fixada, uma vez preenchidos os requisitos dispostos na Lei n. 11.442/2007, estará configurada a relação comercial de natureza civil e afastada a configuração de vínculo trabalhista; (iv) há debate e, ao final, uma reflexão do Ministro Relator acerca da possibilidade de se analisar, no caso concreto, a existência dos requisitos ensejadores do vínculo empregatício; (v) no voto do Ministro Edson Fachin, há menção expressa à primazia da realidade; e (vi) a tese fixada não afasta a competência da Justiça do Trabalho, ao contrário disso, permite a aferição da existência, no caso concreto dos requisitos do vínculo empregatício ou, não existindo, dos requisitos da Lei n. 11.442/2007.

Em que pese a fundamentação destacada, não são raras as decisões que a têm invocado para reconhecer a incompetência da Justiça do Trabalho para analisar as referidas ações e determinar o envio dos autos à Justiça comum,[25] à qual caberá o exame da presença dos elementos configuradores da relação empregatícia, muito embora seja matéria ínsita à própria razão de ser da Justiça do Trabalho e não tenha sido fixada tese sobre competência no precedente invocado.

Ainda de acordo com o estudo, foram identificadas 114 decisões proferidas em reclamações relacionadas ao tema, muito embora em todos os casos houvesse a possibilidade de recurso para as instâncias próprias, a significar a sua utilização — da reclamação — como sucedâneo de recurso, tese rechaçada em inúmeros julgados do STF.[26]

O mesma pesquisa revelou que em 75% dos casos houve revolvimento de fatos e provas, 18% deles não comportavam estrita aderência, em 61% houve apreciação do mérito (o que significa afirmar não ter havido análise sobre a competência) e em 67% proclamou-se a incompetência da Justiça do Trabalho com remessa dos autos à Justiça comum.

Outro exemplo marcante da mudança da jurisprudência do STF encontra-se no julgamento de reclamações que objetivam impugnar decisões da Justiça do Trabalho que, **a partir do exame da prova produzida**, reconheceram a existência de relação de emprego dos trabalhadores que prestam serviços por meio de empresas cujas atividades são marcadas pelo uso intensivo da tecnologia, popularmente conhecidas como "plataformas digitais".

---

(25) São mencionadas, entre outras, as decisões proferidas nas Reclamações n. 46.356, Rel. Min. Roberto Barroso, e 43.982, Rel. Min. Alexandre de Moraes.

(26) Como exemplo: "Ementa: RECLAMAÇÃO. RESPONSABILIDADE SUBSIDIÁRIA DO ENTE PÚBLICO. CULPA *IN VIGILANDO*. DEMONSTRAÇÃO. ADC 16, TEMA 246 E SÚMULA VINCULANTE 10. INEXISTÊNCIA DE OFENSA. AGRAVO REGIMENTAL A QUE SE NEGA PROVIMENTO. 1. Uma vez consignado pela Justiça do Trabalho que a culpa do ente público na fiscalização do contrato de prestação de serviços foi concretamente demonstrada, conclui-se que a responsabilização subsidiária do referido ente público não se deu de forma automática, mas por intermédio de uma análise sistêmica dos fatos e das provas constantes dos autos e dos dispositivos, princípios e regras aplicáveis ao caso. Sendo assim, não houve desrespeito à ADC 16/DF nem ao Tema 246-RG/DF, pois o ato reclamado não descumpriu as orientações firmadas por este Tribunal, mas, ao contrário, adotou-as plenamente. 2. Nos termos da jurisprudência do Supremo Tribunal Federal é inadmissível em sede de reclamação constitucional o reexame do conjunto fático-probatório dos autos. 3. O mero afastamento da aplicação de comando legal não implica contrariedade à Súmula Vinculante nº 10, especialmente quanto o afastamento, ou a negativa de vigência, não se deu em razão de sua incompatibilidade com o Texto Constitucional. 4. É inadmissível o uso da reclamação como sucedânea recursal. 5. Agravo regimental a que se nega seguimento. (BRASIL. Supremo Tribunal Federal. Rcl 57064 AgR, Relator(a): Ricardo Lewandowski, Relator(a) p/ Acórdão: Edson Fachin, 2ª T., julgado em 13-04-2023. Disponível emhttps://redir.stf.jus.br/paginadorpub/paginador.jsp?docTP=TP&docID=767889262. Acesso em 26 jul. 2024).

Em alguns casos, o STF afastou a competência da Justiça do Trabalho para julgar as ações cuja questão central versa sobre o reconhecimento da relação de emprego e o fez sob o fundamento de ser constitucional a terceirização de atividade-fim ou meio, fixar a tese no sentido de ser lícita a terceirização ou qualquer outra forma de divisão do trabalho entre pessoas jurídicas distintas, independentemente do objeto social das empresas envolvidas, mantida a responsabilidade subsidiária da empresa contratante, e admitir a existência de novas formas de relações laborais, a partir da realidade tecnológica presente na sociedade atual. Nesses julgamentos, o STF aplicou ao caso o Tema 725 de Repercussão Geral.(27)

A primeira constatação imprescindível para a compreensão da nova realidade empresarial das "plataformas digitais" consiste em afirmar não serem elas meras "abstrações", que existem apenas no mundo da imaginação ou, ainda, se situam "nas nuvens". Muito ao contrário, são empresas, pertencentes a pessoas (naturais ou jurídicas), habitam o mundo dos seres vivos ou no universo jurídico, possuem valor de mercado, realizam negócios, geram lucros, movimentam a economia e, por isso, necessitam do esforço humano para que possam existir.

Apenas para exemplificar, segundo dados divulgados por uma das empresas que atuam nesse segmento de mercado, no ano de 2021 gerou valor econômico estimado em R$ 36 bilhões para a economia brasileira.(28)

Alguém imagina, por exemplo, que no desempenho da atividade econômica elas não dependam de outras empresas ou de pessoas naturais? Como fazê-lo sem energia, sem instalação ou manutenção das máquinas? Sem as pessoas que conduzem os veículos que transportam pessoas ou mercadorias, tais organizações empresariais poderiam existir?(29) Por isso, não se pode afirmar que representem um fenômeno apartado da realidade existencial, preenchida por avatares.

Claro que não se está a definir, previamente, a natureza do vínculo existente entre as pessoas que conduzem os veículos que transportam os passageiros e as empresas que os contratam. Apenas com a análise das provas colhidas se poderá promover o devido enquadramento jurídico, mas **não se pode negar o direito assegurado à parte de ter a controvérsia solucionada pelo órgão jurisdicional encarregado de dizer do Direito do Trabalho,** a Justiça do Trabalho.

A atividade empresarial, regular e legalmente desenvolvida por essas empresas não as torna imunes à jurisdição trabalhista, no que toca aos conflitos resultantes das pessoas que se dizem trabalhadoras a seu serviço, tal como ocorre com outras tantas pessoas que se qualificam como consumidoras, que pagaram pelos serviços e sofreram danos, situações a serem examinadas pela Justiça comum. Em ambos os casos, a

(27) A título de exemplo, cita-se: BRASIL. Supremo Tribunal Federal. Rcl 65895/PB, Rel. Min. Cristiano Zanin, em 27/02/2024. Disponível em: https://portal.stf.jus.br/processos/downloadPeca.asp?id=15364871067&ext=.pdf. Acesso em: 25 jul. 2024.

(28) O Impacto da Uber no Brasil. Uber. Disponível em: https://uberbrazil.publicfirst.co/?lang=pt-br. Acesso em: 26 jul. 2024.

(29) Não se desconhece a existência de veículos "inteligentes", conduzidos por "robôs" (Nos EUA, Domino's lança carro-robô para entregar pizzas. CNN Brasil, 13 abr. 2021. Disponível em: https://www.cnnbrasil.com.br/economia/macroeconomia/nos-eua-dominos-lanca-carro-robo-para-entregar-pizzas/. Acesso em 26 jul. 2024), ou "autônomos", conduzidos sem a presença de condutor humano (Serviços de *delivery* via carro autônomo do Google entram em fase de teste. *Estadão,* 05 abr. 2024 Disponível em https://www.estadao.com.br/paladar/radar/servicos-de-delivery-via-carro-autonomo-do-google-entram-em-fase-de-teste/. Acesso em: 26 jul. 2024.

controvérsia será resolvida pelo órgão do Poder Judiciário encarregado de solucionar os conflitos suscitados por aqueles que possuem a qualificação jurídica por eles indicada, o que não significa afirmar o acolhimento da pretensão.

No caso das ações judiciais em que se postula o reconhecimento de vínculo empregatício, o autor afirma haver prestado serviço, executado atividade humana em prol de outra pessoa, natural ou jurídica. Portanto, uma pessoa que se diz trabalhadora afirma haver posto a sua força de trabalho em benefício de outra pessoa, natural ou jurídica, situação verificada diuturnamente nas Varas do Trabalho espalhadas pelo País, situação comuníssima.

Esses fatos, afirmados desde a petição inicial, são suficientes para que se obtenha a resposta afirmativa quanto à **competência material conferida pelo artigo 114, I, da Constituição** e não se identifica nada de diferente quando se diz que o trabalho foi realizado em benefício de empresa cujas características sejam específicas de determinado segmento (comércio, indústria, rural, serviços, etc.).

No processo, até então, há tão somente a narrativa de fatos que vinculam dois sujeitos de direito aos quais se reconhece a possibilidade jurídica de demandar e serem demandados, a empresa até então definida pela qualificação (nome e endereço, eventualmente o CNPJ, este muito raramente indicado). Pode ser, exemplificativamente, Banco do Brasil, Vale S/A, Padaria Bom Gosto, Manoel dos Santos, enfim, nomes e outros elementos identificadores.

Esse é o fato a ser analisado e definidor da competência, pois, sabe-se, é esta fixada em função dos "elementos da ação", delineados na petição inicial,(30) na linha da jurisprudência do STF(31) e do STJ.(32)

---

(30) CINTRA, Antônio Carlos Araújo de; GRINOVER, Ada Pellegrini; DINAMARCO, Cândido Rangel. *Teoria geral do processo*. 21ª ed. São Paulo: Malheiros, 2005. p. 241.

(31) No mesmo sentido: "RECLAMAÇÃO — OBJETO. A reclamação tem como objeto a preservação da competência do Supremo ou da autoridade de pronunciamento por si formalizado. COMPETÊNCIA — AÇÃO — PARÂMETROS. Define-se a competência segundo as balizas objetivas e subjetivas da petição inicial. (BRASIL. Supremo Tribunal Federal. Rcl 8743 AgR, Rel. Min. Marco Aurélio, Tribunal Pleno, julgado em 22-06-2011); "EMENTA: COMPETÊNCIA. Reclamatória trabalhista. Ação proposta por servidor público contratado sem concurso, embora estável nos termos do art. 19 do ADCT da CF vigente. Petição inicial que demonstra a conseqüente natureza trabalhista da relação jurídica. Feito da competência da Justiça do Trabalho. Inexistência de ofensa ao acórdão da ADI n. 3.395. Reclamação indeferida liminarmente. Agravo improvido. Se a petição inicial de reclamação trabalhista reconhece a natureza trabalhista da relação jurídica em que funda o pedido, o feito é da competência da Justiça do Trabalho". (BRASIL. Supremo Tribunal Federal. Rcl 7415 AgR, Rel. Min. Cezar Peluso, Tribunal Pleno, julgado em 04-02-2010. Disponível em: https://redir.stf.jus.br/paginadorpub/paginador.jsp?docTP=AC&docID=609895. Acesso em: 2 ago. 2024.

(32) "AGRAVO INTERNO NO AGRAVO EM RECURSO ESPECIAL. PREVIDÊNCIA PRIVADA. INTEGRAÇÃO DA PARCELA CTVA À BASE DE CÁLCULO DA RESPECTIVA CONTRIBUIÇÃO PREVIDENCIÁRIA. NATUREZA JURÍDICA DA PARCELA. COMPETÊNCIA DA JUSTIÇA DO TRABALHO. CONSONÂNCIA DO ACÓRDÃO RECORRIDO COM A JURISPRUDÊNCIA DESTA CORTE. SÚMULA 83/STJ. AGRAVO INTERNO DESPROVIDO. 1. A jurisprudência desta Corte Superior entende que, considerando que a matéria referente à natureza salarial da verba denominada Complemento Temporário Variável de Ajuste de Mercado (CTVA), em discussão no pedido antecedente, é afeta à relação de emprego estabelecida com a CEF, ainda que haja reflexos no valor dos benefícios de responsabilidade da entidade de previdência privada, cabe ao Juízo do Trabalho conhecer do pedido inicialmente, decidindo-o nos limites da sua jurisdição, com a posterior remessa dos autos, se cabível, para o Juízo Comum competente para conhecer do pedido consequente dirigido à entidade de previdência privada (CC 154.828/MG, Rel. Ministro RAUL ARAÚJO, SEGUNDA SEÇÃO, DJe de 16/06/2020; e AgInt no AREsp 1.841.399/RS, Rel. Ministro RAUL ARAÚJO, QUARTA TURMA, DJe de 16/12/2021). 2. O entendimento adotado no acórdão recorrido coincide com a jurisprudência assente desta Corte Superior, circunstância que atrai a incidência

No TST, fixou-se tese no sentido de que a competência não se altera mesmo se o processo de admissão tenha ocorrido por meio de sistema informatizado (decisão da Subseção II da SDI),[33] ao se reconhecer — e validar — as novas formas de seleção

---

da Súmula 83/STJ. 3. Agravo interno desprovido". (AgInt no AREsp n. 2.075.088/RS, Rel. Min. Raul Araújo, 4ª T., julgado em 9/10/2023, DJe de 16/10/2023); "CONFLITO NEGATIVO DE COMPETÊNCIA. FORNECIMENTO DE MEDICAMENTO E DANOS MORAIS. AÇÃO PROPOSTA CONTRA PLANO DE SAÚDE E CONTRA O MUNICÍPIO. NATUREZA DA RELAÇÃO LITIGIOSA. PEDIDO E CAUSA DE PEDIR. DIREITO PÚBLICO. COMPETÊNCIA DE UMA DAS TURMAS DA PRIMEIRA SEÇÃO. 1. De acordo com o *caput* do art. 9º do RISTJ, a competência das Seções e das respectivas Turmas é fixada em função da natureza da relação jurídica litigiosa. 2. O § 1º do art. 9 do RISTJ estabelece que compete à Primeira Seção processar e julgar os feitos relativos à "responsabilidade civil do Estado" e ao "direito público em geral" (incisos VIII e XIV). Por outro lado, no inciso XIV do § 2º do mesmo artigo, consta que cabe à Segunda Seção processar e julgar questões atinentes a "direito privado em geral ". 3. Segundo a jurisprudência pacífica desta Corte, a competência tem por critério geral de fixação a razão do pedido e a causa de pedir trazidos na exordial, não importando os contornos posteriores decorrentes de provas ou alegações recursais. 4. A controvérsia em apreço decorre de ação de obrigação de fazer cumulada com danos morais, visando ao fornecimento de medicamento/tratamento oncológico e ao pagamento de indenização, proposta contra o Instituto Curitiba de Saúde e o Município de Curitiba. Portanto, observa-se que a "natureza da relação jurídica litigiosa" é de direito público, apesar de se tratar de recurso especial interposto apenas pela entidade prestadora de serviços de plano de saúde, criada com personalidade jurídica de direito privado, com a finalidade de discutir direito contratual. Conflito conhecido para declarar a competência da Segunda Turma do STJ". (BRASIL. Superior Tribunal de Justiça. CC n. 184.525/DF, Rel. Min. Humberto Martins, Corte Especial, julgado em 19/4/2023. Disponível em: https://scon.stj.jus.br/SCON/GetInteiroTeorDoAcordao?num_registro=202103774067&dt_publicacao=04/05/2023. Acesso em: 3 ago. 2024).

(33) "CONFLITO NEGATIVO DE COMPETÊNCIA. CONTRATAÇÃO POR MEIO TELEMÁTICO. PRÉ-CONTRATAÇÃO EFETUADA POR TERCEIROS. PONDERAÇÃO ENTRE OS PRINCÍPIOS DO ACESSO À JUSTIÇA E DA AMPLA DEFESA. ART. 651 DA CLT. AMOSTRA FRAGMENTÁRIA DA REALIDADE SOCIAL. TECNOLOGIAS DISRUPTIVAS. INAPLICABILIDADE DA REGRA GERAL. I. As normas de Processo do Trabalho positivadas na Consolidação das Leis do Trabalho, como toda e qualquer norma jurídica, devem ter em conta a ambiência e os dados reais do mundo, a fim de que não se mostrem insuficientes como instrumentos de operacionalização do direito por evidente descompasso ou não aderência à realidade fenomênica atual. O avanço tecnológico, as empresas virtuais, o trabalho sob demanda, a inteligência artificial, enfim a conjuntura disruptiva de certo ocasiona hodiernas vicissitudes no mundo do trabalho, refletindo nas demandas materialmente afetas à competência desta Justiça Especial, fazendo surgir para além das lacunas normativas, lacunas ontológicas e axiológicas. O direito tem o dever de acompanhar a modernização do modo de vida, decorrente da tecnologia, onde relações de trabalho são forjadas de maneira virtual a demonstrar que o foco da era moderna vem ganhando um redimensionamento, no qual se observa que a pessoalidade como elemento decisivo do contrato cede espaço para o objeto do contrato. II . Ora, se no campo do direito do trabalho o conceito de espaço e de tempo à disposição do empregador demanda novos significados, também haveria de se exigir no campo do direito processual uma nova compreensão do que seria local de trabalho, local da contratação ou mesmo local da prestação de serviços. Por esta razão, nos casos em que o postulado do acesso à justiça se mostra ameaçado em decorrência do custo econômico que recai sobre o demandante para ter a devida prestação jurisdicional por órgão cuja localidade distancia-se em muito de seu próprio domicílio, há registros doutrinários e jurisprudenciais no sentido de se excepcionar as regras objetivamente previstas no art. 651 caput e §3º da CLT, permitindo ao trabalhador demandar no juízo de seu domicílio. III . Nesses casos, há necessidade de adequação e de ponderação entre os princípios do acesso à justiça e da ampla defesa, normas fundantes da Constituição para permitir-lhes a compatibilidade sistêmica . IV . A melhor solução é aquela que otimizará o princípio do efetivo acesso à justiça, sem a necessidade de afastar o princípio do contraditório e da ampla defesa, pois ao se garantir o acesso efetivo à justiça, não se estará, necessariamente, no caso em exame, conferindo peso menor ao princípio do contraditório, mas apenas reafirmando que a decisão, como posta, realizará a norma principiológica na maior medida possível (mandamento de otimização). V . No caso concreto, extrai-se dos autos as seguintes informações incontroversas: (a) o reclamante, mesmo antes da contratação e após o fim do vínculo trabalhista, residia em Goiás; (b) o reclamante foi contratado por meios telemáticos, através de sítio eletrônico de intermediação de pré-contratação; (c) o reclamante fez os exames admissionais em Taguatinga-DF; (d) o contrato de trabalho foi efetivamente firmado em Recife/PE; (e) o reclamante prestou serviços de Técnico de Manutenção Hospitalar; e (f) a prestação de serviços ocorreu no município de Santa Cruz/RN, cuja

propiciadas pelo uso da tecnologia da informação e das comunicações, conforme palavras do Ministro Relator:

> Assim, quando os próprios atos do processo seletivo são realizados integralmente no espectro virtual, como o do caso em testilha, a localização geográfica (proximidade física) cede lugar para o tipo (qualidade) de tecnologia utilizada entre os interlocutores, o que inviabiliza seja identificado, objetivamente, o local de ocorrência do fenômeno comunicativo, de modo que a pessoalidade, elemento fático jurídico clássico da relação de emprego, sofre profunda fragmentação.
>
> (...)
>
> Contudo, acredita-se que, apesar da importância do conhecimento das origens remotas dos institutos jurídicos como mecanismo interpretativo idôneo apto a alcançar a vontade histórica da lei, bem como da origem ontológica do objeto examinado, é fundamental a atualização da norma a partir de uma interpretação contextualizada do texto (à modernidade das tecnologias disruptivas) sem a qual o verdadeiro sentido da norma jamais poderá ser alcançado.

Para solucionar a controvérsia estabelecida a partir dos fatos indicados na petição inicial, ao magistrado somente é permitido o único caminho de verificar se eles correspondem ao que está descrito na legislação vigente, hígida e constitucionalmente íntegra, como elementos caracterizadores do vínculo jurídico que o autor indica estarem presentes.

No exercício cotidiano de interpretação, o juiz avaliará o quanto se apurou no exame da prova, cuja finalidade é revelar, no âmbito do processo, o que ocorreu no mundo dos fatos, a efetiva realidade havida. Se a correspondência existir, for positiva a resposta, o enquadramento jurídico ocorrerá a partir do artigo 3º da CLT (não declarado inconstitucional pelo STF) e dele decorrerá o reconhecimento dos direitos previstos nos demais dispositivos legais aplicáveis, caso não tenham sido adimplidos.

Veja-se, por exemplo, o que disse o Tribunal Pleno do STF, em antigo (mas sempre presente) acórdão sob a relatoria do Ministro Sepúlveda Pertence, proferido no Conflito de Competência n. 6.959 (em 23 de maio de 1990), baseada em dedução extremamente simples:

> 7. **Para saber se a lide decorre da relação de trabalho o tenho como decisivo**, *data venia*, que a sua composição judicial **penda ou não de solução de temas jurídicos de direito comum, e não,**

---

jurisdição está abrangida pela comarca de Currais Novos/RN. VI. Demonstra-se, pois, insuficiente o exame da competência territorial pela interpretação literal do art. 651 da CLT, ainda a seleção de empregados por meios telemáticos reduz custos e amplia a área de atuação na captação de mão-de-obra específica para todo o território nacional ou mesmo para além de nossas fronteiras. Nesse quadrante, impende ao intérprete da norma ressignificá-la face à amplitude fenomênica responsável pela mutação do resultado do processo hermenêutico que deságua na norma. Evidencia-se, portanto, que, se a boa interpretação da norma perpassa pela inserção do intérprete no mundo e na percepção, o tanto quanto possível, da realidade que o permeia, à luz do princípio da razoabilidade na ponderação entre os postulados do acesso à justiça e da ampla defesa, a declaração da competência territorial da 7ª Vara do Trabalho de Brasília-DF é medida que se impõe. Isso porque, ao assim decidir, otimiza-se o acesso à Jurisdição para o trabalhador, diante do custo elevado que , de certo , viria pelo seu necessário deslocamento e eventual permanência à localidade sobremaneira distante de seu domicílio, sem que tal represente para o demandado barreira significativa à ampla defesa e ao contraditório. Afinal, não é razoável condicionar o exercício do direito de ação do empregado contratado por meios telemáticos, que realizou exames admissionais em Taguatinga/DF, firmou contrato em Recife/PE e prestou serviços em Santa Cruz/RN, ao deslocamento de centenas de quilômetros até a comarca de Currais Novos/RN. VII . Conflito de competência admitido para declarar competente o Juízo da 7ª Vara do Trabalho de Brasília-DF, suscitada, para proceder no processamento e julgamento do feito" (BRASIL. Tribunal Superior do Trabalho. CCCiv-232-81.2019.5.21.0019, SbDI-II, Rel. Min. Evandro Pereira Valadão Lopes, DEJT 18/12/2020. Disponível em: https://jurisprudencia-backend2.tst.jus.br/rest/documentos/aca9ecfa0ce1ff4bf79c32b7fabc3a9c. Acesso em: 1 ago. 2024).

especificamente, **de direito do trabalho.** 8. **O fundamental é que a relação jurídica alegada como suporte do pedido esteja vinculada, como o efeito à sua causa** ... (destaques acrescidos).

Não foi outra a afirmação do mesmo Tribunal Pleno do STF, desta feita na relatoria do Ministro Marco Aurélio, ao apreciar outro Conflito de Competência (n. 7950), em 14 de setembro de 2016, já sob a égide das alterações promovidas pela EC n. 45/2004, com destaque para **a afirmação da competência fixada a partir da causa de pedir** (e não da defesa):

> COMPETÊNCIA — CONFLITO. Envolvendo o conflito de competência o Tribunal Superior do Trabalho e Tribunal de Justiça, incumbe ao Supremo apreciá-lo. CONFLITO DE COMPETÊNCIA — JUSTIÇA COMUM *VERSUS* JUSTIÇA DO TRABALHO. **A definição da competência decorre da ação ajuizada. Tendo como causa de pedir relação jurídica regida pela Consolidação das Leis do Trabalho e pleito de reconhecimento do direito a verbas nela previstas, cabe à Justiça do Trabalho julgá-la.**

Por sua vez, a controvérsia que deu origem ao Tema 725 de Repercussão Geral girou em torno da validade da terceirização de serviços, no contexto entre atividades fim e meio. **O Supremo Tribunal Federal não legitimou a fraude**. Ao contrário, afirmou que pode haver contratação de empresa para executar, interna ou externamente, etapas do processo produtivo, sem que isso se constitua ilicitude. Veja-se:

> É lícita a terceirização de toda e qualquer atividade, meio ou fim, não se configurando relação de emprego entre a contratante e o empregado da contratada. 2. Na terceirização, compete à contratante: i) verificar a idoneidade e a capacidade econômica da terceirizada; e ii) responder subsidiariamente pelo descumprimento das normas trabalhistas, bem como por obrigações previdenciárias, na forma do art. 31 da Lei 8.212/1993.

Não se vê, no acórdão proferido no citado julgamento, uma linha sobre competência, mesmo porque o tema sequer foi objeto de controvérsia original. Foram mencionados fundamentos relacionados aos princípios constitucionais da livre iniciativa e da livre concorrência, às mudanças dos modelos econômicos e da chamada 4ª Revolução Industrial, à validade em caso de subordinação estrutural e há referências às modificações introduzidas na Lei n. 6.019/1974. Também não houve qualquer menção a eventual inconstitucionalidade dos artigos 3º e 9º da CLT.

A possibilidade do descortino da realidade pelo magistrado do trabalho, em detrimento do arcabouço formal ou aparente, também foi afirmada em mais de uma oportunidade pelo Supremo Tribunal Federal, com **menção expressa à primazia (ou preponderância) da realidade**.

Como exemplos, cito:

a) **ARE 1397478**, Rel. Min. Gilmar Mendes, em 10.11.2022, decisão monocrática, em que se discutiu relação de emprego a partir do trabalho realizado em vínculo mantido por suposto estagiário, ou seja, havia vínculo formal de estágio e se indicou a presença dos elementos configuradores da relação de emprego. Foi negado seguimento ao recurso interposto pelo banco demandado:

> Quanto ao mérito, verifico que no julgamento da ADPF 324 e do RE 958.252-RG (Tema 725 da repercussão geral), esta Corte, na sessão de 30.8.2018, fixou as seguintes teses, respectivamente:
>
> "1. É lícita a terceirização de toda e qualquer atividade, meio ou fim, não se configurando relação de emprego entre a contratante e o empregado da contratada. 2. Na terceirização, compete à contratante: i) verificar a idoneidade e a capacidade econômica da terceirizada; e ii) responder subsidiariamente pelo descumprimento das normas trabalhistas, bem como por obrigações

previdenciárias, na forma do art. 31 da Lei 8.212/1993" (ADPF 324, Rel. Min. Luís Roberto Barroso, Tribunal Pleno, DJe 06.9.2019).

"É lícita a terceirização ou qualquer outra forma de divisão do trabalho entre pessoas jurídicas distintas, independentemente do objeto social das empresas envolvidas, mantida a responsabilidade subsidiária da empresa contratante" (RE 958.252-RG, Rel. Min. Luiz Fux, DJe 13.9.2019).

No caso dos autos, o Tribunal *a quo*, com fundamento nas provas do autos, se restringiu ao reconhecimento de vínculo empregatício direto entre o Banco recorrente e o recorrido, por entender presente o requisito da subordinação jurídica na relação jurídica estabelecida entre as partes (art. 3º da CLT). Nesse sentido, reproduzo o seguinte trecho do acórdão recorrido:

"(...)

Já quanto à ilicitude da terceirização, registra-se que, conquanto a Suprema Corte tenha fixado o entendimento de que a licitude da terceirização independe da atividade executada pelo empregado ou, ainda, do objeto social da empresa (Tema 725 de Repercussão Geral e ADPF 324), não há como reconhecer a validade da contratação quando presentes os requisitos da relação de emprego, previstos nos arts. 2º e 3º da CLT, notadamente a subordinação direta ao tomador dos serviços. E essa é exatamente a situação vivenciada nos autos, visto que, reitere-se, o Regional, analisando os elementos de prova, expressamente menciona a existência de subordinação direta do reclamante ao tomador de serviços.

A referida peculiaridade é suficiente para a utilização da técnica da distinção, também conhecida como *distinguishing*, e, por conseguinte, para a não aplicação do Precedente fixado pelo STF, o qual examinou a licitude da terceirização apenas no enfoque das atividades desenvolvidas pela empresa contratante. Assim, reitere-se, reconhecida a fraude na contratação, não pela atividade desempenhada pelo reclamante, e sim pela existência dos elementos caracterizadores do vínculo de emprego diretamente com a empresa tomadora dos serviços — arts. 2º e 3º da CLT —, não há falar-se em licitude da terceirização". (eDOC 98, p. 10-11)

Como se pode observar, **o acórdão recorrido não tratou especificamente da validade de eventual terceirização de mão de obra, mas, tão somente, da caracterização de vínculo trabalhista direto entre o recorrido e o Banco BMG.**

Dessa forma, conclui-se inaplicável o precedente firmado no julgamento do Tema 725 da repercussão geral, de modo que divergir do entendimento firmado pelo Tribunal de origem demandaria o reexame do acervo fático-probatório, providência inviável no âmbito do recurso extraordinário" (destaques do original e grifos postos).

Ressalto que, na referida decisão, o Ministro Relator, Gilmar Mendes, **cita outros precedentes do STF de teor semelhante**, igualmente transcritos:

EMENTA: DIREITO DO TRABALHO. TERCEIRIZAÇÃO. VÍNCULO EMPREGATÍCIO. SUBORDINAÇÃO JURÍDICA. REQUISITOS DOS ARTS. 2º E 3º DA CONSOLIDAÇÃO DAS LEIS DO TRABALHO. CONFIGURAÇÃO. COMPREENSÃO DIVERSA. REELABORAÇÃO DA MOLDURA FÁTICA. PROCEDIMENTO VEDADO NA INSTÂNCIA EXTRAORDINÁRIA. TEMA Nº 725. INAPLICABILIDADE. ALEGAÇÃO DE OFENSA AO ART. 5º, II, DA CONSTITUIÇÃO DA REPÚBLICA. LEGALIDADE. EVENTUAL VIOLAÇÃO REFLEXA DA CONSTITUIÇÃO DA REPÚBLICA NÃO VIABILIZA O RECURSO EXTRAORDINÁRIO. 1. A controvérsia, conforme já asseverado na decisão guerreada, não alcança estatura constitucional. Não há falar em afronta a preceito constitucional indicado nas razões recursais. Compreensão diversa demandaria a análise da legislação infraconstitucional encampada na decisão da Corte de origem, bem como a reelaboração da moldura fática, a tornar oblíqua e reflexa eventual ofensa à Constituição, insuscetível, como tal, de viabilizar o conhecimento do recurso extraordinário. Desatendida a exigência do art. 102, III, "a", da Lei Maior, nos termos da jurisprudência desta Suprema Corte. **2. A questão do preenchimento dos requisitos legais para a caracterização do vínculo de emprego, controvérsia submetida à apreciação desta Corte por meio do recurso extraordinário, não foi submetida ao Plenário Virtual para manifestação acerca da existência de repercussão geral no RE 958.252-RG.** 3. As razões do agravo não se mostram aptas a infirmar os fundamentos que lastrearam a decisão agravada, principalmente no que se refere à ausência de ofensa a preceito da Constituição da República. 4. Agravo interno conhecido e não provido. 5. A teor do art. 85, § 11, do CPC/2015, o "tribunal, ao julgar recurso, majorará os honorários fixados anteriormente levando em conta o trabalho adicional realizado em grau recursal, observando, conforme o caso, o disposto nos §§ 2º a 6º, sendo vedado ao tribunal, no cômputo geral da fixação de honorários devidos ao advogado do vencedor, ultrapassar os respectivos limites estabelecidos nos §§ 2º e 3º para a fase de conhecimento. (ARE 1349118 AgR, Rel(a) Min(a): Rosa Weber, **1ª Turma**, julgado em 06-12-2021 — com destaques);

> AGRAVO REGIMENTAL NO RECURSO EXTRAORDINÁRIO COM AGRAVO. INTERPOSIÇÃO EM 09.09.2020. RECONHECIMENTO PELO TRIBUNAL *A QUO* DO VÍNCULO EMPREGATÍCIO. CONFIGURAÇÃO DA SUBORDINAÇÃO JURÍDICA. NECESSIDADE DE REEXAME DO CONJUNTO FÁTICO-PROBATÓRIO DOS AUTOS. SÚMULA 279. AGRAVO REGIMENTAL A QUE SE NEGA PROVIMENTO. 1. **No caso, o Tribunal a quo, a partir do exame dos elementos de prova dos autos, reconheceu o vínculo empregatício do recorrido com a tomadora dos serviços, em virtude da configuração da subordinação jurídica, para se divergir desse entendimento faz-se necessário reexaminar o conjunto fático-probatório da causa**. Incide, portanto, na hipótese, o óbice da Súmula 279 do STF. 2. Agravo regimental a que se nega provimento. (ARE 1280609 AgR, Rel. Min.: Edson Fachin, **2ª Turma**, julgado em 24-02-2021 — com destaques).

Perceba-se que **são mencionados julgados das duas Turmas**, a demonstrar ser **jurisprudência uniforme, íntegra, estável e coerente**, tal como indicado no artigo 926 do CPC;

b) **ADI 5625,** Rel. Min. Edson Fachin, red. p/ac. Min. Nunes Marques, **Tribunal Pleno**, julgado em 28/10/2021, em que foi apreciada a constitucionalidade de alguns dispositivos contidos na Lei n. 13.352/2016, relativamente aos contratos de parceria celebrados por profissionais do ramo (denominados "profissionais-parceiros") em atividades de salões de beleza, no que se convencionou denominar de "salão-parceiro".

Ao proclamar a constitucionalidade da Lei, **o Supremo Tribunal Federal deixou claro que é possível reconhecer-se a relação de emprego, se estiverem presentes os elementos configuradores do vínculo**, tal como se constata na própria ementa:

> AÇÃO DIRETA DE INCONSTITUCIONALIDADE. LEI FEDERAL N. 13.352, DE 27 DE OUTUBRO DE 2016, CONHECIDA COMO LEI DO SALÃO-PARCEIRO. CONSTITUCIONALIDADE. 1. São válidos os contratos de parceria celebrados entre trabalhador do ramo da beleza (cabeleireiro, barbeiro, esteticista, manicure, pedicure, depilador e maquiador), denominado "profissional-parceiro", e o respectivo estabelecimento, chamado "salão-parceiro", em consonância com as normas contidas na Lei federal n. 13.352/2016. **2. A higidez do contrato é condicionada à conformidade com os fatos, de modo que é nulo instrumento com elementos caracterizadores de relação de emprego. 3. Estando presentes elementos que sinalizam vínculo empregatício, este deverá ser reconhecido pelo Poder Público, com todas as consequências legais decorrentes, previstas especialmente na Consolidação da Leis do Trabalho**. 4. Pedido julgado improcedente. (destaques postos).

Convém ressaltar que o Ministro Relator originário, Edson Fachin, reconhecia a inconstitucionalidade da lei, mas, nesse aspecto, prevaleceu o voto proferido pelo Ministro Nunes Marques em sentido oposto, muito embora este último tenha afirmado **ser possível o afastamento da presunção legal em favor da tese empresarial,** no sentido de ser trabalho realizado mediante contrato de parceria, se a realidade demonstrar o contrário. A referência encontra-se no item 3 da ementa (transcrita) e na fundamentação, em trecho que destaco:

> Não se extrai da Lei federal n. 13.352/2016 aptidão para violar os princípios da dignidade da pessoa humana e, mais precisamente, da valorização do trabalho. Bem ao contrário, a nova legislação agasalha solução econômica **nascida no próprio seio da comunidade profissional envolvida** e pressupõe situação de igualdade contratual, pelo que eleva o patamar dos trabalhadores do segmento da beleza de forma isonômica e paritária. **Daí por que deixam de ser empregados e se tornam parceiros na prestação dos serviços, o que representará para eles remuneração mais vantajosa que um salário previamente fixado, além de alta dignificação profissional**.
>
> Mas não se pode negar a possibilidade de que, na prática, o contrato de parceria, objeto da lei atacada, venha a ser utilizado, vez por outra, como tentativa de dissimular um ajuste que verdadeiramente tenha natureza empregatícia. Essa inegável possibilidade, no entanto, **não demanda a declaração de inconstitucionalidade, resolvendo-se pelo jogo comum das ações e recursos trabalhistas**.

> Eventual inconstitucionalidade material de uma norma se verifica pelo seu conteúdo abstrato, **considerada uma aplicação normal dos seus preceitos** — e não pelo hipotético uso ilegítimo que lhe possa ser dado.
>
> Contratos de parceria que em verdade dissimulem vínculos empregatícios serão nulos, à luz do princípio da primazia da realidade, consagrado no art. 9º da Consolidação das Leis do Trabalho. Nessas situações, o vínculo empregatício será reconhecido *in concreto* pelas autoridades públicas, com todas as consequências legais daí resultantes.
>
> O desvirtuamento da lei haverá de ser reprimido nos casos concretos, se e quando ocorrer. Atento a essa possibilidade, o próprio diploma objeto desta ação cuidou de disciplinar o processo de fiscalização (art. 1º-D da Lei n. 12.592/2012, nela introduzido pela de n. 13.352/2016), remetendo-o aos termos da Consolidação das Leis do Trabalho, de modo a evitar que vínculos empregatícios dissimulados em contratos de parceria possam vicejar impunemente. (destaques do original e grifos postos).

Com todas as letras, portanto, **o Plenário do Supremo Tribunal Federal, à unanimidade, chancelou a tese da prevalência do Princípio da Primazia da Realidade**, em virtude de esse fundamento estar presente no voto do Relator originário, que concluía pela inconstitucionalidade de toda a lei, da Ministra Rosa Weber, que votou no mesmo sentido, e entre os fundamentos determinantes contidos no voto do Ministro autor do voto divergente (Nunes Marques), seguido pelos demais.

Destaque-se passagem do voto do Ministro **Alexandre de Moraes**, na linha sustentada pelo Relator:

> Obviamente, também **os novos arranjos de contrato devem submeter-se ao regime constitucional, em compatibilidade com as garantias sociais fundamentais, para que não sejam invocados formalmente com o objetivo de fraudar uma efetiva relação de emprego**, comprometendo as regras que definem contornos mínimos (em prol do trabalhador subordinado) como, por exemplo, no tocante à jornada, férias e seguridade social.
>
> (...)
>
> De toda forma, **a Lei 13.352/2016 não exclui a possibilidade de reconhecimento da relação de emprego quanto à pessoa do profissional-parceiro, quando verificada a presença dos pressupostos que ensejam a sua caracterização, independentemente da sua configuração formal como contrato de parceria**.
>
> **Além de a própria legislação impugnada prever a possibilidade de reconhecimento do vínculo empregatício entre a pessoa jurídica do salão-parceiro e o profissional-parceiro** (hipóteses dos incisos I e II do art. 1º-C, cumulativamente) e estabelecer que o processo de fiscalização, autuação e imposição de multas será regido pelo disposto no Título VII da CLT (art. 1º-D), **prevalece em matéria trabalhista, independentemente de referidas previsões legais, o princípio da primazia da realidade, surgindo impositiva a constatação da existência de relação de emprego sempre que as circunstâncias fáticas evidenciarem a presença de subordinação, alteridade, pessoalidade, onerosidade e não eventualidade.** (com destaques).

Repito trecho elucidativo: "**Além de a própria legislação impugnada prever a possibilidade de reconhecimento do vínculo empregatício entre a pessoa jurídica do salão-parceiro e o profissional-parceiro (...) prevalece em matéria trabalhista, independentemente de referidas previsões legais, o princípio da primazia da realidade, surgindo impositiva a constatação da existência de relação de emprego sempre que as circunstâncias fáticas evidenciarem a presença de subordinação, alteridade, pessoalidade, onerosidade e não eventualidade**".

O mesmo fundamento constou do voto do Ministro **Roberto Barroso**. Confira-se:

> De modo que vou acompanhar, pedindo todas as vênias ao Relator, a divergência aberta pelo Ministro Nunes Marques. A única observação que faria — e vou ouvir o Ministro Nunes Marques, mas penso que não haveria dúvida quanto a isso — é que, **evidentemente, o contrato de parceria tem que ser real. Se se chamar de contrato de parceria alguém que está numa relação de emprego,**

> **com subordinação, horário para cumprir e outras obrigações típicas do contrato trabalhista, aí é vínculo de trabalho e se estaria fraudando.** A observação que eu faria é que o art. 1ºA, § 11 diz assim:
>
> "§ 11 — O profissional-parceiro não terá relação de emprego ou de sociedade com o salão-parceiro enquanto perdurar a relação de parceria tratada nesta Lei."
>
> **Eu não vejo problema nessa norma, evidentemente, desde que ela seja interpretada no sentido de que, se estiverem presentes os requisitos do contrato de trabalho típico, como horário de trabalho e outras obrigações, a parceria seria uma fraude e, evidentemente, nós não chancelaríamos uma fraude.**
>
> Proponho a minha tese de julgamento, e aqui a submeto ao Ministro Nunes Marques, que iniciou a posição a qual estou aderindo, nos seguintes termos, Presidente:
>
> — É constitucional a celebração de contrato de parceria entre salões de beleza e profissionais do setor;
>
> — O contrato de parceria não pode ser utilizado como forma de fraudar a relação de emprego, que deve ser reconhecida caso estejam presentes seus elementos caracterizadores.
>
> Essa é a minha proposta e **estou aderindo à conclusão do eminente Ministro Nunes Marques, com a observação de que estou validando o contrato de parceria, se for parceria mesmo; se for um contrato de emprego disfarçado, deve-se reconhecer a relação de emprego.**

Para melhor esclarecer e confirmar o quanto afirmei, cito outra passagem da decisão em que se narra diálogo havido entre os Ministros Roberto Barroso, Luiz Fux e o Relator:

> O SENHOR MINISTRO LUIZ FUX (PRESIDENTE) — Então, Ministro Roberto Barroso, Vossa Excelência também acompanha a divergência, julga improcedente e sugere a tese que acaba de ler?
>
> O SENHOR MINISTRO LUÍS ROBERTO BARROSO — É. **Permita-me ouvir o Ministro Nunes Marques, Presidente, se concorda com essa ressalva de que é válido desde que não esteja fraudando o contrato de emprego.**
>
> O SENHOR MINISTRO LUIZ FUX (PRESIDENTE) — **Eu coloco também no meu voto essa condicionante**, mas acho que Ministro Nunes Marques chegou a mencionar no seu voto essa questão.
>
> O SENHOR MINISTRO NUNES MARQUES — Ministro Roberto Barroso, **em meu voto faço menção à própria norma, à própria Lei n. 13.352, que, no art. 1º-C, I e II, já exige que esse contrato de parceria seja verdadeiramente contrato de parceria, e não um simulacro.** Então, há dois dispositivos na norma, e coloquei também essa condicionante — não só o art. 1º-C, I e II, **como o art. 1º-D, que remete diretamente aos termos da Consolidação das Leis do Trabalho na hipótese de se caracterizar o vínculo empregatício. Logo, a Justiça do Trabalho continua com absoluta competência para fazer a aferição nas hipóteses de simulacro ou de burla mediante contrato de parceria. Isso está contemplado de forma expressa em meu voto.**
>
> O SENHOR MINISTRO LUÍS ROBERTO BARROSO — **Portanto, estamos de pleno acordo, Presidente.** (com destaques).

O Ministro **Dias Toffoli**, ao votar, invocou expressamente os fundamentos mencionados nos votos dos Ministros Nunes Marques, Alexandre de Moraes e Roberto Barroso:

> Enaltecendo todo o debate ocorrido e os votos proferidos, diante das duas correntes formadas, Senhor Presidente, com a vênia de Sua excelência o Relator, agora secundado pela Ministra Rosa Weber — ambos com votos brilhantes -, acompanho a divergência que foi iniciada pelo Ministro **Nunes Marques** e os votos dos eminentes Ministros **Alexandre de Moraes** e **Roberto Barroso**, que o acompanharam (destaques do original).

A Ministra **Cármen Lúcia** também realçou a possibilidade de ser reconhecido o vínculo empregatício, a partir dos elementos fáticos exsurgidos da controvérsia:

> Não me convenço, com todas as vênias, de ter havido qualquer afronta à Constituição Federal, uma vez que, como foi posto aqui e realçado a partir do voto do Ministro Barroso, mas também já mencionado e explicitamente posto pelo Ministro Nunes Marques, **em caso de fraude ou de uma**

maquiagem de um contrato de trabalho no lugar de um contrato de parceria desse salão-parceiro, as portas do Poder Judiciário continuam abertas e, portanto, não prevalecerá qualquer fraude aos direitos trabalhistas. Não me parece que esse recorte feito impeça o que seria o acesso à Justiça.

(...)

A lei impugnada não impede, ainda, seja o contrato de trabalho reconhecido, se verificados os requisitos do art. 3º da Consolidação das Leis do Trabalho: *"Considera-se empregado toda pessoa física que prestar serviços de natureza não eventual a empregador, sob a dependência deste e mediante salário".*

O art. 9º desse mesmo diploma estabelece que *"Serão nulos de pleno direito os atos praticados com o objetivo de desvirtuar, impedir ou fraudar a aplicação dos preceitos contido na presente Consolidação".*

Assim, **eventuais fraudes e simulações de contratos de parceria podem ser levadas ao Poder Judiciário.** (com destaques).

O Ministro **Ricardo Lewandowski,** que seguiu a corrente majoritária, enfatizou as **salvaguardas criadas pelo legislador**, em caso de **desvirtuamento do contrato de parceria** e também afirmou a possibilidade de reconhecimento do vínculo laboral, presentes os requisitos da CLT:

"Verifico, ademais, que **a própria Lei 13.352/2016 abriga salvaguardas que buscam evitar o desvirtuamento do contrato de parceria, sem prejuízo, de resto, de submeter-se eventual relação de trabalho — que se caracteriza pela habitualidade, pessoalidade, subordinação e percepção de salário —** às regras e, por consequência às sanções da Consolidação das Leis do Trabalho." (com destaques).

De igual forma, o Ministro **Gilmar Mendes**:

Registro, ainda, **que o contrato de parceria não é excludente do vínculo de emprego, de modo que este poderá ser reconhecido, caso estejam presentes os seus requisitos legais, como alteridade, pessoalidade, habitualidade, subordinação e onerosidade, nos termos do art. 3º da Consolidação das Leis do Trabalho e do art. 1º-C da Lei n. 12.592/2012, na redação conferida pela Lei 13.352/2016.**

E, finalmente, o Ministro **Luiz Fux**:

Quarto, o art. 1º-C, caput, da Lei impugnada, estabelece a salvaguarda do trabalhador nos casos de burla à legislação trabalhista (preocupação exarada pela requerente na petição inicial). Nesses casos, o vínculo empregatício será reconhecido.

(...) Ademais, o legislador ainda foi suficientemente cauteloso, porquanto apresentou de antemão — as garantias ao trabalhador já elencadas, tais como: (i) a previsão de vínculo empregatício em caso de burla à legislação trabalhista aplicável (art. 1º-C).

Portanto, **todos os Ministros** do Supremo afirmaram, como **fundamento determinante** e, como tal, **possuidor de força vinculante** (inclusive no âmbito interno — força vinculante horizontal do precedente), a possibilidade de reconhecimento do vínculo empregatício a partir da realidade dos fatos, analisada no caso concreto, premissas que não estão restritas ao caso de trabalho para "salão-parceiro". Igualmente devem ser aplicadas em todos os outros em que estiver presente a mesma questão jurídica, para que seja preservada a coerência que se exige como atributo da jurisprudência dos tribunais.

Essa vinculação não apenas se dirige aos demais tribunais e juízos inferiores. **Também é vinculante para o próprio Supremo,** repita-se;

c) **ADI 5322,** Rel. Min. Alexandre de Moraes, **Tribunal Pleno**, julgado em 03-07-2023, em que também foi apreciada a constitucionalidade de dispositivos legais, desta feita da Lei n. 13.103/2015, relativamente ao trabalho do motorista, entre eles os §§ 3º e 4º, que permitem a existência de relação de trabalho autônoma, sem que se caracterize o vínculo empregatício.

Ao declarar a constitucionalidade dos dispositivos, o Ministro Relator assentou, como fundamento determinante, **ser possível ao legislador prever, de modo geral e abstrato, a ausência da relação de emprego de determinada atividade econômica**, mas também deixou claro ser possível o afastamento dessa premissa, quando **a realidade demonstrar a presença dos elementos configuradores da relação de emprego**, em clara técnica de distinção. Transcrevo:

> De início, é importante relembrar que, para ficar caracterizada uma relação de emprego, é preciso o preenchimento de alguns requisitos, e a doutrina trabalhista costuma apontar os que se seguem: a) pessoalidade na prestação de serviços; b) não eventualidade; c) subordinação; d) pagamento de salário; e e) ser pessoa física.
>
> É o que dispõe o art. 3º da CLT. Assim, ficando ausente algum dos requisitos citados acima, não há se falar em relação empregatícia, mas sim em outra relação jurídica, como trabalho autônomo, trabalho avulso, trabalho eventual, relação empresarial, etc.
>
> Com base nessas premissas, observa-se que o legislador ordinário possui certa margem de conformação para definir se essa ou aquela relação jurídica, em abstrato, representará ou não uma relação de emprego. É o caso da lei impugnada. — com destaques).
>
> **Entendo, nesse sentido, que as normas impugnadas apenas previram a figura de um trabalho autônomo**, realizado por "pessoa física que presta serviços habitualmente por conta própria a uma ou mais de uma pessoa, assumindo os riscos da sua atividade econômica" (MARTINS, Sergio Pinto. Manual de Direito do Trabalho. 12. ed. — São Paulo: Saraiva Educação, 2019. p. 95). Assim, **havendo a figura do trabalhador autônomo prevista em lei, a atividade por ele exercida, em tese, não permite a caracterização da relação de emprego.**
>
> Pode-se dizer, por exemplo, que o mesmo ocorre com o contrato de franquia empresarial existente entre franqueador e franqueado, na qual a lei afasta abstratamente a relação empregatícia entre as partes (art. 2º da Lei 8.955/1994), ou, ainda, com a atividade exercida pelo representante comercial autônomo, abaixo transcrita:
>
> 'Lei 4.886/965 Art. 1º Exerce a representação comercial autônoma a pessoa jurídica ou a pessoa física, sem relação de emprego, que desempenha, em caráter não eventual por conta de uma ou mais pessoas, a mediação para a realização de negócios mercantis, agenciando propostas ou pedidos, para, transmiti-los aos representados, praticando ou não atos relacionados com a execução dos negócios" .
>
> Portanto, **não há inconstitucionalidade na norma que prevê, de modo geral e abstrato, a ausência da relação de emprego de determinada atividade econômica. O princípio da primazia da realidade, usado como argumento para fundamentar o pedido da inicial, poderia ser utilizado em hipótese no caso concreto, para caracterizar uma situação diversa da prevista em lei.**
>
> Logo, não há inconstitucionalidade da norma em análise.".

Veja-se que, de início, são rememorados os requisitos caracterizadores da relação de emprego e, ao final, o Ministro Relator admite a possibilidade de utilização do **Princípio da Primazia da Realidade** para orientar a análise dos fatos, como ocorreu no caso em que proferida a decisão. Permito-me repetir a passagem do voto, acima destacada: "**O princípio da primazia da realidade, usado como argumento para fundamentar o pedido da inicial, poderia ser utilizado em hipótese no caso concreto, para caracterizar uma situação diversa da prevista em lei**".

O citado princípio foi invocado, igualmente, pelo Ministro Nunes Marques no referido julgamento: "Com efeito, **a relação de emprego decorre da presença de seus elementos caracterizadores. Antes de tudo, deriva dos fatos, à luz do princípio da primazia da realidade.**" (com destaques).

Até mesmo em algumas reclamações constitucionais a tese é chancelada ou é afirmada a **ausência de estrita aderência** com as teses firmadas nos precedentes vinculantes, como se vê na decisão do Ministro Edson Fachin na Reclamação 61.458/SP, em que reconsiderou outra proferida anteriormente, faz análise dos fundamentos determinantes contidos na jurisprudência vinculante do STF e também nos acórdãos cujas ementas seguem:

> EMENTA: AGRAVO INTERNO EM RECLAMAÇÃO. TRABALHISTA. TERCEIRIZAÇÃO DE SERVIÇOS. ADPF 324. RECONHECIMENTO DA ILICITUDE DA TERCEIRIZAÇÃO. NECESSIDADE DE REVOLVIMENTO DA MATÉRIA FÁTICO-PROBATÓRIA. INEXISTÊNCIA DE OFENSA AO VERBETE N. 10 DA SÚMULA VINCULANTE. 1. No julgamento da ADPF 324, o Supremo não descartou a possibilidade de a terceirização mostrar-se, concretamente, abusiva. 2. Na hipótese, a Justiça do Trabalho não afirmou, genérica e abstratamente, que toda terceirização de atividade-fim é ilícita, mas apenas entendeu irregular a terceirização levada a cabo pela reclamante, com as especificidades de que se reveste. 3. Dissentir das razões adotadas pelas instâncias ordinárias demandaria o reexame do conjunto fático-probatório dos autos, circunstância não admitida pela jurisprudência desta Corte. 4. O órgão reclamado não promoveu o afastamento da incidência de qualquer preceito legal permissivo de contratação de mão de obra terceirizada, tendo tão somente dado ao caso concreto, com base em elementos dele extraídos, a solução jurídica que lhe pareceu mais apropriada. Ausente violação ao enunciado n. 10 da Súmula do Supremo. 5. Agravo interno desprovido. (Rcl 47699 AgR, Rel. Min. Nunes Marques, 2ª Turma, julgado em 18-12-2021);
>
> AGRAVO REGIMENTAL NA RECLAMAÇÃO. TRABALHISTA. TERCEIRIZAÇÃO DE SERVIÇOS. ALEGAÇÃO DE AFRONTA À AUTORIDADE DAS DECISÕES PROFERIDAS POR ESTA SUPREMA CORTE NA ADPF 324/DF, NA ADC 48/DF, NA ADI 5.625/DF, NA ADI 3.991/PA E NO RE 958.252 RG/MG (TEMA 725 DA REPERCUSSÃO GERAL). AUSÊNCIA DE ESTRITA ADERÊNCIA. REANÁLISE DO CONJUNTO FÁTICO-PROBATÓRIO. INVIABILIDADE. UTILIZAÇÃO DA RECLAMAÇÃO COMO SUCEDÂNEO RECURSAL. IMPOSSIBILIDADE. AGRAVO DESPROVIDO. I — A autoridade reclamada, mediante apreciação das provas produzidas nos autos, concluiu pela configuração dos elementos fático-jurídicos necessários à formação do vínculo empregatício entre a reclamante e o beneficiário do ato reclamado, em conformidade com o art. 3º da CLT. II — Em casos semelhantes, a jurisprudência deste Supremo Tribunal Federal exige aderência estrita entre o ato reclamado e o conteúdo dos paradigmas apontados como violados, o que não ocorreu no caso. III — Dissentir das razões adotadas pela Justiça trabalhista demandaria o reexame do conjunto fático-probatório dos autos, circunstância também não admitida em reclamação constitucional. IV — A intenção da agravante é utilizar a reclamação como sucedâneo recursal, finalidade essa que não se compatibiliza com a sua destinação constitucional. V — Agravo regimental desprovido. (Rcl 61438 AgR, Rel. Min. Cristiano Zanin, 1ª Turma, julgado em 09-10-2023).

Assim, inexiste obstáculo ao exame da controvérsia pela Justiça do Trabalho, nem extrapolação da competência outorgada constitucionalmente e não há afronta a precedente vinculante do STF.

Outra hipótese de alteração da jurisprudência sem justificativa encontra-se nos casos que envolvem relação de emprego de advogado associado, ou seja, o advogado questiona o vínculo associativo e aponta ter havido, na essência, relação de emprego, questão jurídica que foi objeto do Tema 1005 e se negou a existência de repercussão geral por envolver o exame de legislação infraconstitucional.

Apesar de assim haver decidido, o STF — **sem apontar justificativa para a modificação de sua jurisprudência**, como era do seu dever, em face da previsão contida no § 4º, do art. 927 do CPC e, dessa forma, preservar a segurança jurídica — passou a acatar reclamações, julgá-las procedentes e afastar o reconhecimento pretérito do vínculo empregatício, proclamado em decisões da Justiça do Trabalho baseadas no exame de fatos e provas.

A **contradição** na jurisprudência do STF é constatada no estudo já referido, que menciona decisões em reclamações nas quais foi reafirmada a impossibilidade de alteração do julgado por envolver o reexame de fatos e provas e afastar a apontada aderência ao quanto decidido na ADC 48 e na ADI 5.625[34] e, em sentido oposto, outras que indicaram a aderência aos precedentes citados[35] e sob a justificativa — ausente nas decisões vinculantes — da possibilidade de existência de novas formas de contratação.

A respeito desse fundamento, a Justiça do Trabalho sempre admitiu a existência de contratações diferentes da prevista na CLT, como as disciplinadas no Código Civil (trabalhador autônomo) ou em leis específicas (representante comercial autônomo) e manteve decisões que afastaram o reconhecimento do vínculo laboral.[36]

Portanto, não há desatendimento às decisões do STF.

Repito que, nas discussões sobre a existência de relação de emprego de advogado associado, existia pronunciamento do STF em sentido oposto e em exame de repercussão geral, de modo a permitir o exame dos elementos configuradores do vínculo empregatícia, sem que com isso se esteja a interferir no domínio da vontade dos contratantes, que não se resume ao plano meramente formal.

Mencione-se, de igual modo, a ausência de uniformidade no procedimento adotado pelo STF. Encontram-se decisões que não se limitam a examinar a questão do ponto de vista da competência. Na Reclamação n. 66.843, o Ministro Relator, Alexandre de Moraes, ao examinar a existência de estrita aderência ao decidido na ADPF 324, na ADC 48, na ADI 3.961, na ADI 5.625 e no Tema 725 de Repercussão Geral, desprezou por inteiro os elementos fáticos constantes do acórdão e que motivaram o reconhecimento do vínculo laboral, baseou-se tão somente nos elementos formais relativos ao contrato de associação de advogados e julgou improcedentes os pedidos:

---

(34) A título de exemplo, BRASIL BRASIL. Supremo Tribunal Federal. Rcl. 63.616, Rel. Min. Dias Tofolli, em 21/02/2024. Disponível em: https://redir.stf.jus.br/paginadorpub/paginador.jsp?docTP=TP&docID=775823631. Acesso em: 28 jul. 2024; BRASIL. Supremo Tribunal Federal. Rcl 64.143, Rel. Min. Dias Tofolli, em 18/12/2023. Disponível em: https://portal.stf.jus.br/processos/downloadPeca.asp?id=15363812634&ext=.pdf. Acesso em: 1 ago. 2024; e BRASIL. Supremo Tribunal Federal. Rcl 62.477, Rel. Min. Dias Tofolli, em 19/12/2023. Disponível em: https://redir.stf.jus.br/paginadorpub/paginador.jsp?docTP=TP&docID=774979003. Acesso em: 3 ago. 2024.

(35) BRASIL. Supremo Tribunal Federal. Rcl. 61.294, em 27/11/2023. Disponível em: https://redir.stf.jus.br/paginadorpub/paginador.jsp?docTP=TP&docID=767545009. Acesso em: 3 ago. 2024; e BRASIL. Supremo Tribunal Federal. Rcl. 63.763, Rel. Min. Dias Toffoli, em 19/12/2023. Disponível em: http://portal.stf.jus.br/processos/downloadPeca.asp?id=15363812565&ext=.pdf. Acesso em: 3 ago. 2024.

(36) "AGRAVO EM RECURSO DE REVISTA COM AGRAVO DE INSTRUMENTO. ACÓRDÃO REGIONAL PUBLICADO NA VIGÊNCIA DA LEI N. 13.467/2017. 1. RELAÇÃO DE EMPREGO. REEXAME DE FATOS E PROVAS. IMPOSSIBILIDADE. ÓBICE DA SÚMULA 126 DO TST. TRANSCENDÊNCIA NÃO RECONHECIDA. 1.1. A finalidade precípua desta Corte Superior, na uniformização de teses jurídicas, não autoriza a revisão do conjunto fático-probatório já analisado pelo Tribunal Regional, na esteira do entendimento consolidado pela Súmula 126/TST. 1.2. Na hipótese dos autos, não se trata de mero reenquadramento jurídico dos fatos, tendo em vista a efetiva necessidade de revolver o acervo probatório para adotar conclusão diversa daquela obtida pelo TRT. 1.3. As alegações recursais da parte, no sentido de que estarem presentes os requisitos para o reconhecimento da relação de emprego, contrariam frontalmente o quadro fático delineado no acórdão regional, segundo o qual restou "caracterizada a ausência de subordinação jurídica e a condição de representante comercial autônomo". Assentou o Colegiado de origem, ainda, que "não se evidencia que a empresa do autor tenha sido criada com o intuito de fraudar a existência de vínculo de emprego, ao passo que tal empresa foi aberta em 02/04/2015 e o autor disse, em seu depoimento, que as tratativas para ingressar na empresa começaram em novembro de 2015; não conhecia a empresa anteriormente; o depoente já tinha atuado no ramo de vendas, como represente comercial". Desse modo, o acolhimento de suas pretensões demandaria necessariamente o reexame do acervo probatório, procedimento vedado nesta esfera extraordinária. (...) " (BRASIL. Tribunal Superior do Trabalho. Ag-RRAg-604-86.2021.5.09.0021, 5ª T., Rel. Minª Morgana de Almeida Richa, DEJT 14/06/2024. Disponível em: https://jurisprudencia-backend2.tst.jus.br/rest/documentos/5e225cd2557bf45fa056e0fa240aa70d. Acesso em: 3 ago. 2024).

Assim, é possível assentar que a decisão reclamada desconsiderou a legitimidade de contratos de associação de advogados. Ao fazê-lo, não observou o entendimento da CORTE quanto à constitucionalidade das relações de trabalho diversas da de emprego regida pela CLT, conforme decidido na ADPF 324, na ADC 48, na ADI 3.961, na ADI 5.625, bem como o Tema 725 da Repercussão Geral.

> (...)
>
> A interpretação conjunta dos precedentes permite o reconhecimento da licitude de outras formas de relação de trabalho que não a relação de emprego regida pela CLT, como na própria terceirização ou em casos específicos, como a previsão da natureza civil da relação decorrente de contratos firmados nos termos da Lei 11.442/2007 (ADC 48 e ADI 3.961), ou a previsão da natureza civil para contratos de parceria entre salões de beleza e profissionais do setor, nos termos da Lei 13.352/2016 (ADI 5.625, red. para o Acórdão Min. NUNES MARQUES).
>
> (...)
>
> Diante do exposto, com fundamento no art. 161, parágrafo único, do Regimento Interno do Supremo Tribunal Federal, JULGO PROCEDENTE o pedido de forma que seja cassado o acórdão impugnado e, desde logo, julgo IMPROCEDENTE a ação civil pública 0100743-87.2016.5.01.0039, em trâmite no Tribunal Superior do Trabalho.

É bom repetir, mais uma vez, que o STF afastou a Repercussão Geral de controvérsia exatamente igual ("Possibilidade de reconhecimento de relação empregatícia a advogado com vínculo societário em escritório de advocacia"), ao examinar o Tema 1005, e admitiu a prevalência do princípio da Primazia da Realidade.

7. CONCLUSÃO

Ao longo desse estudo, procurou-se demonstrar que são infundadas as críticas lançadas contra o fato de a Justiça do Trabalho, no exercício da competência que lhe é outorgada pela Constituição Federal (art. 114, I), ao analisar processos em que se discute a existência de relação de emprego e a parte alega a existência de fraude, conclui de modo afirmativo e assim o faz respaldada no exame dos fatos alegados e das provas produzidas.

Também foram traçadas algumas das bases que sustentam a sólida jurisprudência do STF restritiva quanto ao cabimento de reclamação, notadamente a que nega a possibilidade de ser utilizada como sucedânea de recurso ou quando importar na revisão do conjunto fático-probatório, aliado à necessidade de estrita aderência à tese fixada na decisão qualificada como precedente judicial.

A análise adotou o estudo elaborado pelo Núcleo de Extensão e Pesquisa "O Trabalho Além do Direito do Trabalho" (NTADT), vinculado ao Departamento de Trabalho e Previdência Social da Faculdade de Direito da Universidade de São Paulo (USP), resultante de convênio celebrado com a Associação Nacional dos Magistrados da Justiça do Trabalho (ANAMATRA), objeto da Nota Técnica 1/2024, e envolveu decisões proferidas em reclamações constitucionais acerca da competência da Justiça do Trabalho no Brasil, período de 01 de julho de 2023 a 16 de fevereiro de 2024.

Afirmou-se que não há desrespeito à autoridade das decisões proferidas pelo STF no exame da constitucionalidade de terceirização em atividade-fim, resultaram no Tema 725 de Repercussão Geral e têm sido adotadas como fundamento para afastar a competência da Justiça do Trabalho ou até mesmo julgar improcedentes pedidos formulados em ações baseadas na existência de vínculo empregatício em casos como, por exemplo, trabalho realizado por intermédio das denominadas "plataformas digitais", "representantes comerciais", "advogados associados", "profissionais liberais:

pejotização", "transportadores autônomos de cargas", "parceiros em salões de beleza" e "terceirização de mão de obra".

A postura adotada pelo STF pode ser resumida nas palavras do Ministro Edson Fachin: "Na realidade, o Poder Judiciário vem, desde a ADI 492, rel. Min. Carlos Velloso, j. 12.11.1992, promovendo a **restrição indevida da norma constitucional**, fomentando um certo **desprestígio da Justiça do Trabalho.**"(37)

8. REFERÊNCIAS

CINTRA, Antônio Carlos Araújo de; GRINOVER, Ada Pellegrini; DINAMARCO, Cândido Rangel. *Teoria geral do processo*. 21ª ed. São Paulo: Malheiros, 2005.

DANTAS, Marcelo Navarro Ribeiro. *Reclamação constitucional no direito brasileiro*. Porto Alegre: Sérgio Fabris, 2000.

MACEDO, Lucas Buril de. *Precedentes judiciais e o direito processual civil*. Salvador: Juspodivm, 2015.

MORATO, Leonardo Lins. *Reclamação e sua aplicação para o respeito da súmula vinculante*. São Paulo: Revista dos Tribunais, 2007.

Nos EUA, Domino's lança carro-robô para entregar pizzas. CNN Brasil, 13 abr. 2021. Disponível em: https://www.cnnbrasil.com.br/economia/macroeconomia/nos-eua-dominos-lanca-carro-robo-para-entregar-pizzas/. Acesso em: 26 jul. 2024

Nota técnica relativa ao convênio NTADT — Anamatra. Anamatra, 3 mai. 2024. Disponível em: https://www.anamatra.org.br/conamat/avisos-gerais/34936-nota-tecnica-relativa-ao-convenio-ntadt-anamatra. Acesso em: 3 ago. 2024.

O Impacto da Uber no Brasil. Uber. Disponível em: https://uberbrazil.publicfirst.co/?lang=pt-br. Acesso em: 26 jul. 2024.

Serviços de *delivery* via carro autônomo do Google entram em fase de teste. *Estadão*, 05 abr. 2024 Disponível em https://www.estadao.com.br/paladar/radar/servicos-de-delivery-via-carro-autonomo-do-google-entram-em-fase-de-teste/. Acesso em: 26 jul. 2024.

XAVIER, Carlos Eduardo Rangel. *Reclamação constitucional e precedentes judiciais*: contributo a um olhar crítico sobre o Novo Código de Processo Civil. São Paulo: Revista dos Tribunais, 2016.

Jurisprudência

BRASIL. Superior Tribunal de Justiça. CC n. 184.525/DF, Rel. Min. Humberto Martins, Corte Especial, julgado em 19/4/2023. Disponível em: https://scon.stj.jus.br/SCON/GetInteiroTeorDoAcordao?num_registro=202103774067&dt_publicacao=04/05/2023. Acesso em: 3 ago. 2024.

BRASIL. Supremo Tribunal Federal AI 816.563- AgR, 2ª T., Rel. Min. Ayres Britto, DJ de 21/3/2011. Disponível em: https://redir.stf.jus.br/paginadorpub/paginador.jsp?docTP=AC&docID=620774. Acesso em: 3 ago. 2024.

(37) BRASIL. Supremo Tribunal Federal. Rcl ADI 3395, voto do Min. Edson Fachin, Pleno, julgado em 15/04/2020. Disponível em: https://redir.stf.jus.br/paginadorpub/paginador.jsp?docTP=TP&docID=753145850. Acesso em: 3 ago. 2024.

BRASIL. Supremo Tribunal Federal. ADI 3961, Rel. Min. Roberto Barroso, Tribunal Pleno, julgado em 15-04-2020. Disponível em: https://redir.stf.jus.br/paginadorpub/paginador.jsp?docTP=TP&docID=752871041. Acesso em: 2 ago. 2024.

BRASIL. Supremo Tribunal Federal. ADPF 387, Rel. Min. Gilmar Mendes, Tribunal Pleno, julgado em 23-03-2017. Disponível em: https://redir.stf.jus.br/paginadorpub/paginador.jsp?docTP=TP&docID=13922687. Acesso em: 31 jul. 2024.

BRASIL. Supremo Tribunal Federal. AI 138.985-AgR, 2ª T., Rel. Min. Carlos Velloso, DJ 15/9/1995. Disponível em: https://redir.stf.jus.br/paginadorpub/paginador.jsp?docTP=AC&docID=274923. Acesso em 29 jul. 2024.

BRASIL. Supremo Tribunal Federal. AI 376.709-AgR, 1ª T., Rel. Min. Sepúlveda Pertence, DJ de 3/2/2006. Disponível em: https://redir.stf.jus.br/paginadorpub/paginador.jsp?docTP=AC&docID=306031. Acesso em: 3 ago. 2024.

BRASIL. Supremo Tribunal Federal. AI 477081-AgR, 2ª T., Rel. Min. Nelson Jobim, DJ 21/05/2004. Disponível em: https://redir.stf.jus.br/paginadorpub/paginador.jsp?docTP=AC&docID=356237. Acesso em: 30 jul. 2024.

BRASIL. Supremo Tribunal Federal. AI 832.987-AgR, 2ª T., Rel. Min. Ellen Gracie, DJ de 18/5/2011. Disponível em: https://redir.stf.jus.br/paginadorpub/paginador.jsp?docTP=AC&docID=623124. Acesso em: 3 ago. 2024.

BRASIL. Supremo Tribunal Federal. ARE 972.204-AgR, 2ª T., Rel. Min. Dias Toffoli, DJe de 29/8/2016. Disponível em: https://redir.stf.jus.br/paginadorpub/paginador.jsp?docTP=TP&docID=11564603. Acesso em: 28 jul. 2024.

BRASIL. Supremo Tribunal Federal. Rcl 12634 AgR, Rel: Min. Roberto Barroso, 1ª T., julgado em 22.9.2015. Disponível em: https://redir.stf.jus.br/paginadorpub/paginador.jsp?docTP=TP&docID=9562737. Acesso em: 31 jul. 2024).

BRASIL. Supremo Tribunal Federal. Rcl 24417 AGR/SP, 1ª T, Rel. Min. Roberto Barroso, em 7/03/2017. Disponível em: https://redir.stf.jus.br/paginadorpub/paginador.jsp?docTP=TP&docID=12760928. Acesso em: 2 ago. 2024.

BRASIL. Supremo Tribunal Federal. Rcl 57064 AgR, Relator(a): Ricardo Lewandowski, Relator(a) p/ Acórdão: Edson Fachin, 2ª T., julgado em 13-04-2023. Disponível emhttps://redir.stf.jus.br/paginadorpub/paginador.jsp?docTP=TP&docID=767889262. Acesso em: 26 jul. 2024.

BRASIL. Supremo Tribunal Federal. Rcl 62.477, Rel. Min. Dias Tofolli, em 19/12/2023. Disponível em: https://redir.stf.jus.br/paginadorpub/paginador.jsp?docTP=TP&docID=774979003. Acesso em: 3 ago. 2024.

BRASIL. Supremo Tribunal Federal. Rcl 63862, Rel. Min. André Mendonça, julg. em 09/02/2024. Disponível em: https://portal.stf.jus.br/processos/downloadPeca.asp?id=15364331454&ext=.pdf. Acesso em: 3 ago. 2024.

BRASIL. Supremo Tribunal Federal. Rcl 64.143, Rel. Min. Dias Tofolli, em 18/12/2023. Disponível em: https://portal.stf.jus.br/processos/downloadPeca.asp?id=15363812634&ext=.pdf. Acesso em: 1 ago. 2024.

BRASIL. Supremo Tribunal Federal. Rcl 65895/PB, Rel. Min. Cristiano Zanin, em 27/02/2024. Disponível em: https://portal.stf.jus.br/processos/downloadPeca.asp?id=15364871067&ext=.pdf. Acesso em: 25 jul. 2024.

BRASIL. Supremo Tribunal Federal. Rcl 7415 AgR, Rel. Min. Cezar Peluso, Tribunal Pleno, julgado em 04-02-2010. Disponível em: https://redir.stf.jus.br/paginador pub/paginador.jsp?docTP=AC&docID=609895. Acesso em: 2 ago. 2024.

BRASIL. Supremo Tribunal Federal. Rcl ADI 3395, voto do Min. Edson Fachin, Pleno, julgado em 15/04/2020. Disponível em: https://redir.stf.jus.br/paginadorpub/paginador.jsp?docTP=TP&docID=753145850. Acesso em: 3 ago. 2024.

BRASIL. Supremo Tribunal Federal. Rcl. 61.294, em 27/11/2023. Disponível em: https://redir.stf.jus.br/paginadorpub/paginador.jsp?docTP=TP&docID=767545009. Acesso em: 3 ago. 2024.

BRASIL. Supremo Tribunal Federal. Rcl. 63.616, Rel. Min. Dias Tofolli, em 21/02/2024. Disponível em: https://redir.stf.jus.br/paginadorpub/paginador.jsp?docTP=TP&docID=775823631. Acesso em: 28 jul. 2024.

BRASIL. Supremo Tribunal Federal. Rcl. 63.763, Rel. Min. Dias Toffoli, em 19/12/2023. Disponível em: http://portal.stf.jus.br/processos/downloadPeca.asp?id=15363812565&ext=.pdf. Acesso em: 3 ago. 2024.

BRASIL. Supremo Tribunal Federal. RE 1187342 RG, Rel. Ministro Presidente, Tribunal Pleno, julgado em 13-02-2020. Disponível em: https://redir.stf.jus.br/paginador pub/paginador.jsp?docTP=TP&docID=752185373. Acesso em: 31 jul. 2024.

BRASIL. Supremo Tribunal Federal. RE 1387795, Rel. Min. Dias Toffoli. Plenário Virtual. Disponível em: https://portal.stf.jus.br/processos/detalhe.asp?incidente=6422105. Acesso em: 3 ago. 2024.

BRASIL. Supremo Tribunal Federal. RE 249.840-AgR, 1ª T., Rel. Min. Ayres Britto, DJ de 1º/4/05. Disponível em: https://redir.stf.jus.br/paginadorpub/paginador.jsp?docTP=AC&docID=334111https://redir.stf.jus.br/paginadorpub/paginador.jsp?docTP=AC&docID=334111. Acesso em: 3 ago. 2024.

BRASIL. Supremo Tribunal Federal. RE 97817, Rel. Min. Néri da Silveira, 1ª T., julgado em 28-06-1988. Disponível em: https://redir.stf.jus.br/paginadorpub/paginador.jsp?docTP=AC&docID=191201. Acesso em: 27 jul. 2024.

BRASIL. Tribunal Superior do Trabalho. Ag-RRAg-604-86.2021.5.09.0021, 5ª T., Rel. Minª Morgana de Almeida Richa, DEJT 14/06/2024. Disponível em: https://jurisprudencia-backend2.tst.jus.br/rest/documentos/5e225cd2557bf45fa056e0fa240aa70d. Acesso em: 3 ago. 2024.

BRASIL. Tribunal Superior do Trabalho. AIRR-709-44.2013.5.10.0012, 2ª T., Relª Ministra Maria Helena Mallmann, DEJT 09/06/2017. Disponível em: https://jurisprudencia-backend2.tst.jus.br/rest/documentos/33a691299e0e4c98330c19b70f069712. Acesso em: 31 jul. 2024).

BRASIL. Tribunal Superior do Trabalho. CCCiv-232-81.2019.5.21.0019, SbDI-II, Rel. Min. Evandro Pereira Valadão Lopes, DEJT 18/12/2020. Disponível em: https://jurisprudencia-backend2.tst.jus.br/rest/documentos/aca9ecfa0ce1ff4bf79c32b7fa-bc3a9c. Acesso em: 1 ago. 2024.

Competência da Justiça do Trabalho nas ações movidas contra a Caixa Econômica Federal para fins de movimentação da conta vinculada do trabalhador – FGTS

Daniela Pinheiro Gomes Pessoa (*)

Resumo: O artigo trata da competência da Justiça do Trabalho para apreciar as demandas interpostas por trabalhador contra a Caixa Econômica Federal para fins de movimentação da conta vinculada do Fundo de Garantia por Tempo de Serviço. O artigo enaltece o fundamento geral que culminou na alteração do artigo 114 da Constituição Federal por meio da Emenda Constitucional n. 45 de 2004, alargando a competência da Justiça do Trabalho em razão da prestação de serviços por meio de pessoa física. O artigo reforça o argumento de que todo e qualquer direito trabalhista, ainda que conexo ao contrato de trabalho, deve ser questionado na especialíssima Justiça do Trabalho em razão da matéria, dado o caráter essencialmente humano e sensível deste ramo do Poder Judiciário.

Palavras-chave: competência da Justiça do Trabalho; saque do Fundo de Garantia por Tempo de Serviço; Caixa Econômica Federal.

Abstract: The article deals with the competence of the Labor Court to access the demands brought by a worker against Caixa Econômica Federal for the purpose of moving the linked account of the Severance Indemnity Fund. The article praises the general foundation that culminated in the amendment of article 114 of the Federal Constitution through Constitutional Amendment nº 45 of 2004, expanding the jurisdiction of the Labor Court due to the provision of services through an individual. The article reinforces the argument that any and all labor rights, even if accessory to the employment contract, must be questioned in the very special Labor Court due to the matter, given the essentially human and sensitive nature of this branch of the Judiciary.

Keywords: competence of the Labor Court; severance Indemnity Fund withdraw; Caixa Econômica Federal.

1. INTRODUÇÃO

Desde sempre fora motivo de debate a competência da Justiça do Trabalho para apreciar as demandas interpostas por trabalhador contra a Caixa Econômica Federal

(*) Juíza do Trabalho da 7ª Região. Mestra em Direito Privado. Professora da graduação em Direito no Centro Universitário 7 de Setembro — UNI7/CE. Conselheira da Escola Judicial do Tribunal Regional do Trabalho da 7ª Região (2022-2024). Professora da ESMATRA7.

para fins de movimentação da conta vinculada do FGTS. Isto porque o artigo 109 da Constituição Federal fixa como competência dos juízes federais processar e julgar as causas em que a União, entidade autárquica ou empresa pública federal forem interessadas na condição de autoras, rés, assistentes ou oponentes, exceto as de falência, as de acidentes de trabalho e as sujeitas à Justiça Eleitoral e à Justiça do Trabalho.

Em uma leitura apressada e extremamente restritiva do texto constitucional poderíamos chegar à falsa conclusão que tal tipo de competência fora fixada, por vontade do legislador originário, em razão da pessoa, sendo tal tipo de demanda, em especial aquelas de Alvará Judicial para saque de FGTS, da competência da Justiça Federal.

No entanto, o que se pretende por meio do presente artigo é justamente o contrário. Ou seja, tal competência constitucional não pode (e não deve) ser estabelecida em razão da pessoa, em especial após a Emenda Constitucional n. 45/2004 que ampliou consideravelmente a competência da Justiça do Trabalho.

Assim, no corpo de texto do presente trabalho situa-se o Fundo de Garantia por Tempo de Serviço como direito fundamental do trabalhador, atraindo uma proteção totalmente alinhada com o caráter protetivo da Justiça do Trabalho. Na sequência, objetiva-se a compreensão da matéria enquadrada (e alargada) do artigo 114 da Constituição Federal, situando o conflito ora em debate (se é que existe conflito propriamente dito), conforme o grau de especialização e natureza humanitária da Justiça do Trabalho. E por fim, faz-se uma análise da evolução jurisprudencial nos Tribunais Superiores acerca do tema.

A presente pesquisa possui caráter acadêmico, utilizando-se o método indutivo, e extraída conclusões da vivência e convicção desta autora, associada à pesquisa bibliográfica utilizada no corpo de texto.

2. A COMPETÊNCIA DA JUSTIÇA DO TRABALHO PARA APRECIAR AS DEMANDAS INTERPOSTAS CONTRA A CAIXA ECONÔMICA FEDERAL PARA FINS DE MOVIMENTAÇÃO DA CONTA VINCULADA DO FGTS

O objeto do presente capítulo é análise da natureza jurídica do Fundo de Garantia por Tempo de Serviço para fins de efetiva tutela deste direito do trabalhador pela Justiça do Trabalho. No mais, será esmiuçado os critérios para o alargamento da competência da Justiça do Trabalho por meio da Emenda Constitucional n. 45/2004, defendendo-se uma ampla e extensiva interpretação, naquele momento, dos novos dispositivos constitucionais.

Por fim, será pontuada a evolução jurisprudencial acerca da controvérsia em debate, especial a inclinação do Supremo Tribunal Federal na defesa da competência da Justiça do Trabalho para apreciar demandas interpostas contra a Caixa Econômica Federal para fins de movimentação da conta vinculada do FGTS pelo trabalhador.

Após, chegar-se-á às conclusões esperadas, ressaltando-se o transcurso de vinte anos da alteração constitucional de 2004 e a reafirmação da Justiça do Trabalho como efetiva instituição não só necessária, mas essencial à pacificação de conflitos sociais em plena contemporaneidade com as mudanças vivenciadas no mundo do trabalho.

2.1. *O FUNDO DE GARANTIA POR TEMPO DE SERVIÇO ENQUANTO DIREITO FUNDAMENTAL*

O Fundo de Garantia por Tempo de Serviço (FGTS) fora instituído em substituição de forma paulatina à estabilidade decenal prevista no artigo 492 da Consolidação das Leis do Trabalho, que garantia a proteção ao trabalhador contra uma rescisão contratual sem justa causa ou arbitrária após dez anos de efetivo serviço ao respectivo trabalhador.

O FGTS, nesse contexto, fora inicialmente disciplinado pela Lei n. 5.107/1966 que estipulou o prazo de trezentos e sessenta e cinco dias para que os então empregados fizessem a opção entre o novo regime e o regime celetista da estabilidade decenal. Muito embora não seja exatamente a discussão do presente trabalho, importante mencionar o regime do FGTS não tinha como objetivo único proteger os postos de trabalhos contra uma rescisão contratual injusta, mas também de angariar recursos financeiros para custeio de programas habitacionais governamentais, saneamento básico e infraestrutura urbana.

O regime fundiário coexistiu com a estabilidade decenal trabalhista até a Constituição Federal de 1988 quanto então positivou o fundo como direito fundamental do trabalhador por meio do artigo 7º, inciso III. A positivação do FGTS enquanto direito fundamental do trabalhador por meio da CF/88 acabou revogando, por incompatibilidade, a disciplina da estabilidade decenal prevista no artigo 492 da CLT. Na ocasião, padecia verdadeira proteção contra a dispensa sem justa causa que na visão do ilustre Homero Batista[(1)] não era ruim, no entanto já apresentava problemas:

> *O regime da estabilidade decenal não era perfeito, nem ruim, mas havia sido deturpado, antecipando seu próprio ocaso. Havia, ainda, outro ponto falho no regime de estabilidade, porque não era acompanhado por nenhuma forma de pecúlio ou de segurança para o empregado que não fosse dispensado. Eram várias as situações desvantajosas ao trabalhador, sem que pudesse acusar a empresa de nenhum descumprimento legal: • os empregados com menos de um ano de casa saíam sem direito a nenhuma indenização porque o legislador os considerava em fase de teste (art. 478, § 1º); • os empregados demissionários jamais recebiam gratificação ou levantavam alguma forma de poupança pelos serviços prestados, como se o pedido de demissão correspondesse a uma desonra, tanto pelo novato como pelo veterano; • mesmo na justa causa, o empregado era severamente punido com a perda da estabilidade e jamais conheceria alguma foram de segurança financeira; • o empregado que falecia em serviço não deixava valor algum para a família, porque o bem maior tutelado pela CLT se chamava estabilidade e esta já não fazia mais sentido para ninguém; • o empregado que, tendo tido a estabilidade respeitada, atingisse o direito à aposentadoria, encerrava 35 anos de contrato de trabalho sem nenhuma premiação ou bonificação, como se estabilidade houvesse correspondido a um favor prestado pela empresa. Todos esses cinco exemplos foram favorecidos pelo regime do fundo de garantia, porque nesse regime os depósitos são guarnecidos para uso futuro do trabalhador, variando apenas a autorização legal quanto à data do saque.*

---

(1) BATISTA, Homero. Capítulo 2. Contratos de Trabalho de Duração Atípica. In: BATISTA, Homero. *Direito do Trabalho Aplicado*: Direito Individual do Trabalho. São Paulo (SP): Editora Revista dos Tribunais. 2021. Disponível em:https://www.jusbrasil.com.br/doutrina/direito-do-trabalho-aplicado-direito-individual-do-trabalho/1394706837.A cesso em: 26 jun. 2024.

Assim, com a institucionalização do FGTS no âmbito constitucional, corrigiam-se as deficiências no antigo regime de estabilidade decenal, uma vez que o FGTS se caracteriza por uma espécie de poupança fomentada por meio de contribuição mensal a cargo do empregador tendo como base de cálculo a remuneração do empregado nos termos no artigo 15 da Lei n. 8.036/1990. Logo, pode o saldo ser movimentado diante de diversas modalidades de rescisão contratual, para além de outras hipóteses legais. No mais, os valores creditados mensalmente na conta vinculada do trabalhador, independente da modalidade rescisória, não retornam ao empregador, integrando efetivamente o patrimônio sólido do empregado.

Considerando que a Lei n. 8.036/1990 designou a Caixa Econômica Federal como órgão gestor do das contas vinculadas, questiona-se a natureza jurídica deste direito em si, o que na nossa visão não deveria gerar maiores controvérsias. Não só porque o próprio artigo 7º da Constituição Federal já qualifica o FGTS como direito de natureza jurídica tipicamente trabalhista, mas porque o fundamento deste direito é existência de um contrato de emprego.

Perceba, o artigo 15 da Lei n. 8.036/1990 estabelece como base de cálculo do FGTS a remuneração do empregado, sempre se reportando à figura do empregador como devedor da obrigação. Assim, o FGTS é inequivocamente um direito acessório ao contrato de emprego, não existindo sem este, e merecendo todas as tutelas específicas de proteção aos direitos fundamentais trabalhistas. Nesse sentido, comungamos da orientação do Ministro Mauricio Godinho Delgado(2):

> O Fundo de Garantia é um instituto jurídico complexo, de caráter multidimensional. Uma de suas mais importantes dimensões — senão a principal — é, sem dúvida, a trabalhista, que é, inclusive, expressamente reconhecida pela Constituição (art. 7º, III, CF/88). Grande parte de suas mais significativas características são de natureza trabalhista, sem dúvida. Contudo, nem todas elas têm essa estrita natureza: é que o FGTS tornou-se no país um dos importantes fundos sociais de destinação variada, com notável impacto público.

Assim, o FGTS tornou-se o principal instrumento de segurança financeira nos casos de desemprego involuntário do empregado, ao mesmo tempo, que serve de socorro para as diversas situações adversas previstas no artigo 19 da Lei n. 8.036/1990, destacando-se como nítido direito trabalhista.

Sobe este enfoque, analisaremos a adequada tutela para este direito fundamental trabalhista, enfrentando a controvérsia existência acerca da competência constitucional para apreciar as demandas interpostas por trabalhador contra a Caixa Econômica Federal no intuito de sacar saldo existentes nas contas vinculadas.

2.2. A EMENDA CONSTITUCIONAL N. 45/2004 E O ALARGAMENTO DA COMPETÊNCIA DA JUSTIÇA DO TRABALHO

Uma vez fixada a natureza jurídica do FGTS enquanto direito fundamental eminentemente trabalhista, passemos a análise da festiva Emenda Constitucional n. 45/2004 que acarretou alteração substantiva do artigo 114 da Constituição Federal, alargando a competência da Justiça do Trabalho. A redação do caput do artigo 114 da

(2) DELGADO, Mauricio José Godinho. *Curso de Direito do Trabalho*. 20. ed. São Paulo: Juspodivm, 2023.

Constituição Federal, em sua redação original, determinava ser da competência da Justiça do Trabalho a lides envolvendo empregados e empregadores, em uma interpretação extremamente restritiva, com base nos sujeitos do contrato de emprego.

Assim, mais do que a matéria propriamente dita envolvida no litígio, importava os sujeitos do contrato de emprego nos termos do artigo 2º e 3º da Consolidação das Leis do Trabalho para fixação da competência trabalhista. A Emenda Constitucional n. 45/2004, inovando, passou a fixar a competência da Justiça do Trabalho em razão da matéria, a saber: à Justiça especializada cabe o julgamento das ações oriundas da relação de trabalho.

Por consequência, nos termos do atual caput do artigo 114 da Constituição Federal, a regra geral de competência constitucional trabalhista determina que seja considerada a matéria envolvida no conflito e não os sujeitos específicos do contrato de emprego. Logo, qualquer conflito que envolva a pessoa física decorrente da prestação de serviços a outrem, há de ser inserida na competência da Justiça do Trabalho, excetuando-se os servidores públicos, profissionais liberais e as lides consumeristas, conforme os já então entendimentos sedimentados pelo Supremo Tribunal Federal, o que não é objeto do presente estudo.

Insista-se que, diferentemente do artigo 109 da Constituição Federal que fixa a competência dos juízes federais em razão das pessoas envolvidas ou interessadas na lide, abrangendo a Caixa Econômica Federal enquanto parte ou interessada, a artigo 114 da Constituição Federal mantém a competência da Justiça do Trabalho em razão das relações de trabalho.

Enfrenta-se assim um debate entre a competência constitucional material prevista no artigo 114 da Constituição Federal e a competência funcional fixada no artigo 109 da mesma Carta, no tocante aos direitos trabalhistas violados por empresas públicas, entidades autárquicas e fundacionais, incluindo a Caixa Econômica Federal (CEF). E se a CEF, muito embora não sendo empregador, nega o direito ao saque do FGTS pelo trabalhador? Qual Justiça deve este trabalhador procurar para a tutela do seu direito?

Ocorre que o próprio artigo 109 da Constituição Federal excepciona a regra funcional retromencionada em relação às causas de falência, as de acidentes de trabalho e as sujeitas à Justiça Eleitoral e à Justiça do Trabalho. Ora, trazendo aqui tal dispositivo constitucional para o âmago da nossa discussão, ao se fixar o FGTS como direito fundamental típico trabalhista, uma vez violado seu usufruto pelo trabalhador, independente do causador da lesão, é de se fixar a competência da Justiça do Trabalho para análise de possível liberação, uma vez que o direito, insista-se, decorre da vigência de uma relação de trabalho. É justamente esta regra que o legislador constitucional procura excepcionar por meio da redação do artigo 109 da Constituição Federal.

Isto porque a matéria importa. O juiz do trabalho, diante da dinâmica de cobrança e de recolhimento do FGTS instituído pela Lei n. 8.036/1990, tendo como base de cálculo as remunerações recebidas pelos empregados, está mais afeto à análise das hipóteses previstas no artigo 20 da Lei n. 8.036/1990. Perceba:

O artigo 20 da Lei n. 8.036/1990 disciplina vinte e duas hipóteses de movimentação da conta vinculada do trabalhador no FGTS, todas tendo como fundamento da existência de um contrato de emprego. Ora, se o juiz do trabalho detém competência não só para declarar para a existência da relação de emprego, mas também para reconhecer todos os direitos correlatos desta relação, não teria o menor sentido, usurpar a competência da Justiça do Trabalho para analisar a possibilidade de saque dos valores decorrentes do FGTS, uma vez que o brocardo jurídico de muito já sedimentado na doutrina prescreve "*quem pode o mais pode o menos*".

Acrescente-se que as hipóteses de saque do FGTS, em sua grande maioria, coincidem com uma necessidade emergencial do trabalhador voltada para subsistência, como é o caso de enfermidade, desastre, moradia e desemprego involuntário, estando Justiça especializada trabalhista muito mais sensível aos fatos diante de seu caráter humanístico. Acerca desse necessário grau de especialização sustenta Teixeira Lima(3):

> A especialização do juiz nesse caso — acentua o grande processualista uruguaio —, é uma exigência da natureza do conflito a resolver. Com o desenvolvimento da economia capitalista, avivando os antagonismos de classe, a instituição de uma Justiça Especial para dirimir os conflitos do trabalho tornou-se um imperativo político-social. Fez-se sentido a necessidade de criar, "ao lado da Justiça da propriedade, uma justiça do trabalho com o mesmo significado". Seu destino, na frase de Couture, é transformar a luta de classes em evolução civilizada.

Em que pese ter sido na vigência da Lei n. 5.107/1966, antigo regulamento do FGTS sob a égide das Constituições Federais de 1946 e 1967, que também disciplinava várias hipóteses de saque de FGTS, o Supremo Tribunal Federal já teve oportunidade de se posicionar acerca de tal competência específica da Justiça do Trabalho no conflito de jurisdição n. 5.953/77 — São Paulo(4), segundo o termos da Ementa ora transcrita:

> EMENTA: Conflito negativo de jurisdição. Competência da Justiça do Trabalho para julgar os dissídios relativos ao Fundo de Garantia de Tempo de Serviço (Lei n. 5.107/66, art. 21). Compreendendo-se nessa competência a concernente à jurisdição administrativa. Conflito conhecido e declarada a competência do Tribunal Regional do Trabalho da 2ª Região.

O caso tratava do pedido de liberação dos valores creditados na conta vinculada do trabalhador em razão da necessidade de tratamento médico para sua cônjuge, conforme previsto no anterior artigo 8º da Lei n. 5.107/1966. A corte Superior, no julgamento, pelo voto do relator, seguiu o prescrito no artigo 22 da Lei n. 5.107/1966 que fixava expressamente a competência da Justiça do Trabalho para julgar os dissídios decorrentes da aplicação da lei. Isto porque, na Constituição Federal de 1967, tratando da competência dos juízes federais, no artigo 125, somente trazia como exceção a sua competência as causas de falência e as sujeitas à Justiça Eleitoral e à Militar.

Por meio da Constituição Federal de 1988, democratizou-se o acesso à Justiça, primeiro consagrando como direito fundamental do trabalhador o FGTS, segundo excetuando-se da competência dos juízes federais os conflitos trabalhistas e terceiro revogando a Lei n. 5.107/1966 e disciplinado o FGTS por meio da Lei n. 8.036/1990.

Em conclusão, a Constituição Federal de 1988 retirou a fixação da competência da Justiça do Trabalho para demandas envolvendo os pedidos de saque do FGTS do plano ordinário, erigindo tal competência ao status constitucional, independente

(3) SÜSSEKIND, Arnaldo. MARANHÃO, Délio. VIANNA, Segadas. TEIXEIRA, Lima. 1. *Direito do Trabalho*. 2. Direito do Trabalho. 22. ed. São Paulo: LTr, 2005.

(4) Conflito de jurisdição n. 5.953/77 — São Paulo. Publicação 02/09/1977. Disponível em: https://www.stf.jus.br/jurisprudência.

do órgão gestor do fundo, reafirmando o entendimento já sedimentado no Supremo Tribunal Federal.

2.3. *A SÚMULA N. 82 DO SUPERIOR TRIBUNAL DE JUSTIÇA E O ENTENDIMENTO DOMINANTE NO TRIBUNAL SUPERIOR DO TRABALHO*

A partir da Constituição Federal de 1988, em sendo a Caixa Econômica Federal órgão gestor do FGTS, ressurgiu a discussão acerca da competência constitucional para fins de apreciação de pedidos de levantamento dos valores da conta vinculada pelo trabalhador, segundo as hipóteses previstas no artigo 20 da Lei n. 8.036/1990.

O Superior Tribunal de Justiça, analisando a temática publicou a Súmula n. 82 com o seguinte teor: *"Compete à Justiça Federal, excluídas as reclamações trabalhistas, processar e julgar os feitos relativos a movimentação do FGTS"*. (Súmula n. 82, Corte Especial, julgado em 18/06/1993, DJ 02/07/1993, p. 13283)

Ocorre que os precedentes que culminaram na edição da súmula referem-se a pedidos de liberação do FGTS depositado em conta vinculada de servidor público da Administração Direta que transmudou do regime celetista para o estatutário. Cite-se ementa do conflito de competência 3.918-5 RJ[(5)]:

> EMENTA. SERVIDOR PÚBLICO FEDERAL AUTÁRQUICO. LIBERAÇÃO FGTS. 1. Tendo a União Federal interesse no Fundo de Garantia por Tempo de Serviço/FGTS, impõe-se a competência da Justiça Federal para resolver pedido de liberação feito por servidor público. 2. Conflito conhecido; competente o juízo suscitado.

Percebe-se que a súmula do STJ trata de hipótese bem específica e não tipificada no artigo 20 da Lei n. 8.036/1990 (transmudação de regime). Em razão da pandemia, tal questionamento fora novamente trazido à baila, porém desta vez, tendo como causa de pedir necessidade de empregado celetista em razão do Estado de calamidade pública. Ou seja, o empregado postulava a liberação de seu crédito perante a CEF com fundamento no inciso XVI (necessidade pessoal, cuja urgência e gravidade decorra de desastre natural) do artigo 20 da Lei n. 8.036/1990, e o órgão gestor negava o pleito.

Observe-se que temos aí duas situações bem distintas para a análise da competência constitucional. De um lado, a visão do STJ pautada em pedido de liberação de FGTS nos idos de 1990/1992 por servidor público que transmudou de regime jurídico. E de outro lado, pedido de liberação de FGTS por empregado celetista com fundamento em necessidade pessoal, nos idos de 2020, ou seja, mais de 25 anos da edição da súmula do STJ.

Na mesma linha de entendimento do STJ, o Tribunal Superior do Trabalho também disciplinou o tema na Súmula n. 176 que restou cancelada em 2005, em consonância com a ampliação da competência da Justiça do Trabalho por meio da EC n. 45/2005, evoluindo sua jurisprudência conforme a vontade do legislador constituinte.

Ora, a necessidade de uma efetiva tutela do direito fundamental do trabalhador aponta, inequivocamente, com o alargamento da competência da Justiça do Trabalho oriunda na Emenda Constitucional n. 45/2004, bem posterior à publicação da súmula do STJ, pela sedimentação da competência da Justiça do Trabalho para apreciar os pedidos de liberação do FGTS por trabalhador alinhado à subsistência do mesmo

---

(5) Conflito de competência 3.918-5 RJ. Julgado em 17/12/1992, DJ 15/02/1993, p. 1663. Disponível em: https://scon.stj.jus.br/SCON/GetInteiroTeorDoAcordao?cod_doc_jurisp=35478.

conforme as hipóteses previstas no artigo 20 da Lei n. 8.036/1990, independentemente do polo passivo da demanda configurar a CEF.

Tal é o atual entendimento majoritário do Tribunal Superior do Trabalho, traduzido na Ementa[6] ora transcrita:

> AGRAVO. AGRAVO DE INSTRUMENTO EM RECURSO DE REVISTA. ACÓRDÃO PUBLICADO NA VIGÊNCIA DA LEI Nº 13.467/2017. COMPETÊNCIA MATERIAL DA JUSTIÇA DO TRABALHO. PRETENSÃO DE EXPEDIÇÃO DE ALVARÁ JUDICIAL PARA LEVANTAMENTO DO FGTS. PANDEMIA DE COVID-19. TRANSCENDÊNCIA POLÍTICA RECONHECIDA. Agravo a que se dá provimento para examinar o agravo de instrumento em recurso de revista. Agravo provido. AGRAVO DE INSTRUMENTO EM RECURSO DE REVISTA. ACÓRDÃO PUBLICADO NA VIGÊNCIA DA LEI Nº 13.467/2017. COMPETÊNCIA MATERIAL DA JUSTIÇA DO TRABALHO. PRETENSÃO DE EXPEDIÇÃO DE ALVARÁ JUDICIAL PARA LEVANTAMENTO DO FGTS. PANDEMIA DE COVID-19. TRANSCENDÊNCIA POLÍTICA RECONHECIDA. Em razão de provável caracterização de ofensa ao art. 114, I, da Constituição Federal, dá-se provimento ao agravo de instrumento para determinar o prosseguimento do recurso de revista. Agravo de instrumento provido. RECURSO DE REVISTA. ACÓRDÃO PUBLICADO NA VIGÊNCIA DA LEI Nº 13.467/2017. COMPETÊNCIA MATERIAL DA JUSTIÇA DO TRABALHO. PRETENSÃO DE EXPEDIÇÃO DE ALVARÁ JUDICIAL PARA LEVANTAMENTO DO FGTS. PANDEMIA DE COVID-19. TRANSCENDÊNCIA POLÍTICA RECONHECIDA. O Tribunal Pleno desta Corte Superior, no julgamento do processo nº IUJ-RR-619872-16.2000.5.12.5555, em 26/08/2005, cancelou a Súmula nº 176 do TST, consolidando-se o entendimento de que a Justiça do Trabalho é competente para apreciação do pedido de expedição de alvará para saque dos depósitos do FGTS perante a CEF, como órgão gestor do Fundo de Garantia por Tempo de Serviço, ainda que não haja dissídio entre empregado e empregador. Assim, esta Corte tem se posicionado no sentido de ser competência da Justiça do Trabalho o processamento e julgamento de reclamação trabalhista ajuizada em face da Caixa Econômica Federal, na qual se pretende a liberação emergencial do saldo da conta de FGTS, com fulcro no estado de calamidade pública decorrente da pandemia do COVID-19. Precedentes. Desta forma, a Corte de origem, ao reformar a sentença para declarar a incompetência da Justiça do Trabalho para apreciar e julgar o pedido de liberação do valor do FGTS existente na conta vinculada da reclamante, incorreu em ofensa ao artigo 114, I, da Constituição Federal. Recurso de revista conhecido e provido.

Em reforço, dada a natureza jurídica do FGTS de efetivo direito fundamental trabalhista, alinha-se a competência da Justiça do Trabalho com a necessidade de concretização do referido direito que na visão de Romita[7]:

> O respeito à dignidade da pessoa do trabalhador sujeito de uma relação de trabalho subordinado, impõe-se, progressiva e crescentemente, ao longo da história sempre no sentido de reduzir a esfera pessoal afetada pela retificação da força de trabalho. O tempo em que a força de trabalho posta à disposição do empregador reduz-se progressivamente e, em consequência, diminui na mesma medida o período de retificação dessa parte da personalidade do empregado.

Diante da jurisprudência supra, frise-se que qualquer direito decorrente de uma relação de trabalho, em caso de violação, insere-se na competência da Justiça do Trabalho as demandas daí decorrentes independentemente dos sujeitos envolvidos.

---

(6) Recurso de Revista -100453-44.2020.5.01.0003, 5ª Turma, Relator Ministro Breno Medeiros, DEJT 23/02/2024. Disponível em https://tst.jus.br/jurisprudência.

(7) ROMITA, Arion Sayão. *Direitos Fundamentais nas relações de trabalho.* 5. ed. São Paulo: LTr, 2014.

Por consequência, para além de tecnismo constitucional, o reconhecimento da competência da Justiça do Trabalho, por força da Emenda Constitucional n. 45/2004, para apreciar as demandas interpostas por trabalhador contra a Caixa Econômica Federal para fins de movimentação da conta vinculada do Fundo de Garantia por Tempo de Serviço, com fundamento na sua própria subsistência, é concretizar o princípio da dignidade do trabalhador, e reafirmar os valores de solidariedade e paz sociais custosos ao nosso Estado Democrático de Direito.

3. CONSIDERAÇÕES FINAIS

Em razão da fixação da competência constitucional funcional dos juízes federais, nos termos do artigo 109 da Constituição Federal de 1988, subsistiu uma controvérsia acerca da competência constitucional para apreciar as demandas interpostas por trabalhador contra a Caixa Econômica Federal para fins de movimentação da conta vinculada do Fundo de Garantia por Tempo de Serviço — FGTS.

No entanto, qualificando-se o FGTS eminentemente como típico direito fundamental trabalhista por força do artigo 7º da mesma CF/88, associado ao alargamento da competência da Justiça do Trabalho por força da Emenda Constitucional n. 45/2004, é de se concluir que a Justiça do Trabalho, dado o conteúdo da matéria em debate, detém competência para apreciar as demandas interpostas por trabalhador contra a Caixa Econômica Federal para fins de movimentação da conta vinculada do Fundo de Garantia por Tempo de Serviço — FGTS.

Isto porque, as hipóteses previstas na lei que disciplina o saque do FGTS encontra, na maioria das vezes, fundamento na existência de uma relação de trabalho típica (relação de emprego), para além da correspondência com a necessidade de subsistência do trabalhador, estando o juiz do trabalho muito mais alinhado com os direitos trabalhistas para dar a resposta jurisdicional esperada.

Logo, não é o fato da CEF constar no polo passivo da ação que tem o condão de afastar tal competência trabalhista, sobretudo em razão da Emenda Constitucional n. 45/2004 que fixou como critério de competência as relações de trabalho e todos os respectivos direitos acessórios a dita relação, em verdadeira interpretação extensiva da competência constitucional trabalhista.

REFERÊNCIAS

BATISTA, Homero. *Capítulo 2. Contratos de Trabalho de Duração Atípica.* In: BATISTA, Homero. *Direito do Trabalho Aplicado:* Direito Individual do Trabalho. São Paulo (SP):Editora Revista dos Tribunais. 2021. Disponível em: https://www.jusbrasil.com.br/doutrina/direito-do-trabalho-aplicado-direito-individual-do-trabalho/1394706837. Acesso em: 26 jun. 2024.

DELGADO, Mauricio José Godinho. *Curso de Direito do Trabalho*. 20. ed. São Paulo: Juspodivm 2023.

MARINONI, Luiz. *Processo Constitucional e Democracia.* Ed. 2023. São Paulo (SP): Editora Revista dos Tribunais. 2023. Disponível em: https://www.jusbrasil.com.br/doutrina/processo-constitucional-e-democracia-ed-2023/1823978227. Acesso em: 1 jul. 2024.

MARTINS, Sérgio Pinto. *Manual do FGTS*. 5. ed. São Paulo: Saraiva, 2017.

MARTINS, Sérgio Pinto. *Direito do Trabalho*. 36. ed. São Paulo: Saraiva, 2020.

ROMITA, Arion Sayão. *Direitos Fundamentais nas relações de trabalho*. 5. ed. São Paulo: LTr, 2014.

SARLET, Ingo; MARINONI, Luiz Guilherme; MITIDIERO, Daniel. *Curso de Direito Constitucional*. 2. Ed. São Paulo: Editora Revista dos Tribunais, 2013.

SÜSSEKIND, Arnaldo. MARANHÃO, Délio. VIANNA, Segadas. TEIXEIRA, Lima. 1. *Direito do Trabalho*. 2. Direito do Trabalho. 22. ed. São Paulo: LTr, 2005.

Danos extrapatrimoniais e a competência da Justiça do Trabalho

Fábio Ribeiro da Rocha (*)

Resumo: O presente artigo analisará as alterações introduzidas na atual Constituição Federal por meio da Emenda Constitucional n. 45/2004, especialmente no que tange a competência material da Justiça do Trabalho para julgar demanda de indenização por dano extrapatrimonial, movida por trabalhador em face do seu empregador, ainda que fundamentada no Código Civil, uma vez que tal ação judicial está fundada em fato decorrente da relação de trabalho.

Palavras-chaves: direito extrapatrimonial; competência; Justiça do Trabalho.

Abstract: This article will analyze the changes introduced in the current Federal Constitution through Constitutional Amendment no. 45/2004, especially with regard to the competence of the Labor Court to judge a demand for compensation for non-pecuniary damage, filed by a worker against his employer, even if based on the Civil Code, since such legal action is based on a fact arising of the employment relationship.

Keywords: off-patrimonial law; jurisdiction; Labor Court.

1. INTRODUÇÃO

A Emenda Constitucional n. 45, publicada em 31 de dezembro de 2004, que aprovou a Reforma do Poder Judiciário, introduziu relevantes alterações no ordenamento jurídico, em especial no tocante à competência material da Justiça do Trabalho.

A finalidade do legislador constituinte derivado foi, diante das diversas modalidades alternativas de prestação de trabalho, de ampliar a competência material da Justiça do Trabalho para conhecer e julgar as causas derivadas de litígios decorrentes da relação de trabalho, independentemente do vínculo de subordinação tradicionalmente definidor dessa competência.

A Emenda Constitucional n. 45/2004, proclamou a unidade da jurisdição trabalhista e inseriu à competência da Justiça do Trabalho o processamento e julgamento dos seguintes litígios:

> Art. 114. Compete à Justiça do Trabalho processar e julgar:
>
> I — as ações oriundas da relação de trabalho, abrangidos os entes de direito público externo e da administração pública direta e indireta da União, dos Estados, do Distrito Federal e dos Municípios;

(*) Juiz do Trabalho Titular do Tribunal Regional do Trabalho da 2ª Região. Especialista em Direito Constitucional pela PUC-SP. Mestre em Direito do Trabalho pela PUC-SP. Doutor em Direito do Trabalho e Seguridade Social pela USP. Presidente da Associação dos Magistrados da Justiça do Trabalho da 2ª Região — AMATRA-2 — biênio 2016/2018. Conselheiro da Escola Judicial do Tribunal Regional do Trabalho da 2ª Região — EJUD-2 — biênio 2018/2020. Autor de livros, artigos periódicos e capítulos de livros.

II — as ações que envolvam o exercício do direito de greve;

III — as ações sobre representação sindical, entre sindicatos e trabalhadores ou entre sindicatos e empregadores;

IV — os mandados de segurança, habeas corpus e habeas data, quando o ato questionado envolver matéria sujeita à sua jurisdição;

V — os conflitos de competência entre órgãos com jurisdição trabalhista, ressalvado o disposto no art. 102, I;

VI — as ações de indenização por dano moral ou patrimonial, decorrentes da relação de trabalho;

VII — as ações relativas a penalidades administrativas impostas aos empregadores pelos órgãos de fiscalização das relações de trabalho;

VIII — a execução, de ofício, das contribuições sociais previstas no art. 195, I, a, e II, e seus acréscimos legais, decorrentes das sentenças que proferir;

IX — outras controvérsias decorrentes da relação de trabalho, na forma da lei.

Nesta oportunidade, examinaremos o artigo 114, VI, da Constituição Federal, inclusive o atual entendimento jurisprudencial, em relação à competência material da Justiça do Trabalho para o processamento e julgamento das demandas envolvendo danos extrapatrimoniais.

2. NOÇÕES DE COMPETÊNCIA

A jurisdição é a função estatal de resolver conflitos de interesses concorrentes de forma a assegurar a ordem jurídica e proteger os interesses tutelados pela lei. O fato de ser uma função do Estado faz com que a jurisdição seja exercida em todo o território nacional.

Diante da multiplicidade de conflitos existentes na sociedade, para a jurisdição atuar, houve necessidade de se criarem critérios para que os conflitos fossem distribuídos de forma uniforme aos juízes a fim de que a jurisdição pudesse atuar com maior efetividade e também propiciar ao jurisdicionado um acesso mais célere e efetivo à jurisdição. Em razão disso, foi criado um critério de distribuição da jurisdição entre os diversos juízes, que é a competência.

A competência é uma parcela da jurisdição atribuída a cada juiz, consistindo na delimitação do poder jurisdicional pela Constituição Federal ou pela lei, subdividindo-se em **(i)** competência em razão das pessoas; **(ii)** competência em razão da matéria; **(iii)** competência em razão do lugar; e **(iv)** competência funcional.

Dessa forma, em sendo a competência em razão da matéria aquela que se refere à natureza da causa, pode ser competente para processar e julgar determinada ação judicial a Justiça do Trabalho, Justiça Comum Estadual ou Justiça Comum Federal, de acordo com o caso em análise.

De conseguinte, a determinação da competência em razão da matéria está, pois, relacionada especialmente com a causa de pedir e o pedido formulado pela parte autora, porquanto é pela causa de pedir e pedido que julgador analisa e caracteriza o conteúdo da pretensão do requerente, para, na condição de Estado-Juiz, dizer o direito no caso concreto, aplicando a norma jurídica pertinente.

E sendo pela natureza do litígio narrado na petição inicial que se estabelece a competência em razão da matéria, logo, a competência material da Justiça do Trabalho é definida em função da natureza da lide descrita na peça inicial e dos respectivos pedidos, à luz do disposto no artigo 114, I a IX, da CF/88 e nos artigos, 643, 652 e 653, todos da CLT.

Lembramos que a determinação da competência da Justiça do Trabalho não importa que dependa a solução da lide de questões de direito civil, mas sim, no caso, que a causa de pedir e o pedido tenha sido feito em razão da relação de trabalho.

Portanto, fixadas as noções de competência, cabe-nos a definição de dano extrapatrimonial, inclusive a sua extensão, e a competência material da Justiça do Trabalho para a respectiva apreciação e julgamento.

3. CONCEITO E ESPÉCIES DE DANO EXTRAPATRIMONIAL

É clara a evolução sociojurídica com o reconhecimento (inclusive em seara constitucional) da compensação pecuniária pelo dano extrapatrimonial sofrido. Irrazoável e, hoje, cada vez mais distante, o entendimento de que o **dano extrapatrimonial** seria insuscetível de qualquer forma de compensação, porque inestimável pecuniariamente.

A Constituição Federal de 1988 assegura, como direito fundamental, o direito de resposta, proporcional ao agravo, além da indenização por dano moral, material ou à imagem e prossegue destacando a inviolabilidade da intimidade, da vida privada, da honra e da imagem de todas as pessoas, sem qualquer distinção, assegurando o direito à indenização pelo dano material ou material decorrente de sua violação.

A despeito de não existir preço para a dor, o ataque a bens, materiais ou imateriais, impõe rechaço, de maneira que, em regra, o malferimento à esfera moral de cada pessoa exige atuação contrária que, na esfera civil ou trabalhista, pode se dar mediante condenação pecuniária, que, mesmo não permitindo a restituição ao *status quo ante*, dentro do que é possível, colima compensar o dano causado, quando menos abrandar seus efeitos.

Entretanto, não é qualquer conduta que pode ensejar dano moral, sob pena de se banalizar o instituto, estimulando a busca do enriquecimento fácil. Há que se analisar o caso concreto, e considerar com base no conjunto probatório se houve ou não a transposição da linha divisória entre o que pode ser razoavelmente aceito para os padrões da sociedade contemporânea, e aquilo que excede esse marco. Dessa forma, há que se distinguir o dano moral daquele aborrecimento advindo de situações adversas do cotidiano.

Sendo assim, **dano** é a lesão, ofensa, destruição ou subtração a um interesse jurídico tutelado, patrimonial ou não, causado por ação ou omissão do sujeito infrator, sendo passível de materialização econômica. O dano é o objeto da responsabilidade civil, pois, sem dano, não há falar em responsabilidade do agente causador de um ato ilícito ou não. Regra geral, o dano é indenizável, mas para tanto é necessário que se demonstre a diminuição patrimonial ou moral a um bem juridicamente protegido, desde que haja um liame (nexo de causalidade) entre o prejuízo decorrente e o respectivo ato ou omissão do agente e que tenha efetivamente ocorrido.

O **dano material** consiste na lesão a bens físicos, concretos, suscetíveis de aferição econômica, suportada pelo ofendido, devendo sua indenização ser a mais ampla possível para recompor o patrimônio perdido ou desfalcado. Tem-se a perda, deterioração ou diminuição do patrimônio.

A reparação do dano material deve corresponder à extensão do dano causado, abrangendo os danos emergentes e os lucros cessantes. A ideia central da indenização por danos emergentes está estruturada no propósito de recomposição do patrimônio do ofendido ao mesmo patamar existente antes do infortúnio. Já a reparação do lucro cessante, por sua vez, repousa numa probabilidade e certeza de que o ganho futuro seria auferido não fosse o dano injustamente causado à vítima.

O **dano moral**, espécie do gênero extrapatrimonial, é a lesão de interesses não patrimoniais, como a honra, a liberdade, a intimidade e a imagem, provocada à pessoa natural ou jurídica, pelo ato lesivo.

Nesse sentido, são os ensinamentos de Maria Helena Diniz:[(1)]:

> O dano moral vem a ser lesão de interesse não patrimonial de pessoa física ou jurídica, provocada pelo fato lesivo.

O dano moral pode ser dividido em puros (diretos) ou reflexos (indiretos). Os puros esgotam-se em apenas um aspecto, atingindo aos chamados atributos da pessoa, como a honra, a intimidade, a liberdade etc. Os reflexos são efeitos da lesão ao patrimônio, ou seja, consequência de um dano material.

Ainda, de acordo com o âmbito da sua extensão, o dano moral pode ser subjetivo ou objetivo. O primeiro limita-se à esfera íntima da vítima, isto é, ao conjunto de sentimentos e de valores morais e éticos do próprio ofendido. O segundo se projeta no círculo do relacionamento familiar ou social, afetando a estima e a reputação moral, social ou profissional da vítima.

O dano moral decorrente do sinistro laboral independe de prova, uma vez que o sofrimento, a dor (física e psíquica), a humilhação, a vergonha, uma grande decepção, a frustração de expectativas, dentre outros, decorrem da própria natureza humana, sendo, deste modo, presumido, até porque não é possível demonstrá-lo por meio de documentos ou outros meios de prova. O que deve ser comprovado é o dano injusto causado ao obreiro em face do incidente sofrido.

A esfera moral das pessoas humanas é conteúdo do valor da dignidade humana e, como tal, não pode sofrer restrição à reparação ampla e integral quando violada, sendo dever do Estado a respectiva tutela na ocorrência de ilicitudes causadoras de danos extrapatrimoniais nas relações laborais. Dessa forma, deve prevalecer a interpretação sistemática, sob a melhor luz da Constituição Federal e, subsidiariamente complementada pelo direito comum, sob pena de resultar em tratamento discriminatório injusto às pessoas inseridas na relação laboral.

No que tange ao **artigo 223-B da CLT**, este explicita apenas um rol exemplificativo de espécies de danos de natureza extrapatrimonial, pois somente relaciona em sua redação os danos morais e existenciais, não excluindo a aplicação de outras normas jurídicas em vigor para abranger os danos estéticos, danos coletivos, danos pela perda de uma chance, entre outros.

O dano moral pode atingir um bem individualmente considerado ou de natureza coletiva, nesse último caso, os chamados direitos metaindividuais.

---

(1) DINIZ, Maria Helena. *Curso de Direito Civil Brasileiro*. São Paulo: Saraiva, 2009, vol. 7, p. 67.

José Affonso Dallegrave Neto[(2)] conceitua **dano moral coletivo** nos seguintes termos:

> O dano moral coletivo é aquele que decorre da ofensa do patrimônio imaterial de uma coletividade, ou seja, exsurge da ocorrência de um fato grave capaz de lesar o direito de personalidade de um grupo, classe ou comunidade de pessoas e, por conseguinte, de toda a sociedade em potencial.

O dano pode ser coletivo, pois pode atingir interesses difusos, de pessoas indeterminadas, ligadas apenas por circunstâncias de fato, ou coletivos, de grupos, categorias ou classes de pessoas ligadas entre si ou com a parte contrária por uma relação jurídica base (CDC, artigo 81, I e II).

É importante destacar que a Constituição da República contempla o dano moral de forma ampla, abrangendo, assim, os danos individuais, às pessoas naturais e jurídicas, e coletivos.

Desse modo, acertou o legislador ordinário ao reconhecer expressamente no **artigo 223-B da CLT** a titularidade das **pessoas jurídicas aos interesses extrapatrimoniais**, questão já pacífica na jurisprudência e consubstanciada na Súmula n. 227 do Superior Tribunal de Justiça.

Com efeito, é possível a pessoa jurídica, incluindo os entes despersonalizados como condomínio, sociedade de fato entre outros, sofrer dano moral somente se houver lesão à honra objetiva (difamação), consoante o artigo 52 do Código Civil que prevê, *in verbis:*

> **Artigo 52 do Código Civil** — Aplica-se às pessoas jurídicas, no que couber, a proteção dos direitos da personalidade.

A pessoa jurídica, criação de ordem legal, não tem capacidade de sentir emoção e dor, estando, por isso, desprovida de honra subjetiva e imune à injúria. Ressaltamos que pessoas jurídicas não lograrão êxito em pretensões reparatórias por danos existenciais, por se tratar de modalidade lesiva intimamente relacionada à intrincada vivência humana e suas múltiplas projeções relacionais.

O dano existencial, espécie de dano de natureza extrapatrimonial, decorre da conduta patronal que impossibilita o empregado de se relacionar e de conviver em sociedade por meio de atividades recreativas, afetivas, espirituais, culturais, esportivas, sociais e de descanso, que lhe trarão bem-estar físico e psíquico e, por consequência, felicidade, ou que o impedem de executar, de prosseguir ou mesmo de recomeçar os seus projetos de vida, que serão, por sua vez, responsáveis pelo seu crescimento ou realização profissional, social e pessoal.

Júlio César Bebber destaca[(3)]:

> Por dano existencial compreende-se toda lesão que compromete a liberdade de escolha e frustra o projeto de vida que a pessoa elaborou para sua realização

---

(2) DALLEGRAVE NETO, José Affonso. *Responsabilidade Civil no Direito do Trabalho*. 5. ed. São Paulo: LTr, 2014. p. 188.

(3) BEBBER, Júlio César. *Danos extrapatrimoniais — estético, biológico e existencial:* breves considerações. São Paulo: Revista LTr, 2009, vol. 73, p. 28.

> como ser humano. Diz-se existencial exatamente porque o impacto gerado pelo dano provoca um vazio existencial na pessoa que perde a fonte de gratificação vital. O fato injusto que frustra esse destino (impede sua plena realização) e obriga a pessoa a resignar-se com o seu futuro é chamado de dano existencial.

A jornada de trabalho excessiva configura um abuso do poder diretivo do empregador, e logicamente restringe o empregado a fruir da forma como lhe aprouver seu tempo livre, o que gera consequências à higiene e saúde do trabalhador, devendo tais consequências serem devidamente comprovadas nos autos.

O dano estético, espécie de dano de natureza extrapatrimonial, que deve ser indenizada separadamente. O abalo psicológico decorrente do dano estético não se confunde com o sofrimento psicológico ocasionado pelo dano físico, e todas as repercussões de ordem social e moral do acidente.

Destacamos os ensinamentos da jurista Maria Helena Diniz sobre o tema[4]:

> Dano estético é toda alteração morfológica do indivíduo, que, além do aleijão, abrange as deformidades ou deformações, marcas e defeitos, ainda que mínimos, e que impliquem sob qualquer aspecto uma anormalidade na vítima, expondo o ofendido ao ridículo ou de complexo de inferioridade, exercendo ou não influência sobre sua capacidade laboral.

O que se visa proteger não é a beleza, mas a normalidade do aspecto de uma pessoa, a fim de que esta não se veja como alguém diferente ou inferior aos outros. O dano estético impede o ser humano, em muitas situações, do normal convívio social, da prática de lazer e de atividades profissionais.

Não há dúvida da possibilidade de cumulação das indenizações por danos material, moral e estético decorrentes de acidente laboral. Porém, em relação a estas duas últimas, será necessário que derivem de fundamentos inconfundíveis. Confira-se, a respeito, o teor da Súmula 387 do Superior Tribunal de Justiça, *in verbis:*

> **Súmula 387 do STJ** — É lícita a cumulação das indenizações de dano estético e dano moral.

O **dano moral em ricochete** é o que atinge a pessoa de forma reflexa, como no caso de morte de uma pessoa querida, da família ou não. Essa categoria de dano moral reflexo é gerada a partir de acontecimentos envolvendo determinadas pessoas que possuem vinculação afetiva mais estreita com a vítima direta.

Acerca do tema, Flávio Tartuce[5] esclarece que quanto à pessoa atingida, o dano moral pode ser assim classificado:

> a) Dano moral direto — é aquele que atinge a própria pessoa, a sua honra subjetiva (autoestima) ou objetiva (repercussão social da honra).
>
> b) Dano moral indireto ou dano moral em ricochete — é aquele que atinge a pessoa de forma reflexa, como nos casos de morte de uma pessoa da família

(4) DINIZ, Maria Helena. *Curso de Direito Civil Brasileiro.* São Paulo: Saraiva, 2009, vol. 7, p. 73.

(5) TARTUCE, Flávio. *Direito Civil.* 5. ed. São Paulo: Método, 2010, vol. 1, p. 399-400.

ou de perda de um objeto de estima (coisa com valor afetivo). Nos casos de lesão a outra pessoa, terão legitimidade para promover a ação indenizatória os lesados indiretos. Podem ser citados os casos de lesão aos direitos da personalidade do morto, como consta do art. 12, parágrafo único, do CC.

A leitura do **artigo 223-B da CLT**, cotejado com a previsão constitucional do artigo 5º, XXX, que assegura o direito à herança, e ao contrário do que uma interpretação literal do dispositivo pode sugerir, deve alcançar as pessoas naturais que sejam sucessoras dos trabalhadores ofendidos, portanto, viúvos, filhos, entre outros. O evento morte e o seu impacto para os direitos de personalidade dos herdeiros e sucessores está incluindo dentre aqueles que podem ensejar a reparação.

Nesse sentido, esclarecedora é a lição de Rafael Edson Pugliese Ribeiro[(6)]:

> Também aqui a intervenção do legislador não está apta a neutralizar a vigência de outros textos legais, como o artigo 943 do Código Civil que assegura a transmissão do direito de ação aos herdeiros. O artigo 5º, XXX, da Constituição Federal, assegura o direito à herança, e a lei ordinária (CC, artigo 943) assegurou aos herdeiros o direito de ação deixado pelo "de cujus". Para não se afirmar a absoluta inconstitucionalidade desse artigo 223-B, deve-se considerar que o legislador não ousou expressar contra o texto constitucional. Para quem entender que o adjetivo "exclusivas" compreende essa exclusão, a inconstitucionalidade será inevitável.

Há um consenso doutrinário e jurisprudencial de que o núcleo familiar básico, formado por aqueles que tenham residido sob o mesmo teto, convivendo diariamente com a vítima, são partes legítimas para postular a indenização por dano moral. Na maioria das vezes, as ações têm sido ajuizadas pelo cônjuge sobrevivente, isoladamente ou em conjunto com os filhos da vítima.

O **dano pré-contratual**, espécie de dano de natureza patrimonial, é aquele pelo qual um ou ambos os contraentes obrigam-se a celebrar determinado contrato no momento em que lhes convier. Gera uma obrigação de fazer um contrato definitivo, contendo a possibilidade de arrependimento e indenização das perdas e danos.

Podem ocorrer ajustes preliminares entre os futuros sujeitos de um contrato de trabalho, as quais levam a um pré-contrato (verbal ou documental), mas, no momento da consumação da contratação, um dos contratantes não cumpre com a sua palavra. Isso pode gerar uma série de transtornos pecuniários para a outra parte. Por exemplo: um trabalhador, que muda de cidade, com os seus familiares, deixando um emprego, confiando no ajuste preliminar de que teria uma colocação na nova localidade.

Por fim, o **dano pós-contratual**, espécie de dano extrapatrimonial, são lesões perpetradas algum tempo depois do término da relação de trabalho, porém, decorrentes do contrato de trabalho e da violação de um dever de conduta inerente aos sujeitos do contrato posteriormente à sua extinção, com fundamento na cláusula geral de boa-fé.

(6) RIBEIRO, Rafael Edson Pugliese. *Reforma Trabalhista Comentada*. Curitiba: Juruá, 2018. p. 102.

4. COMPETÊNCIA MATERIAL DA JUSTIÇA DO TRABALHO E DANOS EXTRAPATRIMONIAIS

A competência material da Justiça do Trabalho para as ações de indenização por dano moral ou patrimonial decorrente da relação de trabalho, antes mesmo da Emenda Constitucional n. 45/2004, já era confirmada pelo Tribunal Superior do Trabalho.

A controvérsia existente na época acerca da competência material da Justiça do Trabalho se dava nas situações envolvendo acidente de trabalho e/ou doença ocupacional, inclusive com existência de súmula do Superior Tribunal de Justiça.

> SÚMULA 15 — Compete à Justiça Estadual processar e julgar os litígios decorrentes de acidente de trabalho.

A Emenda Constitucional n. 45/2014 alterou o artigo 114 da Constituição Federal ampliando significativamente a competência material desta Justiça Especializada e incluiu textualmente as ações de indenização por dano moral ou patrimonial, decorrentes da relação de trabalho (CF/88, artigo 114, VI).

Entretanto, mesmo após a promulgação da Emenda Constitucional n. 45/2004, permaneceu a divergência jurisprudencial acerca da competência para processar e julgar as ações indenizatórias decorrentes de acidente de trabalho.

O Supremo Tribunal Federal, contrariando jurisprudência do Superior Tribunal de Justiça, pacificou a questão e disciplinou a competência material da Justiça do Trabalho também quando a indenização postulada decorrer de dano causado por acidente de trabalho, no julgamento do Conflito de Competência n. 7204. Confira-se:

> Ementa: Constitucional. Competência judicante em razão da matéria. Ação de indenização por danos morais e patrimoniais decorrentes de acidente do trabalho, proposta pelo empregado em face de seu (ex-) empregador. Competência da Justiça do Trabalho. Art. 114 da Magna Carta. Redação anterior e posterior à Emenda Constitucional n. 45/2004. Evolução da jurisprudência do Supremo Tribunal Federal. Processos em curso na Justiça Comum dos Estados. Imperativo de política judiciária.
>
> 1. Numa primeira interpretação do inciso I do art. 109 da Carta de Outubro, o Supremo Tribunal Federal entendeu que as ações de indenização por danos morais e patrimoniais decorrentes de acidente do trabalho, ainda que movidas pelo empregado contra seu ex-empregador, eram da competência da Justiça comum dos Estados-Membros.
>
> 2. Revisando a matéria, porém, o Plenário concluiu que a Lei Republicana de 1988 conferiu tal competência à Justiça do Trabalho. Seja porque o art. 114, já em sua redação originária, assim deixava transparecer, seja porque aquela primeira interpretação do mencionado inciso I do art. 109 estava, em boa verdade, influenciada pela jurisprudência que se firmou na Corte sob a égide das Constituições anteriores.
>
> 3. Nada obstante, como imperativo de política judiciária — haja vista o significativo número de ações que já tramitaram e ainda tramitam nas instâncias ordinárias, bem como o relevante interesse social em causa —, o Plenário decidiu, por maioria, que o marco temporal da competência da Justiça trabalhista é o advento da EC n. 45/2004. Emenda que explicitou a competência da Justiça Laboral na matéria em apreço.
>
> 4. A nova orientação alcança os processos em trâmite pela Justiça comum estadual, desde que pendentes de julgamento de mérito. É dizer: as ações que tramitam perante a Justiça comum dos Estados, com sentença de mérito anterior à promulgação da EC n. 45/2004, lá continuam até o trânsito em julgado e correspondente execução. Quanto àquelas cujo mérito ainda não foi apreciado, hão de ser remetidas à Justiça do Trabalho, no estado em que se encontram, com total aproveitamento dos atos praticados até então. A medida se impõe, em razão das características que distinguem a Justiça comum estadual e a Justiça do Trabalho, cujos sistemas recursais, órgãos e instâncias não guardam exata correlação.
>
> 5. O Supremo Tribunal Federal, guardião-mor da Constituição Republicana, pode e deve, em prol da segurança jurídica, atribuir eficácia prospectiva às suas decisões, com a delimitação precisa dos

respectivos efeitos, toda vez que proceder a revisões de jurisprudência definidora de competência *ex ratione materiae*. O escopo é preservar os jurisdicionados de alterações jurisprudenciais que ocorram sem mudança formal do Magno Texto.

6. Aplicação do precedente consubstanciado no julgamento do Inquérito 687, Sessão Plenária de 25.08.1999, ocasião em que foi cancelada a Súmula n. 394 do STF, por incompatível com a Constituição de 1988, ressalvadas as decisões proferidas na vigência do verbete.

7. Conflito de competência que se resolve, no caso, com o retorno dos autos ao Tribunal Superior do Trabalho" (STF-CC n. 7.204-MG, Tribunal Pleno, Relator Ministro Carlos Britto, DJ 09.12.2005)

Tal entendimento se mantém, ainda que o trabalhador tenha falecido e a viúva promova a demanda indenizatória em face do ex-empregado.

Sendo assim, a Emenda Constitucional n. 45/2004 ratificou a pacífica jurisprudência do Tribunal Superior do Trabalho atinente à competência material da Justiça do Trabalho para dirimir e julgar demandas envolvendo danos extrapatrimoniais e, posteriormente, o Supremo Tribunal Federal resolveu a controvérsia acerca da extensão da matéria para as demandas decorrentes de acidente de trabalho.

Corrobora esse entendimento a Súmula 736, editada pelo Supremo Tribunal Federal que estabelece a *Competência da Justiça do Trabalho para julgar as ações que tenham como causa de pedir o descumprimento de normas trabalhistas relativas à segurança, higiene e saúde dos trabalhadores.*

Ademais, o artigo 114, VI, da Constituição Federal não indicou qualquer ressalva acerca da competência material da Justiça do Trabalho para as demandas envolvendo danos extrapatrimoniais.

Entretanto, por razão de segurança jurídica, o Supremo Tribunal Federal estabeleceu que a competência da Justiça Laboral para o processamento e julgamento das ações reparatórias por danos patrimoniais e morais decorrentes de acidente de trabalho estabeleceu o marco temporal por meio da Súmula Vinculante n. 22.

SÚMULA VINCULANTE 22 DO STF — A Justiça do Trabalho e competente para processar e julgar as ações de indenização por danos morais e patrimoniais decorrentes de acidente de trabalho propostas por empregado contra empregador, inclusive aquelas que ainda não possuíam sentença de mérito em primeiro grau quando da promulgação da Emenda Constitucional n. 45/2004.

No mesmo sentido, a Súmula 392 do Tribunal Superior do Trabalho, com a atual redação dada pela Resolução 200/2015, destaca a competência da Justiça do Trabalho para demanda de indenização por dano moral e material, ainda que proposta pelo dependente ou sucessores do trabalhador falecido.

DANO MORAL E MATERIAL. RELAÇÃO DE TRABALHO. COMPETÊNCIA DA JUSTIÇA DO TRABALHO. Nos termos do artigo 114, inciso VI, da Constituição da República, a Justiça do Trabalho é competente para processar e julgar ações de indenização por dano moral e material, decorrentes da relação de trabalho, inclusive as oriundas de acidente de trabalho e doenças a ele equiparadas, ainda que propostas pelos dependentes ou sucessores do trabalhador falecido.

Destacamos que a Justiça do Trabalho é competente inclusive quando a ação é ajuizada por sucessores ou dependentes do falecido. Sebastião Geraldo de Oliveira discorre(7):

Se ocorrer a morte imediata, não há falar em transmissão do direito de acionar o causador do dano moral, porque a vítima não sobreviveu ao acidente de

(7) OLIVEIRA, Sebastião Geraldo. *Indenizações por acidente do trabalho ou doença ocupacional*. São Paulo: LTr, 2009. p. 227.

> modo a experimentar pessoalmente todas as agruras oriundas do infortúnio. Na hipótese, os familiares, dependentes ou os que se sentiram de algum modo lesados poderão intentar ação jure próprio, com o propósito de obter a reparação do dano moral. Não agirão na condição de sucessores da vítima, mas como autores, em nome próprio, buscando a indenização cabível. O espólio, em tal circunstância, não tem legitimidade para postular a indenização do dano moral porque o eventual direito é dos indiretamente lesados (dano em ricochete) e não necessariamente dos herdeiros.

Dessa forma, enquanto a ação de acidente de trabalho, em que figura o INSS, numa típica hipótese de responsabilidade civil objetiva, a competência é da Justiça Comum, a ação de reparação de dano extrapatrimonial decorrente de acidente de trabalho, causado dolosa ou culposamente pelo empregador é da Justiça do Trabalho.

5. CONSIDERAÇÕES FINAIS

Prestigiando o princípio do amplo acesso constitucional ao Poder Judiciário, de forma célere e eficaz, o legislador constituinte derivado ampliou significativamente a competência material da Justiça do Trabalho por meio da Emenda Constitucional n. 45, publicada em 31 de dezembro de 2004.

E mais, a Emenda Constitucional n. 45/2004, previu expressamente a competência material da Justiça do Trabalho para processar e julgar demandas de indenização por dano moral e material decorrente da relação de trabalho (CF, art. 114, VI).

Posteriormente, o Supremo Tribunal Federal pacificou a controvérsia existente para estabelecer a competência material da Justiça Laboral para o processamento e julgamento das ações reparatórias por danos patrimoniais e morais, inclusive, decorrentes de acidente de trabalho

A Justiça Comum compete processar e julgar as pretensões dirigidas contra o Estado, relativos ao seguro específico para acidente de trabalho.

Por fim, a Emenda Constitucional n. 45 foi promulgada com o objetivo de dar maior eficiência e celeridade ao Poder Judiciário e, com esta finalidade, ampliou significativa à competência material da Justiça do Trabalho, porém, após 20 (vinte) anos de sua promulgação, atualmente vivemos a diminuição da competência material da Justiça do Trabalho em razão decisões proferidas pelo Supremo Tribunal Federal, contrariando, totalmente, a intenção do legislador constituinte derivado.

6. REFERÊNCIAS

ÁVILA, Humberto. *Teoria dos Princípios*. Da definição à aplicação dos princípios jurídicos. 17. ed. São Paulo: Malheiros, 2016.

BARROS, Alice Monteiro. *Curso de Direito do Trabalho*. 4. ed. São Paulo: LTr, 2008.

BRANDÃO, Cláudio. *Acidente de Trabalho e Responsabilidade Civil do Empregador*. 4. ed. São Paulo: LTr, 2015.

BEBBER, Júlio César. *Danos Extrapatrimoniais — estético, biológico e existencial:* Breves Considerações. São Paulo: Revista LTr, 2009, volume 73.

DALLEGRAVE NETO, José Affonso. *Responsabilidade Civil no Direito do Trabalho*. 5. ed. São Paulo: LTr, 2015.

DELGADO, Mauricio Godinho. *Curso de Direito do Trabalho*. 6. ed. São Paulo: LTr, 2007.

DELGADO, Mauricio Godinho; DELGADO, Gabriela Neves. *Constituição da República e Direitos Fundamentais*. 2. ed. São Paulo: LTr, 2013.

DELGADO, Mauricio Godinho; DELGADO, Gabriela Neves. *A Reforma Trabalhista no Brasil*. 2. ed. São Paulo: LTr, 2018.

DIAS, Carlos Eduardo Oliveira; FELICIANO, Guilherme Guimarães; SILVA, José Antônio Ribeiro; TOLEDO FILHO, Manoel Carlos. *Comentários à Lei da Reforma Trabalhista*. 2. ed. São Paulo: LTr, 2018.

DINIZ, Maria Helena. *Curso de Direito Civil Brasileiro*. São Paulo: Saraiva, 2009, vol. 7.

FERREIRA, Farley Roberto Rodrigues de Carvalho. *A Incapacidade Laborativa Temporária Causada por Doença e seus Efeitos no Contrato de Trabalho*. São Paulo: Fontenele, 2017.

LEITE, Carlos Henrique Bezerra. *Curso de Direito do Trabalho*. 5. ed. São Paulo, Saraiva, 2014.

MELO, Raimundo Simão. *Direito Ambiental do Trabalho e a Saúde do Trabalhador*. 5. ed. São Paulo: LTr, 2013.

MORAES, Alexandre de. *Direito Constitucional*. 33. ed. São Paulo: Atlas, 2017.

OLIVEIRA, Sebastião Geraldo. *Indenizações por Acidente do Trabalho ou Doença Ocupacional*. 5. ed. São Paulo: LTr, 2009.

OLIVEIRA, Sebastião Geraldo. *O Dano Extrapatrimonial Trabalhista após a Lei n. 13.467/ 2017*. São Paulo: LTr, 2017, ano 81, número 09.

PEREIRA, Caio Mario da Silva. *Responsabilidade Civil*. 9. ed. Rio de Janeiro: Forense, 2001.

RIBEIRO, Rafael Edson Pugliese. *Reforma Trabalhista Comentada*. Curitiba: Juruá, 2018.

ROCHA, Fábio Ribeiro. *Efetividade do Direito Fundamental ao Meio Ambiente de Trabalho Seguro e Adequado*. São Paulo: LTr, 2016.

ROMITA, Arion Sayão. *Direitos Fundamentais nas Relações de Trabalho*. 4. ed. São Paulo: LTr, 2012.

SILVA, Homero Batista Mateus. *CLT Comentada*. 2. ed. São Paulo: Revista dos Tribunais, 2018.

TARTUCE, Flávio. *Direito Civil*. 5. ed. São Paulo: Método, 2010.

A Justiça do Trabalho do Caburaí ao Chuí: Por quê? Para quê? Para quem?

Felipe Bernardes (*)

João Renda Leal Fernandes (**)

1. INTRODUÇÃO: DO MONTE CABURAÍ AO ARROIO CHUÍ

A distância entre o Oiapoque/AP e o Chuí/RS, em linha reta, é estimada em 4.175,72 km.

A expressão do "Oiapoque ao Chuí" tornou-se muito conhecida pelo fato de esses dois municípios possuírem longitudes não muito diferentes. Isso significa ser possível traçar uma linha quase que vertical, a cortar o país de norte a sul, para interligar os dois pontos. Esses locais constituem, ainda, os marcos de início e término do belíssimo litoral brasileiro, cuja extensão é estimada em 7.367km (fronteira marítima). O país possui, ainda, 15.735km de fronteiras terrestres, o que perfaz um incrível total de 23.102 km de fronteiras.(1)

No entanto, o ponto terrestre mais ao norte do Brasil não está no Oiapoque/AP. Trata-se, na verdade, do Monte Caburaí, nascente do rio Ailã, estado de Roraima. Esse monte fica localizado na região da tríplice fronteira entre Brasil, Venezuela e Guiana.

A distância entre o Arroio Chuí (em Chuí/RS, fronteira com o Uruguai) e o Monte Caburaí (em Uiramutã/RR), em linha reta, é estimada em 4.394km. Trata-se da maior distância existente entre dois pontos do território nacional.(2)

(*) Juiz do Trabalho no TRT — 1ª Região. Mestre em Direito do Trabalho e da Seguridade Social pela Universidade de São Paulo.

(**) Juiz do Trabalho no TRT — 1ª Região. Mestre e Doutorando em Direito do Trabalho e Direito Previdenciário na UERJ.

(1) BRASIL ESCOLA, GEOGRAFIA DO BRASIL. Território Brasileiro: localização, extensão e fronteiras. Disponível em: https://brasilescola.uol.com.br/brasil/territorio-brasileiro-localizacao-extensao-fronteiras.htm. Acesso em: 23 jun. 2024.

(2) *Ibidem*.

Podemos dizer, então, que o litoral brasileiro vai "do Oiapoque ao Chuí", enquanto nossa extensão terrestre vai do "do Monte Caburaí ao Chuí".

A distância entre os extremos leste e oeste do Brasil também impressiona. A nascente do rio Moa, no município de Mâncio Lima, estado do Acre (na divisa com o Peru) constitui o ponto mais ocidental, extremo oeste do país. Esse local está situado a 4.319km de distância da Ponta do Seixas, em João Pessoa, estado da Paraíba, lugar mais oriental, extremo leste brasileiro.

Tudo isso revela que o Brasil está mais próximo do território de todos os outros países das Américas do que a distância entre seus próprios extremos norte e sul ou leste e oeste.

O país mais ao norte das Américas é o Canadá, cujo território localiza-se a 4.272km, em linha reta, do Monte Caburaí, em Roraima (extremo norte do território nacional), enquanto as distâncias aproximadas entre nossos pontos extremos são, como já visto, de 4.394km (norte a sul) e 4.319km (leste a oeste). Para que se tenha uma noção de dimensões, a Ponta do Seixas está a 2.950km do país africano de Serra Leoa.

O território nacional se estende, em sua totalidade, por mais de 8,5 milhões de quilômetros quadrados, o que definitivamente classifica o Brasil como um país de dimensões continentais, com área próxima à da Oceania. Nosso território é tão extenso que, a título de comparação, é pouco menor do que o da totalidade da Europa (que possui cerca de 10,2 milhões de km^2).

Seja no extremo sul, norte, leste ou oeste, o Direito do Trabalho é basicamente uniforme em todo o território nacional, diante da competência legislativa exclusiva estabelecida pelo art. 22, I, da CRFB. Além disso, o principal canal de acesso à Justiça em matéria trabalhista encontra-se concentrado na Justiça do Trabalho, ramo autônomo e especializado do Poder Judiciário da União.

Se demandado perante juízo territorialmente incompetente (art. 651, da CLT), basta a um empregador brasileiro — do Monte Caburaí, em Roraima, ao Arroio Chuí, no Rio Grande do Sul — promover a juntada eletrônica de uma exceção de incompetência territorial (art. 800 da CLT) através do *PJe*, sistema processual eletrônico de armazenamento de dados também uniforme em todos os Tribunais trabalhistas do Brasil.

A Justiça do Trabalho destaca-se, ainda, como o ramo mais célere, informatizado e que mais concilia em todo o Judiciário nacional, além de constituir espaço de exercício de cidadania, preservação da dignidade humana e foro de tutela e efetivação de direitos sociais.

Revela-se, portanto, valioso analisar sua origem, evolução histórica, principais características e particularidades, além de sua organização e funcionamento, a fim de combater falsas informações disseminadas pelo senso comum e compreender toda a importância de sua existência para a sociedade brasileira.

2. UM RAMO ESPECIALIZADO DE JUSTIÇA

A jurisdição constitui expressão da soberania de um Estado e, nessa condição, ela é substancialmente una. Não obstante, em razão da necessidade de maior especialização e familiaridade no trato das questões trabalhistas, diante da importância da conciliação, celeridade e eficiência nesta seara tão singular (que lida diretamente com a satisfação de créditos alimentares, efetivação de direitos sociais e o justo equilíbrio dos conflitos entre capital e trabalho), o Estado brasileiro historicamente optou — assim como vários outros — por possuir cortes e magistrados especializados na resolução de conflitos advindos das relações de trabalho.

As normas trabalhistas propiciam aparente harmonia entre segmentos sociais com interesses distintos, o que torna possível a própria existência e sobrevida do modo capitalista de produção. Ao regulamentar as condições e as contrapartidas para a aquisição da força produtiva alheia, o Direito do Trabalho legitima o próprio sistema de produção capitalista e tenta, de alguma forma, humanizá-lo, o que minimiza os riscos de rupturas institucionais abruptas e violentas. Nesse sentido, não é exagerado dizer que o Direito do Trabalho constitui não apenas um produto da sociedade capitalista moderna, mas também instrumento relevante para a sua preservação.

Na mesma toada, por ter sua atuação voltada à aplicação do direito material do trabalho aos conflitos surgidos no âmago das relações (individuais e coletivas) entre trabalhadores e tomadores de serviços, a Justiça do Trabalho não apenas realiza a composição das demandas específicas que lhe são submetidas, mas também contribui para que haja pacificação social. Ao possibilitar a amenização de conflitos entre classes com interesses divergentes, o Judiciário Trabalhista acaba por colaborar indiretamente com a modernização do país, seu desenvolvimento socioeconômico e a estabilidade de suas instituições, além de abrir caminho para a própria expansão e evolução do capitalismo industrial.

Ante a natureza dos litígios apreciados e as particularidades desse ramo jurídico tão específico, uma prestação jurisdicional trabalhista eficiente deve partir de algumas premissas: (i) a necessidade de efetividade dos seus pronunciamentos, para que suas decisões possam concretamente influir na realidade; (ii) importância do acesso fácil pelos jurisdicionados, sem burocracia que dificulte o livre exercício do direito de ação; (iii) gratuidade dos processos, ao menos para um segmento, porque o litigante trabalhista típico geralmente não dispõe de recursos que o permitam arcar com as despesas processuais sem prejuízo de seu próprio sustento; (iv) especialização como fator de aperfeiçoamento da jurisdição e que permita ao juiz uma visão mais ampla e profunda dos conflitos e interesses em disputa; e (v) o imperativo da celeridade, pois os processos judiciais normalmente são demorados e a natureza dos créditos trabalhistas impõe uma breve solução.[(3)]

No Brasil — em decorrência de um federalismo por desagregação (com competências legislativas concentradas na União), uniformidade do Direito do Trabalho e divisão de competências jurisdicionais em razão da matéria — torna-se bastante compreensível a opção histórica pela existência de um sistema federal unificado e especializado na resolução de conflitos trabalhistas.

Ademais, diferentemente do "mito da Jabuticaba" disseminado pelo senso comum,[(4)] a existência de ramo autônomo do Poder Judiciário especializado na resolução de conflitos trabalhistas certamente não é exclusividade do Brasil. A estrutura de nossa

(3) Nesse sentido, NASCIMENTO, Amauri Mascaro. Conceito e modelos de jurisdição trabalhista. *Revista LTr*, v. 61, n. 8, ago. 1997, p. 1019.

(4) A expressão "mito da jabuticaba", consagrada por Rodrigo Carelli, designa visões falaciosas, porém amplamente difundidas, a respeito de determinadas instituições existentes no Brasil, como se somente aqui elas existissem. Discursos inverídicos procuram desmerecer e tratar com desdém relevantes institutos jurídicos e instituições, sob o argumento de que eles supostamente não encontrariam paralelo em qualquer outro lugar do mundo, pelo que metaforicamente constituiriam uma "jabuticaba" (fruto, aliás, também encontrado em múltiplos outros países). Neste sentido, CARELLI, Rodrigo. O mito da jabuticaba: a Justiça do Trabalho no mundo — Justiça do Trabalho é instrumento de garantia de direitos em todo o

Justiça do Trabalho guarda alguma similitude, por exemplo, com a da Justiça do Trabalho alemã, que conta com Tribunais do Trabalho (*Arbeitgerichts — ARBG*) como órgãos de base, Tribunais Regionais do Trabalho (*Landsarbeitsgericht — LAG*) em cada *lander* (região) e um Tribunal Federal do Trabalho (*Bundesarbeitsgericht — BAG*). A Justiça do Trabalho também está presente na Grã-Bretanha, onde a primeira instância conta com os *Employment Tribunals* (no passado, chamados *Industrial Tribunals*) e a segunda instância, com o *Employment Appeal Tribunal* (*EATS*).

A título meramente exemplificativo, citamos alguns outros países onde a Justiça do Trabalho constitui igualmente um ramo especial integrante do Poder Judiciário: Bélgica, Camarões, Costa do Marfim, Egito, Israel, Madagascar, Noruega, Senegal, Suécia e Venezuela. Há países, ademais, em que a Justiça do Trabalho constitui um setor especializado da Justiça Comum, como é o caso da Argentina, Austrália, Bolívia, Colômbia, Costa Rica, Chile, Espanha, Itália, Panamá, Paraguai, Peru, República Dominicana e Uruguai.[(5)]

A existência de uma Justiça do Trabalho célere, eficiente e especializada revela-se de extrema importância não apenas para trabalhadores, mas também para empregadores e empresários. Como exemplo, citamos o caso do TRT-17ª Região, no Espírito Santo, tribunal trabalhista que, em razão de um ataque cibernético, permaneceu com atendimento, prazos e sistema processual eletrônico (*PJe*) suspensos por algumas semanas entre fevereiro e março de 2022.[(6)] Durante o período de suspensão, por coincidência, foi deflagrada uma greve dos trabalhadores rodoviários na região metropolitana de Vitória, capital do Estado, e os empregadores precisavam ajuizar um dissídio coletivo de trabalho para discutir questões relacionadas ao movimento paredista, além de garantir a manutenção de serviços essenciais de transporte coletivo.[(7)] A simples ausência do *PJe* para ajuizamento do dissídio de greve em um momento crítico como o narrado deixa bastante claro **o quanto a Justiça do Trabalho pode fazer falta a todos, sem exceção, inclusive ao empresariado.**

3. ESCORÇO HISTÓRICO SOBRE A JUSTIÇA DO TRABALHO NO BRASIL

Ao longo do século XIX, a partir da crescente adoção do trabalho produtivo alheio e subordinado, oferecido mediante o pagamento de contraprestações, surgiu também a necessidade de se criarem mecanismos eficientes para a resolução de conflitos trabalhistas, tanto os individuais quanto os coletivos. No Brasil, a evolução desses mecanismos passou por diferentes fases e períodos.

Durante o Império e primeiros anos da República, o trabalho subordinado era basicamente regido pela disciplina do contrato de locação de serviços e alguns diplomas legislativos passaram a prever ritos mais céleres e abreviados para a apreciação

---

mundo civilizado. In: CASAGRANDE, Cássio; CARELLI, Rodrigo. *Reforma trabalhista: reflexões críticas*. Rio de Janeiro: Lumen Juris, 2018.

(5) A enumeração é de MARTINS FILHO, Ives Gandra da Silva. Breve História da Justiça do Trabalho. In: NASCIMENTO, Amauri Mascaro (et al). *História do trabalho, do Direito do Trabalho e da Justiça do Trabalho*: homenagem a Armando Casimiro Costa, 3. ed. São Paulo: LTr, 2011. p. 159.

(6) RIBEIRO, Isaac. PF investiga ataque hacker ao TRT-ES; alguns serviços seguem suspensos, *A Gazeta*, 11 mar. 2022. Disponível em: https://www.agazeta.com.br/es/economia/pf-investiga-ataque-hacker-ao-trt-es-alguns-servicos-seguem-suspensos-0322. Acesso em: 25 jun. 2024.

(7) Informações baseadas na palestra proferida pelo ex-Presidente do TRT-17ª Região, Desembargador Marcello Mancilha, por ocasião *do I Encontro hispano-brasileiro Lebrón de Quiñones de Prática Jurídica: Tecnologia e Sistema Judiciário*, realizado em Cáceres, Espanha, entre os dias 1º e 3 de março de 2023.

de causas relativas a tal modalidade contratual.[8] As demandas eram normalmente decididas pelos juízes de direito da comarca, no âmbito da Justiça Comum.

O Decreto n. 2.827, de 15 de março de 1879, estabeleceu que demandas de prestação de serviços no âmbito rural deveriam ser solucionadas por juízes de paz, com apelação, dotada de efeito devolutivo, para o juiz de direito.

Em 1907, o Decreto n. 1.637, editado no governo de Afonso Pena, previa a instituição de *Conselhos Permanentes de Conciliação e Arbitragem* no âmbito dos sindicatos. Porém, essa previsão não chegou a se concretizar e esses órgãos não foram efetivamente instituídos.

No estado de São Paulo, a Lei Estadual n. 1.869, de 10.10.1922, instituiu os chamados *Tribunais Rurais*, comumente referidos como os primeiros órgãos judiciais especializados na resolução de conflitos trabalhistas no Brasil. Tais órgãos eram compostos pelo juiz de direito da comarca onde situada a propriedade rural, juntamente com um representante designado pelo trabalhador e outro, pelo fazendeiro. A economia do estado de São Paulo era, à época, essencialmente agrícola, com grande ênfase para o cultivo do café. Esses tribunais tinham competência para decidir litígios decorrentes da interpretação e execução dos contratos de locação de serviços agrícolas, no valor de até 500 mil réis.

A experiência dos Tribunais Rurais do estado de São Paulo não teve grande êxito, uma vez que a decisão dependia geralmente do entendimento adotado pelo juiz de direito, já que os demais membros do tribunal (designados pelo trabalhador e pelo fazendeiro) costumavam decidir em favor da respectiva parte que o havia indicado.

Com a Revolução de 1930 e a ascensão de Vargas à Presidência da República, foi criado o Ministério do Trabalho, Indústria e Comércio (Decreto n. 19.433/1930). Em 1932, criou-se, dentro do âmbito desse Ministério, um sistema oficial para a resolução de conflitos coletivos trabalhistas, através das *Comissões Mistas de Conciliação* (Decreto n. 21.396, de 12/05/1932). Para dirimir os conflitos individuais, foram instituídas as *Juntas de Conciliação e Julgamento*, órgãos de natureza administrativa (também vinculados ao Ministério do Trabalho, Indústria e Comércio) onde somente os empregados sindicalizados poderiam demandar (Decreto n. 22.132, de 25/11/1932). Esses dois órgãos foram, segundo Süssekind, os embriões da Justiça do Trabalho.[9]

As Constituições de 1934 e 1937 faziam referência à criação de uma Justiça do Trabalho, porém ainda sem o reconhecimento de sua natureza judicante, *in verbis*:

> Art. 122 (Constituição de 1934). Para dirimir questões entre empregadores e empregados, regidas pela legislação social, fica instituída a Justiça do Trabalho, à qual não se aplica o disposto no Capítulo IV do Título I.
>
> Parágrafo único — A constituição dos Tribunais do Trabalho e das Comissões de Conciliação obedecerá sempre ao princípio da eleição de membros, metade pelas associações representativas dos empregados, e metade pelas dos empregadores, sendo o presidente de livre nomeação do Governo, escolhido entre pessoas de experiência e notória capacidade moral e intelectual.

(8) Julio Assumpção Malhadas menciona as Leis de 13 de setembro de 1830 e de 11 de outubro de 1837, além do Decreto de 15 de março de 1842, como os primeiros diplomas a prever trâmite especial para causas derivadas do contrato de locação de serviços, que deveriam seguir o rito sumaríssimo e estavam afetas à Justiça Comum (MALHADAS, Julio Assumpção. *Justiça do Trabalho*: sua história, sua composição, seu funcionamento, vol. 1. São Paulo: LTr, 1998. p. 106).

(9) SÜSSEKIND, Arnaldo. Tribunais do Trabalho no direito comparado e no Brasil. *Revista do Tribunal Superior do Trabalho*, Brasília, v. 65, n. 1, out./dez. 1999. p. 124.

> Art. 139 (Constituição de 1937). Para dirimir os conflitos oriundos das relações entre empregadores e empregados, reguladas na legislação social, é instituída a Justiça do Trabalho, que será regulada em lei e à qual não se aplicam as disposições desta Constituição relativas à competência, ao recrutamento e às prerrogativas da Justiça comum.
>
> A greve e o lock-out são declarados recursos anti-sociais nocivos ao trabalho e ao capital e incompatíveis com os superiores interesses da produção nacional.

O Decreto-lei n. 1.237, de 02.05.1939, veio instituir e dispor sobre a organização da Justiça do Trabalho, composta dos seguintes órgãos: *Juntas de Conciliação e Julgamento* (JCJs), *Conselhos Regionais do Trabalho* (CRTs) e *Conselho Nacional do Trabalho* (CNT), estrutura que encontra paralelo, de certa forma, até os dias atuais.

Não obstante, apenas em 1º de maio de 1941, o Presidente Getúlio Vargas proferiu discurso, no Estádio de São Januário (campo de futebol do Clube de Regatas Vasco da Gama), em que declarava efetivamente instalada a Justiça do Trabalho, cuja estrutura, à época dessa inauguração oficial, contava com 36 JCJs, 8 CRTs, além do CNT. Nesse período, a Justiça do Trabalho permanecia ainda vinculada administrativamente à estrutura do Ministério do Trabalho, Indústria e Comércio. Apesar disso, no mencionado discurso, o Presidente da República a ela se referiu como a "nova magistratura".

Além do mais, em decisão histórica proferida em 1943, o próprio STF reconheceu o caráter jurisdicional das cortes trabalhistas, ao admitir recurso extraordinário contra decisão do CNT que alegadamente contrariava preceito da Constituição, o que acabou por atestar a natureza judicante deste órgão de cúpula da Justiça do Trabalho:

> Essa Justiça especial, autônoma, que gravita fora da influência da Justiça comum, pode aplicar, também, preceito constitucional, ou deixar de aplicá-lo. Ora, quando suas decisões ferem preceito constitucional — e só então — é que caberá recurso extraordinário para o Supremo Tribunal. De fato, é a este que compete a guarda soberana da lei constitucional, ferida que seja através de qualquer órgão judicante, inclusive a Justiça do Trabalho. (STF, 2ª Turma, RE 6.310, DJU 30.09.1943).[10]

Contudo, foi apenas em 1946 que a Justiça do Trabalho deixou de funcionar dentro da esfera administrativa do Ministério do Trabalho e passou a integrar a estrutura do Poder Judiciário, tornando-se, assim, independente. Isso se deu por intermédio do Decreto-lei n. 9.797, de 09.09.1946, e da Constituição de 1946, cujo art. 94 expressamente se referia aos Juízes e Tribunais do trabalho como órgãos do Poder Judiciário.

Além disso, a Carta de 1946 estabeleceu competência à Justiça do Trabalho para conciliar e julgar dissídios individuais e coletivos resultantes das relações de trabalho, podendo, no julgamento dos dissídios coletivos e nos casos especificados por lei, "estabelecer normas e condições de trabalho" (art. 123, *caput* e §2º). O texto constitucional enumerou, ainda, os seguintes órgãos na estrutura da Justiça do Trabalho: Juntas ou Juízes de Conciliação e Julgamento, Tribunais Regionais do Trabalho e Tribunal Superior do Trabalho (art. 122).

As Constituições de 1967/1969 e 1988 mantiveram a competência da Justiça do Trabalho, inclusive para os dissídios coletivos, porém a Carta de 1988 facultou às partes a escolha, por consenso, da arbitragem como meio de resolução do conflito coletivo, o que excluiria a intervenção judicial.

---

(10) Decisão citada por SÜSSEKIND, Arnaldo. O cinquentenário da justiça do trabalho. *Revista do Tribunal Superior do Trabalho,* São Paulo, SP, v. 60, 1991, p. 17.

Após sua instalação (em 1941) e desde sua integração ao Poder Judiciário (em 1946), a Justiça do Trabalho muito cresceu, evoluiu e se modernizou.

A Emenda Constitucional n. 24, de 09.12.1999, extinguiu a representação classista. As antigas Juntas de Conciliação e Julgamento transformaram-se em Varas do Trabalho, as quais passaram a contar apenas com juízes que detêm formação jurídica. O mesmo ocorreu nos Tribunais Regionais do Trabalho e no Tribunal Superior do Trabalho.

A Emenda Constitucional n. 45, de 08.12.2004, aumentou consideravelmente as atribuições da Justiça do Trabalho, cuja competência era antes eminentemente estabelecida em razão da pessoa (conflitos oriundos *da relação entre empregados e empregadores* e, excepcionalmente, controvérsias decorrentes das relações de trabalho) e passou a ser fixada em razão da natureza jurídica da relação material (relação de trabalho em sentido amplo).

4. ORGANIZAÇÃO E ESTRUTURA DA JUSTIÇA DO TRABALHO

A Justiça do Trabalho integra a estrutura do Poder Judiciário da União, sendo composta pelos seguintes órgãos: o Tribunal Superior do Trabalho (TST), os Tribunais Regionais do Trabalho (TRTs) e os Juízes do Trabalho (arts. 92, II-A e IV, e 111, CRFB/88).

Nas unidades judiciárias de primeira instância (Varas do Trabalho), o exercício da jurisdição incumbe aos juízes do trabalho, cujo ingresso na carreira depende de aprovação em concurso público de provas e títulos. O cargo inicial é de Juiz do Trabalho Substituto e a promoção a Juiz Titular de Vara do Trabalho ocorre, alternadamente, por merecimento e por antiguidade.[11] No primeiro grau, o Juiz do Trabalho adquire vitaliciedade após dois anos no exercício do cargo (art. 95, I CRFB).

De acordo com a Constituição, nas localidades onde não houvesse Vara do Trabalho, a jurisdição trabalhista seria atribuída ao juiz de direito, cujas decisões admitiriam recurso para o TRT da respectiva região (art. 112, CRFB). Deve-se lembrar que o sistema recursal seguiria, neste caso, as normas processuais trabalhistas. Assim, não caberia, por exemplo, recurso imediato de eventual decisão interlocutória proferida, ante o disposto no art. 893, §1º, da CLT. Em todo caso, com a atual organização da Justiça do Trabalho, na prática não há mais juízes de direito investidos de jurisdição trabalhista, pois todos os municípios do território nacional encontram-se abrangidos pela jurisdição de alguma Vara do Trabalho.

No segundo grau, os Tribunais Regionais do Trabalho são compostos por no mínimo sete juízes, com o número total de seus membros variando de acordo com o volume de processos em cada região. O recrutamento é feito entre brasileiros com mais de 30 e menos de 65 anos. Embora a maioria desses membros seja oriunda da magistratura de carreira (promovidos, de forma alternada, por antiguidade e merecimento), um quinto das vagas (sempre com arredondamento para cima) é destinado a membros do Ministério Público do Trabalho com mais de 10 anos de efetivo exercício e advogados com mais de 10 anos de efetiva atividade profissional (art. 115, CRFB). Em que pese o ato de nomeação seja de competência do Presidente da República, não

(11) É obrigatória a promoção do juiz que figure por três vezes consecutivas ou cinco alternadas em lista de merecimento. Na apuração de antiguidade, o tribunal somente pode recusar o juiz mais antigo pelo voto fundamentado de dois terços de seus membros, conforme procedimento próprio, e assegurada ampla defesa, repetindo-se a votação até fixar-se a indicação (art. 93, II, alínea *d*, da CRFB).

há necessidade de sabatina ou aprovação pelo Senado Federal. Os membros de TRTs originários do quinto constitucional são vitalícios a partir da posse.(12)

A fim de evitar disparidades nos nomes dos cargos utilizados para designar magistrados de 1º e 2º graus, a Resolução n. 104/2012 do CSJT procurou proceder a uma uniformização de tratamento: o ingresso na carreira se dá no cargo de *Juiz do Trabalho Substituto*, com posterior promoção a *Juiz Titular de Vara de Trabalho*, sendo o membro do 2º grau designado como *Desembargador do Trabalho*. Não obstante, via Regimento Interno, alguns TRTs outorgaram aos seus magistrados de 2º grau o título de *Desembargador Federal do Trabalho*, em que pese a própria Constituição se refira a estes como *juízes* (art. 115, *caput*).

Atualmente, o Brasil possui 24 Tribunais Regionais do Trabalho. O estado de São Paulo é o único a contar com dois TRTs: o da 2ª Região, sediado na capital do estado (cuja jurisdição abrange a região metropolitana da cidade de São Paulo, além de alguns municípios da Baixada Santista) e o da 15ª Região, com sede em Campinas (cuja jurisdição compreende os municípios do interior do estado não abrangidos pela 2ª Região). A jurisdição de alguns outros TRTs abrange o território de mais de um estado, como é o caso da 8ª Região (Pará e Amapá), 11ª Região (Amazonas e Roraima) e 14ª Região (Rondônia e Acre). Por sua vez, a jurisdição do TRT-10ª Região se estende pelo Distrito Federal e Tocantins. A jurisdição de cada um dos demais TRTs compreende o território dos respectivos estados onde situados (por exemplo, o TRT-1ª Região tem sua jurisdição adstrita ao estado do Rio de Janeiro e o TRT-18ª Região, ao estado de Goiás).

O TST é o órgão de cúpula da Justiça do Trabalho, com sede em Brasília e jurisdição em todo o território nacional. Surgido em 1946 (mesmo ano em que a Justiça do Trabalho passou a integrar o Poder Judiciário), é ele quem confere a última palavra em matéria trabalhista infraconstitucional e possui a missão de unificar a jurisprudência e a interpretação da legislação trabalhista no âmbito de sua competência.(13)

O TST é atualmente composto pelo total de 27 Ministros, escolhidos dentre brasileiros com mais de 35 e menos de 65 anos (art. 111-A, CRFB), dos quais 6 (um quinto, com arredondamento para cima) são escolhidos dentre advogados com mais de 10 anos de efetiva atividade profissional e membros do MPT com mais de 10 anos de efetivo exercício. Os Ministros oriundos do quinto constitucional são vitalícios a partir da posse (art. 22, I, alínea *d*, da LOMAN). Os demais 21 Ministros devem ser escolhidos dentre Juízes dos TRTs oriundos da magistratura de carreira, indicados pelo próprio TST. Dessa forma, não é possível que as vagas destinadas à magistratura de carreira sejam preenchidas por Desembargadores que tomaram posse nos respectivos TRTs de origem por meio do quinto constitucional. O ato de nomeação dos Ministros compete ao Presidente da República, após aprovação em sabatina realizada pelo Senado Federal.

5. AS ESCOLAS DESTINADAS À FORMAÇÃO, APERFEIÇOAMENTO E ATUALIZAÇÃO CONSTANTE DE JUÍZES/AS DO TRABALHO

Consoante previsto no art. 111-A, §2º, I, da CRFB (incluído pela EC n. 45/2004), funciona junto ao TST a Escola Nacional de Formação e Aperfeiçoamento de

(12) Art. 22 da LC n. 35/1979 (LOMAN). São vitalícios: I — a partir da posse: (...)
d) os Ministros e Juízes togados do Tribunal Superior do Trabalho e dos Tribunais Regionais do Trabalho (...)

(13) De acordo com o art. 65 de seu Regimento Interno, o TST é composto pelos seguintes órgãos: Tribunal Pleno, Órgão Especial, Seção Especializada em Dissídios Coletivos, Seção Especializada em Dissídios Individuais (dividida em duas subseções); e Turmas (atualmente, em número total de oito).

Magistrados do Trabalho (ENAMAT), que tem como objetivo promover a formação e o aperfeiçoamento técnico dos magistrados do trabalho, os quais necessitam de qualificação profissional específica e atualização contínua, ante a relevância da função estatal que exercem. Os juízes do trabalho participam de cursos, seminários e colóquios promovidos pela ENAMAT ao longo de toda a carreira, o que lhes possibilita constante atualização. A Escola promove cursos de formação inicial presenciais, realizados em sua sede em Brasília (localizada no TST), dirigidos aos juízes do trabalho substitutos recém-empossados. Há também os cursos de formação continuada (presenciais ou à distância), dirigidos a todos os magistrados trabalhistas em exercício, de qualquer grau de jurisdição. Existem, ademais, cursos de formação de formadores, dirigidos a juízes-formadores aptos a exercerem atividade discente no âmbito das Escolas Regionais de Magistratura (existentes em cada um dos TRTs). Com isso, a ENAMAT e as Escolas Regionais desempenham papel de extrema relevância, ao possibilitarem a capacitação e constante atualização dos magistrados do trabalho, contribuindo para uma prestação jurisdicional em nível de excelência.

Ainda junto ao TST, funciona também o Conselho Superior da Justiça do Trabalho, a quem compete a supervisão administrativa, orçamentária, financeira e patrimonial da Justiça do Trabalho de primeiro e segundo graus, como órgão central do sistema e cujas decisões possuem efeito vinculante, conforme art. 111-A, §2º, II, da CRFB, dispositivo também incluído pela EC n. 45/2004. O CSJT não exerce função jurisdicional e sua composição conta com o total de 11 membros: três membros natos (o Presidente e o Vice-Presidente do TST, além do Corregedor-Geral da Justiça do Trabalho); três outros Ministros eleitos pelo Pleno do TST; e cinco presidentes de TRTs, cada um representando uma das cinco regiões geográficas do País (Sul, Sudeste, Centro-Oeste, Nordeste e Norte).

Embora externo ao Judiciário e alheio à estrutura organizacional da Justiça do Trabalho, merece menção a existência do Conselho de Presidentes e Corregedores dos Tribunais Regionais do Trabalho (COLEPRECOR), sociedade civil de âmbito nacional, sem fins lucrativos, composta pelos Presidentes e Corregedores dos TRTs, tendo como membros de honra o Presidente do TST e CSJT e também o Corregedor-Geral da Justiça do Trabalho. O COLEPRECOR possui os seguintes objetivos: defesa dos princípios, prerrogativas e funções institucionais da Justiça do Trabalho, especialmente dos TRTs; intermediação nas relações entre a Justiça do Trabalho e os Poderes constituídos, visando aperfeiçoar a prestação da tutela jurisdicional trabalhista, sem prejuízo da representatividade do TST; integração dos TRTs em todo o território nacional, com intercâmbio de experiências funcionais e administrativas; estudo e aprofundamento de temas jurídicos e de questões judiciais de repercussão em mais de um estado da federação, buscando a uniformização de entendimentos, respeitadas a autonomia e as peculiaridades locais.

6. A JUSTIÇA DO TRABALHO EM NÚMEROS: UM RETRATO ATUAL E OS FLAGRANTES PREJUÍZOS NA SUPRESSÃO DE SUA COMPETÊNCIA

Como já visto, a Justiça do Trabalho conta com o Tribunal Superior do Trabalho, sediado no Distrito Federal, e com 24 Tribunais Regionais do Trabalho. No que se refere ao quantitativo de magistrados, de acordo com a última edição do *Relatório Justiça em Números* do CNJ, o TRT-2ª Região é o Tribunal Regional de maior porte (com 590 magistrados, incluídos os Desembargadores e os Juízes de 1º grau), seguido do TRT-15ª Região (373 magistrados) e do TRT-1ª Região (278 magistrados). Os TRTs da 22ª (PI) e 20ª Região (SE), por sua vez, possuem 33 magistrados cada, em seus quadros.

A Justiça do Trabalho conta com o total de 1.565 Varas do Trabalho instaladas e em funcionamento, 3.475 magistrados (incluindo Ministros, Desembargadores e Juízes), 39.581 servidores, além dos trabalhadores terceirizados e estagiários.(14)

Entre os magistrados, as mulheres já constituem maioria no 1º grau, onde correspondem a 50,5%.(15) Nos TRTs, esse percentual cai para 40,3%(16) e, no TST, para 27%.(17)

Em 2023, a Justiça do Trabalho arrecadou o total de R$ 5.828.231.083,86, em custas, emolumentos, tributos e multas,(18) valor correspondente a 24% de sua despesa orçamentária (no valor total bruto de R$ 24.628.976.048,26,(19) devendo-se recordar, contudo, que a União retém tributos também sobre a folha de pagamento de seus servidores e magistrados).

Em 2023, os montantes pagos aos trabalhadores, em ações na JT, corresponderam a R$ 41.351.596.053,50, (dos quais 41,5% foram decorrentes de acordos judiciais).(20) Também em 2023, a Justiça do Trabalho como um todo recebeu o total de 3.102.405 casos novos.(21) Deve-se ressaltar, neste particular, que os números relativos aos TRTs e TST englobam também os recursos, o que certamente acaba por incluir nesse número centenas de milhares de casos não propriamente "novos" no âmbito do Judiciário Trabalhista.(22)

A Justiça do Trabalho, sob diversos enfoques, é o ramo do Poder Judiciário que mais realiza **conciliações** no Brasil. De acordo com o último Relatório *Justiça em Números* do CNJ referente ao ano de 2023, 36,5% das ações trabalhistas em fase de conhecimento no 1º grau foram solucionados dessa forma (contra 18,2% na Justiça Estadual e 20,5% na Justiça Federal).(23) Como se sabe, a busca pela conciliação é um dos aspectos fundamentais do processo de resolução de conflitos trabalhistas no Brasil e tal elemento caracteriza a Justiça do Trabalho desde sua criação, e ao longo de toda a sua história.

De acordo com o Relatório Geral da Justiça do Trabalho (TST), há diferentes regiões judiciárias em que o percentual de conciliação supera 50%, como é o caso da 23ª Região (53,1% de conciliação), 8ª Região (52,8%), 21ª Região (52,5%) e 12ª Região (50,6%). Apesar de o ano de 2023 ter contado com o menor percentual global dos últimos 10 anos, o TST relata que houve solução conciliatória em nada menos do que 43,9% das novas ações trabalhistas em fase de conhecimento no país, consoante gráficos abaixo:(24)

(14) BRASIL. CONSELHO NACIONAL DE JUSTIÇA. *Justiça em números 2024:* ano-base 2023. Brasília: CNJ, 2024, p. 68.

(15) BRASIL. TRIBUNAL SUPERIOR DO TRABALHO. *Relatório Geral da Justiça do Trabalho 2023,* p. 19. Disponível em: https://www.tst.jus.br/web/estatistica/jt. Acesso em: 6 jul. 2024.

(16) *Ibidem,* p. 87.

(17) *Ibidem,* p.137.

(18) *Ibidem,* p. 25.

(19) *Ibidem,* p. 170.

(20) *Ibidem,* p. 26

(21) *Ibidem,* p. 5.

(22) Nesse sentido, veja-se SILVA, Alessandro da. A 'reforma' trabalhista e o mito da litigiosidade. In: MAIOR, Jorge Luiz Souto; SEVERO, Valdete Souto. *Resistência:* aportes teóricos contra o retrocesso trabalhista. São Paulo: Expressão Popular, p. 47-57.

(23) BRASIL. CONSELHO NACIONAL DE JUSTIÇA. *Justiça em números 2024*: ano-base 2023. Brasília: CNJ, 2024, p. 257.

(24) Os dados e os gráficos reproduzidos foram retirados de BRASIL. TRIBUNAL SUPERIOR DO TRABALHO. *Relatório Geral da Justiça do Trabalho 2023,* p. 6 e 31-32. Disponível em: https://www.tst.jus.br/web/estatistica/jt. Acesso em: 6 jul. 2024.

Figura 1.5.1.3.1. Série histórica de Conciliações. 2014/2023.

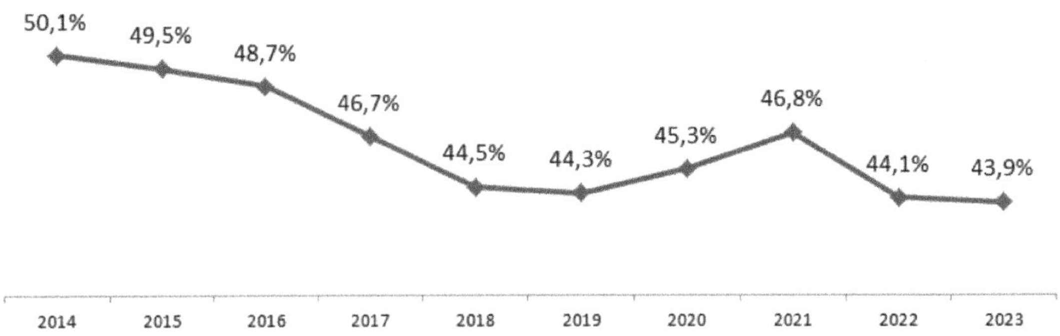

Figura 1.5.1.3.2. Percentuais de Conciliação nas Regiões Judiciárias. 2023.

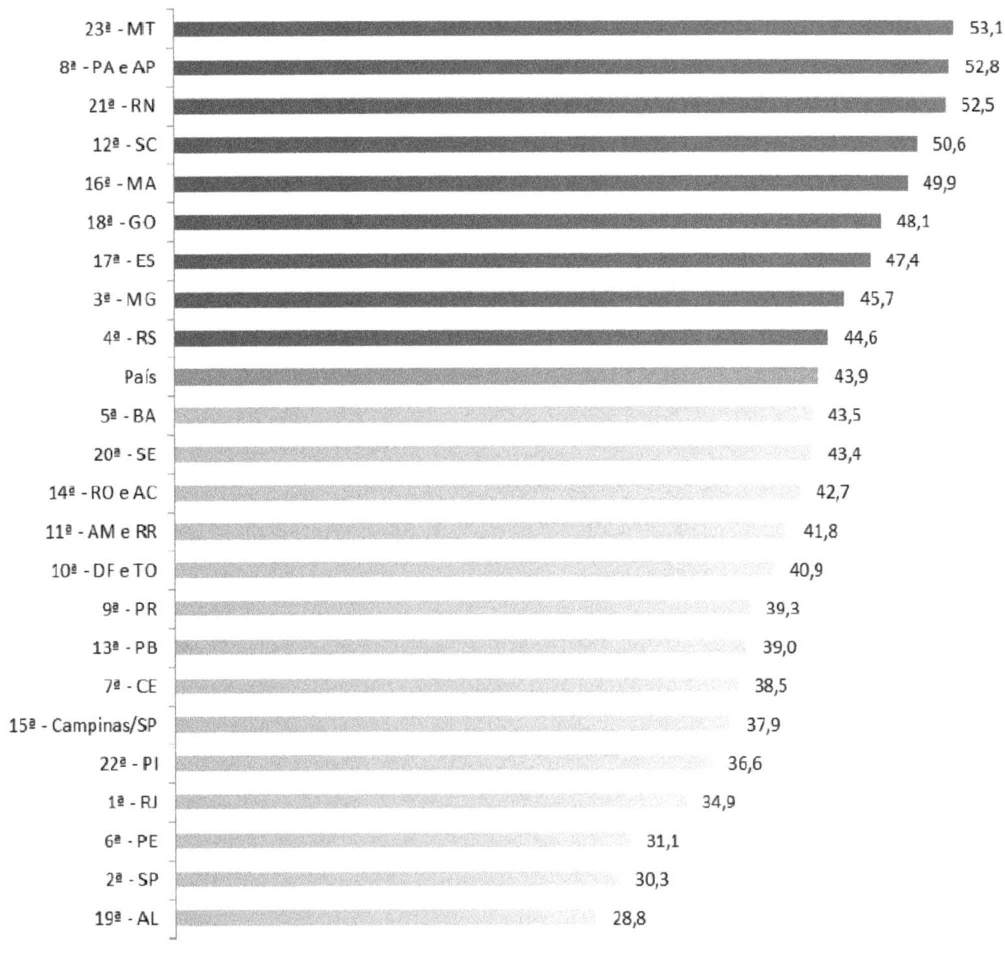

A JT é, ainda, marcada pela **celeridade na prestação jurisdicional**. E não poderia ser diferente, uma vez que os interesses em disputa guardam direta relação com a satisfação de créditos alimentares, efetivação de direitos sociais, dignidade humana e justo equilíbrio dos conflitos entre capital e trabalho.

Dados do Portal de Estatísticas do CNJ apontam que atualmente, no Judiciário Trabalhista, o tempo médio entre o início da ação judicial e o primeiro julgamento, no 1º grau de jurisdição, é de 624 dias, contra 1.121 na Justiça Estadual e 2.763 da Justiça Federal.(25)

Somente essas informações sobre percentual de conciliações e tempo médio de tramitação no 1º grau já são **suficientes para demonstrar os flagrantes prejuízos inerentes ao fato de matérias trabalhistas típicas terem seu julgamento eventualmente deslocado para o Judiciário Federal ou Estadual.**

7. O "MITO DA LITIGIOSIDADE EXCESSIVA" NA JUSTIÇA DO TRABALHO

No ano de 2022, foram ajuizadas 1.636.707 novas reclamações trabalhistas no 1º grau,(26) sendo que, no mesmo ano, houve 21,7 milhões de extinções de contratos de trabalho no Brasil.(27) Daí decorre que apenas 7,5% dos rompimentos contratuais foram, em tese, judicializados naquele ano. A correlação entre os percentuais serve apenas para fazer uma análise comparativa, porque, na prática, alguns desses processos novos — ainda que não sejam relativamente tantos — foram ajuizados, por certo, por empregados com vínculo de emprego ainda ativo.

A primeira conclusão é de que a quantidade de processos trabalhistas até pode ser alta, mas não deve ser considerada excessiva ou abusiva. Em números absolutos, 1,6 milhões de novos processos podem parecer muita coisa, mas relativamente à quantidade de vínculos empregatícios rompidos, a quantidade pode ser tida como baixa.

Ademais, comparativamente com os outros ramos do Judiciário brasileiro, veja-se que a Justiça do Trabalho apresenta o menor percentual das ações em tramitação no Brasil: de 83,8 milhões de processos que tramitavam no território nacional em 2023, apenas 6,4% eram da Justiça do Trabalho (5,4 milhões). Das novas ações distribuídas no ano de 2023, apenas 11,9% foram ao Judiciário Trabalhista.(28)

Esses dados são autoexplicativos e falam por si. Não há nada de "anormal" ou "abusivo" com o quantitativo de processos judiciais em trâmite na Justiça do Trabalho, quando analisados globalmente em relação à realidade do Judiciário brasileiro.(29) Apesar disso, concordamos com a afirmação de que há, sim, muitos processos judiciais no Brasil e talvez seja possível reduzi-los, embora a litigiosidade constitua uma mazela da cultura brasileira e a Justiça do Trabalho não seja a sua maior protagonista.

Surge, então, a indagação: quais as principais causas da litigiosidade trabalhista no Brasil e como combatê-las?

---

(25) Os dados correspondem "ao valor médio do número de dias decorridos entre o início da ação judicial e a data da primeira baixa, considerando os processos/procedimentos baixados nos 12 meses que antecedem o período de referência exibido". A consulta realizada abrangeu os dados do período até 30/4/2024 (BRASIL. CONSELHO NACIONAL DE JUSTIÇA. Painel Justiça em Números — Estatísticas do Poder Judiciário. Disponível em: https://justica-em-numeros.cnj.jus.br/painel-estatisticas/. Acesso em: 14 jul. 2024).

(26) BRASIL. TRIBUNAL SUPERIOR DO TRABALHO. *Relatório Geral da Justiça do Trabalho 2022*. Brasília: TST, 2023, p. 27.

(27) BRASIL. MINISTÉRIO DO TRABALHO E EMPREGO. Novo CAGED. Disponível em: http://pdet.mte.gov.br/novo-caged. Acesso em: 24 jun. 2024.

(28) BRASIL. CONSELHO NACIONAL DE JUSTIÇA. *Justiça em números 2024:* ano-base 2023. Brasília: CNJ, 2024, p. 140-143.

(29) Sobre o tema, v. ALMEIDA, Fernanda Cabral de *et al.* Breves considerações sobre a litigiosidade trabalhista no Brasil, *Jota Info*, 2 maio 2024. Disponível em: https://www.jota.info/opiniao-e-analise/artigos/breves-consideracoes-sobre-a-litigiosidade-trabalhista-no-brasil-02052024. Acesso em: 23 jun. 2024.

8. O DESCUMPRIMENTO GENERALIZADO DA LEGISLAÇÃO TRABALHISTA E A HERANÇA ESCRAVOCRATA QUE VÊ O TRABALHO COMO "FAVOR"

Vejam-se os seguintes dados estatísticos extraídos dos Relatórios Gerais da Justiça do Trabalho, do Conselho Superior da Justiça do Trabalho:[30]

Ano	Percentual de acordos	Percentual de procedência total	Percentual de procedência parcial	Percentual de improcedência	Percentual de extinção, desistência ou arquivamento
2015	39,5%	2,2%	28,1%	7,3%	23%
2016	39,9%	2,2%	29,2%	7,9%	20,7%
2017	38,9%	2,3%	30,5%	8,7%	19,6%
2018	39,2%	4,1%	31%	9,7%	16%
2019	39%	6,5%	30,2%	9,8%	14,5%
2020	40,5%	8,9%	27%	9,5%	14%
2021	41,3%	8,3%	28,1%	9,6%	12%
2022	38%	7,4%	30,4%	11,2%	13%

Considerando o espaço amostral acima (que abrange um período de oito anos), e por aproximação, pode-se dizer que, em média:

— (i) 39,5% das reclamações trabalhistas são resolvidas por conciliação;

— (ii) 5,2% das reclamações trabalhistas são julgadas totalmente procedentes;

— (iii) 29,3% das reclamações trabalhistas são julgadas parcialmente procedentes;

— (iv) 9,2% das reclamações trabalhistas são julgadas improcedentes;

— (v) 16,6% das reclamações trabalhistas são extintas sem resolução de mérito.

No item "i", o empregador, com a chancela do Judiciário, reconhece que o trabalhador possuía algum direito que não foi pago por força do contrato de trabalho. Nos itens "ii" e "iii", esse reconhecimento é feito pelo Judiciário, em decisão resultante de contraditório participativo e que, por isso, forma coisa julgada material, a qual é sabidamente indiscutível, ressalvada a possibilidade hipotética de ação rescisória para desconstituí-la.

Ao somar os itens i, ii e iii, verifica-se que, em 74% das vezes, o trabalhador tinha alguma razão quando procurou a Justiça do Trabalho. Em 9,2% dos casos, o trabalhador não tinha nenhum direito a postular e, em 16,6% das ocasiões, o mérito do processo não foi resolvido por algum defeito formal.

Os dados sugerem que o grande quantitativo de processos trabalhistas no Brasil decorre fundamentalmente de uma cultura de descumprimento generalizado da legislação trabalhista.

Em quase metade dos Tribunais Regionais do Trabalho, a matéria mais recorrente nas Varas do Trabalho é o pagamento de verbas rescisórias. No maior Tribunal

(30) Os relatórios dos anos indicados estão disponíveis em: BRASIL. TRIBUNAL SUPERIOR DO TRABALHO. Relatório Geral da Justiça do Trabalho. Disponível em: https://www.tst.jus.br/web/estatistica/jt. Acesso em: 6 jul. 2024.

trabalhista do Brasil (TRT — 2ª Região), o assunto mais recorrente corresponde aos 40% sobre os depósitos do FGTS, indenização compensatória devida em dispensas imotivadas. Em geral, segundo dados do TST, os assuntos mais recorrentes nas Varas do Trabalho são: 40% do FGTS, adicional de insalubridade, verbas rescisórias, multa do artigo 477, §8º (devida quando o empregador não paga as verbas da extinção do contrato dentro do prazo legal) e horas extras.[31] Vê-se, assim, que as matérias mais debatidas no Judiciário Trabalhista decorrem do descumprimento de obrigações basilares.

Cabe destacar que os dados expostos representam apenas as situações de descumprimento da legislação que vieram a ser judicializados. Torna-se plenamente legítimo presumir que, na realidade, a inobservância da legislação trabalhista dá-se em números muito maiores, pois é sabido que muitas pessoas cujos direitos foram violados (em todos os campos) optam por não litigar ou sequer têm conhecimento da violação ou condições para acessar o Judiciário.

Portanto, caso se venha a considerar que a litigiosidade na Justiça do Trabalho é alta ou excessiva, a conclusão inafastável é de que a "culpa" não é preponderantemente dos trabalhadores. Qualquer política pública séria que queira enfrentar essa questão precisa levar tais dados em consideração. Evidentemente, também há abuso do direito de ação por trabalhadores, o que pode e deve ser combatido, mas as estatísticas demonstram que a quantidade mais significativa de litigância não se deve a um suposto demandismo excessivo por parte dos trabalhadores.

Deve-se ter cuidado, aqui, com um viés ideológico muitas vezes inconsciente e que permeia o imaginário de muitas pessoas no Brasil: a ideia de tratar o trabalho como um "favor" concedido pelo patrão ao empregado. Quantas vezes, em audiências trabalhistas Brasil afora, já se ouviu o empregador afirmar que "só contratou aquela pessoa para ajudá-la"?

Não, não se contrata ninguém para ajudar. As empresas contratam empregados porque precisam deles para exercer sua atividade empresarial. E, por trás da pessoa que trabalha, existe um ser humano que depende do trabalho para viver e que se realiza no trabalho e por meio do trabalho. O trabalho deve ser elemento de dignificação, e não de degradação da pessoa trabalhadora. A concepção do trabalho como "favor" nada mais é do que a herança maligna de um passado escravocrata que assolou o Brasil durante séculos.

9. CONSIDERAÇÕES FINAIS E CONCLUSÃO: RETROCESSOS E PERSPECTIVAS FUTURAS

Paralelamente à afirmação e consolidação do Direito do Trabalho no Brasil, foi sendo desenvolvido um ramo do Poder Judiciário especializado na resolução de conflitos trabalhistas.

Em discurso proferido no dia 1º de maio de 1941, Vargas declarou efetivamente instalada a Justiça do Trabalho, cuja estrutura permanecia ainda vinculada administrativamente ao Ministério do Trabalho, Indústria e Comércio. Apesar disso, o Presidente da República a ela se referiu como a "nova magistratura".

---

(31) BRASIL. TRIBUNAL SUPERIOR DO TRABALHO. *Relatório geral da Justiça do Trabalho 2023*. Brasília: TST, 2024, p. 50.

Em 1946, a Justiça do Trabalho deixou de funcionar dentro da esfera administrativa do Ministério do Trabalho (órgão do Poder Executivo) e passou a integrar a estrutura do Poder Judiciário, tornando-se, assim, independente.

De lá para cá, essa Justiça especializada muito cresceu, evoluiu e se estruturou. Hoje, a Justiça do Trabalho é reconhecida por seus destacados índices de produtividade, informatização e conciliação. A busca pela conciliação, aliás, é um dos aspectos fundamentais do processo de resolução de conflitos trabalhistas no Brasil e tal elemento caracteriza a Justiça do Trabalho desde sua criação, e ao longo de toda a sua história.

A Justiça do Trabalho foi o primeiro ramo do Judiciário a ter 100% dos novos processos já sendo ajuizados de forma eletrônica em todas as suas instâncias.

Isso contribui para um outro aspecto que igualmente caracteriza a Justiça do Trabalho: a celeridade na prestação jurisdicional. E não poderia ser diferente, uma vez que os interesses em disputa guardam direta relação com a satisfação de créditos alimentares, efetivação de direitos sociais, dignidade humana e justo equilíbrio dos conflitos entre capital e trabalho.

No Brasil, um almejante ao cargo de Juiz do Trabalho necessita ter, no mínimo, três anos de prática jurídica já depois de formado em Direito (seja atuando como advogado, servidor público ou em outra função ou cargo que exija a utilização efetiva de conhecimentos jurídicos) e o ingresso na carreira depende da aprovação em uma série de exames realizados durante um longo processo público de seleção (prova objetiva, prova discursiva, prova de sentença, sindicância de vida pregressa, exames médicos e psicotécnico, prova oral e prova de títulos).

O ingresso na carreira depende de anos de estudo e preparação específica direcionada ao trato de questões trabalhistas, além de conhecimento técnico-especializado sobretudo em matérias como Direito do Trabalho, Processo do Trabalho, Processo Civil, Direito Constitucional, Direitos Humanos e Direito Previdenciário.

Após a posse, o Juiz do Trabalho é submetido a longos cursos de formação inicial, sendo um na ENAMAT e outro na Escola Regional de Magistratura existente em cada um dos 24 TRTs. Ao longo de toda a carreira, o Juiz do Trabalho precisa também realizar extensos cursos, o que garante aperfeiçoamento técnico e atualização constante.

A Justiça do Trabalho conta, ainda, com quadro de pessoal altamente especializado: servidores competentes, aprovados em concursos públicos que incluem provas de Direito do Trabalho, Processo do Trabalho e outras disciplinas. Os advogados e promotores (Procuradores do Trabalho) atuantes na Justiça do Trabalho possuem igualmente conhecimento técnico e prático em questões trabalhistas.

No Brasil, o trato da matéria trabalhista é, sem dúvidas, melhor realizado com especialização. Brilhantes advogados da área cível, tributária ou criminal, por exemplo, habitualmente sentem dificuldades de adaptação ao tentarem militar na área trabalhista.

Ante a necessidade de maior especialização e familiaridade no trato dessas questões, o Estado brasileiro historicamente optou — assim como vários outros — por possuir cortes e magistrados especializados na resolução de conflitos advindos das relações de trabalho. E essas cortes vêm desempenhando um nobre papel, destacando-se, como já visto, como um ramo célere, produtivo, informatizado, eficiente e conciliatório na prestação jurisdicional.

Ao longo de mais de oito décadas, a Justiça do Trabalho tem não apenas realizado a composição das demandas que lhe são submetidas, mas também contribuído para a pacificação da sociedade brasileira. Ao possibilitar a amenização de conflitos entre classes com interesses divergentes, essa Justiça especializada sem dúvida teve sua parcela de contribuição para o desenvolvimento socioeconômico do país e para a estabilidade de suas instituições. Abriu caminho, ainda, para a própria expansão e evolução do capitalismo industrial brasileiro.

Desde a criação dos primeiros órgãos judiciais especializados na resolução de conflitos trabalhistas, apesar de todas as dificuldades e obstáculos (já superados e ainda por superar), a economia brasileira (antes fundada quase que exclusivamente no cultivo do café e outros gêneros primários para exportação) apresentou considerável evolução e ocupa atualmente o posto de 9ª maior economia do mundo.(32)

Infelizmente, vem ganhando força um discurso com viés utilitarista-economicista, que tenta inferiorizar o papel desempenhado pela Justiça do Trabalho mediante argumentos exclusivamente matemáticos e contábeis, que enfatizam apenas as cifras referentes ao seu custo. Com esses argumentos, alguns políticos e economistas têm chegado a pregar a extinção da Justiça do Trabalho, sua incorporação à Justiça Federal ou o deslocamento de suas competências. Tal discurso, contudo, desconsidera as funções precípuas dessa Justiça especializada, que não apenas soluciona conflitos de interesses, mas também assegura proteção à dignidade humana e promove a efetivação de direitos sociais relacionados à garantia de um patamar civilizatório mínimo a todos os cidadãos.

Essa análise economicista — por vezes baseada no exame dos montantes totais distribuídos aos trabalhadores em confronto com as despesas orçamentárias da Justiça do Trabalho — esquece, por completo, que existe distribuição de justiça muito além das providências condenatórias em obrigações de pagar quantia certa que recebem julgamentos favoráveis pelos juízes do trabalho.

Existe, da mesma forma, distribuição de justiça quando se julga improcedente uma demanda absolutamente infundada ou quando se concedem tutelas específicas, por exemplo, para determinar a reintegração de um trabalhador dispensado de forma discriminatória em virtude de uma grave doença neurológica, ou para fazer cessar atividade que coloque em risco a vida ou a integridade física de outros seres humanos, provimentos condenatórios cuja expressão não pode propriamente ser materializada em cifras. Há distribuição de justiça, ainda, nas providências declaratórias e também nas constitutivas.

A Justiça do Trabalho desempenha papel também relevante em questões diretamente relacionadas à preservação da dignidade humana, ao proferir decisões envolvendo o combate do trabalho escravo, inclusão de pessoas com deficiência, erradicação do trabalho infantil e do tráfico de pessoas, garantia de segurança e saúde no ambiente de trabalho, prevenção de acidentes, combate às práticas de assédio, ao trabalho em condições degradantes e à discriminação (de gênero, por idade, orientação sexual, etc.), entre muitos outros exemplos.

(32) CNN BRASIL. Brasil volta ao grupo das 10 maiores economias do mundo após alta do PIB: País ocupa a 9ª colocação, à frente de Canadá, Rússia, Coreia do Sul e Austrália, 1º mar. 2024. Disponível em https://www.cnnbrasil.com.br/economia/macroeconomia/brasil-volta-ao-grupo-das-10-maiores-economias-do-mundo-apos-alta-do-pib/. Acesso em: 23 jun. 2024.

Nas palavras de Rodrigo Trindade,

> Vamos perguntar às crianças com infâncias abreviadas nas carvoarias de Mato Grosso quanto elas acham que deve custar impedir, reprovar e condenar exploração de trabalho infantil.
>
> Vamos perguntar aos escravos contemporâneos das confecções terceirizadas de São Paulo qual valor que acham que deve ser investido no resgate de suas famílias da escravidão.
>
> Vamos perguntar aos mutilados das indústrias moveleiras do sul do Brasil quanto eles acreditam que o Estado deveria ter gasto para evitar o corte da sua mão.
>
> A Justiça não é uma empresa. Não estamos falando de serviços empresariais; tratamos aqui de pessoas e valores de convivência, como polícia, vacinação pública, assistência a menores abandonados.
>
> Não há sociedade organizada sem jurisdição.[(33)]

A existência de uma Justiça do Trabalho forte, autônoma e independente, de norte a sul e de leste a oeste do país, é importante não apenas para a classe trabalhadora, mas também para os bons empresários, cujos concorrentes que sonegam direitos trabalhistas não poderão competir em situação desleal de vantagem.

Se nosso país adotou opção histórica pela existência de cortes judiciais especializadas no trato da matéria trabalhista, e se este ramo tem oferecido respostas, em geral, satisfatórias à população, prestando serviço público relevante e se destacando — ano após ano, do Caburaí ao Chuí — como um ramo especializado célere, produtivo, eficiente e conciliatório dentro do Poder Judiciário, entendemos que deslocar o julgamento da matéria trabalhista para outros ramos importa inegável retrocesso, o que não significa que não devamos pensar e investir no aperfeiçoamento da organização e estrutura da Justiça do Trabalho.

Concordamos, por fim, com as sábias palavras de Amauri Mascaro Nascimento, para quem "o que de melhor se poderá fazer é aperfeiçoar a jurisdição laboral para que continue a cumprir os seus fins. Suprimi-la seria retrocesso. Cumpre valorizá-la e reordená-la numa perspectiva de modernidade adequada à realidade contemporânea".[(34)]

REFERÊNCIAS

ALMEIDA, Fernanda Cabral de *et al*. Breves considerações sobre a litigiosidade trabalhista no Brasil, *Jota Info*, 2 maio 2024. Disponível em: https://www.jota.info/opiniao-e-analise/artigos/breves-consideracoes-sobre-a-litigiosidade-trabalhista-no-brasil-02052024. Acesso em: 23 jun. 2024.

BRASIL. CONSELHO NACIONAL DE JUSTIÇA. *Justiça em números 2024:* ano-base 2023. Brasília: CNJ, 2023.

BRASIL. CONSELHO NACIONAL DE JUSTIÇA. Painel Justiça em Números — Estatísticas do Poder Judiciário. Disponível em: https://justica-em-numeros.cnj.jus.br/painel-estatisticas/. Acesso em: 14 jul. 2024

(33) TRINDADE, Rodrigo. A Justiça do Trabalho deve dar lucro? A contabilidade judicial daquilo que o dinheiro não compra. Disponível em: http://revisaotrabalhista.net.br/2018/07/07/a-justica-do-trabalho-deve-dar-lucro-a-contabilidade-judicial-daquilo-que-o-dinheiro-nao-compra-05-8-2017/, 5 ago. 2017. Acesso em: 23 jun. 2024.

(34) NASCIMENTO, Amauri Mascaro. *Op. cit.*, p. 1025.

BRASIL. MINISTÉRIO DO TRABALHO E EMPREGO. Novo CAGED. Disponível em: http://pdet.mte.gov.br/novo-caged. Acesso em: 24 jun. 2024.

BRASIL. TRIBUNAL SUPERIOR DO TRABALHO, Notícias do TST. "Processos recebidos na Justiça do Trabalho já são 100% eletrônicos". Disponível em http://www.tst.jus.br/noticias/-/asset_publisher/89Dk/content/id/24446854. Acesso em: 6 jul. 2024.

BRASIL. TRIBUNAL SUPERIOR DO TRABALHO. Relatório Geral da Justiça do Trabalho 2022. Brasília: TST, 2023. Disponível em: https://www.tst.jus.br/web/estatistica/jt. Acesso em: 6 jul. 2024.

BRASIL. TRIBUNAL SUPERIOR DO TRABALHO. Relatório Geral da Justiça do Trabalho 2023. Disponível em: https://www.tst.jus.br/web/estatistica/jt. Acesso em: 6 jul. 2024.

BRASIL ESCOLA, GEOGRAFIA DO BRASIL. Território Brasileiro: localização, extensão e fronteiras. Disponível em: https://brasilescola.uol.com.br/brasil/territorio-brasileiro-localizacao-extensao-fronteiras.htm. Acesso em: 23 jun. 2024.

CARELLI, Rodrigo. O mito da jabuticaba: a Justiça do Trabalho no mundo — Justiça do Trabalho é instrumento de garantia de direitos em todo o mundo civilizado. In: CASAGRANDE, Cássio; CARELLI, Rodrigo. *Reforma trabalhista:* reflexões críticas. Rio de Janeiro: Lumen Juris, 2018.

CNN BRASIL. Brasil volta ao grupo das 10 maiores economias do mundo após alta do PIB: País ocupa a 9ª colocação, à frente de Canadá, Rússia, Coreia do Sul e Austrália, 1º mar. 2024. Disponível em https://www.cnnbrasil.com.br/economia/macroeconomia/brasil-volta-ao-grupo-das-10-maiores-economias-do-mundo--apos-alta-do-pib/. Acesso em: 23 jun. 2024.

MALHADAS, Julio Assumpção. *Justiça do Trabalho*: sua história, sua composição, seu funcionamento, vol. 1. São Paulo: LTr, 1998.

MARTINS FILHO, Ives Gandra da Silva. Breve História da Justiça do Trabalho. In: NASCIMENTO, Amauri Mascaro (et al). *História do trabalho, do Direito do Trabalho e da Justiça do Trabalho*: homenagem a Armando Casimiro Costa, 3. ed. São Paulo: LTr, 2011.

NASCIMENTO, Amauri Mascaro. Conceito e modelos de jurisdição trabalhista. *Revista LTr*, v. 61, n. 8, p. 1017-1025, ago. 1997.

RIBEIRO, Isaac. PF investiga ataque hacker ao TRT-ES; alguns serviços seguem suspensos, *A Gazeta*, 11 mar. 2022. Disponível em: https://www.agazeta.com.br/es/economia/pf-investiga-ataque-hacker-ao-trt-es-alguns-servicos-seguem-suspensos-0322. Acesso em: 25 jun. 2024.

SILVA, Alessandro da. A 'reforma' trabalhista e o mito da litigiosidade. In: MAIOR, Jorge Luiz Souto; SEVERO, Valdete Souto. *Resistência*: aportes teóricos contra o retrocesso trabalhista. São Paulo: Expressão Popular, p. 47-57.

SÜSSEKIND, Arnaldo. O cinquentenário da justiça do trabalho. *Revista do Tribunal Superior do Trabalho*, São Paulo, SP, v. 60, p. 15-24, 1991.

SÜSSEKIND, Arnaldo. Tribunais do Trabalho no direito comparado e no Brasil. *Revista do Tribunal Superior do Trabalho*, Brasília, v. 65, n. 1, p. 115-126, out./dez. 1999.

TRINDADE, Rodrigo. A Justiça do Trabalho deve dar lucro? A contabilidade judicial daquilo que o dinheiro não compra, 5 ago. 2017. Disponível em: http://revisaotrabalhista.net.br/2018/07/07/a-justica-do-trabalho-deve-dar-lucro-a-contabilidade-judicial-daquilo-que-o-dinheiro-nao-compra-05-8-2017/. Acesso em: 23 jun. 2024.

Trabalho plataformizado, proteção social e competência da Justiça do Trabalho

Flávia Moreira Guimarães Pessoa (*)

Carlos João de Gois Junior (**)

Resumo: O presente artigo tem por escopo proceder à análise do trabalho plataformizado, a proteção social e a competência da justiça do trabalho. A sociedade atual está vivendo um período de grande inovação tecnológica, o que transformou as relações de trabalho de maneira profunda. Nesse novo cenário surgiram as plataformas digitais de trabalho, o que gerou várias controvérsias no Direito do Trabalho, especialmente o debate em relação a natureza jurídica da relação existente entre o trabalhador e a empresas de trabalho plataformizado, bem como no Direito Processual do Trabalho quanto a competência para julgamento das lides decorrentes desta relação. A ausência de uma regulamentação específica para essa modalidade de trabalho gera insegurança jurídica, sendo que até o presente momento não existe regulamentação desta forma de trabalho de forma plena. Nesse contexto e mediante pesquisa bibliográfica, baseada na coleta e exame de materiais teóricos, são apresentadas questões no que concerne à natureza jurídica da relação existente entre o trabalho e a empresas de trabalho plataformizado, o reconhecimento dos direitos fundamentais trabalhistas na relação de trabalho no modelo plataformizado e a competência para julgamento das lides decorrentes desta relação.

Palavras-chaves: Direito e Processo do Trabalho; trabalho plataformizado; direitos fundamentais; competência.

Abstract: The scope of this article is to analyze platformed work, social protection and the competence of labor justice. Today's society is experiencing a period of great technological innovation, which has transformed work relationships in a profound way. In this new scenario, digital work platforms emerged, which generated several controversies in Labor Law, especially the debate regarding the legal nature of the relationship between the worker and platform work companies, as well as in Labor Procedural Law regarding competence to judge disputes arising from this relationship. The absence of specific regulation for this type of work creates legal uncertainty, and to date there is no full regulation of this form of work. In this context and through bibliographical research, based on the collection and examination of theoretical materials, questions are presented regarding the legal nature of the relationship between work and platform work companies, the recognition of fundamental labor rights in the work relationship in the model platformed and the competence to judge disputes arising from this relationship.

Keywords: Labor Law and Process; platform Work; fundamental rights; competence

(*) Juíza Titular da 9ª Vara do Trabalho de Aracaju. Diretora Administrativa da Anamatra e Diretora Cultural da AMATRA XX. Professora do Mestrado e Doutorado em Direitos Humanos da Universidade Tiradentes e do Mestrado em Direito da UFS. Membro da Academia Brasileira de Direito do Trabalho. Doutora em Direito do Trabalho pela UFBA e em Direito Público pelo IDP. Mestre em Direito pela UFS e em Direito, Estado e Cidadania pela UGF. Especialista em Direito Processual pela UFSC

(**) Juiz Substituto do TRT da 20ª Região. Juiz Auxiliar da 8ª Vara do Trabalho de Aracaju. Presidente da AMATRA XX. Mestre em Direito pela Universidade Federal de Sergipe. Especialista em Direito e Processo do Trabalho pela Universidade Cândido Mendes/RJ.

1. INTRODUÇÃO

A sociedade atual está vivendo um período de grande inovação tecnológica, o que transformou as relações humanas de maneira profunda, surgindo o trabalho via plataforma digitais, o que se encontra em franca ascensão no mundo e no Brasil.

Essa nova realidade do trabalho fez surgir várias controvérsias no Direito do Trabalho e no Direito Processual do Trabalho, especialmente no que concerne à natureza jurídica da relação entre o trabalhador e a empresa de trabalho plataformizado, a aplicação dos direitos fundamentais do trabalho independente do reconhecimento do vínculo empregatício e a competência para julgamento das lides decorrentes desta nova forma de trabalho.

Em que pese a legislação trabalhista e a Constituição vedarem qualquer ofensa aos direitos trabalhador, a situação específica dos que laboram por meio de plataformas digitais ainda não possuem regulamentação específica, apesar da existência de projetos de lei em tramitação no Congresso nacional.

Nessa ordem de ideias, o objetivo central do presente trabalho, busca, de forma geral, analisar a natureza jurídica da relação entre o trabalhador e a empresa de trabalho plataformizado, o reconhecimento da aplicação dos direitos fundamentais trabalhistas, que precisam ser observados e cumpridos, independentemente do tipo de trabalho realizado, inclusive sob o modelo plataformizado, atribuindo a essa nova relação os princípios do valor social do trabalho e da dignidade da pessoa humana e a competência da Justiça do Trabalho para julgamento das lides decorrentes dessa nova relação de trabalho.

Quanto a metodologia, o presente artigo utilizou a análise exploratória, pautada na revisão bibliográfica e doutrinária, elencando os conceitos primordiais para o desenvolvimento e compreensão do tema abordado.

2. TRABALHO PLATAFORMIZADO E A PROTEÇÃO JURÍDICA

O mundo atual é marcado pelo avanço e uso da tecnologia, sendo a internet considerada um dos principais meios de comunicação, o que por certo alterou atividade humana de maneira profunda, pois as relações humanas passaram a ocorrer também por meios digitais.

Diversos dispositivos de tecnologia são utilizados pela sociedade atual como celulares, smartphones, tablets, computadores, câmeras digitais etc..., Além disto, são utilizadas de maneira massiva pela sociedade plataformas de rede social e comunicação como o Facebook, o Instagram, Telegram e o WhatsApp.

Diante dessa nova realidade, para cada necessidade de uma pessoa existe um aplicativo ou uma rede social específica, seja ela em busca de aperfeiçoamento profissional, formação e educação, relacionamentos afetivos, culturais, entre outros, ou seja, praticamente todas as aplicações humanas estão disponibilizadas na rede mundial de computadores, o que vem crescendo de maneira acelerada.

No que concerne à utilização da internet pela sociedade o Instituto Brasileiro de Geografia e Estatística (IBGE), em divulgação da Pesquisa Nacional por Amostra de Domicílio Contínua[(1)] (PNAD contínua) revelou que no ano de 2022 a Internet era uti-

---

(1) IBGE. Pesquisa Nacional por Amostra de Domicílio Contínua. Disponível em: www. https://biblioteca.ibge.gov.br/visualizacao/livros/liv102040_informativo.pdf. Acesso em 15 de jul. de 2024

lizada em 91,5% dos domicílios particulares permanentes (68,9 milhões) do País em 2022, um aumento de 1,5%, em relação a 2021, bem como que na população estimada de 185,4 milhões de pessoas de 10 anos ou mais de idade do País, 87,2% (161,6 milhões) utilizaram a Internet no período de referência de três meses.

Nesse cenário surgiram as plataformas digitais de trabalho, que seriam segundo Oliveira, Carelli, Grillo(2). (2020. p. 2609), negócios que tenham como base para a realização do negócio "infraestrutura digitais que possibilitam a interação de dois ou mais grupos tendo como objetivo principal o trabalho intensivo, sempre considerando como plataforma não a natureza do serviço prestado pela empresa, mas sim o método, exclusivo ou conjugado".

Essas plataformas se desenvolvem a partir de relações de três partes, que são a plataforma, os requerentes e os trabalhadores, surgindo assim uma nova forma de organização do trabalho, em que a empresa toma o trabalho, sem reconhecer relação empregatícia, sem efetuar recolhimento de previdenciárias ou qualquer outra modalidade de seguro social.

Ademais, nessa nova relação o trabalhador é o possuidor dos meios de produção e assume os custos do negócio, em uma clara mudança no modelo clássico de produção, conforme afirma Gaia(3) (2019, p. 57), o qual assevera que:

> O modelo de trabalho por aplicativos representa uma mudança desse modelo clássico de produção, a partir do reconhecimento por parte do detentor do capital de que poder-se-ia extrair a mais-valia ainda que o trabalhador possuísse os meios de produção. O trabalho por meio de aplicativos adotou formas de contratação envolvendo prestadores de serviços autônomos ou mesmo de modelos jurídicos mais sofisticados, como é o exemplo do trabalho cooperado, ou mesmo de terceirização de sua atividade.
>
> É percebido que o trabalho por aplicativos, como é o caso do trabalho por meio da plataforma UBER, gerou uma transformação do processo de produção e de valorização do capital, onde o empresário transferiu ao executor das tarefas significativa parte dos riscos do empreendimento econômico. O motorista que labora por meio de aplicativos é o responsável tanto pela aquisição e manutenção do veículo utilizado na atividade, quanto pelos demais custos envolvidos para a execução da atividade produtiva. Tudo isso demonstra a reinvenção da ótica produtiva do capital.

As plataformas digitais de trabalho não cuidam apenas de serviços de transporte ou de entregas, mas atuam em diversas áreas e setores econômicos, como serviços transporte de pessoas ou mercadorias, serviços de pedreiro e encanador, serviços de consultoria, entre outros, sendo os serviços de transporte de passageiros em veículo e de entregas (delivery) os mais expressivos em termos numéricos, conforme se extrai do

---

(2) OLIVEIRA, Murilo; CARELLI, Rodrigo; GRILLO, Sayonara. Conceito e crítica das plataformas digitais de trabalho. Revista Direito e Práxis, v. 11, n. 4, p. 2609-2634, dez. 2020. http://dx.doi.org/10.1590/2179-8966/2020/50080. Disponível em: https://www.epublicacoes.uerj.br/index.php/revistaceaju/article/view/50080. Acesso em: 10 jul. 24

(3) GAIA, Fausto Siqueira. *Uberização do trabalho:* aspectos da subordinação jurídica disruptiva. Rio de Janeiro: Lumem Juris, 2019.

Relatório da OIT[(4)], que tratou das perspectivas Sociais e de emprego no Mundo — O papel das plataformas digitais na transformação do mundo do trabalho.

Quanto a classificação destas plataformas, segundo a OIT (2021) existem dois tipos de plataformas digitais: a primeira baseada na internet, onde o trabalho é realizado pela internet, envolvendo microtarefas, programação, entre outros; a segunda que utiliza a localização do trabalhador, o qual é chamado via aplicativo, conforme sua localização para realizar uma atividade ou tarefa (transporte, entrega etc...) em um determinado local ou percurso.

Diante dessa nova realidade no mundo do trabalho, surge o debate se os prestadores de serviço, ou parceiros, como denominam as empresas, possuem uma relação empregatícia ou de trabalho com a plataforma, não existindo um entendimento consolidado na doutrina ou na jurisprudência pátria sobre a matéria.

Ressalte-se que a Uber, por ser a maior empresa proprietária de plataforma no país, monopolizou os debates até o momento.

Um primeiro ponto de debate e divergência é relativo a existência ou não dos requisitos necessários ao reconhecimento do vínculo empregatício, previstos no art. 3º da CLT[(5)], entre o trabalhador/parceiro e as empresas de plataforma digital de trabalho.

Aqueles que defendem que não existe vínculo empregatício nessa nova relação, indicam como principais argumentos os seguintes: as empresas de plataforma de trabalho exercem atividade exclusivamente tecnológica; a existência de uma liberdade de ativação e desativação do trabalhador na plataforma; liberdade da pessoa em aceitar ou recusar a chamadas para o trabalho; ausência de subordinação ou mesmo de fiscalização da prestação de trabalho; e, ausência de onerosidade, pois é a plataforma digital que recebe do trabalhador em razão do serviço de intermediação tecnológica.

Outra parte da doutrina e da jurisprudência sustenta que em razão das características das relação entre os prestadores de serviços e as plataforma digitais é possível restar caraterizada uma relação de emprego, pois se encontram presentes um grande grau de dependência do trabalhador em relação as decisões da empresa, pois essa é responsável por definir o padrão do serviço a ser oferecido no mercado, pela captação do cliente, com o qual fixa o roteiro a ser seguido, negocia o preço da corrida, o horário a ser cumprido e até mesmo o itinerário a ser percorrido, sob pena de aplicação de punição.

No que concerne à existência de subordinação, parte dos doutrinadores sustentam a existência de subordinação estrutural[(6)], uma vez que o trabalhador é inserido na atividade fim do negócio praticado pela plataforma, utilizando material fornecido da empresa, com obrigação de prestar contas e seguir o regulamento, além de atender somente os clientes indicados pela plataforma.

---

(4) ORGANIZAÇÃO INTERNACIONAL DO TRABALHO (OIT) Relatório perspectivas Sociais e de emprego no Mundo — O papel das plataformas digitais na transformação do mundo do trabalho. Disponível em: https://www.ilo.org/sites/default/files/wcmsp5/groups/public/@americas/@ro-lima/@ilo-brasilia/documents/publication/wcms_845019.pdf. Acesso em: 15 jun 2024.

(5) Art. 3º — Considera-se empregada toda pessoa física que prestar serviços de natureza não eventual a empregador, sob a dependência deste e mediante salário. Disponível em https://www.planalto.gov.br/ccivil_03/decreto-lei/del5452.htm, Acesso em: 16 jun. 24.

(6) Subordinação estrutural se expressa pela inserção do trabalhador na dinâmica do tomador de serviços, independentemente de receber ou não suas ordens diretas, mas acolhendo, estruturalmente, sua dinâmica de organização e funcionamento

Ademais, alguns doutrinadores afirmam que na relação é presente a subordinação algorítmica, pois o trabalhador é submetido a constante fiscalização dos parâmetros previamente traçados na programação, estabelecidos de forma unilateral pela empresa, que assim exerce seu poder diretivo e disciplinar.

Em relação a subordinação algorítmica, o Ministro Alexandre Agra Belmonte, em decisão do processo RRAg-100853-94.2019.5.01.00674[(7)], asseverou que:

> "Surge assim a chamada "subordinação jurídica algorítmica", que, conforme a compreensão da Corte Regional, que aqui se reproduz, dá-se pela codificação do "comportamento dos motoristas, por meio da programação do seu algoritmo, no qual insere suas estratégias de gestão, sendo que referida programação fica armazenada em seu código-fonte. Em outros termos, realiza, portanto, controle, fiscalização e comando por programação neo-fordista". (pág. 628). Nessa toada, os algoritmos atuariam como verdadeiros "supervisores", de forma que os requisitos que caracterizam o vínculo empregatício não mais comportariam a análise da forma tradicional. Mas é lógico que subordinação algorítmica é licença poética. O trabalhador não estabelece relações de trabalho com fórmulas matemáticas ou mecanismos empresariais utilizados na prestação do trabalho e sim com pessoas físicas ou jurídicas detentoras dos meios produtivos e que podem ou não se servir de algoritmos no controle da prestação de serviços. Atenta a esse aspecto, em adequação às novas conformações do mercado, há mais de 10 (dez) anos a CLT estabelece, no parágrafo único do art. 6o, com redação dada pela Lei 12.551/11, que os meios telemáticos e informatizados de comando, controle e supervisão se equiparam, para fins de subordinação jurídica, aos meios pessoais e diretos de comando, controle e supervisão do trabalho alheio. Assim, o fato do trabalhador não ter horário de trabalho consta da CLT em relação ao teletrabalhador empregado, exatamente quando remunerado por produção."

Sobre o tema a Tese n. 7 aprovada na 3ª Jornada da Anamatra em 2023[(8)]:

> TESE 7 — GERENCIAMENTO ALGORÍTMICO E SUBORDINAÇÃO
>
> I. ALGORITMOS SÃO CONJUNTOS DE ETAPAS DE UM PROCESSO EM QUE O OBJETIVO É A SOLUÇÃO DE UM PROBLEMA OU A EXECUÇÃO DE UMA TAREFA.53
>
> II. O GERENCIAMENTO ALGORÍTMICO, DO PONTO DE VISTA DA ORGANIZAÇÃO DO TRABALHO, IMPLICA A TRANSFERÊNCIA DA ADMINISTRAÇÃO DA MÃO DE OBRA PARA OS ALGORITMOS.
>
> III. TRATA-SE DA AUTOMAÇÃO DE ATIVIDADES ANTERIORMENTE ATRIBUÍDAS A GERENTES, CONTADORES, ATENDENTES E TRABALHADORES DO SETOR DE RECURSOS HUMANOS. POR MEIO DA PROGRAMAÇÃO ALGORÍTMICA OCORRE A DISTRIBUIÇÃO DE ATIVIDADES ENTRE OS TRABALHADORES, A FIXAÇÃO DO VALOR DO TRABALHO, A INDICAÇÃO DO TEMPO PARA REALIZAÇÃO DE DADA TAREFA, A DURAÇÃO DE PAUSAS, A AVALIAÇÃO DOS TRABALHADORES, A APLICAÇÃO DE SANÇÕES, DENTRE OUTRAS FORMAS DE CONTROLE.
>
> IV. SUBORDINAÇÃO CONFIGURADA.
>
> V. APLICAÇÃO DO PARÁGRAFO ÚNICO DO ART. 6º DA CLT

Quanto a natureza do contrato de emprego entre o trabalhador e as empresas de plataforma de trabalho, Fausto Gaia e Raimundo Dias (2020)[(9)] citam as lições de

(7) BRASIL. Tribunal Superior do Trabalho. RRAg-100853-94.2019.5.01.00674. Relator Ministro Alexandre Agra Belmonte, 19 de dezembro de 2022. Disponível em:https://consultaprocessual.tst.jus.br/consulta Processual/consultaTstNumUnica.do?consulta=Consultar&conscsjt=&numeroTst=100853&digitoTst=94&anoTst=2019&orgaoTst=5&tribunalTst=01&varaTst=0067&submit=Consultar. Acesso em: 18 jun. 2024.

(8) ASSOCIAÇÃO DOS MAGISTRADOS DA JUSTIÇA DO TRABALHO (ANAMATRA). 3ª Jornada da Anamatra em 2023. Salvador, 22 a 24 de março de 2023. Disponível em: https://www. https://www.anamatra.org.br/jornada/a-jornada/1-edicao-aprovados. Acesso em: 27 maio 2024.

(9) GAIA, Fausto; DIAS, Raimundo. *Trabalho por Intermédio de Plataforma tecnológicas:* Uma análise da autonomia à luz da lei 12.587/2012. Disponível em: https://juslaboris.tst.jus.br/bitstream/

Rodrigo Candido Rodrigues, Juiz do Trabalho, dispostas em sentença publicada em abril de 2020, em que reconheceu o vínculo de emprego de um motorista com a Uber na qualidade de empregado intermitente, *in verbis*:

> "A esta altura, já se deve ter percebido, também, a impossibilidade da regência da relação entre o trabalhador autônomo e o tomador de seus serviços através de um contrato de adesão, porque é duplamente incompatível com a autonomia. Primeiro, porque tais contratos são unilaterais (de onde já se observa que o fato de somente a Ré poder estipular o preço do serviço, nunca o motorista, tal qual ocorre com mais uma das dezenas de condições que o motorista não pode negociar). Segundo, porque são típicos das relações massificadas, que, no âmbito das relações privadas, são apenas as de consumo e de emprego, jamais as reguladas pelos arts. 593 e seguintes do CCB — nem quanto à prestação de serviço, nem quanto à de empreitada. O Código Civil não regula a prestação de trabalho em massa, quem o faz é a CLT, e as demais leis especiais de trabalho. Relações privadas em 'massa', repita-se, são apenas as de emprego e de consumo.

Além disto, Rodrigo Carelli e Bianca Carelli (2020) sustentam a aplicação aos trabalhadores, por analogia, do regime constitucional dos trabalhadores avulsos, afirmando que

A partir da investigação do surgimento de outras formas de organização do trabalho, tendo a Uber como modelo, e da comparação com a categoria dos trabalhadores avulsos, é possível concluir que há similitudes importantes no processo de trabalho das duas figuras emergentes, o que pode levar à regulação similar do trabalho sob demanda, considerando os trabalhadores de plataforma como trabalhadores avulsos, destinatários, portanto, da proteção trabalhista.

Diante desta divergência, o fato que temos no momento atual é que os trabalhadores que prestam serviços nessa modalidade não possuem segurança jurídica quanto à aplicação ou não da legislação trabalhista, razão pela qual merecem uma atenção especial da sociedade e dos poderes constituídos.

Independente do reconhecimento dessa nova relação como de emprego ou não, por certo a concretização direito fundamental ao trabalho e dos princípios do valor social do trabalho e da dignidade da pessoa humana, passa pelo cumprimento do assegurado pelo legislador constitucional, no artigo 7º da Constituição (Brasil, 1988), o qual estabeleceu um patamar civilizatório mínimo na esfera trabalhista, ou seja, um rol de direitos essenciais aos trabalhadores urbanos e rurais, com objetivo de proteger a dignidade humana dessas pessoas.

Desta forma, cabe ao direito do trabalho reconhecer que existem determinados requisitos mínimos, direitos fundamentais trabalhistas, que precisam ser observados e cumpridos, independentemente do tipo de trabalho realizado, inclusive sob o modelo plataformizado, atribuindo a essa nova relação os princípios do valor social do trabalho e da dignidade da pessoa humana, o que deve ser observado pelo Estado e por toda a sociedade.

Os trabalhadores são sujeitos de direito, motivo pelo qual as garantias fundamentais do trabalho devem integrar as condições de validade de qualquer modelo contratual estabelecido, ou seja, os direitos fundamentais trabalhistas devem ser observados para toda e qualquer relação de trabalho, o que certo irá atribuir ao trabalho uma forma de expressão da cidadania plena, de maneira digna e igualitária.

---

handle/20.500.12178/181110/2020_gaia_fausto_trabalho_intermedio.pdf?sequence=1&isAllowed=y. Acesso em: 15 jun. 2024

Em que pese a legislação trabalhista e a Constituição vedarem qualquer ofensa aos direitos trabalhador, a situação específica dos que laboram por meio de plataformas digitais ainda não possuem regulamentação específica, apesar da existência de decisões judicias e projetos de lei em tramitação no Congresso nacional.

Desta forma e considerando os objetivos do presente artigo, passaremos a tratar dos Projetos de lei que tramitam no Congresso Nacional, que tenham como objetivo a regulamentação de alguns espécie de trabalho via plataforma digital.

2.1 PROJETOS DE LEI RELATIVOS A REGULAMENTAÇÃO DO TRABALHO EM PLATAFORMA DIGITAL

A regulamentação do trabalho em plataformas é tema objeto de debate global, diante do contexto do avanço tecnológico, sendo que no Brasil entre os anos de 2018 e 2024, foram apresentados mais de 40 projetos de lei visando regulamentar as atividades desempenhadas por trabalhadores de aplicativo[(10)].

Em razão do objeto do presente artigo, destacamos os seguintes projetos: PL 974/2021; PL n. 3797/2020. PL 4172/2020; Projeto 2061/2021; e o Projeto de Lei Complementar n. 12/2024

No Senado Federal tramita o Projeto de Lei n. 974/2021[(11)], que propõe alteração da Consolidação das Leis do Trabalho (CLT), para incluir como direitos dos motoristas de aplicativos: salário mínimo por hora; férias remuneradas anuais de 30 (trinta) dias, com valor calculado com base na média da remuneração mensal dos últimos 12 (doze) meses acrescida de um terço; descanso semanal remunerado, com valor calculado com base na média da remuneração dos 6 (seis) dias anteriores ao gozo do descanso; e outros decorrentes de acordos ou convenções coletivas.

No que concerne ao Projeto de n. 3797/2020[(12)], que tramita na Câmara dos Deputados, propõe a instituição do Marco Regulatório para Contratação de prestadores de serviços de aplicativos de entrega e motoristas, reconhecendo a inclusão no regime da previdência, garantia de recebimento de valor mínimo e limite de horas para prestação de serviços[(13)], sendo apensado a esse projeto os PL's PL 4172/2020 e PL 2061/2021.

---

(10) OLIVEIRA, Murilo; PEREIRA, Victor Vilas. *Três projetos para regularizar as empresas-aplicativo*. Revista Outras Palavras: jornalismo de profundidade e pós-capitalismo, 06 de julho de 2021. Disponível em: https://outraspalavras.net/trabalhoeprecariado/tres-projetos-para-regular-as-empresas-aplicativo/. Acesso em: 25 jun. 2024

(11) SENADO FEDERAL. Projeto de Lei n. 974/2021. Propõe alteração da Consolidação das Leis do Trabalho (CLT) Disponível em: https://www25.senado.leg.br/web/atividade/materias/-/materia/147606. Acesso em: 18 jul. 24

(12) CÂMARA DOS DEPUTADOS. Projeto de Lei n. 3797/2020. Propõe a instituição do Marco Regulatório para Contratação de prestadores de serviços de aplicativos de entrega e motoristas. Disponível em: https://www.camara.leg.br/proposicoesWeb/fichadetramitacao?idProposicao=2257678. Acesso em: 18 jul. 24

(13) Art. 3º — Dos direitos dos prestadores de serviços de aplicativos: I — inclusão no Regime de Previdência Social e todos os seus efeitos; II — auxílio doença e acidentário durante a prestação do serviço; III — garantia do valor mínimo de R$4,32 h/dia do serviço prestado sendo reajustado, anualmente, pelo índice do INPC (índice Nacional de Preços ao Consumidor) do acumulado no ano anterior; IV — prestar o serviço por um número de horas, não excedente a 10 horas diárias; V — receber das empresas, que utilizam dos serviços de aplicativos, os dados necessários e completos para execução da atividade; VI — em casos de pandemia, as empresas deverão fornecer equipamentos que promovam a segurança e a proteção à saúde do prestador. Disponível em https://www.camara.leg.br/proposicoesWeb/prop_mostrarintegra?codteor=1913232&filename=Tramitacao-PL%203797/2020. Acesso em: 18 jul. 24

O Projeto de lei 4172/2020[14], que também tramita na Câmara dos Deputados, propõe a alteração da Lei n. 13.640, de 26 de março de 2018, que regulamenta o transporte remunerado privado individual de passageiros, acrescentando inciso ao art. 11-A[15].

O Projeto n. 2061/2021[16], regulamenta a profissão de Motorista Autônomo por Aplicativos e dá outras providências, tramitando na Câmara dos Deputados.

O Poder Executivo apresentou o Projeto de Lei Complementar n. 12/2024[17], que dispõe sobre a relação de trabalho intermediado por empresas operadoras de aplicativos de transporte remunerado privado individual de passageiros em veículos automotores de quatro rodas e estabelece mecanismos de inclusão previdenciária e outros direitos para melhoria das condições de trabalho.

Importante mencionar que no artigo 3º[18] do projeto é reconhecido o trabalhador que preste o serviço de transporte remunerado privado individual de passageiros em veículo automotor de quatro rodas, com intermediação de empresa operadora de aplicativo, será considerado, para fins trabalhistas, trabalhador autônomo por plataforma.

Da análise dos projetos citados, extrai-se que será regulamentado a relação entre trabalhadores (motoristas de aplicativos) e a plataforma intermediária, para considerar que não é um vínculo de parceria e se estabelecerá uma relação empregatícia ou de trabalho autônomo.

Ademais, verificamos que as propostas apresentadas para regular as formas de trabalho por plataforma digitais se limita especialmente os aplicativos de transportes de pessoas e mercadorias, tratando da classificação dos trabalhadores e de seus direitos sob essa perspectiva.

---

(14) CÂMARA DOS DEPUTADOS. Projeto de Lei n. 4172/2020. Regulamenta o transporte remunerado privado individual de passageiros, acrescentando inciso ao art. 11-A. Disponível em https://www.camara.leg.br/proposicoesWeb/fichadetramitacao/?idProposicao=2259942

(15) Art. 11-A. (...) IV — o motorista inscrito como contribuinte individual do Instituto Nacional do Seguro Social (INSS) terá direito ao seguro desemprego, se estiver contribuindo e adimplente com a Previdência Social, em caso de inatividade involuntária superior a 30 dias, em face de avarias graves no veículo que impeça o uso legal." (NR). Disponível em https://www.camara.leg.br/proposicoesWeb/prop_mostrar integra?codteor=2172503&filename=Tramitacao-PL%. Acesso em: 18 jul. 24

(16) CÂMARA DOS DEPUTADOS. Projeto de Lei n. 2061/2021. Regulamenta a profissão de Motorista Autônomo por Aplicativos e dá outras providências Disponível em ttps://www.camara.leg.br/proposicoesWeb/prop_mostrarintegra?codteor=2023887&filename=PL%202061/2021.

(17) CÂMARA DOS DEPUTADOS. Projeto de Lei Complementar 12/2024. Dispõe sobre a relação de trabalho intermediado por empresas operadoras de aplicativos de transporte remunerado privado individual de passageiros em veículos automotores de quatro rodas e estabelece mecanismos de inclusão previdenciária e outros direitos para melhoria das condições de trabalhos Disponível em: https://www.https://www.camara.leg.br/proposicoesWeb/fichadetramitacao?idProposicao=2419243. Acesso em: 18 jul.24

(18) Art. 3º O trabalhador que preste o serviço de transporte remunerado privado individual de passageiros em veículo automotor de quatro rodas, com intermediação de empresa operadora de aplicativo, será considerado, para fins trabalhistas, trabalhador autônomo por plataforma e será regido por esta Lei Complementar sempre que prestar o serviço, desde que com plena liberdade para decidir sobre dias, horários e períodos em que se conectará ao aplicativo.

§ 1º O enquadramento do trabalhador de que trata o caput pressupõe as seguintes condições, que serão objeto de fiscalização na forma do disposto no art. 14: I — inexistência de qualquer relação de exclusividade entre o trabalhador e a empresa operadora de aplicativo, assegurado o direito de prestar serviço de transporte remunerado privado individual de passageiros em veículo automotor de quatro rodas, com intermediação de mais de uma empresa operadora de aplicativo no mesmo período; e II — inexistência de quaisquer exigências relativas a tempo mínimo à disposição e de habitualidade na prestação do serviço.

§ 2º O período máximo de conexão do trabalhador a uma mesma plataforma não poderá ultrapassar doze horas diárias, na forma do regulamento.

Nesse contexto e considerando que esse artigo não tem o objetivo de esgotar todas as questões relativas a regulamentação do trabalhador plataformizado, entendemos que os projetos de regulamentação devem ser debatidos pela sociedade e pelos setores envolvidos, para que seja essa nova forma de trabalho regulada e, por consequência, seja concretizado o direito fundamental ao trabalho e os princípios do valor social do trabalho e da dignidade da pessoa humana.

3. COMPETÊNCIA PARA JULGAMENTO DA RELAÇÃO TRABALHADOR E PLATAFORMAS DIGITAIS

A matéria quanto à competência para julgam das lides relativas a relação existente entre trabalhador e plataformas digitais, ou seja, a relação da intermediação de trabalho humano decorrente de atuação em aplicativo, encontra-se sendo objetivo de discussão na doutrina e nos tribunais.

A Emenda Constitucional n. 45/2004 alterou o inciso I, do artigo 114 da Constituição Federal (Brasil, 1988), para incluir que são de competência da Justiça do Trabalho "as ações oriundas da relação de trabalho", e no inciso IX "outras controvérsias decorrentes da relação de trabalho".

Assim, a competência da Justiça do Trabalho, que é delimitada em virtude da natureza jurídica, não se restringindo a lides decorrentes da relação de emprego, compreendendo, também, controvérsias envolvendo relações de trabalho autônomo, de trabalho avulso, de trabalho eventual, entre outras, isto é, relações de trabalho *lato sensu*.

Ademais, conforme afirma Carlos Henrique Bezerra Leite[19] (2021, p 226/227):

> "A competência em razão da matéria no processo do trabalho é delimitada em virtude da natureza da relação jurídica material deduzida em juízo. Tem-se entendido que a determinação da competência material da Justiça do Trabalho é fixada em decorrência da causa de pedir e do pedido.
>
> Assim, se o autor da demanda aduz que a relação material entre ele e o réu é a regida pela CLT e formula pedidos de natureza trabalhista, só há um órgão do Poder Judiciário pátrio com competência para processar e julgar tal demanda: a Justiça do Trabalho. Por isso se diz que a Justiça do Trabalho é uma justiça especializada em causas trabalhistas.

Nesse contexto, nas lides decorrentes de trabalho prestado por plataforma digitais, relacionados às condições de trabalho ou pedido de indenizações em razão do trabalho prestado, por ser decorrente de uma relação de trabalho de forma subordinada ou autônoma, como já afirmado no presente artigo, são de competência da Justiça do trabalho.

Ocorre que, na RCL 59795/MG[20], que tem como relator o Ministro Alexandre de Moraes, foi fixado em decisão monocrática a ausência da competência da Justiça do Trabalho para julgar reclamação proposta por trabalhador em face da empresa de

---

(19) BEZERRA LEITE, Carlos Henrique. *Curso de Direito Processual do Trabalho,* 13. ed. São Paulo: Saraiva, 2015. p. 207.

(20) BRASIL. Supremo Tribunal Federal (STF). RCL 59795/MG. Relator Ministro Alexandre de Moraes. Brasília, 19 de maio de 2023.Disponível em: https://www.stf.jus.br/arquivo/cms/noticiaNoticiaStf/anexo/RCL5979510decisao_monocratica21.pdf. Acesso em: 20 jun. 2024.

tecnologia, sendo determinado o envio do processo para a Justiça Comum, com fundamento nos precedentes do STF no caso do contrato de parceria do salão de beleza, do transportador autônomo, do contrato de associado.

Ressalte-se que de uma simples análise quanto ao julgado, extrai-se que o voto reconhece que na relação entre trabalhador e o aplicativo não há uma relação de emprego, mas tão somente uma relação contratual civil, sendo que a decisão do Ministro relator não foi referendada pelo Pleno do STF, razão pela qual não possui eficácia *erga omnes* até o presente momento.

Data vênia, entendemos que a relação estabelecida entre o motorista de aplicativo e a plataforma digital não possui qualquer semelhança com relação contratual civil ou de natureza comercial, mas sim de uma relação de trabalho de forma subordinada ou autônoma.

Importante salientar que o Superior Tribunal de Justiça vem decidindo pela competência da Justiça Comum para apreciar e julgar demandas envolvendo o pedido de reativação do cadastro/perfil do motorista no aplicativo de viagens, a exemplo dos Conflitos de Competência n. CC 181.622/RJ e CC 164.544/MG[21].

Diante dessa divergência, cabe mencionar que há uma proposta legislativa — o PL 2884/2019[22] em tramitação, cujo único artigo elucida a competência da Justiça do Trabalho para as ações referentes ao trabalho individual via plataformas digitais.

Ademais, os projetos de lei mencionados no presente artigo, reconhecem que a relação existente entre o trabalhador e as empresas de trabalho plataformizado são relação de emprego ou autônomo, o que atrai a competência da Justiça do Trabalho.

---

(21) "CONFLITO NEGATIVO DE COMPETÊNCIA. INCIDENTE MANEJADO SOB A ÉGIDE DO NCPC. AÇÃO DE OBRIGAÇÃO DE FAZER C.C. REPARAÇÃO DE DANOS MATERIAIS E MORAIS AJUIZADA POR MOTORISTA DE APLICATIVO UBER. RELAÇÃO DE TRABALHO NÃO CARACTERIZADA. SHARING ECONOMY. NATUREZA CÍVEL. COMPETÊNCIA DO JUÍZO ESTADUAL. 1. A competência ratione materiae, via de regra, é questão anterior a qualquer juízo sobre outras espécies de competência e, sendo determinada em função da natureza jurídica da pretensão, decorre diretamente do pedido e da causa de pedir deduzidos em juízo. 2. Os fundamentos de fato e de direito da causa não dizem respeito a eventual relação de emprego havida entre as partes, tampouco veiculam a pretensão de recebimento de verbas de natureza trabalhista. A pretensão decorre do contrato firmado com empresa detentora de aplicativo de celular, de cunho eminentemente civil. 3. As ferramentas tecnológicas disponíveis atualmente permitiram criar uma nova modalidade de interação econômica, fazendo surgir a economia compartilhada (sharing economy), em que a prestação de serviços por detentores de veículos particulares é intermediada por aplicativos geridos por empresas de tecnologia. Nesse processo, os motoristas, executores da atividade, atuam como empreendedores individuais, sem vínculo de emprego com a empresa proprietária da plataforma. 4. Compete a Justiça Comum Estadual julgar ação de obrigação de fazer c.c. reparação de danos materiais e morais ajuizada por motorista de aplicativo pretendendo a reativação de sua conta UBER para que possa voltar a usar o aplicativo e realizar seus serviços. 5. Conflito conhecido para declarar competente a Justiça Estadual. (CC 164.544/MG, Relator Ministro MOURA RIBEIRO, SEGUNDA SEÇÃO, julgado em 28/8/2019, DJe 4/9/2019). Disponível em: https://www.jusbrasil.com.br/jurisprudencia/stj/859430549/inteiro-teor-859430559#:~:text=MINISTRO%20MOURA%20RIBEIRO%20(Relator)%3A,CALDAS%20%2D%20MG%20(SUSCITADO).

(22) CÂMARA DOS DEPUTADOS. Projeto de Lei nº 2.884/2019. Define a competência da Justiça do Trabalho para processos que envolvam trabalho individual via plataformas digitais Disponível em: https://www.camara.leg.br/proposicoesWeb/fichadetramitacao?idProposicao=2203318&fichaAmigavel=nao#:~:text=PL%202884%2F2019%20Inteiro%20teor,Projeto%20de%20Lei&text=Define%20a%20compet%C3%AAncia%20da%20Justi%C3%A7a,trabalho%20individual%20via%20plataformas%20digitais.&text=Compet%C3%AAncia%2C%20Justi%C3%A7a%20do%20Trabalho%2C%20julgamento,trabalhistas%2C%20trabalho%2C%20plataforma%20digital. Acesso em: 25 jun. 2024

Nesse sentido, entendemos que compete à Justiça do Trabalho a apreciação das ações que envolvam os trabalhadores por aplicativo e as empresas titulares das plataformas digitais, nos termos do art. 114, da Constituição, independentemente de tratar-se de vínculo de emprego ou de relação de trabalho, já que inexiste relação de natureza puramente civil.

4. CONSIDERAÇÕES FINAIS

A sociedade atual está vivendo um período de grande inovação tecnológica, o que gerou as mudanças no mundo do trabalho, especialmente pelo crescimento das plataformas digitais de trabalho de forma bastante substancial

Diante dessa nova realidade do trabalho via plataforma digitais surge várias controvérsias no Direito do Trabalho, especialmente o debate se os prestadores de serviço possuem relação empregatícia ou de trabalho com a plataforma.

Independente da existência de relação de emprego ou não na hipótese de trabalho por plataforma digital, cabe ao Direito do trabalho reconhecer que os direitos fundamentais trabalhistas devem ser observados em qualquer relação de trabalho, inclusive sob o modelo plataformizado, atribuindo a essa nova relação os princípios do valor social do trabalho e da dignidade da pessoa humana, pois a aplicação dos direitos fundamentais não pode ficar dependente de regulamentação ou adoção de uma forma contratual específica.

Ressalte-se que falta de uma regulamentação específica para essa modalidade de trabalho gera insegurança jurídica, sendo que até o presente momento não existe regulamentação desta forma de trabalho de forma plena, em que pese o grande número de indivíduos filiados às plataformas digitais.

Dos projetos que tramitam no Congresso Nacional em relação a regulamentação do trabalho em plataforma, que se limitam na sua maioria ao trabalho sob demanda por meio de aplicativos de transportes de pessoas e mercadorias, extrai-se que será disciplinado a relação entre trabalhadores e a plataforma intermediária, para considerar que não é um vínculo de parceria e se estabelecerá uma relação empregatícia ou de trabalho autônomo.

No que concerne ao direito processual do trabalho, o debate corre em relação à competência para julgamento das lides relativas a relação existente entre trabalho e plataformas digitais, ou seja, a relação da intermediação de trabalho humano decorrente de atuação em aplicativo, encontra-se sendo objetivo de discussão na doutrina e nos tribunais.

Considerando que a competência da Justiça do Trabalho está definida no art. 114 da Constituição da República, entendemos que compete à Justiça do Trabalho a apreciação das ações que envolvam os trabalhadores por aplicativo e as empresas titulares das plataformas digitais, independentemente de ser reconhecido como vínculo de emprego ou de relação de trabalho, já que inexiste relação de natureza puramente civil

Importante mencionar que os projetos de lei em tramitação no congresso nacional reconhecem que a relação existente entre o trabalhador e as empresas de trabalho plataformizado são relação de emprego ou autônomo, o que atrai a competência da Justiça do Trabalho.

Nesse contexto e considerando que esse artigo não tem o objetivo de esgotar todas as questões relativas a regulamentação do trabalhador plataformizado, entendemos que a regulamentação, que deve ser debatida pela sociedade e pelos setores envolvidos, por certo irá constituir um importante mecanismo para garantir que seja concretizado o direito fundamental ao trabalho, os valores sociais do trabalho e o princípio da dignidade da pessoa humana.

Assim, até que seja regulamentada a relação existente entre o trabalhador e as empresas de trabalho plataformizado cabe ao direito do trabalho reconhecer que existem determinados requisitos mínimos, direitos fundamentais trabalhistas, que precisam ser observados e cumpridos, independentemente do tipo de trabalho realizado, inclusive sob o modelo plataformizado, atribuindo a essa nova relação os princípios do valor social do trabalho e da dignidade da pessoa humana, sendo a competência para julgamento das lides decorrentes desta relação da Justiça do Trabalho, nos termos do art. 114 da Constituição.

REFERÊNCIAS

ASSOCIAÇÃO DOS MAGISTRADOS DA JUSTIÇA DO TRABALHO (ANAMATRA). *3ª Jornada da Anamatra em 2023*. Salvador, 22 a 24 de março de 2023. Disponível em: https://www. https://www.anamatra.org.br/jornada/a-jornada/1-edicao-aprovados. Acesso em: 27 mai. 2024.

BARRAL, Welber Oliveira. *Metodologia da pesquisa jurídica*. 3. ed. Belo Horizonte: Del Rey, 2007.

BEZERRA LEITE, Carlos Henrique. *Curso de Direito Processual do Trabalho*. 13. ed. São Paulo: Saraiva, 2015.

BRASIL. [Constituição (1988)]. *Constituição da República Federativa do Brasil de 1988*. Brasília, DF: Presidente da República. Disponível em: http://www.planalto.gov.br/ccivil_03/constituicao/constituicao.htm. Acesso em: 01 jun. 2024.

BRASIL. [Constituição Federal (1988)]. *Emenda Constitucional 45 de 2004*. Altera dispositivos dos arts. 5º, 36, 52, 92, 93, 95, 98, 99, 102, 103, 104, 105, 107, 109, 111, 112, 114, 115, 125, 126, 127, 128, 129, 134 e 168 da Constituição Federal, e acrescenta os arts. 103-A, 103-B, 111-A e 130-A, e dá outras providências. Diário Oficial da União — Seção 1 — 31/12/2004, Página 9. Brasília, 2004.

BRASIL. Lei 13.105 de 13 de março de 2015, *Código de Processo Civil (2015). Código de Processo Civil Brasileiro*. Diário Oficial da União, 17 de março de 2015, p. 1. Brasília, 2015.

BRASIL. Lei 13.467, de 11 de julho de 2017. *Reforma Trabalhista. Altera a Consolidação das Leis do Trabalho (CLT), aprovada pelo Decreto-Lei nº 5.452, de 1º de maio de 1943, e as Leis ns. 6.019, de 3 de janeiro de 1974, 8.036, de 11 de maio de 1990, e 8.212, de 24 de julho de 1991, a fim de adequar a legislação às novas relações de trabalho*. Diário Oficial da União Seção 1 — 14/7/2017, Página 1. Brasília, 2017.

BRASIL. Supremo Tribunal Federal (STF). *RCL 59795/MG*. Relator Ministro Alexandre de Moraes. Brasília, 19 de maio de 2023.Disponível em: https://www.stf.jus.br/arquivo/cms/noticiaNoticiaStf/anexo/RCL5979510decisao_monocratica21.pdf. Acesso em: 20 jun. 2024.

BRASIL. Superior Tribunal de Justiça (STJ). *CC 164544 MG*. Relator Ministro Moura Ribeiro. Brasília, 04 de setembro de 2019. Disponível em: https://www.jusbrasil.com.br/jurisprudencia/stj/859430549/inteiro-teor-859430559#:~:text=MINISTRO%20MOURA%20RIBEIRO%20(Relator)%3A,CALDAS%20%2D%20MG%20(SUSCITADO).

BRASIL. Tribunal Superior do Trabalho. *RRAg-100853-94.2019.5.01.00674*. Relator Ministro Alexandre Agra Belmonte, 19 de dezembro de 2022. Disponível em: https://consultaprocessual.tst.jus.br/consultaProcessual/consultaTstNumUnica.do?consulta=Consultar&conscsjt=&numeroTst=100853&digitoTst=94&anoTst=2019&orgaoTst=5&tribunalTst=01&varaTst=0067&submit=Consultar. Acesso em: 18 jun. 2024.

CÂMARA DOS DEPUTADOS. *Projeto de Lei n. 3797/2020. Propõe a instituição do Marco Regulatório para Contratação de prestadores de serviços de aplicativos de entrega e motoristas*. Disponível em: ttps://www.camara.leg.br/proposicoesWeb/fichadetramitacao?idProposicao=2257678. Acesso em: 18 jul. 2024.

CÂMARA DOS DEPUTADOS. *Projeto de Lei n. 4172/2020. Regulamenta o transporte remunerado privado individual de passageiros, acrescentando inciso ao art. 11-A*. Disponível em: https://www.camara.leg.br/proposicoesWeb/fichadetramitacao/?idProposicao=2259942.

CÂMARA DOS DEPUTADOS. *Projeto de Lei n. 2061/2021. Regulamenta a profissão de Motorista Autônomo por Aplicativos e dá outras providências* Disponível em: htps://www.camara.leg.br/proposicoesWeb/prop_mostrarintegra?codteor=2023887&filename=PL%202061/2021.

CÂMARA DOS DEPUTADOS. *Projeto de Lei Complementar 12/2024. Dispõe sobre a relação de trabalho intermediado por empresas operadoras de aplicativos de transporte remunerado privado individual de passageiros em veículos automotores de quatro rodas e estabelece mecanismos de inclusão previdenciária e outros direitos para melhoria das condições de trabalhos* Disponível em: https://www.camara.leg.br/proposicoesWeb/fichadetramitacao?idProposicao=2419243. Acesso em: 18 jul. 2024.

CÂMARA DOS DEPUTADOS. *Projeto de Lei n. 2884/2019. Define a competência da Justiça do Trabalho para processos que envolvam trabalho individual via plataformas digitais*. Disponível em: https://www.camara.leg.br/proposicoesWeb/fichadetramitacao?idProposicao=2203318&fichaAmigavel=nao#:~:text=PL%202884%2F2019%20Inteiro%20teor,Projeto%20de%20Lei&text=Define%20a%20compet%C3%AAncia%20da%20Justi%C3%A7a,trabalho%20individual%20via%20plataformas%20digitais.&text=Compet%C3%AAncia%2C%20Justi%C3%A7a%20do%20Trabalho%2C%20julgamento,trabalhistas%2C%20trabalho%2C%20plataforma%20digital. Acesso em: 25 jun. 2024.

FERREIRA FILHO, Manoel Gonçalves. *Os direitos fundamentais implícitos e seu reflexo no sistema constitucional brasileiro*. Revista Jurídica Virtual. Brasília. v. 8, n. 82, dez./jan., 2007. Disponível em: http://www.planalto.gov.br/cciil_03/revista/rev_14/direitos_fund.htm. Acesso em: 31 de maio de 2022.

GAIA, Fausto Siqueira. *Uberização do trabalho: aspectos da subordinação jurídica disruptiva*. Rio de Janeiro: Lumem Juris, 2019.

GAIA, Fausto; DIAS, Raimundo. *Trabalho por Intermédio de Plataforma tecnológicas: Uma análise da autonomia à luz da Lei 12.587/2012*. Disponível em: https://juslaboris.tst.jus.br/bitstream/handle/20.500.12178/181110/2020_gaia_fausto_trabalho_intermedio.pdf?sequence=1&isAllowed=y. Acesso em: 15 jun. 2024.

IBGE. *Pesquisa Nacional por Amostra de Domicílios (PNAD) 2021*. Disponível em: www.https://biblioteca.ibge.gov.br/visualizacao/livros/liv102040_informativo.pdf. Acesso em: 15 jul. 2024.

LEITE, Carlos Henrique Bezerra. *Curso de Direito Processual do Trabalho*. 13. ed. São Paulo: Saraiva, 2021.

MORAES, Alexandre de. *Direito Constitucional*. 21. ed. São Paulo. Atlas, 2007.

OLIVEIRA, Murilo; PEREIRA, Victor Vilas. Três projetos para regularizar as empresas -aplicativo. *Revista Outras Palavras: jornalismo de profundidade e pós-capitalismo*, 06 de julho de 2021. Disponível em: https://outraspalavras.net/trabalhoeprecariado/tres-projetos-para-regular-as-empresas-aplicativo/. Acesso em: 25 jun. 2024.

OLIVEIRA, Murilo; CARELLI, Rodrigo; GRILLO, Sayonara. Conceito e crítica das plataformas digitais de trabalho. *Revista Direito e Práxis*, v. 11, n. 4, p. 2609-2634, dez. 2020. http://dx.doi.org/10.1590/2179-8966/2020/50080. Disponível em: https://www.epublicacoes.uerj.br/index.php/revistaceaju/article/view/50080. Acesso em: 10 jun. 2024.

OLIVEIRA, Murilo; PEREIRA, Victor Vilas. Três projetos para regularizar as empresas--aplicativo. *Revista Outras Palavras:* jornalismo de profundidade e pós-capitalismo, 06 de julho de 2021. Disponível em: https://outraspalavras.net/trabalhoeprecariado/tres-projetos-para-regular-as-empresas-aplicativo/. Acesso em: 25 jun. 2024.

ORGANIZAÇÃO INTERNACIONAL DO TRABALHO (OIT) *Relatório perspectivas Sociais e de emprego no Mundo — O papel das plataformas digitais na transformação do mundo do trabalho*. Disponível em: https://www.ilo.org/sites/default/files/wcmsp5/groups/public/@americas/@ro-lima/@ilo-brasilia/documents/publication/wcms_845019.pdf. Acesso em: 15 jun. 2024.

PESSOA, Flávia Moreira Guimarães. *Curso de direito constitucional do trabalho.* Uma abordagem à luz dos direitos fundamentais. Salvador: Juspodivm, 2009.

SENADO FEDERAL. *Projeto de Lei n. 974/2021*. Propõe alteração da Consolidação das Leis do Trabalho (CLT) Disponível em: https://www25.senado.leg.br/web/atividade/materias/-/materia/147606. Acesso em: 18 jul. 2024.

THEODORO JÚNIOR, Humberto. *Curso de direito processual civil*. 47. ed. Rio de Janeiro: Forense, 2016.

ZOLLINGER 2006, p. 126-127., Márcia Brandão. *Proteção processual aos direitos fundamentais*. Salvador: Juspodivm, 2006.

A competência da Justiça do Trabalho para a execução de ofício das contribuições sociais – Evolução histórica

Francisco Meton Marques de Lima (*)

Scarlett Maria Araújo Marques de Lima (**)

Resumo: O presente artigo versa sobre a competência da Justiça do Trabalho para executar de ofício as contribuições sociais de que trata o inciso VIII do art. 114 da Constituição Federal, com a redação dada pela Emenda Constitucional n. 45/2004, que ainda encontra resistência por parte dos magistrados, após oscilações na Súmula 368 do Tribunal Superior do Trabalho — TST, e no Supremo Tribunal Federal — STF, a partir da tese fixada na repercussão geral ao RE 569056, até a formatação da Súmula Vinculante n. 153, muito diferente da tese que a originou, declarando a competência da Justiça do Trabalho para *execução de ofício as contribuições previdenciárias relativas ao objeto da condenação constante das sentenças que proferir e acordos por ela homologados*. No entanto, os magistrados do trabalho, de todos os graus, ainda não despertaram para a mudança normativa e na Súmula Vinculante.

Palavras-chaves: Emenda n. 45/2004; competência; Justiça do Trabalho; contribuições sociais; jurisprudência.

Summary: This article deals with the competence of the Labor Court to execute ex officio the social contributions referred to in section VIII of art. 114 of the Federal Constitution, as amended by Constitutional Amendment no. 45/2004, which still encounters resistance from the magistrates, after fluctuations in Summary 368 of the Superior Labor Court — TST, and in the Federal Supreme Court — STF, based on the thesis set out in the general repercussion of RE 569056, until the formatting of the Binding Summary no. 153, very different from the thesis that originated it, declaring the competence of the Labor Court to execute ex officio the social security contributions related to the object of the conviction contained in the sentences it delivers and agreements approved by it. However, labor magistrates, of all levels, have not yet woken up to the normative change and the Binding Precedent.

Keywords: Amendment n. 45/2004; competence; Work justice; social contributions; jurisprudence.

1. INTRODUÇÃO

> Conhecer uma história não é somente conhecer a sucessão dos fatos, mas encontrar o fio que os liga. (Franceso Carnelutti)

(*) Prof. Titular e integrante do PPGD da UFPI, ex-Prof. Assistente da UFC, Desembargador do TRT da 22ª Região, Doutor em Direito Constitucional pela UFMG, Mestre em Direito e Desenvolvimento pela UFC, líder dos Grupos de Pesquisa: a) A NOVA ORDEM SOCIAL QUE SE INSTALA NO BRASIL APÓS AS REFORMAS TRABALHISTA E PREVIDENCIÁRIA NO CONTEXTO DA DEMOCRACIA E DOS DIREITOS FUNDAMENTAIS; b) OS DIREITOS COLETIVOS NO CONTEXTO DA DEMOCRACIA E DOS DIREITOS HUMANOS.

(**) Bacharela em Curso pela UFPI e em Relações Internacionais pelo Centro Universitário UniFavip — Wyden (EaD). Integra vários Grupos de Pesquisa, coautora de vários artigos jurídicos e capítulos de livro.

Contextualizando o texto na história e sua respectiva leitura nesses vinte anos pós-reforma do Poder Judiciário, levada a efeito pela Emenda Constitucional n. 45/2004, pontuaremos progressos e recuos, e mesmo decisões contragramaticais em desfavor da Justiça do Trabalho, inclusive desta própria, no tocante à sua competência para executar contribuições sociais. Dizemos decisão e não interpretação, pois, sendo a Constituição o corpo normativo superior de todo o ordenamento jurídico, não se pode denominar de interpretação a solução que pretere o texto expresso da norma primaz. Poder-se-á denominar de solução política ou ideológica, mas não de interpretação.

A Emenda Constitucional n. 45 implantou no art. 114 da Constituição Federal a competência ampla da Justiça do Trabalho para processar e julgar os dissídios *oriundos das relações de trabalho* e muito mais, dispostos em três parágrafos e oito incisos, dentre os quais o VIII:

> VIII — a execução, de ofício, das contribuições sociais previstas no art. 195, I, *a*, e II, e seus acréscimos legais, decorrentes das sentenças que proferir;

Transcreve-se o texto para constante releitura, pois a Constituição, diria Smend(1), é uma Carta de Valores a promover a integração nacional. E como valor vai se revelando inexaurivelmente a cada leitura. Também para trazer às gerações mais jovens o registro de tão significativa mudança, dado que o texto advindo da Constituinte originária conferia competência menos expressiva à Justiça do Trabalho.

A redação atual foi construída a partir de um árduo e bem articulado trabalho da ANAMATRA — Associação Nacional dos Magistrados do Trabalho — e do COLEPRECOR — Colégio de Presidentes e Corregedores da Justiça do Trabalho —, que, ante a proposta do Relator, o então Deputado Aluísio Nunes Ferreira, nos autos da PEC n. 96/1992, de autoria do Deputado Hélio Bicudo, propunha a incorporação da Justiça do Trabalho à Justiça Federal. Esse relatório causou tanta inquietação, tanto desconforto na seara política que o Presidente da República criou o Ministério das Relações Institucionais e nomeou ministro o Deputado Relator da citada PEC n. 96/1992, solução que o afastaria da relatoria. Assumiu a relatoria da PEC 92 a Deputada Zulaiê Cobra. Então, saiu de cena a ideia de fundir a Justiça do Trabalho com a Justiça Federal, mas permaneceu a ideia de reduzi-la a poucos Regionais.

A PEC 96/1992 foi retomada a partir de uma CPI, patrocinada pelo Senador Antonio Carlos Magalhães, instalada a pretexto de apurar a corrupção no Judiciário, mas, cumprindo parte do projeto neoliberal, almejava colher subsídios para justificar a extinção da Justiça do Trabalho. Para tanto, a máquina de propaganda do Governo e do Congresso Nacional encetou campanha cerrada contra a Justiça do Trabalho, com toda a imprensa brasileira martelando. Todavia, depois de seis meses dessa campanha desleal, a surpresa: a pesquisa de opinião pública, para decepção dos neoliberais de então, apontou que mais de 70% dos entrevistados foram favoráveis à manutenção da Justiça do Trabalho. Na caça às bruxas no sistema judiciário, pegaram um único membro da Justiça do Trabalho, que nem era de carreira, e dezenas de membros dos outros ramos do Judiciário. Nesse processo, caíram Senador e Ministro de Estado, que, inicialmente, nem eram alvos da CPI. E a Justiça do Trabalho sobressaiu robustecida.

Participamos em duas frentes dessa campanha, como membro do COLEPRECOR e como Associado da ANAMATRA, conseguindo audiência com a Deputada Zulaiê

---

(1) SMEND, Rudolf. *Constitución y Derecho Constitucional*, p. 197

Cobra, representando os tribunais de pequeno porte, os oito que estavam na primeira linha de frente para extinção, ocasião em que ponderamos sobre o baixo custo desses Regionais e o relevante serviço que eles prestam. A Relatora se sensibilizou tanto que mudou o seu discurso e a sua proposta inicial de relatório. Daí por diante, não se falou mais em redução da Justiça do Trabalho, apenas se revogou um parágrafo do art. 111 que previa que cada Estado teria um TRT.

Então o grupo, harmônico e proativo, sob a liderança do Grijalbo Coutinho pela ANAMATRA e do Vicente Malheiros pelo COLEPRECOR, passou a trabalhar pela ampliação da competência. A aprovação do inciso I do art. 114 — competência da Justiça do Trabalho para processar e julgar relação de trabalho — foi dramática. Comemorou-se a aprovação na CCJ da Câmara dos Deputados, mas a redação veio diferente. Levou-se a questão para o Pleno da Câmara e, já em segundo turno, se confirmou o texto atual. No Senado Federal também se travou alentada discussão sobre o tema. Afinal, foi aprovada a redação para alcançar a relação de trabalho. Portanto, a expressão *relação de trabalho* não foi posta como sinônima de relação de emprego. A troca de expressão foi consciente, discutida e proposital. Até porque já se vinha prevendo a migração dos empregados para a autonomia desprotegida, na dinâmica do modelo neoliberal.

A primeira reação à ampliação da competência trabalhista veio com a ADI 3397, na qual o Min. Nelson Jobim declarou, em 27.01.2005, sem redução de texto, a inconstitucionalidade do inciso I do art. 114, para excluir os servidores públicos estatutários. O novo texto choca-se com que norma superior? Com a norma hipotética fundamental? Não. Não se choca com nada, nem com a norma hipotética fundamental. Foi apenas uma solução política que seria de emergência.

Na verdade, tudo decorreu da habilidade política do então Presidente do STF, Ministro Nelson Jobim, no sentido de ver promulgada a Emenda Constitucional que instituía o Conselho Nacional de Justiça — CNJ, o verdadeiro *telos* da reforma. Ele já saíra vitorioso na tese do fatiamento das PECs, conseguido a promulgação apenas das partes em que houve consenso das duas Casas Legislativas, pois não havia consenso no todo, dado que algum ponto da Emenda encalhava numa Casa ou na outra.

Pois bem. A execução de ofício das contribuições devidas à previdência social também foi alvo de negativismos no âmbito jurisprudencial, inclusive pela própria Justiça do Trabalho. Na verdade, a principal barreira dessa competência é a própria magistratura do trabalho, impenetrável ao progresso havido, conforme relataremos.

Primeiro, o TST elaborou a Súmula n. 338 pela competência da Justiça do Trabalho. Em pouco tempo, alterou-a para dizer que tal competência não alcança o período de reconhecimento do vínculo empregatício. Em 2008, o STF declara a incompetência da Justiça do Trabalho para executar contribuições previdenciárias sobre o período de vínculo de emprego declarado pela sentença trabalhista. Tudo isso, contra *legem*. Mas, afinal, o STF apaga o texto que negava essa competência, conforme se demonstrará a seguir.

2. COLOCAÇÃO DO TEMA

Desde a década de 1980 se vem tentando incluir na competência da Justiça do Trabalho a execução das contribuições previdenciárias alusivas às suas sentenças. Todavia, a matéria encontra uma resistência endêmica da magistratura do Trabalho. Primeiro, ao argumento de que a lei não era clara quanto a essa competência. Até que foi textualizada na Lei n. 8.213/1991 tal competência. Mas as juízas e os Juízes do

Trabalho continuaram a se julgar incompetentes, alegando falta de amparo constitucional para tanto.

Por fim, a EC n. 20/98 acrescentou ao art. 114 da Constituição o § 3º, atribuindo aos Juízes do Trabalho o dever de executar de ofício as contribuições devidas à Previdência Social incidentes sobre as parcelas decorrentes de sentença ou acordo trabalhista. A Emenda Constitucional n. 45/2004 não apenas transpôs esse preceito para o inciso VIII do art. 114 da Constituição Federal, mas excluiu o texto redutor (*"sobre as parcelas decorrentes de sentença ou acordo"*), a significar *"sobre tudo que a sentença decidir"*.

> VIII — a execução, de ofício, das contribuições sociais previstas no art. 195, I, *a* , e II, e seus acréscimos legais, decorrentes das sentenças que proferir.

O art. 195, I, a e II assim está redigido:

> Art. 195. A seguridade social será financiada por toda a sociedade, de forma direta e indireta, nos termos da lei, mediante recursos provenientes dos orçamentos da União, dos Estados, do Distrito Federal e dos Municípios, e das seguintes contribuições sociais: (Vide Emenda Constitucional n. 20, de 1998)
>
> I — do empregador, da empresa e da entidade a ela equiparada na forma da lei, incidentes sobre: (Redação dada pela Emenda Constitucional n. 20, de 1998)
>
> a) a folha de salários e demais rendimentos do trabalho **pagos ou creditados**, a qualquer título, à pessoa física que lhe preste serviço, mesmo sem vínculo empregatício; (Incluído pela Emenda Constitucional n.20, de 1998)
>
> II — do trabalhador e dos demais segurados da previdência social, podendo ser adotadas alíquotas progressivas de acordo com o valor do salário de contribuição, não incidindo contribuição sobre aposentadoria e pensão concedidas pelo Regime Geral de Previdência Social; (Redação dada pela Emenda Constitucional n. 103, de 2019)

Como se vem historiando, a Justiça do Trabalho sempre foi refratária a essa competência. Assim é que o TST mantém a conformação da Súmula 368 há quase duas décadas, indiferente à mudança de rota que representa a Súmula Vinculante n. 53. E sempre que podem, os órgãos da Justiça do Trabalho repudiam sua competência previdenciária, como bem ilustra a intervenção do STF, corrigindo julgado do TST nos autos do RE 595326:

> **Julgado mérito de tema com repercussão geral**
>
> TRIBUNAL PLENO — SESSÃO VIRTUAL
>
> Decisão: O Tribunal, por unanimidade, apreciando o tema 505 da repercussão geral, deu provimento ao recurso extraordinário para assentar a possibilidade de serem executadas, de ofício, no âmbito da Justiça do Trabalho, as contribuições previdenciárias e acréscimos legais decorrentes da sentença proferida neste processo, nos termos do voto do Relator. Foi fixada a seguinte tese: "A Justiça do Trabalho é competente para executar, de ofício, as contribuições previstas no artigo 195, incisos I, alínea a, e II, da Carta da República, relativamente a títulos executivos judiciais por si formalizados em data anterior à promulgação da Emenda Constitucional nº 20/1998". Não participou deste julgamento, por motivo de licença médica, o Ministro Celso de Mello. Plenário, Sessão Virtual de 14.8.2020 a 21.8.2020.

Fato gerador — Para contextualizar o texto do art. 114, impõe-se uma visita ao fato gerador da contribuição social, que vem a ser o efetivo pagamento ou crédito do trabalho prestado ao empregado, cf. textualizado na alínea a do inciso I acima transcrito.

A Lei n. 11.941/2009 conferiu nova redação ao art. 43 da Lei n. 8.212/1991, definindo ser o fato gerador das contribuições sociais decorrentes das decisões trabalhistas a prestação de serviço: art. 43: "Considera-se ocorrido o fato gerador das contribuições sociais na data da prestação do serviço".

Na verdade, a prestação do serviço gera direito ao pagamento e este constitui o fato gerador da contribuição social.

O Tribunal Superior do Trabalho, para efeito de incidência de juros de mora e multa, considera fato gerador o pagamento ao empregado e não a prestação do serviço.

Na CLT, esse comando foi reproduzido no parágrafo único do art. 876. Se a CLT já conferia ao juiz o poder de iniciar, de ofício, a execução dos créditos trabalhistas, a Constituição obriga-o em relação aos previdenciários desde 1998, após a Emenda Constitucional n. 20/1998.

Fontes legais — Art. 114, VIII, da CF; Lei n. 10.035/00, que alterou e acrescentou vários dispositivos à CLT; Lei n. 11.457/07 (da Super-Receita), que alterou os arts. 832, 876, 879, 880 e 889-A da CLT; art. 276 do Dec. n. 3.048/99.

A execução das contribuições previdenciárias corre juntamente com a do crédito trabalhista de que deriva.

Proferida a sentença ou lavrado o acordo, o juiz especificará a natureza das parcelas, para fins de incidência da contribuição previdenciária, bem como o limite da responsabilidade de cada parte pelo seu recolhimento — art. 832, § 3º, da CLT. A União será intimada, via postal, das decisões homologatórias de acordo que contenha parcela indenizatória, sendo-lhe facultado interpor recurso quanto à sua parte (art. 832, § 4º). Isto porque não incide a contribuição sobre as parcelas de natureza indenizatória.

Quando o acordo não discriminar as parcelas sobre as quais incidirão as contribuições previdenciárias, estas incidirão sobre o valor total (art. 276, § 2º, do Dec. n. 3.048/1999). Tem-se por não discriminadas as parcelas quando se faz por percentuais de verbas remuneratórias e indenizatórias (art. 276, § 3º). Demais detalhamentos, nos nove parágrafos do mesmo artigo e artigos seguintes.

Cumpre frisar que a Reforma Trabalhista limitou a execução trabalhista de ofício à hipótese em que o trabalhador não tenha advogado constituído. No entanto, permanece incólume o dever de as juízas e os juízes do trabalho executarem de ofício as contribuições sociais.

3. RECOLHIMENTO SOBRE O VÍNCULO DE EMPREGO

Assim encontra-se redigida a Súmula 368 do TST:

> SÚMULA N. 368 — DESCONTOS PREVIDENCIÁRIOS E FISCAIS. COMPETÊNCIA. RESPONSABILIDADE PELO PAGAMENTO. FORMA DE CÁLCULO
>
> I. A Justiça do Trabalho é competente para determinar o recolhimento das contribuições fiscais. A competência da Justiça do Trabalho, quanto à execução das contribuições previdenciárias, limita-se às sentenças condenatórias em pecúnia que proferir e aos valores, objeto de acordo homologado, que integrem o salário-de-contribuição.

Com a edição da Lei n. 11.457/07, da Super-Receita, que deu nova redação ao parágrafo único do art. 876 da CLT:

> Parágrafo único. Serão executadas **ex-officio** as contribuições sociais devidas em decorrência de decisão proferida pelos Juízes e Tribunais do Trabalho, resultantes de condenação ou homologação de acordo, inclusive sobre os salários pagos durante o período contratual reconhecido. (Redação dada pela Lei n. 11.457, de 2007) (Vigência)

Claro ficou que seriam executadas, também de ofício pelo juiz do trabalho, as contribuições incidentes sobre o salário de contribuição pago durante o vínculo empregatício declarado na sentença condenatória ou homologatória. Com isso, teria decaído, por afronta à lei, a parte final do item I da Súmula n. 368 do TST. Todavia, continua ela estacada no tempo, indiferente à evolução legislativa.

Cabe registrar que o STF, no RE 569056 PA (precedente que deu origem à criação da Súmula Vinculante n. 53) declarou *incidenter tantum* a inconstitucionalidade do art. 876 do CLT. Porém, como se dirá adiante, o texto negativista aprovado na tese de repercussão geral não foi renovado no enunciado da Súmula Vinculante 53[(2)].

Continuando a tendência negativista dos textos legais, o STF, no RE n. 569056, julgado em 11.9.2008, da lavra do Ministro Menezes Direito, com repercussão geral da matéria, deu provimento ao Recurso para declarar a incompetência da Justiça do Trabalho para executar as contribuições alusivas ao vínculo declarado na sentença ou no acordo:

> **Tema 36 — Competência da Justiça do Trabalho para execução de contribuições previdenciárias.**
>
> **Relator(a):**
>
> MIN. MENEZES DIREITO
>
> **Leading Case:**
>
> RE 569056
>
> **Descrição:**
>
> Recurso extraordinário em que se discute, à luz dos artigos 109, I; e 114, III (na redação dada pela Emenda Constitucional nº 45/2004), da Constituição Federal, se a Justiça do Trabalho é competente para executar, de ofício, somente as contribuições previdenciárias relativas às parcelas da condenação que constem expressamente das decisões que proferir ou também aquelas decorrentes das verbas que são devidas, em decorrência do reconhecimento do vínculo de emprego, mas que não constam de forma especificada no título judicial exequendo.
>
> **Tese:**
>
> A competência da Justiça do Trabalho prevista no art. 114, VIII, da Constituição Federal alcança somente a execução das contribuições previdenciárias relativas ao objeto da condenação constante das sentenças que proferir, **não abrangida a execução de contribuições previdenciárias atinentes ao vínculo de trabalho reconhecido na decisão, mas sem condenação ou acordo quanto ao pagamento das verbas salariais que lhe possam servir como base de cálculo. (marcamos)**

Destarte, essa tese implica efeito redutor ao texto do inciso VIII do art. 114 da Constituição Federal. Percebe-se, perfeitamente, o esforço do texto para reduzir a competência da Justiça do Trabalho, ao colocar palavras onde não as há, trazendo à memória uma das lições de Cicero, segundo a qual a dificuldade de dizer o óbvio quase sempre carrega injustiças.

O argumento dos que assim pensam ancora-se na necessidade de um prévio processo administrativo correlato perante o INSS, para constituição da dívida e posterior cobrança e, se for o caso, execução na Justiça Federal. Ou seja, põe-se dificuldade no que seria tão simples.

---

(2) Os comentaristas da SV 53 incorrem no engano e retransmitem essa falácia, ao afirmar que o STF confirmou na SV 53 a tese esposada no RE 569056. A Exemplo de Alice Saldanha Vilar: "Por fim, cabe registrar que o STF, no RE 569056 PA (precedente que deu origem à criação da Súmula Vinculante n. 53 do STF) declarou *incidenter tantum* a inconstitucionalidade do art. 876 do CLT. Isso porque esse dispositivo afirma que a Justiça do Trabalho pode executar não apenas as verbas constantes da condenação, mas também as sentenças que se limitam a reconhecer a existência do vínculo". *O comando da nova Súmula Vinculante n. 53 do STF.*

Essa decisão do STF repercutiu negativamente nos recolhimentos previdenciários, atraindo a reação das procuradorias federais. Por fim, sete anos depois, a tese foi convolada na Súmula Vinculante n. 53, a qual abandonou a redação final da tese que a originou:

> **SÚMULA VINCULANTE 53**
>
> A competência da Justiça do Trabalho prevista no art. 114, VIII, da Constituição Federal alcança a execução de ofício das contribuições previdenciárias relativas ao objeto da condenação constante das sentenças que proferir e acordos por ela homologados.

Vejam que o tema central da tese da repercussão geral (**execução de contribuições previdenciárias atinentes ao vínculo de trabalho reconhecido na decisão, mas sem condenação ou acordo quanto ao pagamento das verbas salariais que lhe possam servir como base de cálculo)** não aparece na Súmula Vinculante advinda da dita questão. Em seu lugar, veio outra: **execução de ofício das contribuições previdenciárias relativas ao objeto da condenação constante das sentenças que proferir e acordos por ela homologados.** Da mesma forma, a descrição que precede a elaboração do (abandonado) tema desapareceu.

E não será por acaso. A competência da Justiça do Trabalho para executar de ofício as contribuições sociais sobre as parcelas condenatórias nunca foi posta em dúvida, dispensando sua submissão ao STF. O que se levou ao STF foi o tema da competência para execução da contribuição previdenciária alusiva a relação de emprego declarada. E o STF disse o óbvio: repetiu na SV o preceito do art. 114, VIII da CFB.

Já após a edição as SV 53, colhe-se sua interpretação autêntica, ou seja, pelo próprio STF, nos autos da Reclamação 26.671 AgR, de relatoria do Ministro Roberto Barroso, 1ª T., de 20.02/2018.

> No que concerne à suposta competência da Justiça do Trabalho para o lançamento das contribuições, a irresignação também não merece acolhida. O Supremo Tribunal Federal editou a Súmula Vinculante 53 para fixar o entendimento de que a competência da Justiça do Trabalho prevista no art. 114, VIII, da Constituição alcança apenas a execução das contribuições previdenciárias relativas ao objeto da condenação constante das sentenças que proferir e acordos por ela homologados. (...) Diferentemente, nas hipóteses não abrangidas por sentenças condenatórias proferidas pela Justiça trabalhista, a competência para o lançamento das contribuições previdenciárias, atualmente, é da Secretaria da Receita Federal. [ARE 1.031.969, rel. min. Roberto Barroso, dec. monocrática, j. 24-4-2017, DJE 89 de 2-5-2017.]

Pois bem, o excerto acima deixa claro que a Justiça do Trabalho não é competente para executar contribuição previdenciária não decorrente de suas sentenças condenatórias ou homologatórias. Isso mesmo. Isso significa que o reconhecimento do vínculo informal ou clandestino implica condenação: registros na CTPS, no CNIS, recolhimento de FGTS, deferimento de férias, 13º salário e, consequentemente, contribuições previdenciárias sobre os salários pagos ou devidos.

Basta que a sentença inclua esse item na condenação para atrair a sua competência para executar de ofício as contribuições sociais alusivas ao vínculo que declarar. E, assim, estará sob o albergue da Súmula Vinculante n. 53.

Sacramentando essa mesma redação, a Lei n. 13.467/2017 deu nova redação ao parágrafo único do art. 876 da CLT, adotando o mesmo texto da Súmula Vinculante supra:

> Parágrafo único. A Justiça do Trabalho executará, de ofício, as contribuições sociais previstas na alínea *a* do inciso I e no inciso II do caput do art. 195 da Constituição Federal, e seus acréscimos legais, relativas ao objeto da condenação constante das sentenças que proferir e dos acordos que homologar. (Redação dada pela Lei n. 13.467, de 2017)

Ora, qual o objeto da condenação? Tudo, como acima relacionado. Ademais, apenas o tempo de contribuição é contabilizado para aposentadoria e gozo dos benefícios previdenciários.

Pois bem, o **objeto da condenação** é o reconhecimento de um período de contrato sem registro e o deferimento de verbas e direitos típicos dessa relação, como horas extras, férias, FGTS. Esse foi o desiderato da reforma competencial. Veja-se que a situação é idêntica à do FGTS: quando a sentença reconhece período clandestino, condena em recolhimento de FGTS incidente sobre o valor dos salários que foram pagos, atraindo igualmente indenização de férias, 13º salário, horas extras e de contribuições previdenciárias alusivas a esse período informal. Esse é o objeto da condenação. Até porque os juízes receberam essa competência diretamente da Constituição, implicando dizer que tal não comporta reducionismos.

Logo, quando o Supremo Tribunal Federal editou em 2015 a Súmula Vinculante n. 53, evidenciou mudança de posicionamento em relação à tese firmada no RE 569056 em 2008. Abandonou na redação da Súmula a referência à relação de emprego clandestina. Essa mudança não é em vão nem pode ser ignorada, pois sinaliza perfeitamente a compreensão da dimensão exata do texto da Constituição.

Todo esse drama se travou e ainda continua em cena apenas para declarar o óbvio, o que já está escrito garrafalmente no inciso VIII do art. 114 da Constituição:

> Art. 114. Compete à Justiça do Trabalho processar e julgar:
>
> VIII a execução, de ofício, das contribuições sociais previstas no art. 195, I, a, e II, e seus acréscimos legais, decorrentes das sentenças que proferir; (Incluído pela EC n. 45, de 2004)

Como se vê, o texto é claro, esse foi o desiderato da Emenda Constitucional n. 20/1998 e ampliado na Emenda n. 45/2004, conferir essa competência à Justiça do Trabalho. Com efeito, soa estranho que um órgão judiciário emita apenas uma declaração para outro juízo complementar o direito do obreiro: direito à cobertura previdenciária. Tal interpretação revela-se demais obtusa e absolutamente contrária à natureza das coisas.

Todavia, impressiona o tamanho da resistência que a própria Justiça do Trabalho ainda opõe ao encargo constitucional. Os sites estão recheados de notícia e breves artigos, acórdão do Tribunal Superior do Trabalho, dos Tribunais Regionais do Trabalho negacionistas. E as sentenças já adotaram um texto pré-elaborado, que começam por declarar a incompetência da Justiça do Trabalho para tal. Sem qualquer alegação das partes. Ou seja, em vez de a Justiça do Trabalho **executar de ofício** as contribuições sociais, recusa **de ofício**, deserta do dever. Da Emenda n. 45/2004 até a fixação do Tema 36 no RE 569056 instalou-se o insumo da matéria no inconsciente judiciário trabalhista. Quase ninguém se deu ao trabalho de raciocinar sobre a mudança implantada pela EC n. 45, a cujo preceito o STF se rendeu através da Súmula Vinculante n. 53.

Poucas vozes pregam no deserto, como o Professor Océlio de Jesus Carneiro de Morais(3), que em seguidos e cada vez mais enfaticamente alerta para essa mudança competencial.

Na verdade, todo esse vai e vem, não passa de coisa de brasileiro, avesso aos progressos sociais: Nenhum juízo de valor se faz da matéria, simplesmente se é contra. Mas não deixa de ser coisa de Brasil: improviso, jeitinho, arranjo. Pacto de grupos, sem a mínima discussão com a sociedade. Mas "é que este foi sempre um país original", pondera Albatroz(4), aqui a natureza hostil e pujante introjetou no inconsciente do brasileiro a ideia de senhor de si, insubmisso a qualquer comando ou autoridade, registrou Pedro Calmon(5). Imagine-se quando o indivíduo se julga investido de poderes sobre-humanos!

NOTAS CONCLUSIVAS

Do exposto, resta compreensivo que, segundo o art. 114, inciso VII, da Constituição Federal, várias vezes visitado pelo Supremo Tribunal Federal, que, afinal, acrisolou sua posição na Súmula Vinculante n. 53, compete à Justiça do Trabalho executar de ofício as contribuições sociais alusivas ao vínculo de emprego objeto da condenação sentencial ou do acordo que homologar.

A citada Súmula Vinculante, editada em 2015, representa um grande giro em relação à tese fixada em 2008 no RE 569056, dado que excluiu de sua redação a referência à incompetência da Justiça do Trabalho alusiva ao liame empregatício reconhecido por sentença.

Seguindo a evolução da matéria, a Lei n. 13.427/2017, da reforma trabalhista, transportou para o parágrafo único do art. 876 da CLT o texto da Súmula Vinculante citada.

Resulta desse caminhar hermenêutico que compete à Justiça do Trabalho executar de ofício as contribuições sociais oriundas das sentenças que proferir e acordos que homologar. **Basta que conste da sentença ou da homologação essa parcela**.

Todavia, assusta a resistência que os órgãos da própria Justiça do Trabalho opõem ao seu dever de executar de ofício as contribuições sociais decorrentes das sentenças que proferem ou dos acordos que homologam.

Daí, cumpre alertar aos órgãos da Justiça do Trabalho para a necessidade de conformar sua jurisprudência à evolução legislativa e à Súmula Vinculante n. 53, em favor da sua ampla competência para execução de ofício das contribuições sociais alusivas ao objeto total da condenação, inclusive sobre o vínculo clandestino.

Assim, para o julgado se harmonizar com a Súmula Vinculante n. 53, basta a sentença dizer: *Declaro a natureza empregatícia da relação de trabalho havida e condeno a parte reclamada nas seguintes parcelas daí decorrentes: férias, 13º salário, FGTS, contribuições sociais, além da obrigação dos registros formais.*

Teresina, 28 de junho de 2024.

---

(3) MORAIS, Océlio de Jesus Carneiro de. *Competência da Justiça Federal do Trabalho e efetividade do direito fundamental à previdência*. São Paulo: LTr, 2014.

(4) ALBATROZ, Zoroastro de. *O Livro dos valores*: a vida dos valores e os valores de futuro, p. 99.

(5) CALMON, Pedro. *História Social do Brasil*, p. 12.

REFERÊNCIAS

ALBATROZ. Zoroastro de. *O Livro dos valores* — a vida dos valores e os valores de futuro. 2. ed. São Paulo: Editora All Print, 2017.

CALNELUTTI, Francesco. *A miséria do processo penal*. São Paulo: Edijur, 2011.

CALMON, Pedro. *História social do Brasil*. 1º Tomo. Espírito da sociedade colonial. São Paulo: Companhia Editora Nacional, 1941.

COUTINHO & FAVA, Grijalbo Fernandes e Marcos Neves (coordenadores). *Nova competência da Justiça do Trabalho*. São Paulo: LTr, 2005.

DALAZEN, João Orestes. A reforma do judiciário e os novos marcos da competência material da justiça do trabalho no Brasil. *In:* COUTINHO, Grijalbo Fernandes; FAVA, Marcos Neves (coords.). *Nova competência da justiça do trabalho*. São Paulo: LTr, 2005.

LIMA & LIMA, Francisco Meton Marques de e Francisco Gérson Marques de. *Reforma do Poder Judiciário*. São Paulo: Malheiros, 2005.

LIMA & LIMA, Francisco Meton Marques de e Francisco Péricles Rodrigues Marques de. Agoniza o Social do Estado Social de *Direito*. *In*: *Revista Trabalhista de Direito e Processo* — Reforma Trabalhista e Previdenciária: a desconstrução dos direitos sociais no Brasil, organizada pela ANAMATRA. São Paulo: Editora LTr, 2017.

MORAIS, Océlio de Jesus Carneiro de. *Competência da Justiça Federal do Trabalho e efetividade do direito fundamental à previdência*. São Paulo: LTr, 2014.

PAIXÃO, Cristiano, LOURENÇO FILHO, Ricardo. O STF e o Direito do Trabalho: as três fases da destruição. In: *Campo Grande News*, de 31.07.2020.

SANTOS FILHO, Oswaldo de Souza. *A nova posição do TST sobre a contribuição previdenciária segundo a Carta Magna*.

VILAR, Alice Saldanha. *O comando da nova Súmula Vinculante n. 53 do STF*. jus.com.br

A espoliação da competência da Justiça do Trabalho pelo STF

Tentativa de esvaziamento do Direito do Trabalho

Grijalbo Fernandes Coutinho (*)

Resumo: O presente ensaio pretende analisar decisões do Supremo Tribunal Federal as quais mitigam a competência da Justiça do Trabalho para julgar os conflitos decorrentes ou oriundos das relações de trabalho. Não obstante a mudança de paradigma levada a efeito pela Emenda Constitucional n. 45/2004, o STF, para além de negar sentido ao conteúdo do artigo 114 da Constituição Federal, alterado pelo legislador constituinte reformador, também retrocede, por vezes, ao tempo no qual inexistiam no Brasil Direito do Trabalho e Justiça do Trabalho. A partir de tal quadro, a Constituição, o Estado Democrático de Direito, o Direito do Trabalho e a Justiça do Trabalho estão sendo sistematicamente esvaziados.

Palavras-chave: espoliação da competência da justiça do trabalho; jurisprudência; STF; Direito do Trabalho esvaziado.

Abstract: This essay aims to analyze decisions of the Supreme Court which depart the competence of the Labor Court to judge conflicts arising from labor relations. Despite the shift carried out by Constitutional Amendment 45/2004, the Supreme Court, besides denying the content given by the constitucional legislator in the article 114 of the Brazilian Constitucion, also goes back to the time when it not existed Labor Law and Labor Justice in Brazil. From this framework, the Constitution, the Democratic Rule of Law, Labor Law and Labor Justice are being systematically emptied.

Keywords: withdrawal of the jurisdiction of the labour court; case law; Supreme Court; Emptying of Labor Law.

(*) Desembargador do Trabalho do TRT-10, ex-presidente da Anamatra (2003-2005), mestre e doutor em Direito pela Faculdade de Direito da UFMG.

1. INTRODUÇÃO

A história da ampliação da competência da Justiça do Trabalho é parte da história de luta da Anamatra travada desde os anos 1980, durante o processo constituinte de 1986-1988, adquirindo maior realce nos anos 1990 e 2000 em razão da resistência jurisprudencial, notadamente por parte do Supremo Tribunal Federal, em reconhecer a mudança de paradigma promovida pelo texto original e depois reformado, registre-se, do artigo 114 da Constituição da República de 1988.

Não haveria espaço aqui para expor com riqueza de detalhes os estudos e movimentos levados a cabo pela Associação Nacional da Magistratura do Trabalho para alcançar, a partir da Emenda Constitucional n. 45 de 08 de dezembro de 2004, a exponencial ampliação da competência da Justiça Especial para julgar todas as causas relacionadas ao trabalho humano.

Foram produzidos estudos, pareceres e artigos pela Anamatra, ao lado de outros esforços da entidade nacional da magistratura do trabalho alicerçados na intensa agenda política no âmbito do Congresso Nacional voltada ao convencimento parlamentar quanto ao papel da Justiça do Trabalho consentâneo com a sua vocação e a sua capacidade de analisar os mais variados conflitos sociais fundados no labor da pessoa humana trabalhadora.

Ao final do processo da reforma promovida pela Emenda Constitucional n. 45/2004, com a inegável ampliação da competência da Justiça do Trabalho para julgar todas as ações oriundas da relação de trabalho, incluindo os entes de direito público externo e da Administração Pública direta e indireta da União, do Distrito Federal, dos Estados e Municípios; as ações sobre direito de greve, representação sindical, dano moral e patrimonial decorrente da relação de trabalho; as questões relativas às penalidades administrativas impostas aos empregadores pelos órgãos de fiscalização das relações de trabalho e demais controvérsias decorrentes da relação de trabalho, na forma da lei, além de tantos outros litígios, com destacado entusiasmo, a Anamatra e sociedade brasileira comemoraram naquele dia da promulgação do novo texto, 08 de dezembro de 2004, tendo sido a entidade associativa nacional reconhecida como uma das protagonistas do cenário novo estabelecido.

Ciente de que texto e interpretação não são processos autômatos, bem como da longa trajetória de resistência jurisprudencial à ampliação da competência da Justiça do Trabalho, a Anamatra, logo em janeiro de 2005, antes de quaisquer decisões sobre a leitura judicial do novo artigo 114 da CRFB, reuniu juízas, juízes e outros juristas para analisar a relevante alteração constitucional, produzindo, em proveitosa parceria com a editora LTr, livro de grande destaque no cenário nacional[(1)], sucesso editorial que levou a publicação de outra obra coletiva imediatamente, no mês de maio de 2005[(2)].

A Anamatra ainda organizou seminário nacional para discutir exclusivamente a nova competência da Justiça do Trabalho, evento que contou com a participação de mais de um mil pessoas, a imensa maioria integrante da magistratura do trabalho, no mês de março de 2005, no *Teatro da Cultura Artística* da cidade de São Paulo.

---

(1) COUTINHO, Grijalbo Fernandes; FAVA, Marcos Neves (Orgs). *Nova Competência da Justiça do Trabalho*. São Paulo: LTr, 2005.

(2) COUTINHO, Grijalbo Fernandes; FAVA, Marcos Neves (Orgs). *Justiça do Trabalho*: competência ampliada. São Paulo: LTr, 2005.

Sequer seria necessário registrar que a Anamatra, antes e depois de dezembro de 2004, jamais transigiu a respeito da garantia de efetividade da norma constitucional do artigo 114, tendo travado árdua luta para fazer valer a mais ampla competência da Justiça do Trabalho, publicando outros livros, estudos e pareceres diversos nos últimos 20 anos, todo esse material apresentado para amplo debate com o conjunto da sociedade brasileira e os poderes constituídos.

O coroamento da ampliação da competência da Justiça do Trabalho deveria acontecer no vigésimo aniversário da promulgação da Emenda Constitucional n. 45, com a apresentação dos resultados favoráveis à cidadania brasileira.

Na qualidade de protagonista, sem jamais esmorecer, apesar dos percalços, a Anamatra- entidade nacional do conjunto da magistratura do trabalho, faz a sua parte, ao lançar mais uma instigante obra coletiva para comemorar os 20 (vinte) anos do novo artigo 114 da Constituição da República.

Não foi reduzido o passo dado pelo legislador constituinte reformador para tornar a Justiça do trabalho na qualidade de ramo único especializado do Poder Judiciário apto a conhecer e julgar todos os conflitos sociais oriundos do labor prestado pela pessoa humana que tem como fonte de sustento familiar a renda obtida a partir do trabalho em prol de outrem.

Por outro lado, no espectro atual de completo desmantelamento dos fundamentos do Direito Material do Trabalho, a usurpação da competência da Justiça do Trabalho, pelo Supremo Tribunal Federal, tem sido um dos instrumentos processuais utilizados para alcançar desregulação laboral jamais vista sob a ótica jurisprudencial, tornando vazio de sentido o texto constitucional e ainda mais tormentosa a longa caminhada da Anamatra em defesa da efetividade da República e do Estado Democrático de Direito.

No conjunto de 60 temas nucleares de Direito do Trabalho julgados pelo STF, somente entre 2007 e 2020, em 57 deles o Tribunal retirou garantias antes incorporadas ao patrimônio jurídico laboral, com destaque para a liberação da terceirização generalizada, a prevalência do negociado sobre o legislado e o rebaixamento extremo da correção monetária e dos juros de mora sobre os débitos trabalhistas, além da persistente espoliação da competência da Justiça do Trabalho[(3)].

Alguns dos pronunciamentos vinculativos do STF não apenas rechaçam a auspiciosa mudança constitucional vista a partir da vigência da EC n. 45/2004, como também regridem ao tempo no qual sequer havia Justiça do Trabalho no Brasil, a ponto de impedir o conjunto da sua magistratura de analisar a existência ou não da relação de emprego e a consequente aplicação do princípio da primazia da realidade.

Não tendo sido fácil a vida do Direito do Trabalho no Brasil, da Justiça do Trabalho, de sua competência para julgar até casos antes jamais discutidos como fora de sua alçada decisória, quando o mercado neoliberal é guiado pela lógica da destruição dos valores do trabalho humano e de justiça social.

É sobre a fração jurisprudencial negacionista do conteúdo do artigo 114 que se pretende aqui analisar, ainda que de forma resumida, algumas decisões do STF.

---

(3) COUTINHO, G. F. *O STF como Justiça Política do Capital. A desconstrução do Direito do Trabalho por intermédio de decisões sintonizadas com os ímpetos do mercado neoliberal (2007-2020)*. 2020. 643 f. Tese (Doutorado em Direito e Justiça — Faculdade de Direito, UFMG.

2. MITIGAÇÃO DA COMPETÊNCIA DA JUSTIÇA DO TRABALHO PELA VIA JURISPRUDENCIAL

Apesar de ser uníssona a compreensão da literatura especializada de que a EC n. 45/2004 — *Reforma do Poder Judiciário* —, que conferiu nova redação ao art. 114 da Constituição da República, ampliou a competência da Justiça do Trabalho como nunca antes, o STF, paradoxalmente, tem empreendido movimento jurisprudencial tendente a esvaziar fração significativa da jurisdição laboral, assim o fazendo desde o final do ano de 2006 até os dias atuais de 2024.

Cuida-se de subtração da competência da Justiça do Trabalho para exercer o seu ofício jurisdicional sobre temas decorrentes das relações trabalhistas, a maioria delas envolvendo institutos jurídicos clássicos do Direito do Trabalho e do Processo do Trabalho.

Daí decorre, naturalmente, o enfraquecimento da natureza principiológica do juslaboralismo, assim se realizando a tarefa da desconstrução dos fundamentos do Direito do Trabalho por mecanismo aparentemente neutro sobre o mérito da controvérsia trazida originariamente ao exame da Justiça do Trabalho.

Para o cumprimento do Direito do Trabalho é indispensável manter segmento próprio para julgar as causas relativas ao trabalho humano. Afirma a professora Flávia Birolli que nada adiantaria a criação de direitos trabalhistas no Brasil na era Vargas, se não existisse uma Justiça Especializada para fazer respeitar princípios e regras previstos em lei.(4)

Pela via sutil de conteúdo processual, transfere-se para outros segmentos do Poder Judiciário parte significativa do debate em torno das relações de trabalho.

Alcançando mais de uma dúzia de casos diferentes, o Supremo Tribunal Federal proferiu decisões, quase todas de caráter vinculativo ou vinculante, para afastar a competência da Justiça do Trabalho em litígios envolvendo servidores públicos, empregados públicos, trabalhadores temporários na esfera pública direta, empregados aposentados nas demandas contra os seus empregadores e fundos de pensão, representantes comerciais, empregados exequentes de créditos trabalhistas cujas empregadoras encontram-se em processo de recuperação judicial ou falência, execução de créditos previdenciários decorrentes do reconhecimento judicial do vínculo de emprego e até, surpreendentemente, de trabalhadores motoristas acionados por aplicativos os quais pretendem obter o reconhecimento da relação de emprego com as respectivas plataformas eletrônicas, entre outros precedentes firmados depois da vigência da Emenda Constitucional n. 45/2004.

Trata-se de uma desconstrução deliberada da competência da Justiça do Trabalho.

Considerando a limitação natural de espaço concedida para artigo em obra coletiva organizada pela Anamatra, opta-se por avaliar, também de modo sintético, quatro das decisões do STF sobre a matéria.

3. EXECUÇÃO DE CRÉDITOS PREVIDENCIÁRIOS SOBRE SALÁRIOS PAGOS AO LONGO DO CONTRATO DE TRABALHO RECONHECIDO EM JUÍZO

O STF rejeitou a possibilidade de a jurisdição laboral alcançar recolhimentos para além daqueles incidentes sobre as parcelas principais deferidas nos autos, cabendo ao empregado, por via de consequência, apresentar demanda diversa perante outro ramo

---

(4) BIROLLI. Flávia. O Brasil de Vargas, 50 anos depois. *Correio Braziliense*, Brasília, Caderno Especial, 20 ago. 2004.

do Poder Judiciário para obter as contribuições previdenciárias não pagas durante o contrato de trabalho reconhecido em juízo trabalhista.

Em 11 de setembro de 2008, o Plenário do STF julgou o RE n. 569.056-3[5] (com repercussão geral reconhecida) decidindo competir à Justiça do Trabalho executar as contribuições previdenciárias devidas sobre os salários pagos durante vigência do contrato de trabalho reconhecido em juízo ou quaisquer outros recolhimentos que não decorram exclusivamente da incidência do tributo (contribuições para o INSS) sobre as parcelas principais deferidas ao empregado nos autos.

Foi ainda editada a Súmula STF n. 53:

> A competência da Justiça do Trabalho prevista no art. 114, VIII, da Constituição Federal alcança a execução de ofício das contribuições previdenciárias relativas ao objeto da condenação constante das sentenças que proferir e acordos por ela homologados.

A *ratio decidendi* centra-se na assertiva de que o mero reconhecimento do vínculo empregatício não é fato gerador da contribuição social previdenciária, nos moldes do art. 195, I, *a*, da Constituição Federal.

Não deixa de ser inovadora a fundamentação utilizada pelo STF.

A suposta ausência da exigibilidade de parcela previdenciária, matéria eminentemente de mérito em qualquer discussão judicial, é o suficiente para afastar competência da Justiça do Trabalho expressa em seu art. 114, VIII, sendo pressuposto processual. Em outras palavras, o Supremo inverte a ordem de análise: em se entendendo pela inexigibilidade da verba previdenciária, deve-se depois declarar a incompetência material da Justiça do Trabalho.

Reconhecido judicialmente o vínculo de emprego, impõe-se que a referida exação incida sobre a remuneração mensal auferida durante o contrato de trabalho, sem prejuízo, ainda, de sua incidência sobre outras parcelas salariais que devem ser pagas a partir da rescisão contratual.

O art. 114, VIII, da Constituição Federal, estabelece a competência da Justiça do Trabalho para processar e julgar "a execução, de ofício, das contribuições previstas no artigo 195, I, *a*, e II, e seus acréscimos legais, decorrentes das sentenças que proferir". Tal redação compõe o ordenamento primeiro desde a promulgação da EC n. 20/1998.

Quaisquer contribuições previdenciárias devidas sobre salários, diferenças salariais e sobre outras parcelas reconhecidas pela Justiça do Trabalho estão sob sua jurisdição. Afinal, o texto da Constituição não fez a restrição constante da Súmula n. 53, do STF. Sequer seria razoável deslocar a referida competência para o órgão que cabe reconhecer a parcela principal e, logo depois, restringi-la na parte mais expressiva. O fracionamento, além dos embaraços criados para o empregado exequente obter benefícios mais adiante, incluindo aposentadoria e auxílios, milita contra a unidade de convicção e de jurisdição.

O art. 114, VIII, da Constituição, estabelece a plena competência da Justiça do Trabalho para determinar o recolhimento das contribuições previdenciárias, não só aquelas decorrentes de decisões trabalhistas homologatórias de acordo ou condenatórias, mas também das devidas ao longo do período contratual havido. Desse modo, de acordo

---

(5) BRASIL. Supremo Tribunal Federal. Plenário. *Recurso Extraordinário n. 569.056-3/PA*. Julgamento em 11 set. 2008. Relator: min. Menezes Direito. Disponível em: www.stf.jus.br. Acesso em: 20 out. 2019.

com o art. 114, compete à Justiça do Trabalho a execução de todas as contribuições previdenciárias devidas sobre salários, diferenças salariais e sobre outras parcelas por ela reconhecidos, notadamente após a edição das EC n. 20/1998 e n. 45/2004.

Não se mostra razoável, portanto, interpretação restritiva de mandamento constitucional revestido do mais alto valor social para o conjunto da população brasileira, qual seja, o que atribui à Justiça do Trabalho, como segmento especializado do Poder Judiciário, competência para dirimir a totalidade do conflito resultante da relação jurídica que une ou divide trabalhadores e empregadores.

Compete à Justiça do Trabalho determinar o recolhimento da contribuição previdenciária sobre a totalidade das verbas salariais deferidas, bem como a contribuição mensal regular sobre o salário, na hipótese do reconhecimento judicial da relação de emprego, e sobre as suas diferenças, quando a remuneração real não tiver sido considerada pelo empregador como base de cálculo durante todo o contrato de trabalho.

Trata-se de forma indireta de isenção patronal das contribuições previdenciárias muitas vezes relacionadas a contratos de trabalho longos sem um único recolhimento, acarretando para a parte trabalhadora imensos prejuízos em termos de benefícios assegurados aos contribuintes do INSS, a começar pelo sacrifício ou retardamento da aposentadoria por tempo de contribuição.

4. ESVAZIAMENTO DA JUSTIÇA DO TRABALHO: DECLARAÇÃO DE INCOMPETÊNCIA DO JUDICIÁRIO ESPECIALIZADO PARA JULGAR CASOS DE COMPLEMENTAÇÃO DE APOSENTADORIA

Cuida-se aqui de caso escolhido como paradigmático do enfraquecimento do Direito do Trabalho e de seu processo pelo STF, conforme decisões proferidas entre os anos de 2013 e 2018.

É o que se vislumbra no RE n. 586.453/SE(6), com repercussão geral admitida no dia 10 de setembro de 2009 e julgamento do mérito em 20 de fevereiro de 2013. O STF afastou a competência da Justiça do Trabalho para conhecer e julgar as ações trabalhistas movidas por empregados contra os fundos de pensão instituídos pelas respectivas empregadoras, as quais geralmente são empresas estatais.

O caso em apreço é representativo de quase uma dezena de julgados recentes do STF que afastam a competência da Justiça do Trabalho para conhecer de matérias trabalhistas outras distintas da complementação de aposentadoria, mas igualmente lides oriundas das relações de trabalho ou de embates diretos entre empregadores e empregados, retiradas da jurisdição especializada laboral pelo STF, conforme apresentação a ser feita em seção posterior desta pesquisa.

Como tem sido regra geral nas hipóteses de ofensa aos fundamentos e princípios do Direito do Trabalho e de seu processo, o STF, ao declarar a incompetência da Justiça do Trabalho para julgar as demandas de trabalhadores contra suas ex-empregadoras e os fundos de pensão por elas instituídos, no ano de 2013, revisou a sua própria jurisprudência e fez com que o TST também alterasse o seu entendimento consolidado.

---

(6) BRASIL. Supremo Tribunal Federal. Pleno. *Recurso Extraordinário n. 586.453/SE*. Recorrente: Fundação Petrobrás de Seguridade Social — Petros. Recorrido: Nivaldo Mecenas dos Santos. Relatora: Min. Ellen Gracie. Redator designado: Min. Dias Toffoli. Julgado em: 20 fev. 2013. Disponível em: https://www.stf.jus.br. Acesso em: 13 out. 2019.

Isso porque, assinale-se, o STF tinha inúmeros precedentes favoráveis à competência da Justiça do Trabalho para analisar as ações movidas por trabalhadores contra as suas antigas empregadoras e os fundos de pensão por elas criados, materializando-se ali o pedido obreiro de alteração do cálculo da complementação de aposentadoria recebida mensalmente.

Entre tantos outros precedentes, nos autos do AgR no AI n. 581.451-8/PA[(7)], o STF, no dia 21 de junho de 2007, decidiu que, à luz do art.114, da Constituição Federal, é "pacífica a jurisprudência [....] de que é da Justiça do Trabalho a competência para dirimir controvérsias relativas à complementação de proventos de aposentadoria quando decorrentes de contrato de trabalho: precedentes".

No mesmo sentido, foi o resultado do julgamento do AgR. no AI n. 664.781-2/GO[(8)] , realizado no dia 9 de outubro de 2007, quando o STF decidiu que "compete à Justiça do Trabalho o julgamento de controvérsia relativa à complementação de pensão ou de aposentadoria, quando decorrente de contrato de trabalho".

A jurisprudência que preservava a competência da Justiça do Trabalho para pleito concernente à complementação de aposentadoria, como assinalado antes, foi alterada com o julgamento do RE n. 586.453/SE, iniciado no ano de 2010 e concluído em 20 de fevereiro de 2013, sob a relatoria da ministra Ellen Gracie, tendo como relator regimental o ministro Dias Toffoli.

O Plenário do STF firmou a tese de que a "competência para o processamento de ações ajuizadas contra entidades privadas de previdência complementar é da Justiça Comum, dada a autonomia do Direito Previdenciário em relação ao Direito do Trabalho". Compreendeu o Tribunal que o conteúdo do art. 202, § 2º, da Constituição Federal, autoriza excepcionar "na análise desse tipo de matéria, a norma do art. 114, IX, da Magna Carta".

Acompanharam a relatora originária do RE n. 586.453-SE os ministros Dias Toffoli, Cézar Peluso, Luiz Fux, Gilmar Mendes, Marco Aurélio e Celso de Mello. Ficaram vencidos a ministra Carmen Lúcia e o ministro Joaquim Barbosa. Os ministros Carlos Ayres Britto e Ricardo Lewandowski, embora tenham participado da primeira sessão de julgamento, em 2010, não estavam presentes durante a realização da última, em 20 de fevereiro de 2013, cujos votos respectivos deixaram de ser colhidos.

Em sua redação original, o art. 114, *caput*, da Constituição de 1988, estabelecia a competência da Justiça do Trabalho para litígios entre trabalhadores e empregadores, havendo ali expressa referência, por outro lado, quanto ao funcionamento da jurisdição laboral para dirimir outras controvérsias decorrentes da relação de trabalho.

A EC n. 45, de 30 de dezembro de 2004, além de alterar o paradigma definidor da competência da Justiça do Trabalho, antes compreendendo as figuras dos trabalhadores e empregadores, trouxe para o exame da Justiça Especializada da União todas e quaisquer ações oriundas das relações de trabalho (art. 114, I).

---

(7) BRASIL. Supremo Tribunal Federal. Primeira Turma. *Agravo Regimental no Agravo de Instrumento n. 581.451-8/PA*. Julgado em: 21 jun. 2007. Agravante: Banco da Amazônia S/A, Agravado: Célia Maria Nakauth e Outro(A/S). Relator Min. Sepúlveda Pertence. Disponível em: https://www.stf.jus.br. Acesso em: 28 nov. 2019.

(8) BRASIL. Supremo Tribunal Federal. Segunda Turma. *Agravo Regimental no Agravo de Instrumento n. 664.781-2/GO*. Julgado em: 21 jun. 2007. Agravante: Caixa Econômica Federal — CEF. Agravado: Dialmas Mendes da Paixão e Outro(A/S). Relator Min. Eros Grau. Disponível em: https://www.stf.jus.br. Acesso em: 28 nov. 2019.

Como é pacífico na literatura jurídica, a expressão "relação de trabalho" possui sentido amplo, alcançando não apenas as relações de emprego como espécie daquele gênero, assim como todas as demais relações nas quais sobrevenha prestação pessoal de serviços por trabalhador em prol de determinada pessoa física ou jurídica.

O art. 114, IX, da Constituição Federal, introduzido pela EC n. 45, de 30 de dezembro de 2004, na esteira do texto original de 1988, atribuiu à Justiça do Trabalho competência para processar e julgar outras controvérsias decorrentes da relação de trabalho.

Como direito alcançado por força do pacto laboral, a previdência complementar é proveniente, portanto, da relação de emprego, cabendo à Justiça do Trabalho apreciar os conflitos em torno dessa matéria.

É relevante destacar que a complementação de aposentadoria decorre de vantagem incorporada pela parte empregada ao seu contrato de trabalho, estando ou não extinto o referido liame.

Na verdade, os efeitos jurídicos mais concretos da complementação de pensão ou aposentadoria, diante da natureza jurídica da parcela, surgem depois de extinto o vínculo empregatício, quando o fundo de pensão instituído e mantido pela ex-empregadora obriga-se a pagar determinado valor mensal à parte trabalhadora.

Em outras palavras, pode se dizer que a extinção do contrato de trabalho é insuficiente para aniquilar ou conter algumas das cláusulas trabalhistas regularmente pactuadas pelas partes com o objetivo de alcançar as devidas repercussões jurídicas exatamente quando da cessação definitiva da prestação laboral, pelo empregado.

Havendo, no âmbito da empresa tomadora de serviços, plano de previdência complementar no qual a parte empregada tenha aderido aos seus termos como cláusula adicional do contrato de trabalho, enquanto houver direito a este benefício previdenciário, independentemente do término da prestação laboral, existirá vínculo jurídico entre o trabalhador e a sua ex-empregadora.

E o vínculo jurídico existente entre o trabalhador e a ex-empregadora é oriundo ou decorre do contrato de trabalho, aliás, sequer teria nascido se não tivesse havido uma relação de emprego entre tais partes.

Essa é a premissa fundamental a ser considerada para se contrapor ao argumento de que o art. 202, § 2º, da Constituição da República, ao declarar que os benefícios e as condições contratuais previstas nos estatutos e regulamentos das entidades de previdência complementar não integram o contrato de trabalho, e assim deve ser excepcionada a aplicação do art. 114, IX, também do texto constitucional.

Nenhum vínculo há entre o art. 202, § 2º, da Constituição Federal, e a competência da Justiça do Trabalho.

O dispositivo constitucional utilizado como fundamento para flexibilizar a competência material da Justiça do Trabalho apenas desvincula as regras dos planos de previdência complementar do conjunto de verbas incorporadas ao contrato de trabalho, não alterando, dessa maneira, a relação jurídica existente entre o trabalhador e a ex-empregadora. Se fosse diferente, precisava acabar com o próprio vínculo existente entre o segurado e o Plano de Previdência Complementar.

Em seu voto vencido no RE n. 586.453/SE, o ministro Joaquim Barbosa, assim analisou a controvérsia:

> Como nenhum empregador está legalmente obrigado a instituir plano de previdência privada para os seus funcionários, o que o legislador constituinte quis dizer, com o dispositivo mencionado, é que, uma vez instituído espontaneamente no âmbito de uma determinada empresa um plano de previdência privada, em nenhuma hipótese os benefícios desse plano se somarão definitivamente ou integrarão, por força da habitualidade, o respectivo contrato de trabalho. Não me parece que o dispositivo constitucional mencionado tenha o alcance que se pretende lhe atribuir — isto é, o de segregar o contrato de previdência privada complementar das relações de direito de trabalho eventualmente existentes entre o indivíduo e o patrocinador, com repercussão no que tange à fixação da Justiça Comum para o julgamento dos conflitos decorrentes do aludido ajuste. Refuto, então, a tese de que o art. 202, § 2º poderia amparar a conclusão de que a Justiça do Trabalho não seria mais competente para decidir as ações.

O art. 202, § 2º, da Constituição Federal, não corta o elo entre o contrato de trabalho encerrado e o plano de previdência complementar, como de fato não poderia fazê-lo, salvo se acabasse com os fundos de pensão instituídos pelas empregadoras em benefício de seus empregados.

A referida norma constitucional traz algumas limitações quanto à incorporação de benefícios do plano de previdência ao pacto laboral, mas está longe de ser uma declaração de rompimento com o Direito do Trabalho como apregoado durante os debates do julgamento do RE n. 586.453/SE.

Ainda que se pudesse admitir a separação entre Direito do Trabalho e Direito Previdenciário, em uma interpretação resistente ao conhecimento da história da previdência intimamente ligada ao trabalho humano, sem o juslaboralismo não haveria fundo de previdência complementar instituído e mantido pela empregadora em prol de seus empregados.

Ademais, a Constituição da República (art. 114, I e IX) estabeleceu que todas as lides oriundas ou decorrentes das relações de trabalho devem ser processadas e julgadas pela Justiça do Trabalho.

Inegavelmente, a relação existente entre o trabalhador e a sua empregadora e também com o fundo de pensão criado e mantido por esta última, é proveniente do contrato de trabalho outrora rescindido, sem que o legislador, constituinte ou ordinário, possa alterar o sentido jurídico das coisas reais, como de fato não o fez por intermédio do 202, § 2º, da Constituição Federal.

A subtração da competência da Justiça do Trabalho para julgar, entre tantas outras matérias, aquela afeta à complementação de aposentadoria originária de conquista obreira alcançada no curso da vigência do contrato de trabalho, não envolve apenas tema de natureza processual. Na prática, esvazia o direito material correspondente perseguido, com a atribuição jurisdicional conferida a ramos do Poder Judiciário não especializados em relações de trabalho e muitos mais lentos na solução dos casos que lhes são submetidos à apreciação.

Em última análise, quando são arrancadas da Justiça do Trabalho causas oriundas ou decorrentes das relações de trabalho, busca-se a quebra de qualquer diálogo com os princípios e fundamentos do juslaboralismo, com o retorno desmedido às normas do Direito Civil para orientar as decisões judiciais respectivas.

Por via de consequência, nega-se efetividade aos direitos fundamentais amparados pela Constituição da República e aos próprios fundamentos do Estado Democrático de Direito, incluindo a ofensa ao valor social do trabalho.

5. (IN)COMPETÊNCIA DA JUSTIÇA DO TRABALHO PARA JULGAMENTO DE DEMANDAS DE TRABALHADORES REPRESENTANTES COMERCIAIS CONTRA AS EMPRESAS REPRESENTADAS — MATÉRIA AFETA AO PAGAMENTO DE COMISSÕES E DIFERENÇAS

Com repercussão geral admitida em 2009, o RE n. 606.003/RS[(9)] foi apreciado pelo Plenário Virtual do STF no período de 18 a 25 de setembro de 2020.

O relator da matéria, ministro Marco Aurélio, propôs ao Tribunal que declarasse não ter sido recepcionado pela Constituição de 1988 o conteúdo do art. 39, da Lei n. 4.886/1995, norma que estabelece a competência da Justiça Comum para dirimir os conflitos entre os representantes comerciais autônomos e as empresas para as quais prestam serviços.

Em seu voto, o ministro Marco Aurélio defendeu, em síntese, as proposições centrais descritas abaixo:

> O cerne da questão diz respeito à definição da competência para apreciar ações voltadas à cobrança de comissões, ajuizadas por representantes comerciais contra a empresa para a qual prestavam serviços. Indaga-se se, observado o artigo 114, incisos I e IX, da Carta Federal, com a redação dada pela Emenda Constitucional n. 45/2004, cumpre à Justiça do Trabalho fazê-lo.
>
> A Constituição Federal é um documento rígido. A adjetivação gera a supremacia. Está no ápice da pirâmide das normas jurídicas, e todo diploma a ela deve obséquio, respeito. A Lei n. 4.886/1995, mais precisamente o artigo 39 dela constante, não se coaduna com a ordem constitucional decorrente da Emenda de n. 45/2004, surgindo a não recepção.
>
> Ante o quadro, desprovejo o extraordinário. Proponho tese para efeito de repercussão geral: *'Compete à Justiça do Trabalho julgar conflito de interesse a envolver relação jurídica entre representante e representada comerciais'*.

Prevaleceu, contudo, a divergência inaugurada pelo ministro Luís Roberto Barroso, com o reconhecimento pelo Plenário do STF, por maioria de voto, da incompetência material da Justiça do Trabalho para julgar as demandas dos representantes comerciais contra as empresas por eles representadas, quanto às pretensões relacionadas à exigência do pagamento de comissões pactuadas e outras verbas correlatas, dando-se, dessa maneira, a reforma *in totum* da decisão proferida pelo TST.

As teses vencedoras apresentadas pelo ministro Luís Roberto Barroso estão assim resumidas nas ementas de seu voto:

> As atividades de representação comercial autônoma configuram contrato típico de natureza comercial, disciplinado pela Lei n. 4.886/65, a qual prevê (i) o exercício da representação por pessoa jurídica ou pessoa física, sem relação de emprego, que desempenha, em caráter não eventual por conta de uma ou mais pessoas, a mediação para a realização de negócios mercantis e (ii) a competência da Justiça Comum para o julgamento das controvérsias que surgirem entre representante e representado.
>
> Na atividade de representação comercial autônoma inexiste entre as partes vínculo de emprego ou relação de trabalho, mas relação comercial regida por legislação especial (Lei n. 4.886/65). Por conseguinte, a situação não foi afetada pelas alterações introduzidas pela EC n. 45 /2004, que versa sobre hipótese distinta ao tratar da relação de trabalho no art. 114 da Constituição.
>
> A proteção constitucional ao trabalho não impõe que toda e qualquer relação entre o contratante de um serviço e o seu prestador seja protegida por meio da relação de trabalho (CF/1988, art. 7º). Precedentes.

---

(9) BRASIL. Supremo Tribunal Federal. Plenário. *Recurso Extraordinário n. 606.003/RS*. Sessão Virtual, de 18 set. 2020 a 25 set. 2020. Relator: min. Marco Aurélio. Redator Designado: min. Luís Roberto Barroso. Disponível em: www.stf.jus.br. Acesso em: 3 out. 2020.

Em primeiro lugar, nota-se que o redator designado daquele acórdão Plenário, ministro Luís Roberto Barroso, acompanhado pela maioria, introduz na seara jurídico-laboral um conceito novo de relação de trabalho, equivalente, na prática, à relação de emprego, quando a literatura especializada, de ontem e de hoje, revela que a primeira é gênero da qual a segunda, mais restrita, é espécie.

Na adequada acepção jurídica do juslaboralista Mauricio Godinho Delgado,

> A Ciência jurídica do Direito enxerga clara distinção entre relação de trabalho e relação de trabalho.
>
> A primeira tem caráter genérico: refere-se a todas as relações jurídicas caracterizadas por terem sua prestação essencial centrada em uma obrigação de fazer consubstanciada em labor humano. Refere-se a toda modalidade de contratação de trabalho humano modernamente admissível. A expressão relação de trabalho englobaria, desse modo, a relação de emprego, a relação de trabalho autônomo, a relação de trabalho eventual, de trabalho avulso e outras modalidades de pactuação de prestação de labor (como trabalho de estágio, etc.). Traduz, portanto, gênero a que se acomodam todas as formas de pactuação de prestação de trabalho existentes no mundo jurídico atual.
>
> Evidentemente que a palavra trabalho, embora ampla, tem uma inquestionável delimitação: refere-se a dispêndio de energia pelo ser humano objetivando resultado útil (e não dispêndio de energia por seres irracionais ou pessoa jurídica). Trabalho é atividade inerente à pessoa humana, compondo o conteúdo físico e psíquico dos integrantes da humanidade. É, em síntese, *o conjunto de atividades, produtivas ou criativas, que o homem exerce para atingir determinado fim.*
>
> A relação de emprego, do ponto de vista técnico-jurídico, é apenas uma das modalidades específicas de relação de trabalho juridicamente configuradas. Corresponde a um tipo legal próprio e específico, inconfundível com as demais modalidades de relação de trabalho ora vigorantes[10].

Sempre que alguém, pessoa física, prestar serviço a outrem, dispendendo a sua energia física e mental em prol de quem o contratou para executar determinado serviço, haverá inafastável relação de trabalho entre as partes.

Seja qual for nomenclatura atribuída ao contrato celebrado entre pessoa física prestadora de serviços e a respectiva tomadora, existirá, em tal hipótese, inescondível relação de trabalho, tanto do ponto de vista sociológico em torno do que vem a ser trabalho humano, quanto da perspectiva estritamente jurídica.

Em outros termos, o representante comercial que desenvolve as suas atividades para uma ou mais empresas, fazendo-o de forma pessoal, mantém com cada uma delas típica relação de trabalho, podendo o referido vínculo laboral configurar ou não relação de emprego.

O representante comercial não é o comerciante. Comércio é a atividade de sua representada. Ele é o trabalho humano materializado em cada venda efetuada para terceiros. Sem o seu trabalho não haveria a concretização daqueles negócios entre a

---

(10) DELGADO, Mauricio Godinho. *Curso de Direito do Trabalho*. 6. ed. São Paulo: LTr, 2007. p. 285-286.

sua representada e terceiros, muitas vezes, diga-se, entre empresas, cujo intermediário é esta figura nomeada como vendedor representante comercial.

O representante comercial é, em última análise, o trabalhador responsável pelas vendas realizadas no atacado a terceiros, os quais vão cuidar depois da comercialização dos mesmos produtos para o consumidor final.

Não reconhecer a existência de labor prestado pelo representante comercial é, sem nenhuma dúvida, negar a existência de trabalho humano por ele desenvolvido em prol de empresas, como se fosse possível proclamar que esta pessoa natural é ser invisível no âmbito de transações comerciais celebradas entre empreendimentos econômicos e comerciais.

Acaso fosse relação puramente mercantil, o representante comercial adquiriria em nome próprio os produtos da empresa e depois os revenderia sem a interferência de quaisquer pessoas. Não é o que se sucede. Ele é somente o vendedor da empresa, o seu representante junto a outras pessoas, como bem exteriorizam notas fiscais emitidas em nome da representada naquelas transações com terceiros.

Se não é exclusivamente comercial a relação jurídica entre as empresas e os consumidores finais dos produtos adquiridos no grande mercado capitalista, por força do caráter consumerista desse negócio jurídico assim reconhecido pelo Direito das últimas décadas, muito menos é comercial a relação entre o trabalhador responsável pela venda dos produtos e a empresa proprietária das mercadorias comercializadas.

É relação de trabalho, na qual o trabalhador, pessoa natural, agente comercial, nem mesmo em caráter transitório ou fictício, detém a condição de proprietário da mercadoria por ele comercializada (como representante da tomadora de serviços), quase sempre encontrando-se em seu poder ou posse exclusivamente determinado catálogo, físico ou eletrônico, contendo as fotos dos referidos produtos.

É forçoso reconhecer que o representante comercial é o sujeito vendedor externo da empresa que o contratou para desempenhar as atividades de divulgador, propagandista e vendedor.

O vendedor representante comercial realiza atividades semelhantes àquelas desempenhadas pelos seus colegas atendentes internos de balcão, com a distinção do seu labor ser executado em caráter externo e voltado a alcançar público comprador empresarial, podendo vir a ser este vendedor externo empregado ou não, o que vai depender, em cada caso, da presença ou ausência dos supostos previstos em lei.

Para além do campo jurídico, é contra a natureza genuína das coisas afirmar que a atividade executada pelo representante de vendas não se insere como trabalho humano ou não configura relação de trabalho o vínculo mantido entre ele e a empresa que o contratou para desempenhar tal mister.

Cuida-se verdadeiramente de apagar o trabalho humano das mais variadas relações, retirando-o da proteção conferida principiologicamente pela Constituição de 1988, sob o frágil argumento de que existe relação meramente comercial entre o vendedor e os donos dos produtos por ele comercializados.

Tratar a natureza do vínculo entre o representante comercial e a empresa que o contratou para esta função como relação estritamente comercial, ou seja, sem a existência de relação de trabalho entre essas pessoas, é uma grave ofensa retórica contra o conceito de trabalho tão bem explicado didaticamente na citação anterior do professor e ministro do TST Mauricio Godinho Delgado.

Denota-se com maior nitidez o preconceito ideológico construído e enraizado nos últimos anos pelo STF, contra o trabalho, o Direito do Trabalho e a Justiça do Trabalho.

Praticamente todas as decisões do STF estão voltadas para afastar a aplicação do Direito do Trabalho e de seus princípios bem como a competência da Justiça do Trabalho, como medida consequencialista para evitar a aplicação de quaisquer direitos sociais aos empregados e aos não empregados, a ponto de os representantes comerciais, pessoas físicas, não serem considerados sequer trabalhadores.

Essa construção jurisprudencial avessa ao sentido de trabalho humano protegido, profundamente preocupada com os anseios do mercado financeiro, faz do texto constitucional, no campo dos Direitos Humanos das trabalhadoras e dos trabalhadores, mera folha de papel sem conteúdo efetivo, como já verificado em outras seções.

No caso da relação de trabalho, lembre-se, alterando a norma anterior, o novo art. 114, da Constituição da República, advindo da EC n. 45/2004, anunciou que "compete à Justiça do Trabalho processar e julgar as ações oriundas das relações de trabalho".

Para negar efetividade aos termos do art. 114, I, da Constituição da República, a maioria do STF teve que dar outra volta hermenêutica inusitada para declarar que o representante comercial, pessoa natural contratada como vendedora dos produtos das empresas contratantes, não mantém relação de trabalho com tais pessoas jurídicas, diante do vínculo estritamente comercial entre eles.

Surge a desconstrução de institutos jurídicos assim reconhecidos há décadas pelas mais distintas correntes da literatura especializada.

Ao final, o trabalho humano, definitivamente, desaparece da Constituição da República e do horizonte do Supremo Tribunal Federal.

Nada mais é trabalho protegido ou sequer relação de trabalho *lato sensu*.

A Justiça do Trabalho, então, passa a ser instituição pronta para ser sepultada brevemente por força de decisões desse jaez oriundas do STF.

Existe uma guerra jurídica em curso no Supremo Tribunal Federal contra a ideia de trabalho humano decente protegido pela Constituição da República, pelo Direito Internacional do Trabalho e pelo Direito do Trabalho principiológico.

E, nessa guerra jurídica, são atingidos aqueles sujeitos que vivem do seu próprio trabalho, as pessoas que precisam vender a sua força de trabalho para a subsistência diária e de sua família, bem como são alcançadas pela fúria jurisprudencial pró-mercado todas as instituições, públicas ou privadas, criadas para assegurar o cumprimento do primado do trabalho decente no Brasil.

6. O INCRÍVEL AFASTAMENTO DA COMPETÊNCIA DA JUSTIÇA DO TRABALHO PARA ANALISAR A CONTROVÉRSIA EM TORNO DA EXISTÊNCIA OU INEXISTÊNCIA DA RELAÇÃO DE EMPREGO

Nada mais é tão comprometedor, em relação à existência do próprio Direito do Trabalho e da Justiça do Trabalho, quanto às decisões do Supremo Tribunal Federal, no exame de Reclamações, que pronunciam a incompetência material da Especializada laboral para julgar conflitos envolvendo o reconhecimento ou não do vínculo de emprego.

Entre outros casos apreciados em 2024, o ministro-relator do caso Cabify, analisando litígio entre trabalhador motorista acionado por aplicativo e empresa proprietária de plataforma eletrônica, determinou a remessa dos autos à Justiça Comum, por entender inexistir vínculo laboral entre as referidas pessoas, Para tanto, indicou o descumprimento de decisões plenárias vinculativas do STF nos autos da ADC 48, na ADPF 324, no RE 958.252 (Tema 725-RG), na ADI 5835 MC/DF e no RE 688.223 (Tema 590-RG), "que permitem diversos tipos de contratos distintos da estrutura tradicional do contrato de emprego regido pela CLT".[11]

A decisão, com imenso respeito, é repleta de equívocos, a começar por analisar o mérito da questão antes da preliminar de maior relevância. O pressuposto processual passa a ser definido pelo resultado conferido a fatos e provas analisados pela Justiça do Trabalho.

Não bastasse essa absoluta inversão incompatível com o processo e a ordem lógica seguida por qualquer sentença, os precedentes indicados estão longe de sustentar o êxito da Reclamação.

Em primeiro lugar, registre-se, porque não há julgado vinculante do STF declarando a incompetência da Justiça do Trabalho para analisar os contornos formadores ou não do vínculo de emprego, como não poderia existir, em respeito, inclusive, aos comandos constitucionais, das Cartas de 1934 a 1988.

Reclamação é instrumento que se destina à preservação da competência do Tribunal e à manutenção da autoridade de suas decisões. Tem sido utilizada, porém, para aumentar a lente do decidido pelo STF em caráter vinculante, sem nenhuma aderência estrita aos casos trazidos a seu exame.

Não há decisão vinculativa do STF proibindo a Justiça do Trabalho de analisar e emprestar sentido jurídico a fatos, provas e eventuais fraudes trabalhistas.

A Reclamação de lente bem ampliada é que está desrespeitando os próprios precedentes do Tribunal.

Tornando-se instância recursal quanto ao exame de fatos e provas, o STF tem relegado os fundamentos e princípios do Direito do Trabalho, notadamente o da primazia da realidade, a ponto de admitir que qualquer documento assinado pela parte trabalhadora, a exemplo da constituição formal de PJ, seja o suficiente para impedir o reconhecimento da relação de emprego, além de afastar a competência da Justiça do Trabalho para julgar tais demandas, impedindo-a de analisar as fraudes trabalhistas eventualmente perpetradas, com o consequente esvaziamento da jurisdição especial laboral.

7. LEMBRANDO OUTROS CASOS DE AFASTAMENTO DA COMPETÊNCIA DA JUSTIÇA DO TRABALHO PELO STF.

Apenas para rememorar alguns outros casos cuja competência da Justiça do Trabalho foi afastada pelo STF depois da vigência da EC n. 45/2004.

i) Conflitos entre Servidores e Administração Pública direta, antes[12] e depois[13] da EC 45/2004, em notório conflito com o inciso I, do artigo 114, da CRFB.

(11) BRASIL. Supremo Tribunal federal. Decisão monocrática. RECLAMAÇÃO 59.795 MINAS GERAIS, Relator: Min. André Mendonça. Acesso em: 7 jul. 2024.

(12) BRASIL. Supremo Tribunal Federal. Pleno. Ação Direta de Inconstitucionalidade n. 492-1. Relator: Min. Carlos Velloso. *DJU*, de 12 mar. 1993.

(13) BRASIL. Supremo Tribunal Federal. Plenário. Medida Cautelar na Ação Direta de Inconstitucionalidade nº 3.395-6/DF. Julgamento em 5 abr. 2006. Relator: min. Cezar Peluso. Disponível em: www.stf.jus.br. Acesso em: 19 out. 2019.

ii) Incompetência da Justiça do Trabalho para julgar ação ajuizada por servidor celetista contra o Poder Público, em que se pleiteia parcela de natureza administrativa. (14)

iii) Disputas de caráter sindical: incompetência da Justiça do Trabalho para processar e julgar demandas em que se discute o recolhimento e o repasse de contribuição sindical de servidores públicos regidos pelo regime estatutário(15).

iv) Litígios entre Trabalhadores temporários e poder público(16), com a utilização indevida do precedente do caso dos servidores públicos estatutários.

v) Demandas de Candidatos aprovados em concursos públicos e Administração Pública indireta (atos de pré-contratação pelo regime celetista)(17), com a expressa aplicação da teoria consequencialista para afastar a competência da Justiça do Trabalho. Reconheceu o Plenário do STF a competência da Justiça Comum para dirimir conflitos atinentes à pré-contratação de empregados no âmbito da Administração Pública Indireta, pelo regime celetista, nos autos do Recurso Extraordinário n. 96.0429/ RN(18), com repercussão geral (Tema 992). Se havia alguma dúvida sobre motivação real condutora do afastamento da competência da Justiça do Trabalho para julgar mais uma matéria eminentemente trabalhista, seguindo padrão adotado pelo STF nos últimos anos, o relator, ministro Gilmar Mendes, em seu voto, tratou de espancá-la. Na leitura crítica do relator, "a Justiça do Trabalho opera quase como agente social, dizendo o que cada empresa deve fazer nesse contexto, o que me parece extremamente preocupante", segundo consta de parte da intervenção sua captada por outro portal eletrônico de notícias jurídicas'(19). Nota-se, com razoável clareza, que o STF tem afastado a competência da Justiça do Trabalho para apreciar inúmeras matérias, a maioria delas de natureza eminentemente trabalhista, inclusive sob a regência da CLT e de seus institutos jurídicos. Assim procede com base na premissa de que a visão social das juízas e dos juízes do trabalho, fortemente influenciada por princípios do juslaboralismo é, na realidade, o fator preponderante para o deslocamento das demandas da classe trabalhadora ao segmento do Poder Judiciário não especializado em relações de trabalho, senão para segmento acostumado a lidar com o Direito Civil e o Direito Administrativo. Desse modo, as sucessivas declarações de incompetência da Justiça do Trabalho, contra a norma constitucional do art. 114, são consequencialistas, antes de tudo. Analisa-se o resultado de mérito proferido em diversas ações julgadas pela Especializada do Trabalho para, então, surgir o reconhecimento de não ser este o ramo do Poder Judiciário

---

(14) BRASIL. Supremo Tribunal Federal. RE 1288440-. Plenário. Relator ministro Roberto Barroso. Julgamento ocorrido em 03/07/2023. Acesso em: 8 jul. 2024. Disponível em www.stf.jus.br .

(15) BRASIL. Supremo Tribunal Federal. RE.1089282-Plenário. Relator ministro Gilmar Mendes. Julgamento ocorrido em 07.12.2020. Disponível em www.ttf.jus.br . Acesso em: 8 jul. 2024.

(16) BRASIL. Supremo Tribunal Federal. Pleno. *Reclamação n. 5.381/AM*. Relator: Min. Carlos Britto, 17 de março de 2008. Disponível em: www.stf.jus.br. Acesso em: 11 out. 2019.

(17) BRASIL. Supremo Tribunal Federal. Plenário. *Recurso Extraordinário n. 96.0429/RN*. Tema 992 (repercussão geral). Julgamento em 5 mar. 2020. Relator: min. Gilmar Mendes. Disponível em: www.stf.jus.br. Acesso em: 18 maio 2020.

(18) BRASIL. Supremo Tribunal Federal. Plenário. *Recurso Extraordinário n. 96.0429/RN*. Tema 992 (repercussão geral). Julgamento em 5 mar. 2020. Relator: min. Gilmar Mendes. Disponível em: www.stf.jus.br. Acesso em: 18 maio 2020.

(19) VITAL, Danilo. Ações sobre concurso público devem ser julgadas pela Justiça comum, decide STF. Revista *Consultor Jurídico*, 05 de março de 2020. Disponível em: https://www.conjur.com.br/2020-mar-05/acoes-concurso-publico-jugadas-justica-comum. Acesso em: 18 maio 2020.

apto a dirimir conflitos que envolvem servidores públicos, empregados públicos, candidatos aprovados e aptos a ocupar empregos públicos, execução trabalhista contra devedores reconhecidos em autos de reclamações trabalhistas, nos casos de falência, recuperação judicial e do reconhecimento de vínculo de emprego para fins previdenciários, além de tantas outras matérias subtraídas do exame da Justiça do Trabalho. Às vezes, registre-se, o consequencialismo é expresso. Em outras oportunidades, contudo, é manifestado de maneira subliminar. O decote dia a dia da competência da Justiça do Trabalho reveste-se de método eficaz de esvaziamento dos institutos do Direito do Trabalho, ainda que de forma indireta, por via processual aparentemente neutra. Assim se processa muitas vezes mediante a utilização indevida de precedentes judiciais que ignoram a distinção existente e, em outras ocasiões, pela extensão das balizas determinantes da adoção do procedimento da repercussão geral para determinado caso.

vi) Incompetência da Justiça do Trabalho para analisar alguns aspectos do ato de dispensa de empregado público[20]. Independentemente de o ato ter sido praticado por autoridade pública, a medida relativa à dispensa ou reintegração de empregado público é matéria de direito constitucional do trabalho, não se confundindo com a relação de caráter estatutário mantida entre a Administração Pública Direta, ou suas autarquias, e os seus servidores. Por isso mesmo, a tentativa de afastar a competência da Justiça do Trabalho, em razão da pessoa (autoridade pública) que praticou o ato de dispensa ou reintegração do empregado público, colide frontalmente com o texto do art. 114, I, da Constituição da República. A competência da Especializada Laboral é definida pela matéria (relação de trabalho), e não em razão das pessoas integrantes da lide. Para não deixar qualquer dúvida, o mandamento constitucional, de forma expressa, anuncia que os litígios entre os empregados públicos e a Administração Pública indireta devem ser julgados pela Justiça do Trabalho (art. 114, I), sem separar quaisquer atos praticados pelas autoridades públicas investidos de poderes decisórios no âmbito do contrato de trabalho mantido com o Poder Público.

vii) Execução dos créditos trabalhistas de empregados das empresas em regime falência ou recuperação judicial.[21]

viii) (In)Competência da Justiça do Trabalho para determinar o recolhimento de contribuições previdenciárias complementares sobre as diferenças salariais e horas extras reconhecidas em Juízo. *Ratio decidendi* de outro julgamento aplicada de modo indevido.[22]

ix) Trabalhadores e empregados de organismos internacionais: imunidade de jurisdição que corresponde, na prática, ao afastamento da jurisdição laboral.[23]

---

(20) Supremo Tribunal Federal. Primeira Turma. *Recurso Extraordinário n. 655.283/DF*. Sessão Virtual de 5.3.2021 a 12.3.2021. Plenário. Redator: min. Dias Toffoli. Disponível em: www.stf.jus.br. Acesso em: 8 jul. 2024.

(21) BRASIL. Supremo Tribunal Federal. Plenário. *Recurso Extraordinário n. 583.955-9/RJ*, com repercussão geral. Julgamento em 28 maio 2009. Relator: min. Ricardo Lewandowski. Disponível em: www.stf.jus.br. Acesso em: 20 out. 2019.

(22) BRASIL. Supremo Tribunal Federal. Primeira Turma. *Recurso Extraordinário n. 1.214.923/PR*. Julgamento em 27 de setembro de 2019. Relator: min. Luís Roberto Barroso. Disponível em: www.stf.jus.br. Acesso em: 10 set. 2020.

(23) BRASIL. Supremo Tribunal Federal. Plenário. *Recurso Extraordinário n. 578.543/MT*. Julgamento em 15 maio 2013. Relator: min. Ellen Gracie. Disponível em: www.stf.jus.br. Acesso em: 01 jun. 2020.

x) Ação de cobrança honorários advocatícios movida por pessoa natural.(24)

xi) Adoção de medidas preventivas pela Justiça do Trabalho para autorizar ou não o trabalho infantil artístico(25), apesar das campanhas educativas do TST, do CSJT e da Anamatra.(26)

xii) Crimes contra a organização do trabalho(27).

É uma avalanche demolidora da competência da Justiça do Trabalho assegurada pelo artigo 114 da Constituição da República.

8. UM PONTO FORA DA CURVA NA JURISPRUDÊNCIA DO STF: CASO JULGADO EM 2005, ÉPOCA NA QUAL AINDA NÃO ESTAVA EM CURSO A MARCHA CONTRA O DIREITO E O PROCESSO DO TRABALHO-COMPETÊNCIA DA JUSTIÇA DO TRABALHO PARA PROCESSAMENTO E JULGAMENTO DE DEMANDAS RELATIVAS À INDENIZAÇÃO POR DANOS MORAIS E MATERIAIS DECORRENTES DE ACIDENTE DE TRABALHO

Como tudo na vida, até na destruição há limites ou, melhor definindo, existe a exceção que confirma a regra.

Em caso paradigmático, logo depois da promulgação da Emenda Constitucional n. 45/2004, no ano de 2005, o STF, reconheceu a competência da Justiça do Trabalho para apreciar as demandas envolvendo as indenizações por danos materiais e morais e decorrentes das relações de trabalho.

Sem abstrair o viés reducionista histórico da jurisprudência suprema, o fato é que em 2005 o STF estava longe de ser um Tribunal com tanta aversão aos fundamentos e princípios do Direito Material e Processual do Trabalho, daí podendo ser explicada a decisão plenária consagradora da competência da Justiça do Trabalho para julgar os litígios decorrentes dos adoecimentos laborais.

Apesar de o texto constitucional advindo da EC nº 45/2004 estabelecer a competência da Justiça do Trabalho para conhecer e julgar as ações de indenização por dano moral ou patrimonial, decorrentes da relação de trabalho (art. 114, I, da Constituição), a primeira decisão do STF refutou a possibilidade de qualquer mudança no panorama relativo às indenizações por danos morais e materiais, mantendo, assim, a competência da Justiça Comum para examinar demandas guardadas dessa natureza.

Em 9 de março de 2005, nos autos do RE n. 438.639-9/MG(28), o Pleno do STF, mesmo após a EC n. 45/2004, manifestou-se pela competência da Justiça Comum para

(24) BRASIL. Supremo Tribunal Federal. Plenário. *Recurso Extraordinário n. 607.520/MG.* Julgamento em 25 maio 2011. Relator: min. Dias Toffoli. Disponível em: www.stf.jus.br. Acesso em: 01 jun. 2020.

(25) -BRASIL. Supremo Tribunal Federal. Plenário. *Medida Cautelar na Ação Direta de Inconstitucionalidade n. 5.326/DF.* Julgamento em 27 set. 2018. Relator: min. Marco Aurélio. Disponível em: www.stf.jus.br. Acesso em: 01 jun. 2020.

(26) TST E CSJT lançam Programa de Combate ao Trabalho Infantil. *Sítio eletrônico do TST,* 8 nov. 2013. Disponível em http://www.tst.jus.br/web/trabalho-infantil/noticias/-/asset_publisher/ry7Y/content/tst-e-csjt-lancam-programa-de-combate-ao-trabalho-infantil. Acesso em: 13 out. 2019.

(27) BRASIL. Supremo Tribunal Federal. Plenário. *Medida Cautelar na Ação Direta de Inconstitucionalidade n. 3.684/DF.* Julgamento em 1º fev. 2007. Relator: min. Cézar Peluso. Disponível em: www.stf.jus.br. Acesso em: 01 jun. 2020.

(28) BRASIL Supremo Tribunal Federal. Pleno. *Recurso Extraordinário n. 438.639-9/MG.* Relator: Min. Carlos Britto, 9 de março de 2005. Disponível em: www.stf.jus.br. Acesso em: 14 out. 2019.

examinar os pedidos de indenizações por danos morais e materiais decorrentes de acidentes de trabalho, inclusive por força do princípio da unidade de convicção.

Segundo fundamentos do voto vencedor, caberia ao Judiciário Estadual processar e julgar as ações ajuizadas pelo empregado acidentado contra o Instituto Nacional do Seguro Social (INSS), devendo assim fazê-lo em relação à totalidade do evento acidente de trabalho (princípio da unidade de convicção).

Surgiram reações diversas ao pronunciamento do STF, sobretudo no âmbito da magistratura do trabalho. Houve duras críticas da Associação Nacional dos Magistrados da Justiça do Trabalho (Anamatra),(29) que aprovou, em seminário realizado no mês de março de 2005 na capital paulista, moção de repúdio à decisão.(30)

Desde aquele precedente (RE n. 438.639-9/MG), a Anamatra, sem prejuízo da crítica pública à referida decisão do STF, reuniu magistrados para estudar o posicionamento primeiro externado pelo STF depois da vigência da EC n. 45/2004. Como resultado, a associação contou com a produção de pareceres jurídicos dos juízes do trabalho, professores e juslaboralistas Sebastião Geraldo de Oliveira (TRT-3/MG) e Reginaldo Melhado (TRT-9/PR).

Esses documentos foram entregues a todos os ministros do STF, entre abril e junho de 2005, muitos dos expedientes em visitas feitas aos ministros da corte pelo próprio magistrado do trabalho Sebastião Geraldo de Oliveira, com o apoio da Anamatra, o que veio a ser ressaltado no voto vencedor do julgamento realizado no dia 29 de junho de 2005. Posteriormente, a Anamatra elaborou documento para narrar os fatos e saudar a virada jurisprudencial ocorrida no dia 29 de junho de 2005.(31)

Revendo entendimento manifestado no dia 9 de março de 2005, o STF, em 29 de junho de 2005(32), ao apreciar o Conflito de Competência (CC) n. 7.204-1/MG, firmou a competência da Justiça do Trabalho para conhecer e julgar as ações indenizatórias decorrentes de acidentes de trabalho.

Pela primeira vez em sua história quase centenária, a Justiça do Trabalho, por força da interpretação constitucional do STF no precedente CC n. 7.204-1/MG, passou a ter reconhecida a sua competência material para examinar um dos conflitos mais agudos e penosos das relações de trabalho, qual seja, o relativo aos acidentes de trabalho, que, lamentavelmente, não raro se confundem com a própria história de opressão ao labor na sociedade burguesa capitalista.

Do ponto de vista das vítimas dos acidentes de trabalho, sem menosprezar o ritmo do tempo processual bastante reduzido da Justiça do Trabalho para solucionar os conflitos, ao menos quando em comparação com a maior lentidão da Justiça Comum, conforme atestam todos os estudos produzidos pelo Conselho Nacional de

---

(29) COMPETÊNCIA para julgar. Anamatra critica decisão do STF. *ConJur,* 11 mar. 2005. Disponível em: https://www.conjur.com.br/2005-mar-11/anamatra_critica_decisao_stf_acidente_trabalho. Acesso em: 14 out. 2019.

(30) DEFESA DA CLASSE. Juízes do trabalho devem julgar dano por acidente de trabalho. *ConJur,* 17 mar. 2005. Disponível em: https://www.conjur.com.br/2005-mar-17/acidente_trabalho_julgado_jt_juiz. Acesso em: 14 out. 2019.

(31) ASSOCIAÇÃO NACIONAL DOS MAGISTRADOS DA JUSTIÇA DO TRABALHO. *Julgamento histórico.* Competência da Justiça do Trabalho. Indenização por danos morais e patrimoniais decorrentes de acidentes de trabalho. Disponível em: www.anamatra.org.br. Acesso em: 14 out. 2019.

(32) BRASIL. Plenário. Supremo Tribunal Federal. *Conflito de Competência (CC) n. 7.204/MG.* Relator: min. Carlos Britto. Julgamento em 29 jun. 2005. Disponível em: www.stf.jus.br. Acesso em: 18 out. 2019.

Justiça (CNJ), de 2003 a 2018, no "Justiça em Números"(33), mostra-se adequado que juiz especialista em relações de trabalho, conhecedor de suas raízes sociológicas e da razão de ser da principiologia protetiva ou garantista do Direito Constitucional do Trabalho, possa também dirimir a fração da ferida de maior dificuldade de cicatrização no âmbito do encontro entre o trabalho humano e o capital, sempre permeado de conflitos aparentes ou não aparentes.

Definitivamente, foi um ponto fora da curva na voracidade jurisprudencial suprema refratária à ampliação da competência da Justiça do Trabalho, não obstante o conteúdo tão significativo e expressivo do artigo 114 da Constituição da República.

Mas aqui, no caso da competência da Justiça do Trabalho para julgar as ações relativas às indenizações por danos morais e materiais decorrentes dos acidentes de trabalho, cuja decisão fora proferida em agosto de 2005, nunca é demais ressaltar novamente, frise-se, o Supremo Tribunal Federal tinha jurisprudência moderada em termos de princípios, fundamentos e valores do Direito do Trabalho e do Processo do Trabalho, ao contrário do que se verificou nos anos seguintes, quando o ideário neoliberal passou a ser o paradigma definidor da solução emprestada aos conflitos sociais judicializados no campo das relações de trabalho.

9. CONCLUSÃO

Estamos retrocedendo, do ponto de vista social, ao início do século XIX, quando não havia no cenário mundial Direito do Trabalho, época liberal marcada pela imposição absoluta de todas as condições de trabalho por parte do detentor do poder econômico. Voltamos ao reino absolutista do contrato.

Nunca havia acontecido nada parecido, em termos de devastação do Direito do Trabalho em quase dois séculos de sua existência.

Para além da revelação dos sintomas de uma grave crise de déficit da democracia constitucional, a jurisprudência do STF em matéria trabalhista expõe a necessidade de recorrer urgentemente à Constituição para corrigir os equívocos, relacionados à interpretação de seu texto e, por conseguinte, dar máxima efetividade aos direitos fundamentais nela assegurados.

Tão importante para repelir as tentativas recentes de golpes no Brasil contra a Democracia, o Tribunal não pode exercer papel tão oposto quanto à preservação dos direitos da pessoa que trabalha, constitucionalmente assegurados como pilares inarredáveis do Estado Democrático de Direito.

Não há Estado Democrático de Direito sob golpes ou iniquidades sociais, sejam eles contra a ordem institucional do sistema de representação política, sejam eles contra os direitos fundamentais do Trabalho.

Não há Democracia sem Justiça do Trabalho e a sua Competência Constitucional!

10. REFERÊNCIAS

ASSOCIAÇÃO NACIONAL DOS MAGISTRADOS DA JUSTIÇA DO TRABALHO. Julgamento histórico. *Competência da Justiça do Trabalho. Indenização por danos morais e patrimoniais decorrentes de acidentes de trabalho.* Disponível em: www.anamatra.org.br. Acesso em: 14 out. 2019.

(33) BRASIL. Conselho Nacional de Justiça. *Justiça em Números 2018*. Disponível em: https://www.cnj.jus.br/pesquisa-judiciarias/justica-em-numeros/. Acesso em: 14 out. 2019.

BIROLLI, Flávia. O Brasil de Vargas, 50 anos depois. *Correio Braziliense*, Brasília, Caderno Especial, 20 ago. 2004.

BRASIL. Supremo Tribunal Federal. Pleno. *Recurso Extraordinário n. 438.639-9/MG.* Relator: Min. Carlos Britto, 9 de março de 2005. Disponível em: www.stf.jus.br. Acesso em: 14 out. 2019.

BRASIL. Supremo Tribunal Federal. Plenário. *Recurso Extraordinário n. 606.003/RS.* Sessão Virtual, de 18 set. 2020 a 25 set. 2020. Relator: min. Marco Aurélio. Redator Designado: min. Luís Roberto Barroso. Disponível em: www.stf.jus.br. Acesso em: 3 out. 2020.

BRASIL. Supremo Tribunal Federal. Primeira Turma. *Recurso Extraordinário n. 655.283/DF.* Sessão Virtual de 5.3.2021 a 12.3.2021. Plenário Redator: min. Dias Toffoli. Disponível em: www.stf.jus.br. Acesso em: 08 de julho de jul. 2024.

BRASIL. Supremo Tribunal Federal. Primeira Turma. *Recurso Extraordinário n. 1.214.923/PR.* Julgamento em 27 de setembro de 2019. Relator: min. Luís Roberto Barroso. Disponível em: www.stf.jus.br. Acesso em: 10 set. 2020.

BRASIL. Supremo Tribunal Federal. *RE.1089282.* Plenário. Relator ministro Gilmar Mendes. Julgamento ocorrido em 07.12.2020. Acesso em: 8 jul. 2024.

BRASIL. Supremo Tribunal Federal. *RE 1288440.* Plenário. Relator ministro Roberto Barroso. Julgamento ocorrido em03/07/2023. Acesso em: 8 jul. 2024. Disponível em: www.stf.jus.br

BRASIL. Conselho Nacional de Justiça. *Justiça em Números 2018.* Disponível em: https://www.cnj.jus.br/pesquisa-judiciarias/justica-em-numeros/. Acesso em: 14 out. 2019.

BRASIL. Plenário. Supremo Tribunal Federal. *Conflito de Competência (CC) n. 7.204/MG.* Relator: min. Carlos Britto. Julgamento em 29 jun. 2005. Disponível em: www.stf.jus.br. Acesso em: 18 out. 2019.

BRASIL. Supremo Tribunal Federal. Decisão monocrática. *RECLAMAÇÃO 59.795 MINAS GERAIS.* Relator: min. André Mendonça. Acesso em: 7 jul. 2024.

BRASIL. Supremo Tribunal Federal. Plenário. *Medida Cautelar na Ação Direta de Inconstitucionalidade n. 3.395-6/DF.* Julgamento em 5 abr. 2006. Relator: min. Cezar Peluso. Disponível em: www.stf.jus.br. Acesso em: 19 out. 2019.

BRASIL. Supremo Tribunal Federal. Plenário. *Medida Cautelar na Ação Direta de Inconstitucionalidade n. 5.326/DF.* Julgamento em 27 set. 2018. Relator: min. Marco Aurélio. Disponível em: www.stf.jus.br. Acesso em: 01 jun. 2020.

BRASIL. Supremo Tribunal Federal. Plenário. *Medida Cautelar na Ação Direta de Inconstitucionalidade n. 3.684/DF.* Julgamento em 1º fev. 2007. Relator: min. Cézar Peluso. Disponível em: www.stf.jus.br. Acesso em: 01 jun. 2020.

BRASIL. Supremo Tribunal Federal. Plenário. *Reclamação n. 5.381-4.* Relator: min. Carlos Britto. DJe n. 147, 8 ago. 2008.

BRASIL. Supremo Tribunal Federal. Plenário. *Recurso Extraordinário n. 96.0429/RN.* Tema 992 (repercussão geral). Julgamento em 5 mar. 2020. Relator: min. Gilmar Mendes. Disponível em: www.stf.jus.br. Acesso em: 18 maio 2020.

BRASIL. Supremo Tribunal Federal. Plenário. *Recurso Extraordinário n. 583.955-9/RJ*, com repercussão geral. Julgamento em 28 maio 2009. Relator: min. Ricardo Lewandowski. Disponível em: www.stf.jus.br. Acesso em: 20 out. 2019.

BRASIL. Supremo Tribunal Federal. Plenário. *Recurso Extraordinário n. 569.056-3/PA*. Julgamento em 11 set. 2008. Relator: min. Menezes Direito. Disponível em: www.stf.jus.br. Acesso em: 20 out. 2019.

BRASIL. Supremo Tribunal Federal. Plenário. *Recurso Extraordinário n. 578.543/MT*. Julgamento em 15 maio 2013. Relator: min. Ellen Gracie. Disponível em: www.stf.jus.br. Acesso em: 01 jun. 2020.

BRASIL. Supremo Tribunal Federal. Plenário. *Recurso Extraordinário n. 607.520/MG*. Julgamento em 25 maio 2011. Relator: min. Dias Toffoli. Disponível em: www.stf.jus.br. Acesso em: 01 jun. 2020.

BRASIL. Supremo Tribunal Federal. Pleno. *Ação Direta de Inconstitucionalidade n. 492-1*. Relator: Min. Carlos Velloso. DJU, de 12 mar. 1993.

BRASIL. Supremo Tribunal Federal. Pleno. *Reclamação n. 5.381/AM*. Relator: Min. Carlos Britto, 17 de março de 2008. Disponível em: www.stf.jus.br. Acesso em: 11 out. 2019.

BRASIL. Supremo Tribunal Federal. Pleno. *Recurso Extraordinário n. 586.453/SE*. Recorrente: Fundação Petrobrás de Seguridade Social — Petros. Recorrido: Nivaldo Mecenas dos Santos. Relatora: Min. Ellen Gracie. Redator designado: Min. Dias Toffoli. Julgado em: 20 fev. 2013. Disponível em: https://www.stf.jus.br. Acesso em: 13 out. 2019.

BRASIL. Supremo Tribunal Federal. Primeira Turma. *Agravo Regimental no Agravo de Instrumento n. 581.451-8/PA*. Julgado em: 21 jun. 2007. Agravante: Banco da Amazônia S/A, Agravado: Célia Maria Nakauth e Outro(A/S). Relator Min. Sepúlveda Pertence. Disponível em: https://www.stf.jus.br. Acesso em: 28 nov. 2019.

BRASIL. Supremo Tribunal Federal. Segunda Turma. *Agravo Regimental no Agravo de Instrumento n. 664.781-2/GO*. Julgado em: 21 jun. 2007. Agravante: Caixa Econômica Federal — CEF. Agravado: Dialmas Mendes da Paixão e Outro(A/S). Relator Min. Eros Grau. Disponível em: https://www.stf.jus.br. Acesso em: 28 nov. 2019.

COMPETÊNCIA para julgar. Anamatra critica decisão do STF. *ConJur*, 11 mar. 2005. Disponível em: https://www.conjur.com.br/2005-mar-11/anamatra_critica_decisao_stf_acidente_trabalho. Acesso em: 14 out. 2019.

COUTINHO, G. F. *O STF como Justiça Política do Capital. A desconstrução do Direito do Trabalho por intermédio de decisões sintonizadas com os ímpetos do mercado neoliberal (2007-2020)*. 2020. 643 f. Tese (Doutorado em Direito e Justiça — Faculdade de Direito, UFMG.

COUTINHO, Grijalbo Fernandes; FAVA, Marcos Neves (Orgs). *Justiça do Trabalho: competência ampliada*. São Paulo: LTr, 2005.

COUTINHO, Grijalbo Fernandes; FAVA, Marcos Neves (Orgs). *Nova Competência da Justiça do Trabalho*. São Paulo: LTr, j2005.

DEFESA DA CLASSE. Juízes do trabalho devem julgar dano por acidente de trabalho. *ConJur*, 17 mar. 2005. Disponível em: https://www.conjur.com.br/2005-mar-17/acidente_trabalho_julgado_jt_juiz. Acesso em: 14 out. 2019.

DELGADO, Mauricio Godinho. *Curso de Direito do Trabalho*. 6. ed. São Paulo: LTr, 2007.

TST E CSJT lançam Programa de Combate ao Trabalho Infantil. *Sítio eletrônico do TST,* 8 nov. 2013. Disponível em http://www.tst.jus.br/web/trabalho-infantil/noticias/-/asset_publisher/ry7Y/content/tst-e-csjt-lancam-programa-de-combate-ao-trabalho-infantil. Acesso em: 13 out. 2019.

VITAL, Danilo. Ações sobre concurso público devem ser julgadas pela Justiça comum, decide STF. *Revista Consultor Jurídico,* 05 de março de 2020. Disponível em: https://www.conjur.com.br/2020-mar-05/acoes-concurso-publico-jugadas-justica-comum. Acesso em: 18 maio 2020.

A competência da Justiça do Trabalho e o descumprimento dos deveres relacionados ao meio ambiente de trabalho pela administração pública

Guilherme Guimarães Feliciano (*)

Paulo Roberto Lemgruber Ebert (**)

Com o advento da Emenda Constitucional n. 45/2004, a competência material da Justiça do Trabalho foi significativamente ampliada no ensejo de atribuir àquele ramo especializado do Poder Judiciário a apreciação da generalidade dos litígios que, direta ou indiretamente, decorrem das relações de trabalho aqui compreendidas em um sentido amplo (não mais restrito ao vínculo empregatício clássico) a abranger a totalidade dos liames jurídicos constituídos por um tomador de serviços, em uma ponta, e por um prestador, na outra, independentemente de sua nomenclatura.(1)

Dentre os temas vinculados às relações de trabalho que passaram a ser apreciados pela Justiça do Trabalho em decorrência da nova redação conferida ao artigo 114 da Constituição Federal se situam as questões concernentes à gestão do meio ambiente do trabalho por parte dos tomadores de serviços, a compreenderem, na clássica síntese formulada por Christophe Dejours, os elementos relacionados às *condições de trabalho* e à *organização do trabalho*.(2)

(*) Professor Associado III do Departamento de Direito do Trabalho e da Seguridade Social da Faculdade de Direito da Universidade de São Paulo — USP. Livre-Docente em Direito do Trabalho pela Faculdade de Direito da Universidade de São Paulo — USP. Doutor em Direito Processual Civil pela Faculdade de Direito da Universidade de Lisboa. Doutor em Direito Penal pela Faculdade de Direito da Universidade de São Paulo — USP. Titular da Cadeira n. 53 da Academia Brasileira de Direito do Trabalho. Coordenador do Grupo de Pesquisas Meio Ambiente do Trabalho — GPMAT e do Núcleo de Pesquisa e Extensão "O Trabalho Além do Direito do Trabalho — NTADT" da Faculdade de Direito da USP.

(**) Pesquisador de pós-doutorado na Faculdade de Direito da Universidade de São Paulo — USP. Doutor em Direito do Trabalho e da Seguridade Social pela Faculdade de Direito da Universidade de São Paulo — USP. Especialista em Direito Constitucional pela Universidade de Brasília — UnB. Especialista em "Derechos Humanos Laborales, Empresas Transnacionales y Diligencia Debida" pela Universidad de Castilla-La Mancha (UCLM). Advogado. Pesquisador-**Líder** do Grupo de Pesquisas Meio Ambiente do Trabalho — GPMAT da Faculdade de Direito da USP e coordenador do GT-6 do Observatório dos Impactos das Novas Morfologias do Trabalho do Instituto de Estudos Avançados da Universidade de São Paulo — USP.

(1) SCHIAVI. Mauro. *Manual de direito processual do trabalho*. 2. ed. São Paulo: LTr, 2009. p. 219.

(2) Nas palavras de Dejours:

"Por *condição de trabalho* é preciso entender, antes de tudo, ambiente físico (temperatura, pressão, barulho, vibração, irradiação, altitude, etc.), ambiente químico (produtos manipulados, vapores e gases tóxicos,

Contudo, no decurso das duas últimas décadas, a atuação interpretativa do próprio Poder Judiciário — especialmente a exercida pelo Supremo Tribunal Federal — acabou por mitigar o escopo originário do artigo 114 da Constituição Federal, com redação conferida pela Emenda Constitucional n. 45/2004. Destaca-se, nesse sentido, o julgamento da Ação Direta de Inconstitucionalidade n. 3.395/DF, pela qual o Excelso Pretório afastou a competência dos juízes e tribunais do Trabalho para processar e julgar as controvérsias de ordem laboral a envolver o Poder Público e seus servidores em regime estatutário/administrativo, haja vista a natureza do vínculo mantido entre estes últimos e aquele primeiro, nos seguintes termos:

> CONSTITUCIONAL E TRABALHO. COMPETÊNCIA DA JUSTIÇA DO TRABALHO. ART.114, I, DA CONSTITUIÇÃO FEDERAL. EMENDA CONSTITUCIONAL 45/2004. AUSÊNCIA DE INCONSTITUCIONALIDADE FORMAL. EXPRESSÃO 'RELAÇÃO DE TRABALHO'. INTERPRETAÇÃO CONFORME À CONSTITUIÇÃO. EXCLUSÃO DAS AÇÕES ENTRE O PODER PÚBLICO E SEUS SERVIDORES. PRECEDENTES. MEDIDA CAUTELAR CONFIRMADA. AÇÃO DIRETA JULGADA PARCIALMENTE PROCEDENTE.
>
> O processo legislativo para edição da Emenda Constitucional 45/2004, que deu nova redação ao inciso I do art. 114 da Constituição Federal, é, do ponto de vista formal, constitucionalmente hígido. A interpretação adequadamente constitucional da expressão 'relação do trabalho' deve excluir os vínculos de natureza jurídico estatutária, em razão do que a competência da Justiça do Trabalho não alcança as ações judiciais entre o Poder Público e seus servidores.
>
> Medida Cautelar confirmada e Ação Direta julgada parcialmente procedente." SUPREMO TRIBUNAL FEDERAL. AÇÃO DIRETA DE INCONSTITUCIONALIDADE N. 3.395/DF. RELATOR: Ministro Alexandre de Moraes. Plenário. DJ: 1º.7.2020.[3]

A partir do advento do referido precedente, passou-se a questionar, pela via da Reclamação Constitucional, se as competências atribuídas à Justiça do Trabalho pelo artigo 114 da Constituição Federal incluiriam o mister de processar e julgar as ações civis públicas ajuizadas em vistas ao cumprimento, por parte das instâncias integrantes da Administração Pública, das disposições concernentes à higidez do respectivo meio ambiente do trabalho.

Em um desses feitos (a Reclamação n. 49.516/RO), a Ministra Rosa Weber chegou a deferir monocraticamente medida liminar para suspender a tramitação de ação civil pública no âmbito do Tribunal Regional do Trabalho da 14ª Região, cujo objeto era precisamente a condenação do Estado de Rondônia à readequação estrutural do meio ambiente de trabalho de sua Polícia Civil, em conformidade com as normas regulamentares editadas pelo Ministério do Trabalho com respaldo no artigo 200 da CLT.

À ocasião, a concessão da referida liminar causou apreensão entre os estudiosos do Direito Ambiental do Trabalho, mormente porque sinalizava uma mudança significativa no entendimento consolidado pelo Supremo Tribunal Federal em sua Súmula n. 736, a preconizar que "[c]*ompete à Justiça do Trabalho julgar as ações que tenham como*

---

poeiras, fumaças etc.), o ambiente biológico (vírus, bactérias, parasitas, fungos), as condições de higiene, de segurança, e as características antropométricas do posto de trabalho.

(...)

Por *organização do trabalho* designamos a divisão do trabalho, o conteúdo da tarefa (na medida em que ele dela deriva), o sistema hierárquico, as modalidades de comando, as relações de poder, as questões de responsabilidade etc." DEJOURS. Christophe. Trad: PARAGUAY. Ana Isabel; FERREIRA. Lúcia Leal. *A loucura do trabalho. Estudo de psicopatologia do trabalho.* 6. ed., 2ª Reimpressão. São Paulo: Cortez/Oboré, 2018. p. 29.

(3) BRASIL: SUPREMO TRIBUNAL FEDERAL. AÇÃO DIRETA DE INCONSTITUCIONALIDADE N. 3.395/DF. RELATOR: Ministro Alexandre de Moraes. Plenário. DJ: 1º.7.2020

causa de pedir o descumprimento de normas trabalhistas relativas à segurança, higiene e saúde dos trabalhadores".

Posteriormente, a liminar em apreço acabou por ser reformada em sede de agravo interno, sob o argumento de que não haveria identidade material entre o que fora decidido na Ação Direta de Inconstitucionalidade n. 3.395/DF e a matéria em discussão na ação civil pública a tramitar no âmbito do Tribunal Regional do Trabalho da 14ª Região. Não obstante, o episódio serviu de alerta para os constantes intentos no sentido de cindir a apreciação dos temas labor-ambientais — inclusive no tocante à competência para a apreciação dos respectivos litígios — unicamente em função do vínculo (privado ou estatutário) mantido entre os prestadores e os tomadores de serviços.(4)

Portanto, a despeito da reafirmação do entendimento consolidado pelo Supremo Tribunal Federal em sua Súmula n. 736, é oportuno tecer, nas presentes linhas, algumas considerações importantes sobre a histórica cisão entre trabalhadores privados e servidores públicos para fins de definição dos respectivos regimes jurídicos e, principalmente, sobre a irrelevância de tal distinção no tocante à gestão do meio ambiente de trabalho e à delimitação da competência material atribuída à Justiça do Trabalho pelo artigo 114 da Constituição Federal.

Nesse sentido, a análise das situações ora cotejadas permite antever, de plano, que a distinção entre a relação empregatícia tradicional e o vínculo funcional a permear a Administração Pública e os seus servidores reside, substancialmente, no regime de direitos e obrigações a que se submetem uns e outros.

Sob tal lógica, enquanto os dois polos da relação empregatícia tradicional (empregado e empregador) dispõem de certo grau de liberdade e de autonomia para fixar as condições recíprocas de prestação e de contraprestação do labor, os indivíduos submetidos ao vínculo funcional (os servidores públicos) se encontram estritamente atados ao regime imposto unilateralmente pelo Estado, ou seja, ao estatuto que delimita suas obrigações funcionais, prerrogativas e direitos.(5)

A razão para a prevalência de tal distinção no Direito Administrativo e na própria jurisprudência do Supremo Tribunal Federal consiste no fato de que os servidores

---

(4) "Ementa: Agravo interno. Reclamação constitucional. Ação civil pública. Cumprimento de noras relativas ao meio ambiente de trabalho. Competência da justiça do trabalho. Afronta ao decidido na ADI 3.395/DF. Ausência de estrita aderência entre o ato reclamado e a decisão paradigma. 1. Na hipótese ajuizada ação civil pública com objetivo de impor ao Estado o cumprimento de normas relativas ao meio ambiente de trabalho, de modo que não há identidade material entre o paradigma invocado (ADI 3.395/DF) e o ato reclamado. Precedentes: Rcl 20.744-AgR/SC, Rel. Min. Roberto Barroso, Primeira Turma, DJe 24.02.2016 e Rcl 42.011-AgR/SP, Rel. Min. Luiz Fux, Primeira Turma, DJe 10.9.2020. 2. Agravo interno conhecido e não provido com aplicação da penalidade prevista no art. 1.021, § 4º, do CPC/2015, calculada à razão de 1% (um por cento) sobre o valor atualizado da causa, se unânime a votação." BRASIL: SUPREMO TRIBUNAL FEDERAL.AGRAVO REGIMENTAL NA RECLAMAÇÃO N. 49.616/RO. RELATORA: Ministra Rosa Weber. 1ª Turma. DJ: 21.6.2022.

(5) Conforme bem sintetiza a Ministra Cármen Lúcia Antunes Rocha:

"Como o toque de Midas a determinar com o toque inicial de sua mão a natureza do que é tocado, também nesse caso provém da essência do ato do qual nasce a relação formalizada entre Estado e servidor a qualidade de direito público dominante do vínculo firmado entre ambos. Foi a ideia que acabou, portanto, por prevalecer, até aqui. A teoria do regime estatutário, determinante da natureza de direito público da relação afirmada entre o Estado e o servidor, tem sido considerada a única legítima que pode presidir a relação de emprego formalizada entre eles. Atualmente ainda se considera o estatuto como o conjunto de direitos, deveres e responsabilidades compiladas num documento legal e impostas abstrata, genérica e obrigatoriamente a quem se subsuma a seus termos ou que neles se enquadre." ROCHA. Cármen Lúcia Antunes. *Princípios constitucionais dos servidores públicos.* São Paulo: Saraiva, 1999. p. 119-120.

públicos, ao contrário dos empregados privados, não apenas personificam a figura do Estado no trato cotidiano com os cidadãos e no desempenho das atividades inerentes à suas respectivas funções, como também lidam com interesses públicos no regular exercício de seus misteres.(6)

Justamente por tal razão, ainda segundo a lógica ora exposta, não haveria espaço, nas relações laborais entabuladas entre o Estado e seus servidores, para a formulação de acordos de vontades entre aquele primeiro e estes últimos, pois a primazia do interesse público, corporificado na figura da Administração Pública, estaria a impor, impreterivelmente, a prevalência dos desígnios coletivos tutelados pelo ente público em tais relações.

Nesse sentido, já asseverava José Antonio Pimenta Bueno, o Marquês de São Vicente, ao comentar a Constituição Imperial de 1824, que *"os empregados públicos são estabelecidos no interêsse do serviço social, e não no seu interêsse individual, para manter os direitos dos cidadãos, fazer-lhes justiça, promover os interêsses e o bem-ser da associação."*(7)

Foi justamente tal ideário a predominar desde os primórdios do Brasil independente que serviu de fundamento para o Supremo Tribunal Federal, por ocasião do julgamento da ADI n. 3.395/DF, reafirmar a teoria *institucionalista* do vínculo funcional com o Poder Público para subtrair da esfera de competências atribuídas à Justiça do Trabalho pelo artigo 114, I, da Constituição Federal, as controvérsias laborais travadas entre a Administração Pública e seus servidores, conforme atesta a transcrição dos trechos pertinentes do voto condutor:

> O Sr. Ministro Alexandre de Moraes:
>
> VOTO
>
> (...)
>
> Cabe se desconsiderar qualquer espaço para uma leitura interpretativa do inciso I do art. 114 da Constituição Federal que admita como competente a Justiça do Trabalho para julgamento de causas que alcancem relações jurídicas laborais, figurando em um dos polos a União, os Estados, o Distrito Federal e os Municípios, e no outro os seus Servidores ocupantes de cargos criados por lei, de provimento efetivo ou em comissão, incluídas autarquias e fundações públicas. As relações laborais entre os Entes federativos e seus Servidores somente são dotadas de juridicidade, aliás, compaginando-se com o entendimento encampado e pacificado pelo SUPREMO TRIBUNAL FEDERAL para a expressão 'relações de trabalho', acaso observando essas como relações puramente de Direito Administrativo, isto é, como relações decorrentes, não de contrato civil de trabalho, mas de estatuto jurídico específico.
>
> (...)

---

(6) Segundo o magistério clássico de Oswaldo Aranha Bandeira de Mello:
"Os fenômenos concernentes à vontade do Estado devem ser considerados com referência ao agente público, porque é ele quem age em nome e por conta do Estado, nos limites da sua competência, e das atribuições deste, integrado numa das parcelas do ser, pessoa jurídica. Daí a razão pela qual se recorre ao agente público, em tudo que diz respeito ao exercício da sua função, para apreciar-se o conhecimento e a ignorância, a boa e má-fé, a vontade viciada ou não.
(...)
Não consiste o agente público, destarte, em simples instrumento mecânico da ação estatal, mas em elemento dinâmico do órgão, que age em nome e por conta do Estado, e, por isso, possui o poder, estabelecido pela ordem jurídica, que lhe confere essa situação, de realizar a atividade estatal, mediante manifestação jurídica, ou, simplesmente, ação lícita material. Então, ocorre a imputação ao Estado da vontade do agente público." MELLO. Oswaldo Aranha Bandeira de. *Princípios gerais de Direito Administrativo. Volume II. Das pessoas.* Rio de Janeiro: Forense, 1974. p. 277-278.

(7) BUENO. José Antonio Pimenta. *Direito Público brasileiro e análise da Constituição do Império.* Rio de Janeiro: Ministério da Justiça e Negócios Interiores — Serviço de Documentação, 1958. p. 428.

> É à luz do exposto que permanece jurídica a definição adotada pela Decisão cautelar que chancelou a monocrática liminar, proferida nesta Ação Direta de Inconstitucionalidade, no sentido de não tomar por incluído pelo inciso I do art. 114 da Constituição Federal, 'em seu âmbito material de validade, as relações de natureza jurídico-administrativa dos servidores públicos' (ADI 3.395 MC, Rel. Min. CEZAR PELUSO, Pleno, 5/4/2006), sendo daí cabível a interpretação conforme à Constituição, sem redução de texto. VOTO, pois, por, conhecendo da Ação Direta de Inconstitucionalidade 3.395, DAR-LHE PARCIAL PROCEDÊNCIA, confirmando a decisão liminar concedida e fixando, com aplicação de interpretação conforme à Constituição, sem redução de texto, que o disposto no inciso I do art. 114 da Constituição Federal não abrange causas ajuizadas para discussão de relação jurídico-estatutária entre o Poder Público dos Entes da Federação e seus Servidores.(8) (Destacou-se)

Tal orientação, a justificar a manutenção da competência da Justiça Comum (Estadual ou Federal, a depender do caso) para a apreciação das controvérsias relacionadas à prestação laboral dos servidores à Administração Pública ou à contraprestação a eles devida por esta última, já havia sido chancelada pelo Supremo Tribunal Federal em 1992, por ocasião do julgamento da ADI n. 492/DF, que teve por objeto a impugnação do artigo 240, "d" e "e", da Lei nº 8.112, de 11.12.1990.(9)

Naquela ocasião, a exemplo do que ocorreu recentemente na Ação Direta de Inconstitucionalidade n. 3.395/DF, prevaleceu a tese formulada pelo Ministro Carlos Velloso no sentido de que a distinção existente entre os empregados privados e os servidores públicos no tocante (i) à fixação das condições para a prestação do labor; (ii) à natureza das atividades desempenhadas por uns e por outros; (iii) aos interesses envolvidos em seus respectivos misteres e (iv) ao caráter estatutário — e não contratual — do vínculo mantido entre o Estado e os ocupantes de seus cargos, impunha a declaração de inconstitucionalidade dos sobreditos dispositivos legais, nos seguintes termos:

> CONSTITUCIONAL. TRABALHO. JUSTIÇA DO TRABALHO. COMPETÊNCIA. AÇÕES DOS SERVIDORES PÚBLICOS ESTATUTÁRIOS. C.F., ARTS. 37, 39, 40, 41, 42 E 114. LEI N. 8.112, DE 1990, ART. 240, ALÍNEAS "D" E "E". I — SERVIDORES PÚBLICOS ESTATUTÁRIOS: DIREITO À NEGOCIAÇÃO COLETIVA E À AÇÃO COLETIVA FRENTE À JUSTIÇA DO TRABALHO: INCONSTITUCIONALIDADE. LEI 8.112/90, ART. 240, ALÍNEAS "D" E "E". II — SERVIDORES PÚBLICOS ESTATUTÁRIOS: INCOMPETÊNCIA DA JUSTIÇA DO TRABALHO PARA O JULGAMENTO DOS SEUS DISSÍDIOS INDIVIDUAIS. INCONSTITUCIONALIDADE DA ALÍNEA "e" DO ART. 240 DA LEI 8.112/90. III — AÇÃO DIRETA DE INCONSTITUCIONALIDADE JULGADA PROCEDENTE.
>
> (...)
>
> VOTO.
>
> (...)
>
> O Exmo. Ministro Carlos Velloso.
>
> (...)
>
> Trabalhador e servidor público, pois, têm conceito próprio, conceitos diferentes: trabalhador é, de regra, quem trabalha para empregador privado, inclusive os que prestam serviço a empresas públicas, sociedades mistas e entidades estatais que explorem atividade econômica (C.F., art. 173,

---

(8) BRASIL: SUPREMO TRIBUNAL FEDERAL. AÇÃO DIRETA DE INCONSTITUCIONALIDADE N. 3.395/DF. RELATOR: Ministro Alexandre de Moraes. Plenário. DJ: 1º.7.2020.

(9) Os dispositivos legais em referência possuíam a seguinte redação:

"Art. 240. Ao servidor público civil é assegurado, nos termos da Constituição Federal, o direito à livre associação sindical e os seguintes direitos, entre outros, dela decorrentes:

(...)

d) de negociação coletiva;

e) de ajuizamento, individual e coletivamente, frente à Justiça do Trabalho, nos termos da Constituição Federal."

§ 1º). Trabalhador é, de regra, o que mantém relação de emprego, é o empregado, o que tem empregador, e empregador é, em princípio, o ente privado. Porque poderá haver, no serviço público, trabalhadores regidos pela CLT, o poder público, nestes casos, assumirá a condição de empregador.

(...)

Sob o ponto de vista legal, portanto, trabalhador é o 'prestador de serviços tutelado', de cujo conceito excluem-se os servidores públicos civis e militares sujeitos a regime jurídico próprio. Posta assim a questão, examinemos a norma matriz da competência da Justiça do Trabalho, que se contém no art. 114 da Constituição:

(...*omissis*...)

À Justiça do Trabalho compete, pois, conciliar e julgar os dissídios individuais e coletivos entre trabalhadores e empregadores, incluídos entre estes os entes de direito público externo e interno. Quer dizer, conciliará e julgará os dissídios entre trabalhadores e empregadores. Se, conforme vimos de ver, o conceito de trabalhador não é o mesmo de servidor público, a Justiça do Trabalho não julgará dissídios de servidor público e poder público, mesmo porque poder público não emprega, dado que o regime do servidor público com o poder público é 'o regime de cargo, de funcionário público — não o de emprego', ou 'o regime designado, entre nós, como estatutário.'[10]

Da análise do entendimento formulado pelo Supremo Tribunal Federal no acórdão proferido na ADI 3.395/DF que, ao fim e ao cabo, reafirmou o entendimento já consagrado na ADI n. 492/DF, observa-se que a interpretação conforme à Constituição ali conferida à expressão *"relação de trabalho"* constante do artigo 114, I, da Lei Maior se limita às controvérsias de natureza estritamente laboral a envolverem, de um lado, os servidores públicos e, de outro, as pessoas jurídicas da Administração Pública direta ou indireta.

E por controvérsias de natureza estritamente laboral entendam-se, aqui e doravante, as que se estabeleçam em torno de direitos trabalhistas típicos, como o direito aos pisos salariais e respectivos reajustes, aos adicionais e gratificações e às vantagens típicas do regime contratual ou estatutário (FGTS, anuênios, licenças-prêmios etc.), por exemplo.

Desse modo, apenas as lides que tiverem por objeto a discussão a respeito das prestações e das contraprestações devidas reciprocamente pela Administração Pública e por seus servidores, com previsão nos correspondentes estatutos legais ou infralegais de regência, é que estarão afastadas da esfera de competências atribuídas pelo artigo 114, I, à Justiça do Trabalho.

Do contrário, a limitação semântica conferida pelo Pretório Excelso à expressão *"relação de trabalho"* fixada textualmente no dispositivo constitucional em apreço <u>não</u> abrange as controvérsias concernentes à estruturação do meio ambiente de trabalho a circundar os indivíduos que desempenham suas atividades profissionais nas dependências onde funcionam as pessoas jurídicas da Administração Pública *lato sensu*.

De fato, o direito ao *meio ambiente do trabalho adequado*, a compreender a higidez dos elementos materiais e imateriais condicionantes do bem estar e da qualidade de vida que circundam os indivíduos no desempenho de suas profissões, configura uma garantia assegurada, indistintamente, a qualquer indivíduo alocado em atividades ocupacionais, independentemente da natureza do vínculo por ele mantido com seu(s) tomador(es) de serviços, nos termos dos artigos 200, VIII e 225, *caput*, da Constituição Federal.[11]

---

(10) BRASIL: SUPREMO TRIBUNAL FEDERAL. AÇÃO DIRETA DE INCONSTITUCIONALIDADE N. 492/DF. RELATOR: Min. Carlos Velloso. Plenário. DJ: 12.3.1993, p. 3.557.

(11) "Art. 200. Ao sistema único de saúde compete, além de outras atribuições, nos termos da lei:

(...)

Em reforço a tal constatação, é digno de nota que o artigo 7º, XXII, da Constituição Federal assegura à generalidade dos trabalhadores o direito à *"redução dos riscos inerentes ao trabalho, por meio de normas de saúde, higiene e segurança"*, de modo que o artigo 39, § 3º, da Carta Magna reafirma expressamente a aplicabilidade do inciso em apreço também para os servidores públicos.[(12)]

De fato, a expressão *meio ambiente* conforma um conceito unitário, pois engloba todos os elementos naturais e artificiais que circundam os seres humanos e que são essenciais para a manutenção de sua integridade física e psíquica. Na precisa definição de Michel Prieur, é ele o *"conjunto de fatores que influenciam o meio no qual o homem vive."* Por essa singela razão, as diretrizes principiológicas que norteiam o tema se aplicam de forma plena a todas as subdivisões do meio ambiente (cultural, digital, do trabalho, urbano, rural etc.).[(13)]

Sendo o meio ambiente do trabalho, portanto, uma parte desse amplo conjunto, as questões atinentes à organização das condições de trabalho, à estruturação das dependências funcionais, do mobiliário, do maquinário etc., bem como à gestão de recursos humanos, deverão pautar-se pelos princípios estabelecidos na Constituição Federal e na legislação ordinária a respeito do tema.

Desse modo, ante a o caráter unitário do escopo tuitivo inerente ao meio ambiente do trabalho, tem-se que presença de um mesmo fator de risco labor-ambiental, em igual medida, para servidores públicos, empregados privados e trabalhadores autônomos que porventura venham a compartilhar idêntico espaço físico, ensejará, para os respectivos indivíduos, o mesmo grau de proteção advinda dos mencionados dispositivos constitucionais, independentemente do caráter estatutário, celetista ou civil dos vínculos por eles mantidos com seus tomadores de serviços.

Para o meio ambiente do trabalho, em síntese, a natureza do vínculo funcional e o *status* dos sujeitos coletivos e individuais nas relações jurídicas por eles entabuladas é fator indiferente para fins de imputação das responsabilidades em concreto. O que importa, aqui, é o enquadramento objetivo como poluidor, na dicção do artigo 3º, IV, da Lei n. 6.938, de 1º.8.1981, da *"pessoa física ou jurídica, de direito público ou privado, [que ocasiona], direta ou indiretamente (...) degradação ambiental"*.

Uma vez identificados os agentes poluidores — aí incluídas as pessoas jurídicas de direito público —, serão eles instados, nos termos do artigo 14, § 1º do sobredito diploma legal, *"a indenizar ou reparar os danos causados ao meio ambiente e a terceiros, afetados por sua atividade, [independentemente da existência de culpa]."*

VIII — colaborar na proteção do meio ambiente, nele compreendido o do trabalho."

(...)

"Art. 225. Todos têm direito ao meio ambiente ecologicamente equilibrado, bem de uso comum do povo e essencial à sadia qualidade de vida, impondo-se ao Poder Público e à coletividade o dever de defendê-lo e preservá-lo para as presentes e futuras gerações."

(12) "Art. 39. A União, os Estados, o Distrito Federal e os Municípios instituirão, no âmbito de sua competência, regime jurídico único e planos de carreira para os servidores da administração pública direta, das autarquias e das fundações públicas.

(...)

Aplica-se aos servidores ocupantes de cargo público o disposto no art. 7º, IV, VII, VIII, IX, XII, XIII, XV, XVI, XVII, XVIII, XIX, XX, XXII e XXX, podendo a lei estabelecer requisitos diferenciados de admissão quando a natureza do cargo o exigir."

(13) No original:

«L'environnement est l'ensemble des facteurs qui influent sur le milieu dans lequel l'homme vit.» PRIEUR. Michel. *Droit de l'environnement*. 5e Édition. Paris: Dalloz, 2004. p. 3.

Assim, todo aquele que arregimentar trabalhadores sob quaisquer modalidades contratuais ou arranjos jurídicos e tiver por incumbência a delimitação (i) das condições físicas de trabalho; (ii) a fixação das metodologias e da dinâmica inerentes ao desempenho das respectivas atividades e (iii) a gestão da definição e da distribuição das tarefas, será responsável pelo equilíbrio de tais elementos e será, consequentemente, considerado poluidor caso a tal estruturação resulte na degradação do meio ambiente laboral por ele conformado de forma inadequada, de modo a materializar quaisquer das hipóteses delineadas no artigo 3º, III, da Lei n. 6.938/81.(14)

Logo, se os "*entes de direito público externo e da administração pública direta e indireta da União, dos Estados, do Distrito Federal e dos Municípios*" mencionados textualmente no artigo 114, I, da Constituição Federal, submeterem seus servidores, no curso de uma "*relação de trabalho*" de natureza estatutária, a riscos potencialmente nocivos à sua integridade psicofísica, se enquadrarão plenamente na figura jurídica do poluidor, assim definida no artigo 225, § 3º, da Constituição Federal e no artigo 3º, III e IV, da Lei n. 6.938/81.

Uma vez materializada tal hipótese, não se estará diante de uma controvérsia de natureza eminentemente laboral estabelecida entre a Administração Pública e seus servidores a ter por objeto a prestação dos serviços ao ente estatal e sua contrapartida que foi subtraída da expressão "*relação de trabalho*" constante do artigo 114, I, da Carta Magna pelo Supremo Tribunal Federal por ocasião da interpretação conforme à Constituição levada a cabo quando do julgamento da ADI n 3.395/DF.

Para fins de tutela do meio ambiente laboral, a interpretação sistemática do artigo 114, I em conjunto com os artigos 200, VIII e 225, *caput* e § 3º, da Constituição Federal indica que a expressão "*relação de trabalho*" abarca em seu sentido e alcance, indistintamente, todos os vínculos funcionais porventura mantidos entre tomadores e prestadores de serviços — aí incluídos aqueles entabulados entre o Estado e seus servidores –, pois o cerne da responsabilidade de cariz ambiental reside, justamente, na identificação objetiva da figura do poluidor e na imposição, a este último, das prestações específicas e das reparações correspondentes à degradação por ele ocasionadas, independentemente de suas configurações peculiares.(15)

Nesse sentido, bem calha o magistério de Nestor Pedro Sagüés sobre a interpretação sistemática do texto constitucional, quando o referido autor argentino salienta

(14) "Art. 3º — Para os fins previstos nesta Lei, entende-se por:

(...)

III — poluição, a degradação da qualidade ambiental resultante de atividades que direta ou indiretamente:

a) prejudiquem a saúde, a segurança e o bem-estar da população;

b) criem condições adversas às atividades sociais e econômicas;

c) afetem desfavoravelmente a biota;

d) afetem as condições estéticas ou sanitárias do meio ambiente;

e) lancem matérias ou energia em desacordo com os padrões ambientais estabelecidos."

(15) A propósito, segundo Júlio César de Sá Rocha:

"Apesar de reconhecer-se o caráter essencialmente coercitivo e assimétrico das relações de trabalho, com a existência de processos diferenciados de prestação (terceirização, quarteirização, contratos temporários e transitórios) os trabalhadores devem ter proteção plena de sua saúde, independentemente da forma que tome o referido contrato.

Nesse particular, qualquer que seja a forma contratual, o empregador deve ser responsável pela saúde de seus trabalhadores, quer exerçam atividade na unidade produtiva ou mesmo no ambiente residencial." ROCHA. Júlio César de Sá. *Direito Ambiental do Trabalho. Mudanças de paradigma na tutela à saúde do trabalhador.* 2. ed. São Paulo: Atlas, 2013. p. 238.

que "*não há cláusulas solitárias na Constituição, já que ela é um todo unitário, que suas normas devem ser compreendidas de maneira entrelaçada entre si e que o intérprete não deve conferir relevo ao sentido de algum de seus preceitos e tampouco minimizar outros.*"(16)

É exatamente tal exegese extraída objetivamente da leitura conjunta dos artigos 114, I e 200, VIII e 225, *caput* e § 3º, da Constituição Federal que inspira e justifica a subsistência da Súmula nº 736 do Supremo Tribunal Federal mesmo após o julgamento da ADI n. 3.395/DF, ao dispor, como visto, que "*compete à Justiça do Trabalho julgar as ações que tenham como causa de pedir o descumprimento de normas trabalhistas relativas à segurança, higiene e saúde dos trabalhadores.*" (Destacou-se)

Tem-se, portanto, que os casos concretos a envolverem o descumprimento dos dispositivos tutelares do meio ambiente de trabalho por parte da Administração Pública configuram nítidos supostos de *distinguishing* em relação à Ação Direta de Inconstitucionalidade n. 3.395/DF, que é conceituado por Teresa Arruda Alvim Wambier e por Bruno Dantas como as situações em que_"*não se aplica um precedente a um caso porque esse caso apresenta uma peculiaridade qualquer, que justifica o afastamento da regra fixada anteriormente daquele caso, embora o precedente sobreviva.*"(17) (Destacou-se)

Justamente com arrimo em tal constatação, o próprio Supremo Tribunal Federal e os Ministros Relatores, por intermédio de decisões monocráticas, rechaçaram sucessivas Reclamações Constitucionais que, a exemplo da retromencionada Reclamação n. 49.516/RO, buscaram fazer incidir o julgamento proferido nos autos da Ação Direta de Inconstitucionalidade n. 3.395/DF às situações concernentes à observância às normas gerais de saúde, segurança e higiene do trabalho por parte dos órgãos da Administração Pública, senão veja-se:

> "RECLAMAÇÃO. COMPETÊNCIA DA JUSTIÇA DO TRABALHO. ADI 3.395. AÇÃO CIVIL PÚBLICA. CUMPRIMENTO DE NORMAS DE SAÚDE, SEGURANÇA E HIGIENE NO TRABALHO.
>
> Não há identidade estrita com o decidido na ADI 3.395-MC o debate sobre a competência da Justiça do Trabalho para julgar ação civil pública, cujo objetivo é impor a ente público o cumprimento de normas relativas ao meio ambiente do trabalho (no caso, hospital público no qual trabalham não apenas servidores estatutários, mas também funcionários terceirizados, submetidos à CLT)."(18).
>
> (...)
>
> "Na espécie vertente, a Procuradoria Regional do Trabalho da 17ª Região determinou a remessa do procedimento administrativo em foco ao Ministério Público Estadual, ao fundamento de que os guarda-vidas teriam sido contratados por tempo determinado pelo Município de Vitória/ES. Assim, nos termos do que teria sido assentado no julgamento da Ação Direta de Inconstitucionalidade 3.395, 'trata[ndo-se] de regime especial administrativo, compet[iria] à justiça estadual comum processar e julgar controvérsias entre o Município e seus servidores, ainda que a contratação tenha ocorrido em caráter precário ou desvirtuado" (fl. 98).
>
> Esse entendimento não foi perfilhado pelo Procuradoria-Geral da República, que distinguiu a questão envolvendo o descumprimento de direitos sociais trabalhistas daquela tratada na Ação Direta de Inconstitucionalidade 3.395. Nessa linha, realçou: (...) Na espécie, a Procuradoria Regional

(16) No original:
"En concreto, la interpretación sistemática alerta que no hay cláusulas solitárias en la Constitución, ya que ella es un todo; que sus normas debe entendérselas enlazadas entre si; que el operador no debe magnificar el sentido de alguno de sus preceptos, ni minimizar el de otros; y que debe compatibilizar positivamente, y no destruir entre si, a las reglas de la ley suprema." SAGÜÉS. Néstor Pedro. *La Interpretación Judicial de la Constitución*. Buenos Aires: Depalma, 1998. p. 139.

(17) WAMBIER. Teresa Arruda Alvim; DANTAS. Bruno. *Recurso especial, recurso extraordinário e a nova função dos tribunais superiores no direito brasileiro*. 3ª Edição. São Paulo: Revista dos Tribunais, 2016. p. 186.

(18) BRASIL: SUPREMO TRIBUNAL FEDERAL. AGRAVO REGIMENTAL NA RECLAMAÇÃO N. 20.744/DF. RELATOR: Ministro Luis Roberto Barroso. 1ª Turma. DJ: 24.2.2016.

do Trabalho da 17ª Região instaurou inquérito civil público para apurar o descumprimento das normas relativas ao meio ambiente de trabalho dos guarda vidas contratados pelo Município de Vitória. Como se vê, o referido inquérito civil servirá de base para a propositura de ação civil pública a ser ajuizada pelo Ministério Público do Trabalho, com o fim de exigir do Poder Público do Município de Vitória o cumprimento de normas relativas à higiene, segurança e saúde dos trabalhadores. De fato, a controvérsia não tem como pano de fundo causa entre a Administração Pública e servidores a ela vinculados, isto é, não se volta a questão em torno de qualquer direito que decorra do regime jurídico administrativo, mas sim, de direito social trabalhista, de alcance coletivo geral, pouco importando a diversidade dos regimes jurídicos dos trabalhadores, uma vez que todos eles estão submetidos às mesmas condições de trabalho' (fls. 121-122, grifos nossos). Como apontado pela Procuradoria-Geral da República, a natureza do vínculo jurídico que une os guarda-vidas ao ente público municipal não está em questão naquele procedimento administrativo, que apura 'irregularidades no meio ambiente de trabalho dos Guarda-Vidas' (fl. 8), pelo que inexistiria contrariedade ao que decidido no julgamento da Ação Direta de Inconstitucionalidade 3.395/DF, tampouco óbice à atuação do Ministério Público do Trabalho."[(19)]

(...)

"Prorrogação do prazo de vigência do contrato temporário não altera a natureza jurídica de cunho administrativo que se estabelece originalmente. Agravo regimental não provido. Na hipótese, observo que o Juízo reclamado entendeu que a competência para julgar o presente feito seria da Justiça do Trabalho.

(...)

A matéria, embora envolva o pagamento de parcela, diz respeito ao meio ambiente de trabalho (CF, arts. 225, caput, e 200, VIII), inserindo-se na competência da Justiça do Trabalho. A hipótese é de incidência de distinguishing que afasta a aplicação da interpretação conferida pelo STF no julgamento da ADI n. 3.395-6. Isso porque as normas sobre meio ambiente de trabalho devem servir para resguardar todos os trabalhadores que exercem suas atividades em um mesmo recinto, sendo irrelevante a qualificação jurídica da relação de trabalho. Trata-se de medida que tem por objetivo a saúde e a segurança da coletividade dos trabalhadores que prestam serviço naquele ambiente de trabalho, sejam eles inseridos numa relação contratual trabalhista ou submetidos ao regime jurídico administrativo. Dessa forma, não há justificativa jurídica ou fática plausível para cindir o meio ambiente em setores, considerando o regime jurídico de trabalho, sendo competente para decidir sobre a matéria a Justiça do Trabalho, independente da natureza do vínculo jurídico."[(20)]

(...)

"EMENTA: CONSTITUCIONAL. RECLAMAÇÃO. ADI 3.395-MC. AÇÃO CIVIL PÚBLICA PROPOSTA NA JUSTIÇA DO TRABALHO, PARA IMPOR AO PODER PÚBLICO PIAUIENSE A OBSERVÂNCIA DAS NORMAS DE SAÚDE, HIGIENE E SEGURANÇA DO TRABALHO NO ÂMBITO DO INSTITUTO MÉDICO LEGAL. IMPROCEDÊNCIA. 1. Alegação de desrespeito ao decidido na ADI 3.395-MC não verificada, porquanto a ação civil pública em foco tem por objeto exigir o cumprimento, pelo Poder Público piauiense, das normas trabalhistas relativas à higiene, segurança e saúde dos trabalhadores. 2. Reclamação improcedente. Prejudicado o agravo regimental interposto."[(21)]

Conclui-se, portanto, que o entendimento consagrado pelo Supremo Tribunal Federal por ocasião do julgamento da ADI n. 3.395/DF não se aplica às hipóteses em que se discute o descumprimento, por parte da Administração Pública, das exigências normativas concernentes à higidez do meio ambiente laboral, porquanto a restrição semântica formulada, àquela ocasião, pelo Pretório Excelso à expressão *"relação de trabalho"* constante do artigo 114, I, da Constituição Federal se limita às controvérsias de caráter eminentemente laboral porventura existente entre o Estado e seus servidores.

---

(19) BRASIL: SUPREMO TRIBUNAL FEDERAL. AÇÃO CIVIL ORIGINÁRIA N. 2.169/ES. RELATORA: Ministra Cármen Lúcia Antunes Rocha. Decisão monocrática. DJ: 26.9.2013.

(20) BRASIL: SUPREMO TRIBUNAL FEDERAL. MEDIDA CAUTELAR NA RECLAMAÇÃO N. 43.746/DF. RELATOR: Ministro Gilmar Mendes. Decisão monocrática. DJ: 8.10.2020.

(21) BRASIL: SUPREMO TRIBUNAL FEDERAL. RECLAMAÇÃO N. 3.303/PI. RELATOR: Ministro Carlos Ayres Britto. Plenário. DJ: 19.11.2007.

Desse modo, remanesce a competência material da Justiça do Trabalho para processar e julgar "*as ações oriundas da relação de trabalho*" entabulada entre a Administração Pública direta ou indireta e seus servidores, quando as referidas demandas tiverem por objeto a adequação do meio ambiente laboral às condições de saúde, segurança e higiene do trabalho exigidas por lei ou outras fontes formais do Direito Ambiental do Trabalho e/ou a reparação dos prejuízos eventualmente materializados em decorrência da violação de tais preceitos, podendo o Ministério Público do Trabalho, por conseguinte, instaurar os inquéritos cabíveis e subsequentemente ajuizar na Justiça do Trabalho, quando for o caso, as correspondentes ações civis públicas.

REFERÊNCIAS

BRASIL. SUPREMO TRIBUNAL FEDERAL. AÇÃO CIVIL ORIGINÁRIA N. 2.169/ES. RELATORA: Ministra Cármen Lúcia Antunes Rocha. Decisão monocrática. DJ: 26.9.2013

BRASIL. SUPREMO TRIBUNAL FEDERAL. AÇÃO DIRETA DE INCONSTITUCIONALIDADE N.492/DF. RELATOR: Min. Carlos Velloso. Plenário. DJ: 12.3.1993, p. 3.557

BRASIL. SUPREMO TRIBUNAL FEDERAL. AÇÃO DIRETA DE INCONSTITUCIONALIDADE N. 3.395/DF. RELATOR: Ministro Alexandre de Moraes. Plenário. DJ: 1º.7.2020

BRASIL. SUPREMO TRIBUNAL FEDERAL. AGRAVO REGIMENTAL NA RECLAMAÇÃO N. 20.744/DF. RELATOR: Ministro Luis Roberto Barroso. 1ª Turma. DJ: 24.2.2016

BRASIL. SUPREMO TRIBUNAL FEDERAL. AGRAVO REGIMENTAL NA RECLAMAÇÃO N. 49.616/RO. RELATORA: Ministra Rosa Weber. 1ª Turma. DJ: 21.6.2022

BRASIL. SUPREMO TRIBUNAL FEDERAL. MEDIDA CAUTELAR NA RECLAMAÇÃO N. 43.746/DF. RELATOR: Ministro Gilmar Mendes. Decisão monocrática. DJ: 8.10.2020.

BRASIL. SUPREMO TRIBUNAL FEDERAL. RECLAMAÇÃO N. 3.303/PI. RELATOR: Ministro Carlos Ayres Britto. Plenário. DJ: 19.11.2007.

BUENO, José Antonio Pimenta. *Direito Público brasileiro e análise da Constituição do Império.* Rio de Janeiro: Ministério da Justiça e Negócios Interiores — Serviço de Documentação, 1958

DEJOURS, Christophe. Trad: PARAGUAY, Ana Isabel; FERREIRA, Lúcia Leal. *A loucura do trabalho. Estudo de psicopatologia do trabalho.* 6. ed., 2ª Reimpressão. São Paulo: Cortez/Oboré, 2018.

MELLO, Oswaldo Aranha Bandeira de. *Princípios gerais de Direito Administrativo. Volume II. Das pessoas.* Rio de Janeiro: Forense, 1974.

PRIEUR, Michel. *Droit de l'environnement.* 5e Édition. Paris: Dalloz, 2004.

ROCHA, Cármen Lúcia Antunes. *Princípios constitucionais dos servidores públicos.* São Paulo: Saraiva, 1999.

ROCHA, Júlio César de Sá. *Direito Ambiental do Trabalho. Mudanças de paradigma na tutela à saúde do trabalhador.* 2. ed. São Paulo: Atlas, 2013.

SAGÜÉS, Néstor Pedro. *La Interpretación Judicial de la Constitución*. Buenos Aires: Depalma, 1998.

SCHIAVI, Mauro. *Manual de direito processual do trabalho*. 2. ed. São Paulo: LTr, 2009.

WAMBIER, Teresa Arruda Alvim; DANTAS, Bruno. *Recurso especial, recurso extraordinário e a nova função dos tribunais superiores no direito brasileiro*. 3. ed. São Paulo: Revista dos Tribunais, 2016.

Dissídio coletivo de greve e a competência da Justiça do Trabalho à luz da atual jurisprudência constitucional

João Leite de Arruda Alencar (*)

Jasiel Ivo (**)

Resumo: O presente trabalho aborda as questões relacionadas aos dissídios coletivos de greve e a competência constitucional conferida à Justiça do Trabalho para seu julgamento, com a análise de decisões relacionadas ao texto constitucional, em especial, às alterações promovidas pela EC n. 45/2004, principalmente no que diz respeito à limitação imposta pela exigência do comum acordo para a proposição dos dissídios coletivos, além da interpretação da expressão "relação de trabalho" contida no inciso I do art. 114 da Constituição Federal, tema este que repercute nas demais questões de competência material da Justiça do Trabalho.

Palavras-chave: competência; dissídio; greve; acordo e relação de trabalho e relação estatutária.

Abstract: This work addresses issues related to collective strike disputes and the constitutional competence conferred on the Labor Court for their judgment, with the analysis of decisions related to the constitutional text, in particular, the changes promoted by EC 45/2004, mainly in which concerns the limitation imposed by the requirement of common agreement for the proposition of collective disputes, in addition to the interpretation of the expression "employment relationship" contained in section I of art. 114 of the Federal Constitution, a theme that has repercussions on other issues of material competence of the Labor Court.

Keywords: competence; dispute; strike; agreement and employment relationship and statutory relationship.

1. INTRODUÇÃO

O dissídio coletivo de greve, como fruto da resistência obreira à postura patronal de não-negociação, ou de não-atendimento às reivindicações feitas durante a negociação coletiva, está geralmente vinculado ao que se denomina Poder Normativo da Justiça do Trabalho, em razão da sua competência para o julgamento do conflito coletivo ali existente.

(*) Desembargador Federal do Trabalho do Tribunal Regional do Trabalho da 19ª Região/AL. Mestre em Direito pela Universidade Federal de Pernambuco — UFPE.

(**) Desembargador Federal do Trabalho do Tribunal Regional do Trabalho da 19ª Região/AL. Doutor em Direito pela Universidade Católica de Pernambuco — UNICAP.

Embora haja registros da existência legal de órgãos julgadores de conflitos trabalhistas a partir de 1922[(1)], assim como no texto da Consolidação das Leis do Trabalho editada em 1943, a questão da competência jurisdicional trabalhista só se torna concreta a partir da Constituição de 1946, quando a Justiça do Trabalho foi efetivamente incorporada à estrutura do Poder Judiciário brasileiro, com a criação do Tribunal Superior do Trabalho e dos Tribunais Regionais do Trabalho, em substituição às instâncias precedentes[(2)]. Naquele momento, não existiram maiores polêmicas a respeito desta institucionalização da Justiça Laboral, a qual teve, inclusive, a aprovação dos conservadores liberais, embora tenham ficado para a legislação ordinária os casos em que o poder normativo da Justiça do Trabalho poderia ser utilizado.[(3)]

Ocorre que, não obstante a imposição da realização dessa regulamentação, tal circunstância não impediu que a Justiça do Trabalho passasse a julgar os conflitos coletivos, especialmente os de natureza econômica vinculados à fixação de reajustes e pisos salariais, gerando forte crítica do empresariado. Nesse contexto, expõe Sayonara Grillo:

> assim, em uma Constituição cujo texto limitava o poder normativo aos termos da lei ordinária, a Justiça do Trabalho atribuiu a si ampla competência normativa, inclusive para declarar a inconstitucionalidade das leis que restringiam o seu poder de ação.[(4)]

Aponta a citada jurista que o ambiente político e ideológico da época, longe de uma visão social mais ampla, permitiu a atuação da Justiça do Trabalho como uma espécie de mecanismo legal para "impedir a conflituosidade e a manifestação da autonomia coletiva dos trabalhadores".[(5)] E conclui que:

> A manutenção e ampliação da Justiça do Trabalho em especial do seu poder de julgar e conciliar os conflitos coletivos de interesse, seria uma especificidade do liberalismo brasileiro após a redemocratização de 1946. Em vez de

---

(1) Segundo relato extraído do Centro de Memória do Tribunal Regional do Trabalho da 24ª Região: "A gênese da Justiça do Trabalho no Brasil tem seu foco nos tribunais rurais criados pela Lei paulista nº 1.869, de 10/10/1922, cuja composição incluía um juiz de direito da comarca, um representante dos proprietários rurais e outro dos trabalhadores. Já nessa época a representação classista se fazia presente no processo de conciliação trabalhista. Essa forma de solução de conflito perdurou por uma década até que, em maio de 1932, foram criadas as Comissões Mistas de Conciliação para os dissídios coletivos, e, em novembro do mesmo ano, as Juntas de Conciliação e Julgamento para os dissídios individuais, pelos Decretos n. 21.396 e n. 22.132, respectivamente, ambas vinculadas ao então Ministério do Trabalho. Em 1935, após a promulgação da Constituição de 1934, a primeira a tratar do direito do trabalho, iniciaram-se os estudos para a elaboração do projeto de lei da organização judiciária trabalhista que, submetido à apreciação do Congresso, sofreu modificações substanciais por longos quatro anos até ser finalmente aprovado pelo Decreto-Lei n. 1.237, de 2 de maio de 1939. No entanto, esse Decreto-Lei, regulamentado pelo Decreto n. 6.596, de 12/12/1940, passou a vigorar somente em 1º de maio de 1941, marco da instalação da Justiça do Trabalho no Brasil." Disponível em https://www.trt24.jus.br/web/memorial/historia-da-justica-do-trabalho-no-brasil. Acesso em: 26 jun. 2024.

(2) SILVA, Sayonara Grillo Coutinho Leonardo da. *Relações coletivas de trabalho*. São Paulo: LTr, 2008. p. 185. O Decreto 9.797, de 9 de setembro de 1946 alterou dispositivos da CLT para incluir como órgãos da Justiça do Trabalho o Tribunal Superior do Trabalho, os Tribunais Regionais do Trabalho e as Juntas de Conciliação e Julgamento, com as devidas adaptações em razão da natureza judiciária destes órgãos e investidura dos seus componentes na magistratura.

(3) *Idem, ibidem*.

(4) *Idem*, p. 187.

(5) *Idem, ibidem*.

assumir uma perspectiva pluralista, como ocorrera na Europa, a Constituição do pós-guerra assimilou a ideologia liberal-comunitarista, que no âmbito das relações de trabalho rechaça a possibilidade de conflito no mercado de trabalho.(6)

Em razão do fortalecimento do movimento sindical a partir dos anos 70, com os movimentos sociais — greves e comícios na região das indústrias montadoras no Estado de São Paulo —, ocorridos principalmente a partir de meados dessa década, tiveram como consequência o reconhecimento do importante papel da Justiça do Trabalho no julgamento das demandas coletivas, ensejando clara discussão sobre a limitação desse poder na época, o que só foi alterado com a redemocratização ocorrida após o fim do período de ditadura militar iniciado em 1964 e a promulgação da Constituição Federal, em 1988, como explica Sayonara Grillo:

> Nas constituições anteriores, o poder normativo da Justiça do Trabalho estava subordinado à lei que especificaria as hipóteses em que as decisões nos dissídios coletivos poderiam estabelecer normas e condições. Na nova ordem, seria a Constituição mesma, e não a lei, que fixaria a prerrogativa normativa e estabeleceria os patamares mínimos a serem observados pela Justiça, que não poderia jamais flexibilizar direitos, devendo respeitar as disposições legais e convencionais mínimas de proteção ao trabalho.(7)

Não obstante o avanço alcançado no entendimento quanto à desnecessidade de regulamentação infraconstitucional ao exercício do poder normativo no texto constitucional de 1988, sua limitação ainda foi reconhecida pelo Supremo Tribunal Federal, como lecionam Francisco Ferreira Jorge Neto e Jouberto de Quadros Pessoa Cavalcante:

> Foram duas as ordens de limitações impostas ao poder normativo pelo STF: (a) observância dos preceitos constitucionais; (b) não invasão da esfera reservada à lei (princípio da reserva legal). Desse modo, não podem, por meio do poder normativo, os Tribunais Trabalhistas complementarem legislação preexistente, redefinindo os direitos nela previstos, como também não podem suprir omissão do legislador, quando a Constituição delega à lei infraconstitucional a regulação de determinada matéria. Vazio da lei não se confunde com omissão do legislador.(8)

Essa limitação ainda foi ampliada com o § 2º do art. 114 da Constituição Federal, na sua redação atual fixada pela Emenda Constitucional n. 45/2004 que, de forma

---

(6) SILVA, Sayonara Grillo Coutinho Leonardo da. *Relações coletivas de trabalho*. São Paulo: LTr, 2008. p. 185. O Decreto 9.797, de 9 de setembro de 1946 alterou dispositivos da CLT para incluir como órgãos da Justiça do Trabalho o Tribunal Superior do Trabalho, os Tribunais Regionais do Trabalho e as Juntas de Conciliação e Julgamento, com as devidas adaptações em razão da natureza judiciária destes órgãos e investidura dos seus componentes na magistratura.

(7) *Idem*, p. 227

(8) JORGE NETO, Francisco Ferreira e CAVALCANTE, Jouberto de Quadros Pessoa. Dissídio coletivo de trabalho e ação cumprimento. *Enciclopédia Jurídica da PUCSP*. Disponível em: https://enciclopediajuridica.pucsp.br/verbete/388/edicao-1/dissidio-coletivo-de-trabalho-e-acao-de-cumprimento. Acesso em: 26 jun. 2024.

objetiva, estabeleceu os pressupostos e os limites da atuação do poder normativo, ao dispor que:

> § 2º Recusando-se qualquer das partes à negociação coletiva ou à arbitragem, é facultado às mesmas, de comum acordo, ajuizar dissídio coletivo de natureza econômica, podendo a Justiça do Trabalho decidir o conflito, respeitadas as disposições mínimas legais de proteção ao trabalho, bem como as convencionadas anteriormente.(9)

Apesar das novas premissas no texto constitucional para a validade do trâmite processual do dissídio coletivo, estas não descaracterizam o poder normativo da Justiça do Trabalho, como bem esclarece Ronaldo de Lima Santos, citado por Francisco Ferreira Jorge Neto e Jouberto de Quadros Pessoa Cavalcante:

> Não houve alteração da natureza do poder normativo da Justiça do Trabalho com a EC n. 45/2004, mantendo-se a sua essência de juízo de equidade, solucionante de um conflito coletivo de trabalho por meio da elaboração da norma jurídica (regras e condições) a ser aplicada às relações de trabalho. Assim, em linhas gerais, no exercício do poder normativo, a Justiça do Trabalho deverá observar os limites outrora definidos pelo STF, com alguns novos parâmetros e referências decorrentes da atual redação do §2º do Art. 114 da CF/88, ficando assim delineadas as suas balizas: (a) atuação no vazio da lei; (b) observância dos preceitos constitucionais; (c) não invasão da esfera reservada à lei (princípio da reserva legal); (d) não supressão de omissão do legislador; (e) não imissão no campo reservado à autonomia coletiva das partes; (f) observância das disposições mínimas de proteção ao trabalho; (g) observância das disposições convencionadas anteriormente.(10)

Em relação ao exercício do direito de greve, além do reconhecimento deste direito na Carta de 1988, consoante já previsto no seu art. 9º, a Emenda Constitucional n. 45/2004 estabeleceu, de forma expressa, no inciso II do art. 114, a competência da Justiça do Trabalho para o julgamento das "ações que envolvam exercício do direito de greve".(11) Da mesma forma, a referida Emenda estendeu a competência da Justiça do Trabalho para o julgamento de greves em atividades essenciais com risco de grave lesão de ordem pública, com a legitimidade ativa do Ministério Público do Trabalho.

Foi justamente a constitucionalização dessas competências que ensejou a propositura de várias demandas de índole constitucional, buscando discutir o alcance da competência da Justiça do Trabalho para julgar conflitos decorrentes dos movimentos paredistas realizados por trabalhadores não apenas vinculados por relações de

---

(9) BRASIL. *Emenda Constitucional n. 45, de 30 de dezembro de 2024*. Altera dispositivos dos arts. 5º, 36, 52, 92, 93, 95, 98, 99, 102, 103, 104, 105, 107, 109, 111, 112, 114, 115, 125, 126, 127, 128, 129, 134 e 168 da Constituição Federal, e acrescenta os arts. 103-A, 103B, 111-A e 130A, e dá outras providências. Disponível em: https://www.planalto.gov.br/ccivil_03/constituicao/emendas/emc/emc45.htm. Acesso em: 26 jun. 2024.

(10) JORGE NETO, Francisco Ferreira e CAVALCANTE, Jouberto de Quadros Pessoa. Dissídio coletivo de trabalho e ação cumprimento. *Enciclopédia Jurídica da PUCSP*. Disponível em: https://enciclopedia juridica.pucsp.br/verbete/388/edicao-1/dissidio-coletivo-de-trabalho-e-acao-decumprimento. Acesso em: 26 jun. 2024.

(11) BRASIL. *Emenda Constitucional n. 45, de 30 de dezembro de 2024*. Altera dispositivos dos arts. 5º, 36, 52, 92, 93, 95, 98, 99, 102, 103, 104, 105, 107, 109, 111, 112, 114, 115, 125, 126, 127, 128, 129, 134 e 168 da Constituição Federal, e acrescenta os arts. 103-A, 103B, 111-A e 130A, e dá outras providências. Disponível em: https://www.planalto.gov.br/ccivil_03/constituicao/emendas/emc/emc45.htm. Acesso em: 26 jun. 2024.

emprego, mas, especialmente, trabalhadores vinculados à administração pública por outra forma de relação jurídica.

Destaca-se, por oportuno e, pela sua própria relevância para este ensaio, que as discussões nas várias ações constitucionais sobre a competência da Justiça do Trabalho para julgar os dissídios coletivos de greve tiveram como fundamento a preservação do poder de negociação e autonomia das partes nas relações coletivas, a natureza da relação de trabalho existente entre os trabalhadores e os respectivos tomadores de serviço e, por fim, a natureza jurídica dos empregadores componentes da administração pública direta, como se verá nos tópicos seguintes.

2. A LIMITAÇÃO DA COMPETÊNCIA PELA EXIGÊNCIA DO COMUM ACORDO E SUA INEXIGIBILIDADE NO DISSÍDIO COLETIVO DE GREVE

Uma importante alteração feita pela EC n. 45/2004, na redação do § 2º do art. 114, diz respeito à exigência do comum acordo para o trâmite do dissídio coletivo de natureza econômica. Na análise do tema na ADI 3423/DF que foi considerada a ação principal e em torno da qual foram reunidas as outras ADIs tratando do mesmo assunto, as entidades propositoras apontaram diversos vícios de constitucionalidade, como se observa nos fundamentos do voto do Sr. Relator, Min. Gilmar Mendes, assim apontados:

> Em síntese, os autores das ações diretas em julgamento alegam que o § 2º do art. 114, ao condicionar o ajuizamento de dissídio coletivo à anuência do empregador, viola os princípios da autodeterminação, da inafastabilidade do Poder Judiciário, da razoabilidade e da liberdade individual, uma vez que coage as partes a resolverem os conflitos entre si ou por meio de árbitro, privando, ainda, uma das partes em negociação coletiva do direito de, unilateralmente, acionar o judiciário para a solução das divergências surgidas. Entendem ferir a razoabilidade a exigência do consentimento de ambas as partes em litígio para viabilizar o acesso ao Estado-Juiz, o que restringe direito de acesso à jurisdição, infringindo cláusula pétrea. Alegam que agora, sendo inviável a arbitragem ou o acordo, só resta a "arbitragem judicial", uma vez que o dissídio coletivo, ao exigir o mútuo acordo, não poderia mais ser usado como forma de buscar a solução judicial para litígios coletivos entre empregados e empregadores. Inferem que, sendo assim, só restará o caminho da greve como forma de reivindicação de demandas coletivas.[12]

No julgamento, Supremo Tribunal Federal, por maioria, declarou a constitucionalidade do referido requisito processual, por considerar a relevância da autonomia sindical, além da necessária modernização da atuação do judiciário pelo maior prestígio aos atores coletivos, em prol de sua maior legitimidade para a autocomposição, como se observa em trecho extraído dos fundamentos do Sr. Relator, Min. Gilmar Mendes, que segue abaixo:

> De muito, esse caráter impositivo da sentença normativa da justiça do trabalho, fruto do dissídio coletivo, vinha sofrendo críticas, inclusive no plano internacional. No plano doutrinário, destaco as críticas enumeradas por Mauro Schiavi: a) interferência indevida do Poder Judiciário na atividade legislativa; b) morosidade do Judiciário trabalhista; c) falta de efetividade da sentença normativa, pois muitas vezes desvirtuada da realidade; d) despreparo técnico dos juízes em conhecer efetivamente o conflito coletivo e a realidade da categoria; e) engessamento da negociação coletiva; f) acomodação das categorias profissional e econômica. (SCHIAVI, 2009, p. 1183). De fato, um dos

(12) BRASIL. *Supremo Tribunal Federal*. STF — ADI: 3423 DF, Relator: Min. GILMAR MENDES, Data de Julgamento: 12/07/2011. Data de Publicação: DJe-201 DIVULG 18/10/2011 PUBLIC 19/10/2011. Disponível em: https://portal.stf.jus.br/processos/detalhe.asp?incidente=11234. Acesso em: 5 jul. 2024.

objetivos da Reforma do Poder Judiciário (EC 45) foi, efetivamente, diminuir o poder normativo da Justiça do Trabalho e privilegiar a autocomposição. O próprio debate parlamentar durante o processo de aprovação da PEC assim o demonstra.(13)

Embora o julgado tenha admitido a validade da exigência do comum acordo, esta não se faz presente nos dissídios decorrentes de greve, considerando a necessidade de atuação da Justiça do Trabalho em razão dos efeitos sociais e econômicos produzidos pelo movimento paredista. É comum que com a instalação do conflito coletivo decorrente da greve, a categoria profissional suscitada (ou parcela dela) apresente ao Tribunal as reivindicações propostas à classe patronal, alargando, pois, o objeto do dissídio de greve, que fugiria de sua limitação tão somente à postulação de declaração de sua abusividade ou ilicitude pela classe patronal ou pelo Ministério Público do Trabalho.

Essa natureza mista do dissídio coletivo de greve, entretanto, não gera exigência do comum acordo, como vem decidindo a este respeito a jurisprudência laboral, consoante a ementa abaixo, em voto da lavra do Ministro Alexandre de Souza Agra Belmonte:

> RECURSO ORDINÁRIO INTERPOSTO PELO SINDICATO PROFISSIONAL SUSCITANTE EM DISSÍDIO COLETIVO DE GREVE E DE NATUREZA ECONÔMICA POR ELE PRÓPRIO AJUIZADO. ACOLHIMENTO, NA ORIGEM, DA PRELIMINAR DE AUSÊNCIA DE COMUM ACORDO PARA A INSTAURAÇÃO APENAS DO DISSÍDIO COLETIVO DE NATUREZA ECONÔMICA. DISPENSÁVEL A OBSERVÂNCIA DO PRESSUPOSTO PROCESSUAL CONSTITUCIONAL DO COMUM ACORDO EM CASO DE DEMANDA COLETIVA MISTA. No caso, o Sindicato dos empregados instaurou a ação de dissídio coletivo de greve cumulado com o de natureza econômica em face da empresa suscitada. O eg. TRT de origem acolheu a preliminar de falta de mútuo consentimento a arguida pela ré tão somente quanto ao dissídio de natureza econômica, julgando improcedente, por fundamento diverso, o de greve. O ente sindical suscitante interpõe o presente recurso ordinário, postulando o afastamento da declaração de extinção do processo, sem resolução do mérito, sob o argumento de que a ausência de comum acordo prevista no artigo 114, § 2º, da Constituição Federal não pode ser imposta ao dissídio de greve. Na hipótese dos autos, verifica-se que a decisão recorrida se encontra em desacordo com a Carta Magna, a lei de greve regente da matéria e a jurisprudência dominante desta Corte, porque o ajuizamento desta representação coletiva de natureza mista não se submete à observância o requisito do comum acordo. Isto porque não se exige o pressuposto do comum acordo para a propositura de dissídio coletivo de greve, nos termos do art. 114, § 3º, da Constituição Federal, 7º, in fine, e 8º da Lei n. 7.783/89, que estabelecem a competência da Justiça do Trabalho para, quando provocada, decidir o conflito coletivo de greve, apreciando a procedência ou não das reivindicações motivadoras enquanto movimento paredista. *In casu*, se cuida de dissídio coletivo de greve cumulado com reinvindicações de ordem econômica, ou seja, a demanda coletiva possui natureza mista, desmembrada pelo julgador, posteriormente ao ajuizamento. Assim, afasta-se a declaração de extinção do feito, sem resolução do mérito, por falta de mútuo consenso para o ajuizamento deste dissídio coletivo, uma vez que a natureza deste dissídio coletivo (greve) torna dispensável a observância do referido pressuposto processual constitucional. Precedentes desta colenda Seção Especializada. Recurso ordinário conhecido e provido.(14)

---

(13) (13) BRASIL. *Supremo Tribunal Federal*. STF — ADI: 3423 DF, Relator: Min. GILMAR MENDES, Data de Julgamento: 12/07/2011. Data de Publicação: DJe-201 DIVULG 18/10/2011 PUBLIC 19/10/2011. Disponível em: https://portal.stf.jus.br/processos/detalhe.asp?incidente=11234. Acesso em: 5 jul. 2024.

(14) BRASIL. *Tribunal Superior do Trabalho*. TST — ROT: 0011008-33.2021.5.03.0000, Relator: Alexandre de Souza Agra Belmonte, Data de Julgamento: 15/08/2022, Seção Especializada em Dissídios Coletivos, Data de Publicação: 22/08/2022. Disponível em: https://consultaprocessual.tst.jus.br/consultaProcessual/consultaTstNumUnica.do?consulta=Consultar&conscsjt=&numeroTst=0011008&digitoTst=33&anoTst=2021&orgaoTst=5&tribunalTst=03&varaTst=0000&submit=Consultar. Acesso em: 5 jul. 2024.

Não obstante a possibilidade da discussão das cláusulas de cunho econômico no dissídio de greve, sem a exigência do comum acordo, tal circunstância não afasta, por si só, o reconhecimento de que a realização de greve nos dias de hoje exige uma mobilização difícil de ser implementada. Com efeito, os sindicatos encontram-se atualmente em situação de fragilidade, sobretudo em razão da perda de boa parte da arrecadação com a extinção do imposto sindical pela Lei n. 13.467/17, convertido em contribuição social facultativa, além da própria dinâmica do mercado de trabalho, ainda em nível alto de desemprego e densa informalidade, o que denota a vulnerabilidade da classe trabalhadora e consequente dificuldade para uma mobilização grevista.

3. A COMPETÊNCIA PARA AS AÇÕES DE INTERDITO PROIBITÓRIO

Por meio da Súmula Vinculante n. 23, o Supremo Tribunal Federal consagrou que "A Justiça do Trabalho é competente para processar e julgar ação possessória ajuizada em decorrência do exercício do direito de greve pelos trabalhadores da iniciativa privada".(15)

O entendimento sumulado acima teve como precedente representativo o RE 579.648 que firmou a tese de repercussão geral vinculada ao Tema 74, cuja redação foi:

> Compete à Justiça do Trabalho o julgamento das ações de interdito proibitório em que se busca garantir o livre acesso de funcionários e de clientes às agências bancárias interditadas em decorrência de movimento grevista.(16)

Em sede de Reclamação, várias decisões do Supremo Tribunal Federal ratificam a aplicação da Súmula n. 23, como segue abaixo:

> A jurisprudência desta Corte firmou-se no sentido de que é competente a Justiça do Trabalho para processar e julgar as causas que envolvam ações possessórias ajuizadas em razão do exercício do direito de greve pelos trabalhadores da iniciativa privada. (...) Verificar-se, pois, que a decisão ora reclamada, ao "proibir o Sindicato réu de promover qualquer ato exercitado por meio de carros de som e alto falantes, que obste a regular prestação de serviços de vigilância na sede da empresa autora e em sua extensão", afrontou o que prescrito pelo verbete sumular em questão, tendo em vista cuidar-se de questão referente à manutenção de posse, pleiteada através de interdito proibitório, onde se pretende evitar obstrução de acesso dos trabalhadores à empresa, decorrente de manifestações grevistas. Ante o exposto, julgo procedente o pedido da presente reclamação, com prejuízo da liminar, nos termos do art. 161, parágrafo único, do RISTF, para assentar a incompetência absoluta da Justiça Comum ao julgar a demanda, a fim de cassar todas as decisões proferidas no referido processo e estabelecer a competência da Justiça do Trabalho para o seu julgamento.(17)
>
> Entendo que a situação dos autos contraria o enunciado da Súmula Vinculante 23, que determina ser de competência da Justiça do Trabalho o processo e julgamento de ação possessória ajuizada em decorrência do exercício do direito de greve. (...) O presente caso se amolda ao precedente que deu origem à edição da Súmula Vinculante 23, uma vez que a decisão reclamada foi proferida em sede de interdito proibitório ajuizado com o objetivo de limitar o exercício do direito de greve, de modo que a atuação do Sindicato dos Empregados em Estabelecimentos Bancários de São Paulo, Osasco e Região e os movimentos por ele propostos não impeçam o livre funcionamento

---

(15) BRASIL. *Supremo Tribunal Federal*. STF — Aplicação das súmulas no STF. Disponível em: https://portal.stf.jus.br/jurisprudencia/sumariosumulas.asp?base=26&sumula=1262. Acesso em: 5 jul. 2024.

(16) BRASIL. *Supremo Tribunal Federal*. STF — Tese definida no RE 579.648, rel. min. Menezes Direito, red. p/ o ac. min. Cármen Lúcia, P, j. 10-9-2008, DJE 43 de 6-3-2009, Tema 74. Disponível em: https://redir.stf.jus.br/paginadorpub/paginador.jsp?docTP=AC&docID=579797. Acesso em: 5 jul. 2024.

(17) BRASIL. *Supremo Tribunal Federal*. STF — Rcl 24.353, rel. min. Edson Fachin, dec. monocrática, j. 30-1-2018, DJE 22 de 7-2-2018. Disponível em: https://portal.stf.jus.br/processos/detalhe.asp?incidente=5000134. Acesso em: 5 jul. 2024.

> das empresas interessadas e o acesso de colaboradores, clientes e usuários às suas dependências. (...) Ante o exposto, julgo procedente a reclamação para cassar a decisão da 3ª Vara Cível — Foro Central da Capital de São Paulo, a qual deferiu a liminar nos autos do processo (...), bem como eventuais decisões posteriores, e fixar a competência da Justiça do Trabalho para processar e julgar a respectiva causa.[18]

A competência material absoluta reconhecida acima não remete à conclusão de que a competência funcional para processar e julgar esse tipo de ação esteja vinculada tão somente aos juízos de primeiro grau. Podem ocorrer situações em que o interdito esteja atrelado ao movimento grevista em andamento, com o ajuizamento do dissídio coletivo correspondente, o que enseja a competência funcional do Tribunal, consoante o julgado cuja ementa abaixo:

> RECURSO DE REVISTA — PRELIMINAR DE NULIDADE — AÇÃO DE INTERDITO PROIBITÓRIO PREVENTIVO — DIREITO DE GREVE — INCOMPETÊNCIA FUNCIONAL DO JUÍZO DE 1º GRAU — MULTA POR DESCUMPRIMENTO DE DECISÃO JUDICIAL 1. Nos termos do art. 114, II, da Constituição e da Súmula Vinculante nº 23 do STF, insere-se na competência originária das Varas do Trabalho julgar o Interdito Proibitório se a causa de pedir decorrer de movimento grevista, na medida em que se trata de ação civil de natureza possessória, conforme ao art. 932 do CPC (art. 567 do NCPC), e não de dissídio coletivo de natureza econômica ou de greve, em que a Justiça do Trabalho exerce o poder normativo, de competência originária dos Tribunais Regionais, nos termos do art. 678, I, a, da CLT. 2. A determinação para assegurar um percentual mínimo de ônibus em circulação durante o período de greve, sob pena de multa diária, é matéria de dissídio de greve, de competência dos Tribunais, e extrapola a natureza do Interdito Proibitório, cujo escopo é a proteção da posse, de direito real do autor, a fim de impedir que seja molestada. Julgados. Recurso de Revista conhecido e provido.[19]

Tem-se, pois, à luz do referido julgado, que o ajuizamento do dissídio coletivo de greve atrai a competência do Tribunal Pleno para toda e qualquer medida referente ao litígio, não sendo cabível ao juízo de primeiro grau o conhecimento e processamento de interdito proibitório, sob pena de causar uma interferência indevida que dificulte até mesmo o andamento do dissídio coletivo e, por conseguinte, a atuação do órgão jurisdicional competente para sua apreciação e julgamento e em total afronta às regras de competência contidas no inciso II do art. 114 da CF/88 e na alínea "a" do inciso I do art. 678 da Consolidação das Leis do Trabalho.

4. A NATUREZA JURÍDICA DA RELAÇÃO DE TRABALHO COMO PARÂMETRO PARA A COMPETÊNCIA DA JUSTIÇA DO TRABALHO

Apesar da regra constitucional da competência da Justiça do Trabalho para julgar ações envolvendo o exercício do direito de greve estar expressamente prevista no inciso II do Art. 114 da CF/88, observa-se que algumas controvérsias surgiram em relação à aludida competência, consoante a sua vinculação ao disposto no inciso I do mesmo artigo[20], sendo o núcleo das controvérsias o seguinte questionamento: se a

---

(18) BRASIL. *Supremo Tribunal Federal*. STF — Rcl 10.411, rel. min. Dias Toffoli, decisão monocrática, j. 16-42013, DJE 81 de 2-5-2013. Disponível em: https://portal.stf.jus.br/processos/detalhe.asp?incidente=3922831. Acesso em: 4 de jul. 2024.

(19) BRASIL. *Tribunal Superior do Trabalho*. TST — RR: 5066 95 2010 5 12 0051, Relator: Maria Cristina Irigoyen Peduzzi, Data de Julgamento: 08/03/2017, 8ª Turma, Data de Publicação: DEJT 10/03/2017. Disponível em: https://consultaprocessual.tst.jus.br/consultaProcessual/consultaTstNumUnica.do?conscsjt=&numeroTst=0005066&digitoTst=95&anoTst=2010&orgaoTst=5&tribunalTst=12&varaTst=0051&consulta=Consulta. Acesso em: 5 jul. 2024.

(20) "as ações oriundas da relação de trabalho, abrangidos os entes de direito público externo e da administração pública direta e indireta da União, dos Estados, do Distrito Federal e dos Municípios."

relação de trabalho envolvida no dissídio coletivo de greve estiver fora do alcance da competência da Justiça do Trabalho, seria esta Justiça incompetente para julgar o dissídio de greve correspondente?

No exame desse questionamento, tornou-se imprescindível aos julgados a análise da decisão proferida na Medida Cautelar ajuizada incidentalmente na ADI 3395/DF, envolvendo a questão da competência da Justiça do Trabalho para julgar conflitos decorrentes do regime estatutário entre servidores públicos e a administração pública direta. O referido julgado teve como objetivo a análise da cautelar deferida na citada demanda constitucional, tendo sido proferido a seguinte decisão:

> INCONSTITUCIONALIDADE. Ação direta. Competência. Justiça do Trabalho. Incompetência reconhecida. Causas entre o Poder Público e seus servidores estatutários. Ações que não se reputam oriundas de relação de trabalho. Conceito estrito desta relação. Feitos da competência da Justiça Comum. Interpretação do art. 114, inc. I, da CF, introduzido pela EC 45/2004. Precedentes. Liminar deferida para excluir outra interpretação. O disposto no art. 114, I, da Constituição da República, não abrange as causas instauradas entre o Poder Público e servidor que lhe seja vinculado por relação jurídico-estatutária.(21)

No voto majoritário no julgamento da Medida Cautelar deferida, o Sr. Relator, Min. Cezar Peluso, com arrimo em julgados anteriores da Corte Suprema sobre a devida distinção entre a relação de trabalho e o regime estatutário, assim observou:

> O Supremo Tribunal Federal já decidiu, no julgamento da ADI n. 492 (Rei. Min. CARLOS VELLOSO, DJ de 12.03.93), ser inconstitucional a inclusão, no âmbito de competência da Justiça do Trabalho, das causas que envolvam o Poder Público e seus servidores estatutários. A razão é porque entendeu alheio ao conceito de 'relação de trabalho' o vínculo jurídico de natureza estatutária, vigente entre servidores públicos e a Administração.
>
> ...
>
> A decisão foi que a Constituição da República não autoriza conferir à expressão relação de trabalho alcance capaz de abranger o liame de natureza estatutária que vincula o Poder Público e seus servidores. Daí, ter-se afirmado a incompetência da Justiça do Trabalho para julgar litígios entre ambos. Ora, ao atribuir à Justiça do Trabalho competência para apreciar "as ações oriundas da relação de trabalho, abrangidos os entes de direito público externo e da administração pública direta e indireta da União, dos Estados, do Distrito Federal e dos Municípios', o art. 114, inc. 1, da Constituição, não incluiu, em seu âmbito material de validade, as relações de natureza jurídico-administrativa dos servidores públicos.(22)

No enfrentamento do mérito da ADI 3395/DF, já sob a relatoria do Min. Alexandre de Moraes, foi ratificada a manutenção da decisão cautelar com a procedência parcial da aludida ação declaratória, nos termos abaixo:

> Decisão: O Tribunal, por maioria, conheceu da ação direta e julgou parcialmente procedente o pedido formulado, confirmando a decisão liminar concedida e fixando, com aplicação de interpretação conforme à Constituição, sem redução de texto, que o disposto no inciso I do art. 114 da Constituição Federal não abrange causas ajuizadas para discussão de relação jurídico-estatutária entre o Poder Público dos Entes da Federação e seus Servidores, nos termos do voto do Relator, vencidos os Ministros Edson Fachin, Marco Aurélio e Rosa Weber, que julgavam improcedente o pedido. O Ministro Roberto Barroso acompanhou o Relator com ressalvas. Não participou deste

---

BRASIL. *Constituição Federal.* Inciso I do Art. 114. Disponível em: https://www.planalto.gov.br/ccivil_03/constituicao/constituicao.htm. Acesso em: 5 jul. 2024.

(21) BRASIL. *Supremo Tribunal Federal.* STF — ADI 3395-MC/DF. Abril/2006. Disponível em: https://portal.stf.jus.br/processos/detalhe.asp?incidente=2268427. Acesso em: 5 jul. 2024.

(22) *Idem.*

julgamento, por motivo de licença médica no início da sessão, o Ministro Celso de Mello (art. 2º, § 5º, da Res. 642/2019). Plenário, Sessão Virtual de 3.4.2020 a 14.4.2020. (23)

Reconhecida, portanto, a incompetência da Justiça do Trabalho para julgar e processar litígios decorrentes do regime estatutário e jurídico-administrativo entre servidores públicos e a administração pública, por conseguinte foi também afastada a competência para processar e julgar os dissídios coletivos, inclusive de greve, como se observa na MI 670/ES. Nesta, o STF decidiu, em razão da omissão legislativa injustificada dos entes federativos, pela aplicação da Lei n. 7.783/89 (Lei de Greve) no âmbito do serviço público, naquilo que não colida com o interesse público e com os princípios da administração pública até a edição de lei regulamentadora do exercício desse direito fundamental expressamente estendido aos servidores públicos, conforme Art. 37, VII da CF/88. Entretanto, foi também reconhecida a competência para processar os dissídios coletivos de greve, pela Justiça Comum, seja Estadual ou Federal, conforme o ente federado envolvido no dissídio, em razão do que foi decidido na ADI 3395/DF. (24)

Uma exceção, no entanto, foi aberta pelo próprio Supremo Tribunal Federal ao que foi decidido quanto à competência da Justiça do Trabalho para dissídios coletivos no âmbito da relação estatutária, com a edição da Súmula 736, que assim dispõe: "Compete à justiça do trabalho julgar as ações que tenham como causa de pedir o descumprimento de normas trabalhistas relativas à segurança, higiene e saúde dos trabalhadores." Com efeito, no site do STF vê-se a referência à vários julgados no mesmo sentido da citada súmula como segue abaixo:

> O órgão judiciário reclamado reconheceu a competência da Justiça do Trabalho para apreciar a demanda ora em apreço sob o fundamento de que a Súmula 736 desta Suprema Corte atribui àquela Justiça Especializada a competência para apreciar demandas relativas ao meio ambiente e medicina do trabalho, independentemente da natureza do vínculo — estatutário ou celetista. Esse entendimento contrasta com a orientação firmada em sucessivas decisões monocráticas proferidas por Ministros desta Corte a propósito de pretensões reclamatórias semelhantes à destes autos (Rcl 44.656/RO, Ministro Ricardo Lewandowski; Rcl 43.764/PI, Ministra Rosa Weber; Rcl 43.753/PI, Ministra Cármen Lúcia). Em referidas decisões, os ilustres Ministros Relatores assentaram que o critério determinante que se extrai da ADI 3.395/DF para a definição da Justiça competente para apreciar demandas relativas a disposições normativas encartadas na CLT — Trabalhista ou Comum — consiste na natureza do vínculo jurídico entre o servidor (em sentido amplo) e o ente público.(25)
>
> ...2. Ao julgar a ADI 3.395-MC, este Tribunal deferiu medida cautelar para suspender toda e qualquer interpretação dada ao inciso I do art. 114 da CF, na redação dada pela EC 45/2004, que inclua, na competência da Justiça do Trabalho, a apreciação de causas que sejam instauradas entre o Poder Público e seus servidores, a ele vinculados por típica relação de ordem estatutária ou de caráter jurídico-administrativo. 3. As circunstâncias do caso concreto, no entanto, não permitem a aplicação dessa orientação. Isto porque o debate instaurado na origem diz respeito ao cumprimento de normas relativas à higiene, saúde e segurança dos trabalhadores de hospital público (estatutários e celetistas), matéria que não parece ser alcançada pelo paradigma invocado. Assim, entendo não haver identidade estrita entre a hipótese dos autos e o julgado na ADI 3.395-MC25.(26)

Embora os julgados acima transcritos e ratificadores do entendimento expresso na referida súmula tenham feito alusão aos litígios decorrentes do descumprimento de normas específicas de proteção ao meio-ambiente do trabalho, cuja tutela pode se

---

(23) *Idem.*

(24) BRASIL. *Supremo Tribunal Federal.* STF — MI: 670 ES, Relator: MAURÍCIO CORRÊA, Data de Julgamento: 25/10/2007, Tribunal Pleno, Data de Publicação: 31-10-2008. Disponível em: https://portal.stf.jus.br/processos/detalhe.asp?incidente=2018921. Acesso em: 4 jul. 2024.

(25) BRASIL. *Supremo Tribunal Federal.* STF — Rcl 44.998 MC, rel. min. Nunes Marques, dec. monocrática, j. 16-12-2020, DJE 297 de 7-1-2021.

(26) BRASIL. *Supremo Tribunal Federal.* STF — Rcl 20.744 AgR, rel. min. Roberto Barroso, 1ª T, j. 2-2-2016, DJE 34 de 24-2-2016.

dar em dissídios individuais decorrentes de ações individuais ou coletivas de competência funcional do 1º grau, não se pode descartar a possibilidade de que determinada paralisação deflagrada por determinada categoria profissional ou parcela desta possa decorrer do mesmo tipo de descumprimento patronal. Neste caso, considerando a natureza do direito afetado, no caso o direito ao meio-ambiente de trabalho equilibrado e sadio com a estrita observância das normas que o regulamentam, e com fundamento na Súmula 736 do STF, seria da competência da Justiça do Trabalho processar e julgar dissídios coletivos, inclusive de greve, cujo pano de fundo esteja relacionado no descumprimento da aludida legislação ambiental.

5. CONSIDERAÇÕES FINAIS

Observa-se, na análise dos julgados aqui feitos, uma importante definição feita pelo Supremo Tribunal Federal para parametrizar a competência material da Justiça do Trabalho, tanto em relação aos dissídios individuais quanto nos dissídios coletivos, qual seja a distinção entre relação de trabalho e as relações estatutárias ou de índole administrativa no âmbito da administração pública direta. Fica claro, neste tema, que as primeiras, por se situarem no âmbito do direito privado, teriam índole prioritariamente contratual, com maior liberdade de agir para os atores sociais, e, portanto, sem a prevalência de um interesse público a exigir comando estatal mais rigoroso. Quanto às últimas, pelo caráter institucional que ostentam, exigem uma atuação mais vinculada aos princípios e regras de natureza administrativa e estatutária, matéria esta de competência constitucional da justiça comum.

Quanto ao interdito proibitório, ação de natureza marcadamente possessória inibitória, insere-se na competência material da Justiça do Trabalho, podendo ser manejado perante a Primeira Instância — Varas do Trabalho, bem como perante os Tribunais Regionais do Trabalho ou mesmo perante o Tribunal Superior do Trabalho, a depender do momento do seu ajuizamento e/ou alcance territorial do conflito coletivo de trabalho.

Também já não se discute a constitucionalidade da exigência do "comum acordo", como pressuposto processual indispensável para os dissídios de natureza econômica, sendo certo que a concordância das partes não precisa, necessariamente, estar materializada em petição conjunta, sendo possível a extração desse elemento de forma tácita. Entretanto, nos dissídios coletivos de greve, pelos riscos à ordem pública que ostenta, considerando os efeitos sociais e econômicos que possa produzir, tanto que ao Ministério Público do Trabalho foi expressamente conferida a legitimidade concorrente para a sua proposição, torna-se desnecessária a exigência do comum acordo, mesmo que no decorrer do dissídio surjam reivindicações típicas de um dissídio de natureza econômica, de modo que a Justiça do Trabalho continue cumprindo seu papel no desenho constitucional como o órgão competente para resolver os conflitos relacionados ao trabalho, apaziguando a sociedade e distribuindo justiça.

REFERÊNCIAS

BRASIL. *Constituição Federal*. Inciso I do Art. 114. Disponível em: https://www.planalto.gov.br/ccivil_03/constituicao/constituicao.htm. Acesso em: 5 jul. 2024.

BRASIL. *Emenda Constitucional n. 45, de 30 de dezembro de 2024*. Disponível em: https://www.planalto.gov.br/ccivil_03/constituicao/emendas/emc/emc45.htm. Acesso em: 26 jun. 2024.

BRASIL. *Supremo Tribunal Federal*. STF — ADI: 3423 DF, Relator: Min. GILMAR MENDES, Data de Julgamento: 12/07/2011. Data de Publicação: DJe-201 DIVULG

18/10/2011 PUBLIC 19/10/2011. Disponível em: https://portal.stf.jus.br/processos/detalhe.asp?incidente=11234. Acesso em: 5 jul. 2024.

BRASIL. *Supremo Tribunal Federal*. STF — Tese definida no RE 579.648, rel. min. Menezes Direito, red. p/ o ac. min. Cármen Lúcia, P, j. 10-9-2008, DJE 43 de 6-3-2009, Tema 74. Disponível em: https://redir.stf.jus.br/paginadorpub/paginador.jsp?docTP=AC&docID=579797. Acesso em: 5 jul. 2024.

BRASIL. *Supremo Tribunal Federal*. STF — Rcl 24.353, rel. min. Edson Fachin, dec. monocrática, j. 30-12018, DJE 22 de 7-2-2018. Disponível em: https://portal.stf.jus.br/processos/detalhe.asp?incidente=5000134. Acesso em: 5 jul. 2024.

BRASIL. *Supremo Tribunal Federal*. STF — Rcl 10.411, rel. min. Dias Toffoli, decisão monocrática, j. 16-42013, DJE 81 de 2-5-2013. Disponível em: https://portal.stf.jus.br/processos/detalhe.asp?incidente=3922831. Acesso em: 4 de jul. 2024.

BRASIL. *Supremo Tribunal Federal*. STF — Aplicação das súmulas no STF. Disponível em: https://portal.stf.jus.br/jurisprudencia/sumariosumulas.asp?base=26&sumula=1262. Acesso em: 5 jul. 2024.

BRASIL. *Supremo Tribunal Federal*. STF — ADI 3395-MC/DF. Abril/2006. Disponível em: https://portal.stf.jus.br/processos/detalhe.asp?incidente=2268427. Acesso em: 5 jul. 2024.

BRASIL. *Supremo Tribunal Federal*. STF — MI: 670 ES, Relator: MAURÍCIO CORRÊA, Data de Julgamento: 25/10/2007, Tribunal Pleno, Data de Publicação: 31-10-2008. Disponível em: https://portal.stf.jus.br/processos/detalhe.asp?incidente=2018921. Acesso em: 4 jul. 2024.

BRASIL. *Supremo Tribunal Federal*. STF — Rcl 44.998 MC, rel. min. Nunes Marques, dec. monocrática, j. 16-12-2020, DJE 297 de 7-1-2021.

BRASIL. *Supremo Tribunal Federal*. STF — Rcl 20.744 AgR, rel. min. Roberto Barroso, 1ª T, j. 2-2-2016, DJE 34 de 24-2-2016.

BRASIL. *Tribunal Regional do Trabalho da 24ª Região*. Centro de Memória. Disponível em https://www.trt24.jus.br/web/memorial/historia-da-justica-do-trabalho-no-brasil. Acesso em: 26 jun. 2024.

BRASIL. *Tribunal Superior do Trabalho*. TST — ROT: 0011008-33.2021.5.03.0000, Relator: Alexandre de Souza Agra Belmonte, Data de Julgamento: 15/08/2022, Seção Especializada em Dissídios Coletivos, Data de Publicação: 22/08/2022. Disponível em: https://consultaprocessual.tst.jus.br/consultaProcessual/consultaTstNumUnica.do?consulta=Consultar&conscsjt=&numeroTst=0011008&digitoTst=33&anoTst=2021&orgaoTst=5&tribunalTst=03&varaTst=0000&submit=Consultar. Acesso em: 5 jul. 2024.

BRASIL. *Tribunal Superior do Trabalho*. TST — RR: 5066 95 2010 5 12 0051, Relator: Maria Cristina Irigoyen Peduzzi, Data de Julgamento: 08/03/2017, 8ª Turma, Data de Publicação: DEJT 10/03/2017. Disponível em: https://consultaprocessual.tst.jus.br/consultaProcessual/consultaTstNumUnica.do?conscsjt=&numeroTst=0005066&digitoTst=95&anoTst=2010&orgaoTst=5&tribunalTst=12&varaTst=0051&consulta=Consulta. Acesso em: 5 jul. 2024.

JORGE NETO, Francisco Ferreira; CAVALCANTE, Jouberto de Quadros Pessoa. Dissídio coletivo de trabalho e ação cumprimento. *Enciclopédia Jurídica da PUCSP*. Disponível em: https://enciclopediajuridica.pucsp.br/verbete/388/edicao-1/dissidio-coletivo-de-trabalho-e-acao-de-cumprimento. Acesso em: 26 jun. 2024.

SILVA, Sayonara Grillo Coutinho Leonardo da. *Relações coletivas de trabalho*. São Paulo: LTr, 2008, p. 185.

As sanções administrativas. Limites e especificidades do Art. 114, inciso VII da Constituição Federal

Léa Helena Pessôa dos Santos Sarmento (*)

Resumo: O presente trabalho se propõe a analisar a competência da Justiça do Trabalho nas ações relativas às penalidades administrativas impostas aos empregadores pelos órgãos de fiscalização do trabalho, conforme art.114, inciso VII da Constituição Federal, definição do seu regime jurídico, com seus limites e especificidades, bem como a interpretação dominante e os anseios para o futuro, com maior amplitude na sua aplicação para alcançar os atos administrativos impostos pelos órgãos de fiscalização, desde que relativos as relações de trabalho no sentido mais amplo, para além do vínculo de emprego, sem limitação ao vocábulo *empregadores*. Utilizou-se bibliografia especializada na temática, bem como pesquisa jurisprudencial.

Palavras-chave: competência; justiça do trabalho; relação de trabalho; sanções/penalidades administrativas; fiscalização do trabalho.

Abstract: This paper aims to analyze the jurisdiction of the Labor Court in actions related to administrative penalties imposed on employers by labor inspection agencies, in accordance with Article 114, item VII of the Federal Constitution. It defines the legal regime, its limits and specificities, as well as the dominant interpretation and future aspirations for broader application. The goal is to extend the reach to administrative acts imposed by inspection bodies, related to labor relations in a broader sense, beyond the employment relationship and not limited to the term employers. Specialized literature on the subject and case law research were used.

Keywords: jurisdiction, labor court, labor relations, administrative penalties, labor inspection.

Sumário: Introdução. 1. Do art.114, inciso VII da Constituição Federal : Objeto e anseios. Conclusão. Referências.

INTRODUÇÃO

Desde os idos de 1943, quando foi publicada a Consolidação das Leis do Trabalho, e logo em seguida a criação da Justiça do Trabalho, como parte do Judiciário, por ocasião da Constituição de 1946, passou a ser construído um aparato estatal para a regulação e julgamento pertinentes à relação típica de emprego, sendo uma peculiaridade o julgamento de relações de trabalho que escapavam esse contexto, como é o caso da 'pequena empreitada' (art. 652, 'a', III da CLT). Nesse viés, a Justiça do Trabalho originou-se a partir da relação típica de emprego, tendo por objeto a conciliação e julgamento de parcelas trabalhistas em favor do empregado. Antes de 1946, as Juntas de

(*) Juíza do Trabalho Titular da 3ª Vara do Trabalho de Belém/PA do Tribunal Regional do Trabalho da 8ª Região TRT8. Doutora em Ciências Jurídico-Laborais pela Faculdade de Direito da Universidade Clássica de Lisboa — Fadul, com reconhecimento no Brasil pela Universidade Federal de Minas Gerais — UFMG.

Conciliação e Julgamento(1) não integravam o Poder Judiciário, mas sim eram órgãos da Administração Pública, vinculadas ao Poder Executivo, sob controle do Ministério do Trabalho(2). Nesse cenário, as Juntas daquele tempo decidiam não apenas sobre a relação de emprego em si, mas também aplicavam as multas aos empregadores que não observavam a legislação. Na época, as suas decisões eram administrativas e eram cumpridas na Justiça Federal comum.

De forma inusitada, ao mesmo tempo que foi reconhecida a independência da Justiça do Trabalho para conciliar e julgar os conflitos, como integrante do Poder Judiciário, ainda que limitados ao empregado e empregador, com imposição de pagamento dos direitos trabalhistas típicos ao empregado, permaneceram na esfera administrativa as questões relacionadas às multas aplicadas aos empregadores pelo descumprimento da legislação do trabalho, com o aval da própria doutrina da época(3). Com isso, o Poder Judiciário trabalhista assumiu apenas 'parte' da importante atuação anterior. Desde então, foi traçado para a Justiça do Trabalho um retrocesso(4), eis que ficou restrita às questões patrimoniais, relegando as multas, à seara das autoridades administrativas, ignorando assim um interesse social mais amplo que poderia também ser atingido(5). A execução de tais multas manteve-se na Justiça Federal.

Por conseguinte, ao integrar o Judiciário, a Justiça do trabalho manteve a limitação de julgar preferencialmente os conflitos entre empregados e empregadores, ante ao próprio modelo de contratação preponderante à época, bem como acrescentou mais uma limitação: restringiu-se às demandas cujas parcelas são próprias da relação de emprego em si, sem lhe competir a aplicação de multas, ditas 'administrativas', à cargo da fiscalização do trabalho e da Justiça Federal.

---

(1) 'Visando à funcionalidade da legislação, foram criadas, em 1932, as Comissões Mistas de Conciliação (Decreto n. 21.369) e as Juntas de Conciliação e Julgamento (Decreto n. 22.132), as primeiras funcionando como órgãos conciliadores em ações coletivas trabalhistas e as segundas para as causas individuais 'que não afetem as coletividades a que pertencerem os litigantes', como reza o texto legal. Ambas eram vinculadas ao Poder Executivo e controladas pelo Ministério do Trabalho e, pelo seu regulamento, só poderiam ser acessadas pelos trabalhadores sindicalizados. Funcionavam como instâncias conciliatórias e paritárias, ou seja:, havia a representação classista na figura dos vogais que representavam empregadores e empregados, indicados pelos sindicatos e eram presididas por um membro escolhido pelo Presidente da República, não necessariamente um bacharel em Direito. Frustrada a conciliação, seguia-se o julgamento das causas, cujas condenações deveriam ser pleiteadas perante a Justiça Comum, além de estarem sujeitas ao crivo do Ministério do Trabalho, que poderia modificá-las ou mesmo cassá-las', conforme https://portal.trt3.jus.br/escola/institucional/centro-de-memoria/justica-do-trabalho/historico-da-justica-do-trabalho. Acesso em: 19 jun. 2024.

(2) Ver https://portal.trt3.jus.br/escola/institucional/centro-de-memoria/justica-do-trabalho/historico-da-justica-do-trabalho. Acesso em: 18 jun. 2024.

(3) Cf. SILVA, Antônio Álvares da. *Competência da Justiça do Trabalho para aplicação de multas administrativas.* Revista do Tribunal Regional do Trabalho da 3ª Região. v. 42, n.72., p. 49. jul./dez.2005. p. 45-63.

(4) Antes de serem integradas ao Judiciário, as Juntas de Conciliação e Julgamento atendiam dupla função: *patrimonial* (em relação à condenação dos direitos tipicamente trabalhistas, em favor do empregado), de caráter nitidamente individual e privado e *pública,* na medida em que ao impor multas ao empregador pelo descumprimento de normas trabalhistas conferiu um caráter de vanguarda à sua atuação, pois além de proteger o direito individual, protegia a ordem pública e a valorização do trabalho (Cf. SILVA, Antônio Álvares da. *Competência da Justiça do Trabalho para aplicação de multas administrativas.* Revista do Tribunal Regional do Trabalho da 3ª Região. v. 42, n. 72, p. 47-8. jul./dez. 2005).

(5) Conforme leciona Antônio Álvares da Silva, foi ignorado que o desrespeito às normas trabalhistas não importa em prejuízo apenas ao trabalhador, mas à própria ordem pública (*in Competência da Justiça do Trabalho para aplicação de multas administrativas.* Revista do Tribunal Regional do Trabalho da 3ª Região. v. 42, n. 72, p. 48. jul./dez. 2005).

Registre-se que a redação originária do *caput* do art.114 da atual Constituição Federal, já nos idos de 1988, quando mencionava que *'compete a Justiça do Trabalho conciliar e julgar (...) bem como os litígios que tenham origem no cumprimento das suas próprias sentenças, inclusive coletivas'*, representava uma reafirmação histórica, pois pretendia sacramentar a libertação das Juntas de Conciliação e Julgamento da dependência de outra esfera para executar as suas decisões, consagrando-se como órgãos do Poder Judiciário, a tal ponto de alcançar o ápice de poder executar suas próprias sentenças, literalmente, sem ter que remeter o seu cumprimento ao Judiciário Federal, tal qual ocorria anteriormente.

A Emenda Constitucional n. 45/2004 alterou a perspectiva da competência da Justiça do Trabalho, ampliando-a consideravelmente. Com ela, foram introduzidas novas competências no art.114 da Constituição Federal, mais especificamente os incisos I, para expandir a sua atuação para *as ações oriundas da relação de trabalho* e VII que assim inclui: *as ações relativas* às ***penalidades administrativas*** *impostas aos* ***empregadores*** *pelos* órgãos ***de fiscalização*** *das relações de trabalho.* Com essa alteração constitucional, as penalidades administrativas voltaram à cena, embora dependentes da atuação dos órgãos de fiscalização das relações de trabalho, foi autorizada a atuação do Judiciário Trabalhista nesta seara, ainda que posterior aos órgãos de fiscalização, o que rompeu a prática anterior de tais ações serem remetidas ao Judiciário Federal.

Atualmente, 20 anos depois da promulgação da EC n. 45/2004, é importante refletir sobre os avanços reais alcançados em decorrência da referida ampliação de competência, notadamente referente ao inciso VII, ao mesmo tempo identificar aquilo que nos aprisiona no passado, bem como perscrutar o que ainda podemos almejar para a concretização do desiderato constitucional de agigantar a Justiça do Trabalho, para além dos muros da relação empregatícia típica e suas penalidades administrativas impostas aos empregadores, pelos órgãos de fiscalização.

Nesse contexto, o presente trabalho pretende responder aos seguintes questionamentos, como problemas da pesquisa:

Definição dos limites da competência do Judiciário Trabalhista constante do art. 114, VII da Constituição Federal. Questiona-se: a atuação do Judiciário trabalhista limita-se às ações relativas às penalidades administrativas ou pode abranger outros atos administrativos referentes à relação de trabalho ? Apenas as sanções/atos impostas aos empregadores, entendido estes como limitados a uma relação de emprego típica? Qual o posicionamento da jurisprudência majoritária, nos dias atuais?

Por conseguinte, o presente trabalho tem por objetivo geral identificar as expressões do texto legal que delimitam o alcance da referida competência, para além da interpretação literal da Lei, mas considerando-se também as alterações constantes das relações de trabalho existentes no mundo contemporâneo.

Com relação ao objetivo específico:

1 — Definição do regime jurídico da competência fixada no art. 114, VII da Constituição Federal, com a fixação do seu objeto, com citação de julgados pertinentes, ainda que não de forma exaustiva, bem como apontar as situações que são excluídas. Por fim, expressar os anseios para o futuro para fortalecimento desta Competência.

O presente trabalho justifica-se na medida em que estudos demonstram que o Judiciário trabalhista tem vocação para o trato de todas as questões referentes às relações de trabalho, inclusive as delas decorrentes, sem que escape a análise dos atos administrativos e suas penalidades. Nessa toada, estimula-se a reflexão sobre a valorização e efetiva concretização da competência trabalhista no trato dos litígios decorrentes da relação de trabalho, para além de empregados e empregadores.

A hipótese do estudo, portanto, é de que a justiça do trabalho é competente para julgar as ações relativas às sanções administrativas decorrentes das relações de trabalho, ainda que no pólo passivo não esteja um empregador tipicamente celetista, para viabilizar que no futuro exista maior abrangência para julgar todos os atos administrativos mesmo aqueles que não sejam referentes à aplicação de penalidades, atos estes praticados/impostos por qualquer órgão de fiscalização das relações de trabalho, não limitando-se aos auditores fiscais.

Por fim, a metodologia a ser utilizada é a pesquisa bibliográfica sobre o tema, mediante a leitura, análise e reflexão de artigos, revistas e livros sobre o tema, inclusive com citação de alguns julgados, para demonstrar o desenvolvimento da matéria a partir da EC n. 45/2004.

1. DO ART. 114, INCISO VII DA CONSTITUIÇÃO FEDERAL: OBJETO E ANSEIOS

Nas últimas décadas houve radical alteração do padrão protetivo dos trabalhadores, na medida em que as relações de trabalho informais e precarizadas avolumam-se, à margem da relação de emprego típica. Além disso, surgiram ou foram incrementados outros modelos de contratação de trabalho para além do vínculo de emprego, considerando-se o surgimento de novas tecnologias, além da necessidade permanente de compatibilizar a estrutura das empresas às exigências cambiantes dos mercados. Todos esses fatores influenciaram diretamente nas relações de trabalho, para além da típica relação de emprego, com a consequente adaptação dos sistemas produtivos às possibilidades econômicas[(6)], à própria globalização, flexibilização e ainda mais recente à pandemia mundial, que abalou as estruturas do mundo do trabalho, com repercussões econômicas, sociais e políticas até os dias atuais.

Nesse mosaico de novas possibilidades, necessário é refletir sobre o paradoxo existente na leitura do art.114 da Constituição Federal: o inciso I, que expande a competência para as ações que envolvam *relação de trabalho* e o inciso VII, que é, à primeira vista, limitado às *ações relativas* às *penalidades administrativas, impostas pelos* órgãos *de fiscalização do trabalho* e *empregador*. Necessário é traçar algumas considerações sobre as expressões acima para limitar o objeto do referido dispositivo constitucional, observando-se as decisões dos Tribunais.

A depender da disciplina jurídica adotada pela Legislação, é possível perceber as ideologias políticas e sociais dominantes numa sociedade e o seu diálogo com a

(6) MARIA DO ROSÁRIO PALMA RAMALHO, ao mencionar a íntima relação existente entre Direito do Trabalho e economia, aponta dois aspectos: o primeiro, o fato de o trabalho ser um bem de notável valor econômico e o segundo, que o sistema jurídico foi desenvolvido a partir do trabalho realizado dentro de uma empresa, mesmo que, quando aplicado a outros setores, sofra adaptações ou mesmo seja inócuo. O fato é que o arcabouço jurídico foi estruturado para ser aplicado nesse contexto. Expõe a autora que o direito do trabalho nasceu a partir de uma perspectiva econômica: a inferioridade econômica do trabalhador frente ao empregador impôs a formulação de regras de proteção do polo mais enfraquecido dessa relação. O sistema de proteção que está na origem do Direito do Trabalho, mas não é a sua síntese, cresceu e se desenvolveu num cenário de crescimento econômico, cujo custo dessa tutela recaía sobre as empresas e o Estado. Esse panorama foi alterado a partir da década de 70, quando se passou a questionar os custos e a sustentabilidade do sistema de proteção do trabalhador até então desenvolvido, justamente por força de razões de cunho econômico (RAMALHO, Maria do Rosário Palma. Direito do trabalho e economia breve apontamento. *In*: *ESTUDOS Jurídicos e Económicos em Homenagem ao Professor Doutor António de Sousa Franco*. Coimbra: Coimbra Editora, 2006. p. 33-46).

relações de trabalho, o que impacta diretamente nas estruturas econômicas e o modo de desenvolvimento do próprio mercado de trabalho, no tocante ao padrão protetivo dos trabalhadores e do próprio meio ambiente laboral. Nos seus primórdios, a Justiça do Trabalho ficou reduzida, sem ter considerada a envergadura do seu papel no trato das relações sociais, o que foi parcialmente resgatado com a EC n. 45/2004, que embora modesta em alguns pontos, teve o brilhantismo de introduzir no rol de competência, precisamente no inciso I, *as ações oriundas da relação de trabalho,*o que inclusive é coerente e compatível com a dinâmica e multiplicidade das relações de trabalho e viabilizou para a Justiça Especializada a sua atuação de forma mais efetiva e contemporânea com a realidade social atual. A partir disso, a Justiça do Trabalho está com o vigor legislativo necessário para reafirmar o seu papel de verdadeira Justiça Especializada do Trabalho. Os bons ventos da Constituição dos direitos sociais, que respaldou as garantias e direitos dos arts. 5º, 7º e 8º, ainda recentes, continuaram soprando para aprimorar a atuação do Judiciário Trabalhista e assim garantir a pacificação das relações sociais na sociedade, de forma integral.

Todavia, no inciso VII, o legislador foi vacilante com relação ao avanço perpetrado e tímido nas suas palavras, o que foi acompanhado por parte da doutrina da época, que embora indignada com o acanhamento, também sofria os efeitos colaterais do contexto anterior limitado. O legislador constituinte derivado aprovou 03 fortes limitações ao texto do inciso VII, conforme as expressões já destacadas, o que evidencia o seu receio em alterar o padrão histórico de remeter todas as questões ao Ministério do Trabalho e à Justiça Federal. Não conseguiu romper o paradigma antes existente. Foi apenas um soluço, que poderia ser mais ousado, o que também depende do desenvolvimento da matéria a nível jurisprudencial.

Inicialmente, cabe o questionamento sobre a expressão *ações relativas* às *penalidades administrativas.* Nesse sentido, Marcos Neves Fava[7] sugere que seja interpretado *' penalidades administrativas'* como atos administrativos, o que confere uma dimensão mais ampla ao contexto. Prossegue o referido autor e explica que tal abrangência foi consagrada no próprio inciso IV do art. 114 da Constituição, o que merece uma interpretação sistemática do real objetivo do legislador, pois não é razoável que esta Especializada julgue *mandamus* de atos de autoridade do Delegado Regional do Trabalho e ao mesmo tempo tenha sua competência restrita às *penalidades administrativas* . Ademais, mencionou *ações,* o que confere um alargamento ao objetivo do referido dispositivo.

No mesmo sentido, explica José Antônio Ribeiro de Oliveira Silva[8], em linhas gerais que, não devemos nos ater apenas à interpretação literal, mas sim à *finalidade da previsão legal,* e assim instruir e julgar a própria licitude dos atos dos órgãos fiscalizadores das relações de trabalho. O referido autor propõe, em outras palavras, que ainda que não tenha sido aplicada nenhuma penalidade administrativa, cabe a esta Especializada a competência para julgar atos dos próprios órgãos fiscalizadores, desde que esses atos sejam referentes às relações de trabalho.

---

(7) Cf. FAVA, Marcos Neves. *As ações relativas* às *penalidades administrativas impostas aos empregadores pelos* órgãos *de fiscalização das relações de trabalho — primeira leitura do art.114, VII da Constituição Federal. Justiça do Trabalho:* competência ampliada (coord(s). COUTINHO, Grijalbo; FAVA, Marcos). São Paulo: LTr, 2005. p. 348.

(8) Cf. Ver https://ipeatra.org.br/2021/01/15/competencia-da-justica-do-trabalho-para-as-acoes-que-envolvem-as-penalidades-administrativas/. Acesso em: 21 jun. 2024

Todavia, a jurisprudência, mesmo trabalhista, ainda não avançou de forma favorável a esse entendimento, pois conferiu entendimento restrito, exemplificativamente, sem a pretensão de esgotar a pesquisa, conforme julgado abaixo:

> **RECURSO ORDINÁRIO. AUTO DE INFRAÇÃO. ANULAÇÃO DE PROCESSO ADMINISTRATIVO. COMPETÊNCIA DA JUSTIÇA FEDERAL. ARTIGO 109 INCISO I DA CRFB/88.** A competência da Justiça do Trabalho prevista no inciso VII do artigo 114 da CRFB/88 exsurge quando envolver controvérsia sobre aplicação de penalidades administrativas (multas administrativas) pelos órgãos de fiscalização do trabalho, não incluindo os questionamentos relativos a anulação de processos administrativos instaurado no âmbito do órgão de fiscalização. A questão inclui-se na competência da Justiça Federal, precisamente no artigo 109, inciso I, da CRFB/88. (TRT-1 — RO: 01004208220205010026 RJ, Relator: MARIA APARECIDA COUTINHO MAGALHÃES, Data de Julgamento: 21/07/2021, Oitava Turma, Data de Publicação: 04/08/2021).

Da mesma forma o próprio C. Tribunal Superior do trabalho:

> **RECURSO DE REVISTA. ACÓRDÃO PUBLICADO NA VIGÊNCIA DA LEI N° 13.467/2017. INCOMPETÊNCIA DA JUSTIÇA DO TRABALHO. PRETENSÃO ANULATÓRIA DE NOTIFICAÇÃO FISCAL PARA RECOLHIMENTO DO FUNDO DE GARANTIA E DA CONTRIBUIÇÃO SOCIAL (NDFC). TRANSCENDÊNCIA JURÍDICA RECONHECIDA**. A controvérsia está centrada na competência da Justiça do Trabalho para processar e julgar Ação Anulatória de Notificação Fiscal para Recolhimento do Fundo de Garantia e da Contribuição Social (NDFC). A jurisprudência do Tribunal Superior do Trabalho vem se orientando no sentido de que não compete a esta Justiça Especializada processar e julgar a pretensão de nulidade de Notificação Fiscal para Recolhimento do Fundo de Garantia e da Contribuição Social (NDFC), uma vez que não se trata de imposição de penalidade administrativa relativa à fiscalização das relações de trabalho, mas mera notificação fiscal, de modo que não há como enquadrá-la nas hipóteses dos incisos I, VII e IX, do art. 114 da Constituição Federal. Ressalta-se, ainda, o teor da Súmula nº 349 do STJ, segundo a qual ' *compete à Justiça Federal ou aos juízes com competência delegada o julgamento das execuções fiscais de contribuições devidas pelo empregador ao FGTS'*. **Recurso de revista não conhecido.** (Processo: **RRAg — 10403-94.2020.5.03.0009**. Órgão Judicante: 5ª Turma, Relator: Breno Medeiros Julgamento: 25/10/2023, Publicação: 27/10/2023)

Da mesma forma, o Superior Tribunal de Justiça:

> **'PROCESSUAL CIVIL. CONFLITO NEGATIVO DE COMPETÊNCIA. AÇÃO ANULATÓRIA DE NOTIFICAÇÃO PARA DEPÓSITO DO FGTS. COMPETÊNCIA DA JUSTIÇA FEDERAL.** 1. A ação anulatória que visa à desconstituição de crédito constituído através de documento denominado ' Fiscal para Recolhimento do Fundo de Garantia e da Contribuição Social — NFGC' submete-se à regra geral de competência da Justiça Federal, insculpida no art. 109, I, da Carta Magna de 1988, segundo a qual aos juízes federais compete processar e julgar as causas em que a União, entidade autárquica ou empresa pública federal forem interessadas na condição de rés, assistentes ou oponentes, exceto as de falência, as de acidente de trabalho e as sujeitas à Justiça Eleitoral e à Justiça do Trabalho. 2. Não se trata simplesmente de penalidade administrativa imposta ao empregador pelos órgãos de fiscalização das relações de trabalho, hipótese prevista no art. 114, VIII da Constituição Federal de 1988. Os juros e a multa são apenas acessórios da cobrança do débito para com o FGTS. 3. Conflito conhecido para declarar a competência da Justiça Federal.' (STJ, CC 112618/SC, Rel. Min. Mauro Campbell Marques, Decisão 13.10.2010, DJe 20.10.2010).

A consolidação de entendimentos acerca das alterações introduzidas pela EC n. 45/2004 exige construção constante, sendo natural ocorrer avanços e recuos, o que não afasta o fato desta Especializada ter especial vocação para o trato destas questões, de forma mais ampla, sem limitar às sanções administrativas, para assim estimular o debate jurídico sobre o tema. Todavia, é importante também que essas iniciativas sejam gestadas dentro desta Especializada, no sentido de valorizar tais demandas e enfrentá-las, buscando, quando cabível, com respaldo doutrinário, legislativo e jurídico, superar a atual literalidade da lei e alcançar o objetivo constitucional de valorização do trabalho pelo órgão judicial com maior aptidão para a matéria.

Se, por um lado, pelos obstáculos acima, não avançamos como gostaríamos, foi consolidada a nossa competência para o julgamento das ações relativas às multas administrativas impostas pelos órgãos de fiscalização do trabalho, razão pela qual, podemos comemorar que tais demandas tem pouso consolidado nesta Especializada.

Apenas alguns julgados sobre o tema, para reforçar esse entendimento:

> AGRAVO DE INSTRUMENTO. RECURSO DE REVISTA — DESCABIMENTO. COMPETÊNCIA DA JUSTIÇA DO TRABALHO. De acordo com o art. 114, VII, da CF/88, compete à Justiça do Trabalho processar e julgar as ações relativas às penalidades administrativas impostas aos empregadores pelos órgãos de fiscalização das relações de trabalho. Agravo de instrumento conhecido e desprovido.(TST — AIRR: 18532620165070014, Relator: Alberto Luiz Bresciani De Fontan Pereira, Data de Julgamento: 18/11/2020, 3ª Turma, Data de Publicação: 20/11/2020)
>
> PROCESSUAL CIVIL. CONSTITUCIONAL. APELAÇÃO CÍVEL. ALTERAÇÃO DA COMPETÊNCIA DA JUSTIÇA DO TRABALHO. EC. 45/2004. ART. 114, INC VII, DA CF/88. AUTO DE INFRAÇÃO LAVRADO POR AUDITOR FISCAL DO TRABALHO. NULIDADE. — A relação conflituosa de natureza trabalhista, ou dessa decorrente, submete-se à competência absoluta da Justiça do Trabalho, nos termos do artigo 114 da Constituição Federal, com as modificações introduzidas pela emenda constitucional n. 45/2004 — Após a EC n. 45/2004, a Justiça do Trabalho passou a deter competência para processar e julgar as ações relativas às penalidades administrativas impostas aos empregadores pelos órgãos de fiscalização das relações de trabalho (art. 114, inciso VII, da CF/88) — O marco temporal da alteração da competência da Justiça Trabalhista é o advento da EC n. 45/2004, o que decorre que seja determinada a remessa dos autos à Vara do Trabalho competente — Reconhecimento da incompetência absoluta da Justiça Federal, com a anulação da sentença e a remessa dos autos à Justiça do Trabalho, à qual compete deliberar sobre eventual aproveitamento dos demais atos processuais. (TRF-4 — AC: 50108940520184047005 PR 5010894-05.2018.4.04.7005, Relator: RICARDO TEIXEIRA DO VALLE PEREIRA, Data de Julgamento: 11/03/2020, QUARTA TURMA)

Verifica-se ainda que outra celeuma ocorre quando nos deparamos com a expressão *impostas pelos* órgãos *de fiscalização do trabalho.* Nesse caso, essa expressão trouxe obstáculos para o próprio juiz do trabalho impor sanções, a quando da prolação das suas sentenças. Além de não autorizar a atuação do Juiz do Trabalho, ainda trouxe uma conotação limitante, quando mencionou 'órgãos de fiscalização do trabalho', pois provoca a interpretação de que apenas são de competência desta Especializada as penalidades impostas pelos auditores do trabalho.(9)

Como órgão fiscalizador, poderia ter sido incluído de forma expressa ainda os auditores fiscais da receita federal, regidos pela Lei n. 11.457/2007, para cobrança das contribuições previdenciárias ao longo do pacto laboral.(10)

Com relação ao não recolhimento do FGTS, tal fiscalização incumbe aos próprios auditores fiscais do trabalho. Estes passaram a questionar a licitude dos pagamentos feitos diretamente ao empregado do FGTS em atraso, nos acordos trabalhistas

---

(9) Nesse sentido, ver SILVA, José Antônio Ribeiro de Oliveira. *Competência da Justiça do Trabalho para as ações que envolvem as penalidades administrativas. Disponível em:* https://ipeatra.org.br/2021/01/15/competencia-da-justica-do-trabalho-para-as-acoes-que-envolvem-as-penalidades-administrativas/. Acesso em: 21 jun. 2024. Os auditores do trabalho tem a sua atuação regida pela Lei n. 10.593/2002. Ver também art. 626 da CLT.

(10) Ver também FAVA, Marcos Neves. *As ações relativas* às *penalidades administrativas impostas aos empregadores pelos* órgãos *de fiscalização das relações de trabalho- primeira leitura do art. 114, VII da Constituição Federal. Justiça do Trabalho: competência ampliada* (coord(s). COUTINHO, Grijalbo; FAVA, Marcos). São Paulo: LTr, 2005. p. 348-49.

homologados, nas ações de execução fiscal ajuizadas perante a Justiça Federal. A questão foi pacificada mediante o Tema 1176 DO STJ:

> São eficazes os pagamentos de FGTS realizados diretamente ao empregado, após o advento da Lei n. 9.491/1997, em decorrência de acordo homologado na Justiça do Trabalho. Assegura-se, no entanto, a cobrança de todas as parcelas incorporáveis ao fundo, consistente em multas, correção monetária, juros moratórios e contribuição social, visto que a União Federal e a Caixa Econômica Federal não participaram da celebração do ajuste na via laboral, não sendo por ele prejudicadas (art. 506, CPC).

Embora diretamente relacionada à relação de trabalho, a competência para as ações decorrentes de cobrança das referidas multas nem sempre são reconhecidas como de âmbito desta Especializada, embora tenha sido reconhecido válido o pagamento feito nos acordos trabalhistas.(11) Verifica-se que as decisões que fundamentaram o Tema acima são ações originalmente ajuizadas perante o Judiciário Federal, por entender que trata-se de questão tributária, de interesse da União, nos termos do art. 109, I da Constituição Federal.

A decisão do Tema acima, embora tenha corrido risco, pela sua lucidez(12) evitou a incidência de contradição grave e garantiu a soberania do Judiciário Trabalhista para a homologação de acordos.

Tal exemplo reforça a necessidade do Judiciário Especializado abraçar a competência para julgar todos os atos administrativos das fiscalizações que envolvam diretamente os direitos trabalhistas e as relações de trabalho, inclusive para evitar decisões díspares e contraditórias ou permitir que instâncias meramente administrativas possam questionar a validade de decisões judiciais transitadas em julgado, perante a Justiça Federal, colocando em risco a legitimidade e credibilidade desta Especializada frente a sociedade civil . No caso, o foco para a definição da competência é a relação de trabalho. Nesse particular, adota-se o entendimento plenamente aplicável para tais situações:

> *Não é lógico e nem razoável que outras justiças — principalmente a comum e a federal, decidam questões trabalhistas mais importantes para o empregador, o empregado, e a sociedade do que a própria Justiça do Trabalho, que para isto foi criada e existe.*

---

(11) Ver julgado https://processo.stj.jus.br/processo/julgamento/eletronico/documento/mediado/?documento_tipo=integra&documento_sequencial=247174079&registro_numero=202201463509&peticao_numero=&publicacao_data=20240528&formato=PDF. Acesso em: 22 jun. 2024. Ementa: TRIBUTÁRIO E PROCESSUAL CIVIL. RECURSO ESPECIAL REPRESENTATIVO DE CONTROVÉRSIA DE NATUREZA REPETITIVA. PAGAMENTO DO FGTS EFETUADO DIRETAMENTE AO EMPREGADO, NA VIGÊNCIA DA LEI 9.491/97, EM DECORRÊNCIA DE ACORDO HOMOLOGADO NA JUSTIÇA DO TRABALHO. EFICÁCIA RECONHECIDA. DECISÃO JUDICIAL IRRECORRÍVEL E COBERTA PELO MANTO DA COISA JULGADA. DESCONSTITUIÇÃO MEDIANTE AÇÃO RESCISÓRIA, CUJA APRECIAÇÃO COMPETE À JUSTIÇA DO TRABALHO. INTELIGÊNCIA DOS ARTS. 831, PARÁGRAFO ÚNICO, E 836, AMBOS DA CLT, E DA SÚMULA 259/TST. COBRANÇA DE MULTAS, CORREÇÃO MONETÁRIA, JUROS MORATÓRIOS E CONTRIBUIÇÃO SOCIAL. POSSIBILIDADE. DECISÃO HOMOLOGATÓRIA QUE NÃO PREJUDICA TERCEIROS QUE NÃO PARTICIPARAM DO AJUSTE. RECURSO ESPECIAL CONHECIDO E DESPROVIDO.

(12) Passa-se a transcrever parte do texto do acórdão do *RECURSO ESPECIAL N. 2003509-RN (2022/0146350-9)*, que inclusive respaldou o Tema 1176 do STJ, fundamentando a lucidez da decisão: ' Nessa senda, não cabe à Justiça Federal, ou ao Superior Tribunal de Justiça, à míngua de competência jurisdicional para tanto, adentrar, em sede de Embargos à Execução Fiscal, Ação Anulatória, Ação Declaratória da Inexistência do Débito, ou por qualquer outra via, na correção do seu mérito, ou desconsiderá-la, para o fim de reconhecer a ineficácia do pagamento realizado em desconformidade com o prescrito em lei.

(...) Se são direitos dos trabalhadores urbanos e rurais os elencados no art. 7º, e se temos uma justiça especializada para as questões trabalhistas, como enviar partes deles a outras jurisdições sem cair em contradição grave?'(13)

Por fim, cita-se o exemplo do autos do processo n. 0000710-41.2017.5.07.0022. Explica-se, de forma sucinta: foi ajuizada ação por empresa que questionou a validade de autos de infração impostos pelos auditores do trabalho, em razão de suposto vínculo entre a empresa e os cooperados. Foi deferida a tutela antecipada para suspender a exigibilidade da execução. Desta decisão, foram ajuizados embargos de declaração pela União. Na decisão de embargos de declaração foi reconhecida a incompetência do Judiciário Especializado para julgar a validade das multas administrativas aplicadas nos referidos autos de infração, o que provocou recurso ordinário por parte do autor. O acórdão regional reconheceu a competência deste Judiciário, para julgar a ação anulatória dos citados autos de infração, mesmo tendo a União/PFN ajuizado ação de execução fiscal perante o Judiciário Federal para a cobrança das multas fixadas nos citados autos de infração(14). Denegada a Revista, transitado em julgado o reconhecimento da competência deste Judiciário, retornou os autos à origem, que decidiu pela

---

(13) Cf. SILVA, Antônio Álvares da. *Competência da Justiça do Trabalho para aplicação de multas administrativas.* Revista do Tribunal Regional do Trabalho da 3ª Região. v. 42, n.72, jul./dez. 2005. p. 47.

(14) Nesta decisão regional, foram citados dois acórdãos do C. TST que reforçam a nossa competência, conforme abaixo:

2 – COMPETÊNCIA MATERIAL DA JUSTIÇA DO TRABALHO. AÇÃO ANULATÓRIA DE DÉBITO FISCAL. NOTIFICAÇÃO FISCAL PARA RECOLHIMENTO DO FUNDO DE GARANTIA E DA CONTRIBUIÇÃO SOCIAL. Esta Corte vem entendendo, com espeque no inciso VII do art. 114 da Constituição, que a Justiça do Trabalho detém competência para julgar demanda em que se discute débito fiscal ou previdenciário oriundo de autuação do Auditor-Fiscal do Trabalho em decorrência da inobservância de legislação trabalhista, como se dá no caso dos autos, em que apurada a existência de vínculo empregatício pela autoridade governamental. Precedentes. Recurso de revista não conhecido. [...].' (RR-209600-51.2007.5.02.0029, 2ª Turma, Relatora Ministra Delaide Miranda Arantes, DEJT 27/10/2017) (destacado)

'I – AGRAVO DE INSTRUMENTO. RECURSO DE REVISTA – DESCABIMENTO. COMPETÊNCIA DA JUSTIÇA DO TRABALHO. AÇÃO ANULATÓRIA. NOTIFICAÇÃO FISCAL PARA RECOLHIMENTO DO FUNDO DE GARANTIA E DA CONTRIBUIÇÃO SOCIAL. MATÉRIA DE FUNDO TRABALHISTA. FISCALIZAÇÃO DO TRABALHO. Diante de potencial ofensa ao art. 114, VII, da Carta Magna, merece processamento o recurso de revista. Agravo de instrumento conhecido e provido. II – RECURSO DE REVISTA. COMPETÊNCIA DA JUSTIÇA DO TRABALHO. AÇÃO ANULATÓRIA. NOTIFICAÇÃO FISCAL PARA RECOLHIMENTO DO FUNDO DE GARANTIA E DA CONTRIBUIÇÃO SOCIAL. MATÉRIA DE FUNDO TRABALHISTA. FISCALIZAÇÃO DO TRABALHO. 1. Pela Emenda Constitucional 45/04, delineou-se a competência da Justiça do Trabalho de maneira mais coerente com a sua vocação historicamente construída: a resolução de conflitos travados em torno das relações de trabalho. Principalmente após a promulgação da Emenda Constitucional 45/04, a Justiça do Trabalho não pode mais ser reconhecida como a 'justiça do emprego', porquanto a sua competência extrapola os limites das lides tipicamente trabalhistas entre empregados e empregadores. 2. Do conteúdo dos incisos I, IV e VII do art. 114 da Constituição Federal, depreende-se que, independentemente de a controvérsia ter origem em ato administrativo da autoridade responsável pela fiscalização do trabalho, se a atuação do Poder Público estiver fundada na tutela de direitos afetos às relações de trabalho, a competência para seu processamento e julgamento será da Justiça do Trabalho. Note-se que a interpretação conjunta e coesa de todos os incisos do art. 114 acima transcritos é indispensável para que deles se extraia sentido lógico e harmonioso com a realidade. 3. Do conjunto de normas contidas no art. 114 da Constituição Federal, chega-se à conclusão de que cabe à Justiça do Trabalho decidir pela legalidade ou não da atuação dos órgãos da fiscalização do trabalho, procedimento que se rende à compreensão da legislação trabalhista, firmada pela autoridade competente. 4. Assim sendo, a questão de fundo debatida, a natureza salarial ou não do vale-transporte, pago em pecúnia aos empregados, anima a competência desta Justiça Especializada para processar e julgar o presente feito, uma vez que a validade do ato administrativo, oriundo da fiscalização do trabalho, aceita o correto enquadramento jurídico dos fatos apurados pelo auditor fiscal do trabalho. Recurso de revista conhecido e provido.' (RR-186900-72.2009.5.02.0462, 3ª Turma, Relator Ministro Alberto Luiz Bresciani De Fontan Pereira, DEJT 04/09/2015) (destacado)

anulação dos autos de infração, o que ainda está pendente de recurso[15]. Ora, no caso vertente, temos duas ações em curso : a ação de execução fiscal perante a Justiça Federal e na Especializada, a ação anulatória dos autos de infração que geraram as penalidades cobradas no Judiciário Federal. Ora, uma vez que este Judiciário é competente para decidir sobre a validade dos autos de infração, deveria também ser competente para a execução fiscal decorrente das multas administrativas.

No tocante ao vocábulo *empregador*, mesmo com a ampliação conferida pela EC n. 45/2004, que alterou a redação do art. 114 da Constituição Federal, para alcançar *as ações oriundas da relação de trabalho* (inciso I), ainda assim obteve redação limitada, no tocante às penalidades administrativas contempladas no inciso VII, quando expressamente mencionou *'empregadores'* no referido dispositivo, sem considerar a ampliação conferida no inciso I e sem considerar a dinâmica das alterações constantes do mundo do trabalho, com multiplicação dos modelos de contratação de trabalhadores. E mais: negligenciou a vocação natural e histórica do Judiciário Trabalhista no trato das questões das relações de trabalho, inclusive com relação aos atos administrativos. A doutrina da época se insurgiu quanto a esta limitação.[16]

No entanto, infere-se que *empregador* deve ser entendido em sentido amplo, ou seja, independente da natureza da relação de trabalho havida entre as partes, deve ser todo aquele que dirige a execução dos serviços, nas suas dependências, bem como assume os riscos da atividade econômica, ainda que de entidade sem fins lucrativos, desde que demonstrada a relação de trabalho, mesmo que decorrente de vínculo de emprego/relação de trabalho com terceiros. Ou seja, abrange não apenas o empregador, mas o tomador de serviço.

Nesse sentido, caminhou a Jurisprudência em decisão de conflito de competência:

> PROCESSUAL CIVIL. CONFLITO DE COMPETÊNCIA SUSCITADO POR JUIZ FEDERAL EM FACE DO JUIZ DO TRABALHO. AÇÃO ANULATÓRIA DE AUTO DE INFRAÇÃO LAVRADA POR AUDITOR-FISCAL DO TRABALHO CALCADA NA TESE DE QUE TOMADOR DE SERVIÇO NÃO RESPONDE PELAS CONDIÇÕES DE SEGURANÇA APURADAS NA FISCALIZAÇÃO. COMPETÊNCIA DA JUSTIÇA DO TRABALHO, NOS TERMOS DO ART. 114, VII, DA CONSTITUIÇÃO FEDERAL. 1. Sobre a questão dos autos, a Construtora LG Ltda ajuizou ação anulatória de auto de infração com pedido de repetição de indébito em face da União, pois sofrera autuações lavradas por Auditor Fiscal do Trabalho. 2. Nesta demanda, a principal tese para anular os autos de infração é a da ausência de responsabilidade pelas condições de trabalho apuradas pela fiscalização, uma vez que os operários teriam sido contratados por empresas terceirizadas (ou seja, a autora seria apenas tomadora de serviço, não a empregadora). 3. A demanda estava em curso na 3ª Vara do Trabalho de São José/SC; porém, o Juízo Trabalhista declarou a sua incompetência e determinou a remessa dos autos a uma das Varas Federais de Florianópolis/SC, entendendo que 'a presente ação não versa sobre penalidade administrativa imposta a empregador, mas sim ao tomador de serviço em razão de terceirização consistente no contrato de empreitada, nos termos do art. 114, VI, da Constituição Federal'. 4. Após receber os autos e prosseguir no processamento da demanda, o Juízo da 2ª Vara Federal de Florianópolis suscitou o presente conflito, após reconhecer a incompetência da Justiça Comum Federal para pro cessar e julgar a causa. 5. Com razão o Juízo Suscitante. Considerando que a Justiça do Trabalho tem competência para julgar todas as ações em que se discutem não apenas relações de emprego, mas todas as relações trabalhistas, a interpretação mais adequada do art. 114, VII, da Constituição Federal é a que abrange as penalidades impostas aos tomadores de serviço (desde que o prestador seja pessoa física e preste o serviço em caráter

(15) Conforme Acesso em: 23 jun. 2024, em consulta pública de jurisprudência, em www.trt7.jus.br

(16) Cf. FAVA, Marcos Neves. *As ações relativas às penalidades administrativas impostas aos empregadores pelos* órgãos *de fiscalização das relações de trabalho- primeira leitura do art.114, VII da Constituição Federal. Justiça do Trabalho: competência ampliada* (coords.). COUTINHO, Grijalbo; FAVA, Marcos). São Paulo: LTr, 2005. p. 349-350.

pessoal). 6. Conflito conhecido para declarar a competência do Juízo da 3ª Vara do Trabalho de São José/SC.(STJ — CC: 183407 SC 2021/0325483-2, Relator: Ministro MAURO CAMPBELL MARQUES, Data de Julgamento: 09/02/2022, S1 — PRIMEIRA SEÇÃO, Data de Publicação: DJe 17/02/2022)

Ficam excluídos da competência desta Especializada, de forma expressa:

1) As ações relativas às penalidades administrativas impostas pelos Conselhos de Classe, como por exemplo Ordem dos Advogados do Brasil, Conselho Federal de Medicina, dentre outros;
2) As ações de execução fiscal relacionadas às penalidades administrativas impostas pelos órgãos de fiscalização do trabalho;
3) A competência para aplicação das multas previstas na CLT, conhecidas como 'administrativas', pelo próprio Juiz(a) do trabalho, nas suas decisões[17];

Nesse sentido, os seguintes julgados:

'RECURSO DE REVISTA. MULTA ADMINISTRATIVA. INCOMPETÊNCIA DA JUSTIÇA DO TRABALHO. A Justiça do Trabalho não tem competência para aplicar multas administrativas, ainda que decorrentes de relações empregatícias ou trabalhistas. Precedentes. Recurso de revista a que se dá provimento'. (RR-174300-29.2006.5.03.0031, Relatora Ministra Kátia Magalhães Arruda, 5ª Turma, DEJT 30-9-2011).

'[...]. MULTA DO ART. 201 DA CLT. COMPETÊNCIA. PROVIMENTO. A controvérsia está adstrita à competência da Justiça do Trabalho para impor a multa administrativa prevista no art. 201 da CLT, em face da condenação da reclamada ao pagamento do adicional de periculosidade. Apesar dos fundamentos da decisão recorrida, não há como prevalecer o entendimento de que o art. 114 da Constituição Federal, combinado com o art. 652, alínea -d-, da CLT, conferem essa competência à Justiça do Trabalho. Recurso de Revista parcialmente conhecido e provido'. (RR — 133300-63.2004.5.03.0049, Relatora Ministra Maria de Assis Calsing, 4ª Turma, DEJT 27-8-2010).

'MULTA ADMINISTRATIVA. COMPETÊNCIA DA JUSTIÇA DO TRABALHO. A Justiça do Trabalho é incompetente para impor a multa administrativa prevista no art. 75 da CLT decorrente da infração da norma legal prevista no art. 59, caput, da Consolidação, relativamente à extrapolação do limite legal de 02 (duas) extras diárias, sem a contraprestação devida. Recurso conhecido e provido'. (RR — 740/2003-072-03-00 Ministro Relator José Simpliciano Fontes de F. Fernandes, DEJT 17-02-2006).

Conforme noticiado[18], há projeto de lei para incluir na competência do Judiciário Trabalhista para a execução de ofício das multas por infração à legislação trabalhista, mediante decisões condenatórias.

Com relação principalmente à aplicação das multas administrativas, filia-se ao entendimento esposado por Antônio Álvares da Silva[19], que defende que o descumprimento das normas trabalhistas atingem não apenas o trabalhador, mas também a própria ordem pública, considerando-se também o interesse social, o que, acrescenta-se poderia melhorar o próprio meio ambiente laboral, com incentivo de cumprir as regras de saúde e medicina do trabalho, nesse duplo viés, aplicando-se o reparo patrimonial ao trabalhador, ao mesmo tempo que confere caráter punitivo, com o fito de cessar as

(17) Sobre o tema, ver SILVA, Antônio Álvares da. *Competência da Justiça do Trabalho para aplicação de multas administrativas.* Revista do Tribunal Regional do Trabalho da 3ª Região. v. 42, n. 72, jul./dez.2005. p. 45-63.

(18) Cf. LEITE, Carlos Henrique Bezerra. *Curso de Direito Processual do Trabalho.* 21ªed. São Paulo: Saraivajur, 2023. p.737. Nesse sentido, ver também, BARBOSA, Gustavo Felipe. *Curso de Direito Processual do Trabalho.* 12. ed. São Paulo: Saraivajur, 2024. p. 531-534.

(19) Ver SILVA, Antônio Álvares da. *Competência da Justiça do Trabalho para aplicação de multas administrativas.* Revista do Tribunal Regional do Trabalho da 3ª Região. v. 42, n.72, jul./dez.2005. p. 45-63.

transgressões. De fato, é injustificável, salvo por razões históricas, o juiz do trabalho ser excluído da competência de aplicações das multas previstas na CLT.

É desejável que as três ações ao norte mencionadas sejam ajuizadas, instruídas e julgadas pelo Judiciário Trabalhista, devendo ser expressamente incluídas no âmbito desta Especializada, não apenas pela sua aptidão histórica e natural para o trato destas questões, mas principalmente porque deve ser valorizada todas as questões relacionadas à relação de trabalho, sem ater-se ao infrator ou à fazenda pública como autora da ação, inclusive para evitar decisões contraditórias entre a Justiça Federal e o Judiciário Trabalhista, ou mesmo serem proferidas decisões que não considerem a especificidade da ciência das relações de trabalho ou que não reconheçam as decisões da Justiça Especializada. A definição da competência deve ser em razão dos litígios/atos administrativos originados ou decorrentes da relação de trabalho.

CONCLUSÃO

À guisa de conclusão, fixa-se breves considerações, sem a pretensão de esgotar o tema, mas apenas propor reflexões com relação à competência conferida pela EC n. 45/2004, no tocante ao art. 114, inciso VII da Constituição Federal, observando-se também a Jurisprudência pátria:

- A competência está limitada às ações que versam sobre penalidades/sanções administrativas;
- A expressão 'órgãos de fiscalização do trabalho' refere-se primordialmente aos auditores fiscais do trabalho, mas poderia abranger também os auditores fiscais da Receita Federal;
- O vocábulo 'empregador' deve ser compreendido no sentido amplo.

Todavia, a ampliação da competência conferida pela referida emenda constitucional ainda é insuficiente, sendo necessário, por meio de futura legislação alcançar todos os órgãos que fiscalizam as relações de trabalho, bem como as ações relacionadas aos atos administrativos e não apenas as penalidades, e ainda permitir a instrução e julgamento das ações de execução fiscal propostas pela Fazenda Pública, autorizar que o próprio Juiz do Trabalho aplique as multas 'administrativas' previstas na CLT, abrangendo-se todas as relações de trabalho em sentido amplo, inclusive para alcançar aquelas relacionadas entre os profissionais e os seus respectivos órgãos de classe.

REFERÊNCIAS

BARBOSA, Gustavo Felipe. *Curso de Direito Processual do Trabalho.* 12. ed. São Paulo: Saraivajur, 2024

BATISTA, Homero. Capítulo 8 — Competência sobre penalidades administrativas (art.114, VII). *In: Curso de Direito do Trabalho Aplicado* — Justiça do Trabalho. São Paulo: editora Revista dos Tribunais, 2015. Disponível em https://www.jusbrasil.com.br/doutrina/curso-de-direito-de-trabalho-aplicado-justica-do trabalho/1343770699. Acesso em: 21 jun.2024.

FAVA, Marcos Neves. As ações relativas *às* penalidades administrativas impostas aos empregadores pelos *órgãos* de fiscalização das relações de trabalho — primeira leitura do art. 114, VII da Constituição Federal. *Justiça do Trabalho:* competência ampliada (coord(s). COUTINHO, Grijalbo; FAVA, Marcos). São Paulo: LTr, 2005. p. 345-361.

LEITE, Carlos Henrique Bezerra. *Curso de Direito Processual do Trabalho.* 21. ed. São Paulo: Saraivajur, 2023.

RAMALHO, Maria do Rosário Palma. Direito do trabalho e economia breve apontamento. *In*: *ESTUDOS Jurídicos e Económicos em Homenagem ao Professor Doutor António de Sousa Franco*. Coimbra: Coimbra Editora, 2006. p. 33-46.

SILVA, Antônio Álvares da. *Competência da Justiça do Trabalho para aplicação de multas administrativas.* Revista do Tribunal Regional do Trabalho da 3ª Região. v. 42, n. 72. jul./dez.2005. p. 45-63.

SILVA, José Antônio Ribeiro de Oliveira. *Competência da Justiça do Trabalho para as ações que envolvem as penalidades administrativas, disponível em* https://ipeatra.org.br/2021/01/15/competencia-da-justica-do-trabalho-para-as-acoes-que-envolvem-as-penalidades-administrativas/. Acesso em: 21 jun. 2024

https://portal.trt3.jus.br/escola/institucional/centro-de-memoria/justica-do-trabalho/historico-da-justica-do-trabalho. Acesso em: 18 jun. 2024.

A competência da Justiça do Trabalho a partir da EC n. 45/2004, o contexto das reclamações constitucionais no Supremo Tribunal Federal e a litigiosidade trabalhista

Luciana Paula Conforti (*)

Resumo: O artigo discorre sobre a ampliação da competência da Justiça do Trabalho pela Emenda n. 45/2004 e sobre o contexto das reclamações constitucionais em matéria trabalhista no STF, com a demonstração de que as decisões da Justiça do Trabalho não afrontam precedentes de caráter vinculante do STF. Aponta-se para o alargamento das hipóteses de admissão das reclamações constitucionais, deixando-se de exigir os requisitos da aderência estrita e da não utilização da medida como sucedâneo recursal, o que tem levado ao esvaziamento da competência constitucional da Justiça do Trabalho para apreciar todas as controvérsias decorrentes das relações de trabalho e a existência ou não de fraude aos contratos de emprego, com desproteção social e alto risco de evasão fiscal. O estudo destaca que a Justiça do Trabalho atende adequadamente à litigiosidade trabalhista e presta relevantes serviços à sociedade e ao país com a implementação da Política Nacional de Trabalho Decente. Sustenta-se, ainda, a necessidade de pacificação da jurisprudência, para o restabelecimento da segurança jurídica e fortalecimento da competência da Justiça do Trabalho, enquanto ramo especializado do Poder Judiciário brasileiro.

Abstract: The article discusses the expansion of the jurisdiction of the Labor Court by Amendment nº 45/2004 and the context of constitucional complaints in labor matters in the STF, demonstrating that the decisions of the Labor Court do not contravene binding precedents of the STF. The aim is to expand the possibilites for admitting constitucional complaints, no longer demanding the requirements of strict adherence and non-use of the measure as a substitute for appeal, which has led to the emptying of the constitucional competence of the Labor Court to assess al controversies arising from employment relationships and the existence or not of fraud in employment contracts, with lack of social protection and a high risk of tax evasion. The study highlights that the Labor Court adequately responds to labor disputes and provides relevant services to society and the country with the implementation of the National Decente Work Policy. There is also a need to pacify jurisprudence, to reestablish legal certainty and strengthen the competence of the Labor Court, as a specialized branch of the Brazilian Judiciary.

Palavras-chave: Emenda Constitucional 45/2004; competência da Justiça do Trabalho; reclamação constitucional; litigiosidade trabalhista.

Keywords: Constitucional Amendment 45/2004; jurisdiction of the Labor Court; constitucional complaint; labor litigation.

(*) Presidente da Associação Nacional dos Magistrados da Justiça do Trabalho — Anamatra (biênio 2023-2025), Doutora em Direito, Estado e Constituição pela Universidade de Brasília — UnB, Integrante dos Grupos de Pesquisa Trabalho, Constituição e Cidadania (UnB-CNPq) e Trabalho Escravo Contemporâneo (UFRJ-CNPq), Professora.

1. INTRODUÇÃO

A Justiça do Trabalho, desde a Constituição de 1946, passou a integrar o Poder Judiciário e recebeu a incumbência de dirimir e pacificar os conflitos entre empregados e empregadores no plano das relações individuais e coletivas de trabalho, sendo, portanto, um ramo especializado.

Desse modo, a Justiça do Trabalho historicamente exerce a jurisdição especializada no âmbito dos litígios que têm como palco a relação de emprego regida pela CLT e é responsável por assegurar o respeito às normas constitucionais e infraconstitucionais que tutelam o contrato de trabalho e as ações coletivas, resguardando um grau mínimo de civilidade nas relações entre empregados e empregadores, além de garantir um sadio ambiente de trabalho e concorrencial, pautado no respeito ao patamar mínimo civilizatório de direitos sociais previstos pela normatização pátria e internacional que o Brasil se comprometeu a observar.

Com o advento da Emenda Constitucional n. 45, de 30 de dezembro de 2004, houve ampliação da competência da Justiça do Trabalho, na medida em que foi confiada a missão de dirimir todo e qualquer litígio que envolve o trabalho humano, exceto em relação às demandas de natureza jurídico-administrativas travadas com o poder público, segundo decisão do Supremo Tribunal Federal, na Ação Direta de Inconstitucionalidade — ADI n. 3395-DF.(1)

Portanto, a Justiça do Trabalho, desde 2004, tem competência para a pacificação de todo e qualquer conflito que envolve a pactuação da força de trabalho humana, independente de existir ou não contrato de trabalho entre as partes, o que se justifica pelo elevado grau de especialização das magistradas e dos magistrados e também pela notória vocação social da Justiça Laboral.

Em tempos onde os índices de ocupação informal se sobrepõem à contratação pelo regime celetista e tendo em vista o surgimento de relações trabalhistas autônomas ou pejotizadas no ambiente da economia 4.0, torna-se imprescindível reconhecer a relevância da Justiça do Trabalho como segmento especializado do Poder Judiciário na solução de conflitos que se relacionam com o trabalho humano, contribuindo para a criação de um ambiente de segurança jurídica no contexto das relações entre empregados, empregadores, prestadores e tomadores de serviços e garantindo o trabalho digno, o equilíbrio nas relações comerciais e a responsabilidade social.

Em que pese a Emenda Constitucional n. 45/2004 ter ampliado de forma bastante significativa a competência da Justiça do Trabalho, observa-se, ao longo dos anos, inúmeros julgados do Supremo Tribunal Federal, com ou sem repercussão geral, que fragilizam e até esvaziaram essa competência.

Conforme dispõe o art. 102, *Caput* da Constituição, "Compete ao Supremo Tribunal Federal, precipuamente, a guarda da Constituição". Diante de tal quadro, importe a análise de como vem sendo construída e reconstruída a jurisprudência do Supremo Tribunal Federal em torno dos direitos sociais, mais especificamente no que diz respeito ao controle de constitucionalidade e à competência da Justiça do Trabalho e segundo o recorte adotado no presente estudo, no julgamento das reclamações constitucionais.

---

(1) Excetuam-se as demandas relacionadas com o meio ambiente de trabalho dos servidores públicos, cuja competência é da Justiça do Trabalho, de acordo com a Súmula Vinculante n. 736 do STF: "Compete à justiça do trabalho julgar as ações que tenham como causa de pedir o descumprimento de normas trabalhistas relativas à segurança, higiene e saúde dos trabalhadores".

Pela análise dos julgados do Supremo Tribunal Federal, denota-se que mesmo antes da Lei n. 13.467, de 13 de julho de 2017 ("Reforma Trabalhista"), a Corte Constitucional brasileira vinha adotando em sua jurisprudência linha centrada em uma maior liberdade do mercado e na não intervenção estatal, com o afastamento da competência da Justiça do Trabalho e da proteção constitucional aos direitos sociais, inclusive com a modificação de entendimentos pacificados anteriormente, mesmo enfatizando-se tanto a necessidade de segurança jurídica, com base em argumentos fundados em "crise" e na necessidade de se alavancar a economia do país, com incentivos à iniciativa privada.

Assim, a interpretação restritiva dos direitos sociais tem sido a tônica dos julgamentos do Supremo Tribunal Federal, com a prevalência de aspectos econômicos sobre os argumentos jurídicos, especialmente sobre o discurso constitucional.

Mesmo quando as decisões são embasadas constitucionalmente, constata-se, a título de demonstração, o afastamento da literalidade da norma, sem que se possa falar em mutação constitucional e a inobservância de cláusula pétrea, com base em outros dispositivos da Constituição que não guardam a mesma rigidez, como ocorreu no julgamento da Medida Cautelar ajuizada na Ação Direta de Inconstitucionalidade — ADI n. 6363-DF, relativa à Medida Provisória n. 936, de 1º de Abril de 2020.(2)

A Constituição prevê como fundamentos da República, a dignidade da pessoa humana e o valor social do trabalho (art. 1º, III e IV) e a ordem econômica, é fundada na valorização do trabalho humano e na livre iniciativa e tem por fim assegurar a todos existência digna, conforme os ditames da justiça social (art. 170).

Diante de tal quadro, apenas para ilustrar o que foi exposto, a possibilidade de acordos individuais para a redução de salários, tal como prevista na então Medida Provisória n. 936/2020, ratificada pelo Supremo Tribunal Federal no julgamento da MC-ADI n. 6363-DF, violou a autonomia negocial coletiva ferindo, primeiro, a Constituição e, depois convenções internacionais do trabalho sobre direito de sindicalização e de negociação coletiva e de fomento às negociações coletivas (Convenções n. 98 e n. 154 da OIT, respectivamente), além do diálogo social (Convenção n. 144 da OIT), princípio basilar de direito internacional do trabalho, amplamente valorizado no âmbito da Organização Internacional do Trabalho.(3)

---

(2) A Medida Provisória n. 936/2020 instituiu o Programa Emergencial de Manutenção do Emprego e Renda e dispôs sobre medidas trabalhistas complementares durante a pandemia. Foi convertida na Lei n. 14.020, de 06.07.2020.

(3) No julgamento da MC na ADI n. 6363-DF houve a restrição de direitos sociais fundamentais, integrantes de cláusula pétrea (art. 60, § 4º), já que estão inseridos no título das garantias e direitos individuais. No citado julgamento, restou afastada a necessidade da participação sindical nos casos de redução salarial (art. 7º, VI da Constituição) e suspensão contratual (para os trabalhadores que ganham até R$ 3.135,00), ao ser apreciado dispositivo da MP 936/2020. Um dos fundamentos da decisão foi a aplicação do art. 3º, II e III da Constituição, que trata de afastar a pobreza e erradicar a marginalização social (voto do ministro redator Alexandre de Moraes), além da valorização da iniciativa privada, sem o equilíbrio com o valor social do trabalho e promoção da justiça social. A decisão mencionou realismo jurídico, sem considerar os inúmeros acordos coletivos de trabalho que já tinham sido realizados durante a pandemia, com argumentos de que as comunicações sindicais poderiam prejudicar a fluidez das relações de trabalho em período excepcional. Acordão disponível em: http://portal.stf.jus.br/processos/downloadPeca.asp?id=15345059901&ext=.pdf. Acesso em: 13 dez. 2023. Sobre o tema das negociações coletivas durante a pandemia, importante citar: "*Acordos negociados pelas entidades sindicais para enfrentar a pandemia do coronavírus — Covid 19*: atualização dos Estudos e Pesquisas 91". Dieese — Departamento Intersindical de Estatísticas e Estudos Socioeconômicos. Disponível em: https://www.dieese.org.br/estudosepesquisas/2020/estPesq92AcordosCovidAtualizacao.html. Acesso em: 13 dez. 2023. Interessante, ainda, a nota técnica emitida pela ANAMATRA sobre a MP 936/2020. Disponível em: https://www.anamatra.org.br/imprensa/noticias/29583-nota-publica-5. Acesso em: 13 dez. 2023.

Como se sabe as convenções internacionais do trabalho são normas de patamar superior ao das medidas provisórias, por serem autênticas fontes formais de direitos humanos, segundo decisão do próprio Supremo Tribunal Federal, no Recurso Extraordinário n. 466.343.1-SP, sobre a impossibilidade de prisão do depositário infiel[(4)].

Fala-se na necessidade da criação de empregos e de restrições aos direitos trabalhistas para uma suposta estabilidade dos postos de trabalho, sem se perquirir sobre a qualidade dessas colocações e, ao mesmo tempo, desconsidera-se que mesmo diante de tantas flexibilizações e da precarização do mercado de trabalho, permanecem altíssimos os índices de desemprego e de informalidade no país.[(5)]

Segundo Jorge Luiz Souto Maior, o Supremo Tribunal Federal assumiu a postura de alterar a jurisprudência do Tribunal Superior do Trabalho, iniciando "Reforma Trabalhista" a partir de 2009 e com mais intensidade no ano de 2016, apontando para "a retração de direitos trabalhistas"[(6)].

Grijalbo Fernandes Coutinho defende que o Supremo Tribunal Federal "revisou parte substancial de sua jurisprudência, entre 2007 e 2020", construída a partir da Constituição de 1988 até 2006, fazendo imperar a desregulação "sem freios" das relações de trabalho. O autor cita, como demonstração da citada desregulação das relações de trabalho, entre outros apontamentos, o reconhecimento da possibilidade de terceirização irrestrita de atividades, a aplicação da prescrição quinquenal ao FGTS, a prevalência do negociado sobre o legislado para a piora das condições de trabalho e a dispensa de negociação coletiva para redução salarial durante a pandemia da Covid-19.[(7)]

Assim, problematiza-se a forma como a jurisprudência do Supremo Tribunal Federal vem sendo construída e reconstruída, com a subjugação do discurso e do compromisso constitucional.

Como afirma Menelick Carvalho Netto:

> A cidadania, enquanto espaço a permanecer aberto [...], **é sempre colocada em risco quando, a título de protegê-la ou com vistas à consecução de finalidades materiais por ela requeridas, elimina-se a garantia decorrente da própria formalidade constitucional**[(8)].

Partindo-se de tais premissas, o artigo discorrerá sobre os julgados do Supremo Tribunal Federal nas reclamações constitucionais que discutem a existência de vínculo de emprego, com o afastamento da competência da Justiça do Trabalho

---

(4) Acórdão disponível em: http://www.stf.jus.br/imprensa/pdf/re466343.pdf. Acesso em: 13 dez. 2023.

(5) Apesar de ter ocorrido queda da desocupação no trimestre encerrado em maio de 2024, o número de pessoas desempregadas supera 8 milhões e nas estatísticas, têm sido considerados não só os empregos formais, mas também as colocações informações. Disponível em: https://economia.uol.com.br/noticias/redacao/2024/05/29/desemprego-pnad-abril-2024.htm. Acesso em: 11 ago. 2024.

(6) SOUTO MAIOR, Jorge Luiz. *O STF em matéria trabalhista e o curioso caso de Benjamin Button*. Disponível em: https://www.anamatra.org.br/images/uploads/article/o-stf-e-o-curioso-caso-de-benjamin-button_1.pdf. Acesso em: 13 dez. 2023.

(7) COUTINHO, Grijalbo Fernandes. *O STF como justiça política do capital*: a desconstrução do Direito do Trabalho por intermédio de decisões judiciais sincronizadas com os ímpetos do mercado neoliberal (2007-2020). Tese de Doutorado defendida junto à UFMG. Disponível em: https://repositorio.ufmg.br/handle/1843/34563. Acesso em: 13 dez. 2023.

(8) CARVALHO NETTO, Menelick de. *Temporalidade, Constitucionalismo e Democracia*. Revista Humanidades, Brasília, n. 58, junho de 2011, p. 33-43.

ou desconstituição das decisões da Justiça do Trabalho, mesmo daquelas em que não houve observância à submissão ao sistema recursal trabalhista.

2. AS AÇÕES TRABALHISTAS NA APRECIAÇÃO DAS RECLAMAÇÕES CONSTITUCIONAIS PELO SUPREMO TRIBUNAL FEDERAL

Estudo realizado pelo Núcleo de Extensão e Pesquisa "O Trabalho Além do Direito do Trabalho" (NTADT), do Departamento de Trabalho e Previdência Social da Faculdade de Direito da Universidade de São Paulo (FDUSP), em parceria com a Associação Nacional dos Magistrados da Justiça do Trabalho — Anamatra, divulgado no início de maio de 2024, constatou, ao analisar 1.039 decisões do Supremo Tribunal Federal (monocráticas e colegiadas) em reclamações constitucionais sobre vínculo de emprego, no período de julho de 2023 a fevereiro de 2024, que a medida foi utilizada em 82% dos casos antes do esgotamento dos processos na Justiça do Trabalho.(9)

Outro estudo sobre a mesma temática, também do grupo de pesquisa NTADT/USP em convênio com a Anamatra, já havia sido divulgado no início do mês de outubro de 2023, no Seminário comemorativo dos 35 anos da Constituição de 1988, "Jurisdição Constitucional e Competência da Justiça do Trabalho", realizado pela Anamatra,(10) com conclusões no sentido de que, ao afastar a competência da Justiça do Trabalho para julgar conflitos e fraudes trabalhistas, as decisões do Supremo Tribunal Federal propiciam maior precarização do mercado de trabalho.

A paulatina descapitalização da seguridade social também está entre as conclusões da pesquisa. Na medida em que genuínas relações de emprego passam a ser sistematicamente descaracterizadas, sem exame das provas, e seguem subsistindo como contratos civis, contribuições sociais deixam de ser recolhidas. Isso porque, ao se considerar apenas a forma civil de contratação, o trabalhador e a empresa deixam de recolher contribuições sociais com base em remuneração e em folha de pagamento, respectivamente.

Modalidade típica da Revolução Digital (Revolução Industrial 4.0), os trabalhadores plataformizados também foram objeto de análise. Segundo os pesquisadores, há divergências sobre o tema dentro do Tribunal Superior do Trabalho — TST e o próprio STF não firmou em plenário entendimento definitivo quanto ao enquadramento jurídico, o que afasta a admissibilidade da reclamação constitucional, ação na qual se busca a preservação de um entendimento pacificado da Corte Suprema. Ainda de acordo com o estudo, a competência deve ser definida pelo pedido e pela causa de pedir formulados na petição inicial, de modo que, em se tratando de lides decorrentes de relações de trabalho, a competência é da Justiça do Trabalho, mesmo que para declarar a inexistência da relação de emprego. Tal pesquisa analisou 303 ações, selecionando para o exame de conteúdo 88 reclamações constitucionais, que tiveram decisões monocráticas e apenas 15% foram julgadas improcedentes pelo STF.(11)

---

(9) Nota técnica disponível em: https://www.conjur.com.br/wp-content/uploads/2024/05/nota-tecnica--Anamatra-pesquisa-reclamacoes-constitucionais-vinculo-de-emprego-STF-x-Justica-do-Trabalho.pdf. Acesso em: 11 ago. 2024.

(10) Disponível em: https://www.anamatra.org.br/imprensa/noticias/34296-seminario-competencia Acesso em: 11 ago. 2024.

(11) Nota técnica disponível em: https://www.anamatra.org.br/images/DOCUMENTOS/2023/Pesquisa_Anamatra_USP_1.pdf. Acesso em: 11 ago. 2024.

A incidência de reclamações constitucionais no STF tem sido crescente, com o afastamento da competência da Justiça do Trabalho, em contrariedade à jurisprudência do próprio STF, no sentido de que as relações constitucionais não podem ser utilizadas como sucedâneo recursal, tampouco revolver fatos e provas. Em muitos casos, há discussão sobre existência de fraude ao contrato de trabalho e tal análise sempre foi da competência da Justiça do Trabalho.

Nas decisões analisadas nas pesquisas, foram considerados para o afastamento da competência da Justiça do Trabalho precedentes que não têm aderência ao caso concreto, o que se impõe para possibilitar a análise de reclamações constitucionais.

Entre os processos analisados, estão questões relativas a trabalhadores em plataformas, transportadores de cargas, parceiros de salões de beleza, corretores de imóveis, profissionais liberais e representantes comerciais, com abordagem centrada na pejotização, terceirização e uberização.

Os dados revelados pelo estudo corroboram a necessidade de se defender e preservar a competência constitucional da Justiça do Trabalho pelo STF. O cenário impõe, urgentemente, maior aproximação e diálogo institucional, a fim de que as divergências interpretativas possam ser superadas e o cenário das transformações trazidas no mundo do trabalho pelas tecnologias e as novas configurações do trabalho humano, continuem sendo apreciados pela Justiça do Trabalho, com a garantia da proteção social.

O grande desafio do nosso tempo é definir o melhor enquadramento jurídico, que pode ser ou não o reconhecimento do vínculo de emprego, a depender do caso concreto, a fim de que as trabalhadoras e os trabalhadores brasileiros não fiquem à margem de qualquer proteção social, como tem ocorrido.

Pesquisa da Fundação Getúlio Vargas, lançada em 23 de novembro de 2023, indicou que 64% das reclamações constitucionais em matéria trabalhista julgadas pelo STF, entre janeiro e agosto de 2023, confirmaram relações de terceirização ou "pejotização". Foram analisadas 841 decisões monocráticas entre 01º de janeiro e 20 de agosto. Em relação à terceirização ou pejotização, destaca-se que 43% das decisões sobre o tema permitiram a terceirização de atividade-fim e 21% permitiram pejotização. A pesquisa constatou, ainda, a adoção de interpretação ampliada sobre o requisito da aderência estrita das reclamações constitucionais aos precedentes firmados pela Corte, o que tem gerado a cassação de decisões trabalhistas, com base na análise da situação fática para o reconhecimento do vínculo de emprego.

Sobre o requisito da aderência estrita, a pesquisa apontou:

> Observamos que, apesar da aderência ser um elemento formal, ela figura como objeto de disputa de narrativas, visto haver dois tipos de exame de aderência sendo realizados no STF: um, mais restritivo, em que se avalia uma relação de estrita conexão entre o que está sendo reclamado e o parâmetro; e outro mais ampliado, que considera inclusive a fundamentação das decisões nos parâmetros invocados. Assim, quando se analisa os casos que o STF autorizou a pejotização, foi realizado um exame de aderência ampliado, em que se levou em consideração como parâmetros os casos sobre terceirização (e não pejotização propriamente dita). Diferentemente, nos casos em que houve negativa de seguimento por falta de aderência, houve o entendimento de que os

paradigmas invocados tratam de terceirização e não pejotização e, por isso, não seria possível configurar aderência em relação ao parâmetro invocado.[12]

Em outra pesquisa sobre os "Impactos da Pejotização sobre a Arrecadação Tributária"[13], houve conclusões no sentido de que as decisões do STF:

> [...] com base no princípio da liberdade econômica e da liberdade de contratar, têm prestigiado a formalidade contratual em detrimento da realidade fática, afastando o vínculo empregatício declarado pelo judiciário trabalhista. Esse posicionamento vem se tornando mais sistemático, o que pode estimular a já citada pejotização.

Os pesquisadores apontam que além da relevância da controvérsia, a matéria:

> [...] gera uma importante diminuição arrecadatória para a União. As decisões dos membros do STF também têm um impacto previdenciário, tema que é caro ao Estado, em face das legítimas preocupações com o déficit público e a sustentabilidade da previdência.

Como destacaram os autores, o objetivo do estudo foi "estimar o impacto sobre a arrecadação tributária do movimento de contratação fraudulenta que vem sendo observado no mercado de trabalho e intitula-se como 'pejotização'", apontado aumento exponencial de trabalhadores por conta própria e microempresários, entre 2017 e 2022:

> Entre 2017 e o final de 2022, o número de trabalhadores por conta própria classificados como MEIs [...] aumentou 57%, enquanto o número de trabalhadores por conta própria classificados como empresas do Simples Nacional [...] aumentou 97%.
>
> [...]
>
> Em termos absolutos, entre 2017 e 2022 houve um crescimento de quase 180 mil trabalhadores por conta própria classificados como empresas do Simples Nacional. Essa variação, quando comparamos 2023 em relação a 2017, caiu para aproximadamente 166 mil. De maneira similar, o número de trabalhadores por conta própria classificados como empresas MEI em 2022 era quase 1,6 milhão superior ao estoque registrado em 2017. Esse valor caiu em 2023, mas ainda assim observa-se que houve um crescimento de mais de 650 mil MEIs em relação ao estoque observado em 2017[14].

---

(12) PASQULALETO, Olívia de Q. F.; BARBOSA, Ana Laura; FIOROTTO, Laura Arruda. *Terceirização e pejotização no STF:* análise das reclamações constitucionais. Disponível em: https://repositorio.fgv.br/server/api/core/bitstreams/193ee852-1b13-44af-9454-6dd5ab6fc9d7/content. Aceso em: 28 abr. 2024.

(13) MARCONI, Nelson. BRANCHER, Marco Capraro. *Nota técnica sobre os Impactos da Pejotização sobre a Arrecadação Tributária.* Disponível em: https://www.anamatra.org.br/images/Competencia_JT/Nota_Te%CC%81cnica_-_Impactos_da_pejotizac%CC%A7a%CC%83o_sobre_a_arrecada%C3%A7%C3%A3o_tribut%C3%A1ria.pdf. Acesso em: 11 ago. 2024.

(14) MARCONI, Nelson. BRANCHER, Marco Capraro. *Nota técnica sobre os Impactos da Pejotização sobre a Arrecadação Tributária.* Disponível em: https://www.anamatra.org.br/images/Competencia_JT/Nota_Te%CC%81cnica_-_Impactos_da_pejotizac%CC%A7a%CC%83o_sobre_a_arrecada%C3%A7%C3%A3o_tribut%C3%A1ria.pdf. Acesso em: 11 ago.2024.

Em conclusão, os pesquisadores ressaltaram que a "perda de receita decorrente da pejotização causa impacto relevante nas contas públicas" e que deve ser "um importante aspecto a considerar quando são analisados os efeitos da flexibilização ampla pretendida para o mercado de trabalho na direção de possibilitar situações de violação à legislação trabalhista". Os autores buscaram demonstrar que a "eventual substituição do regime celetista, de forma fraudulenta, pela pejotização", ao longo do tempo, "provocará efeitos deletérios sobre a receita fiscal, prejudicando tanto o financiamento do regime previdenciário como a própria capacidade do Estado para realizar políticas públicas".[15]

Com efeito, em 2023, o então Procurador-Geral da República requereu a instauração de incidente de assunção de competência (IAC) no Supremo Tribunal Federal para a uniformização da jurisprudência sobre reclamações constitucionais nos casos em que a Justiça do Trabalho identificar fraude à caracterização do vínculo de emprego.

O pedido foi formalizado nos autos da reclamação constitucional 60.620/SP, de relatoria do ministro Edson Fachin, para que a Corte delimitasse o alcance dos paradigmas firmados na ADPF 324, no RE 958.252-MG (Tema 725 da Repercussão Geral), nas ADIs 5.625 e 3.961 e na ADC 48, todos precedentes que comumente fundamentam tais ações. Uma das motivações do pedido decorreu da ausência de uniformidade de entendimento entre as Turmas do STF sobre a matéria, o que estaria provocando "quadro de insegurança jurídica e violação da isonomia". Na ocasião, o Procurador Geral da República pontuou que entre 2019 e junho de 2023, mais de 780 mil casos envolvendo pedido de reconhecimento de vínculo chegaram aos Tribunais trabalhistas, o que demonstrava a repercussão social da discussão. Foi destacado, ainda, que nas teses fixadas houve ressalva sobre as hipóteses de fraude ao vínculo de emprego e que a Justiça do Trabalho detinha competência para essa verificação no âmbito da terceirização. Por fim, o PGR afirmou ser inadmissível o uso da reclamação na hipótese de eventual desacerto na decisão por parte da Justiça do Trabalho, em razão da impossibilidade de reapreciação de fatos e provas e que os processos deveriam ser submetidos às vias recursais ordinárias.[16] Nesse sentido, o Procurador-Geral da República, propôs a seguinte tese, com efeitos vinculantes:

> As teses fixadas na ADPF 324/DF, no RE 958.252/MG (Tema 725 da Repercussão Geral), nas ADIs 5.625/DF e 3.961/DF e na ADC 48/DF restringem-se à licitude da terceirização de atividade-fim em geral e, em particular, à licitude da figura do transportador autônomo nas atividades de transporte de cargas e de contratos de parceria entre salões de beleza e profissionais do setor, não se admitindo o uso da reclamação constitucional nos casos em que as instâncias ordinárias, na via adequada e à luz das provas produzidas no processo de origem, verifiquem a ocorrência de fraude para fins de reconhecimento de relação de emprego.[17]

Na oportunidade, o Procurador Geral da República, asseverou que o "Supremo construiu jurisprudência estável no sentido da necessidade de máximo rigor na

(15) MARCONI, Nelson. BRANCHER, Marco Capraro. *Nota técnica sobre os Impactos da Pejotização sobre a Arrecadação Tributária.* Disponível em: https://www.anamatra.org.br/images/Competencia_JT/Nota_Te%CC%81cnica_-_Impactos_da_pejotizac%CC%A7a%CC%83o_sobre_a_arrecada%C3%A7%C3%A3o_tribut%C3%A1ria.pdf. Acesso em: 11 ago.2024.

(16) Disponível em: https://www.jota.info/stf/do-supremo/pgr-pede-que-stf-delimite-cabimento-de-reclamacoes-contra-decisoes-trabalhistas-26092023. Acesso em: 28 abr. 2024.

(17) Disponível em: https://www.mpf.mp.br/pgr/noticias-pgr2/2023/para-pgr-nao-cabe-reclamacao-ao-stf-para-questionar-vinculo-de-emprego-entre-motorista-e-empresa-de-aplicativo. Acesso em: 11 ago. 2024.

verificação dos pressupostos específicos da reclamação" e que "exige-se o ajuste exato entre os atos questionados e os julgados paradigmas".

No dia 24 de outubro de 2023, a Procuradoria Geral da Fazenda Nacional apresentou parecer sobre os riscos fiscais da "pejotização", também na Reclamação Constitucional n. 60.620-SP, pontuando a possibilidade de criação de situações com afronta à isonomia. O parecer também expressa que a existência de fraude na relação de emprego torna "irrelevante a roupagem formal que envolve o empregado", de forma que é relevante que a Justiça do Trabalho possa exercer sua competência plena, para declarar "nulos os atos que contrariem a legislação". O autor do parecer ressaltou preocupação com a priorização de formas fictícias de contratação, com o objetivo de fuga no pagamento de impostos e contribuições previdenciárias.

Em sua manifestação, a Procuradoria Geral da Fazenda Nacional, considerando o interesse da União, apontou dois aspectos principais que permeiam a discussão sobre o tema: o primeiro, de que o entendimento adotado pelo reclamante da ação terminaria por subverter inteiramente princípios fundamentais do Direito do Trabalho, recusando qualquer eficácia a normas de ordem pública que representam garantias do trabalhador e evitam evasão fiscal e o segundo, de que o acolhimento de reclamações nesse sentido leva a situações manifestamente anti-isonômicas sob o aspecto fiscal e tributário, especificamente nos casos que envolvem pejotização e intermediação de sociedades cooperativas.(18)

O ministro relator da Reclamação Constitucional n. 60.620-SP, negou seguimento à medida por entender ausentes os requisitos da aderência estrita da decisão aos precedentes do STF, relacionados com a licitude da terceirização, tendo em vista que a condenação foi amparada "em premissas fáticas que apontavam para a invalidade da contratação, circunstância que não pode ser revisitada em sede de reclamação sem revolvimento fático probatório".

Em tal caso, o ministro Edson Fachin expressamente assentou que as teses fixadas pelo Supremo Tribunal Federal na ADPF 324, na ADC 48 e na ADI 5.625, bem como o Tema 725 da repercussão geral, não excluem a invalidação da terceirização nas hipóteses de fraude ao vínculo de emprego e nem afastam da competência da Justiça do Trabalho o reconhecimento de práticas fraudulentas no âmbito da terceirização. Na decisão, o relator mencionou que a apreciação das reclamações constitucionais pelo STF não pode, de forma abstrata e generalizada, impor natureza comercial ao vínculo decorrente de qualquer espécie de contrato, com a exclusão do regime de direitos fundamentais sociais trabalhistas, preconizado pelo art. 7º da Constituição, se em tal relação estiverem presentes os requisitos do vínculo de emprego.(19)

Ainda está em discussão no Supremo Tribunal Federal, com atribuição de repercussão geral, o Recurso Extraordinário 1.446.336 (Tema 1291), de Relatoria do ministro Edson Fachin, no qual são discutidas as matérias relativas aos precedentes questionados, especialmente: "a possibilidade do reconhecimento do vínculo de emprego entre

---

(18) Disponível em: https://www.jota.info/stf/do-supremo/pgfn-ve-risco-fiscal-na-derrubada-de-decisoes-trabalhistas-sobre-pejotizacao-pelo-stf-26102023. Acesso em: 11 ago. 2024.

(19) Disponível em: https://www.conjur.com.br/wp-content/uploads/2024/04/downloadPecaaaaaa.pdf. Acesso em: 11 ago. 2024.

o motorista de aplicativo de prestação de serviços de transporte e a empresa criadora e administradora da plataforma digital intermediadora".[20]

Diante de tal quadro, não há precedente vinculante que justifique o acolhimento das reclamações constitucionais com menção aos precedentes que vem sendo alegados como violados em tais ações. O que existem, são decisões de ministros e das turmas do STF, no sentido de que os julgamentos com efeito vinculante se aplicam aos casos analisados, mas são decisões não unanimes e não provenientes do Plenário.

Ainda sobre a discussão, importante citar voto proferido em Embargos de Declaração opostos no julgamento que fixou a tese do Tema 725 sobre terceirização, no qual há o reconhecimento de que várias matérias arguidas pelo Ministério Público do Trabalho, não tinham sido apreciadas na decisão embargada e que não era possível, por meio do recurso interposto, antecipar a jurisprudência sobre temas não analisados pela Corte. O voto mencionado foi proferido no julgamento dos "Quartos Embargos Declaratórios no Recurso Extraordinária n. 958.252 — MG", da lavra da agora ministra aposentada Rosa Weber. Referido voto assentou que apesar de o STF ter reconhecido a licitude de terceirização de atividade-fim da empresa, tal entendimento não significava mostrar-se lícito ao empregador a burla à legislação trabalhista e previdenciária, por meio da adoção meramente formal de terceirização, quando presentes os requisitos da relação de emprego, já que a terceirização possui requisitos formais que devem ser observados, "sob pena de, não estando presentes os elementos caracterizadores dessa especial modalidade de contratação, restar configurado o vínculo de emprego com a própria empresa tomadora de serviços". Foi dito, ainda, que a orientação jurisprudencial de maneira alguma autorizava o desrespeito às normas e que mesmo reconhecendo-se a licitude da terceirização de atividade-fim da empresa, ainda assim não se podia admitir, "como expressamente determina o art. 9º da CLT (ainda vigente), a convalidação de atos nulos de pleno direito praticados com o objetivo de desvirtuar, impedir ou fraudar a aplicação das normas de direito individual do Trabalho". No tocante à delimitação do Acórdão em relação a situações não abarcadas pela decisão, o voto foi expresso ao citar que os Embargos declaratórios objetivavam afastar o precedente em matérias como: contratação de cooperativas, "pejotização", contratação de autônomos e terceirização no âmbito da Administração Pública, porém as temáticas citadas sequer tinham sido analisadas pela Corte e que não era possível inovar o objeto da própria demanda.[21]

O ministro Flávio Dino, manteve, na Reclamação Constitucional 66.182-RS, decisão da Justiça do Trabalho que reconheceu vínculo de emprego de corretor de imóveis. Na decisão o ministro assentou que a reclamação constitucional não pode ser usada como instância recursal, sobretudo quando sequer as instâncias ordinárias foram esgotadas e destacou que o Acórdão do TRT da 4ª Região não violou a jurisprudência do STF sobre a constitucionalidade das relações de trabalho.[22]

Importante ressaltar que o ministro André Mendonça, na Reclamação n. 65.094-RS, julgada em 25 de abril de 2024, também negou seguimento à Reclamação, exatamente

(20) A Associação Nacional de Magistrados do Trabalho — Anamatra e a Associação Nacional das Procuradoras e Procuradores do Trabalho — ANPT foram admitidas como *amicus curiae* no feito. Disponível em: https://portal.stf.jus.br/jurisprudenciaRepercussao/verAndamentoProcesso.asp?incidente=6679823&numeroProcesso=1446336&classeProcesso=RE&numeroTema=1291. Acesso em: 11 ago. 2024.

(21) Disponível em: QUARTOS_EMB.DECL._NO_RECURSO_EXTRAORDINARIO_958.252___Tema_725.pdf (trt3.jus.br). Acesso em: 11 ago. 2024.

(22) Disponível em: https://www.jusbrasil.com.br/jurisprudencia/stf/2469434020/inteiro-teor-2469434021. Acesso em: 11 ago. 2024.

pelos motivos expostos no voto do ministro Flávio Dino, por entender que essa via estreita da reclamação constitucional não pode ser utilizada como sucedâneo recursal.(23)

Apenas para demonstrar a existência de outras decisões divergentes no Supremo Tribunal Federal sobre reclamações constitucionais relativas ao reconhecimento de vínculos de emprego pela Justiça do Trabalho, são citadas as seguintes:

> 1) RECLAMAÇÃO N. 54.959 — ESPÍRITO SANTO — RELATOR: MIN. NUNES MARQUES — No processo em questão, o relator reconheceu que as premissas fáticas levaram ao julgador de origem pronunciar a existência de fraude na contratação e que a reclamação constitucional é incabível para revolver fatos e provas. Ressaltou que o STF não descartou, no julgamento da ADPF 324, "a possibilidade de a terceirização de atividade-fim mostrar-se, concretamente, abusiva". Assentou, ainda, que "na ADC 48 e na ADI 3.961, foi reconhecida a natureza civil da relação comercial entre empresa e transportadores autônomos de carga, enquanto, na ADI 5.625, o Plenário fixou a validade dos contratos de parceria firmados entre estabelecimentos e trabalhadores autônomos do ramo da beleza", mas que o ato reclamado não possuía "estrita aderência com os objetos da ADC 48 e das ADIs 3.991 e 5.625, que não tratam de contratos de corretagem imobiliária";(24)
>
> 2) RECLAMAÇÃO N. 62470 — BAHIA — RELATOR: MIN. CRISTIANO ZANIN — O relator entendeu que o caso requeria a reanálise de fatos e provas, que não se amoldava ao requisito da estrita aderência aos precedentes apontados como violados em reclamação constitucional e que o citado instrumento não deve ser utilizado para fins recursais, tampouco para uniformização de jurisprudência;(25)
>
> 3) RECLAMAÇÃO 63.573 — SÃO PAULO — RELATOR MINISTRO EDSON FACHIN — O relator entendeu ser incabível reclamações constitucionais para anular decisões trabalhistas que reconhecem vínculo empregatício entre empresas e trabalhadores por fraude à legislação. De acordo com Fachin, o julgamento "evidencia que a questão não está completamente sedimentada" no âmbito do STF.(26)

Ainda sobre a observância do requisito da estrita aderência aos precedentes supostamente violados, importante citar os seguintes julgados:

> 1) Reclamação Constitucional 55.806 Agr./SC. Rel. Min. Edson Fachin, 2ª Turma, DJe de 02.05.2023
>
> EMENTA: RECLAMAÇÃO. CONTRATO DE PARCERIA. "PEJOTIZAÇÃO". FRAUDE. ART. 9º DA CLT. RECONHECIMENTO DE VÍNCULO EMPREGATÍCIO. ADPF 324, ADC 48, ADI 5625. AUSÊNCIA DE ADERÊNCIA ESTRITA. INVIABILIDADE DA RECLAMAÇÃO. AGRAVO REGIMENTAL DESPROVIDO.(27)
>
> 2) Reclamação Constitucional 50.319 AgR/SP, Rel. Min. Rosa Weber, 1ª T. DJe de 19.02.2022
>
> EMENTA: AGRAVO INTERNO. RECLAMAÇÃO CONSTITUCIONAL. ADPF 324. RE 958.252-RG (TEMA 725). GRUPO ECONÔMICO. ESTRITA ADERÊNCIA NÃO CARACTERIZADA. INVIABILIDADE DE REVOLVIMENTO PROBATÓRIO. AUSÊNCIA D ESGOTAMENTO DAS INSTÂNCIAS ORDINÁRIAS. RE 635.546-RG. INOVAÇÃO RECURSAL. INCOGNOSCIBILIDADE. PRECEDENTES. AGRAVO A QUE SE NEGA PROVIMENTO.(28)

---

(23) Disponível em: file:///C:/Users/Magistrado/Desktop/a%20C%C3%93PIA%202022%20LUCIANA/Vice-Presid%C3%AAncia/Peti%C3%A7%C3%A3o%20juntando%20decis%C3%B5es%20do%20STF%20protocolo.pdf. Acesso em: 28 abr. 2024.

(24) Disponível em: decisao-vinculo-corretot.pdf (conjur.com.br). Acesso em: 11 ago. 2024.

(25) Disponível em: Supremo Tribunal Federal STF — Reclamação: Rcl 62470 BA | Jurisprudência (jusbrasil.com.br). Acesso em: 11 ago. 2024.

(26) Disponível em: Fachin volta a negar reclamação contra decisão que reconheceu vínculo (jota.info)

(27) https://redir.stf.jus.br/paginadorpub/paginador.jsp?docTP=TP&docID=767297747. Acesso em: 11 ago. 2024.

(28) Disponível em: https://redir.stf.jus.br/paginadorpub/paginador.jsp?docTP=TP&docID=772810285. Acesso em: 11 ago. 2024.

As decisões proferidas pela Justiça do Trabalho e que foram questionadas nas reclamações constitucionais, tiveram como pressuposto o reconhecimento da existência de fraude nas contratações firmadas. Basearam-se, portanto, no fato de que, em relação aos autores da demanda, estavam presentes os requisitos previstos nos artigos 2º e 3º da CLT. E, o Tema 725 do STF, ao tratar da ampla possibilidade de terceirização, não se confunde com aquilo que é denominado de "pejotização", como já demonstrado.

Como se sabe, o *distinguishing* é técnica de julgamento, expressamente autorizada pelo artigo 489, inciso VI do CPC, utilizada justamente quando o julgador se depara com uma situação que, no seu entendimento, não se amolda perfeitamente à luz do precedente vinculante.

A existência de Reclamações Constitucionais julgadas procedentes pelo Supremo Tribunal Federal, apenas demonstram a existência de dissenso na própria Corte Constitucional, quando comparadas as decisões já citadas no presente artigo.

Ressalte-se, por oportuno, que as decisões proferidas pelo Supremo Tribunal Federal, em sede de reclamações constitucionais, não possuem efeito vinculante, pois não se enquadram nas hipóteses previstas no artigo 927 do CPC.

Com efeito, como se sabe, somente as decisões do STF proferidas em sede de controle concentrado de constitucionalidade, enunciados de súmulas vinculantes e julgamento de recursos extraordinários com repercussão geral reconhecida, podem vincular as magistradas e magistrados da Justiça do Trabalho. E, como exposto, a questão relacionada à "pejotização" e fraude nas contratações não foi objeto de análise no Tema 725 do Supremo Tribunal Federal, como expressamente constou do voto da ministra Rosa Weber, quando do julgamento dos quartos Embargos de Declaração, no referido feito, como já apontado.

É de extrema importância ressaltar, inclusive, quando do julgamento dos quartos Embargos Declaratórios apresentados no RE 958252, a ministra Rosa Weber expressamente assim se manifestou:

> **21.** De outro lado, o embargante sustenta a necessidade de *"prevenir a utilização temerária e desvirtuada da jurisdição constitucional"*, através de possível *"enxurrada"* de reclamações, devendo esta Suprema Corte, desde logo, esclarecer que os julgamentos da ADPF 324 e do RE 958.252 versaram especificamente sobre terceirização de atividades produtivas em âmbito empresarial privado.
>
> **22.** Busca-se, desse modo, afastar a aplicação do precedente em relação a situações como a contratação de cooperativas, as hipóteses de *"pejotização"*, a contratação de autônomos e a terceirização no âmbito da Administração Pública.
>
> **23.** Como se vê, o embargante solicita a esta Corte a padronização preventiva da jurisprudência, com o fim de impedir a aplicação da *ratio decidendi* deste precedente a situações que sequer foram objeto de análise por esta Suprema Corte.
>
> **24.** Inadmissível, sob tal aspecto, a utilização dos embargos de declaração com o propósito de inovar o objeto da própria demanda, que jamais teve por escopo situações envolvendo as questões suscitadas pelo embargante.[29]

Como se vê, o próprio Supremo Tribunal Federal reconheceu que situações que não estavam no escopo da discussão principal do Tema 725 (que tratava exclusivamente da terceirização) não foram objeto de análise pela Egrégia Corte Constitucional.

---

(29) Disponível em: QUARTOS_EMB.DECL._NO_RECURSO_EXTRAORDINARIO_958.252___Tema_725.pdf (trt3.jus.br). Acesso em: 11 ago. 2024.

Não existe entendimento uniforme entre as Turmas da Corte, especialmente no que diz respeito às hipóteses de fraude ao contrato de trabalho mediante terceirização, pejotização e uberização, o que tem demandado grande discussão não só no Poder Judiciário trabalhista, como também, no próprio Supremo Tribunal Federal, com risco de inviabilização da Corte em razão do aumento expressivo de reclamações constitucionais, o que pode se espraiar para outros ramos do Direito, especialmente por ausência de delimitação do cabimento das reclamações constitucionais e pela adoção de jurisprudência ampliada para análise do requisito da aderência estrita do cabimento de tais ações. Trata-se de política judiciária a demandar atenção.

Aplicando-se fielmente o entendimento vinculante adotado pelo Supremo Tribunal Federal, não há como falar em desrespeito ou inobservância de precedentes vinculantes do STF nas decisões da Justiça do Trabalho, para justificar o acolhimento de tantas reclamações constitucionais. A admissão das reclamações constitucionais tem ocorrido com o afastamento da competência da Justiça do Trabalho e desconsideração das decisões proferidas por esse segmento especializado no Poder Judiciário, diante do caso concreto, com base na análise de fatos e provas, sem submissão ao sistema recursal próprio.

É inegável que a matéria é altamente controvertida, no próprio Supremo Tribunal Federal, a desafiar a respectiva pacificação.

Ademais, com a máxima vênia, algumas decisões e pronunciamentos do STF, têm causado não só a diminuição da competência da Justiça do Trabalho no caso concreto, como também, desprestígio institucional, com o receio de punições pelo mero exercício de competência constitucional pelas magistradas e magistrados do Trabalho.

Em dezembro de 2023, após concluir no julgamento da Reclamação Constitucional 60.347/MG, houve o entendimento, pela 1ª Turma do STF, de que "a proteção ao trabalho não impõe que toda e qualquer prestação remunerada de serviços configure relação de emprego", com a cassação do vínculo de emprego entre motorista de aplicativo com a empresa respectiva e determinação da expedição de ofício ao Conselho Nacional de Justiça para levantamento "das reiteradas" decisões da Justiça do Trabalho que descumprem precedentes do STF.[30]

Aproveitando o procedimento em questão, houve a instauração de Pedido de Providências por parte de determinada empresa na Corregedoria do Conselho Nacional de Justiça (processo n. 0000810-62.2024.2.00.0000), o que causou perplexidade, diante da inadmissibilidade de tal tipo de procedimento, já que não se pretendia o controle administrativo de atos da Justiça do Trabalho, mas atuação em razão de decisões judiciais, cuja pretensão era a de edição de recomendação generalizada, a fim de que os Tribunais Regionais do Trabalho observassem precedentes do Supremo Tribunal Federal. Nos referidos autos, a Anamatra apresentou suas considerações.

Os argumentos apresentados foram no sentido de que o processo disciplinar ou procedimentos administrativos generalizados, não podem ser utilizados como meio de insurgência contra decisões que as magistradas e os magistrados proferem com a devida fundamentação e com base no livre convencimento motivado, apenas por divergência sobre o seu entendimento ou por contrariar determinados interesses. Como se sabe, não é possível a interferência do poder correcional sobre a convicção dos magistrados,

(30) Disponível em: https://www.conjur.com.br/2023-dez-05/stf-oficia-cnj-sobre-decisoes-da-justica-do-trabalho-que-desrespeitam-jurisprudencia/. Acesso em; 28 abr. 2024.

sob pena de intervenção na independência judicial e no próprio conceito de Justiça, que tem como alicerce a imparcialidade. Nesse sentido, é o entendimento pacífico do Conselho Nacional de Justiça, em casos de representação disciplinar cujo objeto eram decisões judiciais proferidas pelos magistrados representados, de não ser cabível tal interferência, haja vista a ausência de previsão de competência ao CNJ para atuar sobre matéria estritamente jurisdicional (art. 103-B, § 4º, da Constituição Federal).

Referido pedido de providências foi julgado improcedente e arquivado definitivamente pela Corregedoria Nacional de Justiça, pelo entendimento de que não cabe ao CNJ a intervenção sobre atos com conteúdo eminentemente jurisdicional. Na ocasião, o ministro Corregedor Nacional de Justiça, Luis Felipe Salomão, constatou que a discussão envolvia questões estritamente jurisdicionais, que devem ser dirimidas pelos recursos e incidentes próprios previstos na legislação processual. Apontou, também, que a pretensão deduzida era de natureza eminentemente individual, sem relevância institucional, impactos significativos para o sistema de Justiça ou repercussão social abrangente.(31)

3. SOBRE A LITIGIOSIDADE TRABALHISTA E DIRETA VINCULAÇÃO COM AS RECLAMAÇÕES CONSTITUCIONAIS NO STF

O ministro Luís Roberto Barroso, Presidente do STF e do Conselho Nacional de Justiça — CNJ, demonstrou interesse em melhor compreender a litigiosidade trabalhista, assim como o fez em relação a outras litigiosidades existentes no país (como a previdenciária e execuções fiscais) e para contribuir com as discussões, a Anamatra encomendou estudo e entregou a Sua Excelência parecer elaborado pelas Professoras Gabriela Neves Delgado (UnB) e Maria Cecília Lemos (UDF), com conclusões muito relevantes, no sentido de que a Justiça do Trabalho atende plenamente à litigiosidade trabalhista e que o problema não é a litigiosidade em si, mas o descumprimento reiterado da legislação.(32)

O documento expõe de forma bastante didática, profunda e contundente diversos vieses indispensáveis para melhor compreensão da matéria, como, por exemplo, a estrutura, atuação social e jurisdicional da Justiça do Trabalho, embasado em doutrina, estudos comparados, dados estatísticos, econômicos e dos processos que tramitam na Justiça do Trabalho, para melhor subsidiar as discussões.

O parecer foi desenvolvido a partir de "perguntas-problemas" que mais comumente permeiam os debates sobre as demandas trabalhistas, com conclusões bastante abrangentes e muito interessantes.

Apenas de modo ilustrativo, quando o parecer aponta para as principais causas da litigiosidade trabalhista no Brasil, expõe problema endêmico, que já foi objeto de outras pesquisas sobre o tema, com a mesma conclusão, no sentido de que, a causa do número de ações na Justiça do Trabalho é o descumprimento habitual da legislação trabalhista, no tocante aos direitos mais básicos.

---

(31) Disponível em: https://www.anamatra.org.br/imprensa/noticias/35093-corregedor-nacional-de-justica-arquiva-pp-que-questionava-decisoes-da-justica-do-trabalho-em-contratos-de-franquia. Acesso em: 11 ago. 2024.

(32) *A Justiça do Trabalho e a Litigiosidade Trabalhista*: organograma e efetividade. DELGADO, Gabriela Neves; LEMOS, Maria Cecília de Almeida. Disponível em: https://images.jota.info/wp-content/uploads/2024/04/parecer-anamatra-26-de-abril-gabriela-delgado-e-maria-cecilia-lemos.pdf. Acesso em: 09 maio 2024.

Uma das pesquisas realizadas foi a de Adalberto Moreira Cardoso, com relação às reclamações trabalhistas ajuizadas no Rio de Janeiro, de 1989 a 2001. O autor demonstra que o aumento das ações trabalhistas não possuía relação com a ampliação de direitos sociais, a partir da Constituição de 1988, mas com avaliação de riscos pelos empregadores, ao deixarem de cumprir a legislação e assim, "a norma deixou de operar como um sistema de referências recíprocas entre capital e trabalho e como tal, de regular as relações de trabalho".(33)

Ainda sobre o tema, em 2022, segundo dados do Anuário da Justiça do Trabalho, 78% dos processos que chegaram ao citado segmento do Poder Judiciário foram relativos a descumprimentos da Consolidação das Leis do Trabalho — CLT, como a inobservância das limitações da jornada de trabalho, reparações pelo adoecimento dos trabalhadores, não pagamento de salários e das rescisões contratuais, destacando-se a importância de as empresas investirem em políticas de *compliance*, a fim de que o descumprimento contumaz da legislação trabalhista não esteja entre as suas práticas.(34)

Justamente considerando o perfil de descumprimento das leis relacionadas com os contratos de trabalho, existem muitos processos tramitando no Judiciário trabalhista para o reconhecimento de fraudes às relações de emprego, com uso de "pejotização", igualmente identificadas no parecer.

A discussão sobre a "litigiosidade trabalhista" possui íntima relação com as reclamações constitucionais em matéria trabalhista no STF. É importante destacar que não se discute a existência de reconhecimento irrestrito da terceirização de atividades no país, como já decidido em sede de repercussão geral pelo Supremo Tribunal Federal, no entanto, o precedente gerado pelo Tema 725 do STF não enfrentou a "pejotização" e no referido julgamento e no da ADPF 324 restou assentando que as alegações de fraude continuariam sendo apreciadas pela Justiça do Trabalho.

Ainda segundo o parecer temático encomendado pela Anamatra, houve a demonstração de que a Justiça do Trabalho atua não só na reparação indenizatória de direitos trabalhistas violados, como também na promoção de Justiça Social, com dimensão preventiva e fomento de conhecimento, além de ações concretas para o equilíbrio econômico-social do país, como a Política Nacional de Trabalho Decente.

O parecer também revela o alto poder de pacificação pela Justiça do Trabalho, frente à homologação de acordos extrajudiciais e à realização de conciliações judiciais, inclusive do seu potencial de arrecadação de contribuições legais, decorrentes dos processos sob sua apreciação.

É importante frisar, sob tal aspecto, que recentemente a Justiça do Trabalho instituiu política para mediação pré-processual, individual e coletiva, de acordo com a Resolução n. 125 do CNJ, como etapa facultativa anterior às reclamações trabalhistas, a fim de que os próprios interessados possam procurar o Judiciário trabalhista para dirimir controvérsias decorrentes das relações de trabalho, independentemente do ajuizamento de ações judiciais ou da Homologação de Transação Extrajudicial (art. 652, "f" da CLT).(35)

---

(33) CARDOSO, Adalberto Moreira. *A década neoliberal e a crise dos sindicatos no Brasil*. São Paulo: Boitempo, 2003. p. 126-127.

(34) Disponível em: https://veja.abril.com.br/coluna/maquiavel/as-principais-causas-de-processos-trabalhistas-no-brasil. Acesso em: 28 abr. 2024.

(35) Disponível em: https://www.csjt.jus.br/web/csjt/-/csjt-regulamenta-media%C3%A7%C3%B5es-pr%C3%A9-processuais-individuais-e-coletivas-no-primeiro-e-segundo-graus#:~:text=Justi%C3%A7a%20

O parecer também traz dados interessantes sobre o montante das ações trabalhistas, demonstrando que as condenações, em sua grande maioria, refletem apenas o pagamento de direitos básicos inadimplidos quando da rescisão dos pactos; que a Justiça do Trabalho não julga apenas a favor do trabalhador; que não existe Justiça do Trabalho só no Brasil; que o custo das relações de trabalho no Brasil não é alto, em comparação com outros países, entre outras considerações relevantíssimas.

Diante de tal contexto, tem-se que a Justiça do Trabalho atende adequadamente à litigiosidade trabalhista (não só com a prestação da jurisdição, mas com outras ações) e que as ações trabalhistas não possuem uma única causa, mas refletem conjunto de valores que traduzem mazelas existentes no país, sendo ações fundamentais para mudar esse quadro, sem prejuízo de outras, o fortalecimento do sistema protetivo do trabalho, da Justiça do Trabalho, do Ministério Público do Trabalho e da fiscalização trabalhista.

CONCLUSÃO

A ampliação da competência da Justiça do Trabalho pela Emenda Constitucional n. 45/2004 completa 20 anos e o momento é bastante propício para a análise e reanálise dos impactos da jurisprudência do Supremo Tribunal Federal sobre a competência constitucional da Justiça do Trabalho, para analisar não as controvérsias decorrentes dos contratos de emprego formalmente reconhecidos, como também, de qualquer relação de trabalho e mais ainda das relações em que se questiona a existência de fraude ao vínculo de emprego.

A Justiça do Trabalho é ramo especializado do Poder Judiciário, com competência para declarar relações de emprego e de trabalho, a partir dos fatos e provas dos autos, caso a caso, com o afastamento dos requisitos meramente formais e que, muitas vezes, são previamente idealizados justamente para afastar essa análise pelo Poder Judiciário trabalhista, o que não só caracteriza ofensa à competência constitucional da Justiça do Trabalho, como também, ao interesse público, à arrecadação do Estado, à lisura das contratações pelos empregadores e demais contraentes que observam a legislação e que baseiam seus modelos de negócio na gestão competitiva, mas sem impor aos trabalhadores o desrespeito aos seus direitos sociais e trabalhistas.

A Justiça do Trabalho, enquanto ramo especializado do Poder Judiciário, atende adequadamente a litigiosidade trabalhista, pelo cumprimento da sua função jurisdicional e mediadora de conflitos e presta relevantes serviços à sociedade e ao país, por meio da implementação da Política de Trabalho Decente, em observância à Constituição e às normas internacionais de proteção aos direitos humanos, ao trabalho e à dignidade humana.

A abordagem do estudo foi centrada, especificamente, nas decisões proferidas em reclamações constitucionais em matéria trabalhista, com a demonstração de que inexiste precedente vinculante desrespeitado por decisões da Justiça do Trabalho e que as controvérsias existentes no próprio Supremo Tribunal Federal afastam tal tipo de alegação, com desprestígio institucional, tentativas de intimidação de magistradas e magistrados do Trabalho e flexibilização dos direitos sociais constitucionalmente assegurados, como cláusula pétrea.

---

do%20Trabalho.-,A%20media%C3%A7%C3%A3o%20pr%C3%A9%2Dprocessual%20%C3%A9%20facultativa%20e%20ocorre%20antes%20do,prevenir%20a%20apresenta%C3%A7%C3%A3o%20da%20a%C3%A7%C3%A3o. Acesso em: 28 abr. 2024.

Inexiste segmento econômico ou modelo de negócio à margem da Constituição, para afastar a competência da Justiça do Trabalho de apreciar alegação sobre a existência de fraude ao vínculo de emprego ou de relação de trabalho, independente da existência de contratos formais em outro sentido ou de terceirização, pejotização ou uberização.

Verifica-se a necessidade de superação desse quadro de insegurança jurídica e de esvaziamento da competência da Justiça do Trabalho, para que argumentos meramente políticos e econômicos não se sobreponham ao discurso constitucional, o que traz prejuízos, não só à relevância institucional da Justiça do Trabalho, mas na arrecadação pela União, à segurança jurídica e, principalmente, à missão do Supremo Tribunal Federal como guardião da Constituição.

REFERÊNCIAS

ANÁLISE DOS RECENTES JULGADOS DO STF ACERCA DA COMPETÊNCIA DA JUSTIÇA DO TRABALHO NO BRASIL — Notas técnicas n. 3/2023 e n. 1/2024 relativas ao convênio NTADT-USP/ANAMATRA. Brasília: Associação Nacional dos Magistrados da Justiça do Trabalho — ANAMATRA, 2024. Disponível em: https://www.anamatra.org.br/images/Competencia_JT/Notas_T%C3%A9cnicas_-_An%C3%A1lise_dos_recentes_julgados_do_STF_-_site.pdf. Acesso em: 11 ago. 2024.

CARVALHO NETTO, Menelick de. *Temporalidade, Constitucionalismo e Democracia.* Revista Humanidades, Brasília, n. 58, junho de 2011, p. 33-43.

COUTINHO, Grijalbo Fernandes. *O STF como justiça política do capital*: a desconstrução do Direito do Trabalho por intermédio de decisões judiciais sincronizadas com os ímpetos do mercado neoliberal (2007-2020). Tese de Doutorado defendida junto à UFMG. Disponível em: https://repositorio.ufmg.br/handle/1843/34563. Acesso em: 13 dez. 2020.

DELGADO, Gabriela Neves; LEMOS, Maria Cecília de Almeida. Parecer Temático: *A Justiça do Trabalho e a Litigiosidade Trabalhista*: organograma institucional e efetividade. 1. ed. Brasília: Associação Nacional dos Magistrados da Justiça do Trabalho — ANAMATRA, 2024. Disponível em: https://www.anamatra.org.br/images/Competencia_JT/Parecer_Tem%C3%A1tico_-_A_Justi%C3%A7a_do_Trabalho_e_a_litigiosidade_trabalhista_-_organograma_institucional_e_efetividade_Vers%C3%A3o_final.pdf. Acesso em: 11 ago. 2024.

MARCONI, Nelson. BRANCHER, Marco Capraro. *Nota técnica sobre os Impactos da Pejotização sobre a Arrecadação Tributária.* Disponível em: https://www.anamatra.org.br/images/Competencia_JT/Nota_Te%CC%81cnica_-_Impactos_da_pejotizac%CC%A7a%CC%83o_sobre_a_arrecada%C3%A7%C3%A3o_tribut%C3%A1ria.pdf. Acesso em: 11 ago. 2024.

PASQULALETO, Olívia de Q. F.; BARBOSA, Ana Laura; FIOROTTO, Laura Arruda. *TERCEIRIZAÇÃO E PEJOTIZAÇÃO NO STF:* análise das reclamações constitucionais. Disponível em: https://repositorio.fgv.br/server/api/core/bitstreams/193ee852-1b13-44af-9454-6dd5ab6fc9d7/content. Aceso em: 28 abr. 2024.

SOUTO MAIOR, Jorge Luiz. *O STF em matéria trabalhista e o curioso caso de Benjamin Button.* Disponível em: https://www.anamatra.org.br/images/uploads/article/o-stf-e-o-curioso-caso-de-benjamin-button_1.pdf. Acesso em: 13 dez. 2020.

Relações de trabalho e suas dimensões. Competência material da Justiça do Trabalho

Luiz Antonio Colussi (*)

Resumo: Uma visão das relações de trabalho, sob o enfoque das suas múltiplas dimensões, bem demonstra como o trabalho é fundamental para o homem e para a sociedade brasileira, sob o ponto de vista social, econômico, laboral e ou internacional, quando se busca a paz. A competência material da Justiça do Trabalho de forma ampliada, para abarcar toda e qualquer relação de trabalho, nos precisos termos do seu artigo 114, inciso I, destacando-se hodiernamente, os trabalhadores em plataformas digitais. Trava-se na doutrina e na jurisprudência uma discussão jurídica, se é de fato necessária uma legislação própria para estas novas atividades, próprias da era virtual, ou se as normas e princípios constitucionais e consolidados podem ser utilizados para proteção desses trabalhadores. Não há dúvida, que a luz da Constituição, em seus fundamentos, previstos no art. 1º, inc. III e IV, princípios da dignidade da pessoa humana e valores sociais do trabalho, é possível sim, proteger todos os trabalhadores, quaisquer sejam as relações de trabalho em curso.

Palavras-chave: relações; trabalho; dimensões; competência; material; justiça.

Abstract: A view of labor relations, from the perspective of its multiple dimensions, demonstrates how work is fundamental for man and for Brazilian society, from a social, economic, labor and/or international point of view, when seeking peace . The material competence of the Labor Court in an expanded way, to cover any and all employment relationships, in the precise terms of its article 114, item I, highlighting today, workers on digital platforms. A legal discussion is taking place in doctrine and jurisprudence, whether specific legislation is in fact necessary for these new activities, typical of the virtual era, or whether constitutional and consolidated norms and principles can be used to protect these workers. There is no doubt that in light of the Constitution, in its foundations, provided for in art. 1st, inc. III and IV, principles of human dignity and social values of work, it is possible to protect all workers, whatever the current work relationships.

Keywords: relations; work; dimensions; competence; material; justice.

INTRODUÇÃO

Depois de 20 anos da entrada em vigor da Emenda Constitucional n. 45, é mais um momento para reflexão do alcance da competência material da Justiça do Trabalho, nos termos do artigo 114 da Constituição da República e realçar sua importância para destacar a atuação desse ramo da Justiça brasileira.

(*) Juiz do Trabalho no Tribunal Regional do Trabalho da 4ª Região (RS), sendo titular da 9ª Vara do Trabalho de Porto Alegre. Ex-Presidente da Associação Nacional dos Magistrados da Justiça do Trabalho — ANAMATRA na gestão 2021/2023. Mestre em Direito pelo Mestrado Interinstitucional UPF/UNISINOS. Data da elaboração: julho de 2024.

O artigo visa refletir sobre as relações de trabalho e suas dimensões, a amplitude que se pode dar a essas relações, e o relacionamento umbilical que possuem, dentro da amplitude adequada a competência material da Justiça do Trabalho.

Não se pode conceber as dimensões das relações de trabalho sem aplicar integralmente os princípios da dignidade da pessoa humana e os valores sociais do trabalho, fundamentos do Estado Democrático de Direito, conforme o art. 1º, inc. III e IV da Constituição Federal.

Por relações de trabalho compreende-se a força de trabalho do homem, direcionada a quem dela se aproveita, e constrói sua riqueza, qualquer que seja a forma de contratação. Isso dá a ampla dimensão de tais relações de trabalho, neste mundo cada vez mais tecnológico e multifacetado.

1. RELAÇÕES DE TRABALHO E SUAS DIMENSÕES

O tema é interessante na medida em que se busca compreender melhor a abrangência dessas relações do que seu conteúdo propriamente dito. O que se pode entender por dimensões? Da matemática, se pode trazer conceitos de tamanho, altura, largura, noção de espaço, e assim avançar para aquilo que pode ser incluído dentro destas dimensões. A psicologia, sociologia, filosofia e outras ciências igualmente apontam para variadas dimensões.

Entretanto, limita-se a aspectos mais da natureza jurídica, propriamente dita. Rubiane Solange Gassen Assis auxilia a compreender bem os diferentes aspectos das dimensões. Isso é importante para identificar quais são os enfoques amplos das dimensões existentes no tema da sustentabilidade, por exemplo, como se vê:

> Muito embora esses termos sejam significativamente abrangentes, tem-se por relevante apontar os aspectos em relação aos quais a sustentabilidade é classificada. Ignacy Sachs (2002, p. 71-72), apresenta, oito dimensões da sustentabilidade, quais sejam, as dimensões: a) social (que trata de questões como justa distribuição de renda e igualdade social); b) cultural (relativa à busca de equilíbrio entre a tradição e autonomia nacionais e integração mundial); c) ecológica (vinculada à preservação dos recursos naturais); d) ambiental (vinculada diretamente aos ecossistemas naturais); e) territorial (que diz com a busca de equilíbrio entre as configurações urbanas e rurais); f) econômica (relacionada ao equilíbrio econômico entre setores e também a segurança alimentar, entre outras questões); g) política nacional (que diz respeito à democracia, aos direitos humanos e à parceria entre projetos públicos nacionais e empreendedores); e h) de política internacional (que aborda a questão da promoção da paz, com a gestão das diversidades naturais e culturais e a cooperação internacional).(1)

Para as relações de trabalho se pode invocar essas mesmas dimensões, como por exemplo, na dimensão social, onde se busca a justa distribuição de renda e a almejada igualdade social. Ou na dimensão ambiental, onde se ambiciona um meio ambiente

---

(1) ASSIS, Rubiane Solange Gassen, A negligência dos empregadores quanto *à* dimensão social da sustentabilidade nas relações de emprego e suas causas. In *Rev. Esc. Jud. TRT4*, Porto Alegre, v. 3, n. 5, p. 201-233, jan./jun. 2021, p. 205-6.

laboral que proporcione saúde e segurança no trabalho. Ou ainda a dimensão econômica, onde relações laborais são essenciais para o equilíbrio econômico nos diversos setores da economia. Ou ainda, a dimensão de uma política internacional, que visa buscar a promoção da paz e contribuir para o respeito as diversidades existentes, objetivo essencial que é almejado no mundo todo.

A noção que se pode ter das relações de trabalho está dentro do limite da visão ampliada que se deve ter e está intrinsecamente relacionada a vida das pessoas, tudo dentro da dimensão social. Aldacy Rachid Coutinho apresenta a interface com os direitos humanos, como se vê de seu pensamento:

> Introdução — Trabalho hercúleo, esse, de procurar explicitar a dimensão do princípio da dignidade e a relação de trabalho. Digno de nota. De algumas anotações, ao menos, sem qualquer pretensão de esgotamento do tema.
>
> Os desafios a serem enfrentados não são poucos; partem da própria noção de dignidade (1) e de pessoa (2), perpassando a constitucionalização do Direito do Trabalho e a eficácia dos direitos fundamentais nas relações interprivadas de trabalho (3), para culminar com a própria concepção de trabalho e seu valor social (4) e, por fim, a insuperável contradição no sistema econômico capitalista entre trabalho/objeto (valor de uso, valor de troca, valor simbólico) e o trabalho/sujeito, dignidade em pessoa dissociáveis e inconfundíveis (5).
>
> A dimensão do espaço — tomada da matemática — de atuação da dignidade é dada pelo número de parâmetros necessários para identificar um ponto desse espaço. Esses parâmetros são os que devemos encontrar para que se tome a dimensão do princípio da dignidade no âmbito das relações de trabalho: afinal, onde está a dignidade para aqueles que têm de ganhar o pão de cada dia com o suar do seu rosto? Ou estariam excluídos de qualquer espaço de dignidade os que não trabalham, por deliberado propósito ou pela contingência do desemprego.[(2)]

Veja-se que essa dimensão social nos leva a buscar a ampla proteção social que se deve dar a dignidade da pessoa em uma relação de trabalho, qualquer que seja ela, do trabalhador privado ao público, do trabalhador comum ao plataformizado. Essa dignidade defendida por Aldacy Rachid Coutinho é essencial num mundo em que o trabalho está em crise e desrespeita aqueles que produzem a riqueza, ou em suas próprias palavras, qual a dimensão que se deve ter em uma relação de trabalho, que dê dignidade a quem precisa ganhar o sustento de cada dia com o seu labor.

É necessário saber o que leva a essa situação de desigualdade. Gabriela Rangel da Silva, citando Jeremy Rifkin, em sua obra A terceira Revolução Industrial — Como o poder lateral está transformando a energia, a tecnologia e o mundo, aponta para fator essencial nesses tempos tido como modernos:

> A (DES)HUMANIZAÇÃO DO TRABALHADOR NA SOCIEDADE TECNOLÓGICA: VIVER PARA TRABALHAR OU TRABALHAR PARA VIVER? A informação e a tecnologia fizeram uma nova Revolução. Assim como a

(2) COUTINHO, Aldacy Rachid. A Dimensão do Princípio da Dignidade e a Relação de Trabalho. In: SARLET, Ingo Wolfgang; MELLO FILHO, Luiz Philippe Vieira de; FRAZÃO, Ana de Oliveira (coord.). *Diálogos entre o direito do trabalho e o direito constitucional.* São Paulo: Saraiva, 2014. p. 75-76.

> agricultura que foi substituída pelas máquinas das fábricas e teve nos substitutos mecânicos e químicos a sua continuidade, O sistema fabril também automatizou a sua produção e fez com que milhões de operários trocassem a indústria pelos setores de serviços. Da mesma forma, quando os setores de serviços começaram a substituir a força de trabalho por tecnologia inteligente e os trabalhadores migraram para áreas como assistência médica, social, entretenimento e turismo. A tecnologia não foi a única a reinventar os modos de trabalho, mas ela mudou a infraestrutura para um modo global e sem barreiras, ela fez uma nova pangeia, trazendo a flexibilidade como sua grande bandeira, de modo a desconstruir o espaço e o tempo.(3)

A desumanização do trabalhador vai além da revolução tecnológica, pois mesmo antes dela a precarização em suas diversas facetas já existia e trazia essa exigência de viver para trabalhar. Lógico que com a tecnologia avançou muito a flexibilidade nas relações laborais, mas de índole negativa, de exploração do trabalhador. Por isso, é imperioso assegurar que a compreensão das relações de trabalho deve ser amplamente protegida e compreendida, na essência do Direito Constitucional do Trabalho.

Não há dúvida que se está passando por um período conturbado, de grave ofensa aos direitos sociais, de ameaça constante de extinção da Justiça especializada, da redução de direitos sociais, de precarização, entretanto, isso não enfraquece a resistência dos defensores da cidadania, entre eles a magistratura do trabalho como muito bem mostrado no 21º Congresso Nacional da Magistratura do Trabalho — CONAMAT, realizado em maio de 2024, em Foz do Iguaçú, PR, cujo tema central foi "A Justiça do Trabalho existe, resiste, persiste: valorização da magistratura do trabalho, democracia, competência e transformações tecnológicas".(4)

Para que se supere esse momento de agressão aos direitos sociais, essencial é a presença e a compreensão do amplo sentido do princípio da dignidade humana. Ingo Wolfgang Sarlet, ao comentar o art. 1º, inc. III da Constituição, é muito contundente ao afirmar a força do mencionado fundamento do Estado Democrático de Direito e sua posição na Carta Magna. O autor diz que:

> Ao consagrar a dignidade da pessoa humana como um dos fundamentos do Estado Democrático (e social) de Direito (art. 1º, III), a CF de 1988, além de ter tomado uma decisão fundamental a respeito do sentido, da finalidade e da justificação do próprio Estado e do exercício do poder estatal, reconheceu categoricamente que o Estado existe em função da pessoa humana, e não o contrário. De qualquer forma, não foi por acidente que a dignidade não constou do rol dos direitos e garantias fundamentais, tendo sido consagrada em primeira linha como princípio (e valor) fundamental, que, como tal, deve servir de norte ao intérprete, ao qual incube à missão de assegurar-lhe normativa.(5)

---

(3) SILVA, Gabriela Rangel da. *Tecnologia e Relação de Trabalho. Impactos na vida do trabalhador contemporâneo.* Curitiba: Juruá Editora, 2019. p. 93.

(4) Ver as informações e notícias no Congresso no site da Anamatra — www.anamatra.org.br.

(5) SARLET, Ingo Wolfgang. *Comentários à Constituição do Brasil.* Obra coordenada por J. J. Gomes Canotilho, Gilmar Ferreira Mendes, Ingo Wolfgang Sarlet e Lenio Luiz Streck, São Paulo: Saraiva Educação, 2. ed., 2018. p. 126.

Mais do que compreender, a dimensão atribuída na Constituição, na qual a dignidade da pessoa humana consta como princípio, colocado no início da própria Carta Magna, em seu art. 1º, ao invés de ser incluída no capítulo dos direitos sociais, não tendo sido incluído no rol de direitos do art. 7º, estabelecendo, portanto, uma diretriz a ser seguida pelo Estado brasileiro, na busca da diminuição das desigualdades sociais.

Essa dimensão de proteção da pessoa humana, vem acompanhada da dimensão social, posta logo depois, ainda no art. 1º, mas no inc. IV, ou seja, a aplicação dos valores sociais do trabalho, não podendo um e outro estarem dissociados. No Comentário de Claudio Brandão se extrai essa convicção:

> Nessa mesma linha, também devem ser evitadas interpretações que traduzam o enfraquecimento da valorização do trabalho. Mais do que isso, afirma-se a necessidade de que se promova uma releitura da Constituição para atribuir-lhe um sentido dinâmico, coerente com a vida que pulsa nos tribunais e que reclama efetiva proteção. Tais situações são visíveis do reconhecimento da responsabilidade objetiva por acidente do trabalho em atividades de risco; na alteração da base de cálculo dos adicionais de insalubridade, periculosidade e penosidade, para que repercutam sobre a remuneração percebida pelo empregado; no reconhecimento de que a afirmação do texto constitucional no sentido da desvinculação da participação dos lucros à remuneração é tão somente critério de cálculos com a preservação de sua natureza jurídica salarial; na adoção de medidas efetivas que promovam a redução dos riscos propiciados pelo trabalho.
>
> Enfim, imbuídos do sentimento constitucional de que fala Pablo Lucas Verdu, deve-se buscar, incessantemente, a compatibilização entre o fim social da utilização produtiva do capital e a valorização do trabalho humano, para garantir a atualidade do preceito que o consagra. A norma Constitucional não deve ser encarada como um momento estático e permanente na vida do Estado brasileiro, "e sim como algo dinâmico, que se renova continuamente, a compasso das transformações, igualmente constantes, por que passa a realidade que as normas constitucionais intentam regular".[6]

Mesmo diante da clareza do texto constitucional brasileiro, de dimensionar os princípios da dignidade da pessoa humana e dos valores sociais do trabalho, não se pode deixar de trazer novamente os princípios de direito internacional público e normas internacionais que se aplicam ao Estado brasileiro. A Organização das Nações Unidas e especialmente a Organização Internacional do Trabalho, pregam a defesa do trabalho decente.

É adequado acrescentar que a Organização das Nações Unidas está engajada nesse movimento de dimensionar e ampliar as relações de trabalho, com sua agenda 2030, e com a publicação dos Objetivos de Desenvolvimento Sustentável (ODS), buscando um mundo melhor, fazendo parte desse projeto as relações laborais, com sustentabilidade e proteção aos trabalhadores.

---

(6) BRANDÃO, Cláudio. *Comentários à Constituição do Brasil*. Obra coordenada por J. J. Gomes Canotilho, Gilmar Ferreira Mendes, Ingo Wolfgang Sarlet e Lenio Luiz Streck, São Paulo: Saraiva Educação, 2. ed., 2018. p. 133.

Importa refletir, e trazer de novo o texto, sobre o objetivo 8 e os itens 8.3 a 8.8, que apresentam o trabalho decente para todas e todos e a proteção dos direitos trabalhistas, como se vê:

> Objetivo 8. Promover o crescimento econômico sustentado, inclusivo e sustentável, emprego pleno e produtivo e trabalho decente para todas e todos.
>
> [...]
>
> 8.3 promover políticas orientadas para o desenvolvimento, que apoiem as atividades produtivas, geração de emprego decente, empreendedorismo, criatividade e inovação, e incentivar a formalização e o crescimento das micros, pequenas e médias empresas, inclusive por meio do acesso a serviços financeiros
>
> 8.4 melhorar progressivamente, até 2030, a eficiência dos recursos globais no consumo e na produção, e empenhar-se para dissociar o crescimento econômico da degradação ambiental, de acordo com o "Plano Decenal de Programas Sobre Produção e Consumo Sustentáveis", com os países desenvolvidos assumindo a liderança
>
> 8.5 até 2030, alcançar o emprego pleno e produtivo e trabalho decente todas as mulheres e homens, inclusive para os jovens e as pessoas com deficiência, e remuneração igual para trabalho de igual valor
>
> 8.6 até 2020, reduzir substancialmente a proporção de jovens sem emprego, educação ou formação
>
> 8.7 tomar medidas imediatas e eficazes para erradicar o trabalho forçado, acabar com a moderna escravidão e tráfico de pessoas e assegurar a proibição e eliminação das piores formas de trabalho infantil, incluindo recrutamento e utilização de crianças-soldado, e até 2025 acabar com o trabalho infantil em todas as suas formas
>
> 8.8 Proteger os direitos trabalhistas e promover ambientes de trabalho seguros e protegidos para todos os trabalhadores, incluindo os trabalhadores migrantes, em particular as mulheres migrantes, e pessoas em empregos precários.
>
> [...][7]

Diante dessas premissas todas, que ampliam a visão que a dimensão das relações de trabalho, do ponto de vista de princípios constitucionais, pode-se buscar o que são relações laborais. Mauricio Godinho Delgado apresenta sua definição:

> A primeira expressão tem caráter genérico: refere-se a todas as relações jurídicas caracterizadas por terem sua prestação essencial centradas em uma obrigação de fazer consubstanciada em labor humano. Refere-se, pois, a toda modalidade de contratação de trabalho humano modernamente admissível. A expressão relação de trabalho englobaria, desse modo, a relação de emprego, a relação de trabalho autônomo, a relação de trabalho eventual, de trabalho avulso e outras modalidades de pactuação de prestação de labor (como trabalho de estágio, etc.). Traduz, portanto, o gênero a que se acomodam todas as formas de pactuação de prestação de trabalho existentes no mundo jurídico atual.[8]

A ampla visão, dimensão e noção de que a relação de trabalho engloba toda e qualquer forma de trabalho, inclusive incluindo o trabalho em plataformas digitais, mostrada com clareza pelo autor, remete a ideia de que a proteção deve ser feita pela Justiça Especializado do Trabalho.

---

(7) O objetivo 8, e os demais, são encontrados no endereço: ONU. *O que são os ODS?* Disponível em: https://www.estrategiaods.org.br/o-que-sao-os-ods/2. Acesso em: 09 jul. 2024.

(8) DELGADO, Mauricio Godinho. *Curso de Direito do Trabalho*. 20. ed., rev., atual., e ampl. — São Paulo: JusPodivm, 2023. p. 331-2.

O autor ainda esclarece mais essa amplitude, para não deixar qualquer dúvida:

> Evidentemente que a palavra trabalho, embora ampla, tem uma inquestionável delimitação: refere-se a dispêndio de energia pelo ser humano, objetivando resultado útil (e não despendido de energia por seres irracionais ou pessoa jurídica). Trabalho é atividade inerente à pessoa humana, compondo o conteúdo físico e psíquico dos integrantes da humanidade. É, em síntese, o conjunto de atividades, produtivas ou criativas, que o homem exerce para atingir determinado fim.(9)

Não apenas na visão do doutrinador, mas na visão de todos os operadores do direito do trabalho, resta clara a abrangência das relações de trabalho e sua necessária proteção, pois todas as atividades, produtivas ou criativas, que o homem realiza para atingir um fim, ele está empregando sua força de trabalho, que deve ser entendida na busca do trabalho decente, que valorize o seu trabalho e lhe permita viver em condições dignas e adequadas.

2. COMPETÊNCIA MATERIAL DA JUSTIÇA DO TRABALHO

Cada vez mais se justifica a presença da Justiça especializada do trabalho, pois sem ela não haveria condição de se dar aos cidadãos brasileiros, especialmente aos trabalhadores, a efetividade das normas trabalhistas, nem haveria suporte a existência do próprio direito laboral.

Em princípio, tudo o que se configurar como relação de trabalho dimensiona o mundo do trabalho. E mais, tudo está dentro do conceito de competência material da Justiça do Trabalho.

Ao analisar os avanços trazidos pela Constituição de 1988, Mauricio Delgado Godinho destaca a importância da Justiça do Trabalho, ao dizer:

> O quarto bloco de mudanças promovidas pela Constituição de 1988 visou fortalecer e a aperfeiçoar a Justiça do Trabalho enquanto instituição voltada à efetivação do direito Coletivo e Individual do trabalho na economia e sociedade pátrias, no contexto da busca de solução de conflitos individuais e coletivos do trabalho.... Por fim, a EC n. 45, de dezembro de 2004, a aperfeiçoou ainda mais a Justiça do Trabalho, ampliando-lhe a competência material (art. 114, caput e incisos I a IX).(10)

Nesse entendimento está expresso a importância que a Constituição deu a Justiça do Trabalho em 1988, quando promulgada a Constituição Cidadã, e ainda reforçada e ampliada sua competência material através da Emenda Constitucional n. 45, em 2004, nos termos do art. 114, inc. I a IX.

Claro foi o crescimento dessa Justiça, aumentando sua esfera de competência, percebe-se uma ampliação do caminho para a qual foi criada e dar efetividade ao

(9) DELGADO, Mauricio Godinho. *Curso de Direito do Trabalho*. 20. ed., rev., atual., e ampl. — São Paulo: JusPodivm, 2023. p. 332.

(10) DELGADO, Mauricio Godinho. *Curso de Direito do Trabalho*. 20. ed., rev., atual., e ampl. — São Paulo: JusPodivm, 2023. p. 152-3.

direito do trabalho, caracterizando-se sempre como a justiça social, passando a conhecer questões que até então eram submetidas à apreciação de outros ramos do Poder Judiciário.

As dimensões das relações de trabalho se apresentam de variadas formas, podem ser de cunho humanista, sociológico, psicológico, econômico e ou laboral e reforçam cada vez mais a importância da Justiça do Trabalho, que vai muito além das questões trabalhistas propriamente ditas. Atuações fortes no combate ao trabalho infantil, ao trabalho escravo, na pandemia da Covid-19 e na tragédia climática que se abateu sobre o Rio Grande do Sul, em maio de 2024.

Durante a pandemia e o isolamento social que causou, afetando diretamente as relações de trabalho, surgiram diversas questões de relevância, a desafiar os juslaboralistas. Apenas para pontuar, cresceram o teletrabalho, as dificuldades tecnológicas, a suspensão dos contratos de trabalho e a redução de salário e jornada e todas as suas implicações, firmados por acordo individual, entre outros aspectos relevantes.

Com Alexandre Agra Belmonte encontra-se importante manifestação sobre as dificuldades pelas quais se estava passando na época da pandemia, apostando no papel preponderante da solidariedade e da atuação relevante da Justiça do Trabalho. Em seu dizer:

> O momento é de preocupação com as soluções capazes de permitir o enfrentamento deste momento difícil, em que a solidariedade se impõe, bem como em fornecer à comunidade jurídica reflexões sobre os aspectos jurídicos materiais e processuais que precisarão ser enfrentados pelos atores sociais (trabalhadores, empresários e juristas). Muito trabalho e preocupações terá a Justiça do Trabalho pela frente e dela se espera que mais uma vez se supere na mediação e pacificação dos conflitos trabalhistas.[11]

Seguindo essa diretriz, a atuação da Justiça do Trabalho, durante a pandemia, foi extraordinária. Na proteção da saúde, no combate ao Coronavírus, ações lideradas pelos magistrados do trabalho, em todo o Brasil. Durante o período de isolamento social, houve uma enorme prestação de serviços pela magistratura trabalhista, com a aceleração de julgamentos e decisões de forte impacto em demandas específicas de combate ao Coronavírus.

Lembrando-se que a atuação se deu em ações específicas para a prevenção, a segurança e a saúde dos trabalhadores, desde determinar o fornecimento de álcool-gel até o fechamento integral ou parcial de empresas. Outras demandas ou decisões levaram a destinação de recursos para a aquisição de álcool-gel e respiradores, por exemplo, com destinação de recursos para hospitais e entidades que atuaram no combate da doença.

Exemplo atual de atuação de grande dimensão e repercussão social foi na crise climática que se abateu sobre o Estado do Rio Grande do Sul, cuja tragédia sem precedentes atingiu o Estado de forma impiedosa, novamente a Justiça do Trabalho se fez presente e altaneira.

---

(11) BELMONTE, Alexandre Agra. Apresentação. In *O Direito do Trabalho na crise da COVID-19* / coordenadores Alexandre Agra Belmonte, Luciano Martinez, Ney Maranhão — Salvador: Editora JusPodivm, 2020. p. 4.

Além de todas as dificuldades para o seu próprio funcionamento, onde o prédio sede do Tribunal Regional do Trabalho, o Foro Trabalhista da Capital, e diversos outros Foros e prédios foram duramente atingidos pelas águas, a Justiça trabalhista gaúcha não parou durante o mês de maio de 2024. As audiências e os prazos foram suspensos, pela impossibilidade de deslocamento de juízes, servidores, advogados, partes e testemunhas. Além de tudo, foi necessário desligar o data center e sem ele, o processo judicial eletrônico deixou de funcionar.

Repita-se que a Justiça não deixou de atuar. Foi criado um sistema processual emergencial próprio, para continuar o atendimento à população. Depois disso, restabelecido o sistema, retornaram as audiências em junho, de forma tele presencial e em seguida, de forma presencial.

Acima da sua própria atuação, contou a população gaúcha com o apoio de todo o País e de todos os Tribunais do Trabalho. Cita-se apenas duas ações de grande repercussão: o redirecionamento das condenações em Ações Cíveis Públicas para enfrentamento das cheias e auxílio aos flagelados; E a outra iniciativa, na busca por soluções consensuais de conflitos, a promoção Conciliando, Recomeçamos, realizada no período de 1 a 10 de julho de 2024, em parceria com os demais Tribunais do Estado. Nesta ação, o Tribunal Regional do Trabalho do Rio Grande do Sul, contou com o apoio institucional do Conselho Superior da Justiça do Trabalho e do Tribunal Superior do Trabalho, teve o reforço de 30 conciliadoras e conciliadores integrados ao Cadastro Nacional de Conciliadores, membros integrantes de diversos Regionais.

Além disso, imperioso referir o trabalho da Justiça laboral nas questões que envolvem gênero, paridade, assédio, discriminação, cada vez mais presentes nas relações de trabalho, e que recebem dessa Justiça o tratamento justo e adequado, especialmente levando-se em consideração os princípios da dignidade da pessoa humana e valor social do trabalho. Claudio Brandão aponta essa mudança acontecendo no Tribunal Superior do Trabalho:

> No âmbito do Tribunal Superior do Trabalho nota-se progressiva concretização desse princípio, materializado em número cada vez maior de julgados que reconhecem a sua aplicação aos casos concretos, seja como fundamento principal, seja de forma tangenciada, o que representa guinada definitiva de sua jurisprudência na direção da proteção dos valores encampados na Constituição.[12]

Na pesquisa qualificada de Claudio Brandão, encontra-se diversos exemplos de atuação do Tribunal Superior do Trabalho aplicando o princípio dos valores sociais do trabalho, que servem como exemplos da competência material dessa Justiça. Por sua relevância e importância, não se pode deixar de incluí-los neste trabalho. Elenca o autor as seguintes decisões[13]:

> Como exemplos dessa mudança podem ser mencionados temas como:
>
> — reconhecimento de danos morais decorrentes da exigência de atestado de antecedentes criminais sem autorização legal ou motivação idônea relacionada às atribuições do cargo;

---

(12) BRANDÃO, Cláudio. *Comentários à Constituição do Brasil*. Obra coordenada por J. J. Gomes Canotilho, Gilmar Ferreira Mendes, Ingo Wolfgang Sarlet e Lenio Luiz Streck, São Paulo: Saraiva Educação, 2. ed., 2018. p. 133.

(13) Observe-se que no texto original o autor indica os respectivos processos e seus relatores.

— proteção especial aos trabalhadores com deficiência, especificamente quanto à inexistência de limitações ao percentual de admissão ou a natureza da atividade econômica, incumbindo à empresa, afim de garantir a inserção no mercado de trabalho, contratar trabalhador habilitado para desempenhar funções compatíveis com a sua capacidade laborativa ou lavratura de auto de infração por ausência de contratação;

— princípio orientador da negociação coletiva, quando importar limitação de direitos do empregado, como na prévia estipulação do tempo gasto em percurso, se inferior a 50% de sua efetiva duração;

— aplicação nas relações de trabalho de natureza autônoma;

— danos morais decorrentes do atraso reiterado no pagamento de salários;

— direito a remuneração integral das horas extraordinárias laboradas pelo cortador de cana-de-açúcar, cuja realidade revela que trabalha mediante produção, com grande desgaste físico, em geral, sob precárias condições e, por ser remunerado pela quantidade realizada, é incentivado a fazê-lo até a exaustão, com o fim de obter melhor salário, em razão do baixo valor pago por unidade;

— ausência de limitações à formação profissional de aprendizes;

— responsabilidade por danos causados por acidente de trabalho em atividade de risco;

— ilicitude e precarização do trabalho caracterizadas pela terceirização de atividade-fim;

— caracterização de conduta antissindical e tratamento discriminatório pela dispensa de trabalhadores que aderiram à greve e se associaram à fundação de novo sindicato;

— manutenção de plano de saúde ao empregado aposentado por invalidez, como medida voltada à preservação de sua saúde e integridade física e mental;

— legitimidade do Ministério Público do Trabalho para ajuizamento de Ação Civil Pública para a defesa de interesses coletivos, quando desrespeitados os direitos sociais constitucionalmente garantidos e outros interesses individuais indisponíveis, homogêneos, sociais, difusos e coletivos, ou que objetivos o ressarcimento de dano moral coletivo decorrente da limitação à contratação de aprendizes;

— assédio moral, caracterizado por atitudes voltadas para a destituição do empregado do exercício de função comissionada;

— reparação por danos morais decorrentes de violação ao direito de intangibilidade e psíquica;

— equivalência de direitos entre o trabalhador avulso e vínculo permanente, quanto à não extinção da inscrição no cadastro e registro do Trabalhador portuário em virtude da aposentadoria espontânea, ou o direito ao intervalo para refeição, consequente ao computo na jornada de trabalho, do tempo de percurso interno entre a frente de trabalho e a boca da mina;

— estabilidade a gestante, nos contratos por prazo determinado;

— danos morais decorrentes da inclusão e divulgação, pelo empregador, do nome do empregado em "lista suja" (lista contendo dados negativos);

— constitucionalidade dos depósitos do FGTS aos empregados admitidos sem concurso público, na administração pública;

— condição degradante do trabalho executado a céu aberto, sem fornecimento de água em quantidade e condições adequadas;

— frustração da reabilitação profissional de empregado vítima de doença do trabalho ou dispensa de empregado portador de doença grave estigmatizante;

— terceirização ilícita da terceirização mediante a contratação fraudulenta por intermédio de cooperativas;

— exigência de renúncia ao exercício do direito de participar de processo seletivo interno como condição para adesão a regime de previdência privada;

— empresa repassar informações, ainda que públicas, a outras integrantes da categoria econômica com objetivo de impedir a contratação de empregado;

— pesquisa da situação financeira de candidato a emprego.(14)

A ampliação da competência da Justiça do Trabalho precisa ser analisada na perspectiva de que essa justiça foi efetivamente privilegiada, com novas atribuições e valorizando o que ela tem de melhor: a especialização de seus juízes e a celeridade do seu procedimento. Olhe-se como são apreciadas suas múltiplas e variadas dimensões nas relações de trabalho, em todos os graus de jurisdição do primeiro e segundo graus e Tribunal Superior do Trabalho.

Assim também se expressam Carlos Alberto Molinaro e Teresinha M. D. S. Correia:

> A competência subjetiva dá lugar à competência em razão da matéria. Pelos seus termos, a competência se apresenta com amplitude, a abarcando todas as relações em que uma pessoa física — prestador-coloca à disposição de outrem — o tomador-sua força de trabalho, independentemente da natureza existente entre o prestador e o tomador dos serviços, envolvendo, assim, todo e qualquer conflito decorrente de uma relação de trabalho.(15)

A competência material da justiça obreira está expressamente prevista no art. 114, incisos I a IX da Constituição Federal. Dentro desse contexto é que se podem buscar meios de melhorar a atuação da justiça social e meios para se buscar um novo direito do trabalho, mais próximo do que está idealizado na Constituição, de ampla proteção social.

3. CONSIDERAÇÕES FINAIS

Demonstrado que há toda uma estrutura e uma legitimação que permite e possibilita a concretização dos direitos sociais, por meio da jurisdição, e da Justiça do

(14) BRANDÃO, Cláudio. *Comentários à Constituição do Brasil*. Obra coordenada por J. J. Gomes Canotilho, Gilmar Ferreira Mendes, Ingo Wolfgang Sarlet e Lenio Luiz Streck, São Paulo: Saraiva Educação, 2. ed., 2018. p. 133-4.

(15) MOLINARO, Carlos Alberto & CORREIA, Teresinha M. D. S., *Comentários à Constituição do Brasil*. Obra coordenada por J. J. Gomes Canotilho, Gilmar Ferreira Mendes, Ingo Wolfgang Sarlet e Lenio Luiz Streck, São Paulo: Saraiva Educação, 2. ed., 2018. p. 1.606.

Trabalho, em especial, caminhando para que se atinja o bem maior estabelecido na Constituição da República, ou seja, a promoção da dignidade do cidadão brasileiro.

As relações de trabalho foram vistas em suas múltiplas dimensões, que mostram a multiplicidade de situações em que a centralidade do trabalho está posta, e sua prestação, por qualquer forma deve ser protegida de forma ampla.

A competência material da Justiça do Trabalho deve ser acolhida para recepcionar todas as relações de trabalho, em suas múltiplas dimensões, variando desde os contratos de emprego, relações de trabalho autônomas, trabalho em plataformas digitais, servidores públicos, danos morais, questões sindicais, proteção contra o trabalho infantil e trabalho forçado, atuação contra despedidas em massa, em eventos de grande proporção, enfim, onde houver o trabalho e o homem que o executa.

Os desafios são imensos, como foi durante a pandemia, como está sendo na atuação durante a crise climática do Rio Grande do Sul, mas com apoio nos princípios da dignidade da pessoa humana e dos valores sociais do trabalho, caminhou-se para proteger os trabalhadores brasileiros, especialmente os mais afetados diretamente com o isolamento social imposto ou para apoiar aqueles que tudo perderam.

Assim, tendo presente que a Constituição deve ser concretizada em seus princípios e fundamentos, para buscar a interpretação mais adequada visando não somente a implementação do Estado Democrático de Direito, mas principalmente, buscando a dignidade da pessoa humana e os valores sociais do trabalho, fundamentos da República, que estão alinhados com os Objetivos de Desenvolvimento Sustentáveis — ODS — da Organização das Nações Unidas.

REFERÊNCIAS

ASSIS, Rubiane Solange Gassen. *A negligência dos empregadores quanto à dimensão social da sustentabilidade nas relações de emprego e suas causas*. In *Rev. Esc. Jud. TRT4*, Porto Alegre, v. 3, n. 5, p. 201-233, jan./jun. 2021.

BELMONTE, Alexandre Agra. Apresentação. In *O Direito do Trabalho na crise da COVID-19* / coordenadores Alexandre Agra Belmonte, Luciano Martinez, Ney Maranhão — Salvador: Editora JusPodivm, 2020.

BRANDÃO, Cláudio. *Comentários à Constituição do Brasil.* Obra coordenada por J. J. Gomes Canotilho, Gilmar Ferreira Mendes, Ingo Wolfgang Sarlet e Lenio Luiz Streck, São Paulo: Saraiva Educação, 2. ed., 2018.

BRASIL. *Constituição da República Federativa do Brasil.* Disponível no endereço http://www.planalto.gov.br/ccivil_03/constituicao/constituicao.htm.

COLUSSI, Luiz Antonio. *Direito, estado e regulação social:* O papel do contrato de trabalho numa sociedade em transformação. São Paulo: LTr, 2009.

COLUSSI, Luiz Antonio; COLUSSI, Fernando Augusto Melo. ODS 8 e o princípio da proteção no direito constitucional do trabalho. Artigo publicado na *Revista da Academia Sul-Riograndense de Direito do Trabalho,* n. 1, 2019.

COUTINHO, Aldacy Rachid. A Dimensão do Princípio da Dignidade e a Relação de Trabalho. In: SARLET, Ingo Wolfgang; MELLO FILHO, Luis Philippe Vieira de; FRAZÃO, Ana de Oliveira (coord.). *Diálogos entre o direito do trabalho e o direito constitucional.* São Paulo: Saraiva, 2014. p. 75-96.

DELGADO, Mauricio Godinho. *Curso de Direito do Trabalho.* 20. ed., rev., atual., e ampl. — São Paulo: JusPodivm, 2023.

MOLINARO, Carlos Alberto & CORREIA, Teresinha M. D. S., *Comentários à Constituição do Brasil.* Obra coordenada por J. J. Gomes Canotilho, Gilmar Ferreira Mendes, Ingo Wolfgang Sarlet e Lenio Luiz Streck, São Paulo: Saraiva Educação, 2. ed., 2018.

ONU. *O que são os ODS?* Disponível em: http://www.estrategiaods.org.br/o-que-sao-os-ods/. Acesso em: 08 nov. 2018.

SARLET, Ingo Wolfgang. *Comentários à Constituição do Brasil.* Obra coordenada por J. J. Gomes Canotilho, Gilmar Ferreira Mendes, Ingo Wolfgang Sarlet e Lenio Luiz Streck, São Paulo: Saraiva Educação, 2. ed., 2018.

SILVA, Gabriela Rangel da. *Tecnologia e Relação de Trabalho. Impactos na vida do trabalhador contemporâneo.* Curitiba: Juruá Editora, 2019.

Autorização para o trabalho artístico de crianças e adolescentes: uma interpretação sob a ótica constitucional

Maria do Socorro Almeida de Sousa (*)

Resumo: Através da revisão da literatura respectiva, realiza-se um estudo acerca da competência material para a concessão de autorização para o trabalho artístico por parte de menores de 18 (dezoito) anos, centrada em hermenêutica sistemática que abrange as normas constitucionais aplicáveis ao tema. Para este efeito, descreve-se o estado da questão, prossegue-se com a compreensão do alcance da competência material da Justiça do Trabalho e analisa-se o ditame do art. 406, *caput,* da CLT em coordenação com o princípio da proteção integral de crianças e adolescentes (art. 227, *caput* e § 3º, da CF/88) e com a regra do art. 114, I e IX, da CF/88. Por fim, apresenta-se a solução identificada para o problema posto, que correspondente à não recepção, pela CF/88, do citado art. 406, *caput,* da CLT, definindo-se em favor da Justiça do Trabalho a competência material para apreciação dos pedidos de autorização para trabalho artístico por parte de crianças e adolescentes.

Palavras-chave: autorização de trabalho artístico de crianças e adolescentes; competência da Justiça do Trabalho; princípio da proteção integral de crianças e adolescentes.

Abstract: Through the review of the respective literature, a study is carried out on the material competence for the granting of authorization for artistic work by minors under 18 (eighteen) years of age, centered on systematic hermeneutics that covers the constitutional norms applicable to the subject. To this end, the state of the matter is described, the comprehension of the scope of the material competence of the Labor Court is continued, and the dictates of article 406 caput of the CLT are analyzed in coordination with the principle of the full protection of children and adolescents (article 227 *caput* and § 3 of CF/88) and with the rule of article 114, I and IX, of the CF/88. Finally, the solution identified for the problem posed, which corresponds to the non-reception by the CF/88 of the aforementioned article 406, *caput,* of the CLT, defines in favor of the Labor Justice the material competence for consideration of applications for authorization for artistic work by children and adolescents.

Keywords: authorization of artistic work by children and adolescents; jurisdiction of the Labor Court. Principle of comprehensive protection of children and adolescents.

INTRODUÇÃO

Do ingresso, no ordenamento jurídico brasileiro, da Convenção n. 138 da Organização Internacional do Trabalho (OIT), especificamente seus arts. 8.1 e 8.2, resultou

(*) Doutorado em Direitos Humanos (Universidade de Salamanca, Espanha). Mestrado em Direito do Trabalho (Universidade de Lisboa, Portugal). Membra do Grupo de Pesquisa Cultura, Direito e Sociedade (UFMA). Autora de diversos artigos e capítulos integrantes de publicações jurídicas. Juíza Titular da Vara do Trabalho de Timon (TRT-16ª Região, Maranhão) Presidente da Associação das Magistradas e dos Magistrados do Trabalho da 16ª Região (Maranhão).

estipulada uma cláusula de exceção à regra geral proibitiva de trabalho para menores de 16 (dezesseis) anos, salvo na condição de aprendiz, a partir dos 14 (quatorze) anos, estabelecida no art. 7º, XXXIII, da Constituição Federal de 1988 (CF/88), passando-se a admitir a prestação de trabalho artístico sem fixação de limite etário mínimo. Sem embargo, a alteração da normativa referida não se fez acompanhar da previsão de mecanismos específicos de contenção de eventuais abusos na utilização dessa modalidade de trabalho, que deverão, pois, ser construídos a partir da realidade normativa então existente, à qual se deve emprestar interpretação que viabilize as proteções devidas a esses indivíduos.

Nesse sentido, questão que assume importância alude à definição do juízo materialmente competente para o fim de apreciar os pedidos de autorização para essa modalidade de trabalho, de que trata o art. 406, *caput*, da Consolidação das Leis do Trabalho (CLT), o que é objeto de dissenso, visto que parte da doutrina respectiva compreende que tal já não compete ao Juiz da Infância e da Juventude (sucedâneo do Juiz de Menores), cabendo, a apreciação desses requerimentos, à Justiça do Trabalho.

Propõe-se, assim, este estudo, a promover, a partir da revisão de textos normativos, doutrinários e jurisprudenciais, uma análise desta questão, fazendo-o a partir da perspectiva das normas que a disciplinam, especialmente aquelas pertinentes à proteção de crianças e adolescentes e aquelas alusivas à demarcação das fronteiras dogmáticas do Direito do Trabalho e do Direito Processual do Trabalho, atribuindo-se relevo aos ditames de natureza constitucional.

Para este fim, inicia-se por expor o atual estado da questão, descrevendo-se o contexto fático que a permeia, para prosseguir com ponderações que dizem respeito ao rateio de competência material da Justiça do Trabalho, notadamente quanto ao alcance dos termos do art. 114, I e IV, da CF/88.

Ato contínuo, promove-se uma interpretação sistemática das normas constitucionais aplicáveis à espécie, pondo-se em relevo o ditame do art. 227, *caput*, da CF/88, que consagra o **princípio da proteção integral de crianças e adolescentes**, confrontando-as com a dicção literal do art. 406, *caput*, da CLT, com o que se viabiliza a identificação da solução que dito contexto normativo, interpretado sobre a perspectiva da hermenêutica constitucional, aponta para o caso sob apreço.

Por fim, explanam-se, à guisa de considerações finais, as conclusões alcançadas ao longo do estudo, através do que se pretende lançar luzes sobre a temática sob apreço, através de uma análise não segregada a uma interpretação literal e isolada do mencionado art. 406, *caput*, da CLT, e sim sistemática e que parta, como necessário, dos ditames constitucionais aplicáveis à espécie, notadamente daqueles dotados de caráter de direitos fundamentais.

1. ESTADO DA QUESTÃO

Quando do ingresso, no ordenamento jurídico brasileiro, da Convenção n. 138 da OIT, especificamente seus arts. 8.1 e 8.2, nele já vigorava o art. 405, § 3º, "a" e "b", da CLT, que flexibiliza a proibição de trabalho a menores de 18 (dezoito) anos em lugares e serviços apontados como prejudiciais a sua moralidade, dentre os quais: aqueles prestados, de qualquer modo, em teatros de revista, cinemas, boates, cassinos, cabarés, *dancings* e estabelecimentos análogos; os trabalhos prestados em empresas circenses, em funções de acróbata, saltimbanco, ginasta e outras semelhantes. Também já vigorava o art. 406, *caput*, I e II, da CLT, demarcando a competência do Juízo de Menores para o fim de apreciar os pedidos de autorização para esta modalidade de trabalho.

Sem embargo, tendo-se em vista o advento do art. 114, I e IX, da CF/88, que atribuíram à Justiça do Trabalho competência para apreciação de litígios decorrentes da relação de trabalho, genericamente considerada e não adstrita à relação de emprego prevista nos arts. 2º e 3º da CLT, exsurgiu controvérsia acerca da competência para apreciação das ações judiciais que têm por objeto a concessão de autorização para o trabalho artístico de crianças e adolescentes, havendo, esta, alcançando os campos doutrinário e jurisprudencial.

Com efeito, embora o Superior Tribunal de Justiça (STJ), em sede de Conflito de Competência, haja reconhecido, para esse fim, a competência da Justiça Comum[(1)]. paulatinamente passou ao plano da razoabilidade o entendimento de que, com o advento do art. 114, I e IX, da CF/88, a competência para concessão das autorizações a que se refere o art. 406, *caput,* da CLT passou a ser atribuída à Justiça do Trabalho.

Nesse cenário, adveio a Recomendação Conjunta n. 1, de 04.12.2014, da lavra do Tribunal Regional do Trabalho da 2ª Região, do Tribunal Regional do Trabalho da 15ª Região, do Tribunal de Justiça do Estado de São Paulo, do Ministério Público do Estado de São Paulo, do Ministério Público do Trabalho da 2ª Região e do Ministério Público do Trabalho da 15ª Região, cujo art. 1º, II, recomenda a magistrados e membros do Ministério Público, que tomem por referência o seguinte ditame:

> II — as causas que tenham como fulcro a autorização para trabalho de crianças e adolescentes, **inclusive artístico** e desportivo, e outras questões conexas derivadas dessas relações de trabalho, debatidas em ações individuais e coletivas, inserem-se no âmbito da competência dos Juízos do Trabalho, nos termos do art. 114, incisos I e IX, da Constituição da República. (Original sem destaques).

Este ato administrativo ensejou o ajuizamento Ação Direta de Inconstitucionalidade 5326/DF (ADI 5326/DF), sendo, em seu curso, deferida medida acautelatória suspensiva de seus efeitos. Para esse fim, seu relator, o Min. Marco Aurélio de Mello, compreendeu que tal ato administrativo está eivado de inconstitucionalidades de ordem formal (por afronta aos arts. 22, I, e 113, da CF/88) e também de ordem material (por não se tratar de relação de emprego, mas de matéria relacionada à aplicação do princípio constitucional da proteção integral de crianças e adolescentes), fundamentando sua decisão no entendimento de que: na ocasião da concessão da autorização para o trabalho artístico, estão em questão interesses que dizem respeito à proteção integral do trabalhador precoce, e não aspectos que permeiam relação de trabalho, então sequer existente; o Juízo da Infância e Juventude é a autoridade que reúne predicados e capacidade institucional para proceder ao exame da matéria; magistrados integrantes da Justiça do Trabalho não estão habilitados a proceder a essa aferição[(2)].

---

(1) Nesse sentido é o seguinte aresto: "CONFLITO NEGATIVO DE COMPETÊNCIA. JUSTIÇA ESTADUAL E DO TRABALHO. ALVARÁ JUDICIAL. AUTORIZAÇÃO PARA TRABALHO DE MENOR DE IDADE. 1. O pedido de alvará para autorização de trabalho a menor de idade é de conteúdo nitidamente civil e se enquadra no procedimento de jurisdição voluntária, inexistindo debate sobre qualquer controvérsia decorrente de relação de trabalho, até porque a relação de trabalho somente será instaurada após a autorização judicial pretendida. 2. Conflito conhecido para declarar a competência do Juízo de Direito, suscitado. (STJ — CONFLITO NEGATIVO DE COMPETÊNCIA N. 98.033/MG; 1ª Seção; Rel. Min. Castro Meira; julgamento em 12/11/2008; DJe 24/11/2008).

(2) Para acesso ao inteiro teor dessa decisão, consultar: BRASIL. *Supremo Tribunal Federal*. Medida Cautelar na Ação Direta de Inconstitucionalidade n. 5.326; Decisão monocrática; Rel. Min. Marco Aurélio Mello, DF, 14/08/2015; Publicado no DJe em 24/08/2015. Disponível em: https://portal.stf.jus.br/processos/detalhe.asp?incidente=4781750. Acesso em: 9 jul. 2024.

A decisão acautelatória foi referendada pelo Tribunal Pleno do Supremo Tribunal Federal (STF) em 27/09/2018, estando, a ADI 5326/DF, ainda pendente de julgamento[3].

2. COMPETÊNCIA MATERIAL DA JUSTIÇA DO TRABALHO: O ALCANCE DO ART. 114, I E IX, DA CF/88

Em matéria processual, a **competência** correspondente ao resultado do rateio da jurisdição[4], o que se dá com base em diversos critérios, dentre os quais o que se vincula à natureza da relação substancial em cujo âmbito se origina o litígio, assim se demarcando a **competência material**, tal como se depreende da doutrina de André Molina, que assevera que:

> [...] o pedido e a causa de pedir definem a natureza da lide e, por corolário, a competência material para dirimi-la: se a causa de pedir remota (fatos de que resulte o litígio) se ampara em uma relação de trabalho é de competência da Justiça Especializada dirimir o conflito, mesmo que para tanto utilize normas dispostas em outros ordenamentos que não a CLT (causa de pedir próxima), tais quais o Código Civil, Código de Defesa do Consumidor, legislação extravagante etc., inclusive a utilização subsidiária da legislação comum tem indicação da própria CLT (parágrafo único do artigo 8º). (MOLINA, 2008, p. 949).

Também neste sentido se firmou a jurisprudência do STF:

> CONSTITUCIONAL. COMPETÊNCIA JURISDICIONAL. JUSTIÇA DO TRABALHO X JUSTIÇA COMUM. AÇÃO DE INTERDITO PROIBITÓRIO. MOVIMENTO GREVISTA. ACESSO DE FUNCIONÁRIOS E CLIENTES À AGÊNCIA BANCÁRIA: "PIQUETE". ART. 114, INCISO II, DA CONSTITUIÇÃO DA REPÚBLICA. JURISPRUDÊNCIA DO SUPREMO TRIBUNAL FEDERAL. COMPETÊNCIA DA JUSTIÇA DO TRABALHO. 1. "A determinação da competência da Justiça do Trabalho não importa que dependa a solução da lide de questões de direito civil" (Conflito de Jurisdição n. 6.959), <u>bastando que a questão submetida à apreciação judicial decorra da relação de emprego.</u> 2. Ação de interdito proibitório cuja causa de pedir decorre de movimento grevista, ainda que de forma preventiva. 3. O exercício do direito de greve respeita a relação de emprego, pelo que a Emenda Constitucional n. 45/2003 (sic) incluiu, expressamente, na competência da Justiça do Trabalho conhecer e julgar as ações dele decorrentes (art. 114, inciso II, da Constituição da República). 4. Recurso extraordinário conhecido e provido para fixar a competência da Justiça do Trabalho. (STF — RECURSO EXTRAORDINÁRIO N. 579.648; Tribunal Pleno; Rel. Min. Menezes Direito; Rel. para o Acórdão Min. Cármen Lúcia, julgamento em 10/09/2008; DJe 06/03/2009)[5]. (Original sem grifos)

---

(3) Registre-se o ajuizamento, pela Associação Nacional dos Magistrados do Trabalho — ANAMATRA, da ADPF 361, postulando o reconhecimento da competência material da Justiça do Trabalho para apreciar os pedidos de autorização para o trabalho artístico por parte de menores de 18 (dezoito) anos. A ação referida foi extinta sem resolução do mérito, por não se reconhecer à entidade de classe legitimidade ativa para a causa. O inteiro teor do processo está disponível em: BRASIL. *Supremo Tribunal Federal*. Ação de Descumprimento de Preceito Fundamental n. 361; Rel. Min. Marco Aurélio Mello, DF, 12/04/2018; Publicado no DJe em 15/05/2019. Disponível em: https://portal.stf.jus.br/processos/detalhe.asp?incidente=4821558. Acesso em: 9 jul. 2024.

(4) De acordo com a lição de Didier Júnior, por *jurisdição* se deve entender "[...] a função atribuída a terceiro imparcial (a) de realizar o Direito de modo imperativo (b) e criativo (reconstrutivo) (c), reconhecendo/efetivando/protegendo situações jurídicas (d) concretamente deduzidas (e), em decisão insuscetível de controle externo (f) e com aptidão para tornar-se indiscutível [...]" (DIDIER JÚNIOR, 2022, p. 207).

(5) O inteiro teor dessa decisão está disponível em: BRASIL. *Supremo Tribunal Federal*. Recurso Extraordinário n. 579.648; Tribunal Pleno; Rel. Min. Menezes Direito; Rel. para o Acórdão Min. Cármen Lúcia, DF, 10/09/2008; Publicado no DJe em 06/03/2009. Disponível em: https://jurisprudencia.stf.jus.br/pages/search/repercussao-geral185/false. Acesso em: 11 jul. 2024.

Dessa maneira, a competência material conferida à Justiça do Trabalho conforme o art. 114, I e IX, da CF/88 corresponde à sua aptidão para processar e julgar todas as lides que envolvem litígios ocorrentes entre trabalhadores e respectivos tomadores de serviços, que ocorram em momentos que antecederam a formalização do contrato de trabalho, em seu curso ou após seu término, tal como ensina a doutrina alusiva à matéria:

> [...] entendemos que a razão está com os que pensam ser a Justiça do Trabalho competente para dirimir os danos que eclodem na fase pré-contratual, pois decorrem de um futuro contrato de trabalho. De outro lado, a controvérsia decorre da relação de trabalho e se embasa na culpa *in contrahendo*. O fato de não existir ainda a relação de emprego não é suficiente para afastar a competência da Justiça do Trabalho, pois só houve o dano em razão de um futuro contrato de trabalho, se não fosse a relação de emprego ou de trabalho, que é o objeto do negócio jurídico, não haveria o dano. (SCHIAVI, 2023, p. 307). (Original sem sublinhas)
>
> [...] se a competência da Justiça do Trabalho está, genericamente, vinculada 'às ações oriundas da relação de trabalho' (art. 114, I), isto significa dizer que o preceito mencionado abrange toda e qualquer relação de trabalho, existente ou que passe a existir [...]. (TEIXEIRA FILHO, 2009, p. 437). (Original sem sublinhas)
>
> Na fase pré-contratual, destaca-se a promessa de emprego que, a rigor, implica a formação de um pré-contrato, o qual, ainda que não tenha formado nenhum contrato formal de trabalho, vincula as partes e gera obrigações recíprocas entre elas" (LEITE, 2023, p. 148).

Corrobora esse entendimento a jurisprudência talhada no âmbito do Tribunal Superior do Trabalho (TST), como revela o aresto que se segue:

> AGRAVO DE INSTRUMENTO. RECURSO DE REVISTA. CONCURSO PÚBLICO. COMPETÊNCIA DA JUSTIÇA DO TRABALHO. FASE PRÉ-CONTRATUAL. Em relação à pretensão de reconhecimento da incompetência da Justiça do Trabalho, este C. Tribunal tem entendimento firmado no sentido de que a Justiça do Trabalho é competente para conhecer e julgar pedido relacionado a período pré-contratual**.** Precedentes. [...]. Agravo de Instrumento conhecido e desprovido. (TST — AGRAVO DE INSTRUMENTO EM RECURSO DE REVISTA Nº 253-89.2010.5.09.0089; 3ª Turma; Rel. Min. Alexandre de Souza Agra Belmonte; julgamento em 26/08/2015; DEJT 28/08/2015)[6]. (Não há grifos no original)

Tal se dá porque as relações laborais são, desde antes de sua formalização até posteriormente a sua extinção, caracterizadas pela forte assimetria entre seus pactuantes, o que orienta a demarcação das fronteiras dogmáticas do Direito do Trabalho e do Direito Processual do Trabalho, conferindo-lhe princípios vocacionados a minimizar tais desigualdades estruturais, dentre os quais o **princípio da proteção ao hipossuficiente**, em virtude do qual, na lição de Jean L'Homme:

(6) O inteiro teor dessa decisão está disponível em: BRASIL. *Tribunal Superior do Trabalho*. Agravo de Instrumento em Recurso de Revista n. 253-89.2010.5.09.0089; 3ª Turma; Rel. Min. Alexandre de Souza Agra Belmonte, DF, 26/08/2015; Publicado no DEJT 28/08/2015. Disponível em: https://jurisprudencia.tst.jus.br. Acesso em: 9 jul. 2024.

> Para compensar a desigualdade econômica que se foi acentuando, cria-se em proveito dos trabalhadores uma série de vantagens que são unilaterais. Os novos privilégios permitirão ao trabalhador recuperar, no terreno do direito, o que perdeu no terreno da economia, pois se percebe facilmente que o equilíbrio não é suficiente quando estabelecido unicamente no terreno jurídico. (L'HOMME *apud* PLÁ RODRIGUEZ, 2015, p. 87).

Essa especial proteção ao polo reconhecidamente frágil da relação laboral se concretiza, em matéria processual, por excelência, pela via da disponibilização, aos pactuantes, de uma Justiça Especializada para o fim de, segundo preceitos e regras que lhe são próprios, apreciar e julgar as lides de caráter laboral.

3. AUTORIZAÇÃO DE QUE TRATA O ART. 406, *CAPUT*, DA CLT, À LUZ DOS ARTS. 114, I E IX, E 227, *CAPUT* E § 3º, DA CF/88

Compreendido o alcance e respectivos fundamentos do comando inserto no art. 114, I e IX, da CF/88, enseja-se a análise do conteúdo do art. 406, *caput*, da CLT, sem olvidar sua condição de mecanismo processual que se presta a concretizar a proteção jurisdicional que a CF/88 atribui trabalhadores artistas menores de 18 (dezoito) anos.

Dos termos do art. 406, *caput*, da CLT se infere que os **pedidos de concessão de autorização para o trabalho de menores de 18 (dezoito) anos** correspondem a uma demanda que pressupõe que, anteriormente à sua formulação, já se hajam entabulado negociações referentes à relação de trabalho pretendida, já que a aferição de condições de labor respectivas, assim como sua potencialidade de ser prejudicial à moralidade do trabalhador precoce, exige que tais condições de trabalho sejam previamente expostas à autoridade judiciária, para o que é necessário que as partes interessadas já tenham empreendido tratativas respectivas, que somente são viáveis após a oferta do posto de trabalho, com parâmetros de prestação de labor minimamente identificados. Veja-se que assim o é inclusive em casos em que as condições de trabalho sejam sugeridas unilateralmente pelo tomador dos serviços, visto que a veiculação do pedido de autorização pelo representante processual do trabalhador precoce demonstra sua concordância com seus termos, correspondendo a uma manifestação volitiva no sentido de pactuá-la.

Desta maneira, tem-se, por inferência lógica, que no azo do ajuizamento do pedido de autorização de que trata o art. 406, *caput*, da CLT, as partes pactuantes do contrato de trabalho situam-se na seara jurídica do pré-contrato, importando averiguar-se se a competência material demarcada pelos termos do art. 406, *caput*, da CLT, resistiu ao advento do art. 114, I e IX, da CF/88 ou se, ao revés, daí decorreu a transposição, para a Justiça do Trabalho, da competência material de que ora se cuida.

Observe-se que, quando do advento do art. 406, *caput*, da CLT, as políticas sociais conferidas a crianças e adolescentes se guiavam pela **doutrina da situação irregular,** cujo conteúdo era preponderantemente repressivo, donde decorria que o ingresso precoce no mundo do trabalho era tido como prevenção contra a delinquência.

O advento da CF/88 alterou estruturalmente essas diretrizes ao consagrar, no art. 227, *caput*, o **princípio da proteção integral a crianças e adolescentes,** a que se atribui caráter de direito fundamental, à vista do disposto no art. 5º, § 2º, da CF/88, e do qual decorre que crianças e adolescentes assumem a condição de destinatários de ampla proteção de variados matizes, para cuja concretização devem concorrer a família, a sociedade e o Estado, cumulativamente.

Disso resulta uma alteração de sentido na hermenêutica e na aplicação das normas jurídicas relacionadas a crianças e adolescentes, inclusive do citado art. 406, *caput*, da CLT, para atribuir-lhes interpretação compatível com o **princípio da proteção integral a crianças e adolescentes**, cuja natureza de direito fundamental impõe sua imediata e irrestrita aplicação (art. 5º, § 1º, da CF/88).

Desse modo, importa averiguar se os termos do art. 406, *caput*, da CLT, prestam-se com mais propriedade a concretizar o preceito do art. 227, *caput*, da CF/88, ou se este estará mais propriamente atendido através da aplicação da norma contida no art. 114, I e IX, da CF/88.

Nesse sentido, manifesta-se Rafael Marques afirmando que:

> O Estatuto da Criança e do Adolescente (ECA) estabelece em seu art. 149, II, "a", competir ao Juiz da Infância e da Juventude (ou quem suas vezes o faça) autorizar a participação de criança e adolescente em espetáculos públicos (e seus ensaios). Contudo, em se tratando de trabalho artístico, entendemos que, com a recente alteração constitucional, por meio da Emenda Constitucional n. 45, que ampliou a competência da Justiça do Trabalho, os juízes do trabalho passaram a ter competência para conhecer da matéria, devendo não apenas autorizar, mas fixar as condições em que este trabalho poderá ser desenvolvido, estabelecendo, também, sanção para o caso de descumprimento. (MARQUES, 2009, p. 24).

Também nesse sentido é a lição de Dantas Oliva, que assevera que:

> Não se olvidou ou olvida que a CLT atribui ao "Juiz de Menores" referida competência. Nem que o art. 149 do ECA, embora se refira apenas a "autoridade judiciária" competente, sem especificá-la, estipula, no art. 146, que "a autoridade a que se refere esta Lei é o Juiz da Infância e da Juventude, ou o juiz que exerce essa função, na forma da lei de organização judiciária local". Entretanto, o art. 114, I, da Constituição Federal, agora é de clareza solar: tratando-se de relações de trabalho (*lato* e não mais *stricto sensu*), compete à Justiça do Trabalho processar e julgar as ações que delas se originarem. (OLIVA, 2010, p. 135).

Em reforço a este entendimento, Dantas Oliva aponta que não remanescem dúvidas acerca da competência da Justiça do Trabalho para o fim de apreciar demandas outras relacionadas ao trabalho artístico de crianças e adolescentes, afirmando que:

> A questão não é só jurídica, mas até mesmo de lógica. Vejamos:
>
> 1. Caso a criança ou adolescente, no exercício de trabalho artístico, sofra eventual dano moral, a competência para solucionar eventual litígio daí derivado será da Justiça do Trabalho, a teor do art. 114, VI, da Constituição Federal, já transcrito;
>
> 2. O contratante de pessoa em peculiar condição de desenvolvimento que exerça trabalho artístico pode sofrer fiscalização e sanções administrativas do Ministério do Trabalho e Emprego, conforme previsão contida nos arts. 434 e 438 da CLT;

3. Se o empregador do artista sofrer penalidade administrativa imposta por órgãos de fiscalização das relações de trabalho e quiser discuti-la em Juízo, terá também de fazê-lo perante a Justiça do Trabalho, conforme art. 114, VII, da CF/88; e

4. Na hipótese de sofrer a criança ou adolescente artista acidente no trabalho, trazendo-lhe este consequências danosas, uma vez mais será o Juiz do Trabalho o competente para dirimir a controvérsia que eventualmente se instaure, por reparação de danos materiais ou morais, conforme pacificado, aliás, pela Súmula Vinculante n. 22 do STF. (OLIVA, 2010, p. 135).

Essa compreensão não merece ser afastada diante de argumento que sustente a maior aptidão da Justiça Comum e dos magistrados respectivos para a apreciação dessa espécie de demanda, já que a solução de um problema dessa envergadura deve se pautar em pressupostos que se situam mais além desta espécie de ponderação.

Com efeito, seu deslinde não está adstrito às capacitações de que, eventualmente, sejam individualmente portadores os profissionais a quem compete apreciar estes pedidos de autorização. Tampouco se vincula à robustez das estruturas administrativas já existentes no sentido de dar suporte a esses profissionais, como compreendido pelo Ministro Relator da ADI 5326/DF, no curso da decisão acautelatória referida no item anterior, sendo que, como bem referem Lélio Correa, Kátia Arruda e Dantas Oliva:

> É até possível vislumbrar uma carga discriminatória, como se o juiz do trabalho, rotineiramente, não se valesse dos direitos material e processual comuns, como expressamente autorizado pelos arts. 8º e 769 da CLT. Está-se a dizer, subliminarmente, que não teria o magistrado trabalhista condições de interpretar a Constituição e o ECA, de molde a assegurar proteção integral aos artistas e trabalhadores infantojuvenis." (CORREA; ARRUDA; OLIVA, 2015, p. 183).

E assim o é porque as questões referidas são, de rigor, circunstâncias passíveis de modulação através de gestão administrativa minimante comprometida com o fiel cumprimento dos preceitos constitucionais aqui referidos, para o que se deve aparelhar o ramo do Poder Judiciário competente, aportando-lhe estruturas administrativa e proporcionando a capacitação de seus quadros de profissionais (OLIVA, 2010).

Em verdade, em que pese a importância das articulações referidas favoravelmente ao reconhecimento da competência material da Justiça do Trabalho relativamente ao tema sob apreço, tal questão diz respeito, em definitivo, aos parâmetros dogmáticos que condicionam a atuação da Justiça Comum e da Justiça do Trabalho.

Com efeito, do **princípio da proteção integral a crianças e adolescentes** de que trata o art. 227, *caput,* da CF/88 adveio mudança de guias relativos às políticas sociais aplicáveis a crianças e adolescentes, sendo que, no âmbito das relações laborais, como visto, já se identificam assimetrias em desfavor do indivíduo trabalhador.

Essa sobreposição de fragilidades que acomete crianças e adolescentes trabalhadores artistas exige um reforço de proteção jurídica que lhes seja conferida, o que somente se concretiza através do reconhecimento de que a demarcação de competência estabelecida pelos termos do art. 406, *caput,* da CLT, não resistiu ao advento dos arts. 114, I e IX, e 227, *caput,* da CF/88, ante a alteração estrutural do eixo das políticas direcionadas a crianças e adolescentes e o alargamento das competências materiais atribuídas à Justiça do Trabalho.

Para além disso, o referido **princípio da proteção integral a crianças e adolescentes,** reconhecido no art. 227, *caput,* da CF/88, encontra no **princípio da proteção ao hipossuficiente,** cujo aplicação está autorizada pelo art. 114, da CLT, o reforço necessário ao equacionamento das desigualdades que caracterizam as relações de trabalho de que se cuida, nas quais as ordinárias assimetrias se veem aprofundadas, ante a condição de ser em desenvolvimento detida por trabalhadores precoces.

Note-se que a concretização da solução apontada no parágrafo precedente, que, ao fim e ao cabo, corresponde a conferir-se plena eficácia ao **princípio da proteção integral a crianças e adolescentes,** previsto no art. 227, *caput,* da CF/88, somente se viabiliza através do reconhecimento da natureza trabalhista do pedido de autorização de trabalho artístico por crianças e adolescentes, o que é cabível em virtude do reconhecimento de existência de pré-contrato nas tratativas que dão respaldo ao pleito, ensejando-se a aplicação, na espécie, do **princípio de proteção ao hipossuficiente**.

O entendimento ora desposado encontra apoio no ensinamento de Lélio Correa, Kátia Arruda e Dantas Oliva, que neste sentido prelecionam que:

> [...] atribuir competência *ratione materiae* e *ratione personae* exclusiva aos Juízos da Infância e da Juventude quando se tratar de efetivação do princípio da proteção integral é visão equivocada. É ignorar que, como integrante do Estado, no plano jurisdicional, à Justiça do Trabalho também incumbe tal poder-dever. (CORREA; ARRUDA; OLIVA, 2015, p. 183).

Nem se objete, em contraposição, que o art. 149, II, "a", do Estatuto da Criança e do Adolescente (ECA) ratificou a demarcação de competência prevista no art. 406, *caput,* da CLT, em favor do Juiz da Infância e da Juventude, já que, quando do advento deste dispositivo legal, já estava em vigor o comando do art. 114, I, da CF/88, cuja interpretação aponta para o reconhecimento da competência material da Justiça do Trabalho no que pertine à autorização de que trata o art. 406, *caput,* da CLT. Desse modo, à vista do **princípio da interpretação das leis conforme a constituição**[(7)], que norteia a interpretação das normas jurídicas constitucionais, o comando inserto no art. 149, II, "a", do ECA, não possui o condão de promover a alteração da norma constitucional referida, dado o *status* hierárquico privilegiado de que esta é dotada.

Nesse sentido é a lição de Dantas Oliva:

> A expressão relação de trabalho deve ser entendida como continente, do qual a relação de emprego é apenas conteúdo, ou seja, gênero que comporta múltiplas espécies, sendo a relação empregatícia só uma delas. Nada excepcionando a Carta, com ela colidem as regras infraconstitucionais que outorgam ao Juiz da Infância e da Juventude competência para permissões de trabalho infanto-juvenil, inclusive o artístico. (OLIVA, 2010, p. 135).

---

(7) O *princípio da interpretação das leis conforme a constituição* traduz-se em um comando destinado à preservação da validade de normas suspeitas de inconstitucionalidade, assim como, em caso de normas polissêmicas ou plurissignificativas, voltado à atribuição, a elas, de sentido que esteja de acordo com a constituição. Sobre o tema, consulte-se: CANOTILHO, Joaquim José Gomes. *Direito Constitucional e Teoria da Constituição.* 7. ed. 8. reimp. Coimbra: Almedina, 2003.

Ademais, a norma capitulada no art. 149, II, "a", do ECA não teve por escopo disciplinar a concessão de autorização para o trabalho artístico de menores de 18 (dezoito) anos, senão para sua participação em espetáculos artísticos e respectivos ensaios dotados de caráter diletante ou vinculado à sua formação educacional, ali não tendo havido referência a sua aplicação na seara das relações jurídico-laborais, das quais o ECA se ocupou capítulo apartado, ocasião em que não estabeleceu conexão qualquer com o dispositivo ora analisado.

A partir das ponderações declinadas, infere-se que a regra capitulada no art. 406, *caput*, da CLT não foi recepcionada pela CF/88, pelo que, a partir de seu advento, a competência material para apreciar o pedido de autorização para o trabalho artístico de menores de 18 (dezoito) anos passou a ser conferida à Justiça do Trabalho, em cujo âmbito as normas que orientam a prestação jurisdicional, em especial o **princípio de proteção ao hipossuficiente,** melhor se prestam a atribuir concretude ao **princípio da proteção integral a crianças e adolescentes,** insculpido no art. 227, § 3º, *caput*, da CF/88.

CONSIDERAÇÕES FINAIS

O estudo empreendido acerca da competência material para concessão autorização para a prestação de trabalho artístico por parte de menores de 18 (dezoito) anos, disciplinada pelos termos do art. 406, *caput*, da CLT, reclama, desde a partida, a análise das consequências respectivamente advindas da incorporação da Convenção n. 138 da OIT ao ordenamento jurídico brasileiro, especificamente seus arts. 8.1 e 8.2, que representou uma aberta modulação dos termos literais do art. 7º, XXXIII, da CF/88, dado o caráter de direito fundamental da norma internacional referida, (art. 5º, § 3º, da CF/88).

Diante da admissibilidade dessa modalidade de trabalho, ocorrida no domínio de um contexto normativo constitucional em cujo âmbito vigora o **princípio da proteção integral de crianças e adolescentes** (art. 227, *caput*, da CF/88), e tendo-se mais em vista os termos do art. 114, I e IX, da CF/88 (que demarca a **competência material da Justiça do Trabalho**, estendendo-a a todas as relações de trabalho, inclusive na fase pré-contratual), é oportuno averiguar se a regra estabelecida no art. 406, *caput*, da CLT, que atribui à Justiça Comum competência material para apreciar os pedidos de autorização para o labor artístico de menores de 18 (dezoito) anos, foi recepcionada pela CF/88.

Para tal, parte-se da premissa de que o **princípio da proteção integral de crianças e adolescentes** deve permear todas as relações jurídicas que envolvem interesses desses sujeitos de direito. Também se mantém atenção ao fato de que os pedidos de autorização para realização de trabalho artístico por parte de crianças e adolescentes pressupõem a ocorrência de prévias tratativas entabuladas entre as partes, das quais decorram demarcadas as condições de trabalho respectivas, correspondendo, tal ação, a um pré-contrato, sendo que não remanescem controvérsias doutrinárias ou jurisprudenciais no sentido de que eventuais demandas judiciais decorrentes de contextos pré-contratuais em matéria trabalhista estão abarcadas pela competência material da Justiça do Trabalho.

Reforça esse entendimento a evidência de que a aplicação do Direito do Trabalho e do Direito Processual do Trabalho se dá sob balizas dogmáticas constituídas também pelo **princípio da proteção ao hipossuficiente**, o que, na espécie, representa um reforço à efetividade do **princípio da proteção integral de crianças e adolescentes,** logrando atribuir a esta norma, em concreto, contorno mais eficazes.

Diante desse contexto hermenêutico constitucional, de caráter sistemático, constata-se que a competência material atribuída pelo art. 406, *caput*, da CLT à Justiça Comum não foi recepcionada pela CF/88, tendo, este texto constitucional, suprimido eventual lacuna normativa respectiva, visto que, no art. 114, I e IX, da CF/88 já restou demarcada a competência da Justiça do Trabalho para o fim de apreciar e julgar todos os feitos que envolvam relações de trabalho.

Cabe, pois, a adoção de iniciativas de caráter legislativo, que eliminem a apontada desconformidade do art. 406, *caput*, da CLT com os termos dos arts. 114, I e IX, e 227, *caput*, da CF/88. Demais, cabe ao Poder Judiciário proporcionar a qualificação dos profissionais que atual no âmbito da Justiça do Trabalho, além de acomodar suas estruturas administrativas a dita realidade, assim viabilizando o direito de acesso à Justiça efetiva, de que são titulares crianças e adolescentes trabalhadores artistas.

Demais, cabe, a todo tempo, que intérpretes e aplicadores das normas jurídicas, promovam sua interpretação com observância às mencionadas normas constitucionais, de modo a atribuir-lhes plena eficácia às posições jurídicas por elas reconhecidas.

REFERÊNCIAS

BRASIL. *Consolidação das Leis do Trabalho.* Decreto-Lei n. 5.452, de 1º de maio de 1943. Disponível em: http://www.planalto.gov.br/ccivil_03/decreto-lei/del5452.htm. Acesso em: 9 jul. 2024.

BRASIL. *Decreto n. 10.088, de 5 de novembro de 2019.* Consolida atos normativos editados pelo Poder Executivo Federal que dispõem sobre a promulgação de convenções e recomendações da Organização Internacional do Trabalho — OIT ratificadas pela República Federativa do Brasil. Disponível em: http://www.planalto.gov.br/ccivil_03/_Ato2019-2022/2019/Decreto/D10088.htm#art5. Acesso em: 8 jul. 2024.

BRASIL. *Constituição (1988).* Constituição da República Federativa do Brasil de 1988. Disponível em: http://www.planalto.gov.br/ccivil_03/constituicao/constituicao.htm. Acesso em: 9 jul. 2024.

BRASIL. Lei n. 8.069, de 13 de julho de 1990. Dispõe sobre o Estatuto da Criança e do Adolescente e dá outras providências. Disponível em: http://www.planalto.gov.br/ccivil_03/Leis/l8069.htm. Acesso em: 10 jul. 2024.

BRASIL. *Recomendação Conjunta n. 1, de 4 de dezembro de 2014* (TRT2/TRT15/TJ-SP/MPE-SP/MPT2/MPT15). Disponível em: http://portal.trt15.jus.br/documents/2225749/2249473/recomendacao_conjunta.pdf/3d885795-b911-48c5-ba06-6bb9695a5883. Acesso em: 9 jul. 2024.

BRASIL. Rel. Min. Castro Meira, DF, 17/09/2013. Publicado no DJe em 20/09/2013. Disponível em: https://scon.stj.jus.br/SCON/pesquisar.jsp?preConsultaPP=&pesquisaAmigavel=+%3Cb%3ECONFLITO+DE+COMPET%CANCIA+98.033%3C%2Fb%3E&acao=pesquisar&novaConsulta=true&i=1&b=ACOR&livre=CONFLITO+DE+COMPET%CANCIA+98.033&filtroPorOrgao=&filtroPorMinistro=&filtroPorNota=&data=&operador=e&thesaurus=JURIDICO&p=true&tp=T&processo=&classe=&uf=&relator=&dtpb=&dtpb1=&dtpb2=&dtde=&dtde1=&dtde2=&orgao=&ementa=&nota=&ref=. Acesso em: 11 jul. 2024.

BRASIL. *Supremo Tribunal Federal.* Ação de Descumprimento de Preceito Fundamental n. 361; Rel. Min. Marco Aurélio Mello, DF, 12/04/2018; Publicado no DJe em 15/05/2019. Disponível em: https://portal.stf.jus.br/processos/detalhe.asp?incidente=4821558. Acesso em: 9 jul. 2024.

BRASIL. *Supremo Tribunal Federal*. Medida Cautelar na Ação Direta de Inconstitucionalidade n. 5.326; Decisão monocrática; Rel. Min. Marco Aurélio Mello, DF, 14/08/2015; Publicado no DJe em 24/08/2015. Disponível em: https://portal.stf.jus.br/processos/detalhe.asp?incidente=4781750. Acesso em: 9 jul. 2024.

CANOTILHO, Joaquim José Gomes. *Direito Constitucional e Teoria da Constituição*. 7. ed. 8. reimp. Coimbra: Almedina, 2003.

CORRÊA, Lélio Bentes (organizadores). *Criança e Trabalho: da exploração à educação*. São Paulo: LTr, 2015, p. 168-187.

CORRÊA, Lélio Bentes; ARRUDA, Kátia Magalhães; OLIVA, José Roberto Dantas. O Juiz do Trabalho e a Competência para Autorizações do Trabalho Artístico de Crianças e Adolescentes. *In:* NOCCHI, Andréa Saint Pastous; FAVA, Marcos Nevez; CORRÊA, Lélio Bentes (organizadores). *Criança e Trabalho:* da exploração à educação. São Paulo: LTr, 2015, p. 168-187.

DIDIER JÚNIOR, Fredie. *Curso de Direito Processual Civil:* introdução do Direito processual civil, parte geral e processo de conhecimento. 24. ed. São Paulo: JusPodivm, 2022, v. 1.

LEITE, Carlos Henrique Bezerra. *Curso de Direito Processual do Trabalho*. 21. ed. São Paulo: SaraivaJur, 2023.

MARQUES, Rafael Dias. *Trabalho Infantil Artístico: proibições, possibilidades e limites*. Revista do Ministério Público do Trabalho, n. 38, Ano XIX, setembro/2009, p. 13-53.

MOLINA, André Araújo. *Competência material trabalhista. Critério científico para interpretação do inciso I do artigo 114 da CF/88*. Revista LTr, v. 72, n. 8, p. 945-961.

OLIVA, José Roberto Dantas. O Trabalho Infanto-juvenil Artístico e a Idade

Mínima: sobre a necessidade de regulamentação e a competência para sua autorização. *Revista da Associação dos Magistrados da Justiça do Trabalho da 15ª Região* — Amatra XV, n. 3, 2010, p. 120-152.

PLÁ RODRIGUEZ, Américo. *Princípios do Direito do Trabalho*. 3. ed. (fac-similada). São Paulo: LTr, 2015.

SCHIAVI, Mauro. *Curso de Direito Processual do Trabalho*. 19. ed. atual. e amp. São Paulo: JusPodivm, 2023.

TEIXEIRA FILHO, Manoel Antonio. *Curso de Direito Processual do Trabalho*. São Paulo: LTr, 2009.

Competência em matéria trabalhista após a Emenda Constitucional n. 45/2004: conflitos paradigmáticos, jurisprudência dominante nos Tribunais Superiores e o futuro da Justiça do Trabalho no Brasil

Mauro Augusto Ponce de Leão Braga (*)

Resumo: O presente estudo aborda as mudanças significativas na Justiça do Trabalho decorrentes da Emenda Constitucional n. 45/2004, que ampliou consideravelmente as suas competências, incluindo questões que anteriormente eram tratadas pela Justiça Comum, como ações de indenização por danos morais e materiais resultantes de acidentes de trabalho e doenças ocupacionais. O texto apresenta os principais conflitos jurisprudenciais que surgiram após a emenda e como os tribunais superiores, especialmente o Supremo Tribunal Federal, têm interpretado essas novas competências. A EC n. 45/2004 foi um marco na ampliação da competência material da Justiça do Trabalho, permitindo que esta passasse a julgar todas as ações decorrentes das relações de trabalho, e não mais apenas as relações de emprego. Isso inclui questões como representação sindical, penalidades administrativas, contribuições previdenciárias e até mesmo habeas corpus e habeas data quando relacionados ao trabalho. Além disso, o artigo explora a importância da Justiça do Trabalho na promoção da justiça social e na pacificação dos conflitos trabalhistas no Brasil, enfatizando que a ampliação da competência desta justiça especializada permite uma proteção mais abrangente dos direitos dos trabalhadores, alinhando-se com os princípios constitucionais de valorização do trabalho humano e da dignidade da pessoa humana. A análise é complementada por estudos de casos emblemáticos de conflitos de competência. Partiu-se de uma abordagem dedutiva com a utilização dos métodos histórico e comparativo, bem como técnicas de pesquisa documental e bibliográfica.

Abstract: This study addresses the significant changes in the competence of the Labor Court resulting from Constitutional Amendment nº 45/2004, which considerably expanded its competences, including issues that were previously dealt with by the Common Court, such as compensation actions for moral and material damages resulting from work accidents and occupational diseases. The text presents the main jurisprudential conflicts that arose after the amendment and how the higher courts, especially the Federal Supreme Court, have interpreted these new powers. EC 45/2004 was a milestone in expanding the material competence of the Labor Court, allowing it to judge all actions arising from labor relations, and no longer just employment relations. This includes issues such as union representation, administrative penalties, social security contributions and even habeas corpus and habeas data when related to work. Furthermore, the article explores the importance of the Labor Court in promoting social justice and pacifying labor conflicts in Brazil, emphasizing that the expansion of the competence of this specialized court allows for a more comprehensive protection of workers' rights, in line with the constitutional principles of valuing human work and human dignity. The analysis is complemented by studies of emblematic cases of conflicts of jurisdiction. We started from a deductive approach using historical and comparative methods, as well as documentary and bibliographical research techniques.

(*) Doutor em Direito Público e Evolução Social pela Universidade Estácio de Sá. Pós-doutor em Processo Civil pela Universidade do Estado do Rio de Janeiro. Juiz Titular da 5ª Vara do Trabalho de Manaus — Tribunal Regional do Trabalho da 11ª Região.

Palavras-chave: Emenda Constitucional n. 45/2004; conflitos de competência; jurisprudência; Justiça do Trabalho.

Keywords: Constitutional Amendment 45/2004; conflicts of competence; jurisprudence; Work justice.

INTRODUÇÃO

A proposta estabelecida pelo presente estudo, sem qualquer pretensão de esgotar o tema, é realizar uma análise do que representou — e ainda representa — a Emenda Constitucional n. 45/2004, conhecida como Reforma do Poder Judiciário, que no âmbito da Justiça da trabalho representou um marco na ampliação de sua competência material, tendo por objetivo trazer à Justiça Especializada a responsabilidade por processar e julgar todas as ações decorrentes das relações de trabalho, tendo como objetivo primordial o fortalecimento de redes de proteção aos trabalhadores, retirando da Justiça Comum algumas das ações que a ela eram levadas ao conhecimento e julgamento, dentre elas as indenizações por danos morais e materiais relacionados a acidentes de trabalho e doenças ocupacionais.

A finalidade deste trabalho acadêmico é realizar uma breve análise acerca de algumas mudanças jurisprudenciais que vêm sendo gradativamente produzidas no âmbito dos tribunais superiores, especialmente no âmbito do Supremo Tribunal Federal, guardião da Constituição Federal a quem pertence a decisão final quanto às questões que envolvem os preceitos constitucionais, dentre eles a interpretação do art. 114, da Constituição Federal de 1988, o qual, através da EC n. 45/2004, estabeleceu a nova competência da Justiça do Trabalho.

Utilizando de uma abordagem dedutiva com a utilização dos métodos histórico e comparativo, bem como técnicas de pesquisa documental e bibliográfica, pretende-se, ao final, deixar ao leitor uma reflexão sobre qual a verdadeira abrangência dessa competência material estabelecida no art. 114, da CF/88, a partir da EC n. 45/2004 e se de fato a festejada ampliação já referida, refletiu a vontade dos Constituintes Originário e Derivado, bem como a importância da Justiça do Trabalho em favor da sociedade brasileira.

1. COMPETÊNCIA: FUNDAMENTOS E UTILIZAÇÕES

1.1. ANÁLISE DETALHADA DOS CONCEITOS DE COMPETÊNCIA E SUAS ESPECIFICIDADES

Antes de adentrar-se na questão primordial da presente seção — a competência e suas especificidades, faz-se necessária uma breve consideração acerca do que vem a ser a busca pela verdade através do processo, sob a ótica de Michel Foucault[(1)], o qual a analisa sob o ponto de vista do poder, afirmando sua interligação e sua coexistência.

(1) FOUCALUT, Michel. *Microfísica do Poder*, 25. ed. Organização, Introdução e Revisão Técnica de Roberto Machado. São Paulo: Graal, 2008. p. 12-14.

O importante, crê Foucault, é que a verdade não existe fora do poder ou sem o poder. Para o autor, a verdade é deste mundo e nele é produzida, graças a múltiplas coerções, estabelecendo efeitos regulamentados de poder neste mesmo mundo.

Cada sociedade tem seu regime de verdade, sua "política geral" de verdade: ou seja, os tipos de discurso que ela acolhe e faz funcionar como verdadeiros; os mecanismos e as instâncias que permitem distinguir os enunciados verdadeiros dos falsos, a maneira como se sanciona uns e outros; as técnicas e os procedimentos que são valorizados para a obtenção da verdade; o estatuto daqueles que têm o encargo de dizer o que funciona como verdadeiro.

A verdade entendida sob a ótica processual, existente no mundo dos autos, possui inúmeras faces: a primeira refletida na pretensão que o autor deseja ver reconhecida — ele entende estar com a verdade e ser detentor da mesma; de outro lado, surge a verdade sob a forma de contestação daquela pretensão inicial — é o réu, por sua vez, quem identifica sua verdade como a que deverá prevalecer — e, finalmente, após a adoção dos corretos procedimentos e da análise dos estatutos, leis, princípios e das demais fontes do Direito postos à sua disposição, caberá ao juiz identificar a verdade real trazida aos autos pelos litigantes, tentando aproximar-se, o quanto possível, da justa verdade.

Hans-Georg Gadamer(2), por sua vez, leciona que a linguagem faz o "acontecer da verdade", podendo-se concluir que a verdade encontrada através do processo, conseguida com a força da linguagem e do emprego correto de certos procedimentos, é dita pelo juiz, com quem, em última análise, se encontra o poder, sendo nas palavras de Eligio Resta(3): *O juiz é aquele que goza do poder singular de governar a linguagem.*

Assim, no contexto da competência, a busca pela verdade é moldada pelas regras que estabelecem a autoridade dos tribunais para julgar determinados tipos de casos e a definição de competência garante que os casos sejam analisados por tribunais apropriados, assegurando que a verdade resultante do processo seja uma expressão justa do poder judicial.

Desta forma, a verdade processual, que é produzida e validada dentro dos limites da competência, exemplifica a interação entre poder, linguagem e procedimentos legais, conforme discutido por Foucault e Gadamer.

Prosseguindo, entende-se ser caminho obrigatório, quando o tema é processo, em especial o processo civil, trazer à colação algumas breves considerações acerca do pensamento e obra de Giuseppe Chiovenda, um dos principais protagonistas da Escola Italiana de Direito Processual, que tinha por fundamentos a sabedoria e a bondade, foi também a principal referência na elaboração do Código de Processo Civil de 1940, daquele país.

São inúmeras as razões capazes de determinar a criação ou constituição de órgãos especiais de jurisdição, como assevera Chiovenda (1998)(4) podendo sua origem se dar

---

(2) GADAMER, Hans-Georg. *Verdade e Método I* — Traços fundamentais de uma hermenêutica filosófica. 9. ed. Rio de Janeiro: Editora Vozes; São Paulo, Editora Universitária São Francisco, 2008. p. 629-631.

(3) RESTA, Eligio. *O Direito Fraterno*. Tradução: Sandra Regina Martini Vial (coordenadora). Revisão técnica: Alba Olmi. Santa Cruz do Sul: EDUNISC, 2004. p. 93.

(4) CHIOVENDA, Giuseppe. *Instituições de Direito Processual Civil*. V. 2 — As relações processuais. A relação ordinária de cognição — Tradução do original italiano, 2. ed. "Instituzioni di Diritto Processuale Civile" por Paulo Capitanio — Advogado, com anotações do Prof. Enrico Tullio Liebman — Professor nas Faculdades de Direito de Parma, 1. ed. Campinas/SP: Bookseller, 1998. p. 213.

por força de novas relações que não se adequando às normas jurídicas pré-estabelecidas, "têm a necessidade de definir e formular de modo autônomo e por isso exigem órgãos de jurisdição especiais, capazes de prover à definição judicial do direito novo".

Mas esse é apenas um dos fatores que podem conduzir à necessidade de criação ou constituição de um órgão especial. Segundo Chiovenda (1998)[(5)] de modo geral, a criação de órgãos especiais é justificada por diferentes razões. Primeiramente ocorre quando a análise dos fatos requer um conhecimento técnico especializado que não se espera dos magistrados comuns. Por outro lado, acontece quando as controvérsias envolvem classes sociais que não confiam nos juízes ordinários, levando o legislador a instituir juízes que transmitam maior segurança a essas classes.

Ao tratar da Pluralidade de tribunais derivada da existência de tribunais especiais, enquanto órgãos especiais dos tribunais ordinários, Chiovenda (1998)[(6)] leciona:

> c) Tribunais do trabalho. Já pela Lei de 3 de abril de 1926, nº 563, se instituíra uma *magistratura do trabalho* para todas as controvérsias referentes à disciplina das relações coletivas do trabalho, sejam concernentes à aplicação dos contratos coletivos ou de outras normas existentes de acordo com o direito, seja a reclamação de novas condições de trabalho a julgar por equidade, temperando os interesses dos empregadores com os trabalhadores.

É, pois, a competência específica de cada órgão ou tribunal a responsável por determinar não apenas sua constituição ou criação, mas, principalmente, transmitir segurança e demonstrar sua relevância perante a sociedade.

1.2. CRITÉRIOS PARA DETERMINAÇÃO DA COMPETÊNCIA

Nesse diapasão mister continuar-se com os conceitos trazidos por Chiovenda (1998)[(7)] acerca dos conceitos de competência, segundo o qual, significa "... numa primeira acepção, por "competência" de um tribunal, o conjunto de causas nas quais pode ele exercer, segundo a lei, sua jurisdição; e, num segundo sentido, entende-se por competência essa faculdade do tribunal considerada nos limites em que lhe é atribuída".

Leciona o autor[(8)], ainda, que o estudo sobre competência deve ser realizado através da compreensão de critérios: Objetivo, Funcional e Territorial, versando o primeiro sobre o valor e a natureza da causa — competência por valor e por matéria, respectivamente — referindo-se ao conteúdo especial da relação jurídica objeto da lide; o segundo refere-se às "exigências especiais *das funções que se chama o magistrado a exercer num processo*"; e o último critério — territorial, contempla a relação com a circunscrição territorial à qual estará restrita a atividade do órgão jurisdicional responsável por apreciar a demanda.

Para que se possa falar sobre competência material da Justiça do Trabalho no Brasil, entende-se necessária uma breve referência acerca do surgimento do Direito do Trabalho no Brasil.

---

(5) CHIOVENDA, Giuseppe. *Instituições de Direito Processual Civil.* V. 2 — As relações processuais. A relação ordinária de cognição — Tradução do original italiano, 2. ed. "Instituzioni di Diritto Processuale Civile" por Paulo Capitanio — Advogado, com anotações do Prof. Enrico Tullio Liebman — Professor nas Faculdades de Direito de Parma, 1. ed. Campinas/SP: Bookseller, 1998. p. 214.

(6) *Ibidem,* p. 147.

(7) *Ibidem,* p.183.

(8) CHIOVENDA, *op. cit.* p. 183-185.

Neste particular asseveram Ferrari, Nascimento e Martins Filho[9] que assim como o Direito do Trabalho se originou do desmembramento de uma parte do direito civil relacionada aos contratos de locação de serviços, a Justiça do Trabalho surgiu como um corolário da independência dessa nova disciplina jurídica, contudo, antes de sua criação, a Justiça Comum era responsável pela apreciação das controvérsias relativas a esses contratos, que eram regidos pelas leis civis e comerciais.

Desse modo, um novo Direito material, uma justiça especializada, uma magistratura independente impõem a necessidade de um processo que o diferencie do processo comum e, nesse caso, tais características repousam nas regras contidas na CLT, dentre as quais, estão: atuação fundamentalmente conciliatória, ampla liberdade de direção do processo dada ao juiz, celeridade processual, possibilidade de reclamação verbal, citação por via de registro postal, concentração em uma única audiência (defesa, instrução e julgamento), outorga do *jus postulandi* às próprias partes litigantes e outorga de poder normativo aos Tribunais em conflitos coletivos[10].

1.3. COMPETÊNCIA DA JUSTIÇA DO TRABALHO EM RAZÃO DA MATÉRIA, DETERMINADA PELA CONSTITUIÇÃO FEDERAL DE 1988 E A EMENDA CONSTITUCIONAL N. 45/2004

São inúmeras as controvérsias relativas à competência material da Justiça do Trabalho, desde sua criação. Com o advento da Constituição Federal de 1988 tais controvérsias se aprofundaram ainda mais, expondo, muitas delas, posições antagônicas entre a Justiça do Trabalho e o Supremo Tribunal Federal.

Uma das controvérsias mais relevantes, atualmente pacificada pelo Tribunal Constitucional do País, referia-se à competência da Justiça do Trabalho para processar e julgar as demandas que tivessem como parte a União, os Estados e os Municípios, incluídas as autarquias e empresas públicas.

Tal controvérsia, cujo objetivo era definir a competência da Justiça do Trabalho para julgar questões relacionadas aos servidores públicos estatutários tinha como fundamentos, de um lado o art. 114 — que estabelecia tal competência — e de outro o art. 37, ambos da Constituição Federal de 1988, que instituía o regime jurídico único no âmbito da administração pública direta, autárquica e fundacional, até que o STF decidisse, como decidiu, que tais questões deveriam continuar sob o pálio da Justiça Federal[11].

Nova controvérsia se deu em relação à competência normativa da Justiça do Trabalho no que se refere às questões relativas a dissídios coletivos de servidores públicos, Então Ferrari, Nascimento e Martins Filho[12] explicam que, tendo o STF considerado que esses, conforme previsto na Constituição, poderiam formar sindicatos e fazer greves, todavia, não eram detentores do direito à negociação coletiva e aos dissídios coletivos.

Por derradeiro, em razão de tais considerações até aqui esposadas não serem o objeto principal do presente estudo, mas, entende-se, imprescindíveis para as conclusões que integrarão a finalização deste, mister uma breve defesa da importância da

---

(9) FERRARI, Irany; NASCIMENTO, Amauri Mascaro; MARTINS FILHO, Ives Gandra da Silva. *História do trabalho do Direito do Trabalho e da Justiça do Trabalho*. Homenagem a Armando Casimiro Costa, 2. ed. São Paulo: LTr, 2002. p. 191.

(10) *Ibidem*, p. 206.

(11) FERRARI, NASCIMENTO e MARTINS FILHO, *op. cit*. p. 221-222.

(12) *Ibidem*, p. 221-222.

Justiça do Trabalho no Brasil, sobre a qual muito bem salientaram Ferrari, Nascimento e Martins Filho[(13)]:

> A Lei n. 8.984/95 veio a ampliar a competência da Justiça do Trabalho, para albergar também as ações de cumprimento de acordos e convenções coletivas de trabalho, que estavam afetas, anteriormente, à Justiça Comum, implementando, em nível infraconstitucional, a proposta anterior de revisão da Constituição em 1994.
>
> Momento de especial afirmação da autoridade das Cortes Trabalhistas se deu em maio de 1995, quando deflagrada a greve dos petroleiros, que ameaçava parar o país. O TST julgou abusivo o movimento e determinou o imediato retorno ao trabalho, sob pena de aplicação de multa diária de elevado valor. Os petroleiros desafiaram a decisão e continuaram com a greve. Coube ao Ministério Público do Trabalho, através de petição do então Procurador-Geral do Trabalho, Dr. João Pedro Ferraz dos Passos, através de procedimento inédito, requerer, perante o próprio TST, a execução das multas, cuja soma veio a inviabilizar o funcionamento dos sindicatos, importando na cessação do movimento.

Em suma, a ampliação da competência da Justiça do Trabalho pela Lei n. 8.984/1995 e a atuação decisiva do Tribunal Superior do Trabalho — TST durante a greve dos petroleiros em 1995 exemplificam a consolidação da autoridade das Cortes Trabalhistas no Brasil e essas ações reforçaram a capacidade da Justiça do Trabalho de regular e resolver disputas laborais de grande impacto, demonstrando sua importância e efetividade no cenário jurídico nacional.

Contudo, a Emenda Constitucional n. 45/2004, que ficou conhecida como Reforma do Poder Judiciário, trouxe em favor da Justiça do Trabalho um substancial aumento em sua competência material para processar e julgar, segundo Rocha e Oliveira[(14)] todas as ações decorrentes das relações de trabalho — não mais exclusivamente das relações de emprego — nos termos do art. 114, I, do exercício do direito de greve, art. 114, II, representatividade sindical, art. 114, III, ações de matéria constitucional envolvendo matérias trabalhistas, art. 114, IV, as ações com pedidos de danos morais e materiais, art. 104, VI, as que discutam penalidades administrativas decorrentes das relações de trabalho, art. 114, VII, ações pertinentes à execução das contribuições previdenciárias de ofício, art. 114, VIII.

Faz-se necessária a citação dos incisos V e IX, ambos do mesmo art. 114, que versam sobre os conflitos de competência entre órgãos com jurisdição trabalhista, ressalvado o disposto no art. 102, I, o, e outras controvérsias decorrentes da relação de trabalho, na forma da lei, respectivamente.

É voz majoritária entre estudiosos do direito do trabalho, bem como daqueles que se debruçaram — e ainda hoje se dedicam — à análise pormenorizada das alterações trazidas ao ordenamento jurídico pátrio, com o advento da Emenda Constitucional

(13) FERRARI, NASCIMENTO e MARTINS FILHO, *op. cit.* p. 230.

(14) ROCHA, Andréa Presas; OLIVEIRA, Murilo Carvalho Sampaio. A Competência da Justiça do Trabalho para litígio entre trabalhadores e plataformas digitais: em defesa da semântica ampliada de relação de trabalho. A Competência da Justiça do Trabalho 15 anos após a Emenda Constitucional n. 45/2004: ampliação, limites e avanços necessários ANAMATRA e ENAMATRA. Organizadores: Luciana Paula Conforti, Noemia Aparecida Garcia Porto, Ricardo Machado Lourenço Filho, São Paulo, p. 40-50, agosto, 2021. p.41.

n. 45/2004, que a ampliação da competência da Justiça do Trabalho foi um dos pontos mais positivos da Reforma do Poder Judiciário.

Nessa esteira de pensamento, Akashi (2006)[(15)], embora ressaltando a possibilidade de aumento substancial no número de demandas a serem apreciadas por todos os pretórios trabalhistas do Brasil, a EC n. 45/2004 reconheceu a competência da Justiça do Trabalho para julgar todas as ações que abranjam os prestadores de serviços na qualidade de pessoas físicas, incluídos os contratos de empreitada, representação comercial, de mandato, o que possibilitará que uma gama de trabalhadores possam ter acesso à Justiça do Trabalho.

Porém, a ampliação da Competência da Justiça do Trabalho é ainda mais profunda, trazendo para a seara trabalhista as questões pertinentes à representação sindical, além de ações que contenham pedidos de danos morais e materiais decorrentes de acidentes de trabalho, pedidos de greve, *habeas corpus, habeas data,* multas administrativas, execução de ofício das contribuições sindicais previstas no art. 195, I, *a,* e II.

Importante salientar que uma grande novidade trazida pela Reforma do Poder Judiciário diz respeito à competência da Justiça do Trabalho para dirimir os conflitos que envolvam greve em atividade essencial, com a possibilidade de lesão ao interesse público, o que se fará a partir do ajuizamento de dissídio coletivo por parte do Ministério Público do Trabalho, incluída tal possibilidade pela EC n. 45/2003 nos parágrafos 2º e 3º do artigo 114 da Constituição Federal.

Sentencia Akashi (2006)[(16)]:

> A ampliação da competência da Justiça do Trabalho para analisar todas as controvérsias oriundas da força de trabalho humana, seja qual for o regime contratual a que esteja submetido o trabalhador, é de grande relevância em virtude da sua natural vocação social e da própria especialização na matéria.
>
> A Justiça do Trabalho está mais aparelhada e tecnicamente preparada para julgar os referidos casos, porque a sua especialidade é o trabalho humano. Ela é o ramo do Judiciário especificamente voltado para a conciliação e o julgamento dos dissídios entre o capital e o trabalho.

Merece relevo o pensamento de Pereira (2006)[(17)], que é necessário destacar a relevância social do artigo 3º da EC n. 45/2004, que prevê a criação de um Fundo de Garantia das Execuções Trabalhistas, uma vez que o referido fundo será formado por multas de condenações trabalhistas, administrativas e outras receitas, visando assegurar o cumprimento das decisões da Justiça do Trabalho.

É inegável que a ampliação da competência material da Justiça do Trabalho, com o advento da EC n. 45/2004, trouxe um exponencial aumento da importância da Justiça do Trabalho como órgão imprescindível para a concretização da justiça e da pacificação sociais no Brasil.

---

(15) AKASHI, Diogo Telles. Comentários à Reforma do Poder Judiciário Emenda Constitucional n. 45/2004 — Rigorosamente atualizado pelas recentes alterações do Código de Processo Civil e Resoluções do Conselho Nacional de Justiça, 1. ed. São Paulo: Letras Jurídicas, 2006. p. 120-124.

(16) AKASHI, *op. cit.* p. 121.

(17) PEREIRA, Áurea Pimentel. *A Reforma da Justiça na Emenda Constitucional n. 45/2004*. Rio de Janeiro, São Paulo, Recife: Renovar, 2006. p. 127.

Há de se mencionar que desde implementação da EC n. 45/2004, que deu nova redação ao art. 114 da Constituição Federal de 1988, inúmeras foram — e têm sido — as interpretações dadas ao mencionado dispositivo legal, cabendo aos Tribunais Superiores, assimilando a importância da Justiça do Trabalho, construir e firmar entendimento jurisprudencial, de forma a respeitar aquilo que o constituinte derivado concebeu em absoluta consonância com os princípios sociais que sustentam a vigente Carta de Outubro.

2. PRINCIPAIS CONFLITOS JURISPRUDENCIAIS DE COMPETÊNCIA DA JUSTIÇA DO TRABALHO APÓS A EMENDA CONSTITUCIONAL N. 45/2004

2.1. CASOS EMBLEMÁTICOS DE CONFLITO DE COMPETÊNCIA

Os conflitos de competência entre diferentes ramos do Poder Judiciário, especialmente entre a Justiça Comum e a Justiça do Trabalho, são cruciais para entender a delimitação de suas atribuições.

Casos emblemáticos, como a decisão do Supremo Tribunal Federal em 29 de junho de 2005, que estabeleceu a competência da Justiça do Trabalho para julgar ações de indenização por danos morais e materiais decorrentes de acidentes de trabalho e doenças ocupacionais, destacam a importância dessas decisões na definição clara das jurisdições e na proteção dos direitos dos trabalhadores.

Como citado anteriormente, o Supremo Tribunal Federal transcendeu a simples resolução de uma questão de competência, pois o citado julgamento se tornou um marco histórico na esfera associativa, e, de acordo com Pandelot (2006)[(18)], determinou de maneira definitiva a competência da Justiça do Trabalho para julgar ações de indenização por danos morais e patrimoniais resultantes de acidentes de trabalho e doenças ocupacionais.

Trata-se do Conflito de Competência n. 7.204-1/MG[(19)], relatado pelo Ministro Carlos Ayres Britto, que surgiu devido à dúvida sobre qual ramo do Judiciário seria responsável por tais ações, especialmente após a promulgação da Emenda Constitucional n. 45/2004, que ampliou as competências da Justiça do Trabalho.

De acordo com Freitas e Porto[(20)], a Emenda Constitucional n. 45/2004 alterou significativamente a competência da Justiça do Trabalho estabelecida no art. 114 da CF/1988, ampliando o escopo das causas a ela submetidas, como dito alhures, restando abandonada a ideia de que apenas os conflitos entre empregadores e empregados seriam resolvidos, tendo em vista que passou a abranger uma variedade maior de questões trabalhistas.

---

(18) PANDELOT, José Nilton. Julgamento Histórico — Competência da Justiça do Trabalho Indenização por danos morais e patrimoniais decorrentes de acidentes do trabalho. ANAMATRA, Associação Nacional dos Magistrados da Justiça do Trabalho. 2006. p. 22.

(19) BRASIL. Supremo Tribunal Federal. Conflito de Competência 7.204-1 — Minas Gerais. Relator(a): Min. Carlos Ayres Britto. Julgamento: 29/06/2005.

(20) FREITAS, Marco Antonio de; PORTO, Noemia. *O julgamento da ADI 3395/STF e a competência da Justiça do Trabalho para os servidores com vínculo jurídico-administrativo.*

O Direito Constitucional[21] de greve dos servidores públicos celetistas foi apreciado pela Corte Superior no julgamento do Recurso Extraordinário n. 846.854/SP[22] com repercussão geral, resultando no Tema 544 do STF[23], que trata sobre a competência para julgamento de abusividade de greve de servidores públicos celetistas, uma vez que pairavam dúvidas acerca da competência entre a Justiça Comum e a Justiça do Trabalho, substituindo o paradigma de repercussão geral do Recurso Extraordinário com Agravo — ARE 665.969/SP[24].

Conforme a decisão da Corte, a análise sobre a abusividade da greve não compete à Justiça do Trabalho neste caso, pois o próprio STF reconheceu a inexistência do direito à paralisação dos serviços da guarda civil municipal, por se tratar de um setor essencial à segurança pública. Todavia, em outras circunstâncias, nada obsta que servidores públicos contratados sob o regime celetista pela administração pública possam ter seu direito de greve apreciado pela Justiça do Trabalho.

É indispensável citar, ainda, que o STF reconheceu por unanimidade a repercussão geral[25] no Recurso Extraordinário 1446336[26], que trata sobre a existência de vínculo empregatício entre motoristas e plataformas.

O STF ainda não firmou uma tese definitiva sobre o assunto em caráter vinculante, contudo, as discussões e julgamentos futuros poderão consolidar o entendimento majoritário que não reconhece o vínculo empregatício, fundamentado principalmente na autonomia e na ausência de subordinação direta, mantendo os motoristas na informalidade e levando a competência para o julgamento das causas à justiça comum.

Sobre trabalho formal e informal, Ferrari, Nascimento e Martins Filho[27] lecionam que o trabalho formal é caracterizado por ser realizado de acordo com as normas e regulamentos estabelecidos pelo nosso sistema jurídico enquanto que, o informal, não se alinha às modalidades de trabalho formal, que obedecem ao formalismo da legislação brasileira, apesar de defenderem que o informalismo pode ser visto como mais vantajoso, pois, com a formalização existem as contribuições a serem recolhidas, questão com a qual temos por discordar, uma vez que o recolhimento não é realizado pelo trabalhador, além de outros aspectos prejudiciais a seguir serão abordados.

Ressalta-se que a informalização do trabalho é uma preocupação, inclusive, da Organização Internacional de Trabalho[28] em virtude das condições de vulnerabilidade que submetem os trabalhadores.

(21) BRASIL. Constituição Federal de 1988. Art. 9º É assegurado o direito de greve, competindo aos trabalhadores decidir sobre a oportunidade de exercê-lo e sobre os interesses que devam por meio dele defender.

(22) BRASIL. Supremo Tribunal Federal. Recurso Extraordinário n. 846854 — São Paulo. Relator (a) Min. Alexandre de Moraes. Julgamento: 25/05/2017.

(23) BRASIL. Supremo Tribunal Federal. Tema 544 — A justiça comum, federal ou estadual, é competente para julgar a abusividade de greve de servidores públicos celetistas da Administração pública direta, autarquias e fundações públicas. Relator(a): MIN. EDSON FACHIN.

(24) BRASIL. Supremo Tribunal Federal. Recurso Extraordinário com Agravo n. 665.969 — São Paulo. Relator (a) Min: Luiz Fux. Julgamento: 10/05/2012.

(25) BRASIL. Supremo Tribunal Federal. Tema 1291 — Reconhecimento de vínculo empregatício entre motorista de aplicativo de prestação de serviços de transporte e a empresa administradora de plataforma digital. Relator(a): Min. Edson Fachin.

(26) BRASIL. Supremo Tribunal Federal. Recurso Extraordinário n. 1446336. Relator: Min. Edson Fachin. Conclusos ao(à) Relator(a).

(27) FERRARI, NASCIMENTO e MARTINS FILHO, *op. cit.* p. 66-68.

(28) INTERNATIONAL LABOUR OFFICE. *Word employment and social outlook:* Trends 2020. Geneva: ILO, 2020. p. 12.

Contudo, os problemas relativos à questão vão além, tendo em vista que a vulnerabilização afeta, inclusive, as garantias legais como direitos trabalhistas e previdenciários, férias, 13º salário e proteção contra demissões arbitrárias.

Assim, a ausência de registro formal vulnerabiliza o trabalhador e suas condições de trabalho, que em muitos casos são precárias e resultam em instabilidade financeira, além da dificuldade para o acesso a benefícios sociais e a aposentadoria.

Desse modo, a precariedade aumenta não somente a insegurança social, mas, igualmente, a insegurança econômica, impactando negativamente na qualidade de vida do trabalhador.

3. IMPACTO DAS DECISÕES NA PRÁTICA JURISDICIONAL

As decisões dos tribunais superiores, especialmente do Supremo Tribunal Federal (STF), tiveram um impacto significativo na prática jurisdicional após a Emenda Constitucional n. 45/2004, uma vez que esta emenda ampliou a competência da Justiça do Trabalho para incluir uma gama mais ampla de questões trabalhistas, indo além das relações de emprego tradicionais.

Um exemplo notável é a decisão do STF em 2005, que estabeleceu a competência da Justiça do Trabalho para julgar ações de indenização por danos morais e materiais decorrentes de acidentes de trabalho e doenças ocupacionais.

Este julgamento não apenas resolveu uma questão de competência, mas também se tornou um marco histórico, afirmando a importância da Justiça do Trabalho na proteção dos direitos dos trabalhadores.

Decisões como esta têm reforçado a autoridade da Justiça do Trabalho e sua capacidade de resolver disputas laborais de grande impacto, demonstrando sua importância e efetividade no cenário jurídico nacional.

Contudo, questões de extrema importância para a Justiça do Trabalho e para a sociedade — dentre elas a competência da Justiça do Trabalho para processar as demandas dos funcionários públicos federais, estaduais e municipais, incluindo as autarquias e empresas públicas e o julgamento em que o STF reconheceu por unanimidade a repercussão geral(29) no Recurso Extraordinário 1446336(30), que trata sobre a existência de vínculo empregatício entre motoristas e plataformas — foram retiradas da competência da Justiça Laboral, esta última em fase final de julgamento, o que, entende-se, esvaziou sobremaneira a relevância que o Constituinte Originário, bem como o Derivado, procuraram atribuir à Justiça do Trabalho.

CONSIDERAÇÕES FINAIS

Sem pretensão de esgotar o tema, o presente estudo constatou que a Emenda Constitucional n. 45/2004 representou um marco na ampliação da competência da Justiça do Trabalho no Brasil ao transferir para esta Justiça especializada a responsabilidade por julgar todas as ações decorrentes das relações de trabalho, bem como fortaleceu

---

(29) BRASIL. Supremo Tribunal Federal. Tema 1291 — Reconhecimento de vínculo empregatício entre motorista de aplicativo de prestação de serviços de transporte e a empresa administradora de plataforma digital. Relator(a): Min. Edson Fachin.

(30) BRASIL. Supremo Tribunal Federal. Recurso Extraordinário n. 1446336. Relator: Min. Edson Fachin. Conclusos ao(à) Relator(a).

a proteção aos trabalhadores, ampliando a jurisdição sobre questões antes exclusivas da Justiça Comum, como as indenizações por danos morais e materiais relacionados a acidentes de trabalho e doenças ocupacionais.

As mudanças trouxeram desafios e debates jurisprudenciais significativos, os quais foram endereçados aos tribunais superiores, especialmente ao Supremo Tribunal Federal, que na qualidade de guardião da Constituição Federal é o detentor da palavra final quanto às questões que envolvem os preceitos constitucionais, dentre eles a interpretação do art. 114, da Constituição Federal de 1988, o qual, por meio da EC n. 45/2004, estabeleceu a nova competência da Justiça do Trabalho.

Não há como negar o enorme avanço na seara trabalhista com a festejada ampliação da competência material antes mencionada, proporcionando um ambiente mais robusto para a defesa dos direitos dos trabalhadores, alinhando-se aos princípios constitucionais de valorização do trabalho humano e da dignidade da pessoa humana.

Há todavia que se considerar, como asseverado anteriormente, que a ampliação material da competência da Justiça do Trabalho foi gradativamente sendo minimizada mediante produção jurisprudencial pelos Tribunais Superiores, em especial do STF, haja vista que matérias como as que envolvem União, Estados e Municípios, incluindo as autarquias e empresas públicas e o julgamento em que o STF, bem como reconhecimento de vínculo empregatício entre motoristas e plataformas — foram retiradas da competência da Justiça Laboral, esta última em fase final de julgamento, o que, entende-se, esvaziou sobremaneira a relevância que o Constituinte Originário, bem como o Derivado, procuraram atribuir à Justiça do Trabalho.

REFERÊNCIAS

AKASHI, Diogo Telles. *Comentários à Reforma do Poder Judiciário Emenda Constitucional n. 45/2004* — Rigorosamente atualizado pelas recentes alterações do Código de Processo Civil e Resoluções do Conselho Nacional de Justiça, 1. ed. São Paulo: Letras Jurídicas, 2006.

BRASIL. *Constituição (1988)*. Constituição da República Federativa do Brasil. Brasília, DF: Senado, 1988.

BRASIL. Supremo Tribunal Federal. *Conflito de Competência 7.204*-1 — Minas Gerais. Relator(a): Min. Carlos Ayres Britto. Julgamento: 29/06/2005. Disponível em: https://redir.stf.jus.br/paginadorpub/paginador.jsp?docTP=AC&docID=25686. Acesso em: 16 jun. 2024.

BRASIL. Supremo Tribunal Federal. *Recurso Extraordinário n. 846854* — São Paulo. Relator(a) Min: Alexandre de Moraes. Julgamento: 25.5.2017. Disponível em: https://portal.stf.jus.br/processos/detalhe.asp?incidente=4659071. Acesso em: 16 jun. 2024.

BRASIL. Supremo Tribunal Federal. *Recurso Extraordinário com Agravo n. 665.969* — São Paulo. Relator (a) Min: Luiz Fux. Julgamento: 10/05/2012. Disponível em: https://redir.stf.jus.br/paginadorpub/paginador.jsp?docTP=TP&docID=2505652. Acesso em: 16 jun. 2024.

BRASIL. Supremo Tribunal Federal. *Recurso Extraordinário n. 1446336* — Rio de Janeiro. Relator: Min. Edson Fachin. Conclusos ao(à) Relator(a). Disponível em: https://portal.stf.jus.br/processos/detalhe.asp?incidente=6679823. Acesso em: 16 jun. 2024.

BRASIL. Supremo Tribunal Federal. *Tema 544* — A justiça comum, federal ou estadual, é competente para julgar a abusividade de greve de servidores públicos celetistas da Administração pública direta, autarquias e fundações públicas. Disponível em: https://portal.stf.jus.br/jurisprudenciaRepercussao/verAndamentoProcesso.asp?incidente=4659071&numeroProcesso=846854&classeProcesso=RE&numeroTema=544. Acesso em: 16 jun. 2024.

BRASIL. Supremo Tribunal Federal. *Tema 1291* — Reconhecimento de vínculo empregatício entre motorista de aplicativo de prestação de serviços de transporte e a empresa administradora de plataforma digital. Relator(a): Min. Edson Fachin. Disponível em: https://portal.stf.jus.br/jurisprudenciaRepercussao/verAndamentoProcesso.asp?incidente=6679823&numeroProcesso=1446336&classeProcesso=RE&numeroTema=1291. Acesso em: 16 jun. 2024.

CHIOVENDA, Giuseppe. *Instituições de Direito Processual Civil. V. 2* — As relações processuais, A relação ordinária de cognição — Tradução do original italiano, 2. ed. "Instituzioni di Diritto Processuale Civile" por Paulo Capitanio — Advogado, com anotações do Prof. Enrico Tullio Liebman — Professor nas Faculdades de Direito de Parma, 1. ed. Campinas/SP: Bookseller, 1998.

FERRARI, Irany; NASCIMENTO, Amauri Mascaro; MARTINS FILHO, Ives Gandra da Silva. *História do Trabalho, do Direito do Trabalho e da Justiça do Trabalho.* Homenagem a Armando Casimiro Costa, 2. ed. São Paulo: LTr, 2002. p. 191.

FREITAS, Marco Antonio de; PORTO, Noemia. *O julgamento da ADI 3395/STF e a competência da Justiça do Trabalho para os servidores com vínculo jurídico-administrativo.* ANAMATRA, Associação Nacional dos Magistrados da Justiça do Trabalho. Brasília, 2020. Disponível em: https://www.anamatra.org.br/imprensa/anamatra-na-midia/29813-o-julgamento-da-adi-3395-stf-e-a-competencia-da-justica-do-trabalho-para-os-servidores-com-vinculo-juridico-administrativo. Acesso em: 14 jun. 2024.

GADAMER, Hans-Georg. Verdade e Método I — *Traços fundamentais de uma hermenêutica* filosófica. 9. ed. Rio de Janeiro: Editora Vozes; São Paulo, Editora Universitária São Francisco, 2008.

INTERNATIONAL LABOUR OFFICE. *Word employment and social outlook*: Trends 2020. Geneva: ILO, 2020, p. 12. Disponível em: https://www.ilo.org/sites/default/files/wcmsp5/groups/public/@dgreports/@dcomm/@publ/documents/publication/wcms_734455.pdf. Acesso em: 16 jun. 2024.

PANDELOT, José Nilton. *Julgamento Histórico — Competência da Justiça do Trabalho Indenização por danos morais e patrimoniais decorrentes de acidentes do trabalho.* ANAMATRA, Associação Nacional dos Magistrados da Justiça do Trabalho. Brasília, 2006, p. 02. Disponível em: https://www.anamatra.org.br/attachments/article/24409/00003424.pdf. Acesso em: 16 jun. 2024.

PEREIRA, Áurea Pimentel. *A Reforma da Justiça na Emenda Constitucional n. 45/2004.* Rio de Janeiro, São Paulo, Recife: Renovar, 2006.

RESTA, Eligio. *O Direito Fraterno.* Tradução: Sandra Regina Martini Vial (coordenadora). Revisão técnica: Alba Olmi. Santa Cruz do Sul: EDUNISC, 2004.

ROCHA, Andréa Presas; OLIVEIRA, Murilo Carvalho Sampaio. A Competência da Justiça do Trabalho para litígio entre trabalhadores e plataformas digitais: em defesa da semântica ampliada de relação de trabalho. *A Competência da Justiça do Trabalho 15 anos após a Emenda Constitucional 45/2004:* ampliação, limites e avanços necessários. ANAMATRA e ENAMATRA. Organizadores: Luciana Paula Conforti, Noemia Aparecida Garcia Porto, Ricardo Machado Lourenço Filho, São Paulo, 2021.

Novas formas de contratação e suas implicações na competência da Justiça do Trabalho

Noemia Porto (*)

Resumo: O presente estudo tem por finalidade contextualizar a chamada "Reforma do Poder Judiciário" (EC n. 45/2004), evidenciando que a ampliação da competência da Justiça do Trabalho visava a alcançar as controvérsias inerentes às relações de trabalho, e não apenas aquelas pertinentes ao contrato de emprego. O tema é relevante num cenário em que essa ampliação da competência material tem sido esvaziada por decisões do STJ e do STF, com reflexos diretos no modo como atores econômicos, notadamente os beneficiários dos serviços, desvalorizam a contratação do trabalho humano, fazendo prevalecer modelos sem a garantia de direitos. As novas formas de trabalho, que tem caracterizado o mundo do trabalho contemporâneo, atraem a competência da Justiça Especializada trabalhista, cuja evidência se extrai da trajetória coerente do sistema constitucional democrático desde 1934. A temática da competência material da Justiça do Trabalho está entrelaçada com o valor jurídico dos direitos materiais trabalhistas, voltados que estão à prevalência do trabalho digno.

Abstract: The purpose of this study is to contextualize the so-called "Reform of the Judiciary" (EC n. 45/2004), showing that the expansion of the competence of the Labor Court aimed to reach controversies inherent to labor relations, and not just those pertinent to the employment contract. The theme is relevant in a scenario in which this expansion of material competence has been emptied by decisions of the STJ and the STF, with direct repercussions on the way in which economic actors, notably the beneficiaries of services, devalue the hiring of human labor, making models without the guarantee of rights. The new forms of work, which have characterized the contemporary world of work, attract the competence of the Specialized Labor Court, the evidence of which is drawn from the coherent trajectory of the democratic constitutional system since 1934. The theme of the material competence of the Labor Court is intertwined with the legal value of material labor rights, aimed at the prevalence of decent work.

Palavras-chaves: competência material da Justiça do Trabalho; relações de trabalho; novas formas de trabalho.

Keywords: material competence of the Labor Court; work relationships; new ways of working.

1. INTRODUÇÃO

Construir narrativas fundadas em elementos da realidade jurídica para adensar uma memória institucional é um ato político dos mais relevantes.

(*) Doutora e Mestre em Direito, Estado e Constituição (UnB). Juíza do Trabalho (TRT/10). Presidente da ANAMATRA no biênio 2019/2021. Professora do Instituto Brasileiro de Ensino, Desenvolvimento e Pesquisa (IDP). Professora convidada no Programa de Pós-Graduação (PPGD — mestrado e doutorado acadêmico) do Instituto Brasileiro de Ensino, Desenvolvimento e Pesquisa (IDP). Co-líder do Grupo de Estudos em Direito e Processo do Trabalho do Instituto Brasileiro de Ensino, Desenvolvimento e Pesquisa (IDP).

Em 2021, foi finalizada, lançada e publicada a obra "A competência da Justiça do Trabalho 15 anos após a Emenda Constitucional n. 45/2004: ampliação, limites e avanços necessários". Naquela oportunidade, a ANAMATRA (Associação Nacional dos Magistrados da Justiça do Trabalho), entidade representativa da magistratura do trabalho do Brasil, com a presença de vários articulistas, e abordando temas sob variadas perspectivas, cumpriu o objetivo de tornar públicos estudos voltados à interpretação sobre o alcance do art. 114 da Constituição. Na apresentação da obra lançava-se um questionamento crítico: "O que, formal e substancialmente, as alterações provenientes da chamada 'Reforma do Poder Judiciário' representaram para o segmento da Justiça do Trabalho?".(1)

Entre dezembro de 2019, quando completados 15 anos da promulgação da Emenda Constitucional n. 45 de 2004, o ano 2021, ano da publicação da coletânea da ANAMATRA sobre o tema da competência, e o ano 20024, quando um novo projeto acadêmico da entidade nacional sobre o tema da competência se apresenta, agora no marco dos 20 anos, o que teria ocorrido de tão impactante, de tão premente, a justificar a relevância de se continuar construindo uma narrativa, de exercitar a memória institucional, de comemorar, sem necessariamente celebrar, a passagem do tempo cronológico desde o advento da chamada "Reforma do Poder Judiciário"?

Certamente isso ocorre diante da constatação que permanece atual, e que figurou na apresentação da obra anterior, de que, ao longo dos anos, "a ampliação da competência não se beneficiou de uma percepção linear e ascendente compatível com o seu alargamento textual" (2021, p. 09).

Considerando o objeto do presente estudo, argumenta-se que tem se intensificado a percepção equívoca de que a competência da Justiça do Trabalho dependeria de que a relação de direito material se materializasse num contrato de emprego, ou, em outras palavras, de que a Justiça do Trabalho seria a Justiça do emprego ou do desemprego, esvaziando-se, completamente, o sentido da reforma que alargou a competência da Justiça do Trabalho para abarcar as relações de trabalho. É como se a relação entre gênero (relação de trabalho) e espécie (contrato de emprego) pudesse ser eliminada, para se tomar uma coisa pela outra, com a finalidade de reduzir o alcance do alargamento da competência que veio com a reforma constitucional há 20 anos.

Com esse contexto, é importante que se diga que a norma jurídica, embora não se confunda ou se reduza à manifestação textual legislativa, não está, apenas por isso, livremente à disposição do intérprete.

Todavia, é possível questionar: quais caminhos institucionais seriam viáveis acaso a desconsideração sobre a competência da Justiça do Trabalho para as diversas relações de trabalho estiver sendo eliminada por uma interpretação que condiciona a competência à existência do contrato de emprego? E se uma tal desconsideração estiver presente em decisões proferidas pelo Superior Tribunal de Justiça (STJ), que detém a competência constitucional para dirimir os conflitos de competência entre quaisquer tribunais, ressalvada a competência do STF, bem como entre tribunal e juízes a ele não vinculados e entre juízes vinculados a tribunais diversos (art. 105, I, "d")? E, mais, e

---

(1) Na apresentação também constou algo que parece atual considerando-se o renovado envolvimento institucional, especificamente da ANAMATRA, com o tema da competência da Justiça do Trabalho: "a observação crítica dessa trajetória hermenêutica, que entrelaça texto e contexto interpretativo, é uma tarefa árdua, mas, necessária para comunicar no tempo presente os desafios futuros de uma práxis constitucional compromissária dos direitos sociais fundamentais e do seu sistema de garantias" (2021, p. 11).

se essa mesma lógica de desconsideração estiver sendo reproduzida pelo Supremo Tribunal Federal (STF)?

A interpretação envolve interações complexas, entre "os textos, os intérpretes, as teorias, os valores, as visões de mundo, e assim por diante" (FOLLONI, 2017, p. 934), todavia, notadamente no Estado Democrático de Direito (art. 1º da Constituição), nunca poderá ser considerada plenamente livre ou definida de uma vez por todas.

A dinâmica, a flexibilidade e a adaptabilidade que estão presentes no fenômeno interpretativo não conduzem a um relativismo absoluto. Então, sequer os tribunais, incluindo os de instância superior, podem adotar, de forma legítima, interpretações que atuam contra a normatividade constitucional. "Aqui está uma das funções contemporâneas fundamentais da Ciência do Direito: controlar, até onde isso for possível, a correção das interpretações e decisões, neutralizando arbitrariedades e voluntariamos" (FOLLONI, 2017, p. 933).

Discutir criticamente os caminhos que tem sido trilhados para emprestar à então novidade da "Reforma do Judiciário", representada pela competência da Justiça do Trabalho para as relações de trabalho, para além das relações de emprego, um sentido de esvaziamento, é não apenas uma necessidade, mas também uma obrigação da comunidade jurídica laboral. Compreender alguns elementos contextuais dessa realidade jurídica pode ajudar a traçar alternativas para o futuro, o que certamente se insere na função que a ANAMATRA, como entidade nacional, tem a desempenhar.

No dizer de FOLLONI:

> Se esse método de controle não estará nunca definitivamente pronto, também não é algo despiciendo ou que possa ser arbitrariamente manejado de forma *ad hoc* a cada situação. Sua própria formação é complexa, e ele emergirá das interações entre a história de tentativas de justificar e refutar interpretações pela crítica dos argumentos que as sustentam (*path dependence*) e os novos argumentos a serem produzidos a cada nova situação, as novas teorias, os avanços da Ciência, as novas leis e assim por diante. A Ciência é um caminho: não temos um ponto de chegada definitivo, mas podemos contar um caminho, razoavelmente definido, do que vale e do que não vale em termos de interpretação jurídica. A responsabilidade pela construção desse caminho é de todos nós (2017, p. 935).

Estabelecida a importância do debate, esse estudo será desenvolvido primeiro resgatando, ao menos em parte, os eventos que conduziram, na "Reforma do Poder Judiciário", à ampliação da competência da Justiça do Trabalho, evidenciando que havia explícita consideração de que o alargamento alcançaria as relações de trabalho, para além do contrato de emprego. Depois, no item subsequente, será desenvolvido o argumento de que a ampliação da competência, alcançando as relações de trabalho como gênero, é coerente com a trajetória do constitucionalismo democrático. Construído o pano de fundo constitucional, serão apresentados os desafios presentes nas novas formas de trabalho, que tensionam o primado da dignidade da pessoa trabalhadora na era contemporânea, e como essa constatação atrai a (necessária) competência da Justiça do Trabalho. Na conclusão, serão retomados e realçados alguns dos principais pontos de reflexão desenvolvidos.

2. COMEÇANDO PELO CONTEXTO DA REFORMA: RELAÇÃO DE TRABALHO NÃO ERA RELAÇÃO DE EMPREGO

A marca dos 20 anos do advento da Emenda Constitucional n. 45/2004 representa uma construção social e simbólica, com contribuição decisiva da ANAMATRA, voltada a auxiliar na formação da memória coletiva trabalhista e indica uma oportunidade para reflexões críticas acerca da trajetória institucional da Justiça do Trabalho, enquanto sistema de garantia voltado à prevalência dos direitos fundamentais trabalhistas. Já se disse em outra oportunidade que esse exercício organiza, de certa maneira, as narrativas que, como tapeçarias, formam representações sobre o passado, o presente e o futuro.(2)

Refletindo sobre os debates que culminaram com a aprovação da Emenda Constitucional n. 45/2004, é salutar resgatar as proposições apresentadas no dia 26 de março de 1992, sob a liderança do então parlamentar Hélio Bicudo (PT/SP), com a finalidade de iniciar e propiciar debates fecundos sobre o que chamou de "uma nova organização da justiça no Brasil". Tratava-se da então PEC n. 96-A, que pretendia introduzir modificações na estrutura do Poder Judiciário. Chama a atenção o título indicado por Hélio Bicudo, que expressava o eixo que adotava para defender a Reforma Constitucional: "Uma Nova Justiça".(3)

Mais de sete anos depois da apresentação da PEC 96-A, em 14 de outubro de 1999, a Relatora, a então Deputada Zulaiê Cobra (PSDB/SP), apresentou texto que contemplava as inúmeras sugestões de parlamentares diversos. Dentre essas sugestões para análise estiveram a possibilidade de extinção da própria Justiça do Trabalho, do Tribunal Superior do Trabalho, dentro outros temas que tinham por finalidade eliminar a especialização trabalhista presente num ramo independente do Poder Judiciário. Para essas discussões cruciais foi possível contar com a participação do TST, havendo referência expressa pela relatora ao Ministro Wagner Antonio Pimenta, Presidente da Corte, e da ANAMATRA, com a presença, também mencionada, da sua Presidente Beatriz de Lima Pereira.

A parlamentar, então, reconheceu que as Justiças Especializadas mereciam especial atenção, considerando que figuravam como aspecto central nas incontáveis emendas apresentadas à Comissão.

A deputada relatora, durante os debates que se seguiram, revelou que tinha plena consciência sobre a diferença entre relação de trabalho e relação de emprego e, a uma certa altura, registrou, reagindo às considerações do então deputado Marcelo Déda (PT/SE), o qual defendia a prevalência da expressão ampla, qual seja, relação de trabalho, que a proposta era de ampliar a competência trabalhista:

---

(2) As considerações sobre o impacto da Emenda Constitucional n. 45 de 2004, tendo como eixo outra novidade da reforma, que foi a criação do Conselho Superior da Justiça do Trabalho (CSJT), partindo-se da relevância e do simbolismo da data comemorativa, encontram-se no seguinte artigo: PORTO, Noemia. "CSJT 15 anos depois — das narrativas presentes no debate político parlamentar ao horizonte de possibilidades para o futuro". *In: CSJT: 15 anos de história* [recurso eletrônico] / Conselho Superior da Justiça do Trabalho. — Brasília: Tribunal Superior do Trabalho, Secretaria de Comunicação Social, 2021. p. 24-39.

(3) Na Justificativa da proposta, destaca-se o seguinte: "A Justiça, em seus vários setores precisa modernizar-se, com a consciência de que os juízes fazem parte da comunidade e que somente enquanto partícipes dessa mesma comunidade podem distribuir Justiça. Não apenas no campo da criminalidade, mas em todos os outros, relativos aos direitos civis, trabalhistas, comerciais e tributários". Disponível em: https://www2.camara.leg.br/legin/fed/emecon/2004/emendaconstitucional-45-8-dezembro-2004-535274-exposicaodemotivos-149264-pl.html. Acesso em: 4 jul. 2024

> "Com relação às competências, listei todas; ampliei ao máximo, até porque quero que a Justiça do Trabalho — já que não vai ser extinta e estamos propondo conciliadores, condições anteriores à ida à Justiça, e até porque estamos implantando agora os Juizados Especiais — seja a mais ampla em suas competências. Então, coloquei todas as competências na Justiça do Trabalho, atendendo a muitas reivindicações de que essa Justiça seja ampla e possa discutir todas as questões relacionadas à Justiça do Trabalho (1999, p. 368)".

Após diversos debates na proposta em torno da mudança da expressão, de relação de emprego para relação de trabalho, considerada essa mais ampla, a relatora de fato acolheu a modificação.

O fato é que os discursos de extinção foram superados em razão das fortes oposições construídas contrárias a esse movimento.

Na parte que interessa ao presente estudo, o relatório passou a abarcar a ampliação das competências da Justiça do Trabalho, para compreender causas e matérias que pertencessem ao universo da relação de trabalho e com ele guardassem conexão.(4)

A mudança extraordinária operada, entre a possibilidade de extinção desse ramo especializado trabalhista para a ampliação da sua competência com o seu fortalecimento institucional, ocorreu com consciência política e jurídica daquilo que se destinaria à Justiça do Trabalho, ou seja, além das competências elencadas, prevaleceu a atribuição de dirimir os conflitos inerentes às relações de trabalho, para além, portanto, da relação de emprego. Assim, a mudança da nomenclatura emprego para trabalho, posteriormente aprovada observando-se o procedimento especial de reforma constitucional, não foi acidental, inconsciente ou sem reflexões públicas e explícitas.

Quando se constata que a relação de trabalho foi entregue à competência da Justiça do Trabalho, exatamente no contexto de discussão de um novo Judiciário para o Brasil, impressiona verificar como o próprio Judiciário, nos anos seguintes à manifestação do constituinte reformador, tem expressado dificuldade em divisar o gênero da espécie nas ocasiões em que embates são apresentados em torno do art. 114 da Constituição.

O que se nota desses registros é que não se trata de um inventário completo da complexa e longa tramitação da PEC que resultou na EC n. 45/2004. Todavia, a indicação dos elementos acima são importantes, especialmente para contextualizar porque é constitucionalmente adequada a interpretação que defina, em favor da Justiça do Trabalho, a competência para dirimir todos os conflitos decorrentes das relações de trabalho, incluindo todas as novas formas de contratação que envolvam, como aspecto central, o trabalho humano, ainda que fora do enquadramento empregatício.

(4) Consoante foi consignado na abordagem, em outro estudo, sobre a reforma constitucional, tendo como objetivo a referência à criação do CSJT, tem-se o seguinte: "De um modo mais geral, a EC 45/2004 trouxe mudanças relevantíssimas para o Poder Judiciário brasileiro, seja no incremento das garantias voltadas à prevalência dos direitos humanos, com o fortalecimento do diálogo entre a fonte nacional e a internacional; seja no alargamento profícuo da competência da Justiça do Trabalho, não mais confinada aos temas do contrato de emprego, alcançando as relações de trabalho; seja no adensamento dos princípios institutivos de garantia de acesso a uma jurisdição justa, transparente, coerente e eficiente" (PORTO, 2021, p. 26).

3. A AMPLIAÇÃO DA COMPETÊNCIA É A RESPOSTA NORMATIVA COERENTE E CONSISTENTE COM O AVANÇO DO CONSTITUCIONALISMO DEMOCRÁTICO

No constitucionalismo brasileiro, destaca-se a vanguarda dos direitos sociais. Afirmada substancialmente a relevância desses direitos, inclusive de conteúdo trabalhista, era e é necessário construir o sistema de garantias voltado à sua efetividade. A medida da democracia se dá pelo gozo pleno de direitos de cidadania, inclusive da cidadania social, por isso, há correspondência entre avanços democráticos brasileiros e a consolidação, afirmação, resistência e expansão da Justiça do Trabalho, incluindo o âmbito da sua competência material.(5)

De fato, acontecimentos jurídicos marcantes no decorrer do século XX servem como autênticas referências tanto para o trabalho, como uma questão social, como para a Justiça do Trabalho, enquanto instituição formal.

A criação da Organização Internacional do Trabalho (OIT) em 1919 lançou, no cenário internacional, a necessidade de práticas normativas, sociais e econômicas que não permitissem considerar o trabalho, e a pessoa trabalhadora, como mercadoria. Sob a lógica do desenvolvimento do constitucionalismo social, notadamente nos países do Ocidente, o Brasil teve, como primeiro marco regulatório constitucional a contemplar os direitos trabalhistas, o Texto de 1934. No processo de redemocratização, que resultou no Texto de 1946, a Justiça do Trabalho se tornou ramo independente do Poder Judiciário. Em nova abertura democrática, desta feita em 1988, os direitos sociais fundamentais de conteúdo trabalhista, de forma inédita, passaram a estar inseridos no Título II, pertinente aos Direitos e às Garantias Fundamentais. Na chamada "Reforma do Poder Judiciário", expressa na Emenda Constitucional n. 45/2004, alterações profundas ocorreram e, dentre elas, a do alargamento da competência da Justiça do Trabalho, (re)afirmando-se a sua especialização para atuar como garante dos direitos protetivos que devem incidir sobre as relações de trabalho, e não apenas no que concerne às relações de emprego.(6)

A Constituição de 1934 foi pioneira, em termos constitucionais, na abordagem do trabalho no campo dos direitos e trouxe, além desse reconhecimento material, sua equivalente garantia institucional pública, isso porque o art. 122 definiu que "para dirimir questões entre empregadores e empregados, regidas pela legislação social, fica instituída a Justiça do Trabalho, à qual não se aplica o disposto no Capítulo IV do Título I".

---

(5) Esses argumentos, que entrelaçam a vanguarda dos direitos sociais e a trajetória da Justiça do Trabalho, apontando para a importância de se alcançar uma proteção jurídica para além dos direitos relacionados ao vínculo de emprego, estiveram presentes em artigo que tinha por finalidade refletir sobre o marco dos 80 da Justiça do Trabalho, completados em maio de 2021, considerando sua oficial instalação pelo Presidente Getúlio Vargas em 01 de maio de 1941. Trata-se da seguinte publicação: PORTO, Noemia Aparecida Garcia. "Justiça do trabalho: 80 anos de trajetória do constitucionalismo social e o dilema da proteção jurídica no limite da cidadania regulada". *In: Revista do Tribunal Regional do Trabalho da 10ª Região*, Brasília, DF, v. 25, n. 1, p. 133-149, jan./jul. 2021.

(6) Em estudo anterior, analisando-se a trajetória institucional de 80 anos, afirmou-se que "A Justiça do Trabalho é uma instituição de justiça que surgiu da necessidade civilizatória de promover a realização de direitos sociais, partindo da premissa constitucional e legal de que o trabalho não é um mero insumo da economia; o trabalho é expressão de cidadania; a trabalhadora e o trabalhador são cidadãos destinatários de direitos fundamentais; e os direitos fundamentais são condições de possibilidade para a democracia" (PORTO, Noemia, 2021, p. 146).

É relevante destacar que a Constituinte se reuniu em assembleia no dia 15 de novembro de 1933, no Palácio dos Tiradentes, e comportou explicitamente a presença de representantes de associações profissionais. "De fato, dela fariam parte 40 deputados classistas, ao lado de 214 representantes eleitos" (POLETTI, 2001, p. 41).[7] Desde a Constituinte, estava presente a valorização do diálogo social e representativo, e, ainda, a compreensão de que o trabalho, e sua proteção, era uma questão jurídica relevante a demandar a estruturação de garantias institucionais, privadas e pública, para a sua efetividade.

Assim, para a medida da cidadania social daquele tempo, a Justiça do Trabalho era a Justiça das pessoas empregadas ou desempregadas, não abarcando a universalidade dos debates sociais e jurídicos pertinentes à proteção daqueles que trabalham, concebida a ideia de trabalho de forma mais ampla do que o contido no contrato especial empregatício.

A Consolidação das Leis do Trabalho (CLT — Decreto-lei n. 5.452/1943) sobreveio sob a égide da Constituição de 1937 que disciplinava as questões relativas ao trabalho na parte dedicada à Ordem Econômica. Em termos constitucionais, o trabalho era um dever social, ao mesmo tempo em que recebia a prerrogativa de proteção estatal.

Assim, mesmo com o advento de uma legislação trabalhista consolidada, o acesso aos direitos e aos benefícios estiveram mediados pela carteira de trabalho (CTPS), normalmente exigida e conferida aos trabalhadores "cujas ocupações estavam reguladas pelo Estado" (CARDOSO DE OIVEIRA, 2011, p. 133). Esse novo elemento para o constitucionalismo brasileiro, que se pode denominar de cidadania social, esteve focado no universo do trabalho industrial urbano, revestido a partir de então de direitos legalmente reconhecidos e ao qual foi atribuída dignidade moral (HOLSTON, 2013, p. 141, Parte Dois).

A CTPS como requisito para os direitos sociais trabalhistas, segundo Cardoso de Oliveira, citando Santos, permite falar em uma cidadania regulada.

Com novos ventos democráticos, a Constituição de 1946 passou a prever, no Capítulo IV, mais precisamente no art. 94, V, que os tribunais e juízes do trabalho eram órgãos do Poder Judiciário. Na forma do art. 123, previu-se que competia à Justiça do Trabalho "conciliar e julgar os dissídios individuais e coletivos entre empregados e empregadores, e, as demais controvérsias oriundas de relações, do trabalho regidas por legislação especial".[8]

---

(7) Eis as previsões dos três primeiros artigos do Decreto n. 22.653, de abril de 1933, do Chefe do Governo Provisório: "Art. 1º Tomarão parte na Assembleia Constituinte, com os mesmos direitos e regalias que competirem nos demais de seus membros, quarenta representantes de associações profissionais, tocando vinte aos empregados e vinte aos empregadores; nestes incluídos três por parte das profissões liberais e, naqueles, dois por parte dos funcionários públicos. Art. 2º Os representantes das associações profissionais de que trata o artigo anterior, respeitadas as condições de capacidade estabelecidas pela legislação eleitoral em vigor; serão escolhidos por eleição, que se realizará, nesta Capital, em data, hora e local previamente: anunciados e se a presidência do Ministro do Trabalho, Industria e Comercio, de cujas deliberações poderá haver recurso, interposto pelos interessados, Para o Tribunal Superior de Justiça Eleitoral, no prazo máximo de cinco dias, da data da apuração. Art. 3º Só terão direito de voto na eleição determinada no art. 1º os sindicatos que houverem sido reconhecidos pelo Ministério do Trabalho, Industria e Comercio até o dia 20 de maio de 1933 e as associações de profissões liberais a de funcionários públicos que estiverem organizadas legalmente até a mesma data".

(8) Segundo a descrição de **Aliomar Baleeiro e Barbosa Lima Sobrinho**: "Na primeira sessão da Grande Comissão, o Deputado Hermes Lima salientou que a obra seria mais de restauração do regime destruído pelo golpe de 1937. E, realmente, essa tendência restauradora das linhas de 1891 com as inovações

Manteve-se a orientação central da competência especializada contemplando empregados e empregadores e, ainda que se perceba a abertura para controvérsias oriundas de relações do trabalho que fossem regidas por legislação especial, a cidadania regulada no campo trabalhista indicava a atuação restrita na garantia de direitos para as atividades inseridas no marco do contrato de emprego ou em alguma outra referência legal explícita, vista como exceção.

Ricardo Lourenço Filho, em seus estudos sobre a Constituinte de 1946 (2018), indica que "a implementação no Brasil de uma Justiça do Trabalho de feição corporativa foi combatida por correntes liberais, mas defendida pelos apoiadores do autoritarismo estatal de Getúlio Vargas". Suas pesquisas revelam "que a oposição liberal cedeu lugar ao reconhecimento da função da Justiça do Trabalho e do direito do trabalho como instrumentos necessários ao tratamento dos conflitos entre empregados e empregadores". Ainda segundo o autor:

> A continuidade do constitucionalismo social, que remontava à Constituição de 1934, incluiu, portanto, a preservação da Justiça do Trabalho, com sua estrutura corporativa e sua competência normativa. Associado a essa Justiça, estava um ramo do direito, o direito do trabalho, sendo, ambos, apreendidos como impregnados de uma concepção de direito público, coletivo, social, em contraposição ao direito comum, individual, e à Justiça Comum (2018, p. 2512).

No processo de redemocratização do país, a Justiça do Trabalho, inserida num contexto específico de garantias voltadas ao direito do trabalho, informado por normas de ordem pública, figurou como tema importante de debate do que se pretendia para o futuro dos direitos sociais.[9]

No entanto, o perímetro jurídico de uma cidadania regulada, e de uma Justiça do Trabalho circunscrita às respectivas demandas do trabalho como emprego, apresentaria sinais claros de fissuras, de desatualização e de inadequação, apontando para a necessidade de reconstruir a compreensão sobre os primados da proteção jurídica e, ainda, acerca da atuação eficiente do sistema de garantia judiciária.

Nesse sentido, a Constituição democrática de 1988 constitui novo marco relevante. A previsão do art. 7º, *caput*, segundo o qual "são direitos dos trabalhadores urbanos e rurais, além de outros que visem à melhoria de sua condição social..." (sem grifos no original), traz a marca da abertura para o futuro, compatível com o caráter histórico dos direitos fundamentais, e rompe com o fechamento, a circunferência até então estabelecida em torno apenas da ideia de emprego.

---

aproveitáveis de 1934 (disposições de proteção aos trabalhadores, à ordem econômica, à educação, à família, etc.) foi característica do texto que veio a ser promulgado com grande entusiasmo no dia 18 de setembro de 1946" (2001, p. 14).

(9) Ricardo Lourenço Filho revela, a partir dos intensos debates e discursos de atores políticos importantes da época (notadamente Oliveira Viana e Waldemar Ferreira) que: "A incorporação da Justiça do Trabalho no Poder Judiciário pela Constituição de 1946 não representou apenas uma modificação formal — a indicar que os magistrados trabalhistas passariam a ser 'juízes' como os demais –, ou a mera positivação de seu caráter jurisdicional — na linha do que já havia decidido anteriormente o Supremo Tribunal Federal. Consistiu, mais do que isso, no amplo reconhecimento da função da Justiça do Trabalho e do direito do trabalho como instrumentos essenciais de atuação na ordem econômico-social, de maneira a garantir a solução dos conflitos entre empregados e empregadores" (2018, p. 2513).

Se antes apenas os trabalhadores urbanos, inseridos numa contratação formal, poderiam apresentar reclamações na Justiça do Trabalho, ao menos no plano normativo, isso mudou com o advento da Constituição de 1988.

É certo, porém, que a Constituição não se resume ao seu texto, demandando observar o contexto de aplicação normativa, a sua práxis. Por isso, atualmente, mesmo com o advento da Constituição de 1988, e, depois dela, da EC n. 45/2004, que ampliou a competência material da Justiça do Trabalho para, entre outros aspectos, abarcar os conflitos inseridos nas relações de trabalho, e não apenas nas relações de emprego, não se pode dizer que o cenário tenha mudado de maneira substancial.(10)

A questão que se coloca é que a ampliação do espectro de proteção constitucional para alcançar o primado dos direitos humanos trabalhistas, e não apenas trabalhistas-empregatícios, deve necessariamente atrair um sistema de garantia judiciária especializada compatível com a promessa por uma cidadania ampliada. Direitos sem garantias tendem a entrar para o rol das retóricas jurídicas.

4. OS DESAFIOS NAS NOVAS FORMAS DE TRABALHO E A NECESSÁRIA COMPETÊNCIA DA JUSTIÇA DO TRABALHO

É indissociável a Justiça do Trabalho do direito que a ela, como instituição formal de justiça, cabe garantir efetivamente.

Importante referir que a identificação entre trabalho e emprego não compõe a percepção que as pessoas trabalhadoras constroem sobre estarem ou não ocupadas. Trabalho é toda a atividade que importa em ganho que é essencial para quem sobrevive a partir dos frutos gerados pelas atividades que desenvolve. Além disso, trabalho também é toda atividade geradora de ganho ou não que implique em satisfação por parte da pessoa que o realiza.(11)

---

(10) A concepção, de direito material, de que haveria proteção jurídica, em termos constitucionais, apenas para os casos de contrato de emprego tem interferido na compreensão do campo processual da garantia judiciária, isso porque são incontáveis os casos de redução da competência da Justiça do Trabalho, mesmo após o advento da EC 45/2004, ao argumento de que determinada controvérsia não versa sobre verbas trabalhistas de uma típica vinculação empregatícia. Discussão sobre isso foi travada em estudo que trouxe para análise o teor de decisões do Supremo Tribunal Federal nos casos de trabalho infantil artístico e da denominada competência penal. A propósito, confira-se: PORTO, Noemia. "Competência da justiça do trabalho e as ADIS 5326 e 3684: a proteção ao trabalho humano como centro irradiador da interpretação constitucional". *In:* DUTRA, Renata; MACHADO, Sidnei (Orgs.) *O Supremo e a Reforma Trabalhista:* a construção jurisprudencial da Reforma Trabalhista de 2017 pelo Supremo Tribunal Federal [recurso eletrônico] / Renata Dutra; Sidnei Machado (Orgs.) — Porto Alegre, RS: Editora Fi, 2021. p. 402-422.

(11) Alguns argumentos aqui utilizados foram desenvolvidos de forma mais ampla em estudo anterior: PORTO, Noemia (2021). "Novas estruturas de proteção ao trabalho". *In: Revista Processus de Políticas Públicas e Desenvolvimento Social, 3*(5), 18-34. https://doi.org/10.5281/zenodo.5121885. Na ocasião, foram defendidos também os seguintes argumentos: "A luta contra a precarização das relações de trabalho exige repensar o sistema de proteção para além do esquema jurídico conhecido da relação empregatícia, a qual, hoje em dia, é cada vez mais protagonizada por menos trabalhadores. O desafio que se apresenta é o da garantia dos direitos sociais a todos os trabalhadores, nas diversas e variadas formas de ocupação. O sentido que precisa ser construído sobre o art. 7º da Constituição é o da extensão dos direitos sociais para todas e para todos (...) A concepção de trabalhador não está (e não pode estar) vinculada à figura clássica do empregado. Em situações de pobreza e de exclusão, a divisão juridicamente relevante entre formalizados e não formalizados no mercado não consegue se traduzir em referência indutora de igualdade para os cidadãos. Torna-se pertinente uma visão mais abrangente, que englobe todos aqueles que necessitam viver do seu trabalho, ainda que tenham imensas dificuldades de inserção no mercado de trabalho formalizado" (p. 31).

A despeito dessa concepção mais ampla, considerando as linhas mais estreitas traçadas pela legislação trabalhista de proteção, e pela interpretação que sobre ela tem se estabelecido, quando se fala em melhores condições de vida, termina-se por acoplar o tema à afirmação ou negação, em casos concretos, de que se tratava de trabalho regulado (se regulado, porque na modalidade de emprego, são reconhecidos direitos de cidadania e, se não, os direitos sociais não se tornam acessíveis).

O surgimento de novas atividades laborais, de outras profissões e de incontáveis demandas relacionadas ao trabalho humano constitui movimento permanente no quadro de uma estrutura histórica de longa duração, representada pelo sistema capitalista de produção.

Exatamente por isso, o enigma da proteção jurídica no campo do trabalho, na era contemporânea, demanda um olhar crítico, desta feita voltado às pessoas que precisam do trabalho para viver, independentemente da forma como a respectiva relação se desenvolva, com presença ou não dos requisitos que, no modelo infraconstitucional, são definidos para o contrato de emprego.

Empreendedorismo, novas formas de contratação, aplicativos, franquia, parceria, automação, tecnologia, modernidade. Trata-se de uma linguagem que tenta manter distância da ideia de trabalhador empregado, embora no trabalho desenvolvido velhos dilemas estejam presentes, como a falta de igualdade substancial entre os contratantes, (des)igualdade remuneratória, limite de disponibilidade para o trabalho, garantias no encerramento dessas relações, entre outros.

O mundo do trabalho, na era contemporânea, procura ser apreendido e sistematizado a partir de diversas expressões, as quais, para muito além de conceitos, demandam mudança de perspectiva jurídica.

São conhecidos os fenômenos da "pejotização", com a exótica realidade de que o trabalhador empreende a si mesmo no mercado de trabalho, ou, ainda, do autônomo exclusivo, que congrega contradição interna entre sujeito e adjetivo (figura que aparece no art. 442-B, da CLT, introduzido pela "Reforma Trabalhista"), afinal, como exercitar autonomia na pactuação com exclusividade? Somam-se a esses, os trabalhadores que se ativam em plataformas digitais de trabalho, vinculados e controlados por algoritmos cuja estrutura de rede pertence a gigantes do mercado (como as empresas Uber e Ifood).

O que se poderia denominar de cidadania regulada tensiona os dados do presente, isso porque longe de uma sociedade do emprego, nota-se a reformulação do mercado de trabalho com emergência de situações laborais não necessariamente inseríveis nas situações-tipo de um contrato específico. Novas formas de trabalho e de trabalhar, todavia, não indicam o anacronismo das normas trabalhistas quando percebidas numa perspectiva de princípios. As demandas por proteção revelam que estão recolocados, no novo mundo do trabalho, velhos dilemas sobre a proteção jurídica que possa ser indutora de igualdade.

Desse modo, é presumível que a cada nova modalidade de trabalho que não parece se enquadrar na regulação profissional ou contratual clássica, disputas sobre a própria ideia de proteção entram em cena, e com ela, a competência da Justiça do Trabalho e de todo o sistema de justiça laboral (atuação sindical; fiscalização do trabalho; competências do Ministério Público do Trabalho; etc.).

A reinvenção dos espaços de trabalho seguirá seu curso, mas isso não significa, ao menos na perspectiva constitucional democrática, que o trabalho humano possa seguir desprotegido e que, em relações assimétricas do mercado, a pessoa física apenas se subjugue à lógica imposta pelos que se beneficiam dos serviços que são prestados.

Mais recentemente, essa reinvenção tem sido possível de ser observada nas questões que envolvem as plataformas digitais de trabalho e, no futuro, certamente isso se dará com outras tantas e imprevisíveis alternativas. Isso ocorre, também, considerando a impossibilidade de uma integração total e completa de todos os trabalhadores que necessitam sobreviver a partir dos frutos do próprio trabalho por meio da modalidade empregatícia. Esse movimento renovador do mercado de trabalho está para além, portanto, da temática atinente às grandes plataformas de trabalho e outros oferecedores de diversos serviços aos consumidores.

A proliferação de relações de trabalho mais amplas que as clássicas relações de emprego decorre das mutações em curso no modo de produção capitalista.

Por isso que, para além das plataformas, a noção de dignidade deve comportar um caráter universalista, no sentido de que pode ser compartilhada por todos os cidadãos.

A questão central a ser tensionada diz respeito à associação, constitucionalmente inadequada, entre direitos trabalhistas e direitos do empregado. Houve clara cooptação dessa lógica entre proteção trabalhista e proteção do emprego que exige seja repensado o conceitual jurídico do direito ao trabalho digno, considerando a universalidade e a progressividade que emanam do art. 7º da Constituição.

Isso não significa negar ou minorar a constatação de que a Constituição fez normativamente opção pela empregabilidade (art. 170, inc. VIII). Todavia, isso não significa que outras formas de trabalho possam estar desprotegidas. Afinal, a redução das desigualdades sociais também se constitui em princípio vinculante (art. 170, inc. VII).

A proteção jurídica traduzida como mínimo existencial deve ser estendida a todas as pessoas que precisam do trabalho para viver, ainda que não estejam inseridas num vínculo de emprego. É necessário compreender que a assimetria persistente do mercado de trabalho indica que as pessoas trabalhadoras, e não apenas as empregadas, se encontram em estado jurídico de vulnerabilidade, a atrair o dever de incidência de proteção indutora de cidadania.

A Justiça do Trabalho, desde a Constituição de 1946, passou a integrar o Poder Judiciário e recebeu a incumbência de dirimir e pacificar os conflitos entre empregados e empregadores no plano das relações individuais e coletivas de trabalho, sendo, portanto, um ramo especializado. A trajetória em questão teve início na Constituição de 1934, construindo-se um constitucionalismo em que o Direito do Trabalho encontra-se emancipado do Direito Civil, justamente por se reconhecer que o trabalho humano exige uma aplicação teórica formal e substancial diferenciada. O movimento expansionista constituinte de 1988, e constituído de 2004, no entanto, tem enfrentado dificuldades em interpretações refratárias à compreensão da Justiça do Trabalho como aquela que promove a garantia, quando violados, de direitos protetivos às pessoas trabalhadoras, e não apenas para aquelas que protagonizem uma relação de emprego, com todo o espectro ou com toda a *vis atractiva* que esse raciocínio representa".[12]

No tema do trabalho, a questão reduzida a proteger ou não pela via do emprego tem afetado, de maneira equivocada, o campo da interpretação sobre o alcance do

(12) O desenvolvimento dos argumentos em torno dessa ideia e a respectiva conclusão figuraram em estudo anterior (PORTO, 2021), por ocasião dos 80 anos da Justiça do Trabalho.

art. 114 da Constituição de 1988, pertinente à competência material da Justiça do Trabalho. Há precedente, por exemplo, do STJ que reduz a competência da Justiça do Trabalho a demandas atinentes ao contrato de emprego e que, ao mesmo tempo, nega essa condição ao trabalhador vinculado à empresa Uber e, por consequência, a competência do campo especializado trabalhista. Para definir um aspecto processual, o tribunal parte da premissa da validade de um suposto empreendedorismo individual.(13)

O tema também encontra dificuldades no STF. Assentado na premissa de que a Constituição permite formas alternativas à relação de emprego, há manifestações que negam a competência da Justiça do Trabalho. Nesse sentido, ao argumento de que entre motorista e empresa de transporte que opera mediante plataforma digital de trabalho não há vínculo de emprego, processos trabalhistas têm sido suspensos por decisões proferidas em sede de reclamação constitucional, com decisões, no mérito, caçando as decisões judiciais trabalhistas para julgar improcedentes os pleitos do trabalhador.(14)

Todavia, ainda que se considere que a Constituição permite outras formas de contratação do trabalho humano, isso não significa, automaticamente, a existência de um campo, no plano do direito material, esvaziado de qualquer garantia ou proteção social, e muito menos que não exista competência da Justiça do Trabalho, na medida em que, mesmo que ausente contrato de emprego, estará presente a relação de trabalho.

Em contraponto a essas manifestações, há sentença trabalhista que expressa o exercício do alcance que o art. 114 da Constituição logrou com a reforma de 2004 (Processo ATOrd 0021103-88.2023.5.04.0012). No tópico, do mérito, voltado a elucidar a relação jurídica entre as partes, no caso, entre o trabalhador e a empresa Ifood, a decisão judicial afastou a hipótese de reconhecimento do vínculo empregatício, porquanto inexistente prova quanto à presença dos elementos fático-jurídicos desse tipo de relação. A mesma decisão afastou, ainda, a possibilidade de o trabalhador ser reconhecido como intermitente, à falta de formalização dessa modalidade, critério

(13) Veja-se o teor da decisão de tribunal que define conflitos de competência: Veja-se: "CONFLITO NEGATIVO DE COMPETÊNCIA. INCIDENTE MANEJADO SOB A ÉGIDE DO NCPC. AÇÃO DE OBRIGAÇÃO DE FAZER C.C. REPARAÇÃO DE DANOS MATERIAIS E MORAIS AJUIZADA POR MOTORISTA DE APLICATIVO UBER. RELAÇÃO DE TRABALHO NÃO CARACTERIZADA. SHARING ECONOMY. NATUREZA CÍVEL. COMPETÊNCIA DO JUÍZO ESTADUAL. 1. A competência *ratione materiae*, via de regra, é questão anterior a qualquer juízo sobre outras espécies de competência e, sendo determinada em função da natureza jurídica da pretensão, decorre diretamente do pedido e da causa de pedir deduzidos em juízo. 2. Os fundamentos de fato e de direito da causa não dizem respeito a eventual relação de emprego havida entre as partes, tampouco veiculam a pretensão de recebimento de verbas de natureza trabalhista. A pretensão decorre do contrato firmado com empresa detentora de aplicativo de celular, de cunho eminentemente civil. 3. As ferramentas tecnológicas disponíveis atualmente permitiram criar uma nova modalidade de interação econômica, fazendo surgir a economia compartilhada (*sharing economy*), em que a prestação de serviços por detentores de veículos particulares é intermediada por aplicativos geridos por empresas de tecnologia. Nesse processo, os motoristas, executores da atividade, atuam como empreendedores individuais, sem vínculo de emprego com a empresa proprietária da plataforma. 4. Compete a Justiça Comum Estadual julgar ação de obrigação de fazer c.c. reparação de danos materiais e morais ajuizada por motorista de aplicativo pretendendo a reativação de sua conta UBER para que possa voltar a usar o aplicativo e realizar seus serviços. 5. Conflito conhecido para declarar competente a Justiça Estadual" (CC 164.544/MG, Rel. Ministro MOURA RIBEIRO, SEGUNDA SEÇÃO, julgado em 28/08/2019, DJe 04/09/2019).

(14) Por exemplo, tem-se a Medida Cautelar na Reclamação 60.347/MG, com julgamento pela Primeira Turma, de relatoria do Ministro Alexandre de Moraes (Dje 18 de março de 2024). Explicitamente constou na ementa o seguinte: "O reconhecimento de vínculo de emprego entre motorista parceiro e as plataformas de mobilidade desconsidera as conclusões do SUPREMO TRIBUNAL FEDERAL no julgamento da ADC 48, da ADPF 324 e da ADI 5835 MC, que permitem diversos tipos de contratos distintos da estrutura tradicional do contrato de emprego regido pela CLT".

considerado legalmente essencial. Porém, reconhecendo a presença de contrato atípico, e a autoaplicabilidade da Constituição, definiu que os direitos trabalhistas não protegem apenas os empregados. A sentença de primeiro grau afastou a tese jurídica de que devesse prevalecer um conceito amplíssimo de subordinação jurídica. Todavia, ao não vincular proteção do trabalho humano à existência da subordinação, reconheceu que mesmo os trabalhadores que aderem às chamadas regras de conformidade, que não são estipuladas individualmente, têm direitos de cidadania constitucionalmente assegurados e, no caso, a serem garantidos pela Justiça do Trabalho, que julgou as controvérsias que tiveram origem na relação de trabalho havida.(15)

Atores econômicos interpretam essa distensão entre direito material, sistema de garantias e competência judiciária de forma a indicar que modalidades diversas de contratação do trabalho humano não demandam proteção jurídica e, ainda, que as discussões não podem ocorrer na Justiça do Trabalho e que os juízes do trabalho devem receber resposta correicional diante do exercício de atividade jurisdicional de cujo resultado discordam. Esse foi o caso da empresa Prudential do Brasil Seguros de Vida S/A que, diante dos debates na Justiça do Trabalho sobre a natureza jurídica do contrato de franquia que estabelece com os seus trabalhadores, ingressou com Pedido de Providências no Conselho Nacional de Justiça (0000810-62.2024.2.00.0000). O procedimento foi arquivado por atacar ato judicial impugnável por recurso próprio.(16) Todavia, ao se atacar a competência da Justiça do Trabalho, inclusive pela via de inusitado procedimento no CNJ, o que se pretende é a prevalência, no campo material, de relações de trabalho que passem ao largo do sistema judiciário especializado de garantia.

Os "pejotizados", autônomos ou "plataformizados" são, na essência, trabalhadores que sobrevivem a partir dos rendimentos do fruto do próprio trabalho, ou seja, o que se empreende é a própria força vital.

Quando se discute a incompetência da Justiça do Trabalho para as controvérsias que decorram das relações de trabalho, na verdade, o que se pretende é, no plano material, a prevalência de supostas novas formas de trabalho sem proteção dos direitos sociais trabalhistas, constitucionalmente estabelecidos.

5. CONCLUSÃO

Atuar, com respaldo no constitucionalismo democrático, contra a extinção da Justiça do Trabalho, tem significado compreender que esse intuito pode e tem se manifestado de diversas formas.

Os juízes partícipes da comunidade, para usar a expressão que constou na Justificativa da Proposta de Reforma Constitucional do Judiciário (PEC n. 96-A), no caso trabalhista, são aqueles que conhecem, com profundidade, as modificações constantes do mercado de trabalho e do seu entorno e que, fiéis ao legado democrático da Constituição de 1988, são instados a se pronunciar em demandas por proteção jurídica

(15) Ainda nos termos da decisão, "a temática do trabalho humano adquiriu feição constitucional por uma visão de princípios, não se desatualizando frente a novas profissões ou modos de labor" (Processo ATOrd 0021103-88.2023.5.04.0012, da 12ª Vara do Trabalho de Porto Alegre, Juíza Rozi Engelke, julgado em 21 de março de 2024).

(16) Como fundamento para a decisão de arquivamento, também se consignou "que a pretensão deduzida é de natureza eminentemente individual, sem relevância institucional" (PP n. 0000810-62.2024.2.00.0000. Relator Ministro Luís Felipe Salomão. Decisão em 02 de julho de 2024).

voltada às pessoas trabalhadoras, e não apenas em relação àquelas que protagonizem uma relação empregatícia.

A despeito das manifestações do STF e do STJ, e de atores do mercado, que parecem repetir essa simbiose não existente entre presença dos requisitos do contrato de emprego (aspecto de direito material) e a competência material (processual) da Justiça do Trabalho, isso nem de longe encerra o debate sobre a adequada interpretação constitucional do art. 114 da Constituição, isso porque "avaliar uma interpretação como procedente só é possível com o controle público dos argumentos que a sustenta" (FOLLONI, 2017, p. 934).

Formalmente, os debates em torno do art. 114 da Constituição, e a expressão relação de trabalho, envolvem aspectos de competência material judiciária, no entanto, substancialmente, o que de fato permeia essas discussões é a robusteza ou não do sistema brasileiro de garantia dos direitos sociais trabalhistas, e não apenas empregatícios, como direitos fundamentais.

A competência da Justiça do Trabalho para dirimir os conflitos que envolvam demandas por proteção jurídica relacionada ao trabalho humano, incluindo as chamadas novas formas de trabalho, decorre do enlace normativo-constitucional que vem sendo construído desde, pelo menos, a Constituição de 1934. Vincula-se, outrossim, à relação indissociável entre a previsão de direitos sociais trabalhistas e a necessidade de um sistema formal público (sistema de justiça) endereçado à respectiva garantia. Evidencia-se pelo não-confinamento da proteção jurídica constitucional às situações de emprego. Deve-se à cláusula de abertura protetiva que a Constituição democrática conferiu ao tema do trabalho humano.

Nota-se no constitucionalismo de 1946, época em que a Justiça do Trabalho passa a ser ramo independente do Poder Judiciário, que a competência material já recebia cláusula de abertura, centrando-se, como era próprio da época, nos dissídios entre empregados e empregadores, mas, também em outras controvérsias oriundas das relações de trabalho.

Portanto, o debate não se dá em torno da mera literalidade ou não da expressão trabalho; não traduz simples capricho dos juízes trabalhistas; e não pode ser encarado como disposição aberta à reconfiguração, com a finalidade de esvaziamento, da Justiça do Trabalho fora dos âmbitos constituintes e constituídos.

É que discutir a competência da Justiça do Trabalho, de forma atualizada para as demandas do presente, significa discutir o alcance e a envergadura dos direitos sociais trabalhistas, para além de uma cidadania regulada na versão empregatícia.

A dispersão protetiva, ou seja, trabalhadores não-empregados sem direitos básicos e sem sistema judiciário especializado de garantia, de um lado, e, de outro, trabalhadores empregados com rol de direitos que representam o mínimo existencial a ser garantido por uma Justiça do Trabalho, apenas favorece práticas desregulamentadoras, precarizantes e descompromissadas com o trabalho digno.

Da proposta de extinção da Justiça do Trabalho para a aprovação da sua consolidação e expansão, houve uma profícua trajetória política de discussões e reflexões. O fato é que, desses embates, prevaleceu uma Justiça para além do emprego, que fosse capaz de avançar na sua peculiaridade conciliatória, que desse trato às pequenas causas laborais e que, enfim, pudesse (re)orientar as práticas do mercado de trabalho em favor dos direitos sociais, enquanto direitos de cidadania.

REFERÊNCIAS

BALEEIRO, Aliomar & LIMA SOBRINHO, Barbosa. "Constituições Brasileiras: 1946". Brasília: Senado Federal e Ministério da Ciência e Tecnologia, Centro de Estudos Estratégicos, 2001.

BRASIL. Câmara dos Deputados. Diário da Câmara dos Deputados. Comissão. Atas da Comissão. "Comissão Especial (Destinada a proferir Parecer à Proposta de Emenda à Constituição n. 96-A, de 1992, que Introduz modificações na (estrutura do Poder Judiciário)". Ano LIV, n. 194, 23 de novembro de 1999, p. 187-464. Disponível em: file:///C:/Users/TRT10/Google%20Drive/Noemia%20Porto/ARTIGOS%20NOEMIA/DCD23NOV1999%20tramita%C3%A7%C3%A3o%20reforma%20judici%C3%A1rio.pdf. Acesso em: 3 jul. 2024

BRASIL. Câmara dos Deputados. "Emenda Constitucional n. 45, de 2004 — Exposição de Motivos". Disponível em: https://www2.camara.leg.br/legin/fed/emecon/2004/emendaconstitucional-45-8-dezembro-2004-535274-exposicaodemotivos-149264-pl.html. Acesso em: 4 jul. 2024

BRASIL. Câmara dos Deputados. "Decreto n. 22.653/33". Disponível em: https://www2.camara.leg.br/legin/fed/decret/1930-1939/decreto-22653-20-abril-1933-518292-publicacaooriginal-1-pe.html#:~:text=Fixa%20o%20n%C3%Bamero%20e%20estabelece,do%20Codigo%20Eleitoral%20(decreto%20n. Acesso em: 25 maio 2024.

BRASIL. CNJ. PP n. 0000810-62.2024.2.00.0000. Relator Ministro Luís Felipe Salomão. Decisão em 02 de julho de 2024.

BRASIL. Planalto. "Constituição de 1988". Disponível em: https://www.planalto.gov.br/ccivil_03/constituicao/constituicao.htm, acesso em 03 de julho de 2024.

BRASIL. Planalto. "Consolidação das Leis do Trabalho (CLT — Decreto-lei n. 5452/43)". Disponível em: https://www.planalto.gov.br/ccivil_03/decreto-lei/del5452.htm. Acesso em: 15 jul. 2024.

BRASIL. Superior Tribunal de Justiça (STJ). "Conflito de Competência n. 164.544-MG (2019/0079952-0)". Segunda seção. Relator Ministro Moura Ribeiro. Dje 04 de setembro de 2019.

BRASIL. Supremo Tribunal Federal (STF). "Medida Cautelar na Reclamação 60.347/MG". Primeira Turma. Relator Ministro Alexandre de Moraes. Dje 18 de março de 2024.

BRASIL. Tribunal Regional do Trabalho da 4ª Região (TRT/4). "Processo ATOrd 0021103-88.2023.5.04.0012". 12ª Vara do Trabalho de Porto Alegre. Juíza Rozi Engelke. Julgado em 21 de março de 2024.

CARDOSO DE OLIVEIRA, Luís Roberto. *Direito legal e insulto moral:* dilemas da cidadania no Brasil, Quebec e EUA". Rio de Janeiro: Garamond, 2. ed., 2011.

CONFORTI, Luciana Paula; PORTO, Noemia Aparecida Garcia; LOURENÇO FILHO, Ricardo Machado, organizadores. Apresentação. "A competência da Justiça do Trabalho 15 anos após a Emenda Constitucional 45/2004: ampliação, limites e avanços necessários. ANAMATRA e ENAMATRA. 1. ed. São Paulo: LTr, 2021.

FOLLONI, André. (2017). "Complexidade, direito e normas jurídicas como emergências/Complexity, law and legal norms as emergences". In: Revista Direito E Práxis, 8(2), 905-941.

HOLSTON, James. *Cidadania insurgente* — disjunções da democracia e da modernidade no Brasil. Trad. de Claudio Carina e rev. técnica de Luísa Valentini. 1. ed. São Paulo: Companhia das Letras, 2013 (livro eletrônico*).

LOURENÇO FILHO, Ricardo. "Ideias e discursos sobre a Justiça do Trabalho no Brasil: sua inclusão no Poder Judiciário examinada a partir da Assembleia Constituinte de 1946". *In: Quaestio Iuris*, vol. 11, n. 4, Rio de Janeiro, 2018, p. 2495-2518.

POLETTI, Ronaldo. *Constituições Brasileiras:* 1934. Brasília: Senado Federal e Ministério da Ciência e Tecnologia, Centro de Estudos Estratégicos, 2001.

PORTO, Noemia. "CSJT 15 anos depois — das narrativas presentes no debate político parlamentar ao horizonte de possibilidades para o futuro". *In: CSJT:* 15 anos de história [recurso eletrônico] / Conselho Superior da Justiça do Trabalho. — Brasília: Tribunal Superior do Trabalho, Secretaria de Comunicação Social, 2021, p. 24-39 (1).

PORTO, Noemia. "Justiça do trabalho: 80 anos de trajetória do constitucionalismo social e o dilema da proteção jurídica no limite da cidadania regulada". *In: Revista do Tribunal Regional do Trabalho da 10ª Região,* Brasília, DF, v. 25, n. 1, p. 133-149, jan./jul. 2021 (2).

PORTO, Noemia. "Competência da justiça do trabalho e as ADIS 5326 e 3684: a proteção ao trabalho humano como centro irradiador da interpretação constitucional". *In:* DUTRA, Renata; MACHADO, Sidnei (Orgs.) *O Supremo e a Reforma Trabalhista: a construção jurisprudencial da Reforma Trabalhista de 2017 pelo Supremo Tribunal Federal* [recurso eletrônico] / Renata Dutra; Sidnei Machado (Orgs.) — Porto Alegre, RS: Editora Fi, 2021, p. 402-422.

PORTO, Noemia. (2021). "Novas estruturas de proteção ao trabalho". *In: Revista Processus de Políticas Públicas e Desenvolvimento Social, 3*(5), 18-34. https://doi.org/10.5281/zenodo.5121885.

Representação sindical e litigiosidade: implicações práticas e competência da Justiça do Trabalho

Paulo Henrique Tavares da Silva (*)

Resumo: Este capítulo discute a competência da Justiça do Trabalho para apreciar ações que envolvam a representação sindical, a partir da vigência da Emenda Constitucional n. 45/04. Considerando o decurso de vinte anos de vigência dessa norma, busca-se apontar situações já consolidadas na jurisprudência quanto ao tema, como também cenários que levam à novas perspectivas. Aponta-se a necessidade da ampliação interpretativa dessa competência para o exame não apenas de questões que envolvem a representação (aspecto meramente formal), como também a representatividade, esta que considera, do ponto de vista concreto, qual a entidade capaz de defender judicialmente os interesses da categoria, seja econômica, profissional ou mesmo inorganizada. Para tanto, fez-se uso da pesquisa bibliográfica e jurisprudencial, a partir do método da hermenêutica constitucional. Conclui-se pela necessidade de se emprestar um novo tratamento à ideia de competência material da Justiça do Trabalho, superando uma concepção meramente formal, transformando o Judiciário num ambiente favorável ao debate quanto às novas formas de organização coletiva de interesses, particularmente dos trabalhadores, em sintonia com o ODS 16.

Palavras-chave: representação sindical; litigiosidade; competência; Justiça do Trabalho; possibilidades.

Abstract: This chapter discusses the competence of the Labor Court to hear cases involving union representation, following the enactment of Constitutional Amendment n. 45/04. Considering the twenty years that have passed since this norm came into effect, the aim is to point out situations already consolidated in jurisprudence regarding the subject, as well as scenarios that lead to new perspectives. It points out the need for a broader interpretation of this competence to examine not only issues involving representation (a merely formal aspect), but also representativeness, which considers, from a concrete point of view, which entity is capable of judicially defending the interests of the category, whether economic, professional or even unorganized. To this end, bibliographical and jurisprudential research was used, based on the method of constitutional hermeneutics. It concludes that it is necessary to give a new treatment to the idea of material competence of the Labor Court, overcoming a merely formal conception, transforming the Judiciary into an environment favorable to the debate on new forms of collective organization of interests, particularly of workers, in line with SDG 16.

Keywords: trade union representation; litigiousness; jurisdiction; Labor Justice; possibilities.

Sumário: 1. Introdução; 2. Um novo mundo construído a partir da EC n. 45/2004; 3. Representação e representatividade sindical: distinção essencial à compreensão e alcance do tema; 4. Conflitos de representação e sua resolução pela justiça do trabalho; 5. Questões advindas da representatividade e a aderência do conflito ao judiciário trabalhista; 6. Considerações finais; Referências.

(*) Doutor em Direitos Humanos e Desenvolvimento Sustentável pela UFPB; professor da UFPB e do UNIPE — Centro Universitário de João Pessoa; Coordenador Acadêmico do Programa de Pós-graduação em Direito do UNIPE-JP; líder do grupo de pesquisa Estado, Sociedade Civil e Desenvolvimento Sustentável; Coordenador do Centro de Pesquisa do Judiciário Paraíba, vinculado à EJUD 13; Professor da ESMAT 13; Juiz do Trabalho, Titular da 5ª Vara do Trabalho de João Pessoa.

1. INTRODUÇÃO

É com enorme satisfação que escrevo o presente capítulo para a obra coletiva da Associação Nacional dos Magistrados do Trabalho (ANAMATRA), comemorativa dos vinte anos da Emenda Constitucional n. 45, de 30 de dezembro 2004 (EC n. 45/2004), que ampliou os limites da competência do judiciário trabalhista e, sinteticamente, mudou definitivamente a feição desse ramo do poder judiciário nacional.

O tema que nos foi proposto é multifacetado e envolve questões que demandam um aprofundamento teórico que não pode residir neste espaço, por isso, opto por repousar minha atenção no uso do termo "prático" enunciado no título acima, melhor dizendo: "implicações práticas". E faço tal opção de muito bom grado, uma vez que ao longo desses vinte anos também vivenciamos a que ficou conhecida como "reforma trabalhista", que instituiu autêntico subsistema de direito do trabalho na legislação ordinária que, como direito material, rebate consequências no papel a ser desenvolvido pelos entes sindicais no trato das questões próprias e dos interesses dos seus filiados.

Tem-se, pois, um olhar voltado para o futuro, tomando por base as transformações havidas no direito coletivo desde a EC n. 45/2004, considerando a dicotomia que se estabelece entre representação e representatividade. A questão central aqui é: a ideia de representatividade sindical passou a ser um componente necessário à fixação da competência trabalhista? Se assim o for, os limites iniciais estabelecidos à época da EC n. 45/2004 foram e continuam sendo ampliados. E é isso que pretendemos demonstrar na sequência.

Temos que estabelecer um contraponto considerando a inovação trazida pela reforma constitucional e as sucessivas transformações no sistema normativo coletivo trabalhista que impactam na definição da competência material de que tratamos. Noutro lado, discernir entre representação e representatividade é essencial ao nosso escopo, eis que, conforme defendemos, a noção mais ampliada passou a ser elemento de consideração indispensável quando se trata da fixação da competência material. As partes neste trabalho que seguem enfrentam a casuística jurisprudencial, que considera os conflitos sindicais sob os aspectos inter, intra e até mesmo extra-institucionais, a partir das inovações que foram sendo agregadas ao tema no transcurso do tempo. Por fim, passa-se a abordar as perspectivas que nos aguardam nos períodos vindouros. Como se vê, trata-se de um esforço acadêmico fundado na pesquisa bibliográfica e documental, tendo por método de abordagem a hermenêutica constitucional.

Ao final, esperamos ter contribuído, embora que modestamente, no esforço de apontar novos caminhos ao movimento sindical, como também, ressaltar a importância da Justiça do Trabalho brasileira, a partir daquilo que está estampado no Objetivo do Desenvolvimento Sustentável 16 (Paz, Justiça e Instituições Eficazes).

Mãos à obra.

2. UM NOVO MUNDO CONSTRUÍDO A PARTIR DA EC N. 45/2004

Dentre o rol de inovações inseridos no art. 114 da CF, por meio da emenda em tela, insere aquela residente no item III, nestes termos:

> Art. 114. Compete à Justiça do Trabalho processar e julgar:
>
> ...
>
> III — as ações sobre representação sindical, entre sindicatos, entre sindicatos e trabalhadores, e entre sindicatos e empregadores;

Notadamente, cotejando-se os demais incisos modificados, deu-se à Justiça do Trabalho contorno homogêneo, abarcando diversos aspectos relacionados aos âmbitos do direito coletivo e do direito individual, que doravante passariam a ser analisados, por um órgão jurisdicional especializado, como imporia à lógica. Conforme destaca Alain Supiot, tais esferas são indissociáveis, ao afirmar que "a constituição do direito do trabalho como ramo autônomo de direito operou-se, assim, pelo reconhecimento de direitos definidos coletivamente (direitos coletivos, ou regulamentação coletiva) que fundamentam ou comportam direitos individuais, isto é, direitos que cada trabalhador pode opor ao seu empregador (SUPIOT, 2002). Em nada, pois, se justificava entregar à Justiça Comum[1] conflitos envolvendo a atuação de entes sindicais, seu registro, eleições, descontos assistenciais ou mesmo questões relacionadas com seus filiados, sob o argumento de que ali inexistia uma relação entre empregado e empregador[2]. Lidamos aqui com conflitos que dizem respeito à dimensão oculta que reside em cada contrato individual de trabalho, sempre a atrair o coletivo como respaldo de aplicação. A estrutura coletiva, aí incluída o pleno exercício da liberdade sindical, fundamenta a vida de cada pactuação individual.

Harmoniza-se o item em tela com o anterior daquele mesmo artigo, a conferir ao judiciário do trabalho competência para apreciar ações que envolvessem o direito de greve (item II) e, com isso, igualmente abrindo horizontes não apenas para o núcleo do direito em questão, mas também para seu entorno, como é o caso dos interditos proibitórios, exercitados por alguns empregadores com a finalidade de tolher o acesso aos trabalhadores de um mecanismo legítimo de pressão como é o piquete (desde que pacífico, diga-se). Ambos, assim, dialogam com os arts. 8º e 9º do texto constitucional, particularmente com os princípios paradoxais ali contidos da unicidade e liberdade sindical, muito embora, somente com admissão no sistema normativo brasileiro da Convenção n. 87 da OIT, é que veremos em toda sua extensão a importância da alteração normativa. (TEIXEIRA FILHO, 2006).

Ao advento da EC n. 45/2004, tínhamos uma certa tranquilidade em precisar o alcance da ampliação de competência nessa seara, a envolver aspectos rastreáveis ao registro e atuação dos entes sindicais na esfera do direito coletivo do trabalho. E isso mesmo decorria do fato de que nossa organização sindical vem se mantendo fincada em princípios que há décadas não se modificam, tampouco se ajustam aos novos tempos, a exemplo do atavismo representado pelo binômio unicidade-territorialidade. Releva-se, ainda, sem dúvida, a influência da denominada "reforma trabalhista" (Lei n. 13.467, de 13 de julho de 2017, que entrou em vigor no dia 11.11.2017), a emprestar especial importância ao negociado sobre o legislado por um lado e, noutra ponta, solapar as receitas sindicais com desaparecimento da principal fonte de custeio das entidades sindicais brasileiras. Também não se pode perder de vista o advento de novas formas tecnológicas de captação do trabalho, que alteraram as bases físicas e temporais do clássico fordismo (base histórico-ideológica, ainda, de nossa legislação), contextos que rebatem nas atribuições do poder judiciário decorrente daquela missão institucional que

---

(1) Regra geral competia à Justiça Comum solver as disputas de representação das entidades sindicais em litígio ou entre o sindicato e seu filiado. Como exceção, conflitos de igual natureza podia ser solucionados pela Justiça Federal em razão da qualidade da pessoa envolvida (depósito de atos constitutivos do sindicato no Ministério do Trabalho) ou da matéria a ser resolvida (contribuição sindical). (TEIXEIRA FILHO, 2006)

(2) A Seção de Dissídios Coletivos do TST proclamava: "**DISPUTA POR TITULARIDADE DE REPRESENTAÇÃO. INCOMPETÊNCIA DA JUSTIÇA DO TRABALHO.** A disputa intersindical pela representatividade de certa categoria refoge ao âmbito da competência material da Justiça do Trabalho. **Observação:** (cancelada) — DJ 18.10.2006".

ora discutimos. E apontar esses novos cenários é um dos objetivos do presente ensaio. Comecemos por uma breve incursão no sentido daquilo que se tem por representação e da sua relação com um elemento fático igualmente importante: a representatividade.

3. REPRESENTAÇÃO E REPRESENTATIVIDADE SINDICAL: DISTINÇÃO ESSENCIAL À COMPREENSÃO E ALCANCE DO TEMA

Conforme o art. 114 da CF, confere-se à Justiça do Trabalho apreciar e julgar conflitos atinentes à "representação sindical". A esse respeito, ensina-nos Octávio Bueno Magano:

> A representação consiste no negócio realizado em nome de outrem, em cuja esfera jurídica se produzem os seus efeitos. Normalmente, os negócios jurídicos se realizam diretamente. Excepcionalmente, porém, ocorre cisão no seu iter: uma é a pessoa que o conclui e outra aquela em nome de quem é concluído. A razão prática do apontado desdobramento reside na potencialização da capacidade dos sujeitos de direito, que, graças a representação, adquirem como que o dom da ubiqüidade. (MAGANO, 1983)

A representação pode apresentar-se sob duas modalidades: a voluntária e a legal. No tema, decerto que estamos lidando com a segunda modalidade, haja vista o disposto no art. 8º da CF, que dispõe: "III — ao sindicato cabe a defesa dos direitos e interesses coletivos ou individuais da categoria, inclusive em questões judiciais ou administrativas". Igualmente, a CLT trata do tema em seu art. 513, atribuindo aos sindicatos "representar, perante as autoridades administrativas e judiciárias os interesses gerais da respectiva categoria ou profissão liberal ou interesses individuais dos associados relativos á atividade ou profissão exercida". Ademais, outorga-se com exclusividade aos entes sindicais (inclusas federações e confederações), a capacidade para atuar nas negociações coletivas de trabalho. Como enfatiza Walküre Lopes, "a representação configura conceito essencial para a compreensão do fenômeno sindical e a para a avaliação de suas perspectivas diante da crise atual. Afinal, o sindicato surgiu para representar pessoas físicas ou jurídicas e toda a atividade por ele desenvolvida fundamenta-se no instituto da representação, do qual deriva a noção de representatividade"(3).

Assevera Boson, que a ideia de representação se liga ao aspecto formal de defesa dos interesses de alguém, ao passo que a representatividade se identifica com a capacidade real, efetiva e legítima de defesa desses interesses. Nesse caso, queda-se a forma à substância. Pontua:

> Em regimes democráticos, sempre se busca ir além da representação formal. Exige-se o fomento e abertura de condições para a efetiva representatividade, o que pressupõe a comunicação entre os entes sindicais e a base, a construção de laços de reconhecimento e identificação entre representado e o sindicato e canais densos de legitimidade por parte da associação representativa de classe. (BOSON, 2017)

---

(3) "[...] a representação configura conceito essencial para a compreensão do fenômeno sindical e a para a avaliação de suas perspectivas diante da crise atual. Afinal, o sindicato surgiu para representar pessoas físicas ou jurídicas e toda a atividade por ele desenvolvida fundamenta-se no instituto da representação, do qual deriva a noção de representatividade, hoje objeto de tantos debates". (RIBEIRO DA SILVA, 2006)

Se estamos diante de um instituto que transcende o aspecto meramente formal, no momento da fixação da competência, questão de natureza eminentemente formal, haveríamos de nos preocupar com a representatividade? Interessante notar que se fala hoje num controle de "adequada representação"(GÓES; HORTA, 2021). Em certas situações, sim, considerando as complexidades que advieram pós-vigência da EC n. 45/2004, conforme veremos adiante.

4. CONFLITOS DE REPRESENTAÇÃO E SUA RESOLUÇÃO PELA JUSTIÇA DO TRABALHO

Alice Monteiro de Barros, ainda em 2005, já mencionava a possibilidade da Justiça do Trabalho enfrentar questões de representatividade, dentre outras, além de ressaltar a classificação que tradicionalmente se segue para abordar as situações concretas que advém daquela competência. Diz ela, com alguns sublinhados nossos:

> A Emenda n. 45, de 2004, ao introduzir o inciso III no art. 114 da Constituição, atribuiu à Justiça do Trabalho competência para dirimir esses conflitos quando a autoriza a apreciar ações sobre representação sindical, entre sindicatos, entre sindicatos e trabalhadores e entre sindicatos e empregadores.
>
> Interpretação literal do preceito comentado induziria à conclusão de que a Justiça do Trabalho seria competente apenas para apreciar litígios intersindicais provenientes de representação sindical. Ocorre que não seria razoável excluir-se do campo de incidência dessa norma, por meio de uma exegese restritiva, <u>a representatividade de entidades de grau superior,</u> como ocorre com os vínculos jurídicos entre sindicato e federação, entre federações ou entre confederações, e entre estas últimas e federações ou entidades de grau inferior. Portanto, filiamo-nos aos que sustentam que o preceito em exame abrange, de um modo geral, os litígios <u>intersindicais, intra-sindicais e até mesmo os extra-sindicais</u>.
>
> Nesse contexto, após a Emenda Constitucional n. 45, compete à Justiça do Trabalho apreciar <u>os conflitos intersindicais de representatividade</u>, definindo qual a entidade sindical que representa a categoria econômica ou profissional; os conflitos intersindicais que versam sobre a declaração do vínculo jurídico entre sindicato e federação, entre esta e a confederação, e ainda os conflitos que visam a sustar os efeitos de convenção coletiva, por meio de medida cautelar.

Aliás, inúmeras dessas questões alusivas à representatividade já eram apreciadas incidentalmente pela Justiça do Trabalho, nos processos de dissídio coletivo. E assim é que o TST decidiu, na hipótese de disputa de representação, que deverá permanecer com o sindicato mais antigo a titularidade da representação da categoria interessada até o trânsito em julgado de decisão que concede o desmembramento do novo sindicato. (BARROS, 2005)

Já é questão sedimentada na jurisprudência, a partir do Supremo Tribunal Federal, que a legitimidade atribuída ao sindicato é ampla, pouco importando a natureza do direito disputado:

> **EMENTA: DIREITO CONSTITUCIONAL E PROCESSUAL CIVIL. ART. 8º, III, DA LEI MAIOR. SUBSTITUIÇÃO PROCESSUAL. SINDICATO. AMPLA LEGITIMIDADE EXTRAORDINÁRIA RECONHECIDA EM SEDE DE REPERCUSSÃO GERAL. RE 883.642-RG. DISCUSSÃO ACERCA DA NATUREZA DOS DIREITOS PLEITEADOS. AUSÊNCIA DE REPERCUSSÃO GERAL AFIRMADA NO ARE 907.209-RG. ACÓRDÃO RECORRIDO PUBLICADO EM 19.12.2011.** 1. O entendimento adotado pelo Tribunal de origem, nos moldes do assinalado na decisão agravada,

não diverge do entendimento firmado em sede de repercussão geral no RE 883.642 (Rel. Min. Ricardo Lewandowski), "no sentido da ampla legitimidade extraordinária dos sindicatos para defender em juízo os direitos e interesses coletivos ou individuais dos integrantes da categoria que representam, inclusive nas liquidações e execuções de sentença, independentemente de autorização dos substituídos". 2. O Plenário Virtual desta Corte, no ARE 907.209-RG (Rel. Min. Teori Zavascki), concluiu pela ausência de repercussão geral do tema referente ao exame da natureza dos direitos pleiteados para fins de aferição da legitimidade ativa de sindicato. 3. Agravo regimental conhecido e não provido. (STF-ARE 915510 AgR, Relator(a) Min. ROSA WEBER, Primeira Turma, julgado em 24/11/2015, PROCESSO ELETRÔNICO DJe-248 DIVULG 09-12-2015 PUBLIC 10-12-2015)

Considerando a literalidade do dispositivo sob análise, existe uma gama de demandas que podem advir entre entidades sindicais, ou aquelas que se arvoram dessa condição. Neste particular, a Carta Sindical, emitida pelo Ministério do Trabalho, comprovando o registro no Cadastro Nacional de Entidades Sindicais (CNES), representa documento que, *a priori*, habilita a entidade a participar da negociação coletiva. Já nessa fase se faz possível o ajuizamento de demanda perante a Justiça do Trabalho, uma vez caracterizada a demora no registro, citando-se aqui recente decisão do STF quanto ao tema:

EMENTA: AGRAVO INTERNO EM RECURSO EXTRAORDINÁRIO COM AGRAVO. PEDIDO DE REGISTRO SINDICAL. COMPETÊNCIA DA JUSTIÇA DO TRABALHO (CF, ART. 114, III). EMENDA CONSTITUCIONAL N. 45/2004. 1. A Emenda Constitucional n. 45/2004, ao alterar a redação do art. 114, III, da Constituição Federal, atribuiu à Justiça do Trabalho competência para processar e julgar "as ações sobre representação sindical, entre sindicatos, entre sindicatos e trabalhadores, e entre sindicatos e empregadores", incluídas as causas que tratam da demora do Ministério do Trabalho em apreciar o pedido de registro sindical. Precedentes. 2. Agravo interno desprovido. (ARE 1166932 AgR-segundo, Relator(a): NUNES MARQUES, Segunda Turma, julgado em 03-07-2023, PROCESSO ELETRÔNICO DJe-s/n DIVULG 18-08-2023 PUBLIC 21-08-2023)

Portanto, não pairam mais dúvidas quanto ao fato de o órgão ministerial ser acionado perante a Justiça do Trabalho, em demandas que visem questionar à totalidade do procedimento de registro sindical, a exemplo da demora no processamento e a impugnação ao pedido de registro efetuado que, em tese, poderia violar o princípio da unicidade sindical. Do mesmo modo, questões alusivas ao desmembramento ou aglutinação de entidades sindicais, operadas naquele sistema de controle e registro estatal.

Instalando-se essa modalidade conflitual, a jurisprudência aponta ainda a existência de três critérios sucessivos a serem aplicados para resolução, quais sejam, a especificidade em detrimento da amplitude; a territorialidade restrita e, na impossibilidade de uso dos demais, a anterioridade. Recentemente, o TST enfrentou conflito dessa natureza, nesses termos:

AGRAVO DE INSTRUMENTO EM RECURSO DE REVISTA. INTERPOSIÇÃO NA VIGÊNCIA DA LEI N. 13.467/2017. PRELIMINAR DE NULIDADE DO ACÓRDÃO REGIONAL POR NEGATIVA DE PRESTAÇÃO JURISDICIONAL. TRANSCENDÊNCIA NÃO CONFIGURADA. O MERO INCONFORMISMO DA PARTE COM A DECISÃO QUE LHE FOI DESFAVORÁVEL NÃO RENDE ENSEJO À CONFIGURAÇÃO DA NEGATIVA DE PRESTAÇÃO JURISDICIONAL. ILESOS OS ARTS. 832 DA CLT. 458 DO CPC/1973 E 93, IX, DA CONSTITUIÇÃO FEDERAL. ASSIM, NÃO HÁ FALAR-SE EM TRANSCENDÊNCIA EM QUAISQUER DE SEUS INDICADORES. REPRESENTAÇÃO SINDICAL. HOSPITAIS, CLÍNICAS E CASAS DE SAÚDE CERTIFICADAS COMO ENTIDADES BENEFICENTES E FILANTRÓPICAS. PRINCÍPIO DA ESPECIFICIDADE. 1. Cinge-se a questão controvertida nos autos a estabelecer a quem compete a representação sindical dos hospitais, clínicas e casas de saúdes certificadas como entidades beneficentes ou filantrópicas. 2. A princípio, diante da regra inserta nos arts. 511, § 1º e 2º, 570 e 581, §§ 1º e 2º, da CLT, para a fixação da representação sindical da categoria econômica, deve ser observada a solidariedade de interesses econômicos em atividades idênticas, similares ou conexas, sendo certo que, em havendo multiplicidade de atividades, prevalecerá aquela que for a preponderante ou principal da pessoa jurídica. Todavia, em havendo conflito de representação sindical, a questão pode ser dirimida com base nos princípios da especificidade, territorialidade e anterioridade. 3. A princípio, tem-se que a atividade preponderante não tem o condão de resolver o problema da representação sindical, isso porque, os hospitais, clínicas e casas de saúde, certificados ou não como entidades beneficentes ou filantrópicas, possuem a mesma atividade preponderante, qual seja, a prestação de serviços à saúde humana. 4. Todavia, por força do princípio da especificidade, que leva em consideração o sindicato específico, quanto à categoria econômica ou profissional, em detrimento do sindicato mais amplo, deve ser mantido o acórdão regional. No caso, o Sindicato das Instituições Beneficentes, Religiosas e Filantrópicas do Estado de Minas Gerais é o sindicato que detém maior especificidade para representar os Hospitais, Clínicas e Casas de Saúde que sejam certificados como entidades beneficentes ou filantrópicas, visto que tais entidades apresentam peculiaridades e distinções financeiras e estruturais que as diferenciam daquelas que são organizadas sem as restrições impostas a tais entidades. 5. Diante desse contexto, conclui-se que a Corte de origem, ao entender que a representação sindical dos Hospitais, Clínicas e Casas de Saúde certificadas como entidades beneficentes e filantrópicas deveria ser feita pelo Sindicato das Instituições Beneficentes, Religiosas e Filantrópicas do Estado de Minas Gerais e não pelo Sindicato dos Hospitais, Clínicas e Casas de Saúde do Estado de Minas Gerais, acabou por observar os arts. 511, § 2º, e 581, § 2º, da CLT. Precedentes da Corte. Agravo de Instrumento conhecido e não provido. (TST; AIRR 0010843-02.2020.5.03.0006; Primeira Turma; Rel. Min. Luiz José Dezena da Silva; DEJT 21/05/2024; Pág. 453)

Calha ressaltar que mesmo em se tratando de conflito entre sindicatos de servidores públicos acerca de sua representação, a Justiça do Trabalho será a competente para apreciar e julgar a demanda, conforme entendimento do STJ. Eis que não se trata de caso da cobrança de quaisquer direitos individuais dos substituídos, mas sim questionando-se qual seria entidade representativa.[4]

Em relação à ocorrência de conflitos entre o ente sindical e empregado despontam, de logo, aqueles referentes à arrecadação e aos descontos da contribuição assistencial obrigatória. A "reforma trabalhista" simplesmente desmantelou um sistema de arrecadação compulsória que dava suporte financeiro aos sindicatos profissionais, mas, noutro lado, ressaltou a importância das negociações coletivas no âmbito do acertamento das relações entre o capital e o trabalho, a partir de um vasto catálogo de possibilidades inserto no art. 611-A da CLT. Em boa hora, o STF entendeu por, ao menos, revigorar tal sistema, a partir da vigência do Tema 935 de Repercussão Geral [5]. Assim, serão da

(4) **PROCESSUAL CIVIL. AGRAVO INTERNO NO CONFLITO DE COMPETÊNCIA. JUÍZO TRABALHISTA E JUÍZO ESTADUAL. REPRESENTATIVIDADE E UNICIDADE SINDICAL. ARTIGO 114, III, DA CONSTITUIÇÃO FEDERAL. COMPETÊNCIA DA JUSTIÇA DO TRABALHO. PRECEDENTES.** 1. Tendo o recurso sido interposto contra decisão publicada na vigência do Código de Processo Civil de 2015, devem ser exigidos os requisitos de admissibilidade na forma nele previsto, conforme Enunciado Administrativo n. 3/2016/STJ. 2. O caso dos autos versa acerca de conflito de competência instaurado entre o Juízo da Vara do Trabalho de Capão da Canoa/RS e o Tribunal de Justiça do Estado do Rio Grande do Sul, nos autos da Ação de Obrigação de Não Fazer c/c Declaratória e Tutela de Urgência que o Sindicato dos Profissionais do Magistério Municipal de Capão da Canoa e Xangri-lá — SPMCCX move em desfavor do Sindicato dos Municipários de Capão da Canoa e Xangri-lá — SIMCCX objetivando, em suma, seja "declarada a representação sindical do autor, como único representante para os Profissionais do Magistério Público Municipal de Capão da Canoa e Xangri-lá" (fl. 24). 3. A questão controvertida, portanto, reside na assecuração dos princípios da representação e unicidade sindical dos servidores públicos da categoria do magistério municipal, cuja competência é da Justiça do Trabalho, a teor do disposto no artigo 114, III, da CF/88, com redação conferida pela Emenda Constitucional n. 45/2004, que estabelece, *verbis*: "compete à Justiça do Trabalho processar e julgar as ações sobre representação sindical, entre sindicatos, entre sindicatos e trabalhadores, e entre sindicatos e empregadores". Precedentes. 4. Agravo interno não provido. (STJ; AgInt-CC 194.168; Proc. 2023/0010043-4; RS; Primeira Seção; Rel. Min. Benedito Gonçalves; DJE 23/06/2023). Destaques nossos.

(5) **EMBARGOS DE DECLARAÇÃO EM PROCESSO PARADIGMA DA SISTEMÁTICA DA REPERCUSSÃO GERAL. 2. DIREITO DO TRABALHO. TEMA 935.** 3. Alegação de omissão, contradição

competência do judiciário trabalhista as demandas que visem questionar a cobrança indevida ou mesmo a destinação para uma entidade, senão para outra, como titulares da arrecadação, situações que não eram incomuns sob a sistemática anterior à reforma.

Também há que se destacar demandas relacionadas às eleições, alusivas ao procedimento de registro, a coleta de votos, a impugnação de chapas e a posse, dentre outras situações. Cenário este consolidado jurisprudencialmente, inclusive quando se trata de sindicato de servidores públicos, pelas mesmas razões enunciadas linhas atrás(6).

Ainda nesta quadra, gostaríamos de elencar situação interessante recentemente enfrentada pelo TST, na qual o objeto da demanda era a cobrança honorários advocatícios pelo sindicato em relação a um dos seus filiados, que assim se resolveu:

> [...] **COMPETÊNCIA DA JUSTIÇA DO TRABALHO. DESCONTO EFETUADO PELA ENTIDADE SINDICAL A TÍTULO DE HONORÁRIOS ADVOCATÍCIOS CONTRATUAIS DE TRABALHADOR SUBSTITUÍDO EM JUÍZO. TRANSCENDÊNCIA ECONÔMICA CONSTATADA.** O artigo 114, III, da Constituição Federal dispõe que a Justiça do Trabalho é competente para processar e julgar as ações sobre representação sindical, entre sindicatos, entre sindicatos e trabalhadores, e entre sindicatos e empregadores. Logo, competente esta Justiça Especializada para julgar ação entre sindicato e trabalhador em que verse a causa sobre a aplicação dos artigos 8º, III, da CF/88, 18 da Lei nº 5.584/70 e 514, "b", da CLT, deve ser mantido o acórdão regional que consignou: "a presente ação civil pública não pretende analisar o conteúdo do contrato de mandato, nem mesmo o relacionamento contratual do cliente para com o advogado, mas, sim, se o sindicato réu tem garantido a assistência judiciária gratuita aos empregados da categoria profissional que representa, matéria trabalhista, daí porque essa Especializada é o juízo competente da matéria versada". Agravo de instrumento conhecido e não provido. [...]. Agravo de instrumento conhecido e não provido" (ED-AIRR-213-47.2019.5.08.0016, 7ª Turma, Relator Ministro Claudio Mascarenhas Brandao, DEJT 14/06/2024).

Na parte seguinte, iremos retornar à discussão envolvendo a dicotomia entre representação e representatividade, com vistas a patrocinar entendimento que ampliaria ainda mais o escopo da norma constitucional.

---

ou obscuridade. 4. Efeitos infringentes. Admissão da cobrança da contribuição assistencial prevista no art. 513 da Consolidação das Leis do Trabalho, inclusive aos não filiados ao sistema sindical, assegurado ao trabalhador o direito de oposição. 5. A constitucionalidade das contribuições assistenciais, respeitado o direito de oposição, faculta a trabalhadores e sindicatos instrumento capaz de, ao mesmo tempo, recompor a autonomia financeira do sistema sindical e concretizar o direito à representação sindical sem ferir a liberdade de associação dos trabalhadores. 6. Embargos de declaração conhecidos e providos em parte para retificar a tese da repercussão geral, que passa a ter a seguinte redação: "É constitucional a instituição, por acordo ou convenção coletivos, de contribuições assistenciais a serem impostas a todos os empregados da categoria, ainda que não sindicalizados, desde que assegurado o direito de oposição." (ARE 1018459 ED, Relator(a): GILMAR MENDES, Tribunal Pleno, julgado em 12-09-2023, PROCESSO ELETRÔNICO DJe-s/n DIVULG 27-10-2023 PUBLIC 30-10-2023)

(6) **PROCESSUAL CIVIL. AGRAVO INTERNO NO CONFLITO NEGATIVO DE COMPETÊNCIA. CONTROVÉRSIA. REPRESENTAÇÃO SINDICAL. DEMANDA ENTRE ENTIDADES SINDICAIS E SEUS REPRESENTADOS. ART. 114, III, DA CF/1988. JUSTIÇA DO TRABALHO. AGRAVO INTERNO NÃO PROVIDO.** 1. A controvérsia se refere em determinar qual é o juízo competente para processar e julgar controvérsia instaurada entre particular e sindicato de servidores públicos acerca de regularidades nas eleições sindicais. 2. Com base no art. 114, III, da CF/1988, tem-se que o objeto dos autos não se refere ao vínculo jurídico administrativo entre Poder Público e seus servidores, mas sim a uma controvérsia entre entidades de representação sindical de servidores municipais. Tendo em vista a disposição constitucional, deve-se reconhecer a competência da Justiça Especializada. Nesse sentido: AgInt no CC n. 194.168/RS, relator Ministro Benedito Gonçalves, Primeira Seção, julgado em 20/6/2023, DJe de 23/6/2023; CC n. 171.039/MS, relatora Ministra Assusete Magalhães, Primeira Seção, julgado em 10/6/2020, DJe de 16/6/2020; AgInt no CC n. 168.852/SP, relator Ministro Mauro Campbell Marques, Primeira Seção, julgado em 17/3/2020, DJe de 20/3/2020. 3. Agravo interno não provido. (STJ; AgInt-CC 198.754; Proc. 2023/0261114-1; CE; Primeira Seção; Rel. Min. Mauro Campbell Marques; DJE 04/03/2024)

5. QUESTÕES ADVINDAS DA REPRESENTATIVIDADE E A ADERÊNCIA DO CONFLITO AO JUDICIÁRIO TRABALHISTA

A rigor, a competência conferida pelo art. 114, III, da CF, estaria restrita aos conflitos entre sindicatos; sindicatos e empregado(s) ou sindicatos e empregador(es). O uso da expressão "sindicatos" denota um certo tipo de demanda que almeja, ao menos indiretamente, a participação em negociação coletiva. Mas ali bem podemos observar que há um critério dúplice: legitimidade e matéria em discussão, em dissídio que diga respeito à "representação sindical". Ora, sustentamos que a temática "representação sindical" vai mais além do que a produção de acordos e convenções coletivas. Ademais, a práxis judiciária já estendeu esses conflitos para aspectos extrassindicais como, por exemplo, referentes ao registro junto ao Ministério do Trabalho. E um dos critérios a ser utilizado para o cabimento da ampliação de sentido e alcance da norma é aquele que decorre da representatividade.

As ideias de representação e representatividade são utilizadas como critérios classificação e ordenação dos entes sindicais, por envolver os planos institucional e social, sendo que o segundo termo, embora decorrente do anterior, é de uso mais contemporâneo, embora já ser mencionado no Tratado de Versalles (1919). A representação, baseia-se na existência de outorga, voluntária ou legal, de seus filiados; ao passo que, mais amplamente, a representatividade fulcra-se na audiência eleitoral que ente sindical dispõe e em sua potência de mobilização social, indo para além do mero critério relacionado ao número de sindicalizados, justificando um poder de agência mais amplo, abrangendo os que não estão diretamente irmanados na entidade. A representatividade transita entre o princípio da liberdade sindical (a exigir pluralismo) e aquele da maior proteção eficaz dos trabalhadores (a requerer sempre uma maior interlocução que se sobreponha à base representativa formal).

No Brasil, o modelo sindical não é plural, por imposição constitucional, aferrando-se ao princípio da unicidade, elemento potencializador do déficit de representatividade que vem a afetar as entidades coletivas mundo afora, graças ao advento de um novo capitalismo, que dissolve o coletivo a partir da hipervalorização do singular. Contudo, é importante frisar que os coletivos do direito do trabalho se servem de um sistema normativo mais amplo que o binômio Constituição Federal-CLT, sendo de todo recomendável fazer-se uso do caráter transversal de que as ações coletivas se utilizam, partir da integração hermenêutica, por exemplo, do Código de Defesa do Consumidor e da Lei da Ação Pública (Lei n. 7.347/1985). A propósito, nesta última, vamos encontrar uma disposição que nos interessa em art. 5º, V, ao tratar dos legitimados, ditando ser necessário a associação para promover uma demanda coletiva a satisfação de dois requisitos: a) esteja constituída há pelo menos 1 (um) ano nos termos da lei civil (o que pode até ser dispensado, dada a relevância do tema, conforme dispõe o parágrafo 4º do citado dispositivo; b) inclua, entre suas finalidades institucionais, a proteção ao patrimônio público e social, ao meio ambiente, ao consumidor, à ordem econômica, à livre concorrência, aos direitos de grupos raciais, étnicos ou religiosos ou ao patrimônio artístico, estético, histórico, turístico e paisagístico. Assim sendo, pode-se falar em controle judicial de uma representatividade adequada, baseado em duas etapas: um controle formal acerca da existência de autorização legal para ajuizar a demanda por substituição processual; um controle concreto da pertinência temática entre o legitimado e o objeto litigioso. (FREITAS, 2023)

Tudo isto tem a ver com aquilo se pode precisar como entidades dotadas poder de representação para o direito do trabalho, uma vez que a Convenção 135 da OIT, promulgada em nosso país pelo Decreto n. 131/1991, tratando do tema em seu artigo 3º, dita:

> Para os fins da presente Convenção, os termos "representantes dos trabalhadores" designam pessoas reconhecidas como tais pela legislação ou a prática nacionais, quer sejam:
>
> a) representantes sindicais, a saber representantes nomeados ou eleitos por sindicatos;
>
> b) ou representantes eleitos, a saber representantes livremente eleitos pelos trabalhadores da empresa, conforme as disposições da legislação nacional ou de convenções coletivas, e cujas funções não se estendam a atividades que sejam reconhecidas, nos países interessados, como dependendo das prerrogativas exclusivas dos sindicatos.

Ora, desde 2008, com a edição da Lei n. 11.648, que as centrais sindicais passaram ser consideradas órgãos de representação geral dos trabalhadores (art. 1º), razão qual, entendemos inequívoca a competência da justiça trabalhista para apreciar e julgar conflitos envolvendo duas ou mais centrais sindicais, visando precisar-lhes os contornos de atuação, a aferição de representatividade perante o Ministério do Trabalho, ou mesmo demandas por melhores condições de trabalho que porventura possam interpor. Tal situação decorre do disposto na letra "a", da Convenção n. 135 da OIT.

Vejamos agora o que pode advir daquilo está adscrito na letra "b" supra. A questão não despertava maiores questionamento no país até a vigência da Lei n. 13.467/2017, que introduziu no ordenamento jurídico a figura da "comissão de empresa", conforme se vê na CLT, arts. 510-A até o 510-D. Seus representantes são eleitos nas empresas que possuam acima de duzentos empregados. Há um extenso catálogo de atribuições no art. 510-B, mas aqui pomos em relevo: "I — representar os empregados perante a administração da empresa; V — assegurar tratamento justo e imparcial aos empregados, impedindo qualquer forma de discriminação por motivo de sexo, idade, religião, opinião política ou atuação sindical; VII — acompanhar o cumprimento das leis trabalhistas, previdenciárias e das convenções coletivas e acordos coletivos de trabalho".

A rigor, a atuação dessas comissões seria harmônica com a dos entes sindicais, considerando as prerrogativas dadas a estes, nos termos do art. 513 da CLT. Tanto é assim que o Poder Executivo, visando não fomentar a cizânia, no Decreto n. 10.088/19, que consolidou atos normativos por ele editados sobre a promulgação de convenções e recomendações da OIT ratificados pelo Brasil, dita, em art. 3º.:

> § 4º A Convenção nº 151 e a Recomendação nº 159 da OIT sobre as Relações de Trabalho na Administração Pública, constantes do Anexo LXXVI, foram promulgadas com as seguintes declarações interpretativas:
>
> I — a expressão "pessoas empregadas pelas autoridades públicas", constante do item 1 do Artigo 1 da Convenção nº 151, abrange tanto os empregados públicos, ingressos na administração pública mediante concurso público, regidos pela Consolidação das Leis do Trabalho — CLT, aprovada pelo Decreto-Lei nº 5.452, de 1º de maio de 1943, quanto os servidores públicos federais, regidos pela Lei nº 8.112, de 11 de dezembro de 1990, e os servidores públicos estaduais e municipais, regidos pela legislação dos respectivos entes federativos; e
>
> II — consideram-se "organizações de trabalhadores" abrangidas pela Convenção apenas as organizações constituídas nos termos do art. 8º da Constituição. (sublinhamos).

Com a devida vênia, a limitação interpretativa contida no item II não se faz presente no Decreto de promulgação originário (Dec. 131/1991), tampouco poderia o Executivo, por meio de ato subsequente, limitar a apreciação da representatividade pelo Poder Judiciário, sob pena de violarmos o princípio da inafastabilidade da jurisdição, residente no art. 5º., item XXXV. Mesmo assim, o que dizer da cessação dos serviços promovida pelos trabalhadores, com respaldo na Convenção n. 155 da OIT (art. 19, "f"), conhecida por "greve ambiental", não poderia ser deflagada pela "comissão da empresa"? (7)

Decerto que poderão advir ações entre a comissão e o sindicato, acerca de adoção ou não das medidas protetivas na concorrência de suas atribuições, disputas acerca da eleição e composição das comissões, bem como atuação de tais micro-organismos junto a empregados e empregadores.

Há mais. O que dizer hoje das categorias inorganizadas, oriundas, especialmente, da precarização decorrente do uso das novas tecnologias? Será que não poderíamos ter demandas que envolvessem cooperativas de prestação de serviços, visando melhores condições de trabalho para seus cooperados, perante os respectivos tomadores de serviço? Ou mesmo associação de trabalhadores que congregassem grupos ainda não protegidos por sindicatos com esse mesmo objetivo?

Noutro lado, há quem defenda a construção de uma representação autônoma para as micro e pequenas empresas, a partir da constatação que estas compõem um microssistema com diversas peculiaridades a serem observadas que lhes distinguem das grandes empresas, o que, de certa medida, contribuiria para o ajustamento do direito do trabalho às necessidades específicas de cada setor em que tais entidades se inserem(8).

A crise de representatividade sindical impõe um repensar da autuação dos entes coletivos, visando ampliar sua área de atuação para além da noção, ultrapassada, no nosso entender, de categoria profissional. Nesse sentido, cito interessante contribuição sobre o tema:

> [...] a ideia de reformulação da atuação sindical se concentra em alargar a agenda do sindicalismo tradicional para abarcar questões que se encontram além da esfera categorial, como é o caso do trabalho informal e precariado, de modo a abranger a mais ampla descrição das associações entre sindicatos e organizações da comunidade, entre trabalhadores de diversos setores produtivos em razão de interesses comuns independentemente do local de trabalho e entre estratégias sindicais similares de entidades que não se associariam em um primeiro momento, tem-se o substrato do que se denominaria, aqui, de uma visão mais pluralista das representações coletivas de trabalhadores, na linha de um "sindicalismo associativo". (ZAVANELLA; KAUFMANN, 2022)

No entanto, há que se insistir que as discussões acerca desse alargamento da competência exigem a iniciativa dos interessados, dado o princípio da inércia da jurisdição, somente a atuação das associações de trabalhadores, comissões de empresa e mesmo cooperativas de prestadores de serviços, sem excluir outros esquemas representativos, trará a abertura de novos caminhos e alternativas consistentes em ampliar o escopo de legitimados que buscam à melhoria das condições de trabalho.

---

(7) Sobre a possibilidade deflagração de greve pela comissão de empresa, há interessante trabalho feito Gabriel Santoro (SANTORO, 2016)

(8) Inegável os benefícios decorrentes do reconhecimento da legitimidade autônoma das micro e pequenas empresas, pois o instrumento normativo negociado pela parte que detenha representatividade, no caso, pelo Sindicato das micro e pequenas empresas, será mais efetivo, pois, há possibilidade de diminuição dos conflitos, em razão da tendência de cumprimento espontâneo das obrigações pelas micro e pequenas empresas, ante a maior participação na elaboração da norma coletiva.(CARREIRA; CORNÉLIO, 2023)

6. CONSIDERAÇÕES FINAIS

O Objetivo de Desenvolvimento Sustentável 16, atinente promoção da Paz, Justiça e Instituições Eficazes, enfatiza a necessidade de termos sociedades pacíficas e inclusivas para o desenvolvimento sustentável, bem assim proporcionar o acesso à justiça para todos e construir instituições eficazes, responsáveis e inclusivas em todos os níveis. Em seu item 16, estabelece-se como meta à promoção do "Estado de Direito, em nível nacional e internacional, e garantir a igualdade de acesso à justiça para todos".(9)

Conforme dissemos na introdução, acima de tudo, voltamos nosso olhar para o futuro. Se o modelo sindical atravessa adversidades, diante da pouca adesão institucional por parte dos trabalhadores, decorrente da estrutura cartorial adotada em nosso ordenamento jurídico, é preciso que o poder judiciário dê uma resposta possibilitando permeabilidade maior a que demandas relacionadas ao coletivo encontrem solução rápida e adequada aos novos arranjos institucionais.

A transindividualidade, imantada em cada contrato de trabalho, aponta para uma vocação de resolução conjunta dos conflitos: "para transformar as relações de força em relações de direito, o direito do trabalho deve se apoiar sobre um tripé jurídico, constituído pela organização, ação e negociação coletivas. Se falta um desses três pés, a situação fica desequilibrada" (SUPIOT, 2014).

Ampliar o sentido e alcance do item III, do art. 114, da Constituição Federal irmana-se a tal escopo, privilegiando a depuração da representação legal conferida aos trabalhadores, a partir da recepção participativa de todos os agentes envolvidos nas relações de produção de bens e serviços. E cremos que há vias interpretativas para isso, não se podendo deixar para outros ramos do poder judiciário uma missão institucional que é da Justiça do Trabalho. Os desafios estão postos, cabendo aos juízes e tribunais trabalhistas enfrentarem-nos com coragem e criatividade.

REFERÊNCIAS

BARROS, A. M. DE. A nova competência jurisdicional à luz da Emenda Constitucional n. 45, de 2004. *Revista do TRT da 3ª Região*, p. 69-84, jan./jun. 2005.

BOSON, V. H. C. *Conflitos jurídicos de representação sindical*. Belo Horizonte: Editora RTM, 2017.

CARREIRA, C. DE M.; CORNÉLIO, R. L. L. Reflexões sobre a representação sindical das micro e pequenas empresas. *Revista de Direito do Trabalho*, p. 143-168, jan.-fev. 2023.

FREITAS, C. *Direito coletivo do trabalho*. 3. ed. São Paulo: Thompson Reuters Brasil, 2023.

GÓES, M. DE C.; HORTA, D. DE O. Processo coletivo do trabalho e adequada representação: a tutela de direitos coletivos dos trabalhadores pelos sindicatos. *Revista de Direito do Trabalho*, p. 185–213, mar.-abr. 2021.

MAGANO, O. B. Direito coletivo do trabalho. A representação sindical. *Revista de Direito do Trabalho*, p. 16-32, jan.-fev.1983.

RIBEIRO DA SILVA, W. L. Representação e representatividade no contexto da liberdade sindical. *Revista da Faculdade de Direito da USP*, p. 259-280, jan.-dez. 2006.

(9) Disponível em: https://brasil.un.org/pt-br/sdgs/16/ Acesso em: 29 jun. 2024.

SANTORO, G. H. A crise de representatividade das entidades sindicais e a possibilidade de deflagração de greve pela comissão de empresa como forma de efetivação dos direitos fundamentais dos trabalhadores. *Revista de Direito do Trabalho*, p. 127-138, maio-jun. 2016.

SUPIOT, A. *Crítica do Direito do Trabalho*. 1. ed. Lisboa: Calouste Gulbenkian, 2002.

SUPIOT, A. *O espírito de Filadélfia:* a justiça social diante do mercado total. Porto Alegre: Sulina, 2014.

TEIXEIRA FILHO, J. DE L. As ações de representatividade sindical e a Emenda Constitucional 45/2004. *Revista de Direito do Trabalho*, v. 121, p. 128-140, jan.-mar. 2006

ZAVANELLA, F.; KAUFMANN, M. DE O. Novas (e velhas) formas de representação coletiva: identificação e dificuldades entre o monismo e o pluralismo. *Revista de Direito do Trabalho*, p. 247-263, mar.-abr. 2022.

Ações reparatórias por danos patrimoniais e extrapatrimoniais – limites competenciais da Justiça do Trabalho

Sebastião Geraldo de Oliveira (*)

Resumo: A Emenda Constitucional n. 45/2004 modificou de maneira significativa o art. 114 da Constituição da República e foi um importante marco normativo para consolidar a competência da Justiça do Trabalho no julgamento das ações reparatórias por danos patrimoniais ou extrapatrimoniais, ocorridos na relação de trabalho. Desde então, instaurou-se um intenso debate quanto aos limites da competência da Justiça do Trabalho, o que possibilitou a evolução da jurisprudência dos Tribunais Superiores para pacificar as principais controvérsias nos últimos anos. Não obstante, ainda existem demandas que geram dúvidas quanto ao ramo do Poder Judiciário competente para julgamento da ação cabível em determinadas hipóteses. Dessa forma, no presente artigo, será abordado os limites da competência da Justiça do Trabalho, sua evolução e as controvérsias ainda existentes.

Palavras-chave: Emenda Constitucional n. 45/2004. Competência da Justiça do Trabalho. Limites. Evolução. Controvérsias.

Abstract: The Constitutional Amendment No. 45/2004 significantly modified Article 114 of the Constitution and was an important normative landmark in consolidating the jurisdiction of the Labor Court to adjudicate claims for pecuniary or non-pecuniary damages arising from the employment relationship. Since then, an intense debate has arisen regarding the limits of the Labor Court's jurisdiction, which has enabled the evolution of the Superior Courts' jurisprudence to settle the main controversies in recent years. Nevertheless, there are still cases that raise doubts about which branch of the Judiciary is competent to adjudicate the appropriate action in certain situations. Therefore, this article will address the limits of the Labor Court's jurisdiction, its evolution, and the remaining controversies.

Keywords: Constitutional Amendment No. 45/2004. Jurisdiction of the Labor Court. Limits. Evolution. Controversies.

1. INTRODUÇÃO

Abordaremos neste artigo a evolução da jurisprudência dos Tribunais Superiores, a respeito da competência para processar e julgar as ações indenizatórias, por danos patrimoniais ou extrapatrimoniais, decorrentes de danos ocorridos na relação de trabalho.

(*) Desembargador Vice-Presidente do TRT da 3ª Região. Mestre em Direito pela UFMG. Membro da Academia Brasileira de Direito do Trabalho, cadeira n. 10. Autor dos Livros "Proteção Jurídica à saúde do trabalhador" e "Indenizações por acidente do trabalho ou doença ocupacional".

Neste ano de 2024, completam-se 20 anos da aprovação da Emenda Constitucional n. 45/2004 que promoveu mudança significativa no art. 114 da Constituição da República.

Como era esperado, a alteração ocorrida gerou intensas controvérsias quanto aos limites da competência da Justiça do Trabalho e da Justiça Comum, com repercussões na jurisprudência, especialmente nas ações decorrentes dos acidentes do trabalho ou doenças ocupacionais, nas suas diversas variáveis. Nos últimos anos, contudo, os Tribunais Superiores estão pacificando as principais controvérsias, indicando para a vítima qual o ramo do Poder Judiciário competente para julgamento da ação cabível em tais hipóteses, como mencionaremos neste artigo.

Era mesmo previsível que muitas interrogações surgissem após a Emenda Constitucional n. 45/2004, uma vez que a controvérsia principal a respeito da competência para julgamento das demandas indenizatórias oriundas de acidente do trabalho começou desde a criação da Justiça do Trabalho. Trata-se, portanto, de debate doutrinário que permaneceu aceso por mais de 60 anos no Brasil, mormente porque a competência que até então era atribuída à Justiça Comum dos Estados representava uma anomalia no sistema, o que dificultava sua aceitação.

A Emenda Constitucional n. 45/2004 foi o marco normativo que permitiu a consolidação da competência da Justiça do Trabalho para julgamento das ações reparatórias por diversos danos ocorridos na relação de trabalho.

Essa alteração repercutiu intensamente na natureza das ações habitualmente julgadas no Judiciário trabalhista, exigindo do magistrado ampliação dos conhecimentos das patologias decorrentes do trabalho, dos múltiplos danos patrimoniais e extrapatrimoniais sofridos pelo trabalhador e das intrincadas questões relacionadas à responsabilidade civil ocupacional.

2. A MUDANÇA DA COMPETÊNCIA PROMOVIDA PELA EC N. 45/2004

Não há dúvida de que os danos sofridos pelo empregado, provenientes dos acidentes do trabalho, estão diretamente relacionados à execução do contrato laboral, sobretudo porque a culpa do empregador ou mesmo o risco da atividade, nessa hipótese, quase sempre resulta da não observância das normas regulamentares de segurança, higiene e saúde no ambiente laboral previstas na legislação trabalhista.

A conclusão inarredável seria que os litígios referentes às indenizações por danos materiais, morais ou estéticos postuladas pelo acidentado em face do empregador, provenientes de acidente do trabalho, deveriam ser apreciados pela Justiça do Trabalho. Apesar dessa fundamentação, durante vários anos houve decisões contraditórias sobre o tema nos Tribunais Superiores, mas predominava o entendimento da competência da Justiça Comum dos Estados.

A publicação da Emenda Constitucional n. 45, no apagar das luzes do ano de 2004, indicava que a polêmica estaria solucionada. A nova redação do art. 114 estabelece expressamente que: "*Compete à Justiça do Trabalho processar e julgar: ... VI — as ações de indenização por dano moral ou patrimonial, decorrentes da relação de trabalho.*"

Se antes dessa Emenda a conclusão técnico-jurídica já apontava a competência da Justiça do Trabalho, depois, com o beneplácito da interpretação autêntica da Lei Maior, não restaria mais espaço para atribuir à Justiça Comum a competência para processar e julgar as ações de indenização por danos morais, patrimoniais ou estéticos decorrentes da relação de trabalho, abrangendo os acidentes do trabalho e doenças ocupacionais[1]. Aliás, o principal e mais frequente pedido de dano moral ou patrimonial formulado pelo empregado em face do empregador aparece exatamente nas ações reparatórias decorrentes dos acidentes do trabalho ou doenças ocupacionais.

A ação para reparação dos danos provenientes dos acidentes do trabalho ou doenças ocupacionais é tipicamente de natureza trabalhista, envolvendo diretamente o empregado e o empregador. A Justiça do Trabalho é o ramo do Poder Judiciário que se encontra mais próximo do dia a dia dos trabalhadores, das relações do empregado com a empresa, das ocorrências habituais no meio ambiente do trabalho. Consequentemente, está tecnicamente mais habilitada para verificar o cumprimento dos deveres do empregado e do empregador quanto às normas de segurança, higiene e saúde no local de trabalho, conforme previsto na Consolidação das Leis do Trabalho e nas normas regulamentares. Na trilha do ensinamento de *Giuseppe Chiovenda*, "quando a lei atribui a um juiz uma causa tendo em vista a natureza dela, obedece à consideração de ser esse juiz mais idôneo que outro para decidir; e essa consideração não tolera aos particulares parecer diferente."[2]

3. AS CONTROVÉRSIAS ATÉ A SEDIMENTAÇÃO DA COMPETÊNCIA DA JUSTIÇA DO TRABALHO

Quando tudo indicava que a polêmica estaria pacificada de vez pela Emenda Constitucional n. 45, o STF surpreendentemente adotou entendimento diverso, afirmando que a competência seria da Justiça Comum. Na sessão plenária do dia 09 de março de 2005, ao julgar o Recurso Extraordinário n. 438.639, interposto pela Mineração Morro Velho Ltda., entendeu a maioria dos Ministros do STF que a Justiça Comum, mesmo depois da Emenda Constitucional n. 45/2004, era a competente para instruir e julgar as ações indenizatórias decorrentes do acidente do trabalho. Foram apontados como fundamentos daquela decisão o "princípio da unidade de convicção", "razões de ordem prática" e "a consistência de funcionalidade".

Entendemos, todavia, que o mencionado princípio da unidade de convicção favorece, na realidade, a competência da Justiça do Trabalho porque raramente o acidentado propõe ação judicial na Justiça Comum para ver declarada a ocorrência do acidente do trabalho. Normalmente, a Previdência Social caracteriza o acidente administrativamente, em razão da emissão da Comunicação do Acidente do Trabalho feita pelo empregador. Desde que a Lei n. 9.032/1995 uniformizou o valor dos benefícios previdenciários e acidentários, praticamente acabaram as ações judiciais para enquadramento do evento como acidente do trabalho. Essa situação só mudou mais recentemente com a promulgação da chamada Reforma da Previdência, promovida pela Emenda Constitucional n. 103/2019, quando novamente o INSS passou a pagar proventos diferenciados quando o benefício decorre de acidente do trabalho ou doença ocupacional.

---

(1) Assegura o douto Edilton Meireles que "esse dispositivo, ao certo, serviu muito mais para acabar com as controvérsias quanto à competência para julgamento dos feitos em que se pede o ressarcimento de danos morais e materiais, inclusive quando decorrentes do acidente de trabalho". Cf. A nova Justiça do Trabalho — competência e procedimento. *In:* COUTINHO, Grijalbo Fernandes; FAVA, Marcos Neves (coord.) *Nova competência da Justiça do Trabalho*. São Paulo: LTr, 2005. p. 67.

(2) CHIOVENDA, Giuseppe. *Instituições de direito processual civil*. 2. ed. Campinas: Bookseller, 2000. p. 187.

Além disso, a Justiça do Trabalho julga a estabilidade prevista no art. 118 da Lei n. 8.213/1991, decorrente do mesmo acidente do trabalho, reforçando ainda mais que a unidade de convicção ou a consistência de funcionalidade foi mesmo atribuída a essa Justiça e não à Justiça Comum.

Também não se sustentava o argumento das "razões de ordem prática". Ora, a Justiça do Trabalho atualmente conta com Varas instaladas em todas as cidades-polo do País, não havendo dificuldade alguma para acesso do acidentado. A propósito, cabe uma pergunta certeira: se o empregado procura a Justiça do Trabalho para pleitear a reparação dos direitos trabalhistas violados pelo empregador, por que deveria procurar outro ramo do Judiciário se a lesão for decorrente de acidente do trabalho?

Diante desse primeiro entendimento da maioria do STF, após a vigência da Emenda Constitucional n. 45/2004 — a nosso ver equivocado, *data venia* —, resolvemos apresentar pessoalmente aos Ministros daquela Corte um detalhado memorial defendendo a competência da Justiça do Trabalho, com os argumentos já mencionados. Visitamos, com o apoio operacional da Associação Nacional dos Magistrados do Trabalho — ANAMATRA, todos os onze Ministros da Corte Maior, quando pudemos também expor sucintamente nosso ponto de vista. Paralelamente, em vários artigos doutrinários e manifestações públicas, diversos Juízes do Trabalho e respectivas associações de classe apontavam o equívoco do primeiro julgamento, na esperança de que o STF adotasse o entendimento pela competência da Justiça do Trabalho.

O STF, ao perceber o equívoco da decisão anterior, teve a coragem, a grandeza intelectual e científica para mudar o entendimento, pouco mais de três meses após o julgamento ocorrido em março de 2005. Com efeito, no dia 29 de junho de 2005, ao julgar o Conflito de Competência n. 7.204-1, suscitado pelo Tribunal Superior do Trabalho em face do extinto Tribunal de Alçada do Estado de Minas Gerais, a Corte Maior, por unanimidade, definiu a competência da Justiça do Trabalho para julgamento das ações por danos morais e patrimoniais decorrentes de acidente do trabalho. Vejam a ementa do referido acórdão:

> Constitucional. Competência judicante em razão da matéria. Ação de indenização por danos morais e patrimoniais decorrentes de acidente do trabalho, proposta pelo empregado em face de seu (ex-)empregador. Competência da Justiça do Trabalho. Art. 114 da Magna Carta. Redação anterior e posterior à Emenda Constitucional n. 45/04. Evolução da jurisprudência do Supremo Tribunal Federal. Processos em curso na Justiça Comum dos Estados. Imperativo de política judiciária. 1. Numa primeira interpretação do inciso I do art. 109 da Carta de Outubro, o Supremo Tribunal Federal entendeu que as ações de indenização por danos morais e patrimoniais decorrentes de acidente do trabalho, ainda que movidas pelo empregado contra seu (ex-) empregador, eram da competência da Justiça comum dos Estados-Membros. 2. Revisando a matéria, porém, o Plenário concluiu que a Lei Republicana de 1988 conferiu tal competência à Justiça do Trabalho. Seja porque o art. 114, já em sua redação originária, assim deixava transparecer, seja porque aquela primeira interpretação do mencionado inciso I do art. 109 estava, em boa verdade, influenciada pela jurisprudência que se firmou na Corte sob a égide das Constituições anteriores. 3. Nada obstante, como imperativo de política judiciária — haja vista o significativo número de ações que já tramitaram e ainda tramitam nas instâncias ordinárias, bem como o relevante interesse social em causa, o Plenário decidiu, por maioria, que o marco temporal da competência da Justiça Trabalhista é o advento da EC 45/04. Emenda que explicitou a competência da Justiça Laboral na matéria em apreço. 4. A nova orientação alcança os processos em trâmite pela Justiça Comum Estadual, desde que pendentes de julgamento de mérito. É dizer: as ações que tramitam perante a Justiça Comum dos Estados, com sentença de mérito anterior à promulgação da EC 45/04, lá continuam até o trânsito em julgado e correspondente execução. Quanto àquelas cujo mérito ainda não foi apreciado, hão de ser remetidas à Justiça do Trabalho, no estado em que se encontram, com total aproveitamento dos atos praticados até então. A medida se impõe, em razão das características que distinguem a Justiça Comum Estadual e a Justiça do Trabalho, cujos sistemas recursais, órgãos e instâncias não guardam exata correlação. 5. O Supremo Tribunal Federal, guardião-mor da Constituição Republicana,

pode e deve, em prol da segurança jurídica, atribuir eficácia prospectiva às suas decisões, com a delimitação precisa dos respectivos efeitos, toda vez que proceder a revisões de jurisprudência definidora de competência *ex ratione materiae*. O escopo é preservar os jurisdicionados de alterações jurisprudenciais que ocorram sem mudança formal do Magno Texto. 6. Aplicação do precedente consubstanciado no julgamento do Inquérito 687, Sessão Plenária de 25.08.99, ocasião em que foi cancelada a Súmula 394 do STF, por incompatível com a Constituição de 1988, ressalvadas as decisões proferidas na vigência do verbete. 7. Conflito de competência que se resolve, no caso, com o retorno dos autos ao Tribunal Superior do Trabalho." STF. PLENO. Conflito de Competência n. 7.204-1-MG; Rel.: Ministro Carlos Ayres Britto, *DJ* 09 dez. 2005.

O julgamento de 2005, além de registrar a mudança de posicionamento já mencionada, demonstrou em diversas passagens a reverência dos Ministros da Corte Superior à Justiça do Trabalho, indicando suas reais possibilidades para apreciar e julgar as ações de reparação dos danos decorrentes dos acidentes do trabalho ou doenças ocupacionais.

4. O MARCO HISTÓRICO DA COMPETÊNCIA DA JUSTIÇA DO TRABALHO

A decisão do Conflito de Competência n. 7.204-1-MG representou um marco histórico da ampliação da competência da Justiça do Trabalho e ficará na memória dos operadores jurídicos como um dos momentos marcantes da emancipação institucional deste importante ramo do Poder Judiciário. O Juiz do Trabalho, desde então, além de julgar o adicional de insalubridade, julga também a doença que o agente nocivo causou; quando julga o adicional de periculosidade, terá em mente os acidentes ocorridos nos trabalhos em condições perigosas; ao julgar as horas extras paradoxalmente chamadas de habituais, tem conhecimento da fadiga crônica, do estresse e seus efeitos prejudiciais decorrentes das jornadas de trabalho exaustivas; quando aprecia o assédio moral, avalia também a depressão ou o transtorno de ansiedade que este comportamento ilícito provoca; enfim, não julga tão somente parcelas rescisórias ou verbas trabalhistas, visto que aprecia, em muitas ocasiões a "sucata humana" que o trabalho produziu. Isso confere um sentido de unidade em questões aparentemente desconexas e maior coerência sistemática na proteção jurídica à saúde e integridade psicobiofísica dos trabalhadores [(3)].

Para consolidar de vez o entendimento, o Supremo Tribunal Federal, em dezembro de 2009, editou a Súmula Vinculante n. 22, com o seguinte teor:

> A Justiça do Trabalho é competente para processar e julgar as ações de indenização por danos morais e patrimoniais decorrentes de acidente de trabalho propostas por empregado contra empregador, inclusive aquelas que ainda não possuíam sentença de mérito em primeiro grau quando da promulgação da Emenda Constitucional n. 45/04.

Agora, passados 20 anos de vigência da Emenda Constitucional n. 45/2004, podemos fazer um balanço muito positivo dessa alteração de competência, visto que, como era esperado, a Justiça do Trabalho está cumprindo com êxito e celeridade a importante atribuição que lhe foi confiada. E a perspectiva é de aperfeiçoamento contínuo, bastando lembrar a crescente produção doutrinária dos magistrados trabalhistas, envolvendo o tema da saúde do trabalhador e das ações indenizatórias por acidente do trabalho ou doenças ocupacionais.

---

(3) Desenvolvemos o tema com mais vagar no nosso livro intitulado *"Indenizações por acidente do trabalho ou doença ocupacional"*, publicado pela Editora Juspodivm, cuja 15ª edição foi lançada em 2024.

5. DEMANDAS QUE AINDA GERAM DÚVIDAS QUANTO À COMPETÊNCIA

Uma vez consolidada a competência da Justiça do Trabalho para julgar as reparações decorrentes dos acidentes do trabalho ou doenças ocupacionais surgiram diversas indagações a respeito de situações especiais que geravam dúvidas e que ficaram esclarecidas ao longo desses 20 anos. Vamos repassar sinteticamente essas discussões:

5.1. AÇÃO AJUIZADA POR PESSOA DIVERSA DO ACIDENTADO

O acidente do trabalho, muitas vezes, produz danos reflexos ou em ricochete sobre terceiros. Desse modo, a ação indenizatória pode ser ajuizada, em nome próprio, por qualquer outra pessoa que tenha sofrido danos materiais, morais ou extrapatrimoniais em razão do acidente ou doença ocupacional, tais como o cônjuge, os dependentes, familiares mais próximos ou mesmo alguém que convivia ou dependia do acidentado.

As ações ajuizadas por pessoas diversas do acidentado aparecem, em maior número, nos casos de acidentes com óbito, quando os dependentes do falecido postulam, em nome próprio, o pagamento de pensão e/ou indenização por danos morais. Também é comum ocorrerem pedidos de reparação de danos morais ou materiais por outros intensamente atingidos pela incapacidade total da vítima. Muitos acidentados tornam-se paraplégicos ou tetraplégicos e passam a depender de cuidados permanentes, até mesmo para a higiene pessoal e alimentação, causando, assim, danos reflexos sobre as pessoas mais próximas, em razão da mudança compulsória da rotina doméstica, sem falar nas repercussões emocionais.

Em qualquer dessas hipóteses, se o pedido de indenização por danos morais ou materiais estiver fundado em acidente do trabalho ou doença ocupacional, a competência, sem dúvida, é da Justiça do Trabalho. A nova redação do art. 114 da Constituição da República, promovida pela Emenda Constitucional n. 45/2004, atribui à Justiça Laboral competência para processar e julgar "as ações oriundas da relação de trabalho" e, mais enfaticamente no Inciso VI, "as ações de indenização por dano moral ou patrimonial, decorrentes da relação de trabalho".

Como se verifica, essa competência foi atribuída em razão da matéria e não da pessoa, visto que o cerne da controvérsia a ser apreciada continuará sendo se ocorreu o acidente do trabalho ou situação equiparada, se o empregador agiu com dolo ou culpa, se houve (des)cumprimento das normas de segurança da CLT, se ocorreu culpa exclusiva ou concorrente da vítima, se as condições e a organização do trabalho eram seguras e saudáveis etc. Logo, não há razão plausível para mudar a competência considerando a pessoa que formula a pretensão: se for a própria vítima, competente a Justiça do Trabalho; se for algum dos seus dependentes, a Justiça Comum.

É verdade que o STJ, inicialmente, resistiu em adotar o entendimento que estamos aqui defendendo, tanto que em 2008 publicou a Súmula n. 366, com o teor seguinte: "Compete à Justiça estadual processar e julgar ação indenizatória proposta por viúva e filhos de empregado falecido em acidente de trabalho."

Discordamos, data vênia, do posicionamento da Súmula n. 366. Na realidade, o STJ estava restringindo ou limitando a decisão do STF proferida no Conflito de Competência n. 7.204, porquanto estava decidindo que a competência para julgamento das ações indenizatórias por acidente do trabalho era da Justiça do Trabalho, exceto quando ocorresse acidente fatal, criando, assim, uma exceção inexistente na Constituição Federal e no referido julgado.

Além disso, haveria — aí sim — violação do princípio da unidade de convicção. Basta citar o caso do dano moral reflexo postulado pela esposa do acidentado que ficou tetraplégico. Pelo antigo entendimento do STJ, a postulação do acidentado seria julgada pela Justiça do Trabalho, ao passo que a ação veiculada por sua esposa seria apreciada pela Justiça Comum Estadual, com o risco evidente de decisões contraditórias a respeito do mesmo fato.

O Ministro do STF Carlos Ayres Britto, nos fundamentos do acórdão do RE-AgR n. 503.043, explicitou as razões do seu convencimento sobre a competência da Justiça do Trabalho, quando a ação for ajuizada pelos dependentes do acidentado falecido, sendo oportuno destacar os trechos seguintes:

> Foge ao propósito das regras definidoras da competência da Justiça do Trabalho pretender que a qualidade das partes modifique o juízo competente para a apreciação da causa. Se a lide está calçada na relação de trabalho, se a controvérsia depende da análise dos contornos e do conteúdo dessa relação, a competência é da Justiça Especial. (...) No caso, a agravante defende a competência da Justiça Comum Estadual porque não foi o trabalhador quem ajuizou a ação, e sim o seu espólio. Entende, assim, que a controvérsia não decorre de relação trabalhista alguma, pois nunca teve nenhum liame com o espólio de seu ex-trabalhador. Sucede que a causa do pedido de indenização por danos morais, deduzido pelo espólio, é o acidente do trabalho sofrido pelo trabalhador no curso de sua relação laboral com a agravante. A matéria é a mesma. Causa de pedir e pedido, também. Logo, a competência da Justiça do Trabalho permanece. Não fosse assim, e a seguir o raciocínio da agravante, poder-se-ia chegar à espantosa conclusão de que a Justiça trabalhista, declarada pelo STF a Justiça competente para julgar pedido de indenização por danos morais e patrimoniais decorrentes de acidente do trabalho, deixaria de sê-lo quando o acidente vitimasse o trabalhador: vivo ele teria a tutela da Justiça especial; já morto, seus herdeiros deveriam recorrer à Justiça comum. Decerto que uma tal solução é inteiramente descabida.

Apesar da resistência do STJ, o Supremo Tribunal Federal decidiu que a competência para julgar tais ações é da Justiça do Trabalho, mesmo não figurando o acidentado como autor da ação, sobretudo porque a causa de pedir continua sendo o acidente do trabalho ocorrido. Após alguns julgamentos das Turmas nesse sentido, a questão foi apreciada pelo Plenário do STF, no julgamento do Conflito de Competência n. 7.545, que pacificou a controvérsia:

> Ementa: Conflito de competência. Constitucional. Juízo Estadual de primeira instância e Tribunal Superior. Competência originária do Supremo Tribunal Federal para solução do conflito. Art. 102, I, "o", da CB/88. Justiça Comum e Justiça do Trabalho. Competência para julgamento da ação de indenização por danos morais e materiais decorrentes de acidente do trabalho proposta pelos sucessores do empregado falecido. Competência da Justiça Laboral. 1. Compete ao Supremo Tribunal Federal dirimir o conflito de competência entre Juízo Estadual de primeira instância e Tribunal Superior, nos termos do disposto no art. 102, I, "o", da Constituição do Brasil. Precedente [CC n. 7.027, Relator o Ministro CELSO DE MELLO, DJ de 1º.9.95] 2. A competência para julgar ações de indenização por danos morais e materiais decorrentes de acidente de trabalho, após a edição da EC n. 45/04, é da Justiça do Trabalho. Precedentes [CC n. 7.204, Relator o Ministro CARLOS BRITTO, DJ de 9.12.05 e AgR-RE n. 509.352, Relator o Ministro MENE-ZES DIREITO, DJe de 1º.8.08]. 3. O ajuizamento da ação de indenização pelos sucessores não altera a competência da Justiça especializada. A transferência do direito patrimonial em decorrência do óbito do empregado é irrelevante. Precedentes. [ED-RE n. 509.353, Relator o Ministro SEPÚLVEDA PERTENCE, DJ de 17.8.07; ED-RE n. 482.797, Relator o Ministro RICARDO LEWANDOWSKI, DJe de 27.6.08 e ED-RE n. 541.755, Relator o Ministro CÉZAR PELUSO, DJ de 7.3.08]. Conflito negativo de competência conhecido para declarar a competência da Justiça do Trabalho." STF. Tribunal Pleno. CC n. 7.545, Rel.: Ministro Eros Grau, DJe 13 ago. 2009.

Diante desse posicionamento firme do Supremo Tribunal Federal, o STJ resolveu cancelar a Súmula n. 366, rendendo-se, finalmente, ao entendimento de que a competência é mesmo da Justiça do Trabalho:

> Conflito negativo de competência. Acidente de trabalho. Empregado público municipal. Vínculo celetista. Alteração introduzida pela Emenda Constitucional n. 45/2004. Ação de indenização. Proposta por viúva do empregado acidentado. Reiterada jurisprudência das Turmas e do plenário do STF afirmando a competência da Justiça do Trabalho. Entendimento diferente da Súmula n. 366/STJ. Conflito conhecido para, cancelando a Súmula, declarar a competência do juízo suscitante. STJ. Corte Especial. CC n. 101.977/SP, Rel.: Ministro Teori Albino Zavascki, DJ 5 out. 2009.

Posteriormente a questão foi definitivamente pacificada pelo Plenário do STF, no julgamento do RE n. 600.091, com reconhecimento de repercussão geral (Tema 242), quando a Corte fixou, em 2011, a seguinte tese:

> Compete à Justiça do Trabalho processar e julgar as ações de indenização por danos morais e patrimoniais decorrentes de acidentes de trabalho propostas por empregado contra empregador, inclusive as propostas pelos sucessores do trabalhador falecido, salvo quando a sentença de mérito for anterior à promulgação da EC n. 45/04, hipótese em que, até o trânsito em julgado e a sua execução, a competência continuará a ser da Justiça Comum.

Também o Tribunal Superior do Trabalho, em sintonia com os fundamentos jurídicos mencionados, está decidindo pela competência da Justiça do Trabalho:

> **Competência da Justiça do Trabalho. Dano moral. Acidente de trabalho. Morte do empregado.** Na hipótese, conquanto os reclamantes sejam dependentes do *de cujus*, buscam direito decorrente de fato — acidente de trabalho — cujo liame com a relação de emprego havida entre o empregado e a reclamada é indiscutível. Dessa forma, não há como afastar a competência da Justiça do Trabalho, porquanto o pedido é decorrente da relação de emprego, permanecendo, pois, inalterada a causa de pedir. TST. SBDI-I. E-ED-RR n. 9955100-27.2006.5.09.0015, Rel.: Ministro João Batista Brito Pereira, DJ 2 ago. 2013.
>
> Recurso de Revista. Acórdão publicado na vigência da Lei n. 13.467/2017. Competência da justiça do trabalho. Danos morais reflexos ou em ricochete. Ausência de transcendência. Na hipótese, o e. TRT concluiu que a Justiça do Trabalho é competente para processar e julgar a presente ação, em que a esposa e os filhos do ex-empregado, vítima de acidente de trabalho, pleiteiam o pagamento de indenização por danos morais reflexos ou em ricochete. A decisão regional conforme proferida está em harmonia com a jurisprudência desta Corte consolidada na Súmula n. 392, segundo a qual "Nos termos do art. 114, inc. VI, da Constituição da República, a Justiça do Trabalho é competente para processar e julgar ações de indenização por dano moral e material, decorrentes da relação de trabalho, inclusive as oriundas de acidente de trabalho e doenças a ele equiparadas, ainda que propostas pelos dependentes ou sucessores do trabalhador falecido ". Nesse contexto, estando a decisão regional em harmonia com a jurisprudência pacífica desta Corte, incide a Súmula n. 333 do TST como obstáculo à extraordinária intervenção deste Tribunal Superior no feito. Recurso de revista não conhecido. TST. 5ª Turma. RRAg-1669-07.2015.5.02.0447, Rel.: Ministro Breno Medeiros, DEJT 15 dez. 2023.
>
> **Competência da justiça do trabalho. Dano moral em ricochete.** A questão encontra-se pacificada no âmbito da jurisprudência desta Corte, no sentido de que a Justiça do Trabalho é competente para apreciar os pedidos de indenização por danos morais e materiais decorrentes de acidente de trabalho, ainda que a ação seja ajuizada em nome dos herdeiros do trabalhador falecido. Inteligência da Súmula 392 do TST em sua atual redação. Recurso de revista não conhecido [...]. TST. 6ª Turma. ARR-70200-21.2009.5.03.0030, Rel.: Ministro Augusto Cesar Leite de Carvalho, DEJT 06 maio 2022.

Cabe registrar, ainda, o entendimento adotado por ocasião da 1ª Jornada de Direito Material e Processual na Justiça do Trabalho, realizada em Brasília em novembro de 2007, quando foi aprovado o Enunciado n. 36, com o seguinte teor: **"Acidente do trabalho. Competência. Ação ajuizada por herdeiro, dependente ou sucessor.** Compete à Justiça do Trabalho apreciar e julgar ação de indenização por acidente de trabalho, mesmo quando ajuizada pelo herdeiro, dependente ou sucessor, inclusive em relação aos danos em ricochete."

Em síntese, desde a vigência da Emenda Constitucional n. 45/2004, a competência para julgar ação indenizatória em face do empregador, decorrente de acidente do trabalho ou doença ocupacional, mesmo quando ajuizada por terceiro em nome próprio, é da Justiça do Trabalho.

5.2. *AÇÃO DO ACIDENTADO SEM VÍNCULO DE EMPREGO*

O conceito de acidente do trabalho propriamente dito, conforme previsto nos arts. 19 a 21 da Lei n. 8.213/1991, não abrange o acidente ocorrido com o prestador de serviço sem vínculo de emprego. Contudo, nos infortúnios sofridos por esses trabalhadores também ocorrem danos materiais, extrapatrimoniais, morais ou estéticos passíveis de reparação pelo tomador dos serviços, quando estiverem presentes os pressupostos da responsabilidade civil.

Então, qual será a Justiça competente para julgar a ação indenizatória dos danos sofridos em acidente envolvendo o trabalhador não empregado, tais como o autônomo, o empreiteiro, o cooperado, o estagiário, a diarista, o jardineiro e outros?

Com a promulgação da EC n. 45/2004, a competência da Justiça do Trabalho foi ampliada para julgar as ações oriundas da relação de trabalho (gênero) e não somente aquelas decorrentes da relação de emprego (espécie). Além disso, prevê o art. 114, VI, da Constituição da República, com a nova redação, que compete à Justiça do Trabalho processar e julgar as "ações de indenização por dano moral ou patrimonial, decorrentes da relação de trabalho". Assim, não há dúvida de que a competência material para processar e julgar as ações indenizatórias em face do tomador de serviços, decorrentes de acidentes envolvendo trabalhadores com ou sem vínculo de emprego, é da Justiça do Trabalho.

Nesse sentido, aliás, estão decidindo o TST e o STJ que detêm a competência para dirimir conflito entre a Justiça do Trabalho e a Justiça Comum dos Estados (art. 105, I, d, da Constituição da República):

> Agravo de Instrumento da reclamada UBER do Brasil Tecnologia Ltda. em Recurso de Revista adesivo. Acórdão regional na vigência da Lei 13.467/2017. Competência material da Justiça do Trabalho. Relação de trabalho. 1. A competência material da Justiça do Trabalho é fixada pelo pedido e pela causa de pedir. É definida a partir da existência de relação de trabalho (lato sensu) mantida pelos litigantes, quanto aos conflitos dela decorrentes, considerando a ampliação trazida pela Emenda Constitucional nº 45/2004, que atribuiu a esta Justiça especializada a competência para processar e julgar todas as ações oriundas da relação de trabalho, inclusive as que versem sobre indenização por danos moral e material (art. 114, I e VI, da CR). 2. No caso, a pretensão autoral, de pagamento de indenização por danos moral e material decorrentes de acidente sofrido por motorista de aplicativo, está fundada na relação de trabalho estabelecida com a empresa UBER, na condição de trabalhador autônomo, na execução de serviço prestado com pessoalidade. Sendo assim, não há como afastar a competência da Justiça do Trabalho para o exame do pedido, até porque a Súmula 392 desta Corte estabelece que: " Nos termos do art. 114, inc. VI, da Constituição da República, a Justiça do Trabalho é competente para processar e julgar ações de indenização por dano moral e material, decorrentes da relação de trabalho, inclusive as oriundas de acidente de trabalho e doenças a ele equiparadas, ainda que propostas pelos dependentes ou sucessores do trabalhador falecido". 3. Este Relator não desconhece que o Superior Tribunal de Justiça, dirimindo o conflito negativo de competência nº 164.555/MG, decidiu ser da Justiça Comum o exame de controvérsia estabelecida entre um motorista de aplicativo e a empresa UBER. No entanto, deve ser destacado que o referido julgado tratou apenas do pedido de motorista atinente à reativação de sua conta no aplicativo e ao consequente ressarcimento por danos morais e materiais. Ou seja, a pretensão examinada pelo STJ se funda tão somente no desligamento do motorista da plataforma digital ou aplicativo oferecido pela empresa, e não como no caso sub judice, em questão decorrente da execução do trabalho. Incólume, pois, o art. 114, I, da CR. Agravo de instrumento conhecido e desprovido. TST. 3ª Turma. RRAg-849-82.2019.5.07.0002, Rel.: Ministro Alexandre de Souza Agra Belmonte, DEJT 17 dez. 2021.

Agravo Interno no Recurso Especial. Indenizatória. Acidente sofrido por prestador (terceirizado) de serviços. Competência da Justiça do Trabalho. Agravo interno não provido. 1. A expressão "as ações de indenização por dano moral ou patrimonial, decorrentes da relação de trabalho", inscrita no art.114, VI, da Constituição Federal, não restringe a competência da Justiça do Trabalho às ações ajuizadas pelo empregado contra o empregador, e vice-versa. Se o acidente ocorreu no âmbito de uma relação de trabalho, só a Justiça do Trabalho pode decidir se o tomador dos serviços responde pelos danos sofridos pelo prestador terceirizado. Precedentes. 2. Agravo interno não provido." STJ. 4ª Turma. AgInt no REsp n. 1774775/RJ, Rel. Ministro Luis Felipe Salomão, julgado em 24 ago. 2020.

Conflito de competência. Juízos estadual e trabalhista. Indenização. Acidente sofrido por empregado da prestadora de serviços. Demanda ajuizada apenas contra o tomador dos serviços. Acidente decorrente da relação de trabalho. Competência da Justiça trabalhista. 1. Trabalhador de empresa particular que prestava serviços ao DER/RJ sofreu acidente fatal na condução de caminhão pertencente ao referido ente estatal. 2. Os herdeiros do de cujus não ajuizaram a demanda indenizatória contra o empregador, mas somente contra o DER/RJ, ao fundamento de que o caminhão estava mal conservado. 3. Se o acidente ocorreu durante o desempenho da atividade laboral, não é razoável examinar o fato à margem do subjacente vínculo trabalhista. 4. A jurisprudência desta Corte assevera que o julgamento de demanda de indenização por danos morais e patrimoniais decorrente de acidente de trabalho, ainda que ajuizada pelos herdeiros do de cujus, é da competência da justiça do trabalho. 5. Conflito conhecido para declarar competente o Juízo Trabalhista. STJ. 1ª Seção. CC n. 23.122/RJ, Rel. Ministro Sérgio Kukina, DJe 15 abr. 2013.

Agravo regimental no conflito negativo de competência. Ação de indenização decorrente de acidente de trabalho. Servidor público municipal. Contratação temporária pela municipalidade, sem concurso público. Incidência das regras previstas na CLT. Competência da Justiça Laboral. 1. A controvérsia em exame diz respeito à ação de indenização por danos morais e estéticos decorrentes de acidente do trabalho. Dessarte, subjaz que as indenizações perquiridas resultaram de relação de trabalho; isso porque, sem que houvesse o vínculo empregatício, sequer existiria o acidente de trabalho. 2. No caso em foco, sobreleva notar que, para se aferirem os elementos típicos do ato ilícito, tais como o nexo causal e a culpa, é imprescindível que se esteja o mais próximo do dia a dia da complexa relação do trabalho. 3. O autor da demanda foi contratado pela entidade municipal sem concurso público e mediante contrato temporário, atraindo a incidência das regras previstas na Consolidação das Leis do Trabalho. Nesse sentido, conforme já decidiu esta egrégia Corte, prevalece a competência da Justiça laboral para decidir sobre a indenização do acidente de trabalho de servidor público, admitido indevidamente sem concurso público, através de contrato de caráter celetista. Precedentes: CC 50.443 — SP, Rel. Ministro Luiz Fux, Primeira Seção, DJU 2.4.07 e CC 33.84/SP, Rel. Ministro Paulo Gallotti, Terceira Seção, DJU 24.4.06). 4. Agravo regimental não provido. STJ. 1ª Seção. AgRg no CC n. 108.627/MS, Rel.: Ministro Benedito Gonçalves, DJ 4 mar. 2010.

Não vinga a objeção de que as relações de trabalho sem vínculo de emprego não são regidas pela CLT e que, portanto, estariam fora da competência trabalhista. Ora, na antiga redação do art. 114 da Constituição de 1988, essa ponderação teria acolhimento, porque a competência até então atribuída à Justiça do Trabalho era para conciliar e julgar os dissídios entre trabalhadores e empregadores. Após a Emenda Constitucional n. 45/2004, no entanto, a competência expandiu-se para abranger as "ações oriundas da relação de trabalho", pouco importando qual o direito material aplicável para solucionar a controvérsia.

Corroborando esse entendimento, cabe citar os fundamentos utilizados pelo Ministro do STF Cezar Peluzo, no julgamento do Agravo de Instrumento n. 578.880/MG, quando asseverou: "Ressalto que mesmo que a causa decorra da relação de trabalho como sustenta o agravante, é velha e aturada a orientação da Corte no sentido de que compete à Justiça do Trabalho, como princípio ou regra geral, processar e julgar ação de indenização de danos, morais e materiais, decorrentes de relação de trabalho, pouco se dando, para esse fim, deva a controvérsia ser dirimida à luz do Direito Civil ou doutra província normativa (cf. CJ n. 6.959, Red. p/ o acórdão Min. Sepúlveda Pertence, RTJ 134/96; RE n. 238.737, Rel. Min. Sepúlveda Pertence, DJ de 5.2.1999, e decisão monocrática no RE n. 409.699, Rel.: Min. Carlos Velloso)."

Entretanto, a competência da Justiça do Trabalho não alcança o julgamento das ações indenizatórias envolvendo os acidentes sofridos por servidores públicos estatutários, porquanto o STF, ao julgar a liminar da Ação Direta de Inconstitucionalidade n. 3.395-DF, entendeu na sua composição plenária que estão excluídos da abrangência da expressão "relação de trabalho" os vínculos decorrentes de típica relação de ordem estatutária ou de caráter jurídico-administrativo. Posteriormente, no julgamento do mérito concluído em 2020, a liminar foi confirmada. Essas demandas, portanto, serão apreciadas pela Justiça Comum Estadual ou pela Justiça Federal, conforme for o caso:

> "Processual civil. Agravo regimental no conflito de competência. Código de processo civil de 1973. Aplicabilidade. Indenização por danos morais e materiais decorrentes de acidente de trabalho. Servidor estatutário. Competência da justiça estadual. Súmula vinculante n. 22/STF. Não incidência argumentos insuficientes para desconstituir a decisão atacada. I — Consoante o decidido pelo Plenário desta Corte na sessão realizada em 09.03.2016, o regime recursal será determinado pela data da publicação do provimento jurisdicional impugnado. *In casu*, aplica-se o Código de Processo Civil de 1973. II — Esta Corte já firmou o entendimento de que o julgamento das ações de indenização por danos morais e materiais decorrentes de acidente de trabalho, que envolverem servidor estatutário e o ente público, ainda que federal, a competência será da Justiça estadual. III — Impossibilidade de incidência da Súmula Vinculante n. 22, pois o caso concreto envolve servidor público estatutário e ente público. IV — A Agravante não apresenta, no regimental, argumentos suficientes para desconstituir a decisão agravada. V — Agravo Regimental improvido." STJ. 1ª Seção. AgRg no CC n. 127.312/MG, Rel.: Ministra Regina Helena Costa, DJe de 28 fev. 2018.

5.3 AÇÃO REVISIONAL DO PENSIONAMENTO

A ação revisional de decisão da Justiça do Trabalho deverá ser ajuizada e decidida perante a Vara do Trabalho que a proferiu e estiver executando a pensão, mesmo que a condenação tenha sido fixada em grau de recurso. Respalda esse entendimento a previsão do art. 61 do CPC/2015, segundo o qual a ação acessória será proposta no juízo competente para a ação principal. E não há dúvida quanto ao caráter acessório da ação revisional, conforme bem acentua Agrícola Barbi:

Entre duas ou mais ações, pode haver relação tal que uma delas, porque mais importante quanto ao objetivo do autor, tem posição de principal; e as outras, que a ela se ligam, porque se destinam a complementá-la ou porque dela decorrem, assumem uma situação secundária, e são consideradas acessórias em relação a ela. Essas ações acessórias pressupõem, pois, a existência da principal.

Tem sido este também o entendimento reiterado da jurisprudência:

> **Ação revisional. Juízo competente.** Consoante os termos da decisão exarada pela SDI deste Regional, no julgamento do conflito negativo de competência (processo nº 0012161-38.2020.5.03.0000), o Juízo competente para apreciar e julgar a ação revisional é aquele que julgou a ação principal, objeto da revisional, posto configurada a prevenção. Minas Gerais. TRT 3ª Reg. 7ª Turma. RO n. 0011257-18.2019.5.03.0173, Rel.: Desembargadora Cristiana M. Valadares Fenelon, DEJT 19 abr. 2021.

> **Ação Revisional de sentença. Competência para julgamento** – Tratando-se de ação visando a revisão de sentença, com suporte no art. 471, I, do CPC, o Juízo competente para julgamento é o mesmo prolator da sentença que se pretende revisar. Minas Gerais. TRT 3ª Reg. 1ª SDI. CC n. 0001780-33.2014.5.03.0112, Rel.: Desembargador Sércio da Silva Peçanha. DJ 25 ago. 2015.

Questão que deve despertar maior questionamento refere-se aos casos das ações julgadas definitivamente pela Justiça Comum e que não foram abrangidas pela alteração de competência promovida pela Emenda Constitucional n. 45/2004. Nessa hipótese, a ação revisional deverá ser proposta ainda perante a Justiça Comum ou na Justiça do Trabalho?

Respondemos, sem hesitar, que o ajuizamento deverá ocorrer perante a Justiça do Trabalho, porquanto, desde a Emenda Constitucional n. 45/2004, a competência absoluta em razão da matéria para julgar as indenizações por acidente do trabalho passou a ser da Justiça do Trabalho.

Não cabe aqui nem mesmo a ressalva aposta pelo STF, no julgamento da CC n. 7.204, no sentido de que "as ações que tramitam perante a Justiça comum dos Estados, com sentença de mérito anterior à promulgação da EC n. 45/2004, lá continuam até o trânsito em julgado e correspondente execução". A ação revisional instaura uma nova relação processual para apreciar os efeitos jurídicos da mudança ocorrida no quadro fático após o julgamento anterior, visto que não se enquadra como um mero incidente de execução da sentença primitiva. Aliás, no julgamento mencionado ficou também decidido: "Quanto àquelas (ações) cujo mérito ainda não foi apreciado, hão de ser remetidas à Justiça do Trabalho, no estado em que se encontram, com total aproveitamento dos atos praticados até então."

A competência para julgar a ação revisional a respeito das sentenças proferidas na Justiça Comum é mesmo da Justiça do Trabalho, mormente porque, nessa hipótese, não há efeito rescindente a ser declarado, como ocorre na ação rescisória, mas um outro julgamento, em processo distinto, com novo pedido e causa de pedir, para produzir efeitos *ex nunc* a partir do ajuizamento, diante da mudança do quadro fático do acidentado e que serviu de base para a decisão primitiva.

É imperioso concluir, portanto, que, desde o advento da Emenda Constitucional n. 45/2004, a Justiça Comum não mais detém competência para proferir sentença de mérito envolvendo as ações indenizatórias por acidente do trabalho, seja a ação principal ou mesmo a revisional.

5.4. AÇÃO AJUIZADA PELO ACIDENTADO EM FACE DO INSS

Com a mudança da competência introduzida pela Emenda Constitucional n. 45/2004, alguns operadores jurídicos defendem que também passou para a Justiça do Trabalho a competência para julgar os pedidos de benefícios acidentários em face da Previdência Social quando o litígio for decorrente de acidente do trabalho ou doença ocupacional.

Data vênia, não entendemos dessa forma. Ainda que a ideia seja atraente do ponto de vista operacional e de especialização, a sua aplicação depende de outra mudança constitucional. A competência atribuída à Justiça do Trabalho pela Emenda Constitucional n. 45/2004 refere-se às indenizações postuladas em face do empregador, com apoio no art. 7º, XXVIII, da Constituição da República. Situação diversa ocorre quando o acidentado busca obter judicialmente, em face do INSS, os benefícios de natureza acidentária, tais como auxílio por incapacidade temporária, aposentadoria por incapacidade permanente, auxílio-acidente etc.

Na demanda acidentária, a relação processual forma-se entre o segurado e a Autarquia Previdenciária, sem a participação do empregador. Não se trata, portanto, de lide entre o trabalhador e o tomador de serviços ou entre o empregado e o empregador. Essa competência, portanto, continua sendo da Justiça Comum, conforme previsto no art. 109, I e § 3º da Constituição de 1988, bem como na Lei n. 8.213/1991, que prevê:

> Art. 129. Os litígios e medidas cautelares relativos a acidentes do trabalho serão apreciados:
>
> I — na esfera administrativa, pelos órgãos da Previdência Social, segundo as regras e prazos aplicáveis às demais prestações, com prioridade para conclusão; e

II — na via judicial, pela Justiça dos Estados e do Distrito Federal, segundo o rito sumaríssimo, inclusive durante as férias forenses, mediante petição instruída pela prova de efetiva notificação do evento à Previdência Social, através de Comunicação de Acidente do Trabalho — CAT.

O STF consolidou esse entendimento no julgamento de tema de repercussão geral, em 2011, quando fixou a seguinte tese: "**Tema 414** – Compete à Justiça Comum Estadual julgar as ações acidentárias que, propostas pelo segurado contra o Instituto Nacional do Seguro Social (INSS), visem à prestação de benefícios relativos a acidentes de trabalho."

Nos fundamentos do acórdão do RE 478.472, julgado em 2007, o eminente relator, o Ministro Carlos Ayres Britto, esclarece com precisão a diferença entre a ação indenizatória em face do empregador e a ação para reivindicar direitos acidentários junto ao INSS:

6. De início, lembro que no julgamento do Conflito de Competência n. 7.204 este excelso Tribunal tratou exclusivamente da competência para processar e julgar pedido de indenização por danos morais e patrimoniais, decorrentes de acidente do trabalho, pedido deduzido pelo trabalhador contra o tomador do trabalho. Para essas causas, o Plenário concluiu ser competente a Justiça trabalhista, não apenas por conta da redação do inciso VI do art. 114 da Lei Maior, introduzido pela EC n. 45/04, como também a teor da redação originária do mesmo artigo.

7. Ora, no presente caso, a matéria é inteiramente diversa: a autora pretende o reconhecimento, em juízo, de acidente do trabalho não admitido pelo Instituto Nacional do Seguro Social — INSS, e a consequente condenação da Autarquia ao pagamento do benefício previdenciário e à prestação dos serviços correspondentes. Como não podia deixar de ser, o pedido foi deduzido contra o INSS; a lide se instaurou entre segurado e seguradora, por assim dizer. Logo, cuida-se de típica ação acidentária, que visa ao benefício previdenciário em si e não se confunde com a ação de indenização por danos morais e patrimoniais sofridos pelo acidentado. Em tal hipótese — de ação acidentária —, a competência é da Justiça comum dos entes federados, conforme disposição expressa da Constituição Republicana (inciso I e § 3º do art. 109).

8. Cumpre recordar, por oportuno, que as Constituições brasileiras tradicionalmente remetem a competência para as ações acidentárias à Justiça comum dos Estados-membros: § 1º do art. 123 da Carta de 1946; § 2º do art. 134 da Carta de 1967; e § 2º do art. 142 da EC n. 1 de 1969. Não por outra razão, o Supremo Tribunal Federal editou, há muito (Sessão Plenária de 3.12.1969), a Súmula n. 501, assim enunciada: "Compete à Justiça ordinária Estadual o processo e o julgamento, em ambas as instâncias, das causas de acidente do trabalho, ainda que promovidas contra a União, suas autarquias, empresas públicas ou sociedades de economia mista."

9. Nessa contextura normativa, tenho que o verbete da Súmula n. 501 continua em pleno vigor, mesmo porque a EC n. 45/04 não trouxe nenhuma modificação para o inciso I e o § 3º do art. 109 da Constituição de 1988. Daí retirar da Justiça comum estadual a competência para as ações acidentárias significaria negar vigência a esses preceitos constitucionais. E entregar essa mesma competência à Justiça do Trabalho significaria melindrar o princípio da distribuição de competência em razão da matéria, norteador da nova redação do art. 114, dada pela EC n. 45/04. É que, muito embora a causa remota da ação acidentária seja uma relação de trabalho, pois sem essa o acidente do trabalho sequer pode ser caracterizado, o fato é que a natureza exclusivamente previdenciária dessa ação afasta a competência da Justiça especial."

O mesmo entendimento vem sendo reiteradamente adotado pelo Colendo STJ.

5.5. AÇÃO AJUIZADA EM FACE DO TERCEIRO CAUSADOR DO ACIDENTE

Surgem dúvidas sobre a Justiça competente para processar e julgar a ação indenizatória na hipótese de acidente do trabalho causado por terceiro ou quando esse terceiro tenha contribuído com participação concausal no evento danoso.

Quando o acidente for causado exclusivamente por terceiro que não mantenha qualquer vínculo operacional com o empregador, não haverá nexo causal direto com o trabalho desempenhado pela vítima e, por consequência, não cabe indenização por parte do empregador. Nesse caso, ocorre somente nexo condicional com o trabalho (a vítima estava em serviço ou em deslocamento por conta do trabalho no momento do acidente), mas não fica caracterizado o nexo causal para fins de responsabilidade civil do empregador. O trabalho atua apenas como condição, mas não como causa do infortúnio. Perante o empregador ocorreu um acidente do trabalho, mas com relação ao terceiro ocorreu uma lesão de natureza civil. Assim, a causa de pedir não é o acidente do trabalho, mas o acidente de outra natureza, porque o eventual responsável pela reparação não é o empregador.

Nessa hipótese, a ação indenizatória deve ser ajuizada perante a Justiça Comum em face do terceiro causador do dano ou na Justiça Federal se o terceiro for a União, entidade autárquica ou empresa pública federal, Estado estrangeiro ou organismo internacional (art. 109 da CF). Vejam os entendimentos do STJ ao julgar os conflitos de competência a respeito dessas hipóteses:

> Agravo interno. Conflito de competência. Justiça do trabalho. Justiça Comum Estadual. Ação de indenização por danos materiais e morais. Causa de pedir sem ligação com a relação de trabalho mantida entre a vítima e terceiro. Acidente em equipamento público. Responsabilidade civil objetiva do concessionário do serviço. Acidente de trabalho não alegado. Competência da Justiça Comum Estadual. Agravo interno desprovido. 1. A causa de pedir deduzida pelo autor não guarda pertinência com a relação de trabalho, mantida com pessoa jurídica diversa e que nem sequer foi arrolada no polo passivo da demanda, relacionando-se, na verdade, à reparação de danos materiais e morais decorrentes de acidente provocado pela má conservação de equipamento público e sob a alegação da responsabilidade objetiva que impera no seio da prestação de serviço público, não obstante ser evidente que o sinistro, em outra esfera, também caracterize acidente de trabalho, não alegado na hipótese. 2. Ausente, na espécie, discussão sobre obrigações decorrentes da relação de trabalho, ou pedidos afins, não se verifica a competência especializada da Justiça do Trabalho. 3. Agravo interno ao qual se nega provimento." STJ. 2ª Seção. AgInt no CC n. 156.615/SP, Rel.: Ministro Lázaro Guimarães (Desembargador convocado do TRF 5ª região), DJe 01 jun. 2018.
>
> Conflito negativo de competência. Justiça do Trabalho. Justiça Comum Estadual. Ação de indenização por danos materiais e morais. Responsabilidade civil. Causa de pedir. Acidente de trânsito sem ligação com a relação de trabalho mantida entre a vítima e a sociedade ré. Acidente de trabalho não alegado. Competência da Justiça Comum Estadual. 1. A pretensão indenizatória deduzida na presente ação, proposta pelo genitor da vítima fatal de acidente de trânsito, deriva de responsabilidade civil comum, e não da relação de trabalho havida entre o falecido e a também empregadora do agente causador do dano. A análise da dinâmica do sinistro descrita na inicial permite concluir que a vítima não estava a trabalho, que a motocicleta por ela usada não era da empresa, e que não estava em trânsito para o trabalho ou dele regressando. 2. Compete à Justiça Comum Estadual processar e julgar a pretensão indenizatória deduzida, pois, embora seja incontestável a existência de relação de trabalho entre a vítima e a sociedade empresária empregadora do causador do acidente, a lide não tem causa de pedir e pedido fundados na relação de emprego ou em acidente de trabalho. 3. Conflito conhecido para declarar competente a Justiça Comum Estadual. STJ. 2ª Seção. CC n. 133.668/SP, Rel. Ministro Raul Araújo, DJe 3 ago. 2015.
>
> "Conflito negativo de competência. Justiças comum e trabalhista. Responsabilidade civil. Acidente durante a jornada de trabalho. Empresa ré estranha à relação laboral. Causa de pedir imediata. Dever de indenizar decorrente da legislação civil. Arts. 186, 927 e 950 do Código Civil. Competência da Justiça Comum. 1. Consoante a jurisprudência sedimentada nesta Corte Superior, a competência em razão da matéria se define a partir da natureza jurídica da controvérsia, que se afere da análise do pedido e da causa de pedir veiculados na inicial. 2. A delimitação da *causa petendi*, para fins de definição da competência *ratione materiae*, não pode resultar apenas da análise da causa de pedir mediata (ou remota) da ação, mas especialmente de sua causa de pedir imediata (ou próxima), ou seja, da aferição da natureza dos fundamentos jurídicos que justificam o pedido. 3. Compete à Justiça Comum, e não à Justiça especializada, processar e julgar a ação reparatória proposta contra parte com a qual o autor não possua nenhuma relação trabalhista, quando fundada na existência do dever de indenizar decorrente das disposições da legislação civil ou das normas de proteção ao consumidor, ainda que, em tese, os fatos narrados na inicial possam corresponder a acidente laboral. 4. Conflito de competência conhecido para declarar competente o Juízo de Direito da 2ª Vara Cível da Comarca de São Mateus/ES, o suscitado." STJ. 2ª Seção. CC n. 121.723/ES, Rel.: Ministro Ricardo Villas Bôas Cueva, DJe 28 fev. 2014.

Entretanto, se na dinâmica do acidente houver contribuição causal do empregador e do terceiro (concausa), pode-se vislumbrar relações jurídicas diversas, dependendo da pretensão do autor e da parte que for acionada. O mesmo evento, só para citar um exemplo corrente, pode ter natureza jurídica de acidente do trabalho perante o empregador e simultaneamente de acidente de trânsito em face do terceiro, com repercussões jurídicas distintas.

Se o autor da pretensão indenizatória entender que o empregador deve responder juntamente com o terceiro, tanto pela consideração da responsabilidade subjetiva quanto pela teoria do risco, deverá acionar separadamente um e outro. Não cabe formular na mesma ação trabalhista a pretensão em face do terceiro, porque a Justiça do Trabalho não tem competência material para processar e julgar ação indenizatória da vítima perante o apontado causador do dano, por se tratar de controvérsia de natureza eminentemente civil entre partes que não mantêm relação de trabalho. Se ocorrer o ajuizamento dessa forma, o Juízo trabalhista deverá decidir a controvérsia nos limites da sua competência, mas o autor poderá ajuizar outra ação em face do terceiro no Juízo próprio, com o pedido remanescente. Nesse sentido é o posicionamento do Colendo STJ, nos julgamentos dos conflitos de competência:

> Conflito negativo de competência. Justiça do Trabalho. Justiça Comum estadual. Ação de indenização por danos morais e materiais. Duas pretensões. Dois réus. Primeiro pleito decorrente de alegado acidente de trabalho. Segundo pleito fundado em responsabilidade civil comum. Cumulação indevida de pedidos. Competências materiais diversas. Justiça do Trabalho e Justiça Comum. Aplicação da Súmula n. 170/STJ. 1. A parte autora deduziu, de forma indevida, duas pretensões distintas numa única ação, tendo em vista as competências materiais diversas para análise dos dois pleitos formulados (Justiça Comum Estadual e Justiça do Trabalho). 2. A primeira pretensão tem como fundamento ilícito decorrente de alegado acidente de trabalho que vitimou o marido da autora, circunstância que atrai a competência da Justiça do Trabalho para julgar o pleito indenizatório, nos termos do art. 114, VI, da Constituição Federal. 3. A segunda pretensão se funda na responsabilidade civil comum, não derivando da relação de trabalho existente entre o empregado falecido e a segunda ré, o que enseja a competência da Justiça Comum Estadual para julgamento do pedido específico. 4. Aplicação, com as adaptações pertinentes, do enunciado da Súmula n. 170 desta Corte, segundo o qual "compete ao juízo onde primeiro for intentada a ação envolvendo acumulação de pedidos, trabalhista e estatutário, decidi-la nos limites da sua jurisdição, sem prejuízo de nova causa, com pedido remanescente, no juízo próprio". 5. Conflito conhecido para declarar competente o d. Juízo de Direito da 1ª Vara Cível de Jardim/MS. STJ. 2ª Seção. CC n. 134.793/MS, Rel. Ministro Raul Araújo, DJe 3. ago. 2015.
>
> Agravo regimental. Conflito negativo. Acidente fatal de trabalho. Ação de indenização por danos materiais e morais movida pela viúva e pelos filhos em face da ex-empregadora e da proprietária do veículo. Cumulação indevida de pedidos de natureza distinta. Enunciado 170 da Súmula do STJ. Aplicação quanto à segunda ré. Competência. Justiça estadual. 1. Compete à Justiça Estadual, onde primeiramente ajuizada, processar e julgar ação de indenização por danos materiais e morais sofridos pela viúva e filhos de trabalhador falecido em acidente de trabalho, em que consta no polo passivo, além da ex-empregadora, a proprietária do veículo na oportunidade dirigido pelo de cujus. 2. A indevida cumulação de pedidos, que contra a empregadora tramitará na Justiça do Trabalho, tem como consequência, por faltar essa qualidade à agravante, que responda pelo ilícito na Justiça Comum, nos termos do entendimento sumulado no Enunciado 170-STJ. 3. Inviabilidade de discussão em conflito de competência de questões relativas à suposta ilegitimidade passiva ad causam da recorrente e ao mérito da controvérsia. 4. Agravo regimental a que se nega provimento. STJ. 2ª Seção. AgRg no CC 117.133/SP, Rel. Ministra Maria Isabel Gallotti, DJe31. ago. 2011.

6. CONSIDERAÇÕES FINAIS

A Emenda Constitucional n. 45/2004 foi um marco muito significativo para a história da Justiça do Trabalho, porquanto ampliou sua competência e canalizou para sua área de atuação novas demandas de grande relevância, especialmente as indenizações por acidente do trabalho ou doenças ocupacionais.

E na celebração dos 20 anos dessa mudança história podemos concluir, sem margem alguma de erro, quão acertada foi a ampliação da competência da Justiça Laboral. O tema da Infortunística do trabalho ganhou nova dimensão no Brasil, tanto pelos julgamentos céleres quanto pela profundidade da abordagem pelos magistrados trabalhistas.

Além disso, em pouco tempo sedimentou-se nacionalmente a jurisprudência das principais controvérsias, trazendo um alento de esperança para as inúmeras vítimas que diariamente são lesadas no Brasil. Podemos citar como exemplo eloquente as reparações julgadas ou acordadas em curto espaço de tempo, por ocasião do maior acidente do trabalho já ocorrido no Brasil, no dia 25 de janeiro de 2019, em Brumadinho-MG, deixando 270 mortos e múltiplos danos.

Os magistrados do trabalho impactados pelos julgamentos envolvendo centenas de milhares de acidentes de trabalho que ainda ocorrem anualmente no Brasil passaram a estudar com profundidade o tema e estão contribuindo com artigos, monografias, dissertações, teses e livros para a formação de uma sólida doutrina a respeito da proteção jurídica à saúde do trabalhador, bem como da responsabilidade civil de natureza ocupacional.

A repercussão foi tão intensa que o Tribunal Superior do Trabalho criou em 2012 o Programa do Trabalho Seguro para atuar na prevenção dos acidentes, programa este hoje bem conhecido da sociedade e de todos que têm proximidade com o mundo do trabalho. O juiz do trabalho não se limita mais a julgar a reparação dos danos, porquanto quer contribuir com o seu conhecimento e capacidade de mobilização para conscientizar a sociedade de que a grande maioria dos acidentes são previsíveis e, por consequência, são também passíveis de prevenção.

Cabe, finalmente, registrar nosso reconhecimento e gratidão pelo papel de destaque exercido pela ANAMATRA, por intermédio de seus competentes dirigentes, tanto no acompanhamento decisivo na tramitação legislativa da Emenda Constitucional n. 45/2004, quanto na atuação permanente perante os Tribunais Superiores para sedimentar a jurisprudência em favor da competência da Justiça do Trabalho.

7. REFERÊNCIAS

CHIOVENDA, Giuseppe. *Instituições de direito processual civil*. Trad. por Paolo Capitanio. 2. ed. Campinas: Bookseller, 2000.

COUTINHO, Grijalbo Fernandes; FAVA, Marcos Neves (coord.) *Nova competência da Justiça do Trabalho*. São Paulo: LTr, 2005.

OLIVEIRA, Sebastião Geraldo de. *Indenizações por acidente do trabalho ou doença ocupacional*. 15. ed. São Paulo: JusPodivm, 2024.

Competência das lides envolvendo servidores públicos. Peculiaridades e paradoxos

Silvia Teixeira do Vale (*)

Resumo: O presente artigo analisa e evolução jurisprudencial estabelecida no Supremo Tribunal Federal, acerca das lides envolvendo servidores públicos.

Abstract: This article analyzes the jurisprudential evolution established in the Federal Supreme Court, regarding disputes involving public servants.

Palavras-chave: servidores públicos; competência material da Justiça do Trabalho; Supremo Tribunal Federal.

Keywords: public servants; material jurisdiction of the Labor Court; Federal Supreme Court.

1. SERVIDORES PÚBLICOS E CELETISTAS, EMPREGADOS PÚBLICOS E SERVIDORES TEMPORÁRIOS: BREVES DISTINÇÕES

A Carta Política de 1988, na Seção II, adota a expressão "Servidores Públicos" para designar todos os agentes que, "exercendo com caráter de permanência uma função pública em decorrência de relação de trabalho, integram o quadro funcional"[1] administração pública direta, das autarquias e das fundações públicas de natureza autárquica.

Di Pietro[2] explica, porém, que a Constituição, na seção I, quando trata sobre disposições gerais acerca da Administração Pública, esquadrinha normas pertinentes a respeito de todas as pessoas que prestam serviços a Administração Pública direta

(*) Juíza do Trabalho no TRT da 5ª Região. Mestra em Direito pela UFBA. Doutora pela PUC/SP, Pós-Doutora pela Universidade de Salamanca. Professora convidada do curso de pós-graduação *lato sensu* da Faculdade Baiana de Direito, EMATRA5, CERS, CEJAS, UCSAL e da Escola Judicial do TRT da 5ª, 6ª, 10ª, 16ª e 19ª Regiões. Diretora da EMATRA5, biênio 2019/2021. Membra do Conselho editorial da Revista eletrônica do Tribunal Regional do Trabalho da Quinta Região e da Revista Vistos etc. e do Conselho acadêmico da ENAMATRA, órgão de docência da ANAMATRA. Autora de livros e artigos jurídicos. Ex-professora substituta da UFRN.

(1) CARVALHO FILHO, José dos Santos. *Manual de Direito Administrativo*. 13. ed., Rio de Janeiro: Lumen Juris, 2005, p.461.

(2) DI PIETRO, Maria Sylvia. *Direito Administrativo*. 20. ed., São Paulo: Atlas, 2007. p. 475.

e indireta, incluindo nesse espectro não só as autarquias e fundações públicas, como também as empresas públicas, fundações de direito privado e sociedades de economia mista.

Isso significa, de acordo com a referida autora, que a terminologia "servidor público" é direcionada tanto em sentido amplo, para tratar sobre todas as pessoas físicas que prestam serviços ao Estado e às entidades da Administração Indireta, com vínculo de emprego, quanto em sentido mais restrito, excluindo aqueles que prestam serviços às entidades com personalidade jurídica de direito privado.

Em sentido amplo, portanto, servidores públicos são aquelas pessoas físicas que trabalham e possuem vínculo com os entes da Administração direta e indireta, podendo ser regidos por um estatuto de direito público (estatutários), ocupando cargo público; contratados sob o regime celetista e ocupantes de emprego público (empregados públicos), pois trabalham vinculados a empresas estatais; servidores públicos celetistas, que são regidos pelas normas celetistas, embora vinculados a alguma entidade da Administração direta, autárquica ou fundacional pública e ocupantes de emprego público, na forma da Lei n. 9.962/2000; os servidores temporários, que, seguindo o regramento previsto no artigo 37, IX da CRFB/88, são contratados por tempo determinado para atender à necessidade temporária de excepcional interesse público e, por não ocuparem cargo ou emprego público, titularizam função; e, por fim, os servidores públicos temporários exercentes de cargo em comissão, que titularizam cargo de provimento em comissão, declarados em lei de livre nomeação e exoneração (art. 37, II da CRFB/88), para o exercício de funções relacionadas à chefia, à direção ou ao assessoramento.

Uma vez estabelecidas tais diferenciações, importa ressaltar que durante muito tempo a unidade "cargo" foi atribuída a todos os "funcionários" públicos, que eram regidos pelo regime estatutário. Todavia, quando a Administração Pública passou a contratar servidores públicos sob o regime celetista, a nomenclatura "emprego público" passou a ser utilizada para denominar uma unidade de atribuições, diferenciando-se cargo público de emprego público, de acordo com o tipo de vínculo que o servidor público possui com o Estado. Se ocupante de emprego público, possui vínculo contratual, regido pela CLT; mas, se ocupante de cargo público, o vínculo é estatutário, regido pelo Estatuto dos Funcionários Públicos, podendo cada Ente da federação ter o seu próprio.

A redação original da Constituição Federal de 1988 previa originalmente que cada unidade da federação poderia instituir o seu próprio regime jurídico único, estatutário[(3)] ou contratual[(4)].

A Emenda Constitucional n. 19/1998 revogou a obrigatoriedade de regime jurídico único, tanto que a Lei n. 9.962/2000 passou a regulamentar o regime de emprego público do pessoal da Administração federal direta, autárquica e fundacional. Mas o Supremo Tribunal Federal, na sessão plenária de 2/8/2007, julgando a ADI 2.135/DF[(5)], suspendeu liminarmente a vigência do novo *caput* do art. 39, restabelecendo a obrigatoriedade do regime jurídico único, com eficácia *ex nunc*, ao argumento de que a

(3) CARVALHO FILHO (Op. cit. p. 465) aponta que uma das características da relação jurídica estatutária é a sua natureza não contratual, ou, em outras palavras, que "inexiste contrato entre o Poder Público e o servidor estatutário".

(4) DI PIETRO. Maria Sylvia. Op. cit., p. 484.

(5) BRASIL. Supremo Tribunal Federal. *ADI n. 2135*. Ministra Relatora Ellen Gracie; Data de publicação: 07/03/2009.

Emenda Constitucional n. 19/1998 padecia de vício formal, em grave ofensa ao devido processo legal legislativo.

A existência ou não de regime jurídico estatutário, apto a reger os servidores públicos e, na sua ausência, a Consolidação das Leis trabalhistas, para o mesmo fim, sempre importou diretamente ao reconhecimento ou não da competência material da Justiça do Trabalho, conforme ser verá mais adiante.

2. COMPETÊNCIA MATERIAL DA JUSTIÇA DO TRABALHO PARA ANALISAR LIDES PERTINENTES AOS SERVIDORES PÚBLICOS ESTATUTÁRIOS

A Carta Política de 1988 jamais tratou sobre a competência material para analisar lides pertinentes aos trabalhadores e o Estado, e essa anomia sempre gerou amplo debate na doutrina e na jurisprudência.

A respeito da temática, o Superior Tribunal de Justiça editou duas súmulas. A Súmula n. 97 estatui que "compete à Justiça do Trabalho processar e julgar reclamação de servidor público relativamente a vantagens trabalhistas anteriores à instituição do regime jurídico único". Por seu turno, a Súmula n. 137 estabelece que "compete à Justiça Estadual processar e julgar ação de servidor público municipal, pleiteando direitos relativos ao vínculo estatutário".

Já a Lei n. 8.112/1990, por meio de seu artigo 240, *d* e *e*, chegou a prever expressamente aos servidores públicos da União, o direito à livre associação sindical e à negociação coletiva, afirmando que a competência jurisdicional para dirimir tal conflito seria da Justiça do Trabalho, analisando as possíveis ações individuais ou coletivas.

Ocorre que tal dispositivo legal foi declarado inconstitucional pela Corte Suprema, no julgamento da ADI n. 492-1, em 21 de outubro de 1992, tendo-se baseado o STF na antiga redação do artigo 114 da CRFB/88, interpretando que o termo "trabalhador" lá presente, não abrangeria o servidor público.

O debate acerca da competência jurisdicional para analisar lides firmadas entre servidores públicos e Entes públicos voltou a ter grande relevância, pois o Parecer n. 1.747, de 17 de novembro de 2004, da Comissão de Constituição, Justiça e Cidadania da Câmara dos Deputados, aprovou a proposta que redundou no texto da Emenda Constitucional n. 45/2004, com a seguinte redação:

Artigo 114. Compete à Justiça do Trabalho processar e julgar: I — as ações oriundas da relação de trabalho, abrangidos os entes de direito público externo e da administração pública direta e indireta da União, dos Estados, do Distrito Federal e dos Municípios, *exceto os servidores ocupantes de cargos criados por lei, de provimento efetivo ou em comissão, incluídas as autarquias e fundações públicas dos referidos entes da federação.* (grifou-se)

Ou seja, pelo texto aprovado, a Justiça do Trabalho seria competente materialmente para processar e julgar todas as lides referentes à relação de trabalho, mas, em relação à pessoa, a Justiça Especializada seria incompetente para analisar ações pertinentes aos servidores estatutários, ocupantes de cargo em comissão ou de cargo efetivo.

Entretanto, o texto que findou promulgado foi outro, olvidando da exceção em relação aos servidores estatutários, deixando cristalino que a Justiça do Trabalho seria efetivamente competente para dirimir todos os conflitos resultantes da relação de trabalho[6], ainda que em um dos polos estivessem os entes de direito público externo e da administração pública direta e indireta da União, dos Estados, do Distrito Federal e dos Municípios.

Nesse sentido, interpretando a então nova redação do artigo 114, I da CRFB/88, doutrinou Estêvão Mallet:

> Cabe à Justiça do Trabalho, segundo o texto promulgado e publicado da Emenda Constitucional n. 45, o julgamento de ações envolvendo servidores públicos, tanto os sujeitos ao regime da CLT — tal qual já se dava no direito anterior — como os vinculados ao regime estatutário e, inclusive, os ocupantes de cargos de confiança, de qualquer das entidades da Federação.[7]

Todavia, pouco tempo depois da promulgação da EC n. 45/2004, a AJUFE (Associação dos Juízes Federais do Brasil) e a ANAMAGES (Associação Nacional dos Magistrados Estaduais) ajuizaram a ADI n. 3.395, apensada à ADI n. 3.529, ambas objetivando a declaração de inconstitucionalidade da parte final do artigo 114, I da CRFB, justamente para excluir da competência material da Justiça do Trabalho, as lides pertinentes aos servidores estatutários.

Na decisão liminar, proferida em 1º de fevereiro de 2005 pelo Ministro Nelson Jobim, utilizou-se a técnica da interpretação conforme, para delimitar o alcance do artigo 114, I da CRFB/88. A referida decisão, confirmada pelo Plenário do STF, em abril de 2006, suspendeu a possibilidade de se entender que compete à Justiça do Trabalho a "apreciação de causas que sejam instauradas entre o Poder Público e seus servidores, a ele vinculados por típica relação de ordem estatutária ou de caráter jurídico-administrativo".

No dia 14 de abril de 2020, o STF julgou o mérito da ADI n. 3.395[8] e fixou a seguinte tese:

> EMENTA: CONSTITUCIONAL E TRABALHO. COMPETÊNCIA DA JUSTIÇA DO TRABALHO. ART.114, I, DA CONSTITUIÇÃO FEDERAL. EMENDA CONSTITUCIONAL 45/2004. AUSÊNCIA DE INCONSTITUCIONALIDADE FORMAL. EXPRESSÃO "RELAÇÃO DE TRABALHO". INTERPRETAÇÃO CONFORME À CONSTITUIÇÃO. EXCLUSÃO DAS AÇÕES ENTRE O PODER PÚBLICO E SEUS SERVIDORES. PRECEDENTES. MEDIDA CAUTELAR CONFIRMADA. AÇÃO DIRETA JULGADA PARCIALMENTE PROCEDENTE. 1. O processo legislativo para edição da Emenda Constitucional 45/2004, que deu nova redação ao inciso I do art. 114 da Constituição Federal, é, do ponto de vista formal, constitucionalmente hígido. 2. A interpretação adequadamente constitucional da expressão "relação do trabalho" deve excluir os vínculos de natureza jurídico estatutária, em razão do que a competência da Justiça do Trabalho não alcança as ações judiciais entre o Poder Público e seus servidores.

---

(6) Nesse sentido: LEITE, Carlos Henrique Bezerra. *Curso de Direito Processual do Trabalho*. 18. ed., São Paulo: Saraiva, 2020. p. 288.

(7) MALLET, Estêvão. Apontamentos sobre a competência da Justiça do Trabalho após a Emenda Constitucional n. 45. *In*: COUTINHO, Grijalbo Fernandes; FAVA, Marcos Neves (coord.) *Justiça do Trabalho*: competência ampliada. São Paulo: LTr, 2005.

(8) BRASIL. Supremo Tribunal Federal. *ADI n. 3.395*; Órgão julgador: Pleno; Relator: Ministro Alexandre de Moraes; data de publicação: 1/7/2020. Disponível em: https://redir.stf.jus.br/paginadorpub/paginador.jsp?docTP=TP&docID=753145850. Disponível em: https://redir.stf.jus.br/paginadorpub/paginador.jsp?docTP=TP&docID=753145850. Acesso em: 12 jun. 2024.

É dizer, após afixação da tese referida, não há mais espaço interpretativo para considerar que a Justiça do Trabalho seja competente materialmente para processar e julgar lides que tratam sobre servidores públicos estatutários, mas é de chamar a atenção de um leitor atento, que se na decisão liminar o termo empregado era "relação de caráter jurídico-administrativo", na decisão definitiva, o STF se referiu aos "vínculos de natureza jurídico estatutária", para fixar que cabe à competência da Justiça Comum processar e julgar os conflitos daí decorrentes.

A dúvida que persiste é: essa alteração foi meramente cosmética e preciosista, ou há alguma implicação prática para atrair a competência para a Justiça do Trabalho em relação aos servidores públicos temporários?(9)

A respeito da temática, o caminho percorrido pela jurisprudência é longo, conforme será observado nas linhas seguintes.

3. SERVIDORES TEMPORÁRIOS

Antes do julgamento da ADI n. 3.395, a jurisprudência do Tribunal Superior do Trabalho era bastante clara ao concluir que se existisse regime jurídico estatutário para os servidores permanentes, logo o regime dos servidores temporários deveria ser o mesmo, atraindo a competência da Justiça Comum para a análise de possível lide travada entre servidor público temporário e Ente Público.(10)

A SDI-1 do TST, em 29 de setembro de 2002, editou a OJ n. 263, com o seguinte teor:

> Competência. Contrato por prazo determinado. Lei especial (estadual e municipal). Incompetência da Justiça do Trabalho. A relação jurídica que se estabelece entre o Estado ou Município e o servidor contratado para exercer funções temporárias ou de natureza técnica, decorrente de lei especial, é de natureza administrativa, razão pela qual a competência é da Justiça Comum, até mesmo para apreciar a ocorrência de eventual desvirtuamento do regime especial (CF/67, art. 106; CF/88, art. 37, IX).

A Orientação Jurisprudencial referida foi cancelada em 03 de setembro de 2004, mas em 20 de abril de 2005, o TST, seguindo a própria jurisprudência do STF, modificou a OJ n. 205 da SBDI, que passou a ter a seguinte redação:

> COMPETÊNCIA MATERIAL. JUSTIÇA DO TRABALHO. ENTE PÚBLICO. CONTRATAÇÃO IRREGULAR. REGIME ESPECIAL. DESVIRTUAMENTO.
>
> I — Inscreve-se na competência material da Justiça do Trabalho dirimir dissídio individual entre trabalhador e ente público se há controvérsia acerca do vínculo empregatício.
>
> II — A simples presença de lei que disciplina a contratação por tempo determinado para atender a necessidade temporária de excepcional interesse público (art. 37, inciso IX, da CF/1988) não é o bastante para deslocar a competência da Justiça do Trabalho se se alega desvirtuamento em tal

(9) Essa mesma pergunta já foi elaborada por Noemia Porto e Marco Antonio de Freitas, em obra que se propôs a analisar a competência material da Justiça do Trabalho (PORTO, Noemia; FREITAS, Marco Antonio de. O julgamento definitivo da ADI nº 3.395/STF e a competência da Justiça do Trabalho para as demandas dos servidores públicos. *In*: CONFORTI, Luciana Paula; PORTO, Noemia Aparecida Garcia; LOURENÇO FILHO, Ricardo Machado (orgs.). *A competência da Justiça do Trabalho 15 anos após a Emenda Constitucional 45/2004*: ampliação, limites e avanços necessários. São Paulo: LTr, 2021.

(10) Nesse sentido, a antiga Súmula n. 123 do TST: "Em se tratando de Estado ou Município, a lei que estabelece o regime jurídico (art. 106 da Constituição Federal) do servidor temporário ou contratado é a estadual ou municipal, a qual, uma vez editada, apanha as situações preexistentes, fazendo cessar sua regência pelo regime trabalhista. Incompetente é a Justiça do Trabalho para julgar as reclamações ajuizadas posteriormente à vigência da lei especial".

contratação, mediante a prestação de serviços à Administração para atendimento de necessidade permanente e não para acudir a situação transitória e emergencial.

O indigitado verbete foi cancelado em 2009, seguindo a então jurisprudência do Supremo Tribunal Federal, estabelecida após a promulgação da EC nº 45/04 e julgamento liminar da ADI n. 3.395, como visto ao norte.

Mesmo após a confirmação da decisão liminar na ADI n. 3.395, ainda permanecia o debate na jurisprudência acerca da possível competência da Justiça do Trabalho para processar e julgar ações pertinentes aos servidores públicos temporários, sobretudo, quando o litígio tratava sobre eventual fraude na contratação. Isso porque, o servidor público temporário não detém "relação de ordem estatutária" ou de "caráter jurídico-administrativo", conforme decidido pelo STF.

No entanto, o STJ, por diversas vezes, se manifestou no sentido de considerar que a competência para dirimir qualquer conflito entre servidores temporários e o respectivo Ente Público, seria da Justiça Comum, estadual ou federal.

Observe-se, por exemplo, que no Conflito de Competência n. 160.644/PR(11), no qual uma técnica de enfermagem, servidora pública temporária, regida pela CLT, pleiteava verbas de natureza trabalhista, em face do Município, o Superior Tribunal de Justiça decidiu que compete à Justiça Comum a análise da lide, ao argumento de que a acionante detinha uma relação "jurídico-administrativa".

E, ainda mais recentemente, a decisão do Superior Tribunal de Justiça no Conflito de Competência n. 160.081 — PE(12), em que se reconheceu a competência da Justiça Comum Estadual, para analisar demanda de servidor público temporário que alegava fraude na contratação, diante de sucessivas renovações de vínculo com o Município.

Nesse mesmo sentido, também caminhava o Supremo Tribunal Federal. Veja-se:

> EMENTA Constitucional. Reclamação. Ação civil pública. Servidores públicos. Regime temporário. Justiça do Trabalho. Incompetência. 1. No julgamento da ADI nº 3.395/DF-MC, este Supremo Tribunal suspendeu toda e qualquer interpretação do inciso I do artigo 114 da Constituição Federal que inserisse, na competência da Justiça do Trabalho, a apreciação de causas instauradas (na redação da EC nº 45/04) entre o Poder Público e seus servidores, a ele vinculados por típica relação de ordem estatutária ou de caráter jurídico-administrativo. 2. As contratações temporárias para suprir os serviços públicos estão no âmbito de relação jurídico-administrativa, sendo competente para dirimir os conflitos a Justiça comum e não a Justiça especializada. 3. Reclamação julgada procedente. (STF — Rcl: 4872 GO, Relator: MARCO AURÉLIO, Data de Julgamento: 21/08/2008, Tribunal Pleno, Data de Publicação: DJe-211, v. 15, n. 173, 2008, p. 281-284)
>
> EMENTA Administrativo e Processual Civil. Dissídio entre servidor temporário e o poder público. ADI nº 3.395/DF-MC. Competência da Justiça comum. Reclamação julgada procedente. 1. Compete à Justiça comum pronunciar-se sobre a existência, a validade e a eficácia das relações entre servidores e o poder público fundadas em vínculo jurídico-administrativo temporário. 2. Não descaracteriza a competência da Justiça comum o fato de se requererem verbas rescisórias, FGTS e outros encargos de natureza símile, dada a prevalência da questão de fundo, a qual diz respeito à própria natureza da relação jurídico-administrativa, ainda que desvirtuada ou submetida a vícios de origem. 3. Agravo regimental provido e reclamação julgada procedente para se anularem os

---

(11) BRASIL. Superior Tribunal de Justiça. *Conflito de competência n. 160644/PR*. 1ª Secção. Relator: Ministro Sérgio Kukina. DJE: 03/10/2018. Disponível em: https://www.jusbrasil.com.br/jurisprudencia/stj/860259061/inteiro-teor-860259071. Acesso em: 21 maio 2024.

(12) BRASIL. Superior Tribunal de Justiça. *Conflito de competência n. 160081/PE*. Relator: Ministro Benedito Gonçalves. DJE: 07/03/2019. Disponível em: https://processo.stj.jus.br/processo/dj/documento/?seq_documento=21036042&data_pesquisa=07/03/2019&seq_publicacao=15720&versao=impressao&nu_seguimento=00001&parametro=null. Acesso em: 21 maio 2024.

atos decisórios proferidos pela Justiça do Trabalho e se determinar o envio dos autos de referência à Justiça comum. (Rcl 4351 MC-AgR, Relator(a): Min. MARCO AURÉLIO, Relator(a) p/ Acórdão: Min. DIAS TOFFOLI, Tribunal Pleno, julgado em 11/11/2015, ACÓRDÃO ELETRÔNICO DJe-068 DIVULG 12-04-2016 PUBLIC 13-04-2016).

Como se percebe, o Supremo Tribunal Federal tem reafirmado a competência da Justiça Comum em casos que tais, mesmo que o litígio decorra de possível desvirtuamento do 37, IX, da CRFB/88, ainda que a lei que rege a contratação administrativa utilize o termo "contratação", e mesmo que o trabalhador pleiteie verbas rescisórias.

O mesmo raciocínio foi empregado pelo Supremo Tribunal Federal, ao julgar o Tema 43 da Tabela de Repercussão Geral, fixando a tese segundo a qual compete à Justiça comum processar e julgar causas instauradas entre o "Poder Público e seus servidores submetidos a regime especial disciplinado por lei local editada antes da Constituição Federal de 1988, com fundamento no artigo 106 da Constituição de 1967, na redação que lhe deu a Emenda Constitucional 1/1969".(13)

Como visto, portanto, de acordo com a atual jurisprudência da Corte Suprema, havendo ou não lei específica tratando sobre a contratação temporária, a competência material para analisar possível demanda, será da Justiça Comum, ainda que o trabalhador postule verbas tipicamente trabalhistas(14), sob a alegação de fraude na contratação(15), pois a relação estabelecida entre as partes seria de caráter "jurídico-administrativo".

Mas, com o advento da decisão de mérito na ADI 3.395, que, ao estabelecer o sentido interpretativo para o que seria "relação de trabalho", para fins de competência da Justiça do Trabalho, abandonou a expressão "jurídico-administrativo", empregada na decisão liminar, trocando-a para "vínculos de natureza jurídico estatutária", há espaço para se fazer a distinção à tese firmada(16), pois claramente o servidor público temporário não detém vínculo de tal natureza com a Administração Pública.

4. SERVIDOR PÚBLICO CELETISTA

Conforme já recordado acima, a Emenda n. 19/1998 alterou o *caput* do artigo 39 da CRFB/88, retirando a obrigatoriedade para que o Ente Público adotasse o regime jurídico único e, diante de tal alteração, algumas entidades da Administração passaram a contratar servidores públicos pela via da Consolidação das Leis do Trabalho. A

(13) BRASIL. Supremo Tribunal Federal. Recurso Extraordinário n. 573202, Plenário, Brasília, DF, Relator: Min. Ricardo Lewandowski, DJE n. 232, divulgado em 04/12/2008.

(14) Tema 551 da Tabela de Repercussão Geral do STF: "Servidores temporários não fazem jus a décimo terceiro salário e férias remuneradas acrescidas do terço constitucional, salvo (I) expressa previsão legal e/ou contratual em sentido contrário, ou (II) comprovado desvirtuamento da contratação temporária pela Administração Pública, em razão de sucessivas e reiteradas renovações e/ou prorrogações (BRASIL. Supremo Tribunal Federal. *RE 1066677*. Relator Ministro Alexandre de Moraes; Data de julgamento: 08.09.2020; Data de publicação: 23.09.2020).

(15) Tema 612: "Constitucionalidade de lei municipal que dispõe sobre as hipóteses de contratação temporária servidores públicos TESE: Nos termos do art. 37, IX, da Constituição Federal, para que se considere válida a contratação temporária de servidores públicos, é preciso que: a) os casos excepcionais estejam previstos em lei; b) o prazo de contratação seja predeterminado; c) a necessidade seja temporária; d) o interesse público seja excepcional; e) a contratação seja indispensável, sendo vedada para os serviços ordinários permanentes do Estado que estejam sob o espectro das contingências normais da Administração" (BRASIL. Supremo Tribunal Federal. *RE 658026*. Relator Ministro Dias Toffoli; Data de julgamento: 11.01.2014; Data de publicação: 30.10.2014).

(16) A essa mesma conclusão já chegaram os articulistas Noemia Porto e Marco Antonio de Freitas, já citados.

eficácia dessa alteração do texto constitucional foi suspensa pelo Supremo Tribunal Federal, em decisão que ressalvou, contudo, a validade de leis editadas durante o período em que a nova redação produziu efeitos (ADI 2.135-MC). Isso redundou na seguinte consequência: no período entre a promulgação da Emenda Constitucional n. 19/1998 e a concessão da medida cautelar pelo Supremo Tribunal Federal, diversos entes federais editaram leis locais, submetendo seus servidores ao regime jurídico da CLT, normas que permanecem válidas.

Em reiteradas decisões em Reclamações Constitucionais, o Supremo Tribunal Federal vinha reconhecendo que a Justiça do Trabalho é competente para processar e julgar as demandas que envolvam vínculos celebrados com a Administração Pública, após a Constituição de 1988, sob regime celetista previsto expressamente em lei local editada dentro do período de vigência da redação dada ao art. 39, *caput*, da CF, pela EC n. 19/1998[17].

Essa foi precisamente a questão debatida no *leading case* (RE 1288440) que foi analisado no Tema n. 1.143 da Tabela de Repercussão Geral do STF, em que servidoras públicas, admitidas pelo regime da Consolidação das Leis do Trabalho (CLT), ajuizaram ações perante a Justiça Comum estadual, pretendendo o recálculo de adicional por tempo de serviço (quinquênio), a fim de ampliar a base de cálculo para a integralidade dos vencimentos. A demanda teve por fundamento a Lei n. 10.261/1968, do Estado de São Paulo, que institui o regime jurídico dos funcionários públicos civis daquele ente federativo, e o art. 129 da Constituição Estadual.

Ou seja, no caso concreto, as autoras, servidoras públicas do Hospital das Clínicas da Faculdade de Medicina da Universidade de São Paulo, regidas pelo regime celetista, pleiteavam parcelas administrativas, relacionadas ao recálculo de quinquênios sobre os vencimentos integrais.

Como acima já pontuado, no julgamento da ADI n. 3.395, o Supremo Tribunal Federal decidiu que o critério para se definir a competência material da Justiça do Trabalho, quando a lide versar sobre conflito entre o Poder Público e servidores a este vinculados, será a existência ou não de regime estatutário, apto a reger a relação estabelecida entre as referidas partes. Assim, a tese fixada foi no sentido de que a interpretação adequadamente constitucional da expressão "relação do trabalho" deve excluir os vínculos de natureza jurídico-estatutária, em razão do que a competência da Justiça do Trabalho não alcança as ações judiciais entre o Poder Público e seus servidores.

Entretanto, o Supremo Tribunal Federal, julgando o RE n. 1.288.440 (Tema 1.143), sob o regime da repercussão geral, assim decidiu:

> EMENTA: DIREITO CONSTITUCIONAL E DO TRABALHO. RECURSO EXTRAORDINÁRIO. REPERCUSSÃO GERAL. DEMANDA PROPOSTA POR EMPREGADO PÚBLICO CELETISTA CONTRA O PODER PÚBLICO. PRESTAÇÃO DE NATUREZA ADMINISTRATIVA. COMPETÊNCIA.
>
> 1. Recurso extraordinário, com repercussão geral reconhecida, em que se discute a competência da Justiça do Trabalho ou da Justiça Comum para julgar ação proposta por servidor celetista contra o Poder Público, na qual se pleiteia prestação de natureza administrativa.
>
> 2. Tratando-se de parcela de natureza administrativa, a Justiça Comum é o ramo do Poder Judiciário que tem expertise para apreciar a questão. Nesses casos, embora o vínculo com o Poder Público seja de natureza celetista, a causa de pedir e o pedido da ação não se fundamentam na legislação trabalhista, mas em norma estatutária, cuja apreciação — consoante já decidido por

(17) Destacam-se: Rcl. 43.261-AgR, Rel. Min. Edson Fachin; Rcl 44.988-AgR e 41.983-AgR, Rel. Min. Alexandre de Moraes; Rcl 43.125-AgR, Relª Minª Rosa Weber

> esta Corte ao interpretar o art. 114, I, da Constituição — não compõe a esfera de competência da Justiça do Trabalho.
>
> 3. Recurso extraordinário a que se nega provimento, com a fixação da seguinte tese: *A Justiça Comum é competente para julgar ação ajuizada por servidor celetista contra o Poder Público, em que se pleiteia parcela de natureza administrativa.*
>
> 4. Modulação dos efeitos da decisão para manter na Justiça do Trabalho, até o trânsito em julgado e correspondente execução, os processos em que houver sido proferida sentença de mérito até a data de publicação da presente ata de julgamento[18].

Com todo o respeito devido, a Corte Suprema contrariou a sua própria jurisprudência e, pior, a decisão vinculante proferida na ADI n. 3.395, pois nesta, o critério utilizado pelo Supremo Tribunal Federal para se definir a competência da Justiça do Trabalho, foi a existência ou não de regime estatutário junto ao Ente Público, mas, julgando o Tema n. 1.143, a mesma Corte decidiu que o critério que define a aludida competência é a causa de pedir, vinculada ao pedido que tem como lastro jurídico parcelas de natureza administrativa.

O Ministro Barroso, relator do RE n. 1.288.440, ressaltou que o Supremo Tribunal Federal não destoa no sentido de considerar competente a Justiça do Trabalho, quando a relação jurídica estabelecida entre pessoa física e Ente Público é regida pela Consolidação das Leis do Trabalho, mas Sua Excelência afirmou, e isso não significa necessariamente ratificar, que "toda e qualquer controvérsia relacionada ao contrato de trabalho deva ser submetida à Justiça do Trabalho".

O referido Ministro recordou que o Supremo Tribunal Federal, julgando o Tema 544 da repercussão geral, em que se decidia sobre a abusividade da greve de servidores públicos celetistas da administração direta, autarquias e fundações de direito público, assim decidiu:

> CONSTITUCIONAL. DIREITOS SOCIAIS. COMPETÊNCIA PARA O JULGAMENTO DA LEGALIDADE DE GREVE DE SERVIDORES PÚBLICOS CELETISTAS. JUSTIÇA COMUM. FIXAÇÃO DE TESE DE REPERCUSSÃO GERAL.
>
> 1. É competência da justiça comum, federal ou estadual, conforme o caso, o julgamento de dissídio de greve promovida por servidores públicos, na linha do precedente firmado no MI 670 (Rel. Min. MAURÍCIO CORRÊA, Rel. p/ acórdão Min. GILMAR MENDES, Tribunal Pleno, DJe de 30/10/2008).
>
> 2. As Guardas Municipais executam atividade de segurança pública (art. 144, § 8º, da CF), essencial ao atendimento de necessidades inadiáveis da comunidade (art. 9º, § 1º, CF), pelo que se submetem às restrições firmadas pelo Supremo Tribunal Federal no julgamento do ARE 654.432 (Rel. Min. EDSON FACHIN, redator para acórdão Min. ALEXANDRE DE MORAES, Tribunal Pleno, julgado em 5/4/2017).
>
> 3. A essencialidade das atividades desempenhadas pelos servidores públicos conduz à aplicação da regra de competência firmada pelo Supremo Tribunal Federal no MI 670, mesmo em se tratando de servidores contratados pelo Estado sob o regime celetista.
>
> 4. Negado provimento ao recurso extraordinário e fixada a seguinte tese de repercussão geral: "A Justiça Comum Federal ou Estadual é competente para julgar a abusividade de greve de servidores públicos celetistas da administração direta, autarquias e fundações de direito público". (RE 846.854, Red. p/o acórdão o Min. Alexandre de Moraes, Tribunal Pleno).

O Ministro Barroso igualmente rememorou que o Supremo Tribunal Federal, julgando o RE 655.283 (Tema 606/RG), decidiu que é da competência da Justiça Comum processar e julgar demanda ajuizada por empregado público da Empresa de Correios e Telégrafos (ECT), dispensados em razão de aposentadoria espontânea.

(18) SUPREMO TRIBUNAL FEDERAL. Recurso Extraordinário n. 1288440. Órgão julgador: Pleno. Relator Ministro Luís Roberto Barroso. Julgado em 03 jul. 2023. DJE publicado em 28/08/2023.

No caso concreto, o empregado (sim, leitor(a), você leu direito, empregado público, regido pela CLT!) almejava ser reintegrado e receber cumulativamente proventos com vencimentos. Após longo debate, a corrente que se sagrou vencedora ratificou que "a natureza do ato de demissão de empregado público é constitucional-administrativa[19] e não trabalhista, o que atrai a competência da Justiça Comum para julgar a questão".

Eis a ementa do acórdão:

> Recurso extraordinário. Direito Constitucional. Processual. Administrativo. Tema n. 606 da sistemática da Repercussão Geral. Competência da Justiça Federal. Reintegração de empregados públicos. Empresa de Correios e Telégrafos. (ECT). Dispensa em razão de aposentadoria voluntária. Extinção do vínculo. EC n. 103, de 2019. Cumulação. Proventos e vencimentos. Recurso ordinário não provido.
>
> 1. Trata-se, *in casu*, de empregado público da Empresa de Correios e Telégrafos (ECT) que impetrou mandado de segurança em face de ato mediante o qual o Secretário Executivo do Conselho de Coordenação de Empresas Estatais e do Presidente da ECT determinou o desligamento dos empregados aposentados que se mantinham na ativa, nos termos da MP n. 1523/1996.
>
> 2. Compete à Justiça Federal processar e julgar ação cujo objeto seja a reintegração de empregados públicos dispensados em virtude de aposentadoria espontânea, bem como a cumulatividade de proventos com vencimentos, o que difere, em essência, da discussão acerca da relação de trabalho entre os empregados e a empresa pública, afastando-se a competência da Justiça do Trabalho.
>
> 3. Segundo o disposto no art. 37, § 14, da CF (incluído pela EC n. 103, de 2019), a aposentadoria faz cessar o vínculo ao cargo, emprego ou função pública cujo tempo de contribuição houver embasado a passagem do servidor/empregado público para a inatividade, inclusive quando feita sob o Regime Geral de Previdência Social.
>
> 4. A mencionada EC n. 103/19, contudo, em seu art. 6º, excluiu da incidência da regra insculpida no § 14 do art. 37 da Constituição Federal as aposentadorias concedidas pelo Regime Geral de Previdência Social até a data de sua entrada em vigor, sendo essa a hipótese versada nos autos.
>
> 5. Foi fixada a seguinte tese de repercussão geral: "A natureza do ato de demissão de empregado público é constitucional-administrativa e não trabalhista, o que atrai a competência da Justiça comum para julgar a questão. A concessão de aposentadoria aos empregados públicos inviabiliza a permanência no emprego, nos termos do art. 37, §14, da CRFB, salvo para as aposentadorias concedidas pelo Regime Geral de Previdência Social até a data de entrada em vigor da Emenda Constitucional nº 103/19, nos termos do que dispõe seu art. 6º.
>
> 6. Recursos extraordinários não providos. (RE 655.283, Red. p/o acórdão o Min. Dias Toffoli, Tribunal Pleno)

E, para arrematar, o Ministro Barroso ainda pontuou que o STF, julgando o RE 960.429, também sob o regime da repercussão geral, assim decidiu:

> RECURSO EXTRAORDINÁRIO REPRESENTATIVO DA CONTROVÉRSIA. Tema 992. DIREITO DO TRABALHO. DIREITO ADMINISTRATIVO. DISCUSSÃO SOBRE COMPETÊNCIA. ART. 114, INCISO I, DA CF/88. FASE PRÉ- CONTRATUAL.
>
> 1. Inexistência de relação de trabalho na chamada fase pré-contratual a atrair a competência da Justiça do Trabalho.
>
> 2. Prevalência do caráter público. Concurso público como ato de natureza administrativa.

---

(19) A propósito, o Supremo Tribunal Federal decidirá (RE 688.267 — Tema n. 1022, de repercussão geral) sobre a possibilidade de despedida sem motivação de empregado de empresa pública ou de sociedade de economia mista, admitido por concurso público. Em outras palavras, a Corte decidirá sobre a natureza jurídica do ato de dispensa de empregado público. Se mantiver a coerência, o STF proibirá a dispensa imotivada de empregado público vinculado à empresa pública ou sociedade de economia mista, por considerar que o ato de despedir possui natureza "constitucional-administrativa", conforme decidido no Tema n. 606. Por ora, monocraticamente, o Ministro Alexandre de Moraes decidiu por ordenar a suspensão de todas as demandas que tramitam em território nacional tratando sobre a questão.

> 3. Fixação da tese: Compete à Justiça comum processar e julgar controvérsias relacionadas à fase pré-contratual de seleção e de admissão de pessoal e eventual nulidade do certame em face da Administração Pública, direta e indireta, nas hipóteses em que adotado o regime celetista de contratação de pessoal. Recurso extraordinário não provido. (RE 960.429, Rel. Min. Gilmar Mendes, Tribunal Pleno, Sessão Virtual de 4.12.2020 a 14.12.2020, DJE nº 1, divulgado em 07/01/2021)

Repise-se, no entanto, que apesar de a maioria dos Ministros do Supremo Tribunal Federal ter decidido, na análise do Tema 1.143, de repercussão geral, que quando a causa de pedir e o pedido forem fundados em norma estatutária, a competência será da Justiça Comum, ainda que o servidor público seja regido pela CLT, entende-se que tal direcionamento hermenêutico afronta diretamente o quanto já decidido na ADI n. 3.395.

Tanto é assim, que, julgando o Conflito de Competência n. 8257, o Ministro Toffoli declarou competente a Justiça do Trabalho para processar e julgar demanda envolvendo a Universidade de São Paulo e servidora a ela vinculada pelo regime da CLT, em decisão, publicada em 03 de outubro de 2022. Ou seja, o mesmo caso analisado no Tema n. 1.143, mas com destino diametralmente oposto. Constate-se pelo fragmento do julgado:

> não há dúvida que o caso em tela não versa sobre discussão de relação jurídico-estatutária, mas sim de relação de trabalho que exige a incidência do art. 114, I, da CF/88. Nesse sentido é a jurisprudência desta Corte: (...) Ante o exposto, considerando a pacífica jurisprudência do Supremo Tribunal Federal sobre a matéria, conheço do presente conflito de competência e declaro a competência da Justiça do Trabalho para processar e julgar a causa.

Ainda, julgando o Tema 928, de repercussão geral, o Supremo Tribunal Federal igualmente ratificou a competência material da Justiça trabalhista, conforme se observa, pelos argumentos sintetizados na ementa:

> Recurso extraordinário. Repercussão geral. 2. Competência da Justiça do Trabalho. Mudança de regime jurídico. Transposição para o regime estatutário. Verbas trabalhistas concernentes ao período anterior. 3. Compete à Justiça do Trabalho processar e julgar ações relativas às verbas trabalhistas referentes ao período em que o servidor mantinha vínculo celetista com a Administração, antes da transposição para o regime estatutário. 4. Recurso não provido. Reafirmação de jurisprudência." (ARE 1001075 RG, Relator(a): GILMAR MENDES, Tribunal Pleno, julgado em 08/12/2016, PROCESSO ELETRÔNICO REPERCUSSÃO GERAL — MÉRITO DJe-017 DIVULG 31-01-2017 PUBLIC 01-02-2017)

Pela análise dos julgados tratando sobre a temática envolvendo os servidores públicos regidos pela CLT, pode-se constatar que há, com todas as vênias, abundante incoerência entre o que a Corte Suprema já havia decidido quando do julgamento da ADI n. 3.395 e o que findou decidido no Tema n. 1.143, que elevou como critério definidor da competência, o caráter da parcela buscada, enquanto naquela ação, a régua definidora da competência material, é a existência ou não de regime jurídico estatutário.

4.1. COMPETÊNCIA PARA JULGAMENTO DE ABUSIVIDADE DE GREVE DE SERVIDORES PÚBLICOS CELETISTAS

Julgando o RE n. 846854[20], de repercussão geral (Tema n. 544), o Supremo Tribunal Federal, e que objetivava definir a competência para processar e julgar litígio decorrente de abusividade de greve de servidores públicos celetistas, assim decidiu:

(20) BRASIL. Supremo Tribunal Federal. *RE n.* 846854. Relator: Ministro Luiz Fux. Órgão julgador: Pleno. Data de publicação DJE 07/02/2018 — ATA n. 5/2018. DJE n. 22, divulgado em 06/02/2018. Acessível em:

A justiça comum, federal ou estadual, é competente para julgar a abusividade de greve de servidores públicos celetistas da Administração pública direta, autarquias e fundações públicas.

Igualmente nesse *Leading case*, claramente os servidores são regidos pela Consolidação das Leis do Trabalho e, seguindo a lógica decisória estabelecida na ADI n. 3.395, casos conflituosos tratando sobre abusividade de greve de servidores públicos celetistas, deveriam ser julgados pela Justiça trabalhista.

5. CONCLUSÕES

Conforme observado ao longo das linhas anteriores, há uma grande e urgente necessidade de que a Corte Suprema estabeleça coerência entre os seus próprios julgados, pois não há lógica hermenêutica entre a tese firmada na ADI n. 3.395 e a presente no Tema n. 1.143, de repercussão geral.

A sensação que se tem após vinte anos da promulgação da Emenda Constitucional n. 45/2004, é que a Justiça do Trabalho não conseguiu ver ampliada a sua competência material, por atuação firme do Supremo Tribunal Federal, apesar da evidência do regramento previsto na Constituição Federal de 1988.

6. REFERÊNCIAS

BRASIL. Supremo Tribunal Federal. *ADI n. 2135*. Ministra Relatora Ellen Gracie; Data de publicação: 07/03/2009. Disponível em: https://redir.stf.jus.br/paginadorpub/paginador.jsp?docTP=TP&docID=753145850. Acesso em: 12 jun. 2024.

BRASIL. Supremo Tribunal Federal. *ADI n. 3.395*; Órgão julgador: Pleno; Relator: Ministro Alexandre de Moraes; data de publicação: 1/7/2020. Disponível em: https://redir.stf.jus.br/paginadorpub/paginador.jsp?docTP=TP&docID=753145850. Acesso em: 12 jun. 2024.

BRASIL. Superior Tribunal de Justiça. *Conflito de competência n. 160644/PR*. 1ª Secção. Relator: Ministro Sérgio Kukina. DJE: 03/10/2018. Disponível em: https://www.jusbrasil.com.br/jurisprudencia/stj/860259061/inteiro-teor-860259071. Acesso em: 12 jun. 2024.

BRASIL. Superior Tribunal de Justiça. *Conflito de competência n. 160081/PE*. Relator: Ministro Benedito Gonçalves. DJE: 07/03/2019. Disponível em: https://processo.stj.jus.br/processo/dj/documento/?seq_documento=21036042&data_pesquisa=07/03/2019&seq_publicacao=15720&versao=impressao&nu_seguimento=00001&parametro=null. Acesso em: 12 jun. 2024.

BRASIL. Supremo Tribunal Federal. *RE 658026*. Relator Ministro Dias Toffoli; Data de julgamento: 11.01.2014; Data de publicação: 30.10.2014.

BRASIL. Supremo Tribunal Federal. *RE 1066677*. Relator Ministro Alexandre de Moraes; Data de julgamento: 08.09.2020; Data de publicação: 23.09.2020.

BRASIL. Supremo Tribunal Federal. RE n. RE 1288440. Relator: Ministro Luís Roberto Barroso. DJE publicado em 28/08/2023. Divulgado em 25/08/2023. Disponível em: https://portal.stf.jus.br/jurisprudenciaRepercussao/verAndamentoProcesso.

https://portal.stf.jus.br/jurisprudenciaRepercussao/verAndamentoProcesso.asp?incidente=4659071&numeroProcesso=846854&classeProcesso=RE&numeroTema=544. Acesso em: 21 maio 2024.

asp?incidente=6000906&numeroProcesso=1288440&classeProcesso=RE&numeroTema=1143. Acesso em: 12 jun. 2024.

BRASIL. Supremo Tribunal Federal. *RE n.* 846854. Relator: Ministro Luiz Fux. Órgão julgador: Pleno. Data de publicação DJE 07/02/2018 — ATA n. 5/2018. DJE n. 22, divulgado em 06/02/2018. Acessível em: https://portal.stf.jus.br/jurisprudenciaRepercussao/verAndamentoProcesso.asp?incidente=4659071&numeroProcesso=846854&classeProcesso=RE&numeroTema=544. Acesso em: 12 jun. 2024.

CARVALHO FILHO, José dos Santos. *Manual de Direito Administrativo*. 13. ed. Rio de Janeiro: Lumen Juris, 2005.

DI PIETRO, Maria Sylvia. *Direito Administrativo.* 20. ed. São Paulo: Atlas, 2007.

LEITE, Carlos Henrique Bezerra. *Curso de Direito Processual do Trabalho*. 18. ed. São Paulo: Saraiva, 2020

MALLET, Estêvão. Apontamentos sobre a competência da Justiça do Trabalho após a Emenda Constitucional n. 45. *In*: COUTINHO, Grijalbo Fernandes; FAVA, Marcos Neves (coord.) *Justiça do Trabalho*: competência ampliada. São Paulo: LTr, 2005.

PORTO, Noemia; FREITAS, Marco Antonio de. O julgamento definitivo da ADI n. 3.395/STF e a competência da Justiça do Trabalho para as demandas dos servidores públicos. *In*: CONFORTI, Luciana Paula; PORTO, Noemia Aparecida Garcia; LOURENÇO FILHO, Ricardo Machado (orgs.). *A competência da Justiça do Trabalho 15 anos após a Emenda Constitucional 45/2004:* ampliação, limites e avanços necessários. São Paulo: LTr, 2021.